国家社科基金资助社科学术社团主题学术活动成果

ACCELERATING MODERNIZATION OF UNIVERSITY GOVERNANCE SYSTEMS & CAPACITY BUILDING
COLLECTED PAPERS OF 2020 ANNUAL INTERNATIONAL FORUM ON HIGHER EDUCATION

加快推进大学治理体系和治理能力现代化

——"2020高等教育国际论坛年会"论文集

中国高等教育学会　主编

·广州·

版权所有　翻印必究

图书在版编目（CIP）数据

加快推进大学治理体系和治理能力现代化："2020 高等教育国际论坛年会"论文集/中国高等教育学会主编. —广州：中山大学出版社，2021.11

ISBN 978-7-306-07342-6

Ⅰ.①加… Ⅱ.①中… Ⅲ.①高等教育—教育现代化—中国—文集 Ⅳ.①G649.2-53

中国版本图书馆 CIP 数据核字（2021）第 232552 号

JIAKUAI TUIJIN DAXUE ZHILI TIXI HE ZHILI NENGLI XIANDAIHUA

| 出 版 人：王天琪
| 策划编辑：陈　慧
| 责任编辑：周　玢
| 封面设计：林绵华
| 责任校对：邱紫妍
| 责任技编：靳晓虹
| 出版发行：中山大学出版社
| 电　　话：编辑部 020-84110283，84113349，84111997，84110779，84110776
| 　　　　　发行部 020-84111998，84111981，84111160
| 地　　址：广州市新港西路 135 号
| 邮　　编：510275　　传　真：020-84036565
| 网　　址：http://www.zsup.com.cn　E-mail：zdcbs@mail.sysu.edu.cn
| 印 刷 者：佛山市浩文彩色印刷有限公司
| 规　　格：787mm×1092mm　1/16　25 印张　810 千字
| 版次印次：2021 年 11 月第 1 版　2021 年 11 月第 1 次印刷
| 定　　价：86.00 元

如发现本书因印装质量影响阅读，请与出版社发行部联系调换

编　委　会

主　　编　姜恩来
副 主 编　郝清杰　屈凌波　高晓杰　张玉安
成　　员　刘　莹　庞振超　于洪洪　贺天成　戴　坤
　　　　　　靳培培　刘　亮

主办单位　中国高等教育学会　郑州大学
支持单位　河南省人民政府　河南省教育厅
协办单位　联合国教科文组织亚太地区高等教育教席
　　　　　　北京大学教育学院
　　　　　　中国高等教育学会地方大学教育研究分会
　　　　　　中国高等教育学会高等教育学专业委员会
　　　　　　中国高等教育学会院校研究分会
技术支持　正方软件股份有限公司　民生教育集团有限公司

"2020高等教育国际论坛年会"在郑州举行

2020年11月21—22日,由中国高等教育学会(以下简称"学会")主办的"2020高等教育国际论坛年会"在郑州隆重召开。本次论坛主题为"加快推进大学治理体系和治理能力现代化"。

教育部党组成员、副部长钟登华,河南省委常委、宣传部部长、省委高校工委书记江凌,河南省副省长霍金花,中国高等教育学会会长、教育部原党组副书记、副部长杜玉波,学会副会长管培俊、姜斯宪,中国工程院院士、华中科技大学校长李元元,西安交通大学校长王树国,武汉大学党委书记韩进,中国科学院院士、浙江大学校长吴朝晖,中国科学院院士、中山大学校长罗俊,西北工业大学党委书记张炜,中国工程院院士、郑州大学校长刘炯天,教育部高等教育司原司长张大良,学会副会长、秘书长姜恩来,学会监事长孙维杰,北京航空航天大学党委书记曹淑敏,中国工程院院士、北京理工大学校长张军,中国农业大学校长孙其信,中国工程院院士、东南大学校长张广军,中国科学院院士、中国科学技术大学校长包信和,厦门大学党委书记张彦,四川大学党委书记王建国,中国科学院院士、西湖大学校长施一公,太原理工大学党委书记郑强,北京外国语大学党委书记王定华,上海外国语大学党委书记姜锋等出席会议。学会副会长、教育部原党组成员、副部长林蕙青主持开幕式。

来自美国、俄罗斯、英国、德国、日本、加拿大、瑞士、荷兰、匈牙利、澳大利亚、泰国、巴基斯坦等27个国家和地区的114位国外嘉宾以不同形式参加了会议。

教育部教师工作司司长任友群、科学技术与信息化司司长雷朝滋、高等教育司副司长王启明、国际合作与交流司二级巡视员方庆朝,学会副秘书长王小梅,中国职业技术教育学会常务副会长兼秘书长刘建同,中国教育国际交流协会秘书长王永利,河南省教育厅厅长郑邦山、省政府副秘书长尹洪斌、郑州大学党委书记宋争辉,清华大学、北京大学、浙江大学、南京大学、天津大学等数百所高校的校领导和专家学者,共计1200余人参会。

钟登华代表教育部对论坛的召开表示祝贺并致辞。杜玉波以《适应新发展格局需要 推进高等教育高质量发展》为题作主题报告。30余位中外嘉宾在主论坛上作报告。本次论坛年会还首次设立"大学校长论坛""学者论坛""博士生论坛"三大平行论坛,国内外100余位高等教育领域专家学者作了报告,总报告场数达到105场。本次论坛年会采取线上线下相结合的方式举行,通过央视频等实时同步直播,在线观看规模达到349.6万人次。

目 录

第一篇　主旨报告

适应新发展格局需要　推进高等教育高质量发展 …………………………………… 杜玉波 003
第四次工业革命背景下的高等教育变革与发展 …………………………………… 王树国 009
世界格局变革下我国本科教育发展的若干方略 …………………………………… 王定华 015
探索高等教育普及化的"大国道路" …………………………………………………… 邬大光 027
大学领导力提升：推进大学治理能力现代化的实践路径 ……………………………… 眭依凡 034

第二篇　全球疫情考验下高等教育的应变之策

疫情背景下高校网络教学质量影响因素的实证研究 ……………… 郑少南　彭　放　周　宇　郑　佳 049
疫情危机下各国高等教育的在线教学策略与思考 ………………………………… 江小华　严　丹 057
新冠肺炎疫情下法国高等教育系统的应对策略 …………………………………………… 方琳琳 066
疫情考验下线上线下混合式课程建设实践与思考 ………………………………………… 章洁倩 072
疫情考验下的俄罗斯高等教育发展趋势 …………………………………………… 元璠璠　周　倩 079
新冠肺炎疫情下我国来华留学教育的短期挑战与未来机遇 ……………………………… 吕　萍 085
疫情防控常态下高校线上教育的现实需要、困境及其优化 ……………………………… 薛长凤 095

第三篇　现代大学治理体系建设的中国经验

高等教育普及化背景下大学的复合共治机制研究 ………………………………… 盛正发　杨　科 103
大学目标管理的困境分析及改进方向 ……………………………………… 颜建勇　黄　珊　李　丹 109
从"委员会"到"共同体"：高等教育协调治理模式的现代转向 ………………… 王海莹　杨　旭 117
现代大学内部治理及其发展趋势研究 ……………………………………………… 宋玉文　戴吉亮 124
普及化阶段我国高等教育治理的政策选择 ………………………………………………… 左崇良 130
完善"六力"举措　推进高校治理体系和治理能力现代化 ……………………… 刘向锋　杜　莉 136
高职院校治理制度性危机与消解
　　——基于制度合法性的内控机制视角 ………………………………………… 陈玉华　邵红梅 144
以章程实施督导助推大学治理现代化
　　——基于湖南省高校章程实施专项督导的实践 …………………………………………… 彭学文 149

第四篇　普及化阶段高等教育发展的未来趋势

深化粤港澳大湾区高校合作研究 …………………………………………………… 张　敏　张　猛 157
国际化应用型大学建设的研究 ………………………… 刘宏伟　荆丽雯　刘露露　严锐帆 164
展望2020—2032年高等教育性别结构变化趋势
　　——一项基于多模型的预测 ……………………………………………………… 刘　文 169
普及化阶段背景下精英高等教育机会获得的家庭经验与底层文化研究 …… 董永贵　吴鑫婷 178
固本强优　守正创新　新建本科院校应用型转型发展与实践 …………………………… 余　波 186

第五篇　高校服务经济社会发展的实践之路

普通高校专业设置与地方三大支柱产业需求协调发展现状调查研究
　　——以吉林省为例 ……………………………………………… 赵淑梅　高　斌　刘　爽 197
人力资源协同视阈下服务地方产业发展的应用型人才培养研究 …… 罗玉洁　罗　刚　蒋祺炜 206
"双高计划"背景下高职院校服务地方经济社会发展的问题及对策 ………… 刘文韬　邹　勇 212
"双循环"新格局下区域高校联盟建设的价值、问题与建议 …………………………… 李　旭 218
我国高校创新创业教育的历史演进与体系解构 ………………………………… 陈黎明　卢凤君 227

第六篇　"双一流"建设及其评价体系的实证架构

中国第一轮"双一流"大学建设成效周期监测评估研究
　　——以中国大学立德树人指数为中心 ………………………………………… 冯用军　赵　雪 235
韩国世界一流研究型大学培育计划及其评价指标体系研究 ………… 张雷生　朱　莉　魏莲莲 248
我国一流大学社会服务绩效评价指标体系的构建与应用 …………………………… 习勇生 261
西部"双一流"高校拔尖创新人才选拔影响因素研究 …………………………… 沈　华　梁冰洁 270

第七篇　教师管理与人才培养的路径探索

民国时期（1912—1949年）高校教师劳动关系的演变简论 …………………… 李志峰　曹逸云 281
服务国家战略的特色培训发展模式研究
　　——以中南大学"工信部领军人才培训"项目为例 …………………………… 吴　斌　范太华 289
心理能力建设在高校人才培养中的应用及路径探索 …………………………… 周　玲　赵雪茹 296
美国高校教师队伍的发展趋向与管理制度 ……………………………………… 杨尊伟　卢　迪 303
基于学习产出的教育模式下新文科一流专业人才培养目标研究 …………… 辛　琳　徐永林 312

第八篇　博士生论坛论文

"为何"与"如何"：高等教育治理"中国方案"的元研究 …………………… 公钦正　赵之灿 323
"五力三维"：高等院校治理能力现代化的联动运行 …………………………… 刘　兴　程　瑶 330

日本高校全球本土化人才培养战略研究
　　——以日本秋田大学为例 ·· 神田勇挥 336
新中国成立70年来来华留学生管理政策的演变研究
　　——基于历史制度主义的分析 ··· 赵　楠 343
中美高校创新创业教育比较研究 ·· 王　冉　文正建 354
"百万扩招"背景下我国高技能人才培养的挑战与对策 ·················· 赵　帅　王小兰 363
城乡背景对大学毕业生初次就业质量的影响
　　——以河南省7所高校为例 ·············· 郭　瑞　刘　莹　梁梦圆　韩　硕 368

附　录

附录一　参会人员部分论文摘要 ·· 381
附录二　博士研究生部分论文摘要 ·· 385

后　记 ·· 390

第一篇 主旨报告

适应新发展格局需要　推进高等教育高质量发展

杜玉波[①]

不论是对于世界还是中国，2020 年都是极不平凡的一年。突如其来的新冠肺炎疫情席卷全球，世界进入动荡变革期，中国统筹疫情防控和经济社会发展取得重大战略成果，加快形成以国内大循环为主体、国内国际双循环相互促进的新发展格局。在复杂的国内外形势下，高等教育将有什么样的变革和发展，是大家共同关注的时代课题。2020 年 10 月，党的十九届五中全会审议通过了《中共中央关于制定国民经济和社会发展第十四个五年规划和二〇三五年远景目标的建议》，擘画了中国未来 5 年乃至 15 年的发展新蓝图，开启了全面建设社会主义现代化国家的新征程[1]。在中华民族伟大复兴战略全局和世界百年未有之大变局下，适应新发展格局需要，推进高等教育高质量发展，具有重要的意义。

一、构建适应新发展格局需要的人才培养体系

新发展格局，是党中央根据我国发展阶段和环境变化提出来的，是重塑我国国际合作和竞争新优势的战略抉择。我国高等教育的发展始终与国家民族命运休戚相关，与国家战略需要同频共振。党的十九大以来，习近平总书记从党和国家事业发展全局的战略高度出发反复强调"培养担当民族复兴大任的时代新人"。这既是实现"两个一百年"奋斗目标的必然要求，也是应对复杂国际形势、赢得国际竞争主动权的迫切需要。当前，我们要置身于新发展格局，深刻思考和回答好构建具有中国特色的人才培养体系的关键之问。

（一）在人才培养的方向上，要毫不动摇

任何国家的教育都有意识形态的属性，都有为谁培养人、怎样培养人的问题，这是教育的价值和责任。我国教育的任务就是要培养中国特色社会主义事业的建设者和接班人，而不是旁观者和反对派。我国高等教育必须始终站稳这样的立场，树牢这样的观点，围绕"社会主义建设者和接班人"这个根本目标，落实立德树人根本任务，把党的教育方针全面贯彻到学校工作的各个方面，着力培养具有爱国情怀、社会责任感、创新精神、实践能力和国际视野的中坚力量，这对我们实现民族复兴大业具有长远战略意义。

（二）在人才培养的地位上，要持续巩固

随着经济社会的发展，高等教育不断被赋予新的使命和功能，但是，最核心的还是人才的培养。看一所大学办得怎么样，不是看一时的规模、数据，而是要以长远的眼光、历史的视野看它培养出什么样的杰出人才和高素质劳动者。我国高校应更加强化以学生为本的理念，将更多精力聚焦到提高质量特别是本科教育质量上，切实保障人才培养的中心地位，培养勇于为党分忧、为国担当、为民族复兴担负责任的时代新人。

（三）在人才培养的路径上，要尊重规律

人的培养过程有普遍的规律性，遵循规律则事半功倍，违背规律则事倍功半。办好高等教育，要遵循人的成长发展规律、教育教学规律，加强对学科、教学、教材、管理体系的统筹规划和设计，推动教学内

---

① 杜玉波，中国高等教育学会会长，教育部原党组副书记、副部长。

容和方法因事而化、因时而进、因势而新,把知识传授、素质提升、能力培养、价值引领融为一体,努力构建德智体美劳全面培养的高等教育体系。

二、优化适应新发展格局需要的教育布局结构

在世界高等教育发展史上,对任何一个强国而言,高等教育布局结构都有一个战略考量。20世纪70年代,发达国家进入高等教育普及化阶段。2019年,我国高等教育毛入学率达到51.6%[2],已经进入普及化阶段,但我国高等教育发展在区域、城乡、学科层次等方面依旧存在不平衡不充分的矛盾,且成为制约高等教育高质量发展的最大瓶颈。构建新发展格局,应该在国内统一大市场基础上形成大循环,而不是每个地方都搞自我小循环。我国高等教育布局结构的优化调整也是同样的道理。习近平总书记强调:"要立足服务国家区域发展战略,优化区域教育资源配置,加快形成点线面结合、东中西呼应的教育发展空间格局,提升教育服务区域发展战略水平","要优化同新发展格局相适应的教育结构、学科专业结构、人才培养结构"[3]。

(一)优化区域布局结构,关键在于缩小差距

高等教育要适应新发展格局,既需要东部发达地区的率先引领,又需要中西部地区的迎头赶上,还需要各地方高校的创新发展。长期以来,政策资源、财政资源、人才资源的供给不平衡造成了高校空间布局上的不合理,呈现出东部资源密集、中西部资源稀疏的"东高西低"格局。当前,要在政策引导、资源投入上进一步向中西部地区高校倾斜,加快实施新一轮中西部高等教育振兴计划,依托重大区域发展战略规划,促进高校主动与区域发展深度融合。

(二)调整学科专业结构,关键在于以特求强

学科专业建设应坚持有选择性的发展,要小而精,不要大而全。但不少高校仍热衷于追求所谓的"综合性""全科式"发展,存在资源分散、只见"高原"不见"高峰"的问题。高校要坚持把社会需求作为学科专业设置和调整的重要因素,把落实国家标准作为学科专业建设的底线要求,建设好一批能够满足国家需要、支撑产业转型和区域发展的新兴交叉学科专业,形成与经济社会发展相协调的学科专业布局。

(三)建设分类办学体系,关键在于错位发展

我国高校的类型层次应从"金字塔"转向"五指山",形成梯度、对接需求,实现差异化发展。多年来,我国相当数量的高校存在办学同质化现象,盲目攀高,一味追求学术型。为解决这一问题,要针对不同类型层次高校的办学特点和区域需求,加快形成分类评价的体系标准和管理政策,构建起与我国大国地位相适应的高等教育层次结构体系,引导不同类型、不同层次的高校办出特色、办出水平,在有为政府、有效市场的环境下,从同型竞争走向错位发展。

三、提升适应新发展格局需要的创新服务能力

世界上的任何一所大学,首先都属于一个国家和一个民族,它要以满足国家和区域重大战略为己任。构建新发展格局,是主动作为和长期战略。当前,我国已经转向高质量发展阶段,继续发展具有多方面的优势和条件,但创新能力不适应高质量发展要求的问题仍然突出。作为科技第一生产力、人才第一资源和创新第一动力的重要结合点,高校应适应新发展格局需要,在服务支撑国家人才需要和创新需求等方面担当更为重要的责任。

(一)服务经济高质量发展,争当主力军

打造中国经济的升级版,必然要以中国高等教育的升级版为基石。高校要通过调结构、搭平台、创载

体、建机制，与区域发展深度融合，在区域发展中发挥战略支撑作用；要把开展创新创业教育作为高校综合改革的重要突破口，全面提升学生创新精神、创业意识和创新创业能力；要深化产教融合，促进教育链、人才链与产业链、创新链有机衔接，促进人才培养供给侧和产业需求侧结构要素全方位融合。

（二）强化基础研究，甘坐"冷板凳"

基础研究是科技创新的"总机关"，是技术研发的源头活水。只有夯实基础研究，才能为科技实力的持续增长备足后劲。我国目前面临的很多"卡脖子"技术问题，根本在于基础理论研究跟不上，源头和底层的东西没有搞清楚。高校是科技创新体系的重要组成部分，要培养造就一大批"板凳甘坐十年冷"且具有国际水平的战略科技人才、科技领军人才、青年科技人才和高水平创新团队，力争实现前瞻性基础研究、引领性原创成果的重大突破。

（三）加快关键核心技术攻关，占领制高点

高校具有学科门类齐全、创新人才聚集等优势，应当在服务国家实现关键核心技术自主可控方面担当重要责任。面对国家战略需求，高校要进一步研究如何破解政策制度障碍，围绕国家急需解决的战略性问题、尖端领域的前瞻性问题，探索开展跨学校、跨学科、跨领域、跨国界的协同创新，优化科研资源配置，满足关键核心技术的创新需求。

四、形成适应新发展格局需要的教育评价机制

教育评价改革是一项世界性、历史性、实践性的难题。教育评价既有国际公认的标准，也有适合本国实践的特色体系。我国教育评价改革的目标是到2035年基本形成富有时代特征、彰显中国特色、体现世界水平的教育评价体系。要实现这样的目标愿景，必须多措并举、全面发力，探索形成适应新发展格局需要的教育评价机制。

（一）注重理念革新，思想先导

科学理念是正确实践的思想先导。各级各类学校要树立科学的教育评价观，将立德树人摆在学校工作的中心位置，围绕德智体美劳全面发展构建学生评价体系。要着力破除不科学、不合理的教育评价导向和做法，对学校不再简单以升学率来评价，对教师不再简单以项目、论文来评价，对学生不再简单以考试成绩来评价，党政机关、企事业单位用人不再简单"唯名校""唯学历"是举。

（二）注重破立结合，以"立"促"破"

要从教育规律和人才成长规律出发，在"唯"与"不唯"之间找到平衡，搞清楚从哪里突破、规则是什么、路径是什么。例如，在破除"唯分数"方面，破的是将分数作为评价学生的唯一标准，立的是实现学生德智体美劳全面发展，回归育人本质；在破除"唯论文"方面，破的是把论文作为教师职称评定、发展晋升的核心指标，立的是引导教师潜心教书育人。

（三）注重综合施策，协同发力

构建新的教育评价机制，需要运用整体思维，协同发力，系统推进。具体来讲，就是要认真践行重师德师风、重真才实学、重质量贡献的价值导向，改进结果评价，扭转功利导向；强化过程评价，尊重客观规律；探索增值评价，挖掘发展潜能；健全综合评价，力避片面倾向。

五、完善适应新发展格局需要的大学治理结构

建设具有中国特色、世界水平的现代高等教育，要构建以党委领导下的校长负责制为核心，以职能部

门和专业院系为依托，以学术委员会、教职工代表大会、理事会等为支撑的现代大学内部治理体系，不断释放办学活力，激发办学动力，推进治理能力和水平现代化。

（一）坚持党的全面领导，把握办学方向

要坚持和完善党委领导下的校长负责制这个根本制度，党委领导重在谋划和决策，履行把方向、管大局、做决策、抓班子、带队伍、保落实的职责，统一领导学校工作；校长负责重在实施和管理，全面负责教学、科研和其他行政管理工作，依法行使职权。要加强基层党组织建设，坚持围绕中心抓党建，抓好党建促发展，使学校发展建设与党的建设同步谋划、与党的组织同步设置、与党的工作同步开展。

（二）完善思想政治工作体系，落实立德树人

要坚持全员、全程、全方位育人的理念，构建纵向衔接和横向配合相统一、校内教育和校外培养相协同的思想政治工作体系。坚持融合贯通，建立既与中小学德育相衔接，又真正适合大学生成长特点的一体化育人体系。坚持系统思维，把思想政治教育贯穿到德育、智育、体育、美育和劳动教育之中，加强思想政治工作的整体性和系统性。坚持统筹兼顾，实现学校、家庭、社会协同育人，形成立德树人的强大合力。

（三）完善内部治理结构，汇聚办学合力

要加快推进高校内部治理体系现代化，以"党委领导、校长负责、教授治学、民主管理"为基本框架，充分发挥学校各职能部门联动的工作优势，形成高效、协调、顺畅的运行机制。要注重激发院系"中场发动机"的作用，把党的教育方针和重大战略部署落实到院系的各项工作中来。要把学校的学术组织和群团组织作用发挥好，实现行政权力与学术权力既相对分离，又相互促进，形成相得益彰的良好工作机制。

六、开拓适应新发展格局需要的开放合作局面

教育对外开放是我国改革开放事业的重要组成部分，也是人类命运共同体建设的重要内容。新发展格局是开放的国内国际双循环，不是封闭的国内单循环。习近平总书记指出："要扩大教育对外开放，优化教育开放全球布局，加强国际科技交流合作，提升层次和水平。"当前国际力量对比深刻调整，我国正面临着"发展中的挑战""打压中的突破""开放中的博弈"等复杂局面，高等教育也面临着一系列新压力新挑战。应顺势而为、应时而动，统筹做好新冠肺炎疫情防控工作和教育交流合作，统筹用好国际国内两种资源，开拓适应新发展格局需要的开放合作局面，提升高等教育全球化的核心竞争力。

（一）坚持扎根中国与融通中外相结合，"合力解题"

扎根中国是我国高等教育对外开放的根本原则和立场，要求我们必须坚持中国特色社会主义高等教育发展道路，立足中国国情和高等教育的发展实际，扎根中国大地，解决中国高等教育发展中面临的重大现实问题。融通中外是对外开放的内在逻辑和方向，要求我们必须面向世界，聚焦世界科技前沿和国内薄弱、空白、紧缺学科专业，同具有世界一流资源的高校开展高水平合作办学、高水平人才联合培养和科技联合攻关，汇聚全球资源和天下英才"合力解题"，以更加开放合作的姿态应对全球的共同威胁和挑战。

（二）坚持有选择的"请进来"、有章法的"走出去"、有目标的"深参与"

一方面，面向全球引进优质教育资源，强化对优质教育资源的消化、吸收和再创新，提升人才培养力；另一方面，争取与国外高等教育多对话、多来往，有进有出、相得益彰，讲好中国教育故事，扩大对外影响力。特别要积极参与高等教育国际治理，深度参与国际高等教育评价标准、规则等的制定，在教育合作中提升国家形象，从不同文明中寻求智慧、汲取营养，深化国际融合力。

（三）坚持开放共享与合作共赢，营造发展新格局

这次疫情给了我们深刻的启示，各国是休戚与共的命运共同体，重大危机面前没有谁能够独善其身，团结合作是应对挑战的必然选择。在这样的时代大背景下，我国高等教育要秉持开放共享、合作共赢的新姿态，体现作为一个负责任大国发展高等教育事业的使命、格局与担当精神，与世界各国的高等教育建立起健康的可持续性合作关系，共同应对人类面临的挑战和风险，共同发展，共享发展成果。

深刻认识错综复杂的国际环境带来的新矛盾、新挑战，适应新发展格局需要，推进高等教育高质量发展，是新时代赋予我们的光荣使命。在我们的共同努力下，世界高等教育一定会积极有效地应对各种新挑战，迎来更加美好的未来，为人类文明进步做出新的更大贡献！

（本文原载于《中国高教研究》2020年第12期，本文有修改）

参 考 文 献

[1] 新华社受权发布《中共中央关于制定国民经济和社会发展第十四个五年规划和二〇三五年远景目标的建议》［EB/OL］.（2020-11-03）［2020-11-09］.http：//www.xinhuanet.com/2020-11/03/c_1126693575.htm.

[2] 2019年全国教育事业发展统计公报［EB/OL］.（2020-05-20）［2020-11-09］.http：//www.moe.gov.cn/jyb_sjzl/sjzl_fztjgb/202005/t20200520_456751.html.

[3] 习近平：在教育文化卫生体育领域专家代表座谈会上的讲话［EB/OL］.（2020-09-22）［2020-11-09］.http：//www.xinhuanet.com/politics/leaders/2020-09/22/c_1126527570.htm.

Adapting to the New Development Pattern Promoting the High-Quality Development of Higher Education

Abstract: China's higher education should adapt to the requirements of the new development pattern and promote the high-quality development of higher education. This is a major issue that must be solved under the overall situation of the great rejuvenation strategy of the Chinese nation and the unprecedented great changes in the world in a century. It is necessary to implement the fundamental task of fostering integrity and promoting rounded development of people, build a talent training system to meet the needs of the new development pattern, optimize and adjust the regional layout structure, structure of disciplines and classified school running system of higher education, enhance the ability of higher education in serving and supporting national talent needs and innovation needs, explore and form the education evaluation mechanism to meet the needs of the new development pattern. We should improve the governance structure of university to promote the modernization of governance ability and level, open up the situation of opening up and cooperation to adapt to the new development pattern, and enhance the core competitiveness of higher education globalization.

Keywords: new development pattern, higher education, high-quality development

第四次工业革命背景下的高等教育变革与发展

王树国[①]

伴随着第四次工业革命的到来,全球经济社会发展面临着新机遇、迎来了新挑战,这对高等教育的变革与发展提出了新要求,需要新的教育框架和模式来培养符合社会需求的人才。这一系列问题标志着中国高等教育对人类社会历史的发展、演进与变革趋势的自觉关切和积极回应,具有重要的历史意义、时代意义和现实意义。

当今世界正在经历一场深刻变革,这场变革的主要推动力来源于21世纪发生的三个重大事件。一是第四次工业革命的到来,其来势之猛、范围之广、影响之深,前所未有。前三次工业革命是单一领域率先突破,进而推动经济社会全面发展,是由量变到质变循序渐进的过程;而第四次工业革命将是涉及所有学科、所有领域、所有行业的全方位的爆发,是一场席卷世界的社会大变革,完全是一次质的跃升。二是新冠肺炎疫情的暴发。突如其来的新冠肺炎疫情向人类社会提出了何去何从的重大命题,考验着各个国家的治理能力和现行治理体系的科学性和合理性,当然也包括高等教育。三是大国之间的博弈。在工业革命逐渐开展以及人类抗击新冠肺炎疫情的过程中,意识形态、政治制度的差异所形成的纷争和较量也在不断加剧。

这些重大事件昭示我们,保守主义和单边主义必然湮没在时代大变革的洪流中,人类命运共同体才是现代人类文明的追求方向与核心价值所在。而推动人类文明的融合发展,则是高等教育的核心价值,也是中国高等教育未来的发展方向。中国高等教育需要在百年未有之大变局中发挥智慧,为人类发展和社会进步贡献力量。

一、第四次工业革命背景下高等教育的发展方向

在第四次工业革命浪潮中,现代社会的生产方式、生活方式乃至思维方式都在经历深刻的变革,世界也正在经历一场更大范围、更深层次的科技革命和产业变革。大数据、人工智能等前沿技术不断取得突破,新业态、新产业层出不穷。面对如此全面而深刻的时代变革,高校要明确自己的发展方向,做先进文化与科学技术的引领者、示范者、推动者,发挥高等教育对国家战略发展的支撑服务作用。

(一)深入学习习近平总书记关于教育科技的重要论述

党的十八大以来,习近平总书记站在中华民族伟大复兴的战略全局和世界百年未有之大变局的高度,围绕教育科技做出了一系列重要论述,指明了高等教育发展的前进方向,提供了大学建设的根本遵循。我们必须吃透习近平总书记关于教育科技重要论述的基本精神,把握核心要义,明确工作要求。

一是要化危为机,迎接新一轮科技革命和产业变革的挑战。习近平总书记指出:"新一轮科技革命和变革正在重构全球创新版图、重塑全球经济结构。"[1]当今世界正经历百年未有之大变局,我们既面临着千载难逢的历史机遇,又面临着差距不断被拉大的严峻挑战,必须走前人没有走过的路。第四次工业革命是全方位、多领域的突破,任何学科、任何领域、任何行业都深处其中。我们只有把握时代发展的正确方向,才能准确识变、积极应变、主动求变,在危机中育先机,于变局中开新局。

二是要加强攻关,着力解决"卡脖子"问题。习近平总书记强调,要在关键领域、"卡脖子"的地方

[①] 王树国,西安交通大学校长、教授,中国高等教育学会副会长。

下大功夫，在重要的科学领域要成为领跑者，在新兴前沿交叉领域要成为开拓者[1]。第四次工业革命的到来让世界看到，人类未曾涉足的领域还有很多。时代的进步需要有前沿技术作引领，需要我们瞄准当前"卡脖子"的关键领域，着眼新兴学科、交叉融合前沿领域，勇于开拓、探索前进，为建设世界科技强国贡献智慧和力量。

三是要传播文化，发展哲学社会科学学科。习近平总书记指出，这是一个需要理论而且一定能够产生理论的时代，这是一个需要思想而且一定能够产生思想的时代，我们不能辜负了这个时代[2]。第四次工业革命的快速变革，给哲学社会科学的蓬勃发展提供了广阔空间。人类文明归结到最后是文化，文化是人类文明真正的载体。高校作为向社会输送人才、传播文化、弘扬文明的主体，要丰富文化内涵，创造先进理论，推动学术繁荣，做文化的继承者、发扬者和传播者。

四是要重视人才，办好中国的高等教育。习近平总书记强调："谁能培养和吸引更多优秀人才，谁就能在竞争中占据优势。"[3]发展是第一要务，创新是第一动力，人才是第一资源。在第四次工业革命背景下，真正实现创新的是人才，综合国力的竞争归根究底是人才的竞争。我们要坚持党对人才培养工作的领导，坚持中国特色，办好自己的事，遵循教育规律，扎根中国大地办大学；同时，要充分吸收借鉴世界上先进的办学治学经验，博纳众长、为我所用。

五是要顺势而为，站在历史的正确一侧。习近平总书记强调："世界经济的大海，你要还是不要，都在那儿，是回避不了的。"[4]尽管会出现回头浪，也会遇到很多险滩暗礁，但大江大河奔腾向前的势头无法阻挡。我们面对矛盾不要回避，只有直面矛盾、解决矛盾才能推动人类社会向前发展。全球化是不可阻挡的历史潮流，只要站在历史的正确一侧，利用好一切机遇扩大开放、选择合作、促进共赢，人类的前途就一定是光明的，就一定能够继续推动全球化的发展。

（二）充分借鉴先进观点和实践经验

世界经济论坛的发起人施瓦布先生认为，第四次工业革命将和人类社会以往任何一次转型都截然不同，它将日益消除物理世界、数字世界和生物世界之间的界限。消除界限，意味着大学与社会的全方位、多维度融合，既是供给与需求的直接融合，也是"大学与社会的反向交流"。英国学者吉本斯和斯考特也指出，更符合实际的科学应该回应它周围环境的需要，要在大学的围墙之外寻求发展。

世界各国对高等教育发展付出的艰辛努力和积极探索，对我国高校未来的发展具有重大借鉴意义。在美国，大学校长和社会企业家联合组成了一个民间组织——美国竞争力委员会（US Council on Competitiveness），其使命是提高美国生产力，提升生活水平，确保美国在全球市场中取得成功。他们提出，"创新是为社会创造价值，没有创造价值就不能叫创新，只能叫发明"。这实际上明确了高等教育的使命是为社会服务。美国富兰克林·欧林工程学院提出，工程师的工作要以愿景而不是技能为基础，因此，要采用项目导向的培养模式，不仅传授知识，还要培养学生动手解决实际问题的能力。这代表了21世纪大学新形态的若干特点。

自19世纪中后期服务社会成为大学的重要功能以来，发挥自身功效服务国家经济社会发展就成为世界各国大学发展的重要方向。一方面，大学在服务国家经济社会发展的过程中，自身也得以持续发展；另一方面，政府在支持大学发展的过程中不断推动社会进步[5]，二者在相互融合发展中实现优势互补、合作双赢。

（三）高等教育应该与社会深度融合

在第四次工业革命的背景下，高等教育存在着以下特点：一是知识的垄断已经不复存在，大学不能继续高高在上。二是产业结构变化催生出新的学科组织方式。三是知识更新的高频节奏催生出新的培养模式。四是市场对新技术的高度敏感性在催生着科研方式的转变。

社会在一些领域内已经走在了大学的前面，科学已经成为社会的一部分。如果大学不持续进行改革，就会落后于时代的发展、社会的进步，最终被历史所抛弃。

大学与社会之间的反向交流正在推动科学的进步，这种推动效果是极为强烈的，突破了行业之间的界限，也突破了大学与社会之间的界限。大学不能再充当从外部撬动社会的支点，它必须跳出以单一学科为支点的传统封闭的小圈子，直接与社会对话，与世界对话，这是21世纪第四次工业革命背景下大学的深刻变革和必由之路。

二、新时代中国高等教育的变革路径

第四次工业革命对于中国来说是巨大的历史机遇，国家的发展潜力和空间将在此次工业革命中尽情展现。如果抓住了机遇，那么以后人类社会最先进的技术、最发达的产业将会在中国蓬勃发展。面对如此重大的机遇，作为国家脊梁的高等教育义不容辞，应当勇于探索变革路径，积极回应时代问题。

（一）回应世界的关切

在新的时代背景下，世界范围内掀起了新一轮高等教育国际化的浪潮，要求大学进一步走向世界，在本土化的基础上通过竞争加速国际化进程，提高办学水平和教育质量，创建一批世界一流大学。在激烈的竞争环境中，一流大学的发展趋势成为举世瞩目的问题。

世界一流大学的标准应该是能为世界做出突出贡献。首先，大学是推动人类文明进步的学术机构，世界一流大学作为世界高等教育发展的引领者，有责任也有能力运用智慧和知识发现和解决社会的复杂问题。对人类文明和经济社会发展做出贡献不仅是大学内涵建设的应有之义，也是衡量大学地位的显著标志。一直以来，世界一流大学之所以被世人所赞誉，一个重要的缘由就在于其为人类文明和经济社会发展做出了突出贡献[5]。其次，如果没有顶尖的原创成果，就不能称之为世界一流大学。突出大学对世界的贡献，就是要以原创性贡献为主要内容。世界一流大学是人类重大科技成果的主要贡献者，要想真正成为世界一流大学，就必须做出独创性、开创性的成果，在政治、经济、教育、学术等各方面奠定"世界一流"的地位。

（二）回应国家的关切

大学的发展与国家的兴盛衰落紧密相关，是一个国家"软实力"的彰显。党的十九大报告指出，要加快我国一流大学的建设，实现高等教育内涵式发展。作为大学建设的先行者、主力军和国家队，一流大学的建设成效对中国高等教育的总体水平和内涵式发展都具有非常重要的意义。

建设中国特色世界一流大学意味着扎根中国大地办社会主义大学，必须紧跟时代发展脚步甚至是超前于时代发展，站在国家角度思考问题，基于全局视野推动研究；在瞄准国家重大战略需求中引领时代，在服务国家重大发展的引擎中展现作为，在锚定国家重大科学技术的研究目标中解决"卡脖子"问题，造就能真正服务国家的栋梁之材，培养社会主义的合格建设者和可靠接班人，为民族振兴和国家进步做出卓越贡献、担当历史重任。这不仅是中国高等教育未来发展的使命所在，也是全面建设社会主义现代化国家进程中高等教育的应有之义。

（三）回应社会的关切

高等教育不仅事关人才的培养，更关乎全民科学素养的提升和人文情怀的培育，关乎国家经济社会发展等核心竞争力的增强。无论是人才培养、办学特色，还是科学研究、学术实践，大学都离不开与社会的融合。在中国特色社会主义进入新时代，全面建成小康社会胜利在望，乘势而上建设社会主义现代化国家的背景下，大学的社会定位也应当与时俱进，实现并完成好"智力支撑、服务引领"的重大使命。

能否深入发掘、分析、回应社会的巨大需求，是衡量大学与社会融合程度的重要标志。大学拥有高端的科研基地、集中的科研水平和高层次的科研人才，既具备产出科研成果的主观条件，也具备将科研成果投入社会一线的客观条件。其要建立服务社会的直接机制，变被动为主动，在观念、思路和方法上转型升级，实现观念再造、思路求变、方法再新，积极向政府和企业推送优秀成果，实现将科研成果直接转化为社会生产力和驱动力的本质飞跃。

（四）回应人民的关切

作为马克思主义政党，全心全意为人民服务是中国共产党的根本宗旨，人民立场是中国共产党的根本政治立场。马克思曾指出："理论一经掌握群众，也会变成物质力量。"作为扎根中国大地办教育的大学，作为坚持党委领导的校长负责制的高等学府，必须坚持以人民为中心的发展思想，及时回应人民群众关切的问题，办好人民满意的教育，这是建设中国特色世界一流大学的根本要求。

习近平总书记在全国高校思想政治工作会议上将"为人民服务"放在我国高等教育发展方向"四个服务"的第一位，新修订的《中华人民共和国高等教育法》更是专门将"为人民服务"纳入法律范畴。大学要全面贯彻党的教育方针，着力完善教育体系，始终为人的全面发展而服务，使教育发展成果更多更公平地惠及全体人民，真正满足我国从教育大国到教育强国、从人才大国到人才强国的转变。同时，高校要建立健全学生资助体系、特色招生体系、资源分配体系、就业指导体系等，缩小区域之间、城乡之间的教育差距，让贫困地区的学生享受到公平的教育机会。

三、西安交通大学的发展理念与探索实践

在第四次工业革命浪潮与高等教育变革的背景下，西安交通大学以"四个面向"为指导思想，致力于打造全国重要的科研和文教中心，打造国家重要战略性平台，建成中国西部科技创新港，形成了"四个融合"的理念：在学校内部融合方面，打破学科壁垒，促进学科交叉；在大学与社会融合方面，面向国家重大需求，积极主动对接国家战略；在大学与产业融合方面，主动打破学校的围墙，面向经济社会主战场；在国家之间融合方面，面向国际社会，践行人类命运共同体理念。

（一）推动学校内部融合

为打破学科壁垒，促进学科交叉融合，中国西部科技创新港有机组合相关学科，构建了29个研究院、300多个研究平台。其通过打破物理空间的隔阂，鼓励学生学习跨学科知识，了解跨学科领域，研究跨学科问题，在实践项目的牵引下，完成大学的培养计划。如，学校在位于创新港的面积达18万平方米的泓理楼中，将集成电路、工业软件、人工智能、大数据、数学中心集成起来，以干部任职互兼为抓手，以项目推进为主线，组建大团队承接国家重大任务，在第四次工业革命背景下力争实现人工智能、大数据信息化领域的突破。

（二）推动大学与社会的融合

为面向国家重大需求，主动对接国家战略，学校瞄准影响国家乃至世界未来发展的若干重大问题，超前谋划、提前部署，先行先试、摸索前进，在服务国家战略中不断明晰自身定位、推动学科发展，深刻理解什么是国之大者，积极承担为国家扛使命、扛责任的任务，积极建设给国家"打粮食"的工程。如，学校创办了世界上第一个储能专业，建立了能源科学研究院，解决人类未来发展清洁能源的供给问题；在核聚变、钠冷快堆等方向，利用国家级平台组建一批大科学装置。虽然大部分装置还未获批，但依托企业、行业和地方政府的支持，该专业已率先向前发展。只要学校走在时代前列，就一定有机会做出对人类社会有益的贡献。

（三）推动大学与行业的融合

为打破学校与社会之间的围墙，主动面向经济社会主战场，学校提出了"跑五"的理念和目标：聚焦本学科领域中全球排名前五的高校、本行业中排名全球前五的企业等，聚焦新一轮工业革命中各领域的国家重大研发计划，研判分析学校在这前五个学科、前五个企业、重大研发计划中的参与度，从而以计划、目标、任务倒逼科技工作者在反思中寻找答案，在对外交流中明确不足，在不断奔跑中推动发展，寻找社会的需求，探寻行业的前沿，明确大学的任务，推动领域的融合。创新港的每栋楼里都有若干校企联

合研发中心，200多家企业已经先后进驻创新港，实现了研究院与企业的深度融合，真正打破了围墙阻断，推进了产学研一体化。

（四）推动国家之间的融合

为践行人类命运共同体的价值理念，西安交通大学在2015年领衔成立"丝绸之路大学联盟"，致力于推动高等教育开放合作、倡导多元文化交流互鉴，以加强不同国家和地区大学间的校际交流、人才培养、科研合作、文化沟通、政策研究、医疗服务。迄今为止，已有38个国家和地区的151所高校成为"丝绸之路大学联盟"成员，形成了遍布世界五大洲的高等教育合作平台。

在创新港，西安交通大学和意大利米兰理工大学贯彻"设计未来"的理念，成立了联合设计学院，促进了学校学科交叉，推动了中外合作人才的培养，使更多工程、设计领域的相关学科参与了进来，全面促进了学科交叉和不同学科领域的学术交流，使两校在开放合作的国际化交流平台中优势互补、互利共赢。

真正评价一所大学的是历史，是实践，是人民。他们所能记住的，是一所大学为人类发展与社会进步做出的贡献。身处第四次工业革命的大背景下，中国高等教育必须认清当前的形势、挑战与任务，适应21世纪大学的新形态，推动自身变革与发展，不断书写历史新篇章。

（本文原载于《中国高教研究》2021年第1期，本文有修改）

参 考 文 献

[1] 习近平：在中国科学院第十九次院士大会、中国工程院第十四次院士大会上的讲话［EB/OL］.(2018-05-28)［2020-12-16］.http://www.gov.cn/xinwen/2018-05/28/content_5294322.htm.

[2] 习近平.在哲学社会科学工作座谈会上的讲话［N］.人民日报，2016-05-19（2）.

[3] 习近平.在欧美同学会成立100周年庆祝大会上的讲话［N］.人民日报，2013-10-22（2）.

[4] 话世界经济论中国道路 习近平达沃斯演讲妙语频出［EB/OL］.(2017-01-18)［2020-12-16］.https://www.chinanews.com/gn/2017/01-18/8127751.shtml.

[5] 王战军，娄枝.世界一流大学的社会贡献、经验及启示：以哈佛大学为例［J］.清华大学教育研究，2020（1）.

The Reform and Development of Higher Education Under the Background of the Fourth Industrial Revolution

Abstract: The advent of the fourth industrial revolution, the outbreak of COVID-19, and the game among big countries have made us soberly aware that a community with a shared future for mankind embodies the core value of modern human civilization. Meanwhile, the integration and development of human civilization embodies the core value of higher education and demonstrate its future development orientation. Confronting with the great changes unseen in a century, China's higher education needs to give free rein to its wisdom and contribute to human development and social progress. In the context of the fourth industrial revolution, the author analyzes the opportunities and challenges faced by higher education, studies and determines the development orientation and reform path of higher education in the new era, and expounds Xi'an Jiaotong University's developmental concepts and exploration practices in this process, with a view to provide theoretical and practical reference for the reform and development of China's higher education.

Keywords: the fourth industrial revolution, new era, higher education, reform and development

世界格局变革下我国本科教育发展的若干方略

王定华[①]

世界格局,是指国际关系结构,即世界上各种力量经过不断消长变化和重新分化组合,从量变逐渐发展到质变而构成的一种相对平衡的态势。世界格局涵盖经济、政治、军事、文化、教育等因素,由这些因素构成,又反过来深刻影响这些因素,再由这些因素协力孕育国际政治经济新秩序。

深入分析世界格局变革的规律性、复杂性和不确定性,对于把握高等教育发展趋势,分层次建设重基础、高水平、有特色的本科教育,具有重要意义。

一、世界格局变革下本科教育发展的定位

当人类社会进入 21 世纪第三个 10 年之际,世界格局发生了深刻调整,给高等教育特别是本科教育带来了巨大冲击。对此,我们需要认真研判,准确定位,化危为机。

(一)新冠肺炎疫情影响全球

2020 年暴发的新冠肺炎疫情,波及范围之广、影响领域之深,历史罕见,给人类生命安全和身体健康带来了巨大威胁,对世界格局和世界治理体系产生了重大影响,给全球各行各业带来了巨大挑战。教育置身其间,受到的影响十分明显。

首先,新冠肺炎疫情使高等教育形态发生了革命性变化。疫情期间,传统的教室被宽带网络教学、数字课程平台所取代,常规的课堂被远程答疑解惑的翻转课堂所取代;本科招生综合测试、硕士研究生入学面试、博士研究生入学考试通过线上完成;生动热闹的本科生暑期夏令营变成了云端研学活动。大规模在线教学将全方位促进高等教育数字化转型,催生未来高等教育新业态。据调查数据显示,在线教育中互动的维系、注意力的维系至关重要。[1]在教师作用上,在线教育不只是将传统教学转移到网上,还需要教师对教学内容进行全新的思考和设计,从知识的传输者变为学习任务驱动的设计者。在学生学习上,自主学习能力成为影响学生在线学习效果的关键因素,因而教师需要更加关注对本科生自学能力和自我管理能力的培养,激发学生学习的内驱力。在教育内容上,学校应当精选本科生持续进步、终身发展、健康生活所必需的基础知识、基本技能,提升学生驾驭科技手段、运用网上资源、辨别海量信息的素养。

其次,新冠肺炎疫情对全球学术、就业环境产生了巨大影响。疫情导致高等学校的正常招生、教学活动受到干扰,留学教育、国际交流计划被搁置或取消,很多师生的学习、工作、就业规划被打乱。疫情还导致许多高等学校收入来源减少。哈佛大学、麻省理工学院等的领导层纷纷发表公开信,表示学校主要收入来源受到巨大影响,将重置预算并取消本年度招聘计划。[2]当然,我国也无法置身事外。"受全球疫情冲击,世界经济严重衰退,产业链供应链循环受阻……国内消费、投资、出口下滑,就业压力显著加大。"[3]党中央、国务院对此高度重视,多次对统筹疫情防控和经济社会发展、全面强化稳就业的举措做出重要部署。对于这次疫情给高等教育带来的各种冲击,教育部门、各类学校应特别加以观察、研究、适应、引导,与各国同行携手,把教育治理及各项工作做得更好。

最后,新冠肺炎疫情对我国国际话语体系建设提出了严峻挑战。这次新冠肺炎疫情防控战,充分展示了我国的大国担当、大国风范和大国气度,为全世界抗击新冠肺炎疫情提供了借鉴、经验和支援。但从国

[①] 王定华,北京外国语大学党委书记,教授。

际舆论来看，我国在国际上的话语权并不占优势。一方面是因为美国等西方国家的政客处心积虑"甩锅"抹黑，另一方面也说明了我国在国际话语体系建设上尚需改进。高等学校尤其是外语院校应一马当先，发挥作用，加强国别区域和全球问题研究，推动海外中国学研究，将语言优势转化为话语优势，为我国国际话语体系建设做出应有的贡献。

（二）"一带一路"全面推进

随着人类命运共同体理念、"一带一路"倡议的深入推进，我国与"一带一路"沿线地区和国家取得了丰富的合作成果，对世界格局产生了深远影响。这其中既蕴含着重大机遇，也伴随着巨大挑战，使得高等教育的基础性、先导性地位和作用更加凸显。

首先，我们迫切需要加快外语能力的建设。只有语言相通、文化相通，才能实现真正意义上的"民心相通"。在"一带一路"倡议的实施过程中，英语、法语等通用外语至关重要，而非通用语的战略支点作用也日益显现。"一带一路"沿线现有六十多个国家，由于这一合作倡议具有开放性和包容性，将来还会不断有国家或地区参与进来，而通晓相关小语种的人才却相当匮乏，很多部门和行业都遭遇了"小语种危机"。[4]2016年4月，中共中央办公厅、国务院办公厅印发《关于做好新时期教育对外开放工作的若干意见》，提出了培养国家战略和重点行业发展急需的人才的任务，明确将"非通用语种人才"列为重点培养的五类人才之一。

其次，我们迫切需要优化人才培养结构。在"一带一路"建设进程中，行业企业拓展海外市场、积极"走出去"，但仅仅依靠先进生产设备的输出，很难解决"水土不服"、售后服务与使用支持跟不上的根本性问题，而应当"生产线+人才群"双管齐下，[5]这便对高等学校人才培养提出了更高要求。不同类别本科院校或不同层次院校的本科教育阶段，都应主动对接国家需求，放眼世界发展大势，对照国际行业标准，从本校实际出发，优化学科专业布局，创新人才培养模式，致力于培养学生适应社会发展和国际竞争需要的必备品格和关键能力。"双一流"建设高等学校应发挥学科优势，在海洋、极地、网络、太空、核安全等新兴领域发力，突破人才瓶颈，做好人才储备，为中国参与全球治理提供有力的人才支撑。地方本科院校应积极参与本省市"一带一路"建设行动计划，加快培养"一带一路"建设急需的各类专门人才。工科类院校应加强机械类、电气信息类、化工与制药类等高质量工程科技人才的培养，并注重学生专业外语能力的提升，助力中国行业企业"走出去"。职业本科院校应加快培养适应"一带一路"沿线国家经济社会发展需要的、掌握国际通用技术技能的应用型人才。

最后，我们迫切需要推进中外文化交流。民心相通归根结底是文化的交融，只有更多地促进文化上的彼此理解、融合，才能进一步在合作的内涵方面真正产生化学反应，进而让彼此共同成长。作为中外人文交流的重镇，高等学校在来华留学教育、中国文化海外传播等领域具有先天优势，承担着重要使命。2018年，共有来自"一带一路"沿线六十多个国家的26.06万名学生来华留学，占来华留学总人数的52.95%。[6]2020年5月，习近平总书记给北京科技大学全体巴基斯坦留学生回信，鼓励他们多同中国青年交流，同世界各国青年一道，携手为促进民心相通、推动构建人类命运共同体贡献力量，为高等学校做好新时代留学工作指明了方向。发挥人类命运共同体理念的价值引领作用，加强来华留学生教育，推动中外文明交流互鉴，通过外化与内化的文化互动，搭建中外文化交流对话平台，为"一带一路"建设夯实民意基础，是高等学校服务国家政策和社会发展的责任。（见图1）

（三）世界科技迅猛发展

互联网、云计算、大数据、人工智能、3D（三维）打印等现代技术正在引发世界格局的深刻调整，重构人们的生活、学习和思维方式，引发人们对未来教育的深入思考。

首先，大学的物理围墙逐渐消失。美国学者柯林斯（Collins）和哈尔弗森（Halverson）在《技术时代重新思考教育》中提出了"即时学习"的概念：无论何时你想学习什么内容，都可以在线找到所要学的东西，并完成学习任务。正如当前国内大学生所经历的那样，入门物理学和入门经济学可由享有世界声誉的教师来讲授，任何人都可以通过下载的方式得到耶鲁大学的课程资料。随着全球开放课程的迅猛发展,大学作为网络课程资源提供者的身份将会日益凸显,大学的物理围墙必将被打破,学生的全球化学习成为可能。正如印刷术的发明打破了知识的精英垄断,网络开放课程的迅速普及也会使大学的物理围墙逐渐消失。

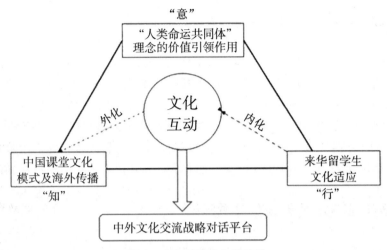

图1 文化互动的大学传播

其次,大学的知识权威面临威胁。知识数字化和互联网技术的发展,使知识传递方式由单向讲授转为多向互动,大学的知识权威面临威胁,教育的实际效能受到质疑。根据斯坦福大学《2030年的人工智能与生活》报告,未来15年,"在教育领域,兼具互动乐趣与学习效果的教学机器人等智能设备可能会得到普及"。[7]当前,语音测评、自动批改、拍照搜题等人工智能技术的应用日益广泛。美国佐治亚理工学院已经开始使用人工智能助教帮助其安排在线课程。"智课教育""英语流利说""百词斩"等语言学习软件,运用人工智能算法、语音识别等技术,实现了学习目标的个性化设计,效果明显,广受学习外语的学生欢迎。据统计,在中外众多人工智能教育企业中,融资轮次最多、经营业务最多的,均与语言学习相关。[8]

最后,大学的学科专业遇到挑战。当下,科技发展日新月异,产业需求迭代速度远超以往,这将使未来许多行业受其影响,甚至消失。第五届世界互联网大会公布了全球首个人工智能合成新闻主播,其不但会说中文,还会说外语。谷歌翻译、讯飞翻译等人工智能企业推出的翻译平台,逐渐凭借其翻译的高效性和准确性占据了翻译行业的重要地位。这些变化不仅影响着高等教育的目标,也影响着它的内容、技术、手段、标准、方法、理念等。对此,各类本科院校应当因势利导,主动求变,锐意改革,积极发展,以特色取胜。

(四)我国政府高位部署

进入新时代,面向现代化,党和国家事业的发展对科学知识和卓越人才的需求比以往任何时候都更为强烈。习近平总书记明确指出,只有培养出一流人才的高等学校,才能够成为世界一流大学。办好我国高等学校,办出世界一流大学,必须牢牢抓住全面提高人才培养能力这个核心点,并以此带动高等学校各项工作。建设高水平本科教育,须提高政治站位,将新时代党的教育方针全面落到实处。

我们对本科教育更加强调。本科教育是具有战略地位的教育、具有纲举目张性质的教育。从世界高等教育的发展趋势看,且不说一些著名院校专司本科教育,更多一流研究型大学也普遍将本科教育放在学校发展的重要战略地位。进入21世纪以来,美国、英国、德国、澳大利亚等国家纷纷启动本科教育创新改革,提出"重塑本科教育"。2019年,中共中央、国务院印发了《中国教育现代化2035》,明确提出要建设一流本科教育,推进"六卓越一拔尖"计划2.0,实施一流专业建设"双万计划"等。随着新时代第一次全国教育大会的召开、新时代全国高等学校本科教育工作会议的举行,以及教育部一揽子加强本科教育政策的出台，本科教育的重要性在国家层面被提到前所未有的高度。坚持"以本为本"，推进"四个回归"①，加快建设高水平本科教育，是新时代高等教育战线的重要使命。

我们对国际化人才更加重视。随着中国走向世界舞台中央的步伐不断加快，国际化人才已经成为国家谋划对外开放和发展大局的一项重要举措。《国家中长期教育改革和发展规划纲要（2010—2020年）》提出，要"适应国家经济社会对外开放的要求，培养大批具有国际视野、通晓国际规则、能够参与国际事务和国际竞争的国际化人才"。2014年，教育部设立了国际组织人才培养项目，有组织、成批量地向联合国教科文组织、联合国难民署、国际电信联盟等派出实习生。2018年9月，习近平总书记在全国教育大会上明确提出，要大力培养掌握党和国家方针政策、具有全球视野、通晓国际规则、熟练运用外语、精通中外谈判和沟通的国际化人才，有针对性地培养"一带一路"倡议等方面急需的懂外语的各类专业技术和管理人才。2020年6月，教育部等八部门印发《关于加快和扩大新时代教育对外开放的意见》，把培养具有全球竞争力人才的任务摆在重要位置，提出要提升我国高等教育人才培养的国际竞争力，加快培养具有全球视野的高层次国际化人才。在党中央的统一部署下，国际化人才的战略布局和培养机制不断完善。

二、世界格局变革下本科教育的措施

面对世界格局变化，我们应具有超前意识和全球眼光，从更长远的角度、更广阔的视野进行思考定位，实施前瞻性的学科和人才战略布局，做到因事而化、因时而进、因势而新。

（一）保持战略定力

当前，"双一流"建设正加快推进，国际竞争日益激烈，各种思想观念相互激荡，各种矛盾诉求相互碰撞，各种评比排行名目繁杂，"在这样的复杂环境中，保持理论上的清醒、增强政治上的定力是很要紧的"[9]。

首先，保持战略定力需要牢牢把握社会主义办学方向。我国高等教育的发展方向要同我国发展的现实目标和未来方向紧密联系，为人民服务，为中国共产党治国理政服务，为巩固和发展中国特色社会主义制度服务，为改革开放和社会主义现代化建设服务。习近平总书记在全国高校思想政治工作会议上提出的这"四个服务"，充分体现了我国高等教育发展的道路自信，是党的教育方针在新时代的创新发展。本科阶段作为高等教育的基础阶段，是大学生世界观、价值观、人生观形成的关键时期，更应坚定为党育人、为国育才的立场，以思想自觉引领行动自觉，把道路自信、理论自信、制度自信、文化自信转化为办好中国特色世界一流大学的自信。

其次，保持战略定力需要全面落实立德树人的根本任务。中国自古以来就将"立德""树人"作为教育的价值追求。② 今天，党中央把立德树人作为高校立身之本，彰显了中国高等教育的初心和使命。建设扎根中国大地的世界一流大学，必须把培养德智体美劳全面发展的社会主义建设者和接班人作为根本任务。当今世界处在一个大发展、大变革、大调整的时代，充满不确定性。世界怎么了？我们怎么办？这是整个世界都在思考的问题，也是青年学生应该回答的时代之问。他们对中国的发展既充满信心又深感民族复兴之艰巨，对全球格局既看到发展大势不可逆又感到有些困惑，对未来世界既寄予期待又有些许迷茫。本科院校要引导师生树立正确的历史观、民族观、国家观、文化观，自觉抵制错误思潮，增强学生对中国特色社会主义的道路自信、理论自信、制度自信和文化自信；着重培养学生的探索精神、可持续发展潜质和国际化生存能力，使他们能够从容面对未来复杂多变且"不确定"的社会挑战，以不变应万变；提倡每天锻炼一小时，健康工作五十年，幸福生活一辈子，让学生养成锻炼的习惯，保持充沛的体力和精力；培养学生既能欣赏异域文化之美，又能表现琴棋书画之美，进而创造人生奉献之大美；鼓励学生参加志

---

① 指教育部建设高水平本科教育和人才培养质量提出的"回归常识、回归本分、回归初心、回归梦想"。
② 《左传·襄公二十四年》云："太上有立德，其次有立功，其次有立言，虽久不废，此之谓不朽。"《管子·权修》云："一年之计莫如树谷，十年之计莫如树木，百年之计莫如树人。"

服务、创新创业和社会实践，让他们在动手实践、出力流汗中埋下崇尚劳动的种子，在接受锻炼、磨炼意志中生成不懈奋斗的精神。[10]

最后，保持战略定力需要在复杂多变的国际局势中平心静气、冷静观察。受中美经贸摩擦和新冠肺炎疫情的叠加影响，两国教育交流合作受到了一定的挑战。一些别有用心的美国政客将部分正常的中美教育交流合作活动政治化，对部分专业拟赴美的中国学生进行签证限制，取消富布赖特项目，使中美教育交流合作遭遇寒流。在这个问题上，高等学校要坚定信念、积极应对、辩证看待、稳妥把握。我们要认识到美国高等学校对华交往合作的态度是开放的，对留学生的态度是欢迎的。不管政治经济关系如何变化，我们要始终保持自信和定力，坚持教育对外开放不动摇，主动加强同世界各国的互鉴、互容、互通，形成更全方位、更宽领域、更多层次、更加主动的教育对外开放局面。[11]我们不能因一时一事或某些利益集团、某些人的言论而受到大的影响，要努力为增进两国人民的相互理解和友谊做出贡献。

（二）深度开放合作

当今世界，高等学校已从遗世独立的象牙塔走向社会发展的中心，它和社会经济不再是相互分离、各自发展的"平行线"，而是密切结合、共生共长的"螺旋体"。[12]随着我国高等教育进入普及化阶段，高等学校应坚持开放式办学，对内深化校、际校企合作，对外深化国际交流合作，实现本科教育的模式创新与内涵式发展。

首先，立足内外资源创条件。当前，学科交叉融合已成为世界高等教育的新趋势。各类本科院校应进一步把办学视野打开，在更大范围内优化配置教学资源。一方面，优化配置校内资源，把有限的财政资源用到关键处，充分保障重大任务、重大项目的资金投入。另一方面，积极推动育人资源"校外找"，建立产学研用共赢机制，汇聚社会优质资源；积极推动育人资源"校际选"，实现跨校选课、学分互认，整合知名院校优质资源为我所用。其中，行业特色型高等学校学科相对单一，虽然除了传统优势学科之外，其他学科也取得了发展，但对高素质复合型人才培养、重大科研攻关的支撑尚显不足，应深化与综合性大学的实质性合作，强化联合、协作和共享，不忘"老朋友"，结交"新朋友"，扩大"朋友圈"。

其次，实施出国交流广覆盖。近年来，习近平总书记在"一带一路"国际合作高峰论坛、中国国际进口博览会、博鳌亚洲论坛等重大场合，多次向世界宣示中国将扩大教育开放。在世界科技水平总体领先于我国的情况下，开放式培养是加快培养和造就国际一流的拔尖创新人才的有效途径。我国高等学校应深化与世界一流大学的实质性合作，鼓励学生走出国门，进行跨地域、跨文化的交流学习，支持教师国外访学，合作完成科研课题，实现教育资源国际化流动。有条件的院校应加快实施全球化培养战略，对教师出国研修、参加国际会议实行资助广覆盖，对学生出国学习、海外实践实行资助广覆盖，从而拓宽师生的国际视野、丰富国际体验，增强学校发展的内在活力和国际竞争力。

最后，参与全球治理占高地。当今中国正逐步从参与世界、融入世界、渴求被世界理解，转向主动参与全球治理、积极引领全球治理。作为国家发展的先导工程和基础工程，我国高等教育需加快从"跟跑并跑"到"并跑领跑"的跨越，进而引领全球教育发展。《2030年教育宣言》①特别强调，必须在发展的大背景中审视教育的未来，增加对人类发展、经济、社会、环境可持续性的共同关注，增强教育系统之间的联系。[13]我们不能被动地接受挑战，应从机构合作、文化互动、人才培养三个维度出发，统筹布局，全面发力，主动参与全球教育治理。在机构合作方面，主动与世界一流高校建立战略性的合作关系，跟踪国际前沿，培养师资队伍，吸纳国际人才，使学校的教学科研与国际接轨。在文化互动方面，提升来华留学生的文化适应度，加强中华优秀传统文化和比较文明教育，增强中国文化软实力。在人才培养方面，要看到中国在国际组织中的职员数量与我国大国地位很不匹配，亟须弄清现状与问题，探索理论与概念，总结经验，主动借鉴，稳步改革，大胆创新，加大对国际组织人才的培养力度，提升中国参与全球教育治理的能力。（见图2）

---

① 2015年5月21日，由联合国教科文组织与韩国政府共同主办的"世界教育论坛"召开，笔者亲往参加。论坛通过了《2030年教育宣言》，又称《仁川宣言》，为今后15年的全球教育确立了新目标。

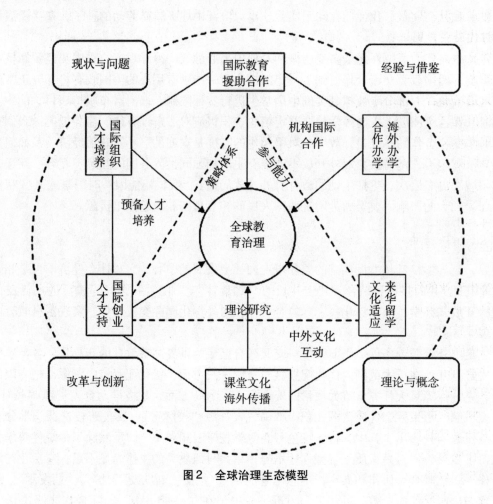

图2　全球治理生态模型

（三）培养全球胜任力

如何加快培养全球治理人才，特别是适应国际组织需要的尖端人才，让我们培养的人才更加自信、从容地活跃在国际舞台上，是当前高等学校必须面对的重要课题。为此，应基于西方发达国家的成功经验、中国职员的工作体验、中国高等学校的培养现状，系统推进培养理念、招生选拔、课程教材、培养方案、师资队伍、管理机制的创新，为实现全球治理的中国参与提供人才支撑。

首先，英语开道，复语跟进。要看到，现在大多数的本科生已在中小学教育阶段学习过十几年英语，因而今后本科院校所有专业、全部学生都应该力争做到熟练掌握英语。同时，还要看到，随着世界格局的变化和全球合作的深化，单纯掌握一门外语在国际人才市场已缺乏竞争力，掌握两门外语，将成为国际组织招贤纳士的基本门槛。对此，各类本科院校迫切需要加大公共外语和专门用途英语的建设力度，着力培养精通一种专业、具有突出外语能力的外向型人才。外语类院校应紧密对接"一带一路"建设的迫切需求，大力培养复语型人才，同时探索开设"非通用语＋法律、商贸、教育、外交、传播"的复合型专业，大力培养精通专业的外语人才和精通外语的专业人才。

其次，立足国情，放眼全球。《礼记》有云："大道之行也，天下为公，选贤与能，讲信修睦。"全球胜任力离不开脚下的土壤与大地，有着强烈的民族身份认同、民族自尊心的人在国外才会受到尊重。为此，本科院校应创造机会和条件，大力弘扬中华优秀传统文化、革命文化和社会主义先进文化，使学生了解中华文化的变迁，触摸中华文化的脉络，感受中华文化的魅力，汲取中华文化的精髓。新时代社会主义建设者和接班人，不仅要有中国情怀，而且要有世界眼光和国际视野，在世界舞台上发挥作用。应加强中外国际比较、对象国社会调查、全球区域问题研究等实践性环节的实施力度，培养学生关注世界形势及其发展变化，借鉴异域长处，摒弃腐朽思想，承担起为世界、为人类做贡献的责任。

最后，加强通识，全面发展。当今世界日新月异，知识更新换代加快，学生本科阶段仅学习专业知识已无法满足时代需要，更重要的是学会获取知识、主动更新知识。麦可思对2018届国内读研的本科毕业生的调研数据显示，对于"本科母校需要在哪些方面改进教学"这一问题，55%的受访者认为是"学术批判性思维能力"，其次是"研究方法"（51%）。[14]在这个意义上，通识教育应当得到大力提倡。通识教育的意义不只是增加若干概论性质或人文方面的课程，其重要目的在于培养学生良好的情感、积极的态度、正确的价值观，提升学生严密的逻辑思维和独立思考、解决实际问题的能力。面对世界格局大变革，本科阶段应重视跨文化能力的培养，同时加强中文教育，开好有关写作与沟通的课程。无论是精通中外谈判，还是从事国际人文交流，写作、沟通、表达能力都是必备的素质。

（四）打造国际化课程

课程建设是实现一流本科教育的主要途径和基本手段，课程设置、内容实施、评价反馈等直接影响到人才培养效能与质量，应着力提升专业建设水平，推进课程内容更新，推动课堂革命，打造一流的国际化课程。

首先，突出专业的外向性。建设一流本科，培养一流人才，专业教育是"四梁八柱"。本科院校应把建设一流本科专业作为加快推进一流大学和一流学科建设、实现内涵式发展的重要基础和根本抓手。我们应引进国际先进教学资源，开发具有中国特色和国际竞争优势的专业课程，并逐步实现原有各类课程的全英文授课，以吸引更多的世界优秀青年来华留学。外语、外贸、外交、外事等方面的专业应坚持外语技能和学科训练并举、语言文化学习与国别区域研究并举。2019年，教育部面向全国开展了一流专业的申报与评选，力求通过这些专业，突出示范领跑，带动面上进步。入选该轮国家一流专业的本科院校，应当加大政策支持，倾斜资源配置，对标国家要求，推动改革发展，做到名副其实。

其次，提升课堂的互动性。今天，大规模的优质在线教育资源不断向公众开放，依托慕课①开展混合式教育模式正在成为课堂"新常态"。这意味着本科教育不再是单行道，信息传递不只是教师对学生的传递或反复的测验。教师要让自己提供的资源成为学生自主学习的支持系统，并在学生可能会遇到困难的地方搭好"桥梁"，引导学生的学习逐步走向深入；要想办法提升学生的学业挑战度，促使学生主动参与，由师生合作完成学习过程，而不是由教师独立完成整个教学过程；要强化科研育人功能，引导学生不停地认真观察、思考、联想、推测、论证、再观察、再思考，追寻真理，得出结论，进而形成严谨的态度、探究的品质、合作的精神。

最后，体现教材的融通性。教材是传播知识的主要载体，既要体现一个国家、一个民族的价值观念体系，又要体现人类文化的知识积累和创新成果。我们应鼓励和支持专业造诣高、教学经验丰富的专家、学者参与教材编写，逐步摆脱对原版教材的过分依赖；应参照课程标准，遵循学科逻辑结构，符合学生心理结构，反映各国先进文化，适合本校广大学生，体现主流意识形态，形成专业经典范式，赢得全国广泛肯定；要加强教材研究，创新教材呈现方式和话语体系，实现理论体系向教材体系转化、教材体系向教学体系转化、教学体系向学生的知识体系和价值体系转化，使教材更加体现时代性、前沿性。

（五）拥抱人工智能

在移动互联网、大数据、超级计算、脑科学等新理论、新技术的驱动下，人工智能呈现出人机协同、跨界融合、共创分享等新特征。[15]高等学校应充分利用人工智能，研究人工智能，进而驾驭人工智能。

首先，以人机协同改革教学范式。促进信息技术手段与人才培养体系深度融合，是全球人才培养模式改革的大趋势。一方面，全面推进教室革命。利用虚拟现实和增强现实技术创造逼真的现场情景，打造智能教室，用智能语音技术实现互动，让更真实的学习体验、更高效的实践学习成为可能。另一方面，全面推进课堂革命。人工智能对教育的影响绝不仅仅是技术的赋能，更有对人才培养方向和理念的影响。我们应鼓励广大教师在继承和发扬传统课堂优势的同时，主动运用互联网、人工智能等技术，打造精品慕课、

---

① 大型开放式网络课程，即MOOC（massive open online courses）。

翻转课堂、混合式教学范式，提升本科教育效率。

其次，以人工智能促进学科融合。新一轮科学技术和产业革命的方向不会仅仅依赖于一两类学科或某种单一技术，而是多学科、多技术领域的高度交叉和深度融合。自然语言处理是人工智能领域中的一个重要方向，各类本科院校都应抓住这一机遇。人工智能时代，基于大规模数据概括出的语言规律，可以帮助我们掌握人类学习语言的过程。我们应结合人工智能技术优势，推动心理学、神经科学、脑科学、认知科学等学科研究的深层次互动，从认知角度入手，深入挖掘、探索语言学研究新领域。[16]相关院校已成立人工智能重点实验室或研究院，与相关科技企业合作，运用人工智能手段，开发智能学习软件，探索人类学习的生理机制和内在规律，并且从本科阶段培养人工智能研究、开发及运用的人才。

最后，以共创分享拓展办学资源。据统计，2019年，我国共有12500门慕课上线，超过2亿人次在校大学生和社会学习者学习慕课，6500万人次大学生获得慕课学分。[17]高等学校应加速教育教学活动场所的全球移动和线上"迁移"，通过信息网络的放大作用及认知技术的增强作用，进一步扩展传统办学空间、打造新型学习空间，实现多次数、多地点学习和不同群体的共同学习。[18]2020年新冠肺炎疫情防控期间，我国教育系统充分运用信息技术手段组织开展网络教学，搭建远程平台，停课不停教、停课不停学，摸索出了很多行之有效的做法，这些都需在后疫情时代进一步制度化、常态化。

（六）完善保障机制

本科教育不仅是教学管理部门的事情，还涉及管理服务体系、教师队伍建设、考核评价体系和资源配置等。因此，一流的本科教育离不开多元化的保障体系。

首先，优先安排本科教育。全校上下要对立德树人进行再认识，使领导精力、教师精力、资源投入落实到本科教育上来。学校党委会、常委会和校长办公会要把教学列入学校的主要议事日程，把建设高水平本科教育作为新时代学校建设改革发展的重点任务，明确建设目标、重点内容和保障措施。大学主要负责同志及分管校领导要经常研究本科教育工作，全体教授都要给本科生上课或者举办学术讲座。教师应精心教学、专注科研，通过教学传递，使学生的知识得以增长；通过研究活动，使学生的能力得以提升；通过师生互动，使学生的视野得以拓展。

其次，科学评价教师绩效。坚持分类指导与分层次评价相结合，坚决克服唯文凭、唯论文、唯帽子、唯奖项的顽瘴痼疾。在专业技术职务评聘、绩效考核和津贴分配中，把教学质量和科研水平作为同等重要的依据，对主要从事教学的工作人员，提高其基础性绩效工资额度，以保证合理的工资水平，使教学科研型教师受到激励，科研教学型教师受到鼓舞，教学型教师受到尊重。充分发挥行业部门在人才培养、需求分析、标准制订和专业认证等方面的作用，通过购买服务的方式，支持社会专业评估机构开展教育质量评估。

最后，全力支持教学一线。理念要变成目标、变成行动、变成效果，要有实招硬招，需要真金白银的投入。在"双一流"建设的统筹布局中，要科学论证本科教育的经费预算，确保资源配置统一到人才培养的核心任务上来。学校各部门要回应教师关切，解决他们在工作和生活中遇到的困难，从而调动广大教师的积极性、主动性；增加教授评聘名额，让符合条件者毋须多年等待；改善教师待遇，在政策允许的前提下，普遍提高教师的绩效工资水平，并对成绩优异者给予重点奖励，加大对教学成果奖、科研成果奖的奖金额度；特别关心青年教师，让他们进修提高有机会、干事创业有平台、未来发展有奔头。

三、世界格局变革下本科教育的统筹

在我国日益走向世界舞台中央，经济结构实施战略性调整，高等教育向普及化迈进的大背景下，高等学校中的本科教育既拥有着前所未有的良好发展机遇，也面临着严峻的挑战。如何正确处理好发展过程中的若干矛盾关系，把握机遇，迎接挑战，实现平稳快速的发展，是高等学校必须认真研究解决的重要问题。

（一）本科教育与研究生教育

无论时代如何变化，本科教育在大学的根本地位、基础地位不会改变。没有优秀的本科生培养质量，研究生教育就没有高质量的毛坯和种子，就无法保证培养出优秀的高层次人才。同样，高质量的研究生教育对本科教育人才培养机制完善、学术氛围塑造以及师资队伍建设均具有重要的促进作用，没有厚重的学术积淀，就无法为本科教学提供有效的支撑。如何利用研究生培养中的学术创新资源反哺和带动本科教育的改革与创新，是"双一流"建设面临的基础性问题。

高等学校是分层分类的，应办出特色，不宜套用一个模子。任何一个国家不可能只发展研究型大学，而应该通过合理的制度和规划将大学进行分层，以适应社会发展的不同需求。大学中各学院的任务也不相同，有的学院没有本科，自然不存在"以本为本"的问题。有条件的高等学校在落实"以本为本"的基础上，可围绕培养目标，探索本、硕贯通培养，将高端人才培养阶段前移，解决培养模式阶段割裂、时间资源未充分利用等问题，以强化高端人才培养的系统性。积极推行本科生导师制度，促进教师、研究生和本科生在学习生活、科研项目中的密切互动，这不仅有利于激发学生的奇思妙想和学术热情，也可以让教师发现学生的潜质和教学中的问题。

（二）人才培养与科学研究

对于本科院校而言，人才培养主要体现为本科教学，科学研究主要体现为科研发表。教学与科研是相辅相成、相互促进的关系，犹如车之两轮、鸟之双翼，缺一不可。不应该有脱离教学的科研，也不应该有缺乏科研支撑的教学。

本科教学关乎国家发展和安全，既是现代大学的初衷，也是现代大学最根本的任务。[19]重视本科教学，注重教授为本科生上课，是世界一流大学的明确要求。例如，美国普林斯顿大学规定，所有教师都必须承担本科生教学任务，即便是诺贝尔奖获得者也要如此。[20]高等学校教师不管名气多大，教师是第一身份，上课是第一责任，要心系学生，站立讲台，以最高的水平忠实地搞好教学，以专注的投入诚恳地带好学生。同时，没有科研的教学是低水平的教学、重复性的教学。我们要用科研反哺教学，坚持教学出题目、科研做文章、成果进课堂，形成学生发展与教师科研相互促进的生态系统。专业教学讲究精耕细作、精益求精，但求其精不能失其大。教师通过科研既可以丰富学科知识，又能提高认知水平，从而使专业教学更有活力。

（三）中国学生与国际学生

随着我国综合国力和全球影响力的增强，中国学生走出国门，留学深造；外国学生纷纷来华，深度学习。高等学校在教学内容、方式、管理上面临诸多挑战。虽然受新冠肺炎疫情影响，高等学校国际交流暂时受阻，但从长远来看，全球化仍是潮流。

本科院校尤其是国际化程度较高的院校，应统筹谋划对本土学生和国际学生的培养，加强对留学生的管理。一要提高标准，宁缺毋滥。招收不是接收，数量服从质量，根据实际，适当提高国际学生准入条件，使国际学生与中国学生的招生标准大致统一，高水平院校应成为招收各国优秀青年的场所。二要统一管理，一视同仁。将国际学生的教学安排、后勤服务、校规要求纳入全校总体框架，推动同堂上课、同区生活、平等相促，让中外学生之间良性互动，进而增强国际学生对中国社会的融入感。三要针对特色，因材施教。留学生来自世界各国，文化背景、生活习惯、宗教信仰、知识结构、个性特点等各不相同，应当针对差异，有的放矢，充分关心，造就完备的留学生教育管理制度体系。

（四）教育传统与教育变革

每所高等学校都有自己的成长背景和传统学科。随着科技进步、社会发展，学校既要继承传统，发展重点的优势学科，又要勇于变革，涉足新的领域。如何把握传统与变革的关系，显得至关重要。

首先，继承传统指的是不忘本来，走特色发展之路。我们应将传统优势学科作为安身立命之本，集中优势领域,遵循学科发展的内在规律,坚持长期积累、精益求精、重点突破,以巩固优势、积聚能量、引领发展。在世界格局变革中,本科院校应围绕"外"字做文章,以国际化带动本科专业整体提升,为党和国家培养储备非通用语人才、国别区域研究人才、国际组织人才、高端翻译人才等高素质涉外人才。

其次,勇于变革指的是要吸收外来,面向未来,走创新发展之路。时代在变,万物皆新,与时俱进,还看今朝。历史的车轮是滚滚向前的,立足新时代,跨步"十四五",面向2035年,要"勇于变革、勇于创新,永不僵化、永不停滞"[21],如此才能适应新形势、引领新未来。我们应热切地了解世界一流大学的先进经验,进而理解、消化、思考如何应用到自己的大学教育之中,不能采取全盘接受或者全盘抛弃的绝对主义态度。

总之,身处中华民族伟大复兴的壮丽征程,面对汹涌变革的世界大势,本科院校使命在肩,任重道远。我们必须把握大局大势,把准前进方向,加快人才培养的思想创新、理念创新、方法技术创新和模式创新,推动新时代本科教育进一步改革创新,提质增效,行稳致远。

(本文原载于《教育研究》2020年第8期,本文有修改)

参 考 文 献

[1] 中国教育科学研究院课题组. 大规模在线教育的六点启示 [EB/OL]. (2020-04-21) [2020-06-12]. https://baijiahao. baidu. com/s?id=16645284570011063082&wfr=spider&for=pc.

[2] 全球学术就业进入"黑暗时期" [EB/OL]. (2020-04-17) [2020-06-12]. https://huanqiukexue. com/a/qianyan/xinli_renwen/2020/0417/29607. html.

[3] 李克强作的政府工作报告(摘登) [N]. 人民日报,2020-05-23 (3).

[4] 瞿振元. "一带一路"建设与国家教育新使命 [N]. 光明日报,2015-08-13 (11).

[5] 罗学科,谢丹. "一带一路"背景下高等教育国际化的思考与探索 [J]. 北京教育·高教,2017 (12).

[6] 196个国家和地区的49.22万名留学生去年来华留学 [N]. 新华每日电讯,2019-06-04 (7).

[7] 斯坦福大学重磅报告:2030年的人工智能与生活 [EB/OL]. (2016-09-24) [2020-06-12]. https://sohu. com/a/115017581_470026.

[8] 亿欧智库:2019全球人工智能教育行业研究报告 [EB/OL]. (2019-09-09) [2020-06-12]. https://www. 199it. com/archives/933381. html.

[9] 中共中央宣传部. 习近平总书记系列重要讲话读本(2016年版) [M]. 北京:学习出版社,人民出版社,2016:283.

[10] 王定华. 试论新时代劳动教育的意蕴与方略 [J]. 课程·教材·教法,2020 (5).

[11] 张烁. 加快和扩大新时代教育对外开放 [N]. 人民日报,2020-06-23 (16).

[12] 顾秉林. 开放合作,为实创新:知识社会中的研究型大学 [C] //教育部中外大学校长论坛领导小组. 中外大学校长论坛论文集(第三辑). 北京:高等教育出版社,2006:180.

[13] UNESCO. Education 2030: Incheon declaration and framework for action: towards inclusive and equitable quality education and lifelong learning for all [EB/OL]. http://unesdoc. unesco. org/images/0024/002456/245656E. pdf.

[14] 本科生国内读研比例为14.7%,近三成转换专业 [EB/OL]. (2019-10-27) [2020-06-12]. https://new. qq. com/omn/20191027/20191027A037TC00. html.

[15] 推动新一代人工智能健康发展 更好造福世界各国人民 [N]. 人民日报,2019-05-17 (1).

[16] 周建设,张文彦. 智能时代的语言学研究 [N]. 中国社会科学报,2018-09-14 (15).

[17] 中国慕课行动宣言 [EB/OL]. (2019-04-09) [2020-06-12]. http://edu. people. com. cn/n1/

2019/0409/c1053-31020138.html.

[18] 吴朝晖. 本科教育的未来 [N]. 光明日报, 2019-06-18 (13).

[19] 刘仁山. "双一流" 建设与新时代人才培养 [J]. 国家教育行政学院学报, 2018 (6).

[20] 杨学义, 李茂林. 全球视野下的大学办学理念剖析: 以全球三所精英大学为例 [J]. 国家教育行政学院学报, 2011 (2).

[21] 习近平. 在庆祝中国共产党成立95周年大会上的讲话 [N]. 人民日报, 2016-07-02 (2).

Strategies for Undergraduate Education in China under the Global Patterns of Transformation

Abstract: When human society enters the third decade of the 21st century, a new round of revolution of science and technology is being deepened and widened, artificial intelligence is upcoming, and the COVID-19 pandemic is affecting the entire world, thus deeply adjusting the global patterns, and making an unprecedented impact on higher education worldwide. Faced with these changes, China's higher education needs to maintain strategic confidence, deepen opening-up and cooperation, cultivate global competence, build an international curriculum, embrace artificial intelligence, improve the safeguard mechanism, and correctly handle the relationship between undergraduate education and postgraduate education, between talent cultivation and scientific research, between Chinese students and international students, and between the traditional education for undergraduates and educational reforms in the development of higher education.

Keywords: world pattern, COVID-19 pandemic, artificial intelligence, undergraduate education

探索高等教育普及化的"大国道路"

邬大光[①]

我国高等教育已经进入了普及化时代。需要承认,当高等教育大众化理论和实践还没有被完全理解和彻底消化的时候,就迅速地被"普及化"取代了,这一事实既让世界刮目相看,也让我们自己有些应接不暇。中共中央和国务院 2010 年颁布的《国家中长期教育改革和发展规划纲要(2010—2020 年)》明确提出:到 2020 年,我国高等教育毛入学率要达到 40%。而实际上,2020 年,我国高等教育毛入学率已经达到了 51.6%,在校大学生 4002 万,我国已经成为世界上高等教育规模最大的国家。面对突然而至的高等教育普及化,我们需要思考:西方的高等教育普及化指标和理论是否适应我国国情?我国高等教育普及化的路究竟应该怎么走?我国高等教育需要什么样的普及化?

一、理性认识高等教育大众化和普及化的划分标准

严格说来,我们近年来常常提到的高等教育大众化和普及化是"舶来品"。它源于 20 世纪 70 年代美国学者马丁·特罗(Martin Trow)提出的高等教育规模扩张理论,即高等教育规模扩张可被划分为"三个阶段":精英化、大众化和普及化,其具体的区分指标是 5%、15% 和 50%[1]。该理论在 2000 年前后引入我国之后,"大众化"成了"规模扩张"的代名词,而且"三个阶段"的量化指标也逐步成了判断我国高等教育发展水平的一个标准。

需要澄清的是,高等教育大众化理论的核心不是"量"的扩展,而是"质"的变化,包括被忽略的高等教育体系与结构的变化,量的变化只是体系和结构变化的外在表征。过去,当我们仅仅用"大众化"理论来解读高等教育规模扩张时,无形中就遮蔽了该理论的内涵和本质,同时也降低了该理论的应用价值。因此,当今天再用"普及化"来解读我国新时代高等教育的格局时,就需要走出对高等教育"规模扩张"理论的误读。

过去 20 年,大众化理论对我国高等教育的发展产生了重大影响。尤其是"三个阶段"的划分标准已被我国欣然接受,极少有学者对"三个阶段"的划分标准进行质疑。其实,除我们熟悉的"三个阶段"的划分之外,马丁·特罗的大众化理论还有如下被人们忽视的价值。第一,在西方,大众化理论是关于高等教育发展的一种"预警"理论,并不是目标理论,这是要告诉人们:当高等教育规模达到一定程度的时候,整个高等教育系统尤其是大学内部系统要发生重大变化。第二,大众化理论是关于高等教育发展的"道"的理论,而不是"术"的理论,即随着经济社会的发展,高等教育规模扩张是大势所趋,把握规模扩张所带来的一系列变化,是整个高等教育系统的一种理性自觉,任何一个国家都要从规模扩张的视角对此有所准备。说到底,高等教育大众化理论是带有前瞻性的一种"预警理论"[2]。

然而,在我国高等教育的理论和实践层面,相关学者几乎都把具有"预警"功能的理论解读成了"目标理论",尤其是在实践中又逐渐把其变成了追求的"发展目标",于是,它成了各级教育管理部门判断高等教育发展水平的重要指标,由此弱化了人们对高等教育大众化理论内涵和本质的关注。正是这一"误读",使得我们过去对高等教育大众化的理解以及今天对高等教育普及化的理解都没有摆脱"追求指标"的思维模式,即使到了今天,我们对高等教育普及化的理解似乎依然被套在"三个阶段"的划分标准上。在我国制定"十四五"高等教育发展规划时,这一思维惯性需要被彻底扭转。

[①] 邬大光,兰州大学高等教育研究院院长,厦门大学教育研究院教授,中国高等教育学会第四届学术委员会副主任。

高等教育规模扩张的"三个阶段"划分标准，其实只是提出者的经验判断，是基于只有 2.1 亿人口的美国而产生的理论，而不是基于一个人口大国产生的理论。马丁·特罗自己就坦诚指出"该划分标准没有科学依据"，完全是基于个人经验，而且是基于美国高等教育发展阶段和水平的经验，并不一定具有世界范围内的意义。也正是基于此，当高等教育大众化理论被引入欧洲和日本之后，面对出现的"水土不服"现象，马丁·特罗分别于 1978 年和 1998 年两次修订自己的理论。遗憾的是，马丁·特罗没有看到高等教育大众化理论在中国的实践，也就没有机会修订和提出一个适合高等教育大国的指标体系。

马丁·特罗曾经用"质的规定性"来阐述规模扩张后高等教育系统的特点，从其理论的出发点来看，揭示的是"量"的扩张；从其实践价值来看，是提醒人们关注"质"的变化。因此，"质的规定性"是高等教育规模扩张理论的核心。我国在引进高等教育大众化理论之后，恰恰忽略了对"质的规定性"的关注，而把注意力放在了"划分标准"上。因此，当前有必要重新思考规模扩张的"质的规定性"。

高等教育大众化理论讲的"质的规定性"是西方的话语体系。马丁·特罗曾在从宏观到微观的 11 个维度上描述了这些"规定性"的内容，如高等教育规模、教育观念、教育功能、课程、教学形式与师生关系、学生学习经历、领导与决策、学术标准、学校类型与规模、入学与选拔以及高等学校内部治理等。在我国的语境下，这些"质的规定性"更多地体现为高等教育的"内涵式发展"，即"外延式"的高等教育规模扩张基本完成之后，要关注高等教育的内涵式发展，尤其是大学内部系统和组织的变化，及时调整高等教育系统和大学内部的"生产力与生产关系"。虽然这些"质的规定性"不一定完全适合我国高校的内部治理，但具有方法论意义。

我国高等教育规模扩张从"大众化"到"普及化"有自己的特殊性，西方高等教育规模扩张理论提出的时代背景与我国完全不一样。1998 年，面对世界经济危机，我国启动高校扩招，主要是将其作为"拉动"经济增长的手段。虽然我们还无法评估 1999 年启动的高校扩招在应对经济危机中的贡献，但我们在一定程度上感受到了此次扩招对经济发展的推动作用等。同时应该承认，在这一过程中，我们既享受着高校扩招的红利，也在承受着扩招的"阵痛"。从"红利"的角度看，扩招极大地满足了经济崛起过程中人们对接受高等教育的期待，弥补了因历史原因造成的"人才缺口"；在扩招的压力下，也突破了计划经济时代的机制体制障碍，如通过校园置换建设新校区、社会资本进入后勤服务等，尤其是利用银行贷款和社会融资，基本解决了"硬件"不足的问题。同时在办学形式上，恢复了民办高等教育，创造了国家学历文凭考试、二级学院和独立学院、网络教育学院和中外合作办学等新的办学模式。回顾这些"创造性"尝试，不难发现，适龄青年接受高等教育的机会基本得到了满足，高校的"硬件"得到了极大改善。但从"阵痛"的角度看，在高等教育大众化后期，质量和就业等深层次问题逐渐凸显，并被带进了高等教育普及化时代。

"红利"与"阵痛"并存，是我国高等教育进入大众化后期的一个显著特点。西方的高等教育规模扩张不是在马丁·特罗"预设"的目标理论驱动下完成的，它主要是一个自然过程。因此，西方高等教育规模扩张在实践当中遇到的问题与我国也完全不一样。首先，西方的高等教育大众化主要是解决适龄青年接受高等教育的机会问题，而我国的高等教育大众化很大程度上还要解决大学生的就业问题。本来高等教育大众化和就业没有直接关系，但由于我国对大学生就业十分重视，就把就业的责任"压"给了高校，这是我国和西方高等教育在规模扩张上最大的不一致。其次，西方的高等教育入学率与毕业率和就业率是不同的概念，而我国的高等教育入学率与毕业率和就业率几乎是相同的概念。有多少大学生入学就希望有多少大学生毕业，有多少大学生毕业就希望有多少大学生就业。最后，西方的高等教育大众化是在市场经济的基础上配置资源，而我国的高等教育大众化阶段的资源配置还在很大程度上受到计划经济思维的制约。

总之，把高等教育规模扩张理论解读为"目标理论"，是一种理论"误解"。在西方，没有国家把其当成高等教育的"发展目标"，也没有一个公认的"大众化指标"；"三个阶段"的划分标准，只具有"统计"上的意义，并不具有指导实践的价值，只是作为学术界分析问题的一个方法论或视角。因此，一个人口大国和高等教育大国的高等教育普及化，应该有自己的指标体系，而不应以一个 2.1 亿人口国家的指标为参照系，更不应该把该理论解读为"目标理论"。在我国刚刚踏入高等教育普及化的"门口"时，既要肯定自己的发展成就，也应该反思：作为一个人口大国和高等教育大国，是否应继续以马丁·特罗划定的"标准"为参照系？我国现阶段的经济发展水平和实力、经济结构和产业结构是否能支撑起马丁·特罗划定的"标准"？

二、多样化的体系和结构是普及化的保障

我国仅用17年时间就走完了高等教育"大众化阶段"，这是一个惊人的速度。我国与西方国家相比，无论是进入高等教育大众化还是普及化阶段，最显著的特点是"既晚又快"。高等教育毛入学率从5%到15%，我国用了9年，而美国用了30年、英国用了26年、日本用了23年、德国和澳大利亚用了10年；高等教育毛入学率从15%到50%，我国用了17年，而美国用了40年、德国用了26年、英国用了25年、澳大利亚用了22年、日本用了20年[3]。2015年，已经有70个国家步入高等教育普及化阶段。我国进入高等教育大众化的时间，比美国晚61年，比英国、日本、澳大利亚晚30年以上；进入高等教育普及化阶段的时间，比美国晚50年，比日本晚30年，比英国、澳大利亚和德国也要晚20多年。尽管我国高等教育在规模上迈入了普及化阶段，但在启动大众化之前，缺乏对高等教育体系和结构的整体设计；在推进大众化的过程中，虽然进行了许多体系和结构性改革，却并没有形成与大众化相匹配的体系和结构，许多做法是不得已而为之的，带来的"阵痛"也比较多，正面临着许多深层次问题的挑战，急需一个缓冲、修补和恢复过程。因此，我国的高等教育如果没有一个支撑普及化的体系和结构，当高等教育规模越来越大时，就会影响高等教育的健康发展。我国当前的高等教育发展就处在这个时间"拐点"上。

从西方国家高等教育大众化进程的经验来看，一个合理的高等教育体系和结构扮演着重要角色，是顺利度过大众化、进入普及化的重要前提。西方国家基本是在高等教育体系和结构相对成熟的基础上开始大众化和普及化进程的，即大多数国家都是先做"质量"，再做"体量"，前期的体系和结构"储备"构成了大众化和普及化的基础。反观我国高等教育，从精英化到大众化的启动十分仓促，既缺乏对大众化理论的深刻理解，也缺乏整体的体系和结构设计，许多制度安排都是在进入大众化阶段后才酝酿构建的，这无疑影响了大众化的发展质量。一个大国在高等教育"体量"进入了普及化之后，只有尽快完成支撑普及化的"体系和结构"调整，才能实现高水平的高等教育普及化。

一国的高等教育体系和结构设计是一项系统工程，既是一个国家高等教育发展的历史积淀，也折射着一个国家的高等教育治理能力；既涉及宏观层面的国家治理能力，也涉及高校层面的微观治理能力。高等教育的发展逻辑告诉我们：普及化是一个开放的体系，一个关注终身教育的体系；普及化体系是一个包容的体系，既是精英的，又是大众的，既是学术的，又是应用的。在这个意义上说，我们既要弥补在大众化阶段尚未完成的高等教育体系和结构调整，又要提前谋划普及化阶段的体系和结构设计，这是两个相互叠加的重大任务。唯一的选择是站在多样化的角度，重新思考高等教育在普及化阶段的体系和结构。

（一）高等教育普及化阶段需要多样化的教育观念

高等教育普及化带来的是学生群体的多元化、高校治理的复杂化等一系列新的挑战，这使整个高等教育系统面临的利益相关者更加复杂，其诉求也更加多样。在高等教育普及化阶段，不管是政府作为主体还是市场作为主体，或是多主体共同治理的结构都应该被允许。只有存在多元的治理结构，才会产生具有多样性的特色鲜明的优势学科和一流大学。现存的教育观念仍然残留着精英教育的印迹，这与"以社会需求为主导方向"的高等教育普及化思想很难兼容。回答和解决多样化的教育需求，只能从多样化的办学体制、投资体制和管理体制中寻找答案。

（二）高等教育普及化阶段需要多样化的办学模式

政府举办高等教育是新中国成立以来的基本做法，也是基于国情的选择。高等教育办学模式之根本在于高等教育资源的配置问题，而资源配置问题的实质是对多方利益相关者诉求的协调。在高等教育精英教育阶段，由国家"包办"高等教育体系不是问题，但到了高等教育大众化和普及化阶段，任何国家都无

法完成这一使命。在新中国成立之后,我国曾建起了多样性的非学历教育体系,如夜大、电大、职大、企业大学和自学考试等。后来,这些多样化的办学形式几乎都被纳入了学历教育体系。随着这些办学形式的消失,办学模式的多样性也就丧失了。在高等教育普及化时代,需要重构非学历教育,并且要使之成为学历教育的重要组成部分;恢复和创造新的多样性,是高等教育普及化时代必须解决的问题。

(三)高等教育普及化阶段需要多样化的投资体系

在计划经济主导的高等教育精英教育阶段,国家是唯一的高等教育投资主体,到了高等教育大众化和普及化阶段,相较于依靠市场完成高等教育大众化和普及化的西方国家,我国高等教育大众化是依靠政府完成的。在我国,政府在高等教育办学体制、管理体制和投资体制中扮演着重要角色,但这并不意味着政府是投资体制的唯一主体。社会力量举办高等教育,社会资本进入高等教育,是高等教育发展的内在逻辑,也是社会发展的重要趋势。特别是在普及化阶段,需要扭转以政府财力为主要推动力的传统做法,鼓励民间财力参与高等教育,更多地由市场来配置资源。OECD(Organization for Economic Cooperation and Development,经济合作与发展组织)数据显示,西方国家的高等教育投资有50%是由社会投入,而我国只有20%。

(四)高等教育普及化阶段需要多样化的类型和层次结构

在计划经济主导下,我国高校的类型和层次结构主要是重点大学和地方高校,以及综合性高校、多科性高校和单科性高校,对不同类型高校的定位缺乏区分度,总体以追求学术和"研究性"大学为主。进入高等教育大众化发展阶段以来,我国对应用型人才的需求催生了高等职业教育的发展,无论是学校数量还是在校生人数,高等职业教育都占据了半壁江山,支撑了我国高等教育快速进入大众化和普及化阶段。但是,由于历史和文化传统的偏见,高等职业教育在整个高等教育体系中,一直处于"低端"位置。尽管社会需求十分旺盛,但由于"地位"不高,始终没有得到应有的发展。近年来,我国明确提出了"高等职业教育是一个类型,而不是层次"的制度设计,但真正把这一设想付诸实践,只能在高等教育普及化阶段完成。此外,民办高等教育的"社会地位"也需要重新设计。在普及化阶段,高等学校的类型区分显然比层次更重要。

国际经验告诉我们,当高等教育体系和结构不够坚实的时候,在规模扩张进程中就要对发展速度和规模进行张弛有度的调整。例如,日本在20世纪70年代中期到80年代,大约有15年时间,其高等教育规模发展处于停滞期,就是因为政府担心体系"脆弱"而进行了规模控制。直到20世纪90年代,因为人口下降造成生源短缺,一批私立大学招生困难乃至倒闭,政府才放弃对高等教育规模的干预。英国在高等教育大众化进程中也出现过规模在短期内的迅速提升之后进入"停滞期"的现象,原因也是政府担心质量下滑而开始调控规模和发展速度。因此,在高等教育规模扩张过程中出现的"停滞期",释放的是一个极为重要的"质量信号",我们对这一信号需要加以警惕。

三、高等教育普及化阶段的高质量是人才培养的高质量

自我国启动高校扩招以来,在强化"外延式"规模扩张的背景下,一定程度上忽略了内涵和质量建设;或者说为尽快实现大众化,而来不及把工作重点转移到质量和内涵建设上,更没有从"质量和内涵"上进行精心设计。尤其是在高等教育大众化后期,由资源不足引起的质量问题,一直伴随并困扰着大众化进程,就业和"质量"等一系列深层次问题开始凸显,且顺延到了高等教育普及化阶段。昔日"数量"上的紧迫性源于经济危机和"人口大国"这个命题,今天"质量"上的紧迫性源于建设"高等教育强国"这个命题。两个不一样的命题,代表着不同的时代要求。在制定"十四五"规划前夕,国家提出了"建立高质量教育体系"的设想[4],国家需要的是高质量的高等教育普及化,即有质量、有内涵的普及化。

质量,是伴随着教育和学校的永恒主题,高等教育也不例外。但是,在高等教育领域,随着高等教育

职能的拓展，质量的含义被不断放大，逐渐偏离了质量的本真。实际上，质量一词在高等教育中的含义就是人才培养质量或教学质量。但是在今天，质量的含义已逐渐延伸到科学研究、社会服务和学科建设等方面。质量概念的拓展，看似扩大了质量的覆盖范围，其实是遮蔽了质量最重要的本义。因此，今天有必要从高等教育三大职能演进的角度重新认识质量。三大职能是高等教育发展的实践逻辑和时间顺序，无论高等教育职能增加多少，人才培养永远是高等教育的本质职能，科学研究和社会服务是衍生职能，这一认识不能动摇。回归质量的本义，就是要把人才培养质量作为高校的最高追求，对高校的任何评价都应该围绕人才培养质量而展开，把人才培养放在"最优"的位置上，这既是高等教育普及化阶段的重大使命，也是回归高等教育初心的必由之路。

（一）高质量的高等教育普及化需要重塑"精英教育"理念

高等教育大众化和普及化是从精英教育走过来的。从高等教育大众化理论的角度看，我国似乎已经跨过了高等教育精英化阶段，但由于我国高等教育的历史较短，并没有形成或走完精英教育阶段之路。当我们说我国高等教育处在精英阶段时，这仅仅是从入学率角度而言的，并非传统意义上的"精英教育"。为避免高等教育培养的人才出现学历"贬值"，高等教育需要重塑精英教育理念。高等教育大众化和普及化提倡多样化的质量观，这是一种新的质量理念，但并不意味着高等教育大众化阶段不应存在精英高等教育的质量观。同理，高等教育普及化阶段也不意味着要完全消除精英教育的质量观。恰恰相反，高等教育普及化阶段更需要精英教育，"需要深化新工科、新农科、新医科、新文科建设，加快培养理工农医类专业紧缺人才，系统化培养拔尖创新人才"[5]。普及化阶段是多样化的高等教育，应为精英教育提供更宽广的发展空间。

（二）高质量的高等教育普及化需要划定高等教育质量底线

我们要以精英教育为基础建立高等教育质量的"底线标准"，增强高等教育质量的"底线意识"，培育高等教育质量的"底线思维"。无论高等教育发展处在何种水平和阶段，大学都不应该放弃"质量底线"。高等教育进入大众化或普及化发展阶段，改变的只是入学方式，而不是毕业方式。无论大学生进入大学的方式如何，宽进严出都是一个普遍规律。但进入21世纪以来，我国高校毕业率一直很高。目前在我国，要找到一个大学生毕业率低于90%的高校非常难，绝大多数高校的毕业率都在90%以上。然而，实际上高毕业率并不能代表人才培养的高质量。

回顾历史，"严进严出"是我国的教育传统，在20世纪上半叶和新中国成立后，我国大学生毕业率并不是很高。例如，清华大学在1928—1937年每年的学生淘汰率为27.1%，理学院淘汰率最高达到69.8%；辅仁大学毕业率在30%左右。2014年，厦门大学课题组随机对145所高校做了毕业考试调查，发现许多高校采用了"清考"方式，总体清考率是68%[6]。2018年8月，教育部发布文件取消"清考"，但取消"清考"之后，大学生毕业率似乎并没有降下来。显然，许多高校还没有扎牢质量底线。"严出"制度的缺失，是高等教育规模快速扩张过程中缺少质量保障的一个重要原因。

（三）高质量的高等教育普及化需要充分利用现代教育技术

高等教育已经进入数字化时代，尤其在突如其来的疫情面前，现代教育技术发挥了重要作用，在线教学手段已经"渗透到了每一所大学、每一位老师、每一名学生、每一个教务管理系统"[7]。在高等教育普及化阶段，要更加充分有效地运用现代教育技术，建资源、搭平台、拓空间、创模式，构建基于多样性高等教育信息化手段的教学环境。高校应该站在数字化时代与高等教育普及化交汇的时代高度，认识现代教育技术对于推动高质量高等教育普及化的重要意义，深入推进现代教育技术与人才培养的深度融合。

（四）高质量的高等教育普及化需要一流大学、一流学科反哺人才培养

高等教育强国不是强在规模，而是强在一流大学，一流大学才是高质量的重要载体，更是培养精英人才的主阵地。在我国高等教育发展史上，我们有相当长的时间没有强调科学研究与社会服务，主要是通过

人才培养和教学反哺科学研究；今天，在强调学科建设和科学研究的时代，需要创新一流学科和科学研究反哺人才培养和教学的模式，否则，任何学科建设和一流大学建设都会失去根基。在这个意义上来说，我们要从质量的最本质含义出发重新认识普及化阶段的"高质量"，一流大学和一流学科更要在人才培养上走出一条新路。

无论高等教育处在哪个时代，都要使高等教育质量不被"大众"化，人才培养不被"大众"化，大学文化不被"大众"化，高等教育大众化和普及化则更不是以"稀释"人才培养质量为代价的。当下我们对高等教育大众化理论进行反思，对进入高等教育普及化进行展望，并不是否认西方理论的价值，更不是否定我国高等教育在大众化和普及化道路上已经取得的成就，而是希望借此探索出一条更加可持续发展的中国高等教育普及化道路，因为这既是中国道路的重要内容，同样也是世界高等教育不可或缺的一部分。无论从理论上还是实践上，作为一个人口大国和高等教育大国的普及化道路，不仅应该是中国，也必将成为世界高等教育值得研究的课题。

（本文原载于《中国高教研究》2021年第2期，本文有修改）

参 考 文 献

[1] TROW M. Problems in the transition from elite to masshigher education [C] //Paris：Conference on Future Structures of Post-secondary Education，1973：63 – 71.

[2] 邬大光. 高等教育大众化理论的内涵与价值：与马丁·特罗教授的对话 [J]. 高等教育研究，2003（6）.

[3] 张炜. 中美两国高等教育学生规模的比较与思考 [J]. 高等教育研究，2008（8）.

[4] 中共中央关于制定国民经济和社会发展第十四个五年规划和二〇三五年远景目标的建议 [EB/OL]. （2020 – 11 – 03）[2021 – 01 – 04]. http：//www.gov.cn/zhengce/2020-11/03/content_5556991.htm.

[5] 吴岩. 构建高质量发展体系　建设高等教育强国 [EB/OL]. （2020 – 12 – 08）[2021 – 01 – 04]. http：//www.moe.gov.cn/jyb_xwfb/moe_2082/zl_2020n/2020_zl61/202012/t20201208_504136.html.

[6] 邬大光，滕曼曼，李端淼. 大学本科毕业率与高等教育质量相关性分析：基于中美大学本科毕业率数据的比较分析 [J]. 高等教育研究，2016（12）.

[7] 邬大光. 教育技术演进的回顾与思考：基于新冠肺炎疫情背景下高校在线教学的视角 [J]. 中国高教研究，2020（4）.

Exploring the "Chinese Road" of Higher Education Popularization

Abstract: China has become the largest country of higher education in the world, and has rapidly entered the era of popularization of higher education. At the turning point of history, to re-understand the connotation and essence of western higher education massification theory and to explore the development path of a big higher education country towards a powerful higher education country is not only the theoretical self-examination that a big higher education country should have, but also the requirement of realizing a powerful higher education country. From the perspective of theory and practice, this article points out the background of massification of higher education in the west, and analyzes the essence of massification of higher education in China. Based on this, it clearly points out that optimizing the system and structure of higher education is the institutional guarantee to realize massification and popularization of higher education, and the cultivation of high-quality talents is an important task in the popularization stage.

Keywords: higher education, massification, popularization

大学领导力提升：推进大学治理能力现代化的实践路径[①]

眭依凡[②]

在党的十八届三中全会把国家治理体系现代化和治理能力提高作为促进国家现代化建设之重大国策7年后，国家治理体系和治理能力现代化又成为党的十九届四中全会的主题。习近平主席专门做了题为《中共中央关于坚持和完善中国特色社会主义制度 推进国家治理体系和治理能力现代化若干重大问题的决定》，并提出坚持和完善中国特色社会主义制度、推进国家治理体系和治理能力现代化的总体目标：到2035年，各方面制度更加完善，基本实现国家治理体系和治理能力现代化；到新中国成立一百年时，全面实现国家治理体系和治理能力现代化，使中国特色社会主义制度更加巩固、优越性充分展现[1]。从党中央坚定不移地把推进国家治理体系和治理能力的现代化作为我国现代化强国建设的战略选择可见，推进国家治理体系和治理能力的现代化之于国家未来的兴衰成败具有极端重要性。鉴于国家治理体系和治理能力现代化与高等教育治理体系和治理能力现代化，尤其是与高等教育的具体承担者、实施者——大学的治理体系及治理能力现代化有着极其密切的关系，本研究拟提出并回答"大学治理能力现代化何以如此重要""大学领导力与大学治理能力的关系如何""推进大学治理能力现代化：如何提升大学领导力"3个设问，以期通过对上述问题的讨论，帮助大学办学治校者认识到大学治理能力现代化之于现代化强国的重要性，并明确大学领导力提升是推进大学治理能力现代化实践的必要路径。

一、大学治理能力现代化何以如此重要

要回答"大学治理能力现代化何以如此重要"，首先有必要厘清如下两对关系：其一，治理体系与治理能力的关系；其二，国家治理体系现代化与大学治理体系现代化的关系。

（一）治理体系和治理能力关系的讨论

就治理概念的学术严谨性而言，笔者认为，治理体系是关于组织结构及其权力结构（主要涉及体制层面，属于基本制度范畴）和制度结构（主要涉及机制层面，属于组织运行之程序规范的工作制度范畴）的概念，即关于治理体系内部要素权责及其关系结构的概念，具有相对的稳定性；而治理能力则是关于治理体系内部诸要素在治理过程中的效能表现，尤其是反映治理者能否充分发挥治理体系内部诸要素效能的概念，具有动态性。无论是基本制度还是工作制度，均是一个需要与时俱进的动态过程，因为任何制度既不可能一蹴而就，也不可能一劳永逸，都必须随着社会发展进步与时俱进。但是，相对治理体系受治理者个体素质影响的治理能力而言，治理能力的非稳定的动态性更为突出。所以，习近平总书记特别强调"治理能力现代化也是一个动态过程"[1]。为此，他在中央党校的讲话中专门分析指出，之所以要进行"治理体系"和"治理能力"的区分，是因为在同一个治理体系下的不同时期，治理能力可以很不一样[2]。

根据组织理论及治理理论：一个组织的治理体系包括治理结构与治理过程两个相互联系、不能割裂的治理要件，治理结构是关系到组织是否能有效治理的，包括基本制度安排及运行程序设计在内的组织框架性基础，但治理结构并非决定治理效能的唯一因素，治理结构的作用在很大程度上受制于决定治理过程效

[①] 本文系教育部哲学社会科学研究重大课题攻关项目"高校内部治理体系创新的理论与实践研究"（16JDZ039）的研究成果。
[②] 眭依凡，浙江大学高等教育研究所所长、教授。

率且因治理主体而异的治理能力。由此可以获得如下结论：由于治理能力是治理过程与治理主体高度关联且对治理效率具有决定性意义的治理要素，因此，组织的治理能力对组织治理成效的影响与组织的治理结构同样重要且不可或缺。在党的十九届四中全会上，党中央之所以把"治理能力现代化"与"治理体系现代化"并列加以强调，其理论及其实践的依据亦在此。

（二）国家治理体系现代化与大学治理体系现代化关系的讨论

以人工智能、新材料技术、分子工程、石墨烯、虚拟现实、量子信息技术、可控核聚变、清洁能源以及生物及基因技术为突破口的工业革命正在到来，在这样一个高新知识和高新技术将以不可阻挡之势，全面改变和支配人类社会的生活方式及生产方式的知识经济及人工智能时代，高新知识及其物化为高新技术生产力的水平，无疑将决定一个国家的国际竞争力的强弱。换言之，即高新知识发现和高新技术发明及其运用能力对于国家竞争力的提升具有不可替代的重要性，甚至决定着国家未来的发展。为适应这个新世界的变化并且站在这个新时代的制高点，我们"不仅需要新技术，更需要发展一些起基础性作用的新理论、新学科、新知识领域"[3]。

大学之于高新知识生产及其生产力转化、知识创新型人才及其高新技术研发人才的培养具有引领性、主导性、基础性及由此带来的垄断性，决定了大学已经成为国家经济起飞、社会进步及其稳定、持续发展不可或缺的具有动力价值的生产力要素。因此，在国家现代化进程中，我们所面临的最大挑战是对高新知识和高新技术及其创新具有决定性作用的高等教育承担者——大学的率先现代化。在国际竞争日益激烈的背景下，国家的高等教育现代化具有置顶优先布局和抢占先机的极端重要性。在《关于一流大学建设与大学治理现代化的理性思考》一文中，笔者阐述过如下观点：当有利于一流大学建设的制度供给和资源供给等外部环境得到根本改善之后，"一流大学能否建成则完全取决于大学的内部治理模式，所以治理模式是一流大学建设底部厚重的不可逾越的操作性基础，对一流大学建设的得失成败具有决定性的作用"[4]。同理，中央高层已认识到国家间的竞争归根到底就是以知识创新和人才培养为核心使命的大学的竞争，为让大学更好地为体制内事业服务，做出更大的贡献，已经在不断为有利于大学按规律办学、治校、育人而创造良好的制度环境和提供优越的资源条件。在这一大背景下，大学能否提升其知识创新及人才培养的国际竞争力，很大程度上取决于大学内部治理的效能。由此我们再获得一个结论：在国家现代化及国家治理体系现代化的逻辑链中（见图1），国家治理体系现代化必须以高等教育治理体系现代化为动力，而高等教育治理体系的现代化必须以大学治理体系现代化为依托，依据从治理体系和治理能力关系的讨论中获得的结论，不难得到大学治理能力现代化之于国家现代化即现代化强国建设具有基础性作用的结论。

图1 国家现代化逻辑链

二、大学领导力与大学治理能力的关系

在明确大学治理能力及其现代化、大学治理体系及其现代化的关系以及大学治理能力的重要性之后，基于本研究的主题需要，大学领导力的概念及其与大学治理能力的关系的明晰是探讨大学治理能力现代化实践途径的基础。

(一) 领导概念及其领导理论的发展

领导力与领导不是同一概念，但两者高度相关。关于领导力的讨论，有必要在厘清领导概念的前提下，循着时代发展的线索对领导理论的演进加以梳理，这有利于我们加深对领导力及其研究的理解和认识。领导如同文化一样，是一个内涵很难被提炼的模糊概念，包括国际著名的领导学大师Bennis亦承认，"领导的概念既复杂又难以掌握，所以人们用很多词汇试图加以解说，结果是越描越黑；领导就像'美丽'这个词汇很难界定……"[5]。但是，如领导学另两位著名专家Goffee和Jones所言，作为一个领导者，如果连领导究竟是什么都不清楚，你凭什么领导别人？于是，西方领导学研究者就有了对领导概念的种种界定。笔者在梳理种种领导概念的基础上，把关于领导的定义归纳为以下六类。

第一，传统管理学理论从领导者的行为，如控制、导向、指挥等组织行为界定领导。如领导是率领下属实现组织目标的过程，是决定组织使命或目标，而促动组织资源之运作，以达成这些使命或目标，并能引导组织持续维持、创造组织发展活力与影响组织文化的一种动态历程。

第二，把领导界定为对组织及其成员施加积极影响以促使组织实现共同愿景和目标的过程。如Tannenbaum等的领导是"施予某一情境的人际影响力，透过沟通过程达成特定的目标"（1961年），Rauch和Behling的领导是"影响有组织的团体的行动以达到团体目标的一种过程"（1984年），Chemers的领导是"一个社会影响过程，在这个过程中个人能够获得他人的支持和帮助去完成某项共同的任务"（1997年），Northouse的"领导是一种过程，通过影响组织成员，促使其实现共同目标"（2004年），等等。

第三，领导就是一种能力。如Ogbonnia的"领导是一种有效整合和充分利用内部外部资源以实现组织和社会目标的能力"，Schein的"领导是能超越文化限制，进行具有更强适应性的革命性变革的能力"（1992年），Keith的"领导是为人们非凡地完成某项工作做出贡献而创造条件"，等等。

第四，把领导界定为一种领导者与被领导者的相互关系。如Stogdill的"领导是创造和维持期望与互动的结构"（1974年），Kouzes和Posner的"在组织中有些人向往领导他人，而另一些人则选择被领导，领导就是个相互影响的过程"（2002年），Scott的"领导主要指影响每个下属行为的机制"（2003年），以及我国学者许士军的"在特定情况下为影响一个人或一群人之行为，使其趋向于达到某种特定目标的人际互动程序"（1993年），林琨堂的"领导者运用影响力，透过成员交互反应的行为，以引导成员同心协力，达成组织特定目标的历程"（1996年），等等。

第五，把领导界定为领导者，即处于组织变化和活动的核心地位，并努力影响他人共同实现组织目标和愿景的人。如Fiedler的"领导是机构内从事指使、协调（他人）完成机构目标者"（1967年），House等的"领导是机构内从事影响他人行为以达到机构目标者"（1979年），Bennis的"领导者是做正确事情的人"（1984年），Hosking的"领导者是那些持续不断为社会秩序做贡献，并且被人们期望和认识到应该做这些事情的人"（1988年），Gardner的"领导是机构内树立榜样以诱导他人或团体追求共同目标者"（1990年），Senge的"领导者是那些能够主动对自己和组织不断进行变革的人"（1996年），等等。

第六，把领导定义为领导者通过创造共同的文化和价值观，运用文化价值观鼓舞员工树立起追求卓越表现的愿望并激励员工以促进组织目标的实现。如Riehards等的"领导是规划愿景、树立价值观、创造环境来让事情实现"（1986年），Block的"领导的概念包含了主动和责任，毫无疑问与控制、导向、了解什么是对于别人最好的行为有关"（1993年），等等。

坦诚而言，上述关于领导概念的界定无不反映了定义者试图根据自己研究的需要通过自己的方式来诠释领导，多少存在关于概念定义严谨性的问题，这或许就是领导概念目前确实没有被人们公认的权威定义的原因。但从已有领导概念的定义中，不难挖掘出3个使用频率最高的关键词："组织目标""影响""过程"，这说明领导是领导者对组织施加影响以实现组织目标的过程。基于此，以及我们讨论的是有关正式社会组织的领导概念，笔者给予领导的逻辑学意义上的定义如下：领导是在合法权力的赋予下，领导者在观念理性支配下，运用领导资源、发挥个性特质，通过远景规划、组织设计、制度安排、文化营造及人格魅力等多种手段，对组织及其成员施以有目的的系统影响，以有效实现组织预期目标的过程。领导包含诸多要素。（见图2）在领导概念清晰的基础上，不难归纳出有关领导的五个本质特征：①领导与职位、权力、权威有关，但又不等同于职位、权力、权威；②领导依附于组织并在组织中发生；③领导是一个过程，一个包括理性和情感因素参与的组织成员相互影响的过程；④领导行为与组织目标追求密切相关，目标的设计及其质量决定了组织运行的绩效甚至组织的成败；⑤领导发生在相对独立组织的最高层而非中、底层。上述关于领导概念及其特征的描述，使我们必须防止陷入关于领导的误区，即把组织视为机器而不是富有生命且彼此联系的目标共同体，把领导视为发号施令、控制和强加而非引导、激励、关爱、合作和自我管理。一个组织表现得死气沉沉的很大原因就是其领导者把组织看成是一个没有生命的机器，而领导学认为这是最具破坏性的错误观念。

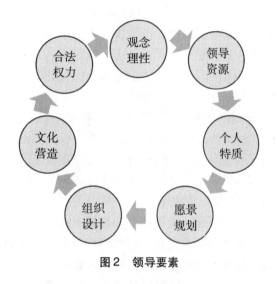

图2 领导要素

关于领导的专门研究亦即领导理论的发端，有文献称始于社会学家Weber在20世纪早期的研究。循领导科学研究的历史，一般可以把领导科学研究归纳为四个发展阶段。（见图3）

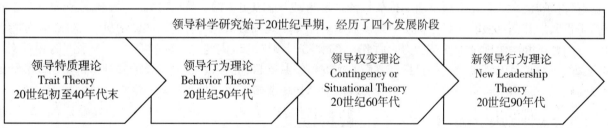

图3 领导理论发展历程

第一阶段始于20世纪初至40年代末的领导特质理论。这一时期特质理论的研究者主要关注领导者区别于他人的特殊个性品质。领导特质理论经历了由传统特质理论向现代特质理论演进的过程。早期的特质理论认为领导者生而具有领导的特质，主要研究领导者应具有什么个人特征并将其作为描述和预测领导者取得绩效的主要因素。例如，美国心理学家在一项研究中就得到领导者应该具有如下七项特质的结论：善言辞、外表英俊潇洒、智力过人、具有自信心、心理健康、有支配他人的倾向、外向而敏感。现代特质理论形成于20世纪中叶之后，该理论认为，领导者的特质是在实践中形成的，可以通过训练和培养加以造就，由此使得旨在提高领导者能力和技巧的领导科学得到重视和发展。代表性人物有Stogdill和Bass等。

第二阶段始于20世纪50年代的领导行为理论。特质领导理论研究者如Stogdill等在研究中发现，具有某些特质的领袖在某一情景下会成功，但在不同的情景下又不会成功，而且不同特质的两个领袖可能在同一情景下都可能成功。上述发现对领导特质理论提出了挑战。随后研究者试图探寻能够适用于任何情景的领导特质研究，开始把注意力转到关注领导者对其追随者的行为及领导者的行为模式的研究上。随着研究的深入，人们发现领导活动的效能与领导者在领导过程中所采取的领导行为存在着密切的关系，领导者实际是在与被领导者的相互关系中实现其领导的。领导行为理论的主要观点为：领导是一种领导者利用在领导和追随者之间的相互作用中形成的影响力，引导追随者的思想和行为，最终实现组织目标的过程。这一时期的代表性人物有俄亥俄州立大学的 Hemphill、Lewni 及 Likert 等。

第三阶段发端于 20 世纪 60 年代的领导权变理论，又称为领导情境理论。领导行为理论研究者发现，试图通过这种方式找到一个适合于任何类型的组织、任何性质的工作、任何特点的下属的领导行为方式并不现实，因为影响领导有效性的不仅包括领导者和被领导者两个行为主体的因素，不能忽视的还有环境因素的影响。由于领导行为理论对影响领导成败的环境因素考虑得不多，因而它在确定领导行为类型与领导工作绩效之间的高度相关性上仅获得了有限的成功。换言之，领导行为理论与领导特质理论一样存在一个共同的不足，即忽视了情景因素的影响。研究者在 20 世纪 60 年代注意到这个问题后便开始用情景变量来解释领导的有效性，领导权变理论因此应运而生。基于领导者的品质、行为对领导有效性的影响依赖于对领导者所处环境的假设，权变理论认为领导过程是领导者、被领导者及其环境因素的函数：领导绩效 = F（领导者、被领导者、环境），其因组织和个人情境的不同而有所改变。领导权变理论的主要研究成果包括 Fiedler 的权变模型（1967 年）、Hesrye 和 Blanchdad 的情境领导理论（1969 年）、Evan 和 House 的路径目标理论（20 世纪 70 年代）、Graen 的领导者参与模型（20 世纪 70 年代）等。

第四阶段始于 20 世纪 90 年代的新领导行为理论。由于领导权变理论把领导者特质、领导行为和领导情景同时作为影响领导过程及其有效性且三者彼此高度相关的基本变量视为领导研究的基础，从而克服了领导特质理论和领导行为理论忽略情景变量带来的缺陷，至此，领导理论无论在领导要素的完整性方面，还是在研究方法的科学性方面都日臻成熟。尽管随后的领导行为研究产生了一些新概念、新理论，但总体上还是在领导者、被领导者及其行为与领导环境相结合的基础上进行的研究，本质上仍属于领导权变理论的范畴。然而，随着社会的日益多样化和快速变化，以及组织类型和组织结构的日益复杂化，领导者与被领导者之间的关系及其任务结构等权变变量亦日益复杂，领导权变理论的局限性逐渐凸显。于是，在权变理论的基础上，一些更加适合新型组织发展的领导理论应时而生。例如，Burns 和 Bass 分别创立了变革型领导理论（1978 年）和交易型领导理论。Burns 的变革型领导理论的一个基本观点是，变革型领导是领导者凭借人格与魅力等个人权力来影响员工，通过提升下属的需要层次和内在动机水平，使员工意识到自己工作的价值和使命，激励下属不断地挑战与自我超越，为追求更高的目标而努力的过程。变革型领导的特点是不仅激发和满足被领导者的低层次物欲需求，更在于重视对被领导者高层次的动机与需求的激发与满足，并由此不断为组织带来变革活力。而 Bass 的交易型领导理论则建立在领导与员工一系列的相互交换和隐含的契约关系及满足个人的目标需要而非实现组织共同目标的需求这一假设的基础上。交易型领导通常以奖励的方式激励员工努力工作，这种奖励既包括物质奖赏，也包括精神奖励。

（二）大学领导力及其与大学治理能力的关系讨论

上述对领导概念及领导理论发展历程的梳理，为我们理解领导力及其研究何以在现代组织管理中受到人们的青睐奠定了认识的基础。现代管理学之父 Gardner 有一种观点："在人类未被开发的潜能中，领导力是首要的。在当今每个卓有成效的领导者身边，就有 5～10 个同样具有领导力却没有当过领导，或者根本就没有考虑当领导的人。"[6]由于领导者领导力的高低强弱不是个人的问题，其关系到所在组织生存发展的命运，因此，一个领导者必须知道如何才能领导好他人以取得必要的领导绩效；一个被领导者也应了解什么是好的领导，这样他才能帮助不胜任职位的领导改善其领导模式以促进组织的发展。任何社会都是由许多且大小不一的组织建构的复杂系统，社会系统的稳定和发展源于该系统内所有组织的稳定和发展，凡社会组织都是由领导者和被领导者即组织成员在一定关系结构下组成的目标任务共同体，组织成员对领导力的理解尤其是领导者的领导力水平，对组织的发展具有决定性作用。

何谓领导力？笔者梳理了以下几种界定：领导力是协助团体内部成员达成目标的工具；领导力是特殊的人际影响力，是由领导者魅力产生的影响力；领导力是让下属自愿服从的能力；领导力是"影响他人开发人或组织潜能，从而实现更高目标的过程"；领导力是决定领导者领导行为的内在力量，是实现群体或组织目标、确保领导过程顺畅运行的动力；领导力是领导者个人（或领导团体）为实现领导者及其追随者的共同目标，而通过说服和榜样作用激励组织成员的过程[7]3。李开复说，"如果非要给领导力下一个定义的话，我更愿意用比较简明的语句把领导力描述成：一种有关前瞻与规划、沟通与协调、真诚与均衡的艺术"[8]。Wheatley在她的成名作《领导力与新科学》中甚至提出了"新科学"也是一种领导力的新观点。她认为，把量子物理、自组织系统和混沌理论等现代科学引入组织管理领域为组织管理提供新的思维方式，由此产生的对世界、对组织、对管理的新的看法都可能带来组织管理的革命而成为领导力。如此等等，不一而足。综合已有的关于领导力的定义，无非有工具论、能力论、过程论、影响力论、动力论、艺术论、适应论、方法论等。然而，上述界定并未抓住领导力的本质以反映领导力概念的内涵。

为说明领导力是什么，可以用排除法确定领导力不是什么。当我们承认领导力不等于权力、领导力不等于领导职务（地位）、领导力不等于上下级关系，即Drucker所说的"领导力不是头衔、特权、职位和金钱而是责任"[9]时，领导者就是发挥领导力的人而不是担任领导职务的人。判断一个领导是否有领导力主要看他是否有追随者，领导力是一种在领导过程中领导能力的表现等一类观念便可明晰。在"领导力是领导能力的总和"观念的支配下，笔者对领导力有如下的理解：领导力不是单一的领导能力的概念，而是覆盖领导全过程，对管理全要素施加有目的、系统性影响所产生的结构性合力。这个定义又可以演绎出如下结论：领导力不只是领导者个人影响力的反映，很多时候是一个组织影响力的反映。也就是说，领导力可以分为两个层面：一是领导群体以组织的整体名义对组织及其成员产生的组织领导力，这个层面的领导力涉及组织的价值理念、战略与目标设计、文化营造、制度安排及资源配置等；二是个体领导力即领导者个人产生的领导力。关于领导力还可以进一步提炼出如下结论：领导力不只是领导者的领导特质、领导行为、领导情景单独以及相互作用产生的影响力，更是领导者或领导团队在领导过程中对诸多管理要素科学整合、配置、驾驭所形成的领导合力或领导力场；领导力不仅仅是领导者的特质和领导过程的方法、技能和艺术的反映，因此，不能把领导力简单等同于领导者的个人特质产生的影响力，更不能等同于领导者的职位权力；领导力的核心是影响力，对组织资源能否高效利用及组织目标能否顺利达成具有不可替代的作用。领导力的特殊重要性预示着领导理论研究将由领导行为研究范式转向领导力研究范式。

明确领导力概念后，作为下位概念的大学领导力可以被界定如下：大学领导者根据大学组织属性、运用个人特质及其合法职权和大学资源为实现大学目标对大学组织及其成员实施的影响力。据此定义可以做出推断：大学领导力是大学组织不可或缺的竞争力要素。美国是非常重视大学领导力研究与开发的国家，其"美国大学校长领导力促进委员会"（Commission on Strengthening Presidential Leadership）的设立，足以说明美国对大学领导力尤其是校长领导力的重视程度。"美国的大学校长有很大的从学科优先发展到人事任免到资源配置的权力，其作用绝非是参与一个与解决问题毫无关系只是按程序走走决策程式的过场。"[10]285曾任普林斯顿大学校长的Flexner在谈到大学校长的作用时，甚至认为如果没有校长，美国的大学就会失去其精华。众所周知，美国的大学校长把师生视为大学的"恩主"，但这些"恩主"大多有抵制校方权威的独立性格，加上大学的知识传承的属性使之具有保守的文化传统，所以，对大学的任何重大变革都会受到来自师生的抵制。因而，大学的领导者更需要卓有成效的领导力，以建立与师生的良好关系并妥善处理不良关系。担任美国密歇根大学校长8年之久的Duderstadt强调，大学要去领导而不是去管理。关于高等教育领导力的作用，美国著名高等教育学者Trow做出过如下结论："在内部管理上，强有力的领导能够服务于所有参与者，通过将组织过程与大学教与学的整体目标相结合的方式，诠释、引导和决策大学的发展，增强所有参与者的积极性和学术精神；在对外方面，则体现在其以娴熟的领导技巧有效地表达大学的本质和目标，这有助于打造学校的良好的外在形象，提高大学获得外部支持、优秀师资和生源的能力"[10]79-80，"高等教育领导力在很大程度上承担着打造学校特色、明确学校向好的方向发展的责任"[10]279。

至此，我们至少可以找到如下理由说明大学领导力的重要性：在制约大学发展的外部问题尚未得到根本解决的宏观环境下，大学更需要通过组织内部领导力的提升来增强大学办学治校育人的竞争力。换言之，大学学术组织的高度复杂性致使大学是最需要运用领导力来解决棘手问题的组织，尤其是在关系到大学发展的制度和资源供给两个外部变量日益得以改善后，大学领导力就成为决定大学兴衰成败的关键变量。大学治理能力是关于大学治理结构诸要素在大学治理过程中的效能表现，尤其是大学领导者能否充分发挥大学治理结构中诸要素效能的领导力体现，即大学领导力是在大学治理过程中与大学治理主体（即领导者）高度关联且对治理效率具有决定性的治理要素。由此可进一步推断：大学领导者是大学组织治理中起决定性作用的治理主体，在大学组织的治理能力结构中，大学领导者的领导力是最不可忽视的治理能力要素，因为大学领导者在大学的治理结构中要扮演不同的角色，包括确定追求学术卓越的办学特色、明确大学的目标定位、寻求充足的办学资源、实施有效的组织管理等。大学治理的有效性与大学治理要素及其结构关系具有高度的相关性，但并非唯一的相关，因为当大学的治理结构确定后，治理主体的领导力对大学的治理成效影响甚大。组织理论及社会行为学、领导力理论也表明，治理主体的治理能力即领导力之于治理成效与治理结构同样重要，大学亦然，且中外大学均循此规律。

推进大学治理能力现代化决不能停留在"仰望星空"的概念层面，而必须落实到"脚踏实地"的实践进程中。上述关于大学领导力与大学治理能力关系的讨论，无疑为大学推进治理能力现代化找到了实践路径，即提升大学领导力。

三、推进大学治理能力现代化：如何提升大学领导力

为讨论如何具体提升大学领导力，我们有必要对前述领导力研究中获得的既成结论加以演绎，从而有利于深化对大学领导力要素提炼的认识。其一，由于领导力是领导者根据组织属性及其组织特有环境，正确并高效开发利用组织资源为实现组织目标对组织及其成员实施的影响力，因此，对大学领导力要素的提炼可以通过对影响大学治理效率且相关程度高的组织要素加以遴选来实现。其二，大学领导者之领导力强弱绝非个人问题，其关系到大学组织的兴衰发展的命运。其三，大学领导力不只是大学领导者的领导特质、领导行为、领导情景单独以及相互作用产生的影响力，亦非领导者单纯的领导方法、领导技能及领导艺术运用产生的影响力，而是大学领导者或领导团队在领导过程中对大学组织的诸多要素进行科学整合、配置、驾驭等所形成的领导力场，即大学领导力是覆盖领导全过程，对大学组织管理全要素施加有目的、系统性影响所产生的结构性领导合力。其四，不能把大学领导力简单等同于大学领导者的个人影响力，更不能等同于大学领导者的职位权力，即大学领导力不只是大学领导者个人影响力的反映，很多时候是一个组织影响力的反映。其五，大学领导力包含两个层面：①大学领导层作为一个整体存在着对大学内部诸组织及其成员产生的领导力，这个层面的领导力涉及大学领导层对组织诸要素开发利用所产生的影响力等；②领导者个人领导力即由大学领导者个人产生的领导力。基于此认识，笔者提出大学领导力是由"思想力""组织力""决策力""制度力""资源力""文化力"及"校长力"（泛指包括党委书记等大学领导者在内的个人素质产生的影响力）多个领导力要素构成的结构性领导合力（见图4），大学治理能力的现代化必须通

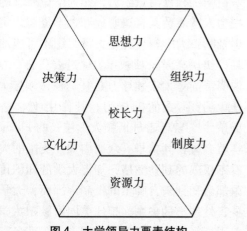

图4 大学领导力要素结构

过对上述领导力要素质量的改善和提升来达成。限于篇幅，本研究仅对上述领导力要素进行框架性的基本解读，关于各领导力要素与领导力关系的深入讨论均留待后续研究单独成篇。

（一）所谓"思想力"即"思想影响力"

为什么我们把思想视为首要的大学领导力要素？笔者在《论大学的观念理性》中做了如下的阐述："成熟的社会组织及其成员的行动皆受制于观念，即观念通过决定组织行动的目的、目标以及如何行动，继而决定组织行动的效率和效果。这就是说组织的行动结果很大程度是被组织及其成员所持的观念预先决定的。"[11]当人类社会进入一定文明的阶段，人们的观念是先于行动并影响行动的，即人们的行为是受观念支配和决定的。观念是人们对客观事物进行观察和认识的结果，认识主体的差异导致人们在认识过程中所形成的观念难免附着观念持有者个人的情感和价值判断。领导者观念的不同，必然导致领导行为的不

同，继而影响领导绩效。思想不是一般的观念，而是理性的观念（即理念的集成），是认识主体对事物本质及其规律产生一种全面的、完整的、深刻的认识后对事物的属性及价值做出的正确判断。由此可以得出结论：思想对领导做出符合组织规律的正确判断并行动具有决定性，即思想是决定组织方向性的领导力要素。大学知识生产及其传播和运用的学术属性及由此衍生的高度复杂性，决定了大学是最需要按其自身规律办学、治学、育人的理性组织。由于大学理念是人们对隐藏在复杂的大学组织现象中的大学本质及其规律进行细致观察研究后获得的正确认识、价值判断，因此，理念治校是大学组织属性的内在规定做出的必然选择，即大学理念是决定大学组织行动的首要影响力。大学理念作为领导力要素，其为大学及大学领导者确定了一个"好大学"的概念框架，并引导大学向这样一个"好大学"的发展方向努力，引领和影响大学的治校实践，使大学的治校成为一项高度自觉的、有强烈意识的、有明确目的的社会活动。概言之，大学理念一旦在大学及其领导者头脑中形成，便对办学治校起着定向引导作用，此即大学领导力的产生。

（二）所谓"组织力"即"组织影响力"

就学术概念的严谨性而言，组织的有机结构是组织之所以成为组织并发挥组织应有作用即影响力的框架性基础。组织结构之于组织治理的重要性如约翰·加德纳所强调，当今大多数领导者是通过庞大的组织体系来实现目标的……如果领导者不深入整个体系的各个方面、各个层次当中，这样的体系就不能有效地运作[7]序言XI。大学组织结构之所以是一种领导力要素，可以从大学组织理论、大学组织生态理论、大学复杂组织理论及大学系统理论等多个视角加以解读。其一，大学是以人才培养和知识创新为使命、为目标的社会组织，大学以智力劳动为特征的组织属性使其不同于社会其他组织而成为高度理性的组织。大学的目的及目标是理性选择的结果，为达成其目的，实现其目标，大学内部的组织架构也必须是理性设计的结果。简单的组织架构及简单的管理结构根本无法适应大学复杂社会组织的管理，更无法激发大学的学术活力以实现其高效治理的目标。其二，大学作为以学科及专业为建构逻辑的学术共同体，具有根本不同于以行政效率最大化为建构逻辑的科层官僚组织及以经济利益最大化为建构逻辑的企业组织的强烈的学术生态组织特征，这决定了大学必须处理好其内在规律驱动和外部需要及影响之间的复杂关系、学术权力与行政权力平衡的关系，即必须处理好决定大学组织运行效率的组织及其权力结构。由此可以推论，大学办学活力及竞争力，很大程度上是大学组织治理结构适切其学术生态组织属性及规律的结果。其三，大学本质上是以知识和人才垄断并应用知识和人才推进社会进步及解决社会问题的智能化组织结构即复杂系统，具有如下特征：①人才培养和知识创新的劳动特点使大学成为一个目标复杂、活动复杂、人员复杂、组织复杂、关系复杂的智能性复杂系统。②大学组织的复杂性决定了大学内部的组织结构及其权力结构既有利益诉求的统一性又有多样性，从而导致其治理运行过程存在较大的不确定性。③大学必须具有主动应对社会环境变化，尤其是引领和推进社会发展所需要的与时俱进的自组织、自调整、自适应的动态性，又必须具有不受外界利益驱使、守持大学使命的稳定性。构建有利于大学自稳定、自组织、自调整、自适应的大学内部治理结构，关系到大学的创造力和竞争力的强弱。④任何社会组织都是由若干或诸多要素即组成部分，按一定的规则构建的有层次结构的并由此对外产生一定功能输出的系统，系统形成之后其产生的功能大于要素或其组成部分之和。根据系统理论的上述基本观点，组织运行效率的高低很大程度上取决于组织系统的结构，大学亦然。由于大学不仅是以多学科专业为基本单元的组织，而且是由学术权力与行政权力、学生与教师等诸多要素按一定规则构成的彼此高度关联的学术组织，因此，其对外的功能不仅取决于大学内部诸多组织要素的基本素质，更取决于这些组织要素间依靠什么关系联结，从而决定了大学内部治理结构的重要性，即大学治理结构决定大学治理的效能。正因为大学组织结构之于大学组织治理绩效的影响很大，所以将大学这样一个高度复杂的组织变为结构简单、内部协调、运行高效、适应变化的组织，是提升大学治理能力的不可或缺的方面。

（三）所谓"决策力"即"决策影响力"

褒义的决策概念指组织及其领导者为实现组织目标而采用科学方法和手段，从多个为实现组织目标而预制的方案中进行分析、判断后，对最满意者做出决定的过程，即决策是通过分析、比较后在若干可供选择的方案中选定最优方案的过程。任何组织的领导过程都时常伴随着决策的发生，决策尤其是重大决策的正误不仅直接引致组织目标设计是否得当或组织目标能否实现，还决定着组织的兴衰成败。因此，从一般意义上说，领导就是决策，决策的质量是领导者领导力水平的最直接、最直观的反映。决策的重要性决定了决策必然成为领导力要素不可缺少的构成部分。科学决策必须坚持决策的科学性、民主性两个基本原则。前者旨在强调决策的严谨性、准确性，后者旨在强调决策程序的合理性、合法性。大学组织的决策尤其是重大决策多为与学术关联密切的、其要素及其关系极为复杂的需要专业知识和专业人才参与的高度复杂的决策，由此决定了大学组织的决策过程既要强调决策程序的民主性，又要强调决策依据的科学性。大学系统是一个容易滋生和激化内部矛盾的多决策权力体系混为一体的组织，组织与组织及其个体的权责关系存在一定程度的边界模糊，尤其是存在强调管理效率的行政权力与强调民主管理的学术权力的博弈。如何既防止大学行政权力的滥用，又确保大学决策的高效率，以最大程度地减少决策执行过程中影响决策目标达成的不确定性，是对大学领导者提升决策领导力水平提出的严峻挑战。当前，我们大学的决策过程存在两大主要问题：其一，决策权力体系的内耗式矛盾导致"议而不决"或"决而不议"；其二，相对行政权力而言，学术权力较弱。正如 Altbach 所指出的："行政控制削弱了传统上的教授的权力……教授们承认自己影响力的下降……这已成为高等学校中的一个普遍现象。"[12]学术权力话语权日渐式微和行政权力尤其是一把手个人权力的相对强大无疑会在一定程度上破坏大学决策的科学性和程序性，继而降低大学的决策质量，导致决策执行过程中可能会出现诸多不利于决策目标实现的因素。

（四）所谓"制度力"即"制度影响力"

政治学作为关于国家和社会治理的学科有一条原理：执政能力与制度设计密切相关。大学的领导力即大学的执政能力与其制度设计的关系亦然。关于制度虽然有种种不同的界定，但制度是人为设计的要求所有组织及其成员共同遵守的行动准则及博弈的规则，这已成为毫无争议的社会共识。由于制度的存在，组织及其成员有了活动的依据及活动的制约，组织也因此有了存在的意义、价值及必要的秩序稳定。从制度的界定可以推演出制度是人的理性的产物，而组织的理性是通过组织制度得以体现的结论。大学的学术组织的基本属性决定了大学必须是一个高度理性的社会组织，其理性来自大学文化的传统积淀和与时俱进的大学制度。大学必须重视自身制度建设和制度完善的理由可概括如下：其一，大学是需要有效管理的组织；其二，大学的有效管理依赖于有效的大学制度。这就要求大学必须建立一个既能围绕着统一的目标运行，又能调动各级学术机构及其成员的积极性、主动性、创造性，以确保大学目标实现的大学制度[13]。大学组织的治理始于好的目标，但是，对大学施以有效治理则必须依据好的制度。大学经久不衰的发展有赖于大学领导者的办学治校理念，但再好的办学治校理念都必须转化为具有治校持久效力的制度法规，这样才能对大学的进步发生根本作用，大学的进步一般是由大学制度的进步推动的。没有制度的保障，任何改革都是脆弱的、易变的，且充满风险，不具有稳定性。同理，如果缺失良好的合乎大学发展和办学规律的制度保证，以及由此形成的有利于大学发展运行的制度环境，大学即便一时拥有雄厚的人力和财物资源，也不能成为高质量的好大学。附着在大学组织知识属性之上的诸如学术自治、学术自由等带来了大学内部治理的高度复杂性，这一现实要求大学更应该是一个依法治校的组织，大学制度尤其是大学章程的重要性就在于为大学提供了办学治校的规则依据。这就是蔡元培先生从欧洲访学回国，担任北京大学校长后，立即主持制定了《北京大学章程》的原因，其目的就是利用制度领导力指导和规范北京大学的办学治校。清华大学在 1926 年也制定了《清华学校组织大纲》。这两所大学之所以是中国过去和现在最好的大学，一个不能忽视的原因其他们都严格按章程办学治校。实际上，大学完全可以做得比现在更好并发挥更大作用，但其需要把制度建设和制度完善视为大学治理能力提升的一个重要组成，即领导力要素。

（五）所谓"资源力"即"资源影响力"

资源一般指社会经济活动中人力、物力、财力及信息等各种生产力要素的总称，是经济社会发展或组织正常运行的基本物质条件。而资源配置是根据一定原则合理分配各种资源到相关单位的过程，其目的是通过把有限的资源进行科学配置来实现用最少的资源投入获取最佳的资源利用效益的效果。资源如果能够得到相对合理的配置，其组织管理就会充满活力，其组织管理效率就会显著提高。资源配置及其管理之所以是一种领导力要素，可以从以下四个方面加以解读：①任何组织都是开放系统且需要靠资源输入，才能维持运行的组织；②组织获得的资源都是有限的，资源具有的稀缺性导致组织需要通过竞争的手段获取资源，所以任何组织都必须通过科学合理的资源配置来保证资源利用的高效率；③不少组织的资源使用存在开发利用配置不合理且管理不善导致的组织治理绩效不高的问题；④社会组织作为一个规范体系，其资源配置模式不仅反映了这个组织的管理质量和领导水平，还关系到组织能否在有限资源条件下实现目标最大化。一般而言，概念完整的资源配置必须包括人力资源和财力、物力资源的配置。由于人力资源配置的复杂性及财力资源配置的极端重要性，本研究仅就大学的财力资源（以下笼统称之为资源）配置问题加以讨论。大学属于必须依赖雄厚资源维持正常运行及参与激烈竞争的"贵族型"组织，因此，大学在资源配置及其管理上应遵守以下原则：①在有限资源的约束条件下，大学的资源配置必须有利于实现大学的人才培养和知识创新的核心目标；②大学的基本属性决定了大学本质上是效率优先的组织，其资源配置必须通过竞争来实现大学治理的高效率；③大学作为以人才开发和人力资本积累为目的的非营利性组织，其预算根本不像以经济利益最大化为目的的企业那样具有风险性，保持大学可持续发展的收入与支出的基本平衡是其预算应该遵循的法则。长期以来，我国大学的内部资源配置没有体现效率优先的原则，而基本呈"大锅饭"模式，由此导致了大学资源配置的简单化且缺乏竞争性（平均主义），资源配置过程缺乏成本理性，以及资源配置的非学术组织本性的功利性等问题。除此之外，不少大学尚未建立健全包括预算管理、成本核算、审计决算、问责追究等一整套财务规范体系，因此，大学在资产和资源的开发与利用、分配与管理等方面无成本意识的问题比较严重。相较而言，欧美大学在资源的分配上有一套完整的先评估再分配的科学制度，挥霍浪费资源或资源使用效率不高在欧美大学都是不能被容忍的，在制度设计上也无此可能。

（六）所谓"文化力"即"文化影响力"

关于文化能否产生领导力的作用，具有组织文化理论先驱者之称的美国学者 Schein 给予了如下一系列的肯定："虽然文化是一个抽象的概念，但源自文化的影响力，在社会和组织情境中产生的作用是巨大的。"[14]3 他认为："文化始于领导者，他们将自己的价值观和假设施加给一个团体"，"领导力是这样一种能力，能使领导者带领团体走出造就了这个领导者的旧文化，同时开始适应性更强的发展性变革进程。这种洞察旧有文化的局限性和发展使其更具适应性的能力，就是领导力的本质和最大的挑战"[14]2。"领导所做的唯一真正重要的事情就是创建和管理文化。领导独特的才能就是他们理解和运用文化的能力。"[14]9 尽管文化是个边界模糊且至今没有达成共识的概念，但作为大学文化的研究者，笔者一直在倡导人们接受"大学本质上是文化积淀的产物，是负有选择、批判、传承和创造人类文化职能且具有强烈文化属性的组织，是优秀文化传承的重要载体和思想文化创新的重要源泉"[15]的观念，并在 2015 年发表的《大学文化发展与建设历程研究》一文中强调："考察我国大学改革开放 30 多年来的发展历程，呈现在我们面前的其实也是一段大学文化发展建设不断成熟和完善的历程，其充分反映了我国大学文化发展建设伴随着高等教育和大学的改革发展日益成熟继而又引领推动着高等教育和大学发展进步的历史。"[16]大学文化不仅附着在大学组织的表面，还植根于大学精神的深层，其之于大学的影响无时不有、无所不能。若大学及其领导者有意识地以文化营造影响大学及其成员，那么大学文化就起到了主观有意的治校作用。大学文化治校主要通过对应"精神文化营造"的"价值确定"、对应"制度文化营造"的"制度安排"和对应"环境文化营造"的"环境建设"这三条路径发生作用。关于大学文化的研究，笔者曾得出如下结论：文化绝非仅是大学组织构成及其活动的一般要素，其极大影响并统领着大学办学治校育人过程中的价值选择、思维模式、制度安排、行为建构、活动方式以及环境营造[15]。大学文化作为领导力要素，其参与大学治校的影响还具有"目的深层性""要求隐蔽性""过程渗透性""影响持久性"等特点。

（七）所谓"校长力"即大学党政领导班子的所有成员在办学治校中表现出来的领导力

习近平总书记在关于国家治理能力现代化的问题上多次强调，国以人兴、政以才治，治国之要，首在用人。国家如此，领导者之于组织治理的重要性亦然。大学组织属性及规律的特殊性还有其内生的高度复杂性，决定了大学必须用更高标准的德才素质能力体系遴选大学领导者及管理者，并不断加强高素质大学领导队伍的建设，以提升大学领导者及管理者的领导力水平，尤其是一流大学更需要依靠有一流德才品质和有治理能力的大学领导者去引领和建设。作为拥有最多世界一流大学的国度，美国建设一流大学的成功经验应当引起我们的重视，其中，美国大学校长对一流大学的建设功不可没。他们凭借不同凡响的教育信仰、远见卓识、办学理念、治校能力及其超人的改革魄力，或力挽狂澜或革故鼎新，不仅为自己执掌的大学带来了生机活力，也向陈腐的教育理念勇敢挑战，为整个美国大学的改革带来了新鲜空气。正如哈佛大学一位前校长所指出的，大学要在现代社会的多种挑战面前取得成功和进步，最关键的一环就在于校长能发挥有效的领导作用。美国的一项关于"大学领导研究"的结果也表明，大学教师把学校的发展进步归功于校长的领导。所以，美国大学中一位新校长的上任往往意味着该大学的一个新时代的开始。为了说明大学校长应该具有的领导胜任特征，笔者运用归纳法和演绎法研究提出了"大学领导胜任特征分析模型"和"大学组织及其校长胜任素质的关系分析框架"（见图5、表1），由于篇幅原因，详细的讨论待另文专述。

图5 大学领导胜任特征分析模型

表1 大学组织及其校长胜任素质的关系分析框架

大学属性	使命与责任	大学特征	校领导素质要求
人才培养机构	教书育人	大学是由富有思想自由、人格独立、批判精神的师生构成的学术共同体	校长必须受过高学历教育，是一个教育家，热爱学生，尊重教师，了解教育规律，为人师表
科学研究机构	知识创新	学科专业特征强烈，专业人才集中，智力劳动密集	校长是有学术成就的学者，具有强烈的科学精神、注重学术道德及理解学者的情怀，理解和掌握学科发展及学术研究的规律
文化传承系统	文化传承	文化影响无所不在	校长是文化领袖，思想引领者，儒雅，有感召力，人格高尚
高度复杂组织	强调效率优先的竞争性	机构复杂、人员复杂、目标多样、矛盾交织	校长是领导权威，熟悉大学并有大学管理的经历，有高超的领导力，有成就感和组织驾驭能力，是好的协调者并有强烈的效率意识

根据大学的核心使命是人才培养这一独有性质以及中外大学成功办学的经验，大学校长作为领导者的素质可以集中在教育家、学者和道德楷模三个方面，其中首推教育家。关于教育家的特质，笔者在《一流大学校长必须是教育家》一文中做了如下概括：富有教育思想（独到的教育理念和系统教育理论）、强烈的教育使命和责任意识（对教育有一种执着的爱和忠诚等）、高超的治校能力即领导力（按大学发展的规律办学，按人才培养的规律治教，按科学管理的规律治校）[17]。

大学领导力提升是推进大学治理能力现代化的必由之路，在大学治理能力现代化的进程中，大学及其领导者必须遵循大学作为学术生态组织和复杂系统的基本属性和独特规律来开发和提升大学领导力。中国大学富有国际竞争力的未来寄希望于大学治理体系和治理能力的现代化及大学领导力的提升。

（本文原载于《中国高教研究》2021年第1期，本文有修改）

参 考 文 献

[1] 习近平. 坚持和完善中国特色社会主义制度推进国家治理体系和治理能力现代化[J]. 求是，2020(1).

[2] 崔之元. "治理体系"和"治理能力"的概念区分与新"三位一体"[EB/OL].(2019-12-04)[2020-11-19]. https://user.guancha.cn/main/content?id=206850.

[3] 眭依凡,李芳莹. 学科还是领域:"双一流"建设背景下"一流学科"概念的理性解读[J]. 高等教育研究,2018(4).

[4] 眭依凡. 关于一流大学建设与大学治理现代化的理性思考[J]. 中国高教研究,2019(5).

[5] 眭依凡. 大学领导力:我们是否还有提升的空间[J]. 探索与争鸣,2015(7).

[6] 科恩. 德鲁克论领导力:现代管理学之父的新教诲[M]. 黄京霞,吴振阳,等译. 北京:机械工业出版社,2011:XVII.

[7] 加德纳. 论领导力[M]. 李养龙,译. 北京:中信出版社,2007.

[8] 李开复:最好的领导是"多元化"管理者 | 精讲9个重要领导力[EB/OL].(2017-12-17)[2020-12-01]. https://www.sohu.com/a/211085491_358836.

[9] 刘澜. 领导力沉思录[M]. 北京:中信出版社,2009.

[10] 马年华. 美国高等教育的未来与领导力:马丁·特罗论美国高等教育和研究型大学[M]. 北京:教育科学出版社,2011.

[11] 眭依凡. 论大学的观念理性[J]. 高等教育研究,2013(1).

[12] 阿特巴赫,蒋凯,陈学飞. 大众高等教育的逻辑[J]. 高等教育研究,1999(2).

[13] 眭依凡. 从宏观和微观结合上关注大学制度的创新[J]. 中国高等教育,2003(23).

[14] 沙因. 组织文化与领导力[M]. 马红宇,王斌,等译. 北京:中国人民大学出版社,2011.

[15] 眭依凡. 大学文化学理性问题的再思考[J]. 清华大学教育研究,2015(6).

[16] 眭依凡. 大学文化发展与建设历程研究[J]. 中国高教研究,2015(10).

[17] 眭依凡. 一流大学校长必须是教育家[J]. 求是,2001(20).

The Promotion of University Leadership: The Practical Path to Improve the Modernization of University Governance Ability

Abstract: Universities play the role of leading, dominant, basic and monopoly in the high-tech knowledge production and productivity transformation, the cultivation of knowledge innovation talents and high-tech R&D talents, which determine that universities have become an indispensable productivity factor with dynamic value for national economic take-off, social progress and its stability and sustainable development. In the process of national modernization and governance capacity modernization, the biggest challenge we are facing is the modernization of universities as well as its capacity for that as the undertaking of higher education, it is decisive for high-tech knowledge and innovation. The modernization of university governance ability must be promoted through the university leadership. On the basis of discussing "why the modernization of university governance ability is so important" and clarifying "the relationship between university leadership and university governance ability", the model of university leadership elements have been constructed and interpreted from the aspects of "ideological force", "organizational force", "decision-making force", "institutional force", "resource force", "cultural force" and "president power".

Keywords: university leadership, university governance ability, modernization, practical path

第二篇　全球疫情考验下高等教育的应变之策

疫情背景下高校网络教学质量影响因素的实证研究

郑少南[①] 彭 放[②] 周 宇[③] 郑 佳[④]

2020年2月5日,教育部印发了《关于在疫情防控期间做好普通高等学校在线教学组织与管理工作的指导意见》(简称《指导意见》),要求采取政府主导、高校主体、社会参与的方式,共同实施并保证高校在疫情防控期间的在线教学,实现"停课不停教,停课不停学"。该《指导意见》明确指出应保证在线学习和线下课堂教学质量实质等效。就网络教学而言,高校并不是全无经验,各类高校在以往的教学活动中,均不同程度地进行过网络教学。但不可否认的是,网络教学长期以来都只是传统教学方式的补充,从未成为教学的"主要力量"。对于其教学质量监控而言,如果完全照搬传统教学质量的评价标准,会造成无的放矢和钝化失真的情况。本文将就疫情下的高校网络学校质量的相关问题进行探讨研究,以期为疫情防控下的高校网络教学开展提供实践支撑,同时为高校网络教学的可持续发展提供方向选择。

一、关于高校网络教学质量的相关研究

(一)网络教学及其相关研究

对于网络教学概念的内涵,刘志文(2006)认为,网络教学广义上讲,是将互联网技术运用到教学活动中,以其作为辅助手段或者与传统课堂教学同时进行形成混合式教学模式;而狭义上的网络教学更贴近线上教学,专指以计算机网络为媒介,师生分离的超越时空限制的远程教学活动。梁林梅(2009)引用了美国斯隆联盟的界定标准,认为"教学中通过网络传输的教学内容达到80%以上的才是网络教学,30%~70%是混合教学,1%~29%为利用网络促进传统教学,没有使用网络技术的为传统教学"。丁兴富(2009)认为,网络教学资源可以分为教学内容和教学媒体两部分,因此,网络教学的构成要素是教师、学生、教学内容和教学媒体。对于网络教学的特点,张伟远(2006)通过调查亚洲七国九地十一所开放大学发现,网络教学在实际应用中只是运用网络提供资源和进行信息互动,是其他教学方式的一种补充。李雅丽(2019)总结网络教学的特点为技术依赖性、时空分离性、学习自主性、学生主导性和继承发展性。在网络教学的实际应用与研究方面,梁林(2014)认为,目前我国高校网络教学在传统课堂的应用实践和理论研究方面都处于比较薄弱的状态,对技术的研究多于对教学方法的研究,对学生的研究多于对教师的研究。赵丽梅(2017)认为,我国高校网络教学开展的现状还达不到"有效率、有效果、有效益、有吸引力"的有效阶段,依然停留在"低效"的层次。在对网络教学开展的阻碍因素的研究中,宋凤宁(2004)提出,网络教学的硬件与软件的不配套、网络教学所倡导的学生主体性与学生实际的惰性之间的冲突、网络课程管理的多样化与教师精力的有限性之间的矛盾都会成为阻碍网络教学达到预期效果的因素。

综上所述,本文认为的网络教学是指将课程中教学活动的所有内容通过互联网传递给学生。高校网络教学的研究依然存在很多薄弱之处,网络教学一直以来处于传统教学方式的辅助地位。笔者在知网以"网络教学"为关键词进行检索发现,与此相关的文献多数以"混合式教学""翻转课堂"等为主题出

[①] 郑少南,大连海事大学党委书记、教授,研究方向为思想政治教育、高等教育。
[②] 彭放,大连海事大学党委政策研究室主任、助理研究员,研究方向为高等教育。
[③] 周宇,大连海事大学人事处处长、助理研究员,研究方向为高等教育。
[④] 郑佳,研究方向为高等教育。

现,间接表明了网络教学依然不是高校首选或者主要的教学方式。

（二）网络教学质量的相关研究

斯隆基金会和美国公立与赠地大学协会2009年发表的一项关于网络教学的报告指出，80%的教师认为，网络教学质量低于面对面教学质量。而从事过网络教学的教师则认为，网络教学质量等同于传统教学质量，甚至会高于传统教学质量。在此之前，斯隆基金会（2007）的调查显示，院校对于网络教学的重视程度与教师对网络教学的判断成正相关，越是重视网络教学的学习，教师对于网络教学的认可度和积极性就越高。关于网络教学质量的情况，王玉（2003）提到，网络教学质量亟待提高，网络教学设施设备的不完善、教学资源的单一影响着网络教学质量。魏志慧（2004）认为，网络课程是网络教学质量的主要载体。郭宏（2008）认为，网络学习平台缺乏交互性的问题会影响学生主动学习的积极性，缺乏有效的管理手段会难以监控学生的学习，缺乏有效的测试手段会难以检测学生学习中存在的弱点。关于学生方面，郭宏（2008）也提到，传统课堂教学是典型的外部控制学习，网络教学则是内部控制教学，内部控制教学需要学生对自己有约束力。而我国一部分学生长久以来自由散漫的状态、较差的自我约束力会影响到网络教学的最终效果。梁林梅（2009）的追踪调查显示，院校给教师开展网络教学的培训情况并不乐观，这也直接影响到网络教学质量。薛云等（2014）认为，高校网络教学过程的质量控制要从三个阶段把控：授课前把控教学团队、准备丰富的教学资源；授课中掌握学生信息并加强教学互动，不断更新课程内容；授课后进行专家评价、学生评价和自我评价。李雅丽（2019）则认为，网络教学质量评价的要求应符合网络教学特点，增强其实用性和具有前瞻性。刘波（2020）认为，教学管理体系是保证网络教学质量的基础、开展教学研究是保证教学质量的前提、教学督导评价体系是提高网络教学质量的重要环节。

综上所述，网络教学质量中的教师、学生、学校，以及相关配套资源包括网络平台和网络课程资源是主要影响因素；从教学过程来看，教师在课前、课中、课后是否准备充分都会影响到网络教学质量。有效的管理体系可以保证网络教学活动有序开展，网络教学参与者对网络教学的正确认知需要通过教学研究来不断更新完善；构建教学督导体系则是对网络教学的不断总结和完善，进而推动网络教学质量的提升。

二、研究设计与实施

（一）调查内容

在国内外已有的研究基础上，本研究从四个方面入手开展调查，总结疫情防控下的高校网络教学质量现状。

调查的具体内容为：学校在制度层面上是否构建相应完善的体系对网络教学进行支持、管理、研究和督导；高校教师对网络教学的认可度及其进行网络平台操作的技术能力，以及其对网络教学的态度积极性；学生接受网络教学时具备的自我约束力，其对网络教学平台的认可度及技术操作能力；网络教学平台为保证网络教学顺利开展所提供的技术支持、教学资源的多样性和稳定性。

（二）调查样本的基本信息

本次调查主要以大连海事大学为取样对象，通过学校教务处对教师、学生进行调查。共有教师575人、学生7759人参与问卷调查，问卷回收率100%。参与调查的样本信息：在教师方面，男教师313人，占比54.43%；女教师262人，占比45.57%。在年龄分布上，以36—45岁年龄段的教师占比最高，占40%。在学生方面，男生5519人，占比71.13%；女生2490人，占比28.87%。在年级分布上，主要集中在大一和大二的学生，各占比40.40%和33.79%。调查涵盖了13个学院，课程包括公共基础课、专业基础课、专业课必修课、限选课和任选课。

三、调查结果

（一）网络教学平台资源多样性、技术支持和稳定性

网络教学平台是网络教学实现的载体，网络教学平台的优劣程度直接影响到网络教学质量。目前，可用的网络教学平台非常多样化，有辅助教学平台，如雨课堂、BB 课堂；也有专业的会议直播软件，如腾讯会议、Zoom 等；还有网络课程资源，如中国大学 MOOC（慕课）、智慧树等。教师在网络教学方式上，主要以直播教学、线上研讨教学、MOOC/SPOC（小规模限制性在线课程）教学、自主学习、录播教学为主。从调查结果看，84.35% 的教师采用了直播教学，实现了教师和学生之间的实时互动。38.61% 的教师采用线上研讨教学，也就是通过辅助网络教育平台提供教学材料、分配教学任务、线上组织学生讨论、答疑等。21.57% 的教师采用 MOOC/SPOC 教学，通过 MOOC 的课程资源途径，进行网络答疑、讨论，布置课后作业等。

这些网络教学平台在疫情之前作为辅助教学手段，基本上能够满足教学需求。但是，在当下全国各个高校、上千万人次同时开展网络教学的情况下，网络教学平台的软硬件资源的适配成为网络教学质量的重要基础保障条件。针对这一情况，我们对教师关于网络教学平台的技术支持、稳定性、教学资源、教学可视化方面的感受情况进行了调查。（见图 1）

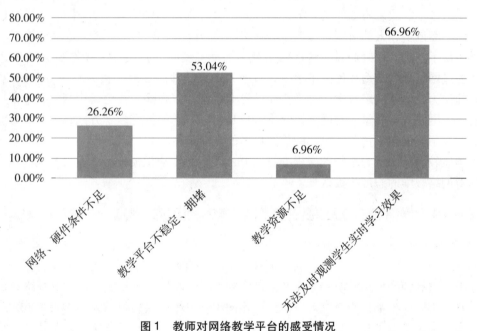

图 1　教师对网络教学平台的感受情况

通过调查可知，网络教学平台很难监控学生实时学习的效果，尤其是以 MOOC 作为教学主要方式时，教师在实际教学中很难监管学生的实际学习情况，包括学习进度和完整性。另外，对教师使用平台熟练度的调查显示，由平台技术人员指导的占比只有 2.78%，说明网络教学平台在技术支持的层面上仍有提升的空间。而在平台稳定性方面也一直存在问题，尤其在开展网络教学的初期，平台崩溃、直播卡顿的情况时有发生。不少教师提到，尽管网络教学开展日趋平稳，但是如果利用网络教学平台进行直播互动的话，几乎要全部闭麦、关闭直播视频才能保证语音流畅。关于直播的调查数据也显示，超过半数以上的教师会选择音频直播，因为这样能更流畅。但相对的，这就很难检测到学生在教学过程中的听课状态。在网络教学资源方面，也有不少教师反映教学资源不足。调查数据显示，55.30% 的教师选择自制教学资源，而选择 MOOC 教学资源的大约只占 1/4。

(二) 高校教师对网络教学的认可度、技术操作能力和态度积极性

1. 教师使用网络教学工具的情况

高校教师在网络教学工具的使用上,电脑依然是主流,占比接近95%,其次是手机。在网络教学平台的使用上,在与学生的课堂交流中,微信是绝大多数教师使用的交流工具,这与日常的生活使用习惯有很大的关系,不少教师与学生班级都建立了学习微信群。此外也有教师选择QQ作为交流沟通的工具。

对于使用网络教学平台的熟练度,绝大多数教师都表示会使用或者熟练使用,本次调查中,高校教师不会使用任何平台的占比为0。高校教师对网络教学平台的使用并无太多问题,一般都可自由使用不同的平台进行教学活动。我们在调查中发现,多数教师会根据教学活动情况的不同而使用不同的平台,大约一半的教师至少选择2个平台,近1/3的教师选择使用3个平台进行网络教学。

2. 教师对网络教学的认可度和网络教学的积极性

通过调查发现,在教师对网络教学的教学效果的认可度上,与传统的线下课堂教学相比,大部分教师认为网络教学的效果还是有限的,暂时达不到课堂面对面教学的效果。在网络教学的投入程度方面,教师对网络教学的要求比对传统课堂教学的要求更高,在教学环节上设置了更多的内容。显然,教学要求越高,则间接表明了高校教师对网络教学的态度越积极。从学生反馈的角度来看,当同学们对课程有疑惑的时候,基本都能够及时得到教师的答疑和辅导。

网络教学对于高校教师而言,无论是在技术操作上还是积极性等方面一般都不存在太多问题。尽管一部分教师认为网络教学的效果不如传统教学,但是大部分教师认为网络教学赶超传统教学只是时间问题。随着网络技术的不断进步和人们对网络教学认识的不断提升,网络教学质量也会越来越高。在调查过程中,我们通过访谈了解到,教师们对于这次网络教学活动确实有"赶鸭子上架"的被迫感,将教学过程的每个环节都通过网络平台的途径传授给学生,对绝大多数教师而言确实较为陌生,存在经验不足之处。但是,不少教师认为,提升网络教学能力确实应被提上日程,教师除了要会运用网络教学平台之外,更应深入思考如何保证网络教学质量,让网络教学不再只是传统教学的补充教学方式,因为只有教学方式更灵活多变,才能应对不同的教学情况,也才能扩展更多的教学可能。我们通过调查了解到,绝大多数学生对教师的网络教学比较满意,认为教师的课程准备充分,课堂上互动积极,可以及时为他们答疑解惑,这也说明高校教师对网络教学的态度积极认真。

(三) 高校学生对网络教学的认可度、技术操作能力和自我约束力

1. 学生使用网络教学工具的情况

学生在网络教学工具的使用上,首选的是电脑和手机,两种工具的使用占比几乎持平。在网络教学互动平台的使用上,与教师的使用情况相差无几,微信和QQ仍然是主要互动平台。在网络教学平台操作的熟练程度上,绝大多数学生都认为自己可以熟练操作网络教学平台进行学习。我们通过调查也发现,学生在网络教学方面,无论是对工具还是对平台都能够很好地掌握并运用,并无太多的困难。

2. 学生使用网络教学时的自我约束力和对网络教学的认可度

网络教学形式的多样性对学生自我约束力的要求比传统课堂对学生的要求更高。在学生的自我约束力方面,我们通过对他们的课前预习情况以及课后复习情况的自我认知的调查发现,超过97%的学生自认为网络教学课前预习很充分,98%的学生自认为网络教学课后复习很充分。而对教师的调查结果却显示出略有差异。(见图2)

从图2的数据可以看出,约有一半的教师认为学生课前预习的情况一般。而在学习动力上,教师也普遍认为学生线上学习的动力不足,唯有在互动方面,约七成教师认为学生在网络教学的课堂上互动比较积极。

在学生对网络教学的认可度上,学生对网络教学的方式和安排整体比较满意。在网络教学的效果和收获上,八成左右的学生认为是有收获的。

整体来说,学生对网络教学的接受度较高,使用网络平台的情况较好。在自我约束方面,教师评价与

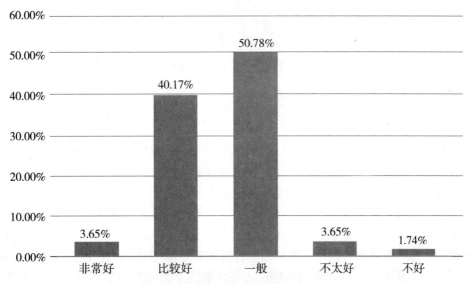

图2 教师对学生网络教学课前预习情况的评价

学生自评略有偏差,这与两者之间对自我约束的期望值的不同有关。关于网络教学是否有效果,大部分学生也给予了肯定。在调查过程中,部分学生认为网络学习任务繁重,缺少很多指导的环节,增加了学习难度。事实上,鉴于网络平台的一些局限性,在网络教学中,教师确实很难做到像传统课堂教学那样针对每一个问题都进行解释和说明,但这样反而需要学生更主动地向教师提出问题。在学生对教学方式的认同度方面,调查数据显示,约九成以上的学生喜欢教师用直播的方式进行网络教学,虽然这种方式确实能够达到实时交互效果,但也间接反映出大部分学生依然有学习依赖性,自主学习能力不强。

(四)学校网络教学的技术支持、教学管理、研究和督导

网络教学质量最重要的保障因素之一就是学校。我们通过调查发现,有45.39%的教师对网络教学平台的熟练掌握程度确实源于学校提供的指导和培训。学校内部发布的与网络教学相关的官方文件显示:首先,自开展网络教学伊始,该校成立了教学专项小组,主要负责人是分管的副校长,教务处处长担任组长。该小组的主要工作职责是安排好疫情防控期间的教学安排,制订教学方案,负责推进网络教学工作。同时,文件特别强调指出,网络教学要求教师精准把握课程教学内容,保证学生的学习质量。其次,开通网络教学各类平台以及升级加强教务管理系统,保证教务系统科学高效地运转。再次,成立技术团队保障网络教学顺利开展,以及制作在线教学培训手册,筹划开展了关于网络教学平台使用的一系列相关培训工作,以提升教师网络教学的能力。最后,开展质量监督工作,通过教师自查与学院、学校抽查相结合,对网络教学组织情况、网络教学方式和内容等进行检查与评价。同时,督导组成员通过网络被授权成为平台管理员,可以从后台进入,开展教学督导工作,从而保证网络教学质量。

四、网络教学质量影响因素研究结论

(一)教师的积极性和学生的自主性是保证网络教学质量的核心要素

网络教学与传统教学最重要的区别在于时空的分离性,这一特性使教师和学生之间的交流具有较大的灵活性和创造性。教师的教学过程不再局限于几十分钟的课堂,无限扩展的学习内容都通过网络被传递给学生,包括教师备课中选用的教学材料。而学生也不用局限于某一特定的学习时间,并且可以在学习过程中按照自己的理解学习课程知识,增强了学生的创造性。但是,网络教学确实也给教师和学生带来了更多的压力和困难。网络教学对教学过程的设计要求更严格、更细致,为了保证每一个教学环节都能够准确、具体,教师从事网络教学所投入的精力和时间更多。在传统课堂中,教师可以随着教学活动的开展,根据

学生的即时反应逐渐地修正教学活动；而在网络教学中，师生之间时空的分离性特点则要求教师必须提前预估好每个教学内容和教学环节的教学效果，才可能保证最终的教学效果是有效的。即使教师精心设计了教学过程，学生也未必真的能够完全进行自主学习。部分学生认为，网络教学的课业反而更繁重，疲于应对，也会过度依赖直播教学。而教师一旦被繁重的教学任务拖垮，学生又不能主动学习的话，网络教学质量一定没有办法获得保证。

（二）网络教学平台的稳定性和网络教学资源的系统性是保证网络教学质量的支撑要素

尽管目前网络教学平台种类繁多，但是网络教学全面开展的规模仍需要进一步提升。在技术层面上，网络教学平台仍有提升的空间：一方面，要注意加强平台的稳定性。从调查反映的情况来看，尽管后期平台相对稳定性较高，但是卡顿、死机的情况也时有发生，导致教学过程中断，影响授课效果。另一方面，要加强平台的功能，使其更贴近教学需求。在调查中，关于网络教学资源使用方面，有教师表示像MOOC这样的平台确实提供了不少课程资源，但是在监管学生学习方面存在一定困难。另外，由于课程资源不能完全贴合课程教学安排，有些内容教师只选择一部分让学生观看学习，对于学生具体看了哪些课程视频则难以确认。因此，完全利用MOOC资源进行网络教学，确实不便于监管教学质量。在教学资源方面，正如上文提到的，网络教学资源确实越来越多，但是契合本校课程的教学资源未必全面，也很难贴合本校的课程标准。网络教学资源过多、过杂则不具有系统性，对于授课质量也难以保证。结合以上内容，我们就不难理解为何在网络教学方面有不少教师会选择通过直播方式进行授课了。

（三）学校网络教学监管制度是保证网络教学质量的支持要素

不管是过去还是现在，学校在保证网络教学质量方面发挥着重要作用。从学校层面上来说，保障网络教学质量最基本的就是构建相关的制度。我们不管是通过调研还是现有的信息都可以看到，高校在应对紧急的网络教学情况时，一般都能够实现基本的网络教学管理，以保证网络教学的有序开展。但从实际来看，学校网络教学管理相关制度的构建其实是欠缺的。多数的网络教学管理内容是在一种紧急的情况下制订的，没有经过深思熟虑，不少管理内容都借鉴了传统的教学管理模式，经不起推敲，也达不到保证网络教学质量的程度。从目前的调研结果来看，学校对于网络教学管理的内容规定得过于宽泛和空洞，没有针对具体的情况提供有效的意见。网络教育管理相关制度的建立仍需要时间，具体的措施和策略还需要进一步细化。

五、构建网络教学质量的保证体系

（一）构建有效的激励体制

网络教学质量对教师和学生的要求更高，教师和学生双方投入的精力要超过在传统课堂教学中所投入的精力，因此，应基于教师和学生双方的特性，同时建立激励体制。对于教师，我们应该认可其在网络教学中的投入，并且应通过量化的方式有所体现，承认网络教学与传统教学具备相当的工作投入量，走出网络教学比传统教学简单的认识误区。我们甚至可以将网络教学作为教师考核的标准之一，对网络教学实施中表现优秀的教师，建议给予一定的奖励。但是，反之不建议有惩罚措施，因为网络教学对于大部分教师而言，仍处于摸索阶段，如果因为网络教学开展中出现的某些不伤害教学本身的小失误而给予惩罚，可能会打击教师的积极性，甚至导致教师出现对网络教学的逃避心理。对于学生，学校和教师应该共同制订激励措施。学校可以适当引用较为优秀的学习案例作为示范，一方面引导学生学会自主学习，另一方面可以激励学生主动学习的热情。作为教师，在激发学生自主学习方面有着直接的作用，建立网络课堂的激励体制是教师应有的意识。同样，对学生的激励也不应只有口头鼓励或者一些简单的表扬，能够将其量化体现是非常重要的，尤其是当学生在学习中展现出了自我的独到见解和创新之处时，我们更应思考怎样才能行之有效地将这一优势进行充分的量化体现，从而激励学生自主学习。

（二）加强校内网络课程资源开发

网络教学资源的不适用性确实是影响网络教学质量的因素，网络教学平台的各类资源难以贴合本校的课程实施标准，这也是导致教师大多只愿意用自制教学资源的原因之一。因此，开发学校的校内网络课程资源非常有必要。从实际情况看，高校开发校内外网络课程的行动早已落实，在网络教学活动中，校内网络课程也是教学资源之一，但使用率却非常低，仅一成左右的教师愿意选择校内网络课程作为网络教学的资源。究其原因，是高校网络课程资源开发方面一直存在一些问题，如课程质量不高、知识内容陈旧、管理维护滞后等。在这种情况下，学校网络课程确实难以在网络教学中发挥作用，同时也浪费了其本身所具有的价值。因此，学校应该在网络课程资源方面加大开发力度，这样才能对保障网络教学质量起到应有的作用。

（三）行之有效的网络教学监管活动

网络教学监管的相关制度应该遵循网络教学的特性，尤其是网络教学的时空分离性。在日常监管方面，我们对于网络课堂的秩序管理等可以适当进行灵活调整，不能照搬传统课堂的考勤制度来认定课堂教学参与度的高低。监督管理的重点可以放在网络教学的关键环节、教学内容、教学方法和理念上。在监管人员方面，学院可以针对网络教学成立由学院领导、教师、学生、技术支持人员构成的监管团队。教师和学生可以随时就网络教学中出现的问题实时进行反馈，学院领导也可以及时掌握实际情况，互相进行及时有效的沟通，以防止因问题拖延而影响教学质量；同时，技术支持人员是网络教学质量的硬性保证，应在教学过程中随时与师生保持沟通，从而在技术层面上保证教学的完整性。在规章制度方面，学院领导应集合各方力量，咨询教育专家，制定网络教学监管规则，做到凡事有章可循。

参 考 文 献

[1] 祝怀新，马羽安. 高校网络教育教师的执教动机及行为如何产生：一项基于期望价值理论的质性研究 [J]. 远程教育杂志，2017（1）：102-112.

[2] 王冬冬，王怀波，张伟，等. "停课不停学"时期的在线教学研究：基于全国范围内的33240份网络问卷调研 [J]. 现代教育技术，2020（3）：12-18.

[3] 郑勤华，秦婷，沈强，等. 疫情期间在线教学实施现状、问题与对策建议 [J]. 中国电化教育，2020（5）：40-49.

[4] 钟莎. 基于高校网络教学平台的混合学习模式研究：评《高校教师网络教学影响因素和对策研究》[J]. 领导科学，2019（19）：126.

An Empirical Study on the Influencing Factors of Network Teaching Quality in Colleges and Universities Under the Background of Epidemic Situation

Abstract: Under the background of epidemic situation, this paper studies the influencing factors of network teaching quality in colleges and universities, and starts with the school, teachers, students and network teaching platform, adopts the way of sampling investigation of teachers and students in colleges and universities. The results show that the diversity and harm of network teaching platform resources, there is room for increasing technical support, teachers' recognition and enthusiasm for network teaching and teaching results show a positive proportion. Network teaching puts forward higher requirements for students' self-learning ability, and the school level still needs to strengthen supervision and the development of online curriculum resources in schools, as well as the establishment of an effective incentive system.

Keywords: epidemic situation, network mathematical quality

疫情危机下各国高等教育的在线教学策略与思考[①]

江小华[②] 严 丹[③]

2020年,面对突如其来的疫情,一场史无前例的从传统教学向在线教学的变革在各国高校拉开了帷幕,课程资源、技术支撑、资金投入、教师培训、在线教学评估等诸多挑战也接踵而来。面向高等教育,各国教育部和高校等均采取了一系列行之有效的举措来应对疫情危机下的在线教学。具体而言,它们在在线教学资源方面,建设了多元的资源共享平台和免费在线课程;在在线教学工具方面,提供了适用的网络支持工具和课程管理系统;在在线实验课程方面,引入了全新的在线演示模式和虚拟现实装备;在在线考评方式方面,采用了灵活的评分等级制度和替代评估方案;在在线教学教师方面,开展了有针对性的信息技能培训和心理健康辅导;等等。这些在线教学的应对措施和有益经验值得我们总结和分享,从而为我国高等教育在未来更好地开展在线教学提供了一定的参考和借鉴。

一、整合在线教育资源

(一)设立在线教育资源平台以整合多方资源

为向学生和教师提供各类支持,许多国家在疫情期间均设立了针对高等教育的在线教育资源平台,联合国教科文组织汇总了不同国家的在线教育平台。[1]例如,法国高等教育、研究及创新部设立了名为"高教科研全体行动起来"(Tous Mobilisés)的资源平台网站,为高等教育管理者、大学教师、科研人员和学生等提供支持;西班牙教育和科学部与教育界合作,共同创建了近10万种针对不同学习对象的各类形式的教育资源集合 Procomún;奥地利教育、科学和研究部在其官网汇总了各类网站,致力于为学生和教师提供支持远程学习的链接、资源和信息;巴西教育部提供了一个在线教育资源平台,为学前教育至高等教育阶段收集、保存和提供了英语和葡萄牙语的数字教育资源,涵盖了艺术与人文、社会科学、自然科学等各方面的内容;在墨西哥教育部提供的 Aprende 2.0 平台上,有着音视频、App(手机软件)、互动式游戏等多种形式的教育资源;并提供了其他资源网站的链接,如墨西哥公开大学、国家图书馆等,以尽力为用户整合多种资源;哥伦比亚教育部开设的"文化部内容库"(Banco de contenidos),则提供了该国文化部收集的1989年至今的多媒体产品,包括音视频、电子书籍、图片、电子游戏和博客资源等。

(二)建设丰富的在线课程并免费开放

世界各国众多高校也利用自己的网站,制作并分享了各类丰富的在线课程或学习资料,不仅为本校服务,还免费向社会开放。例如,韩国延世大学教学学习创新中心除了服务于本校的在线教育外,还于2020年4月27日与 Coursera(慕课平台)签订了"C4CV"(Coursera for Corona Virus)协议,同耶鲁大学、杜克大学、约翰·霍普金斯大学、香港理工大学等世界知名大学一道为学生提供了3800多门免费课程。[2]英国的许多大学也在其官网提供了多样化的在线课程。不同于其他大学以通知和新闻为主的首页,伦敦大学的网站(https://london.ac.uk/)更像一个大型在线学习平台,提供了种类丰富的在线课程资

[①] 课题来源:上海外国语大学校级专项课题"新冠疫情下各国高等教育的应对策略研究"(2020114017)。
[②] 江小华,上海外国语大学国际教育学院讲师,博士,研究方向为比较高等教育、教育信息化国际比较。
[③] 严丹,上海外国语大学副教授,博士,硕士研究生导师,全球教育研究中心特聘研究员,研究方向为教育信息化、数字图书馆、信息素养教育。

源。每一门在线课程在申请后即可开始学习,用户不仅能够系统地学习专业知识,还可以提交作业并获得评价。

二、配备在线教学工具

(一)投入大量资金确保在线教学工具的完备

传统教学转向线上教学,需要强大的技术力量支撑,为此,很多政府和教育部门都不惜投入重金到在线教学的开发和建设中,以配备必要的在线教学和学习工具。例如,法国政府从学生及校园税(CVEC)中划出社会救助资金(预算为1.39亿欧元),除了为保障学生健康的相关行动提供资金外,还将帮助学生获得IT(信息技术)工具或Internet(因特网)访问资金,以确保最大数量的学生能够真正安全地访问其机构部署的远程学习工具。[3]英国政府与英国学生办公室一起合作,阐明资助者们在2020年4月和5月可利用现有的4600万英镑帮助经济有困难的学生,包括对信息技术设备和网络访问的补助。就高校而言,歌德大学仅在2000张变焦镜头上就花费了超过10万欧元;为了升级服务器,该校停课期间的额外费用约为50万欧元。[4]

(二)应用多种在线教学管理系统开展教学

美国的在线教育较为发达,很多高校常设应急机制,因而在面对疫情等突发状况之时,能够迅速展开应对措施。成熟的课程管理系统和远程教学系统也为高校的不时之需提供了强大的保障。课程管理系统是实现远程教学和教育技术的"操作系统",没有它们,远程教学就难以实现,或者难以长期开展,包括Canvas、Blackboard、Desire2Learn等在内,在美国高校都有较为完善的建设。美国几乎所有高校都有自己的共时远程教学系统,比如被提到最多的是Zoom,此外还有Canvas Conference、WebEx、Google Hangouts、Skype等。其他非共时视频、音频系统则有VoiceThread、Flipgrid、Canvas discussions等。教师还可使用Techsmith、Panopto、Kaltura等视频录制软件录制课程。哈佛大学、加州大学伯克利分校、斯坦福大学、普林斯顿大学都提供了相应的远程教学工具,哈佛大学甚至有一个专门的远程教学指导网站来对此进行指导。[5]此外,为了实现"停课不停学",早稻田大学在其教学辅助系统Waseda Moodle的基础上开发了实时通信功能,学生听课、提交作业、参加测验都可通过该系统进行。[6]美国的南新罕布什尔大学在新冠肺炎疫情之前就已经有了大量的在线学习资源,拥有经验丰富的教学团队。

三、创新在线实验课程

线上教学不同于线下教学,一些特别的课程很难照搬传统的教学模式。为此,许多高校尝试寻找替代方案以确保教学质量。比如,理工类专业学生的实验教学通过网络途径就很难开展。实验课强调实践而非理论,依赖实验器械与工具,对实验环境有特殊要求并具有一定危险性。世界各国高校积极探索了一些替代方案以使学生能够居家进行实验课学习。

(一)对部分课程内容进行线上演示

在传统的线下课程中,学生动手进行实验前,教师一般需要对实验器材、实验步骤、注意事项等做出具体的讲解。在在线教学中,许多高校将这一部分内容的讲解以视频的形式呈现,以供学生随时随地在线学习。例如,美国华盛顿大学地质和天文学教授特里·斯旺森(Terry Swanson)在其在线课程中采用了视频教学的方式。在此之前,他的课程内容主要包括课堂教学、实验、实地勘察和电影之夜四个部分。疫情期间,他开始借助视频记录实验过程,供学生学习,电影之夜则照常以线上方式进行。他还录制视频让学生进行虚拟的实地勘察,并用相机展示他想让学生们看到的每一个细节。[7]

（二）学生在线进行实验数据分析

许多大学教师将实验进行拆分，选取有关实验数据的分析环节作为学生的在线学习任务。在向学生介绍数据收集和分析方法之后，授课教师一般会将过往实验数据提供给学生进行分析，或者向学生展示测量结果，让学生自己读取数据。例如，马里维尔大学的凯莉·雷武（Kelly Lave）教授在疫情期间充当着学生与实验设备之间的桥梁，她代替学生测量数据并将原始数据发给学生分析。这省略了学生们已经熟悉的测量环节，让他们更集中于对数据的分析和推论，有利于培养辩证思维。[8]再如，哈佛大学的教学团队提出，如果教学重点在于阐释数据，教师可以考虑从发表过的刊物中选取符合实验要求的数据组供学生进行分析，并整理出有关数据分析的问题集。[10]

（三）教师安排学生居家实验并邮寄实验器材

许多大学教师会根据学生的实际情况设计可以居家进行的实验，并通过邮寄的方式为学生提供实验器材，有些教师则在网络平台设定好实验工具包，让学生自行购买。例如，华盛顿州立大学的化学系邮寄实验工具包给那些在2020年夏季学期修习化学课程的学生。学生也可以通过Hands-On Labs和eScience Labs等公司购买配套的实验器材进行实验。目前，已经有超过400所高校通过eScience Labs定制工具包和网络课程。[9]维吉尼亚大学电子计算机工程教授哈里·鲍威尔（Harry Powell）在了解到3个班级中有超过120名学生在寒假后无法返校的情况后，立刻联系了美国国家仪器股份有限公司订购了便宜、便携的实验设备，这些实验设备在短短一天时间内便可以直接被送到学生家中。[10]

（四）学生通过虚拟实验室模拟实验

一些平台提供了虚拟实验室的服务，学生可以在一个有趣且无危险的环境中模拟实验、测量分析数据并得出实验结论。同时，学生还可以在虚拟实验室中认识实验器材，了解实验技巧和实验步骤，学习实验相关理论，为其今后真正进入实验室做好准备。例如，Labster是虚拟实验室之一，其为美国基础教育和高校提供了价值500万美元的线上服务。加利福尼亚州众多大学与其建立了新的伙伴关系，超过210万学生从中受益，学生可以使用130多个涉及生物、化学、物理和普通科学等多学科的虚拟实验室进行模拟实验。[11]一些大学也有自己的虚拟实验室平台，例如，俄克拉荷马州立大学的塞尔吉奥·阿比特（Sergio Abit）教授所设计的虚拟实验室在新冠肺炎疫情中为卡梅伦大学等的众多师生提供了许多便利。[12]

事实上，不少大学教师将新冠肺炎疫情看作改革高校实验教学的一次机遇，借助线上平台，他们在教学方面有了更积极的尝试，并且愿意将有益经验应用于今后的教学中。

四、调整在线考评方式

教育评估和测试是保证学生在线学习质量的重要手段。受疫情影响，疫情期间全球除了少数大学会彻底取消考试和评估外，大多数高校正积极组织在线考试或设置替代性评估方案，以尽可能确保学生学业成绩评估的公平性和有效性。根据美国一家知名非营利性组织EDUCAUSE（美国高等教育信息化协会）对澳大利亚、中国、加拿大、芬兰等国家的312所高校所开展的一份调查，疫情期间有77%的高校调整了评分等级制度，超过75%的高校拟使用远程监控技术进行考试，30%的高校则考虑设置替代性评估方案。[13]

（一）调整学生成绩计分方式

为缓解在线考试压力，许多高校选择重新调整评分等级制度，以"及格/不及格"或字母分级制"A/B/C/D/E"等方式来代替期末考试的百分制成绩。例如，香港大学将2020年5月18日到6月6日期间的所有期末考试都转移至线上进行，并为学生提供三种评分途径：使用字母分级制［将计入GPA（平均成绩点数计算）］、使用"及格/不及格"制（不会计入GPA）、申请"撤销"课程。学生可根据自身情况自由选择采用某种评分制。[14]同样，美国波士顿学院在疫情下也放宽了针对"及格/不及格"评分制的课程限制。疫情前，波士顿学院规定学生本科期间以"及格/不及格"标准来获取学分的课程数量最多不超过6门，疫情期间该校则取消了这一限制。[15]英国埃塞克斯大学也推出了更灵活的计分方式，学校规定，若学生的平时成绩已达到模块学习的标准，最终进行的替代性评估只会增加其总成绩；若平时成绩未达到标准，则替代性评估是衡量其是否通过考试的标准。[16]

由此可见，疫情下各高校的评分方式更加多元化，不仅减轻了学生在疫情期间面对考试的心理压力，同样也缓解了疫情期间教学资源不均衡对考试成绩带来的影响。然而，以"及格/不及格"的方式记录成绩也存在弊端，这一相对宽泛的评分方式难以准确体现学生水平；此外，部分高校并不将其计入GPA，这对学生申请交换项目、申请研究生和就业也会产生一定的负面影响。

（二）使用远程监控技术对在线考试进行监考

疫情下，许多高校都通过远程监控技术对在线考试进行监考。例如，美国哈佛大学、英国剑桥大学、澳大利亚国立大学、澳大利亚昆士兰大学、荷兰阿姆斯特丹大学等高校均使用专门的监控软件Proctorio。[17]而根据EDUCAUSE的有关调查数据，有80%的高校使用了不止一种监控方式。例如，意大利威尼斯大学共推出了三种远程监控途径（课程管理系统Moodle、视频会议平台Zoom或Google Meet）。[20]在先进的远程监控技术支持下，在线考试体现出了无可替代的优势，它不仅使得大部分常规考试，尤其是无法进行替代性评估的大规模考试得以如期举行，而且也为身处异地的留学生参加考试提供了非常便捷的途径。

尽管远程监控技术或许存在隐私安全问题，但面对疫情带来的诸多限制，基于远程技术的在线考试仍是应用最为广泛的应对举措，这也为许多学生提供了宝贵的考试机会和成绩证明。正如澳大利亚国立大学副校长格雷迪·文维尔（Grady Venville）教授所言："对于很多学生来说，顺利完成考试对于未来的学习至关重要。新冠肺炎疫情使我们都处于一个未知的环境，学校正竭尽全力降低疫情对学习进程的影响。"[18]

（三）使用灵活多样的替代性在线评估方案

替代性评估不同于传统的考试形式，其旨在通过灵活多样的方式对学生的学习情况进行评估，包括但不限于讨论、模拟、视频、播客、论文、反思性作业等。多样化的替代性评估已成为全面评估学生的重要举措，特别是在疫情对传统考试造成冲击的当下，越来越多的高校在考试中提高了替代性评估的比例，一些高校在本科低年级阶段甚至完全以替代性评估代替了传统考试。

英国牛津大学已取消本科一年级的大部分考试，本科毕业年级和研究生则通过提交开卷形式的论文或提交需数天完成的长作业以获得评估。[19]新加坡南洋理工大学取消了2020年4月6日至5月8日期间所有的本科考试，并要求学生线上提交课题、报告、论文、演讲展示和作业，以作为现有持续性评估的一部分。[20]英国伦敦大学学院取消了所有一年级考试，取而代之的是"顶石评估"（capstone assessment），即要求学生结合他们从课程中学习到的不同知识和技能，展示他们在学习领域中所积累的知识和理解。每门课程"顶石评估"的内容、重点和格式将是学生全年在小组活动、课堂练习和测试、课程工作、形成性作业或作品集等活动中完成的全课程学习评估的一部分。[21]西班牙安达卢西亚地区高校的校长们签署的一份文件则将持续评估放在优先地位，包括诸如课题、讨论小组、会议问题、实际案例的解决方案、报告等替代性评估方案，具体内容取决于各门课程的特征。[26]

总体而言，替代性评估的方式灵活多样，相较于传统考试，替代性评估能够以多维的角度全面衡量学生的综合能力。此外，替代性评估还是针对学生的持续性评估中的重要环节，能避免考试结果的随机性，也使整个评估过程更加公平合理。

五、为教师提供多元化支持

在线教学的顺利开展不仅需要硬件技术的支持，更要解决如何让广大教师快速适应新型教学模式的问题。学校的关停意味着教师的日常教学需从线下转为线上,然而学校在线教学设备的短缺以及对教师信息化教学能力的培训的缺失,让许多教师面对疫情危机下出现的"在线教学新常态"时感到措手不及、焦虑不安。为了帮助教师更好地提升在线教学能力,许多高校提供了大量的支持,主要包括在线教学硬件和软件设施的提供、教师信息化教学技能的培训以及对教师的心理辅导。

(一)在线教学硬件和软件设施的提供

在硬件设施方面,很多高校努力为教师提供日常通信和教学所需的设备支持。例如,俄罗斯将大量国产远程教育技术产品,包括教室计算机设备、数据存储系统和高清摄像机等,引入学校,助力疫情期间教师的教学工作。[22]韩国政府加大了教育预算费用投入,增加了服务器容量并购买了相机、麦克风等各种教学设备。[23]在软件方面,世界各大教育机构为教师提供了大量电子教材、教学资源和技术上的帮助。例如,英国电子教科书供应商 Kortext 与英国联合信息系统委员会、微软合作,推出了一个免费电子教科书计划,将免费向教师和学生提供来自多家出版商的教科书。[24]培生教育集团在其官网定期为教师更新一系列教学案例和资源。[15]

(二)教师信息化教学技能的培训

除了技术硬件上的短缺,教师在进行线上教学时所面临的更大挑战来自如何让自身快速适应新型教学模式,并使用新的教学技术和方法为学生提供优质的教育。为了帮助教师更好地提升在线教学能力,除了高校积极组织对本校教师的培训外,各教育管理部门和企业也分别展开了众多线上教师培训和研讨,培训内容主要包括在线教学软件的使用、在线课程设计和在线教学技能等。例如,阿联酋教育部在电子学习平台 Madrasa 的支持下,为 42000 名教师提供了"24 小时内成为一名在线辅导教师"和"24 小时内在线课程设计"的培训课程。[25]牛津大学出版社免费为教师提供荣获"Epigeum"奖项的在线培训课程,这些课程涵盖了在线教学和混合学习等重要领域的培训内容。[25]英联邦学习共同体与开放教育资源基金会联合推出的一项名为"为疫情而建立的开放教育资源"(OER4COVID)的支援计划,该计划将主办一系列在线会议与教师培训项目,以提高教育工作者设计和开发开放教育资源课程的能力。[9]

(三)教师心理健康上的辅导

在新冠肺炎疫情暴发的背景下进行远程教学,教师不仅要承受疫情带来的压力,还要应对线上教学带来的焦虑,尤其是关于如何适应在线教学、保证教学质量和提高学生学业成绩等问题。因此,在这一特殊时期,为教师提供心理辅导和支持,缓解教师压力,对于教师持续开展在线教学来说尤为重要。很多国家如南非、巴基斯坦等,利用社交媒体为教师建立同伴互助小组,供教师进行分享与交流。墨西哥则利用基于神经科学、心理学和幸福学等方面的知识,设计简单的活动帮助教师减轻焦虑、增强幸福感。[5]

六、对我国高校在线教学的启示与建议

疫情期间在线高等教育规模的增长,对我国的高等教育信息化、高等教育应急系统和大学教师的信息技术应用能力都是一次严峻的考验。实践表明,我国高校的在线教学工作在教育管理部门、高校和教师的共同努力下有序平稳地进行,各方均采取了相应措施并取得了一定成效,但同时也存在一些问题和不足。疫情期间,各国高等教育在线教学的有益探索和举措可为我国未来进一步推进和完善高等教育在线教学提供一定的启示和建议。

(一)重视在线教育资源的长期积累和共建共享

在教学资源方面,虽然在疫情之前,我国已经具有一些共享的在线教育资源,如中国大学慕课平台、智慧树、学堂在线等,但由于这些资源内容质量参差不齐,优质在线教学资源匮乏,缺乏针对性,因而无法直接应用于课程和满足疫情期间我国高校在线教学的需求。为此,绝大多数高校不得不要求教师在短期

内自行开发建设在线课程，而前期在线教育资源的准备不足也在一定程度上增加了建课的难度。事实上，在线教育的建设并非一日之功，综观多个国家，能够从容应对者，如美国，多得益于其平时在线教育资源的跬步之积。经此疫情，我国教育部门应该同高等教育界、企业界合作，设立汇聚各类优质资源的高等教育在线教育平台，有能力的高校也应该大力开发优质的慕课课程并实现优质在线资源的校际共享，为教师和学生长期的在线教育提供资源保障。

（二）加快开发统一的在线教学平台和管理工具

就在线教学平台和工具而言，疫情期间，我国高校大都使用了课程管理系统和各类在线教学工具，为教师的在线教学提供了极大的便利。但这些系统在功能设计和实际应用上仍存在不少问题，尚有很大的完善空间。例如，有些学校没有规定要用哪个平台进行授课，不同教师往往会选择钉钉、Classin、腾讯会议、Zoom、企业微信等不同的平台进行授课，导致学生不得不安装和熟悉多个软件。研究者对全国187所高校的调查显示，88.6%的学生表示上一门课需要使用超过2个教学平台。在他们看来，教学平台的数量过多且杂乱会增加上课程序的烦琐程度。[26]此外，现有的在线教学工具还存在着一些明显的瑕疵，包括师生、生生互动不足等。我国高校应该与企业加强沟通合作，明确实际需求，加快研发稳定高效的统一的线上教学平台，针对疫情期间使用时存在的问题，不断完善相关系统和功能。

（三）针对不同学科特点进行教学设计和策略规划

就课程规划和在线教学设计而言，大学课程与教学的设计通常与学科特点密不可分，不同学科的课程应该采取不同的教学策略。本研究虽仅总结了国外实验课在线教学的一些有益策略，如对实验操作过程进行线上演示、学生在线进行实验数据分析、选择一些安全的实验居家操作、充分利用虚拟实验室等，但这些创新性策略为我国针对不同学科特点开展在线教学，尤其是为实践操作性较强的课程进行教学设计提供了一定的启示。高校其他特色学科，如语言类学科、艺术类学科、体育类学科等，也应该结合自身的特点进行在线教学策略的规划和设计，同时多与国际同行展开交流，借鉴国外创新性的教学策略，提升本学科在线教学的效果。

（四）转变传统评价观念，引入灵活考评方案

就在线评估而言，传统教学中，学生的学业评价一般由形成性评价和总结性评价组成，其中形成性评价一般由单元测试、平时作业构成，而总结性评价则主要由期末考试或论文构成。就形成性评价而言，在线教学工具的使用虽然使得教师更容易掌握学生的考勤情况或对学生作业做出及时反馈，但教师们很难了解学生的学习状态和效果。对此，很多教师会选择通过增加课后作业或在线测试的方式来掌握学生对知识的吸收程度。而就总结性评价而言，在线教学的评估受制于技术手段，应与传统评估有所不同。借鉴疫情期间世界各国采取的灵活多样的评价手段，我国高校也应该推出更灵活的、更适用于在线教学的评分等级制度和替代性评估方案，一方面可以减少学生的心理压力，另一方面也可以使在线评估更具科学性、合理性。

（五）引导教师认同在线教学的理念，提升信息素养

在教师培训方面，在疫情以前，是否需要开展线上教学完全取决于教师个人的选择，同时教师培训课程中对教师的信息化素养的提高相对不足。受疫情影响，全国高校很多教师不得不在短期内适应在线教学，无论是技术上还是心理上都存在准备不足的情况。虽然线上教学不太可能取代线下教学，但随着在线教育的不断发展，大学教师也需要转变理念，积极拥抱新的技术。这不仅需要加大对教师的硬件和软件的技术支持和在线教学能力的培训，更需要高校给予教师足够的心理关怀和理念引导，使教师尽快接受和认同在线教学模式，克服畏难情绪和排斥心理，以积极主动的态度来加强自身学习，提升信息素养。

参 考 文 献

[1] UNESCO. National learning platforms and tools [EB/OL]. (2020-06-07) [2020-07-08]. https://en.unesco.org/covid19/educationresponse/nationalresponses.

[2] COURSERA. Take student learning online in response to coronavirus [EB/OL]. [2020-04-21]. https://www.coursera.org/coronavirus.

[3] VIDAL F. COVID-19: French higher education moblized [EB/OL]. (2020-04-07) [2020-06-19]. https://www.enseignementsup-recherche.gouv.fr/cid150839/epidemie-de-covid-19-%C2%96-nouvelles-mesures-pour-repondre-aux-besoins-materiels-et-quotidiens-les-plus-urgents-des-etudiants.html.

[4] Foreign & Commonwealth Office. UK education providers are helping teachers, parents and students respond to the impact of COVID-19 worldwide [EB/OL]. (2020-04-28) [2020-05-24]. https://www.gov.uk/government/news/uk-education-providers-are-helping-teachers-parents-and-students-respond-to-the-impact-of-covid-19-worldwide.

[5] 王玲宁, 江小华. 挑战还是机遇: 疫情之下的在线高等教育 [EB/OL]. (2020-05-16) [2020-05-20]. https://n.021east.com/pnews/1589594945010528.

[6] WASEDA. 2020年度の春学期からのオンラインでの授業の受講準備について [EB/OL]. (2020-04-02) [2020-06-20]. http://www.waseda.jp/navi/wsdmoodle/doc/wm-1ststep-st_j.pdf.

[7] MCQUATE S. "Hands-on" classes online? How some instructors are adapting to a new teaching environment [EB/OL]. (2020-04-16) [2020-06-16]. https://www.washington.edu/news/2020/04/16/how-to-move-hands-on-classes-online/.

[8] PERSON EDUCATION. 4 ways Maryville University has taken science labs into the virtual classroom [EB/OL]. (2020-05-07) [2020-06-01]. https://www.pearsoned.com/4-ways-maryville-university-taken-science-labs-virtual-classroom/.

[9] The Chronicle of Higher Education. How to quickly (and safely) move a lab course online [EB/OL]. (2020-03-18) [2020-05-28]. http://niu.edu/keepteaching/rescources/how-to-quickly-and-safely-move-a-lab-course-online.shtml.

[10] TYREE C. COVID-19 has initiated creativity and resourcefulness by UVA engineering faculty to give students a "hands-on-like" educational experience from miles away [EB/OL]. (2020-06-21) [2020-06-29]. https://engineering.virginia.edu/news/2020/05/educational-experiment-virtual-labs.

[11] DUNN H. Labster partners with California Community Colleges to make virtual science labs available for 2.1 million students [EB/OL]. (2020-04-14) [2020-06-20]. https://blog.labster.com/labster-partners-with-california-community-colleges/.

[12] Oklahoma State University. OSU soil science lab goes virtual and serves students at multiple institutions [EB/OL]. (2020-04-30) [2020-05-20]. https://news.okstate.edu/articles/agricultural-sciences-natural-resources/2020/stotts_abit-virtual-labs.html.

[13] GRAJEK S. EDUCAUSE COVID-19 QuickPoll results: grading and proctoring [EB/OL]. (2020-04-10) [2020-05-28]. https://er.educause.edu/blogs/2020/4/educause-covid-19-quickpoll-results-grading-and-proctoring.

[14] The University of Hong Kong. Teaching and learning arrangements [EB/OL]. (2020-03-05) [2020-05-28]. https://www.hku.hk/others/covid-19/teaching.html.

[15] Boston College. Academic policies [EB/OL]. (2020-03-05) [2020-05-28]. https://www.bc.edu/content/bc-web/schools/mcas/undergraduate/advising/academic-policies.html.

[16] Student Directory of University of Essex. Alternative assessment during the COVID-19 outbreak [EB/OL].

(2020 – 03 – 07) [2020 – 05 – 28]. https://www.essex.ac.uk/student/exams-and-coursework/alternative-assessment-during-the-covid-19-outbreak.

[17] DOCKRAY S. ANU will invigilate exams using remote software, and many students are unhappy [EB/OL]. (2020 – 04 – 24) [2020 – 05 – 24]. https://theconversation.com/anu-will-invigilate-exams-using-remote-software-and-many-students-are-unhappy-137067.

[18] PORRITT A. ANU will invigilate exams using remote software, and many students are unhappy [EB/OL]. (2020 – 04 – 24) [2020 – 05 – 28]. https://theconversation.com/anu-will-invigilate-exams-using-remote-software-and-many-students-are-unhappy-137067.

[19] University of Oxford. Exams and assessments in trinity term [EB/OL]. (2020 – 04 – 01) [2020 – 06 – 05]. http://www.ox.ac.uk/students/news/2020-04-01-exams-and-assessments-trinity-term.

[20] MIN A. Local universities cancel in-person examinations, move assessments online [EB/OL]. (2020 – 04 – 03) [2020 – 06 – 05]. https://www.channelnewsasia.com/news/singapore/covid-19-universities-ntu-smu-cancel-in-person-examinations-12607906.

[21] UCL. Teaching and assessments during the coronavirus (COVID-19) outbreak [EB/OL]. (2020 – 05 – 28) [2020 – 06 – 21]. https://www.ucl.ac.uk/students/exams-and-assessments/teaching-and-assessments-during-coronavirus-covid-19-outbreak.

[22] 俄联邦基础教育部：欧洲丨俄罗斯国产远程学习设备将广泛应用于教育机构 [EB/OL]. (2020 – 06 – 29) [2020 – 07 – 08]. http://sli.bnu.edu.cn/a/danxingjiaoxue/pingtaiziyuan/2020/0629/1843.html.

[23] 邓圩, 何菁, 夏雪, 等. 疫情拷问各国教育系统应急能力 全球3.6亿学子能否停课不停学？[EB/OL]. (2020 – 03 – 14) [2020 – 06 – 15]. http://world.people.com.cn/n1/2020/0314/c1002-31631845.html.

[24] KORTEXT. The smartest textbook solution [EB/OL]. [2020 – 07 – 03]. https://www.kortext.com/.

[25] GEM Report. COVID-19: Where's the discussion on distance learning training for teachers? [N]. World Education Blog, 2020 – 04 – 01.

[26] 陈武元, 曹荭蕾."双一流"高校在线教学的实施现状与思考 [J]. 教育科学, 2020 (2): 24 – 30.

Online Teaching Strategies and Enlightenment of Higher Education Institutions in Various Countries Under the Pandemic

Abstract: In order to reduce the impact of the COVID-19 pandemic on higher education, online teaching has been actively explored and implemented at universities all around the world. Through the investigation and comparison of the online teaching strategies in various countries, this study finds that the online teaching strategies of higher education institutions mainly include the establishment and sharing of rich and high-quality online higher education resources, the provision of powerful online teaching tools, the adoption of online teaching strategies in line with the curriculum, and the adoption of flexible and alternative teaching evaluation as well as to carry on the technology competence training and psychological health support to university teachers. Those strategies adopted in various countries can provide useful enlightenment for the future online education in China.

Keywords: COVID-19, higher education, online teaching and learning, measure and strategies, reflection

新冠肺炎疫情下法国高等教育系统的应对策略[①]

方琳琳[②]

2020年3月12日20点,自新冠肺炎疫情暴发以来,法国总统马克龙首次发表电视讲话并宣布:从3月16日起无限期关闭全法从幼儿园到大学的各级学校。根据法国高等教育署的统计数据,法国部分高校自3月16日以来已经开启了在线教学模式,包括巴黎高等商学院、巴黎综合理工大学、格勒诺布尔高等商学院、欧洲知识经济与管理学院、欧洲高等商学院等在内的多家法国高校实施了线上授课。本文将解读法国高等教育、研究与创新部自疫情暴发以来发布的多项公告和措施,并结合索邦大学、巴黎综合理工大学两所高校在此期间远程教学工作开展的情况,浅析法国高等教育系统的紧急应对策略,特别是为保障在线教学顺利开展而采取的多项举措,希望为我国高校在线教学的发展提供一定的借鉴。

一、法国在线教育发展已有的铺垫

(一)教育信息化的发展

法国教育信息化的建设和发展由来已久,在一定程度上减少了此次因疫情而需要做出紧急应对的障碍。早在2009年,法国政府就宣布投入62亿美元,专门用于ICT(信息通信技术)的跨领域投资,特别用于提供新型数字服务、推动宽带网络发展、开发数字工具新应用等。自2012年以来,法国教育部逐步部署"数字化校园"战略规划,并于2015年正式发布"数字化校园教育战略",计划在3年内投资10亿欧元用于完善数字化教育资源与设备。2016年,政府继续加大扶持力度,覆盖全法1/4的初中和1800多所小学的教育资源平台,为中小学师生提供了丰富多样的多学科网络资源,同时,农村地区的教育数字化条件也得到了进一步发展。一直以来,法国政府都在不断提升信息化教育装备水平和基础设施,构建智能化学习环境,以促进国民教育创新发展[1]。

在高等教育方面,2013年,法国政府颁布了新的《高等教育与研究法》,要求高等教育在公共培训服务方面要逐步迈入数字化阶段。在此背景下,法国高等教育、研究与创新部将青年人,尤其是中学生和大学生视为实施数字化教育培训的优先对象,积极推广大规模开放在线课程,即"慕课"。同年10月,数字化校园项目"法国数字大学城"(France Université Numérique,FUN)得以创建。这是法国有史以来最大的教育数字化计划,旨在有效利用数字技术培养学生21世纪数字素养技能,整合全国各类高等教育机构的教育资源,为法国乃至世界各地的人们提供远程学习丰富的高质量课程的机会。综上所述,一系列措施促使众多教学平台得到创建,从而促进了优质教育资源的快速整合,使教育数字化迅速提升到国家战略层面。

(二)在线教学平台的建设

法国大力发展高校教育信息化,始于数字化校园项目"法国数字大学城",即"FUN"计划。在这一计划的指引下,法国的大学迅速开展了网络化教学和管理,不仅尽力购置设备和制作视频课程,更致力于创建新型教学模式。在2020年新冠肺炎疫情暴发之前,法国高校的在线课程平台已经走向成熟,笔者选

[①] 课题来源:北京邮电大学2018年教育教学改革项目立项资助(2018JY-B08)。

[②] 方琳琳,北京邮电大学人文学院讲师,北京邮电大学南太平洋地区研究中心兼职研究员,研究方向为法语语言学与教学法。

取最主要、最受欢迎的几个平台进行了研究。

1. FUN-MOOC（全国在线课程平台）

FUN-MOOC平台由法国高等教育、研究和创新部在2013年10月发起建立。作为法国国家慕课平台，它联合了法国众多高校的在线课程项目，向法国和法语国家提供优质教学资源，从而提升法国大学的国际知名度，并与国际院校合作提供终身学习教育。该平台的创建旨在充分利用数字化技术促进教育的发展，尽可能使更多的人参与到课程中；鼓励高等教育、研究机构和学生运用数字化技术；为高校的数字化创新提供服务和支持；提升法国培训和数字资源的知名度。目前，该平台已与140多所法国乃至全球著名高等院校和机构建立合作关系，平台上的课程目录也不断丰富，以提供满足更多受众需求的各种培训课程。该平台从最初仅有涉及几个主题的10门课程，到现在已经非常全面地上线了涵盖41个主题的600多门课程。这些课程免费向互联网用户提供，以满足用户学习、拓展的需要。目前，FUN-MOOC平台的注册用户人数已达到600万。同时，该平台也是今年（2020年）新冠肺炎疫情期间，法国高等教育、研究和创新部向各个高校推荐使用的在线教学平台。

2. Open Classroom（开放课堂）

法国高等教育机构推行的在线教学平台Open Classroom是目前法国最受欢迎的大型开放在线课程平台。该平台由法国公司融资开发的在线共享平台为学生提供基于具体主题的在线学习课程，并且提供为期6个月、全年甚至更长时间的全方位课程。不仅如此，学员甚至可以在Open Classroom上注册并学习全日制的课程，还可以获得法国官方认可的学位证书。Open Classroom不仅允许学员在线学习课程，还专门建立了由导师组成的社区，定期和学员进行联系，追踪学员的学习情况。目前，该平台拥有约600名导师，每个月的访问用户人数达到300万人。在Open Classroom上学习，学员需每月缴纳300欧元的费用，同时，Open Classroom保证学员学成后的就业，如果学员在6个月内找不到工作则会退费。此外，Open Classroom还与一些公司、企业建立直接联系，合作推出学徒制课程，为学员提供实习和兼职机会。

3. 其他在线教育平台

除了上述综合性在线教学平台之外，Coursera、EdX、Teams等在线教学平台因为对欧洲高校学生和教师实行信息共享，也深受法国高校和师生的欢迎。索邦大学在美国EdX平台开设人文学科的慕课；一些精英大学，如高等商科学校，也在Coursera、EdX平台开办英美知名学者教授的讲座[2]。

综上所述，法国政府颁布各项慕课教育政策，资助购置慕课基础设施，为每所参与项目的大学配备摄影演播室，并资助购置拍摄所需的器材和场地改装的费用，从而适应各个机构的不同需求，为教师和学者提供现代化的多媒体工作环境，为所有学习者提供最佳的硬件条件。因此，从技术设施的角度来看，法国高等教育系统此前的建设和投入，为疫情期间如此大规模的在线教学的实施奠定了良好的基础。

二、法国高等教育系统的紧急应对策略

（一）政府的紧急措施和指导

2020年3月12日，法国总统马克龙在电视讲话中宣布各级学校将于3月16日全面关闭，高等教育系统立即响应，全面动员，积极应对。3月13日，法国高等教育、研究与创新部部长弗雷德里克·维达尔（Frédérique Vidal）提出了两个目标：确保学生、教职员工的安全，确保教学、研究领域所有活动的连续性。法国政府、高等教育和科研机构均采取了多项紧急措施，以保证教学、科研工作的持续性。4月，法国高等教育、研究与创新部专门创建了名为"高教科研全体行动起来"（Tous Mobilisés）的网站，调动个人、协会、机构和国家的力量，从物质、行政和心理方面，为高等教育管理者、大学教师、科研人员和学生等提供各类支持，还专门为特殊群体（如在远程教育中遇到困难的残疾学生以及在法国境内受到限制和感到孤独的外国留学生等）提供帮助。该网站上设立了"寻求帮助""提供帮助""国家动员""常见问题和回答"等版块，分别提供以下服务："寻求帮助"版块提供电话和网址，可查询由CROUS（大区

大学及学校事务管理中心）管理的紧急援助信息、新冠肺炎疫情相关问题和官方信息、大学生健康、财务和心理帮助、远程学习指导和平台以及娱乐资源；"提供帮助"版块鼓励个人和协会为最弱势群体、残疾人和其他学生提供服务和帮助；"国家动员"版块综合发布了疫情期间各级部门为学生提供帮助的最新措施和信息；"常见问题和回答"版块中可以查找常见的学生问题和疫情问题并以法语和英语提供国家层面的解答。

具体而言，法国高等教育、研究与创新部的紧急措施和指导包括以下三个方面。

1. 专业的方法论指导为远程学习提供方法指南

在疫情时期，法国专门建立了 socles3.unisciel.fr 网站，从方法论的角度对远程学习进行全方位的及时的专业化指导。由于疫情和封闭措施，学生突然脱离以往熟悉的学习环境，置身于新的学习环境，特别是无法与教师和同学进行面对面的交流，不可避免地会感到不安。这种方法论的指导在于帮助学生尽快对自己进行定位，迅速应对新情况，同时也作为各个高校对学生进行指导和帮助的补充，以确保学生尽快地适应线上学习。

首先，学生需要根据自己的条件构建适宜的学习空间：稳定的网络连接以及安静的、专属的学习空间。对于缺乏设备和网络的学生，政府和高校均开通了资助渠道以提供紧急援助。其次，学生还应改变生活节奏，以配合新的学习方式，尽快适应远程学习的教学方式。其针对学生需要尽快提升技能，适应新的转变的要求，提供了多方位的视频指导、文字资料和电话咨询。例如，如何克服远程学习的孤独感，保持学习的动力；如何掌握远程学习的技能，如自我组织、高效安排、时间管理、严格且灵活地制订每日计划等。还有具体的学习方法指导：如何通过书面或音频/视频媒体有效记录笔记；如何在各种介质中查找文件的基本信息；如何保证书面作业整洁、结构合理，为远程考试做好准备；如何提高学习效率；等等。

2. 免费数字资源

法国学生系统专门建立了名为"OnGardeLeLien"（禁闭期间免费培养）在线平台，为学生提供阅读材料、广播、播客、电影、音乐等免费资源的访问链接。这类免费数字资源并非远程学习课程，而是为学生在远程学习之外增加在文化方面进行丰富和拓展的渠道。

3. 财政支持

在 2020 年 3 月 17 日（禁闭期开始）至 6 月底之间，法国政府拨款超过 1800 万欧元用于支持学生，为困难学生提供了各种援助，包括经济、食品和基本必需品以及上课设备等。另外，法国政府还专门开设了远程咨询，特别是心理咨询，以保证处于孤立境况中的学生得到关注。

（二）高校的应对工作

各个高校也相继发布了教学、科研、实习工作的指导意见，以期在遵守禁令的条件下最大可能地保证各项工作稳步进行。

1. 索邦大学

自 2020 年 3 月 16 日面对面的教学活动暂停之后，索邦大学立即部署了"教学连续计划"（Plan de Continuité Pédagogique），旨在通过远程授课确保教学工作的连续性，全面保障 55000 名学生的学习不受影响或中断。

从远程教学工具和技术支持方面来看，索邦大学主要向师生推荐以下 3 个教学平台：①Moodle 教学平台。该平台此前已经在 3 个学院被广泛使用，可以实现丰富的教学活动，从简单的文档上传、创建论坛，到在线练习和交流等。特别是医学院，录制了在演讲厅举行的讲座并上传到 Moodle 平台上供学生学习，而学生也早已习惯了使用该平台，不需要再花费精力学习其他平台或软件的操作。此外，Moodle 平台还配备了 Panopto 视频录制软件，教师无需特殊设备即可在家中录制课程并上传。②其他平台如 Zoom，可以召开实时的视频会议。③教学工程师和 IT 开发师继续进行对新工具 Wooclap 的开发工作，在其中提供问卷调查、实时测验等功能，使教师可以与学生直接进行实时互动。同时，考虑到尽管很多教师对线上教学工具都比较熟悉，但是面对突然从线下授课转到远程教学，他们并未完全准备好，学校还为教师和教学工作提供了多方面的技术支持，如教学支持部门在专用页面上开发了工具包和教程并定期更新，随时为教师提供远程支持，从而确保线上教学工作的进行。索邦大学教学副总监玛丽-奥德·维特拉尼（Marie-Aude Vitrani）指出，自封禁开始以来，教学支持部回应了数百个关于创建帐户、教学咨询和技术询问等请求，还组织了多次在线研讨会。根据各学院的统计，在进行远程教学的第一周时间里，科学与工程学院在教学平台上录制了1000次视频会议，文学院提交了400份创建课程空间的请求，医学院师生联系的次数较3月初翻了一番。

从教学法的角度来看，校方提示教师需要更加关注教学观而非教学工具的改变，并建议教师尝试更多的教学形式，如翻转课堂。在数字技术、工具的使用等均已取得了很大的进展，可以更好地保障和适应远程教学的基础上，教师需要多关注的是如何创新教学方法，如何与远程而非面对面的学生建立新的互动方法，如何保证学生在远程课堂中的注意力和参与度。

2. 综合理工大学

2020年3月19日，综合理工大学发布《在线授课、暂停实习、延期考试》的指导性意见，要求对各项教学工作、各级考试和竞赛进行重新安排。

关于教学工作，大学遵照上级指令，自3月16日起全面停课。与此同时，综合理工大学为师生预留了一个星期的准备过渡时间，即取消3月16日至20日这一周的课程，以便教师对课程进行改编，学生学会自我管理。远程授课自3月23日正式开始。据统计，自3月16日开始，短短2个星期内，全校的课程就全部完成了教学模式的转换，实现了数字化，保证了远程授课的进行。经历了3个多月的远程授课，借鉴线上教学的经验，为了继续应对第二波疫情，学校对秋季学期的教学工作做出了相应的调整：①适当调整教学模式，根据课程性质的不同，合理安排面授课和远程课。例如，讲座报告类课程尽量以远程授课的形式进行，实践类课程则以面授为主。②创新教学方式，鼓励教师和教研部门加大对创新教学模式的研究和投入。例如，创建电子教学单元，建立交替进行的教学方式，在确保健康措施的同时，促进教学与互动。③对于因为入境限制或隔离要求而无法入校的学生，可以与课程主管取得联系并确定远程上课的方式。总之，一切教学活动的总体目标是，在遵守距离原则、保证健康措施的基础上，促使教师和学生之间的互动尽可能达到最优。

关于实习方面，学校动员校友集团为学生提供远程实习的机会，对于确实无法实现远程实习的岗位则安排在封闭政策调整之后相应缩短实习周期。考虑到疫情导致学生实习、打工受限，部分学生会遭遇经济问题，学校还专门设立了紧急援助项目，为有需要的学生提供帮助。

关于抗击疫情，综合理工大学作为理工类大学，尤其关注学生的实习实践能力，疫情期间该校鼓励和组织师生充分发挥个人能力，以多种形式为抗击疫情做出贡献，如大学生志愿者为中学生的远程学习提供帮助，校方和实验室为医院提供手套、口罩等抗疫所需物资，科研部门加大在流行病诊治、公共卫生应对等方面的研究。

三、结论

在新冠肺炎疫情引起的封闭措施实施期间，法国政府和各级教育部门从技术保障和指导、政策援助和扶植等方面大力保障了高校教学工作的连续性。相对于中小学的在线教学而言，大学的在线教学享有更大的自主权。少数学校只用两三天就完成了从线下到线上课程的转换，但大部分学校还是不得不暂停1~2周的课程，重新调整和准备教学工作。不过，总的来说，由于法国教育部和各所大学一直以来都高度重视教学的数字化建设与发展，多数高校此前均已建设和推出了线上教学课程，有的学校甚至还建有自己的授课平台，在一定程度上都为这次远程授课的顺利开展提供了保障。

因此，高校在线教学的最大挑战并非技术问题（特别是近几年来，"翻转课堂""混合式教学"的发展已经为多种教学手段的实现解决了大量技术难题），而体现为：作为教学主体的师资队伍是否做好了拥抱全球数字化学习机会和开展大规模线上教学的准备？教师是否掌握了在教学中运用数字设备的技术能力以及是否得到了在运用数字设备开展教学上的支持？[3]不仅如此，远程教学对教师提出的新挑战还在于教学观的转变，例如：如何使处于孤立状态下的学生也能像在教室里一样积极地加入课堂活动（即如何隔着屏幕建立起新的互动方法）？如何对学生的学习过程和效果加以监测？

参 考 文 献

[1] 任一菲. 法国"数字化校园"教育战略规划概览及启示 [J]. 世界教育信息, 2018 (18)：14-17.

[2] 赵硕. 疫情下的欧洲大学在线教育（上）[N]. 中国科学报, 2020-04-21 (7).

[3] 徐瑾劼. 新冠肺炎疫情下全球教育体系的应对与在线教育的挑战 [J]. 比较教育研究, 2020 (6)：3-10.

Examing the Coping Strategies of French Higher Education System During the COVID-19 Pandemic

Abstract: As COVID-19 has spread rampantly across the world since March 2020, many governments in Europe have issued restrictions and closed schools at all levels. To deal with the emergency, the teaching practice at all universities and colleges has shifted from offline to online. This has posed huge challenges to the applications of information technologies in higher education, emergency response system, and teachers' ability to use information technologies. This study aims to analyze the strategies by French higher education system during the pandemic through the investigation of measures undertaken by French Ministry of Higher Education, Research and Innovation and emergency responses by universities such as Sorbonne Université and École Polytechnique. The findings of this study can provide important implications for the teaching in universities and colleges in China.

Keywords: novel coronavirus pandemic, French higher education, online teaching

疫情考验下线上线下混合式课程建设实践与思考[①]

章洁倩[②]

一、问题的提出

（一）线上线下混合式课程建设的必要性

截至 2019 年，我国本科院校共有 1265 所[1]，本科院校数量增加较快，但培养质量在一定程度上却呈现下降趋势。本科教育肩负着为社会输送人才的重任，因此，提高本科院校的培养质量意义重大。提高本科院校的培养质量最重要的抓手就是提升本科课程质量。教育部提出了一流本科课程建设的"双万计划"，要求花 3 年时间建成万门左右国家级一流本科课程和万门左右省级一流本科课程。其中，线上线下混合式一流课程在所有课程类型中占比最大。

"互联网+"时代的发展与变革，让课程教学顺利实现了教学主体、教学资源、教学媒介的跨地域、跨时间共享，突如其来的疫情倒逼线上课程快速普及。厦门大学教师发展中心开展的全国高校线上教学情况调查数据表明：参与调查的高校教师中，疫情之前开展线上教学的教师占 20.43%，疫情期间开展线上教学的教师达到 97.19%；持认为线上课程比传统线下教学效果差和比传统教学效果好的两种看法的人数比例相当，前者略高于后者。[2]调查结论表明，线上课程有其特有的优势，但并不能完全取代传统线下课程，而线上线下混合式课程将是未来高校课程建设的主流方向。

课程建设需要团队合作和经费支持，然而院校间课程建设水平和能力参差不齐。目前，本科院校开设的课程累计超过 100 万门，有很多课程内容和要求高度相似，教师可以充分利用已经建好的线上课程资源开展线上线下混合式课程建设，借助线上课程共享优质教育资源，运用线下课程规避线上课程的不足、实现教师个性化教学，从而减少院校间师资水平的差异，达到快速提高课程质量的目标。

（二）线上线下混合式课程建设的可行性

我国现有各类网络教学平台 100 个左右，这些平台大部分都能实现"在线备课""课堂考勤管理""课堂讲授""在线课堂讨论""在线测试及评分""在线布置批改作业""在线课后辅导答疑""提交或传输课程资料""通过电子数据分析学生学习行为"等基本线上教学功能，为线上线下混合式课程建设提供了平台保障。

目前，教育部认定国家精品在线开放课程 1291 门，上线 MOOC 的有 12500 门左右，线上课程资源比较丰富。随着"双万计划"的执行，未来会有更多精品线上课程上线，为开展线上线下混合式课程建设提供线上资源支持。

疫情期间"停课不停学、停课不停教"的要求，让大部分的高校教师快速熟悉了各类教学平台的使用方法，掌握了线上教学的基本方法，体会到了线上教学的便利性，同时也发现了线上教学凸显的问题。超过 70% 的教师表示，在后疫情时代，有意愿采用"线上+线下"的混合式教学方式。[2]开展线上线下混合式教学已经成为很多高校教师的课程建设新目标。

[①] 课题来源：2019 年天津市一流课程"中级财务会计"项目，2018 年度天津农学院教育教学改革研究项目"'实践+思政+智慧'三位一体课堂的设计与实施——以《中级财务会计》课程为例"（2018-A-04）。

[②] 章洁倩，天津农学院教授，研究方向为财务会计。

二、线上线下混合式课程建设现状

（一）线上线下混合式课程建设基本情况

线上线下混合式课程的前身应该是"翻转课堂"，而国内最早正式倡导混合式教学模式的是北京师范大学的何克抗教授，他于2004年提出把传统教学方式的优势和网络化教学的优势结合起来。[3]

2010年，我国少数中小学教育培训机构和教师受美国加利福尼亚两所学校运用可汗学院教学视频开展"翻转课堂"的启发，开始运用教学平台将网络视频与线下课堂相结合进行混合式教学。

2011年12月，上海高校课程中心成立，形成了上海高校课程、专业、师资共享的教学大平台，开始实施线上线下混合式教学，学生在线上进行MOOC学习，在线下进行翻转式学习。[4]

2014年以后，小规模限制性在线课程（Small Private Online Course，SPOC）以其小规模和限制性的特点迅速得到了国内大学的青睐，清华大学、浙江大学、上海交通大学等相继推出SPOC平台在线教学，开启了线上线下混合课程教学模式的探索与实践。[5]

2019年，教育部在"双万计划"中对线上线下混合式一流课程做出了定义。线上线下混合式一流课程主要是指基于慕课、专属在线课程或其他在线课程，运用适当的数字化教学工具，结合本校实际对校内课程进行改造，安排20%～50%的教学时间实施学生线上自主学习方案，与线下面授有机结合开展"翻转课堂"、混合式教学，打造在线课程与本校课堂教学相融合的混合式"金课"。自此，线上线下混合式课程建设有了明确的规范和要求。

（二）线上线下混合式课程建设存在的问题

我国线上线下混合式课程从网络视频课程与线下课堂指导结合开始起步，到"翻转课堂"和SPOC，教育工作者通过教学实践总结各种教学模式的利弊，不断改进，已经形成了多种可复制和推广的线上线下结合、课内课外互补的混合式教学模式。2019年以后，各高校响应教育部的号召，线上线下混合式一流课程申报和建设迅速开展，有效提高了高校课程的整体质量，但在建设过程中，存在着以下三方面的难题。

1. 寻找适合混合式教学的线上资源不容易

线上线下混合式课程建设必须找到合适的在线课程或资源，这种线上资源应该是高度凝练课程难点和要点，且能吸引学生的不限于教师录播课程内容的多种形式的线上资源。

近年来，我国各高校都非常重视对微课、慕课、SPOC、精品课等开放式课程的开发，但因为团队力量不足、项目时间紧张等，很多上线的课程都有一种虎头蛇尾的感觉，少部分章节体现精雕细琢，大部分章节都是线下课程录播。教育部鼓励运用已经建好的国家精品课和慕课资源建设线上线下混合式课程，而国家精品课网站中的MOOC和SPOC是作为线上课程平台使用的，大部分采取的是录制教师讲课视频的方式，并不完全适合做线上线下混合式课程的线上部分。因此，对于线上线下混合式课程的建设者来说，找到适合的线上课程或资源并不容易。

2. 线上教学和线下教学简单叠加

线上线下混合不是简单叠加，要想发挥1+1＞2的效果，关键在于如何设计线上线下的深度全方位混合，其中包括学习内容的混合、学习方式的混合、教学过程的混合和考核方式的混合。[6]我们在设计时要考虑学生的学习能力和学习态度、线上与线下时间的合理分配、教师个性化教学设想、课程的培养目标、学校和教学平台的支持力度等多种因素，不能一概而论。目前已经开始建设的线上线下课程，有很多只是在形式上将线上教学和线下教学简单叠加，并没有实现预期的混合效果。

3. 课程过程性考核方式的公平性有待商榷

线上线下混合式课程的考核和评价可以借助教学平台的数据记录、分析和统计，考核评价可以充分细化和量化，比如任务点的完成、线上作业和测试、课堂参与度等都可以被纳入过程性考核中，使过程性考核从理论上来说更加客观。一般而言，与线下课程相比，线上线下混合式课程更加注重过程性考核，在综合测评成绩中过程性考核占比更高。但由于过程性考核往往通过线上进行，少数学生为了提高平时成绩采取了一些不正当手段获取高分，从而出现有些学生平时成绩很高，而期末考试成绩并不理想的不合理现象，不利于公平竞争。

三、以一流课程为目标的线上线下混合式课程建设实践

我校"中级财务会计"课程2019年获批天津市一流本科线下课程，为进一步提升课程质量，2020年开始进行线上线下混合式教学。

（一）课程设计原则

一流课程的建设目标就是"金课"，建设标准为"两性一度"，应围绕"两性一度"进行课程设计，课程标准和设计原则见表1。

表1　基于一流课程标准的线上线下混合式课程设计原则

一流课程标准	课程设计原则
高阶性	教学目标体现知识、能力、素质的融合
	教学内容体现学科融合交叉
创新性	教学内容具有前沿性和实用性
	教学模式创新
挑战度	教学内容注重综合性和思辨性
	过程性考核与结果性考核有机结合

（二）课程教学目标

我校办学定位为应用型本科院校，学生的学习能力和学习习惯一般。针对我校的实际情况，参考布卢姆（Bloom）认知教育目标和"三维目标"[7]分类方法，制订本课程的教学目标（见表2）。

表2　天津农学院会计专业"中级财务会计"课程教学目标

总体目标	目标维度	具 体 目 标
提升学生的财务素养	思政	遵守会计法律法规、恪守会计职业道德
		践行社会主义核心价值观
	知识	掌握中级财务会计课程理论知识及相关交叉课程的基本知识
		掌握企业财务会计岗位实务处理技能
		理解会计监督、服务和管理职能
	能力	具备学习思考能力
		锻炼沟通合作能力
		训练综合运用能力
		培养思辨和创新能力
	思维	具备会计学科思维
		引导创新创业意识

（三）教学内容重构

根据课程设计原则及教学目标，教学内容要体现学科融合交叉、具有前沿性和实用性、注重综合性和思辨性。由于现有的《中级财务会计》教材中的内容不能满足上述要求，因此，我们以《中级财务会计》教材为基础内容，以解决实务问题为导向，进行教学内容的重构，重构前后对比见表3（以课程第八章"无形资产"为例）。

表3　"无形资产"教学内容重构对比

内容分类	教材内容	重构后内容	重构后效果
理论	无形资产概念和特征 无形资产的内容 无形资产的核算方法	无形资产概念和特征 无形资产的内容 无形资产的核算方法 无形资产确认计量的科学性探讨	融入专业前沿热点问题
实践	无形资产账务处理	无形资产账务处理 无形资产在实务处理中的难点痛点问题	解决实务问题，融入评估学等交叉学科
思政	无	创新创业精神	思政教育
拓展延伸	无	企业无形资产管理 知识产权保护 无形资产会计处理的局限性	融入交叉学科，体现综合性和思辨性

（四）线上线下混合式教学设计

传统的线下课堂很难实现上述教学设计原则和教学目标，采用线上线下混合式教学，能够帮助老师实现对该课程的设想。"中级财务会计"课程选用超星学习通作为线上平台，基于该平台上的山西财经大学杨瑞平教授团队的"中级财务会计"精品课程开展线上线下混合教学，教学设计见表4（以课程第八章"无形资产"为例）。

表4　线上线下混合式教学设计

线上任务（1.5课时）	线下课堂活动（2课时）	设计思想
完成SPOC中以下学习任务点： 1. 无形资产概述 2. 内部研发费用的确认和计量 3. 无形资产的后续计量	无形资产重难点问题讲解： 1. 梳理无形资产章节要点 2. 无形资产确认计量的合理性探讨	1. 线上学习培养学生自主学习思考能力 2. 线下课堂引导学生提升思辨能力
完成预习测试题	讲解预习测试题	检验线上学习效果
观看无形资产账务处理视频	无形资产账务处理实训	培养实践操作技能
无形资产文献资料2篇	分组讨论： 1. 企业如何加强无形资产管理？ 2. 保护知识产权的重要性，以及为了保护知识产权，我们自己能做什么？	1. 小组讨论锻炼沟通协调能力 2. 学科交叉，体现前沿性和综合性
—	总结：引导创新创业意识	思政教育

（五）课程考核办法

为增加课程挑战性，让学生忙起来，课程考核将过程性考核与结果性考核相结合，并适当增加过程性考核的占比。为避免部分学生运用不正当手段"刷分"，过程性考核任务点完成情况和线上作业采取未达要求扣分制。具体考核细则见表5。

表5 "中级财务会计"课程教学考核评价细则

考核方式	考核内容	评分依据
过程性考核（50%）	预习任务点完成情况（10%）	满分10分，采用扣分制，没有完成者扣分
	预习小测得分（5%）	满分5分，采用扣分制，没有达到要求者扣分
	课堂表现得分（10%）	综合考勤、课堂投票、弹幕、讨论、课堂练习等表现，通过教学平台课堂大数据统计赋分
	账务处理实训得分（15%）	教师检查，根据账务处理规范性和正确性打分
	课后作业得分（10%）	满分10分，采用扣分制，没有达到要求者扣分
结果性考核（50%）	闭卷理论考核（20%）	试卷得分
	闭卷实验考核（25%）	试卷得分
	闭卷思政考核（5%）	试卷得分

四、线上线下混合式课程建设的思考

线上线下混合式课程相较于线下课程，可以实现优质教育资源共享，挖掘学生自主学习潜力，提高教学管理的效率。建设一流线上线下混合式课程除了需要建设者付出更多的时间、精力和智慧，还需要教育部门和教学平台提供更多的支持。

（一）集中人力物力建设线上优质课程资源

高校课程建设一般以学校为单位，经费总投入非常多，上线的MOOC、SPOC也非常多，但很多都是重复建设，且建设质量不高，造成了大量人力物力的浪费。建议教育部牵头组织各高校名师，为本科院校通用课程建设以课程大纲为主要内容，包含高质量线上课程和形式多样的教学资源的体系，为线上线下混合式教学提供优质线上资源，以使课程基础知识借助线上课程完成，综合性、交叉性、拓展性的内容由授课老师根据学生的学习能力来进行设计和展开。

（二）以课程目标为导向融合线上线下教学内容

要针对专业培养目标和学生的特点科学合理地制订课程目标，将课程目标按思政、知识、技能、思维等维度进行细分，并对应这些具体目标开展教学设计。教学设计中，最重要的部分是教学内容。学校以课程教学大纲为基础，按照一流课程的标准加入前沿性、综合性的内容进行教学内容的重构，将适合学生自主学习的教学内容放在线上学习，线下课堂则承担检测学生线上学习效果、讲解重点难点内容、讨论思辨等任务，线上线下互相关联和支持，以达到有机融合的效果，真正实现线上线下优势互补。

（三）过程性考核合理占比、科学赋分

为督促学生自觉完成线上自主学习，有必要加强过程性考核的比重，但不宜超过结果性考核的占比。过程性考核尽可能细分考核内容，对于学习时长、线上标准化测试等考核点，建议采取扣分制，即设定一个基本要求，没有达到基本要求的扣分，以防止实施虚假"刷分"的投机行为。

线上线下混合式教学可以借力教学平台和线上资源,帮助教师实现网络化和数据化管理。但实际上,相比线下教学,教师需要投入更多的时间和精力来进行教学设计和教学管理。要建成一流线上线下混合式课程,更需要经历多轮教学循环的磨合和改进。借助教育部"双万计划"的支持,大力推广本科院校线上线下混合式课程建设,将有助于提高我国本科院校课程的教学质量,进而提升本科院校学生的培养质量。

参 考 文 献

[1] 教育部高等教育教学评估中心. 全国普通高校本科教育教学质量报告(2008年度)[R]. 北京:教育部,2020.

[2] 全国高等学校质量保障机构联盟(CIQA),厦门大学教师发展中心. 疫情期间高校教师线上教学调查报告[R/OL].(2020-04-05)[2020-08-13]. http://www.360doc.com/content/20/0405/08/15488460_903941629.shtml.

[3] 何克抗. 从Blending Learning看教育技术理论的新发展(上)[J]. 中国电化教育,2004(3):5-10.

[4] 凡妙然,吴文静. 中国式MOOCs典型案例分析[J]. 软件导刊,2014,13(8):40-42.

[5] 张芳,邹俊. 后MOOC时代SPOC线上线下混合教学模式的实践与探索[J]. 湖北经济学院学报(人文社会科学版),2018,15(11):148-151.

[6] 谭永平. 混合式教学模式的基本特征及实施策略[J]. 中国职业技术教育,2018(32):5-9.

[7] 钟启泉,等. 为了中华民族的复兴,为了每位学生的发展:基础教育课程改革纲要(试行)解读[M]. 上海:华东师范大学出版社,2001.

The Research on the Construction of OTO Combined Course Under COVID-19 Epidemic Situation

Abstract: The construction of the OTO (Online to Offline) combined course can combine the advantages of both online and offline courses and will be the trend of undergraduate course construction. The outbreak of corona virus epidemic and the development of "Internet Plus Education" makes it necessary and feasible to build OTO combined curricula. The article discusses the current situation of OTO combined course and draw the conclusion that the construction of the OTO combined course has lots of difficulties, like suitable online teaching resource is hard to find, online and offline teaching cannot be simply combined and how to guarantee the equity issues of assessment. Next the article suggests some thoughts and advice on solving those problems based on the specific practice of curricula construction.

Keywords: OTO, first-rate curricula, course construction

疫情考验下的俄罗斯高等教育发展趋势

元璠璠[①] 周倩[②]

新冠肺炎疫情并没有因新学年的到来而停止在全球的蔓延，反而因秋冬季节的到来而加速扩散。部分国家于 2020 年 9 月起陆续恢复学校的线下教育活动，组织师生重返课堂。这一举措或许在一些疫情防控成效显著的国家（如中国）可以称得上是审时度势的合适举措。然而，一些国家在疫情没有得到有效控制的情况下，依然选择回归线下授课模式。俄罗斯联邦科学和高教部长法利科夫在 8 月份宣布，自 9 月 1 日起国内高校应采取相关卫生措施，陆续恢复面授教学。92% 的俄罗斯高校选择了在 9 月初开启线下教学活动。然而，秋季以来俄罗斯境内不断激增的确诊病例数却不得不让人思考这一举措的"合理性"。疫情数据显示，2020 年 10 月 11 日，俄罗斯单日新增新冠肺炎确诊病例 13634 例，达到俄罗斯疫情开始以来的最高值。10 月份以来不断刷新纪录的确诊人数印证了俄罗斯专家对于"第二波新冠病毒感染浪潮"的预测。在这种情况下，俄罗斯高校的教学随时可能再次转向线上教学。新冠肺炎疫情给俄罗斯高等教育带来了震荡，使得这个传统的体系展现出了前所未有的应变能力和诸多可能，但同时又使一系列矛盾和问题凸显出来。疫情催生的种种积极的、消极的因素，推动着俄罗斯高等教育的教学环境、资金配置、教学模式、教育大纲、学科建设、师资队伍等朝着新的方向发展。

一、信息技术的普及有力推动了俄罗斯高等教育信息化进程

用"传统"一词来形容俄罗斯的高等教育体系，与其说是出于对其漫长历史沉淀的肯定，不如说是对其一些现有状况的写照。苏联解体后，俄罗斯对高等教育的财政投入并不可观，直接导致了高校基础设施配置老化这一被称为高教"痛点"的现状的产生。特别是高校整体上信息技术环境建设的缺口，外加传统教育观念的束缚，导致其在成规模地推广线上教育方面只是停留在理论探讨的层面。尽管俄罗斯政府为推动国内信息教育空间的形成与发展推行了直接或间接的政策扶持（如自 2018 年 10 月 1 日起，由俄联邦政府和俄联邦数字发展、通信和大众媒体部牵头实施的为期 5 年零 2 个月的"俄罗斯联邦数字经济"国家计划），线上教育和远程教育技术却仍仅在全国 1/3 的大学生中以混合教学的模式得以实践。疫情前，在俄罗斯仅有约 2% 的高等教育培养方案依托于线上教育形式，且接受该类培养方案的学生有 82% 来自私立高校。直至 2020 年 3 月新冠肺炎疫情在俄罗斯暴发后，一切的理论探讨不得不在短时间内被付诸实践。可以说，新冠肺炎疫情为俄罗斯高等教育信息化进程重重地按下了加速键。俄罗斯教育机构在 2020 年的前两个季度的教学活动基本是通过远程信息技术手段实现的，一系列本土和国外的视频通信软件和在线学习平台借此在俄罗斯迎来了史无前例的"黄金时代"。Zoom、Skype、Яндекс.Учебник、Instagram、Google Hangouts 等线上视频教学平台被师生广泛运用，Moodle 等课程管理系统得到了有效普及。一些本土及国外的在线学习平台异军突起，如囊括世界各地线上教育方案和在线课程的平台 Все Курсы Онлайн、Coursera，提供多学科线上课程和教育方案的线上大学 Skillbox、Geek University、Нетология、Udemy，搭载俄罗斯一流大学课程的开放性在线学习平台 Univertv.ru、Универсариум、Открытое образование、Лекториум、Онлайн-лекции МФТИ，等等。

[①] 元璠璠，郑州大学教育学院讲师，郑州大学政治与公共管理学院博士后，研究方向为比较教育学、高等教育。
[②] 周倩，郑州大学社会科学处处长，教育学院教授，研究方向为高等教育。

二、在线教育在疫情后的俄罗斯高教领域的"繁荣"或成难题

在疫情暴发当月月末（2020 年 3 月 23 日），俄罗斯国内超过 80% 的高校便实现了向远程工作模式的转变，这在一方面展示出信息技术在俄罗斯高等教育中普及的可能性，另一方面却使一些问题逐渐凸显出来。

2020 年 7 月，俄罗斯 13 所一流大学（圣彼得堡国立信息技术、力学和光学大学，俄罗斯国立高等经济学院，托木斯克国立大学，等等）的校长和工作组共同撰写了一份关于疫情考验下俄罗斯高等教育的阶段性经验总结报告。报告对俄罗斯高等教育活动在疫情危机中的稳定性做出了肯定；概括了疫情期间广为普及的线上教育的三大模式，即异步（学生在方便的时间学习）、同步（师生同时参与）和混合（同步和异步相结合）；指出了阻碍俄罗斯高校线上教育工作有效开展的重要因素，即数字教学工作经验缺乏和基础设施配置不足。

（一）线上教学方法技术的开发和应用不足

俄罗斯专家认为，面对疫情的考验，俄罗斯的高等教育体现出较高的应变能力，快速实现了从线下向线上的转变。面对数字化、信息化对传统教育观念的冲击，俄罗斯的师生体现出了较强的接受能力。与此同时，他们指出了俄罗斯线上教育的一大不足，即教师没有掌握足够的数字资源应用能力和线上教学方法。他们认为，线上教学与线下授课所需的教学法有很大差别，它不应仅仅是把课本等内容做成电子版继而照本宣科，还需要教师投入更多的时间、精力和技巧，运用专门的教学技术和工具，来调动屏幕面前学生的兴趣和注意力，从而实现知识的相对"无损耗"传播。但在俄罗斯的实际情况却是，人们过多地把资金投在了教学内容的数字化建设上，而线上授课所需教学方法技术的开发和普及却显得格外不足。教育工作者由于缺乏相应的技术培训，对网络服务器、线上教学技术和工具的掌握程度普遍较低，这最终会导致其线上授课的效率和效果皆受到影响。

基于此现状，我们不难推测，俄罗斯高等教育信息化使高校开始审视自身教学内容，一向把教学法和教学技术视为重要支撑的俄罗斯高校，特别是师范类高校，在不久的将来会把开发和培养未来教师的信息技术、数字资源应用等能力纳入培养方案中。此外，为了培养有足够能力应对多变环境的复合型人才，俄罗斯高校将会更加重视已有专业与信息技术学科的交叉，完善和填充已有培养方案，开设一些新型的交叉学科培养方向。例如，新西伯利亚国立经济与管理大学"数学和机械"方向在疫情期间新开设了统计学专业，该专业将同时教授学生统计工具、数学建模、信息技术等多门学科的交叉知识和技能。

（二）线上教学对人才培养质量的影响

线上教育虽然可以在突然发生大规模公共卫生事件时帮助学校达到"停课不停学"的目的，但是疫情结束后的俄罗斯的高校，很可能因为对线上教育的"不满"而对其进行"冷处理"。俄罗斯专家普遍认为，无论是直播课还是录播课，长时间与教师隔着屏幕进行非面对面的学习，会使学生的专注力以及与教师和同学的交流互动程度大打折扣；长期对着电子设备的远程学习也会给学生的生理、心理带来较大负担。对此，俄罗斯高等经济学院校长库兹明诺夫认为：传统大学的"活动性"，即大学教育中包含的项目实践活动、课外活动、思想培养等工作的效果在向线上的转移的过程中必定受到根本性影响。一些问卷调查结果显示，俄罗斯民众对线上教育普遍持怀疑态度，有超过 40% 的俄罗斯大学生认为疫情期间的远程学习虽然灵活便捷，但是对与同学和教师的面对面交流讨论的不足感到不满。据俄罗斯《消息报》统计，超过 90% 的中学教师认为，线上教学并不能取代传统教学；近 50% 的中学生认为远程教育相当于"假期"，2/3 的学生想尽快回归正常的课堂学习；近 80% 的教师认为，向线上教育的转变使其工作量增加。2020 年 4 月，Change.org 网站甚至发起了一份名为"防止远程教育被俄罗斯联邦进行立法确认"的总统请愿书，其主旨便是要求把面授作为获得中学教育、高校教育以及中等职业教育的唯一方式。截至 2020 年 6 月初，已有超过 21 万人在该请愿书上签名。

全俄教育基金主席卡姆果夫表达了对长期线上授课模式的担忧：长时间的远程授课会导致俄罗斯高校人才，特别是实践学科人才培养质量和水平的下滑。如果仅是一个学期的线上学习，还有可能在之后把学生所"漏失"的部分（如必要的实践、实验）补回来。但如果是两三个学期都将被迫在线上学习，那么基本上可以用"灾难"来形容。如果这个时间延长到两至三年，那么，这无疑将是"尽头"，一切都需要重新开始。

由此可见，线上教学在一向注重实践型教学和个性化培养的俄罗斯被认为是影响高等教育人才培养质量和水平的消极因素。据此可以预测，因疫情而被迫推动的线上教育虽已引起俄罗斯政府及教育界的重视，但它在未来师生群体中的广泛认可和普及或成难题。

三、疫情使俄罗斯高等教育中的不平等问题趋于严峻

发展中的俄罗斯社会对教育体系提出了新要求，其中之一便是确保国内青年根据自身的兴趣和倾向，不论家庭经济条件、居住地、民族和身体状况，都能获得完整的、优质的教育。然而，长期笼罩的疫情阴影加剧了俄罗斯高等教育的不平等现象。

由于国家对高校实行不同的政策扶持方针，俄罗斯不同级别的高校（如国家战略重点扶持高校和地方普通高校）所得到的财政支持有很大差别。统计数据显示，仅11%的俄罗斯高校有完备的信息化基础设施。有超过13%的级别较低的高校由于财政短缺，整体基础设施建设尤为不足。有约1/3的高校不具备LMS（教学管理系统），线上授课平台的使用受到限制。这类高校会因疫情期间在线教育的"垄断"而丧失更多的机会，从而拉大与优势高校的差距，加剧高校之间的不平等问题。

财政充足的大学比"财政赤字"的高校有更多的资源和能力去培训并提升教师的信息技术运用能力，前者的教师通常比后者的教师线上授课能力更强、水平更高，这加剧了高校教师间的不平等问题。

疫情使俄罗斯居民收入持续走低，失业率上升，在2020年第二季度中，俄罗斯居民实际可支配收入同比下降8%，创下该国在21世纪这一指标的最大跌幅，俄罗斯贫困率上升趋势明显。这导致了有约30%的低收入家庭无力给家里的大学生购买开展线上学习所需的平板电脑或台式电脑，有的甚至无法负担高速且稳定的宽带的费用。学生获取线上教育资源机会的不平等，加剧了不同收入阶层的分化问题。

近年来，俄罗斯对高等教育的财政投入明增实减，加之疫情对国民经济的冲击，越来越多的自费生无力支付学费，辍学率随之增加。这一方面拉宽了公费生与自费生之间的鸿沟，另一方面使部分高校，尤其是以招收自费生为主的私立高校遭受着严重的财政危机。特别是在疫情期间，出于高度的社会责任感，俄罗斯高校做出不涨学费的保证，免费制作并开放自己的精品网络课程，为学生提供免费的就业指导设计和心理援助。这种"入不敷出"的现状持续下来，将会导致一批学校"倒闭"。俄罗斯世界银行教育项目负责人史密斯强调，从长远来看，高校的"倒闭"不仅会导致国内人力资本的缩减，而且会加剧因合格人才数量缩减而引起的贫困现象和社会紧张局势。他呼吁，为了减少上述损失，俄罗斯政府应及时采取措施，在短期内保障学生，尤其是低收入学生教育的可持续进展；在中期内应为教育领域提供充足的资金支持；在长期内应做好疫情后国内教育的"可持续复苏"。

由此可见，俄罗斯高等教育在近期和未来的一大发展方向，便是要吸纳更多的财政投入，优化资源配置，缓解教育的不平等问题。

针对因疫情而激化的贫困现象，俄罗斯政府已经采取了一些短期及中长期措施。2020年7月21日，俄罗斯总统普京签署了《关于2030年前俄罗斯联邦国家发展目标的法令》。该法令指出，俄罗斯国家发展目标之一便是在2030年将贫困率降至6.5%；强调应在公平的原则下建立发掘、支持和发展青少年才能的机制；通过建立有效的高等教育体系，确保俄罗斯在研发领域跻身世界十大领先国。与此同时，俄罗斯政府批准了旨在抵抗疫情危机的全国经济复苏计划，其中的主要任务便是分阶段（第一阶段，2020年第四季度起至2021年年底；第二阶段，2022年至2024年）恢复并提升居民的收入水平和就业率，确保GDP（国内生产总值）的增长。针对该计划，联邦预算支出6.4万亿卢布作为专项支持经费。2020年7月4日正式生效的《俄罗斯联邦宪法2020修订版》第一章，便强调了国家会采取各类社会保障措施，来

确保对贫困家庭的帮助。俄罗斯联邦数字发展、通信和大众媒体部考虑到疫情下不断增长的数字网络资源需求，对"俄罗斯联邦数字经济"国家计划的具体目标和指标也做出了即时调整。这些政策措施对防止贫困加剧、保持教育的可持续发展具有积极的推动作用。

四、疫情可推动俄罗斯高校教师队伍年龄结构的优化

俄罗斯教师队伍的老龄化问题由来已久。多数达到法定退休年龄的教师由于国家退休金不足以维持正常生活水平等原因而选择继续留校工作。俄罗斯高校中，超过50岁的教师占教师总人数的48.6%，其中超过65岁的约占20%；35岁以下的教师仅占总数的14.2%。针对高龄群体的抵抗力和对新冠肺炎的承受力普遍较低的情况，俄罗斯联邦消费者权益保护和公益监督局在2020年7月颁布了关于不赞同高校超过65岁的教师进行线下授课的官方建议。一些大学，如莫斯科国立大学、新西伯利亚国立大学、乌拉尔联邦大学率先响应并做出在新学期不建议超65岁教师返回课堂的决定。一向因经验丰富、学识渊博而在俄罗斯备受推崇的高龄教师群体遭受了空前的"冷遇"，他们不得不在新学期开始后继续留在家里进行远程授课。然而，高龄教师对电脑信息技术的掌握程度普遍不如年轻教师，这为他们的线上授课增添了诸多难度，有的甚至会因此影响所授课程的进度和学生对知识的接收效果。

疫情使俄罗斯高校教师老龄化的问题无法回避。而这一问题所折射出来的俄罗斯高等教育的不足或成为其优化教师队伍年龄结构的有效推动力，促使高校在未来更有意识地、更积极地吸纳年轻教职工，从而形成老中青相结合的年龄结构更为合理的教师队伍。

五、结语

疫情成功地将线上教育及其信息技术带入了人们的视野，为俄罗斯高等教育的传统教学模式带来了新体验、新经验。但出人意料的是，俄罗斯的传统教育理念或使线上教育在后疫情时代的推广和发展成为难题。面对信息技术在世界高等教育领域广泛应用的热潮，俄罗斯则保持了相对冷静的态度，注重探究和开发与数字化教学内容足够匹配的、科学且完善的在线教学方法和技术。此外，基于一系列政策扶持，俄罗斯高校在疫情的推动下有望把优化基础设施建设、改善信息技术环境、加强师生信息技术应用能力培训、开设交叉学科培养方向、优化师资队伍年龄结构等作为改革发展方向。

参 考 文 献

[1] Днепровская Н В. Оценка готовности российского высшего образования к цифровой экономике [J]. Статистика и экономика，2018，4：16 – 28.

[2] Общественный совет при Минобрнауки России обсудил уроки пандемии [EB/OL]. (2020 – 07 – 03) [2020 – 10 – 05]. https：//minobrnauki. gov. ru/ru/press-center/card/?id_4 = 2777.

[3] Общественный совет при Минобрнауки обсудил доклад о высшем образовании в условиях пандемии [EB/OL]. (2020 – 07 – 03) [2020 – 10 – 05]. https：//news. itmo. ru/ru/official/education/news/9550/.

[4] Эксперты уверены, что успеваемость учащихся заметно снизится за время эпидемии [EB/OL]. (2020 – 04 – 03) [2020 – 10 – 10]. https：//iz. ru/995078/iaroslava-kostenko/bolnaia-peremena-50-shkolnikov-schitaet-onlain-obuchenie-kanikulami.

[5] «Нельзя заставлять сидеть дома»：каким будет обучение в вузах [EB/OL]. (2020 – 08 – 29) [2020 – 10 – 10]. https：//www. gazeta. ru/social/2020/08/28/13218115. shtml.

[6] Павел Пидкасистый. Педагогика [M]. Москва：Высшее образование，2007：18.

[7] Эксперт оценил влияние пандемии коронавируса на образование [EB/OL]. (2020 – 06 – 16) [2020 – 10 – 10]. https：//ria. ru/20200616/1573016079. html.

［8］Указ о национальных целях развития России до 2030 года［EB/OL］.（2020 - 07 - 21）［2020 - 10 - 10］. http：//www. kremlin. ru/acts/news/63728.

［9］Андрей Белоусов рассказал о текущей экономической ситуации и мерах по восстановлению экономики на заседании Совета Федерации［EB/OL］.（2020 - 09 - 23）［2020 - 10 - 10］. http：//government. ru/news/40468/.

［10］Новый текст Конституции РФс поправками 2020［EB/OL］.（2020 - 07 - 03）［2020 - 10 - 10］. http：//duma. gov. ru/news/48953/.

［11］Минкомсвязи кардинально меняет нацпрограмму «Цифровая экономика». Изменения исчисляютсядесятками［EB/OL］.（2020 - 06 - 17）［2020 - 10 - 10］. https：//www. cnews. ru/news/top/2020 - 06 - 17_minkomsvyazi_kardinalno.

The Development Trend of Higher Education in Russia Under the Test of COVID-19

Abstract: The new epidemic situation has brought shocks to higher education in Russia, which not only impacts and changes traditional educational concepts and modes, but also intensifies and highlights some inherent contradictions and "defects". In the early stage of the outbreak, Russian Universities achieved a rapid transfer to online education, fully demonstrated the possibility of information technology in the field of higher education. However, the emphasis on practical and interactive teaching modes and the pursuit of the quality of personnel training make online education in Russia may encounter "cold treatment" after the epidemic. The epidemic has promoted Russian universities to pay more attention to the training of teachers and students' online education techniques and the ability to apply digital resources, broadening the prospects for interdisciplinary and professional development, but also making problems such as insufficient infrastructure construction, unequal educational resources and aging of teachers. Responses to these problems may become an important factor in the development trend of Russian higher education in the post epidemic era.

Keywords: COVID-19, Russia, higher education, development trend

新冠肺炎疫情下我国来华留学教育的短期挑战与未来机遇[①]

吕 萍[②]

自1950年年底新中国接收第一批来自东欧国家的33名留学生以来，我国来华留学教育已经走过了70年的历程。在这期间特别是改革开放以后，来华留学教育取得了前所未有的发展。来华留学生规模不断扩大、结构不断优化、质量不断提升、管理更加规范，为提升我国高等教育国际化水平、加强国际交往、传播中国文化、展现我国国际形象发挥了重要作用。2020年是不平凡的一年，也是《留学中国计划》实施的最后一年，结合当前社会形势分析目前的来华留学教育现状，直面当前的挑战与机遇，对更好地推进来华留学教育持续、健康、稳定发展具有重要意义。

一、当前来华留学教育现状分析

当前我国来华留学教育主体面貌与20年前相比有了较大差异，从2001年至2016年，来华留学教育进入了扩大规模和质量提升阶段，之后进入了提质增效阶段。[1]本文以2001年至2018年间的《来华留学生简明统计》作为数据来源对数据进行分析对比，来华留学教育变化状况呈现以下四个方面的特点。

（一）来华留学生规模快速扩大并趋于平稳

2003年来华留学生总数为77715人，总数规模下降，较2002年减少9.5%。随后，来华留学生规模快速扩大，以年均增长率13.5%的速度持续增长。其中，2004年在短期留学生的高增长带动下，年增长率到达20年间的峰值，为42.6%。2018年，来华留学内涵式发展效应显现，总人数为492185人，规模扩张放缓，呈现平稳上升趋势，增长率为0.6%。（见表1、图1）

表1 2001—2018年来华留学生总数及增长率变化

项目	2001年	2002年	2003年	2004年	2005年	2006年	2007年	2008年	2009年
来华留学生总数（人）	61869	85829	77715	110844	141087	162695	195503	223499	238184
年增长率	18.6%	38.7%	-9.5%	42.6%	27.3%	15.3%	20.2%	14.3%	6.6%
项目	2010年	2011年	2012年	2013年	2014年	2015年	2016年	2017年	2018年
来华留学生总数（人）	265090	292611	328330	356499	377054	397635	442773	489172	492185
年增长率	11.3%	10.4%	12.2%	8.6%	5.8%	5.5%	11.4%	10.5%	0.6%

---

① 课题来源：2021年度江苏省高校哲学社会科学研究一般项目"新发展格局下来华留学教育高质量发展研究"（2021SJA0480）。
② 吕萍，南京晓庄学院海外教育学院讲师，研究方向为高等教育国际化、来华留学生管理。

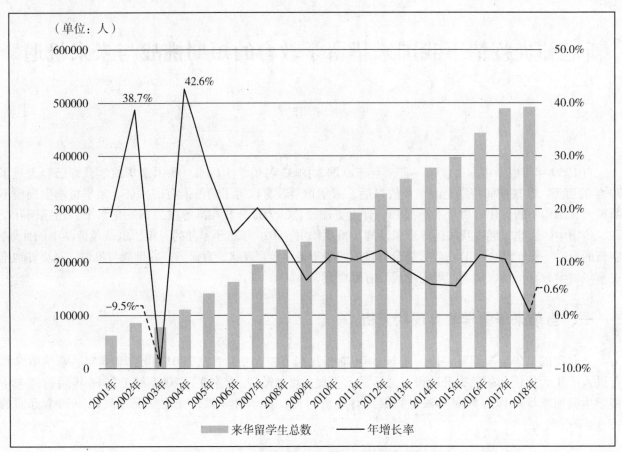

图1 2001—2018年来华留学生总数及增长率变化

（二）来华留学学生学历层次逐渐提升

按照类别统计，2001年、2003年、2018年来华留学学历生分别为16650人、24616人和258122人，分别占来华留学生总数的26.9%、31.7%和52.4%。越来越多的留学生选择到中国提升学历，本科生、硕士研究生、博士研究生层次来华学历生比例不断攀升。2003年，来华留学学生总体规模下降，学历生却增加了16.9%，而非学历生则减少了18.0%，表明学历留学生受社会事件影响比较有限。（见表2、图2）这其中既有调整生源结构，提升留学层次，持续吸引学历生的国家教育政策推动，同时也包含学历生的群体特征：学历生学制较长，留学意愿更为坚定，由于改变学业计划需付出更大的时间和精力成本，与大多基于语言能力提升或者文化感知的短期体验的非学历生相比，学历生具有较强的学习黏性，更能够对抗突发事件的影响。

表2 2001—2018年不同学历层次来华留学生数量及其年增长率变化

项目	2001年	2002年	2003年	2004年	2005年	2006年	2007年	2008年	2009年
非学历生数（人）	45219	64774	53099	79228	96236	107836	127290	143494	144734
本科生、专科生数（人）	13079	16808	19582	25801	37740	46216	57367	65724	74472
硕士研究生、博士研究生（人）	3571	4247	5034	5815	7111	8643	10846	14281	18978
非学历生增长率	17.6%	43.2%	-18.0%	49.2%	21.5%	12.1%	18.0%	12.7%	0.9%
学历生增长率	21.5%	26.5%	16.9%	28.4%	41.9%	22.3%	24.3%	17.3%	16.8%

续表2

项目	2010年	2011年	2012年	2013年	2014年	2015年	2016年	2017年	2018年
非学历生数（人）	157658	173774	194821	208609	212660	212836	232807	247700	234063
本科生、专科生数（人）	81388	88461	97449	107229	116404	131227	146099	165784	173060
硕士研究生、博士研究生（人）	24866	30376	36060	40661	47990	53572	63867	75759	85062
非学历生增长率	8.9%	10.2%	12.1%	7.1%	1.9%	0.1%	9.4%	6.4%	-5.5%
学历生增长率	13.7%	11.8%	12.3%	10.8%	11.2%	12.4%	13.6%	15.0%	6.9%

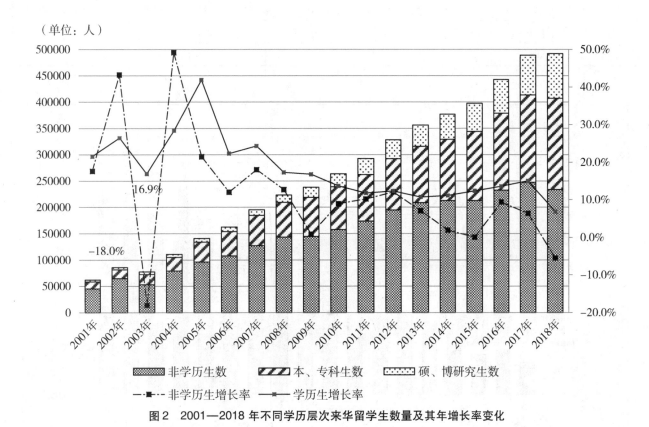

图2 2001—2018年不同学历层次来华留学生数量及其年增长率变化

（三）来华留学生资助结构不断变化

2002年，来华奖学金生和自费生分别为6074人和79755人；2003年，这两类留学生分别为6153人和71562人。奖学金生人数稳中有升，而自费生人数大幅下滑。原因在于自费生处于自由消费状态，主观流动性较强；而奖学金生对资助政策依赖度较大，能够在一定程度上缓解社会事件对来华留学意愿的冲击。2018年，来华奖学金生和自费生均有巨大跃升，分别为63041人和429144人。（见表3、图3）其中，2018年奖学金留学生中学历生为56649人，占奖学金留学生总人数的89.9%。奖学金在引领来华留学向高层次、高质量发展的过程中发挥着重要作用。

表3 2001—2018年不同经费来源留学生人数及年增长率

项目	2001年	2002年	2003年	2004年	2005年	2006年	2007年	2008年	2009年
自费生人数（人）	56028	79755	71562	104129	133869	154211	185352	209983	219939
中国政府奖学金生数（人）	5841	6074	6153	6715	7218	8484	10151	13516	18245
自费生年增长率	19.7%	42.3%	-10.3%	45.5%	28.6%	15.2%	20.2%	13.3%	4.7%
中国奖学金生年增长率	8.9%	4.0%	1.3%	9.1%	7.5%	17.5%	19.6%	33.1%	35.0%
项目	2010年	2011年	2012年	2013年	2014年	2015年	2016年	2017年	2018年
自费生人数（人）	242700	266924	299562	323177	340111	357035	393751	430619	429144
中国政府奖学金生数（人）	22390	25687	28768	33322	36943	40600	49022	58553	63041
自费生年增长率	10.3%	10.0%	12.2%	7.9%	5.2%	5.0%	10.3%	9.4%	-0.3%
中国奖学金生年增长率	22.7%	14.7%	12.0%	15.8%	10.9%	9.9%	20.7%	19.4%	7.7%

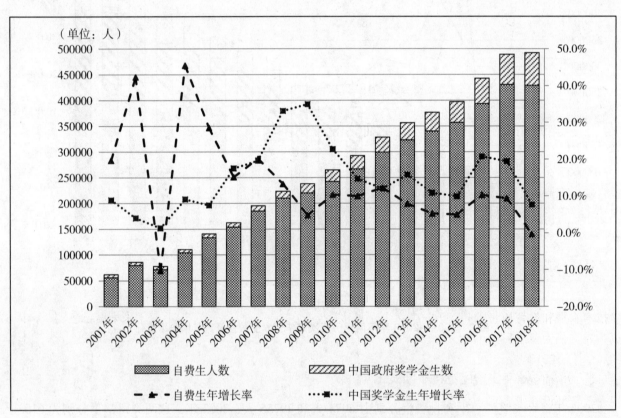

图3 2001—2018年不同经费来源留学生人数及年增长率

（四）来华留学专业热度持续动态调整

2018年，来华留学生学习专业的前八位分别是汉语言、工科、西医、管理、经济、文学、法学和中医。由于非学历生包含在来华留学人数统计中，而学习汉语言是非学历生来华的主要学习目的，2001—2018年，来华学习汉语言的人数一直位居第一。2001—2007年，西医专业的留学生人数提升显著，由1240人增加到15163人，是各类学科中本科留学生增长最快的学科，其中一个重要的原因在于我国高校实施全英文授课培养西医本科留学生。[2] 其余专业与社会经济发展和科技发展相匹配，经济、管理及工科专业的专业热度提升，而中医、文学则呈现下降趋势，其中中医专业降幅明显。（见图4）

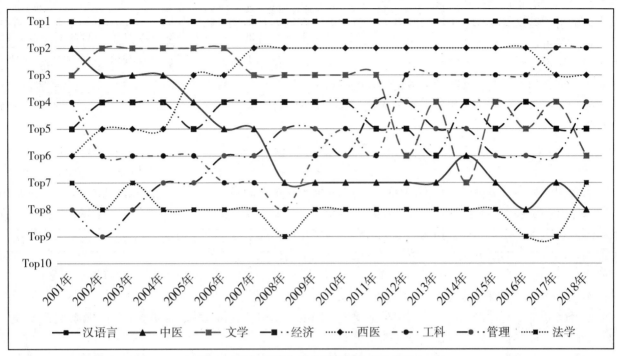

图4 2001—2018年来华留学热门专业排名

二、当前形势下来华留学教育面临的短期挑战

随着新时期对外开放的进一步扩大，在"一带一路"顶层倡议的实施，以及人类命运共同体的构建过程中，来华留学教育的重要性逐渐凸显。研究表明，国内重大事件因素如2001年中国加入世界贸易组织、2003年SARS事件、2008年世界金融危机和北京奥运会的举办均正向或者反向影响到留学生的来华选择。[3] 目前，全球正经历着新冠肺炎疫情，短期内来华留学教育面临着以下四个方面的严峻挑战。

（一）国家间的隔离政策将改变来华留学习惯和学习模式

借助上一波全球化浪潮，中国凭借不断提升的经济发展水平和国际影响力、活跃的世界贸易往来、科学技术水平和教育质量的持续改进等因素不断吸引各国留学生。世界范围内形成了来华留学热潮，中国已成为亚洲最大留学目的国以及世界新兴留学目的地国家。2001年，中国共接收了来自169个国家和地区的留学生；2018年，生源国增加到196个，其中留学生人数达到或超过500名的有106个国家和地区。对比可见，当前留学生来源国分布更广，生源量多的国家数也在逐渐增加。为了响应国家"一带一路"倡议，教育部设立了多项相应的中国政府奖学金，通过加强教育合作交流以及双边学历互认等措施吸引沿线国家学生来华学习，强化了"一带一路"沿线国家学生的来华留学习惯。

然而，长期的国与国之间的隔离措施将有可能打破长时间来形成的来华留学习惯。牛津大学国际高等教育教授Simon Marginson称新冠肺炎疫情全球大流行对国际学生流动性的阻碍或持续至少5年才能回到正常水平。[4] 目前各国均采取了极为严格的国际学生签证政策，全球国际学生流动速度放缓。世界范围内的学生整体留学意愿受到抑制，在未全面有效遏制病毒前，世界上任何一个国家都不再是安全的留学目的地，而来华留学计划在无法转移至他国的情况下只能被动搁置甚至放弃。从更长期的情况考虑，隔离的影响消磨了潜在来华留学者的热情，使其留学动力下降，前往中国留学的意向需要经过更多的审慎考虑，来华留学热潮下形成的留学消费习惯将被影响和改变，并持续影响今后几年的来华留学生规模。

此外，坐在中国课堂接受全日制学习的传统来华学习模式将会被改变。目前，传统的集中线下面授教学形式已成为高风险的教学组织行为。联合国教科文组织数据显示，在暴发新冠肺炎疫情的严重时期，全球有近200个国家和地区实行全面停课或部分停课，约15亿学生受到影响，占注册学生总数的90%。[5]

世界各国高校的正常教学秩序受到了严重影响,大量在读来华留学生无法到校继续学业。然而,新技术和新媒体的运用特别是全球电子通信网络的快速发展为在线教育提供了技术保障,为隔离下的学业活动继续进行提供了可能。在中国"停课不停学"阶段,中国高校从事留学生教育的教师首次大规模地为境内外的留学生开展在线教学,尽管教学过程中遇到了很多在尝试期不可避免的问题,教学效果也还未得到充分比对和验证,但是,有目共睹的在线教学效果已展示出来华留学教育中教师教学与学生学习的弹性。这次大规模的在线教学颠覆了传统教学观下人们对课程教学的认知[6],在国际隔离措施的长远影响下,传统来华学习模式亦将会被改变。

（二）全球经济衰退将影响来华留学支付能力

联合国贸易和发展会议（UNCTAD）的初步评估曾显示,2020年全球经济会陷入衰退。[7]世界范围中等收入家庭的增多使得全球国际学生流动趋于大众化,新冠肺炎疫情过后,经济衰退的全球局势使中等收入家庭规模减少,原本能够承担家庭成员来华留学费用的家庭,其留学支付能力将有所下降。对于发展中生源国来说,其影响则更加严重。按照世界银行以人均国民生产总值为标准的划分,"一带一路"沿线国家绝大多数为中等收入国家,国内生产总值只占全球总量的31%,仅有18个国家跻身发达国家行列。[8] 2018年,沿线国家的来华留学生已达260635人,占来华留学生总体规模的53%。大部分并不富裕的沿线国家的经济若是受到冲击,将影响到留学主要生源国的家庭留学支付能力,家庭资产向国际教育倾斜投资的意愿降低,最终将阻碍来华留学行为的实施。

像其他行业受到的冲击一样,许多国家的高等教育机构将会面临严重的财务问题,并承受短期或者中长期内的严重后果。对于将高等教育作为产业化发展、在经济上依赖国际学生的国家,国际学生的学费以及其他费用收入的减少将会使其产生巨大的财政缺口,对整个国家的经济产生影响。我国虽未将来华留学教育按照产业化发展,来华留学教育的经济效益也并非高校的主要经济来源,然而,新冠肺炎疫情带来的经济影响会令我国中央财政进一步承压,进而向来华留学供给侧传导。当前奖学金的主要来源是中央及地方各级政府财政拨款,财政的承压将会影响来华留学生奖学金设立的额度和数量,从而使来华留学奖学金的发放变得更加谨慎和严格。一方面,奖学金名额将更加稀有和紧缺;另一方面,全球来华留学支付能力的减弱使申请者更加依赖中国高校奖学金的提供力度。来华留学供给与需求受制于经济影响而相互僵持,来华留学将进入低速发展期,直至任何一方表现出具有突破性的变动。

（三）国际新需求使来华留学专业知识供给结构面临调整

当前,世界范围对医疗、健康管理、公共卫生行业的知识需求上升到新高度,这将间接影响来华留学生的专业选择。在2001至2018年间,从专业就读人数看,西医专业的留学生规模始终位居来华学历教育各专业的前列。其中,2018年,西医专业有留学生55225人,占来华总人数的11.22%。而与西医专业持续热门形成对比的是中医专业的热度减退,2018年,中医专业共有留学生13362人,占比不到西医专业人数的1/4。中医是中华文明的瑰宝,也是中国文化的重要组成部分。2003年,中医药还凭借其显著成效发挥了重要作用,在西医没有特效药的情况下,中医药展现了其特殊的治疗优势。然而,从专业选择上看,中医药专业在留学生心目中的认可度与其传统地位和实际疗效并不匹配。

面对复杂严峻的社会形势,仅靠医学来应对远远不够,还需要公共卫生管理领域的知识供给。国际社会对于人才知识结构需求的广度和深度进一步扩大,传统的专业知识结构已不能满足当下世界对于新知识的需求。各国为应对社会需求将大概率加大对特定领域的教育支持,加速医疗、卫生、防疫、保健领域的知识供给和人才培养。2020年,我国硕士研究生将扩招18.9万人,计划增量将重点投向临床医学、公共卫生、集成电路、人工智能等专业[9],反映出当前我国在医药卫生领域、科技发展领域方面的人才需求导向。面向全球发展趋势和国家重大需求,2020年4月,清华大学成立了万科公共卫生与健康学院,学院将积极培养公共健康领域的骨干和领导人,培养未来引领国际公共健康事业发展的高层次人才,以对全球和国内重大公共健康问题做出及时的学科响应。[10]此外,南方医科大学、天津科技大学等多所高校也加紧开展了公共卫生和应急防疫领域的建设,此时,特定领域教育政策和教育资源的投入不但是对国内重大

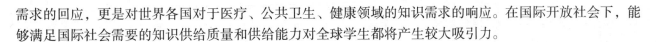

需求的回应，更是对世界各国对于医疗、公共卫生、健康领域的知识需求的响应。在国际开放社会下，能够满足国际社会需要的知识供给质量和供给能力对全球学生都将产生较大吸引力。

（四）国际复杂舆论对来华留学市场的影响不容忽视

当前，国际舆论场在某种程度上释放着一些舆论压力。一些国家的势力集团在政治或经济利益的驱使下不遵循科学原理，恶意定位病毒源头，将病毒与特定地域联系起来，不断实施"污名化"行为，并使用带有歧视性的、不公正的话语企图煽动意识形态偏见，甚至挑起种族歧视和排外情绪。部分国家民众将本国病毒的流行迁怒于特定外来人群，对当地特定外来人群留学生进行人身及精神攻击，严重危害特定外来人群留学生的留学安全。世界长期形成的开放、包容、友好的留学环境受到了重创。

我国在习近平总书记的亲自指挥部署下，用最快速的行动控制住了国内病毒的蔓延。新冠肺炎疫情暴发以来，我国一直注意加强国际防疫合作，为有关国家提供力所能及的帮助，受到了世界卫生组织和许多国家的肯定，展现了维护全球公共安全的大国责任，不过，国际社会中尚有一些各种各样的、复杂的心态和评价也需要面对。当代世界以美国为代表的西方发达国家掌控着国际网络舆论信息体系，传播于世界各地的国际新闻，90%以上由西方媒体提供。[11] 海外网络媒体是来华留学申请者了解中国的主要途径，当下国际社会的舆论态度较易影响申请者个体的认知和选择。有些海外媒体舆论也会产生非正面效应，对申请者有不利影响。在中国参与国际学生市场竞争的过程中，留学市场上交织存在的复杂舆论将更加考验国家实力、学校竞争力和招生宣传智慧。

三、未来机遇和展望

回顾发展历程，来华留学教育领域取得了显著成绩，积累了丰富经验，并为今后发展打下了良好的基础。面对当下尤为复杂的内外部环境，来华留学教育应当迎接挑战，创造机遇，为下一阶段的发展定向定位、蓄势蓄力。

（一）通过在线教学探索新的来华留学教学模式

目前，全国范围内针对留学生开展的大规模在线教学，是对来华留学教育的一次大考验。在线教学所具备的不受时空限制的独特优势，能够大大弥补出境留学生受到的时差及地域隔离的影响，为学校持续开展教学活动提供了保障，也降低了留学生大量流失的风险。学校采用在线教学方式开展教学属于应对突发危机的临时举措，但从新冠肺炎疫情的持久性来看，应急性线上教学要做好向常态化转变的准备，在来华教育中寻找传统教学与线上教学的有机结合点，探索来华留学教学新模式。

首先，要从意识上主动求变，加强来华留学教学的变革和创新意识。以此次大规模在线教学为契机，接受以互联网和信息技术发展为基础的新知识生产、加工、传输方式，放眼全球，突破地域限制，扩大知识传输半径，积极与国外政府、平台、高等教育机构开展在线教学交流合作，向世界传播中国特色的高水平在线教育，推动世界在线教育的发展。其次，要加强对来华留学生这一特殊教学对象的研究。我们要充分考虑来华留学生在线听课时的语言及跨文化难点，既要认识到其学习属性符合教学的普遍规律，又要考虑到其作为外国人的特殊身份在学习需求上与中国学生存在的差异；通过线上线下相结合的方式，可以弥补在线模式中留学生对中国社会、政治、经济、文化、语言的浸润式体验的缺失，满足他们在知识获得需求以外对中国国情与文化的体验的需求。再次，要加强对教师在线授课能力的培训和指导。我们要提升教师现代信息技术与教学过程深度融合的实操技能，加强师生线下的互动手段，保证知识传输的深度；组建教研团队进行在线课程的研发和教育资源的积累，增加留学生教育教学形式的灵活性和教学资源的多样性。最后，还要提高来华留学服务管理人员的工作创新能力。除了在线授课形式的教学，来华留学教育的其他模块也要努力尝试"线上化"，如在线论文指导、在线答辩、在线招生宣传、在线学生服务、在线心理健康咨询等。来华留学服务管理人员应主动突破固有思维，提高工作创新能力，适应当前来华留学教育的新需求。

（二）通过奖学金的杠杆作用提升来华留学教育质量

奖学金历来是世界留学强国吸引国际学生的有效手段。[12]通过诸如欧洲"伊拉斯谟"计划、美国富布赖特项目、德国洪堡奖学金、欧盟"居里夫人"计划、澳大利亚"新哥伦布"计划等奖学金项目，传统留学强国延揽了国际上的优秀人才，使其为本国的发展做出了重要贡献。中国政府奖学金为我国吸引来华留学生发挥了巨大作用，是吸引硕士研究生和博士研究生层次来华学历生的重要因素。在当前形势下，为进一步优化结构，提升来华留学教育质量，应长效、高效发挥来华奖学金的杠杆作用。

第一，要借力奖学金杠杆"撬动"国际人才资源。利用奖学金杠杆政策降低来华留学的经济门槛，缓解留学家庭在留学愿望与经费不足之间的矛盾，吸引全球生源，扩大来华留学生群体资助的受益面，吸引更多的申请者进入资源库，形成国际人力资源蓄水池。通过严格的入学标准和要求筛选出高素质申请者，从入口端提高生源质量，优化生源结构。继续提升来华留学学历生特别是硕士研究生、博士研究生的比例，注重高层次人才培养的导向作用，加强世界优秀青年在高层次科学研究方面的交流与合作，引领来华留学教育向高质量、高层次发展。

第二，要拓宽奖学金资助来源，丰富奖学金种类。2018年，中国政府奖学金生占来华留学总人数的12.8%，除了政府奖学金以外，其他渠道的奖学金资助人员范围有限。[13]在政府及高校自身设立奖学金的基础上，我们应鼓励各民间机构、各社会企业、其他社会团体在考虑投资回报收益率的基础上参与来华留学奖学金的设立，重视来华留学教育的溢出效益；注重教育效果和产业应用间的转化，通过研究来华奖学金留学生毕业后的职业发展规律探索奖学金资助的重点；坚持成果导向教育理念，在培养方案的制订过程中体现企业对人才的专业能力需要，实现企业与高校间在人才资源投资方面的良性循环，以促进来华留学资助体系的健康多元发展。

（三）通过科学与人文形式的表达优化来华留学教育的知识结构

第一，要加强特定学科知识在来华留学教育中的科学表达。从全球视野来看，中国教育事业不仅要为中国特色社会主义服务，而且要为世界的发展承担责任。[14]我国在短时间内抗击病毒取得的显著成果与基于科学判断的国家精准施策密不可分。中国在抗疫过程中积累的科学研究成果和科学抗疫经验是人类社会共同的宝贵财富，中国科学家最早向世界卫生组织共享了病毒全基因序列，并努力运用科学知识开展防疫措施和疫苗研发。当前，我国在公共卫生应急管理体系和公共卫生人才培养方面还存在短板。在高度全球化的今天，公共卫生已不是一个纯粹的健康概念或生活水平问题，而是关乎人类发展、全球安全的一个战略问题。中国高校开展的"双一流"建设，有力推动了医学、生命科学、人工智能等一批学科的快速发展，为公共卫生学科建设奠定了坚实基础。目前，来华留学专业已经涉及完整的学科门类，但公共卫生与健康领域面向来华留学生的知识供给远远不够。为推动人类公共卫生事业健康持续发展，我们必须在全球视野下开展国际交流协作，加强科学知识的国际传输。面对全球公共卫生知识的需求，我们必须抓住危机下的机遇，优化、完善来华留学教育知识结构，提升对来华留学高层次人才的培养能力，为全世界公共卫生知识供给做出中国的科学贡献。

第二，加强抗疫叙事在中国国情教育中的人文表达。在抗击病毒的过程中，中国及时采取了最全面、最严格、最彻底的防控举措，成为世界上率先控制住病毒蔓延的国家之一。来华留学生在中国大地上学习和生活，亲身感受着中国人民抗疫的智慧和努力，在向世界传播中国人民真实的抗疫故事时，由于具有独特、真实、微观的个体视角，无疑是最具有说服力的群体之一。中国应当积累抗疫过程中的鲜活素材，如中国民众的集体大局观和爱国主义情怀、医务人员奔赴抗疫前线的英勇与奉献、在国际抗疫过程中的大国责任与担当、在促进全球公共卫生治理中的国家决心，以及构建超越世界政治与地缘的人类命运共同体倡议等，通过新媒体影像和文字将最真实感人的中国抗疫故事传播到留学生的课本、课堂以及课外文化活动中，以加强留学生对中国抗疫成效的认同度。

（四）通过营造友好教育生态化解不利舆论对来华留学市场的影响

尽管新冠肺炎疫情在短期内给我国来华留学教育带来了一些挑战，但从长期看，我国国际教育需求市场广阔,供给能力充足,亚洲最大留学目的国、世界新兴留学国的地位不会动摇。来华留学教育在经历此次危机后或将再次证明,进一步增强来华留学教育的核心竞争力与吸引力才能持续保有来华留学教育的动力和活力。为此,汇聚政府、学校、社会在来华留学教育方面的生态合力,营造友好的来华留学教育生态环境,才是化解来华留学市场上不利国际舆论的关键要务。

政府指导层面,应积极做好来华留学的政策储备,持续打造"留学中国"品牌,继续通过完善来华留学教育政策,加强来华留学教育在"一带一路"倡议和人类命运共同体构建中的贡献,在内涵式发展的过程中处理好规模与质量的关系,为留学生在华就业前景和发展机会提供政策支持,以吸引更多外籍高层次人才。学校培养层面,应充分借鉴他国优秀经验,结合中国国情形成具有中国特色的来华教育体系。努力提高来华留学质量,提升高校学术声誉,构建完善的来华留学人才培养体系。加强留学生培养特别是来华医学生的质量建设与保障监控,加强来华留学生入学前的学术筛选和毕业后的成果检验。从而提升来华留学生在大学教育主流体系中的趋同度和融入度,促进中外大学生间的跨文化交流,从而增进留学生对中国文化的认同。社会服务层面,应提高国际化社会综合服务能力。加强政府管理各部门间的协作与沟通,提升各涉外服务单位的整体协作能力,提供社会融入服务;加强社会通用语言服务能力,提升城市社会性服务机构对来华留学生的接纳度。在中国文化自信的基础上,增强中国人民对各民族文化的包容力,以更加开放、多元、包容、友好的社会环境,迎接世界各国留学生。

参 考 文 献

[1] 魏礼庆,胡燕华. 改革开放40年出国留学与来华留学事业回顾与展望 [J]. 河北师范大学学报（教育科学版）, 2018（3）: 19-26.

[2] 于富增. 改革开放30年的来华留学生教育 [M]. 北京: 北京语言大学出版社, 2009（6）: 148.

[3] 宋华盛, 刘莉. 外国学生缘何来华留学: 基于引力模型的实证研究 [J]. 高等教育研究, 2014（11）: 31-38.

[4] MARGINSON S. Global HE as we know it has forever changed [EB/OL]. (2020-03-26) [2020-4-25]. https://www.timeshighereducation.com/blog/global-he-we-know-it-has-forever-changed.

[5] 联合国教科文组织. 新冠病毒对教育的影响及应对 [EB/OL]. (2020-04-28) [2020-05-09]. https://zh.unesco.org/themes/education-emergencies/coronavirus-school-closures.

[6] 刘振天. 一次成功的冲浪: 应急性在线教学启思 [J]. 中国高教研究, 2020（4）: 7-11.

[7] UNCTAD. The COVID-19 shock to developing countries [EB/OL]. (2020-03) [2020-04-18]. https://unctad.org/en/PublicationsLibrary/gds_tdr2019_covid2_en.pdf.

[8] 吴舒钰. "一带一路"沿线国家的经济发展 [J]. 经济研究参考, 2017（15）: 16-45.

[9] 俞曼悦. 硕士扩招18.9万人: 怎么扩, 如何招 [EB/OL]. (2020-03-11) [2020-05-01]. http://www.moe.gov.cn/jyb_xwfb/s5147/202003/t20200311_429779.html.

[10] 清华大学万科公共卫生与健康学院成立 [EB/OL]. (2020-04-02) [2020-04-25]. https://news.tsinghua.edu.cn/info/1003/75779.htm.

[11] 郭纪. 新闻自由与媒体责任: 当今国际新闻传播秩序透视 [J]. 求是, 2009（16）: 58-61.

[12] 朱虹. 留学生教育高质量发展路径研究 [J]. 江苏高教, 2020（1）: 64-71.

[13] 张正秋. 高校来华留学生学费与成本补偿问题研究 [J]. 中国高教研究, 2018（7）: 84-88.

[14] 张俊宗. 教育国际化: 构建人类命运共同体的重要力量 [J]. 高校教育管理, 2020（3）: 21-28.

Short-term Challenges and Future Opportunities for International Student Education in China

Abstract: Over the past 70 years, international student education in China has achieved tremendous achievements and has become an essential part of China's opening-up policy and China-foreign cooperation and exchanges. Under the current domestic and international situation, international student education faces severe short-term challenges. The isolation policy between countries will change the study tendency and patterns of studying in China. The global economic recession will bring payment difficulties for studying in China. The professional knowledge supply structure needs to be adjusted to meet the new global needs. Moreover, the market for studying in China cannot ignore the influence of opposing public opinions. Therefore, the current international student education in China should try to explore the new mode of instruction through online teaching, leverage the role of scholarships to improve the quality, express scientifically and culturally to optimize the knowledge structure, and also minimize the negative influences of the adverse voice via creating an ecological education environment for the international students.

Keywords: international student education, the Belt and Road, online teaching, knowledge supply

疫情防控常态下高校线上教育的现实需要、困境及其优化

薛长凤[①]

随着中国疫情开始逐渐缓解，社会各领域的生活、生产开始从应急状态走向正常状态，但是面对国外疫情日益蔓延和外防输入、内防反弹的情况，疫情防控或将持续较长的时间。在疫情防控常态化背景下，线上教育作为高等教育的一种教育教学方式，需要对其不断进行完善和优化。2019年9月，教育部等十一部门联合发布了《关于促进在线教育健康发展的指导意见》，提出在线教育是运用互联网、人工智能等现代信息技术进行教与学互动的新型教育方式。[1]

线上教育英文表达为 E-learning，可表示为电子化（electronic）的学习。但是"E"还可以蕴含更丰富的意蕴，如探索（explore）的学习、有效率（efficient）的学习、经验（experience）的学习、拓展（expand）的学习、延伸（extension）的学习、易使用（easy to use）的学习、增强（enhance）的学习。[2] 线上教育不是利用技术移植传统教育，而是对传统教育空间、资源的补充和拓展，是更加关注学生体验和个性化需求的教学形式，是比传统教育更具延伸性和扩展性的学习和教学方式。在线教育是比传统教育更具灵活性和潜力，打破传统教育的时空限制，充分利用技术可能性的富有想象力的一种教育形态。

一、疫情防控常态化下我国高等教育线上教育的现实意义

（一）疫情防控背景下教育教学空间的转换

对于教育教学活动来说，教学空间具有提供安全感和归属感、营造氛围的作用。线上教育作为突破物理空间限制的有效的教学形式，成了疫情防控背景下教育教学的主要空间。Oblinger认为，无论是物理学习空间，还是虚拟学习空间，最终的功能应是让学习者聚在一起，让他们一起探索、协作、讨论。还有学者认为，网络学习空间大约有五种类型：教学资源型、直播教学型、课程服务型、社区型和角色扮演型。教学资源型空间主要提供教学资源，如音频、视频、教案、习题、多媒体素材等；直播教学型空间提供视频、音频或者实时直播；课程服务型教学空间则提供课程平台、课程内容和学习支持等服务。[3] 在教学空间转向虚拟的同时，师生之间的"空间关系"也发生了极大的变化，具有更大的张力。当在虚拟空间进行教学时，客观、实体的物理教学空间被打破，以"教"为中心的师生关系无法在虚拟空间中进行有效的教学传递，教师必须思索如何调动学生的积极性，如何让学生有效学习，这使得师生关系必须以学生为中心，关注学生学习效果，释放更多空间让学生自主学习。

（二）促进信息技术与教育教学的融合

疫情背景下的大规模在线教育实验是一次涉及范围广、速度快、人数众多的教育教学"革命"。截至2020年5月8日，全国1454所高校开展了在线教学，103万名教师在线开展了107万门课程，合计1226万门次课程，参加在线学习的大学生共计1775万人，合计23亿人次。[4] 对于这次大规模的线上教育，一些学者认为，这是对教育信息技术理念与实践的一次检验[5]，是重新认识教育技术的力量和价值，促进"应急式"的线上教学成为"常态化"教学的一个组成部分。[6] 余胜泉教授认为，人工智能、大数据等新一代的信息技术将会推动教育的智慧化。[7] 有一些学者对未来的教育形态进行了预测，认为未来教育的

---

① 薛长凤，浙江师范大学博士研究生，研究方向为高等教育管理。

"新常态"是基于弹性教学时空，运用多元教学方法以及面向个性化培养的主动学习。[8]甚至有学者认为，在线教育未来必将推倒学校的围墙，未来的学校将是无边界的。[9]新冠肺炎疫情背景下，在线教育在大众和师生中的接受度越来越高，5G（第五代移动通信技术）时代的来临将促使技术与教育进一步融合。学校教育将进一步信息化、智能化，5G将在教学手段创新、学习途径扩展、教育资源均衡、校园智能化管理方面发挥更大作用。

（三）推进高等教育治理体系和治理能力现代化

大数据、AI（人工智能）、5G、区块链等技术将形成强大的算法优化系统，引领整个社会革命式发展，提升社会的运营效率和治理水平。疫情带来的人与人之间的社交距离和人际关系的改变，将给校园这一以人群聚集为显著特征的组织机构带来治理方面的极大挑战和困难，将进一步要求高校用现代化技术和手段对教学管理、学生管理等进行升级和改造，通过数字化、信息化改造高校整体的运行秩序。高等教育具有人才培养、科学研究、社会服务三大职能，面对这次疫情带来的社会危机，高等教育应就其三大职能做出积极有效的应对。在人才培养上，我们应通过对课程体系、专业设置的调整，加入有关应急管理、生命健康等关乎民生和公益事业的课程，培养学生应对危机的素质和能力，承担社会责任、重视生命健康的意识。在科学研究上，我们应充分利用高校的人才智力优势、学科专业资源，有效、积极地回应社会重大关切和需求。人才培养和科学研究最终指向社会服务的职能，高等学校如今已成为社会发展的核心机构，与政治、经济、文化、科技等各方面的发展密不可分。因此，高等学校要充分利用这次机会，深入推进内部治理体系和治理能力的现代化。

二、疫情防控"常态化"下我国高校线上教育的发展困境

（一）线上教育未完全摆脱传统线下教育的惯性

传统线下教育以知识传授为主，以教师、教材为中心，学生是被动的受教育者。线上教育作为与传统面对面教育完全不同的教育形态，势必要跳出传统教育的藩篱。当前的在线教育只是线下教育"教师教-学生听"的教学模式的简单移植。在线教育的教学组织、教学方法、教学评价暂未能脱离传统教育的惯性。传统教育以班级授课制为主，这种经济、高效的教学形式有利于教师的教学，却不利于学生的个性化学习。当前在线教育也是移植模仿传统教育中教师一对多的教学形式，教师通过网络平台同时向所有学生授课，而个别教学、分组教学方式使用得较少。在线教育的教学方法大部分还是单一的讲授法，这种方法在以网络平台作为载体进行教学内容的单向传递时，忽视了学生的探索、延伸学习，学生的学习效果、教师的教学效果大打折扣。在教学评价方面，虽然在线教育的电子记录更有利于过程性评价，但是，当前在线教育刚刚铺开不久，教师还未能充分利用网络平台上的电子记录来诊断学生的学习水平，而只是将传统的纸笔评价搬到了网络上，通过"惰性"知识的记忆量来评价学生的学习水平。Higgins等认为，科技的干预方式对教学水平的提高是有限的，真正能产生效果的并不是在教学中应用了科技，而是更好地应用科技来支持教与学。在教育领域中运用技术是为了促进教师的解放、彰显学生的主体性，从而促成学生的深度学习，让学生发现和掌握知识、创造知识并在现实世界运用新知识。

（二）在线课程建设能力不足

目前，国内外比较知名的在线教育平台主要有Coursera、Khan University、edX、Udacity、Stanford Online、中国大学MOOC、学堂在线、网易云课堂等。这些平台上有大量免费开放的优质课程，这些课程的开放促进了教学共享、资源共享，有利于不同学校、不同地区、不同国家的学生学习到优质的精品课程，促进了教育的公平性。优质在线课程在在线教育中扮演何种角色，放置在课前预习、课堂学习、课后复习的哪一个环节，需要教师结合教学进行有效选择。当前在线教育大规模铺开，各校、各学科专业的课程建设还处于摸索阶段。有些教师直接用一些名师、名校课程作为授课资源，没有考虑本校学生的学情、

专业的发展。有些教师仓促地进行直播授课，一股脑儿地满堂灌，然而，直播授课其实也需要精心设计和组织，并不是说要追求宏大制作，而是可以运用较低的成本提高教学效果。有些人将直播教学完全视为在线教育，其实直播、录播、慕课、视频会议都是在线教育的教学方式。与此同时，在线教育的效果也并不是完全令人满意的，满堂灌的课程内容、缺少监督的学习、不稳定的网络、教室临场感的缺乏等因素，导致学生的学习获得感较低。

（三）在线教育师生缺乏互动

师生互动不足是在线教育相比传统教育最大的不足，而教育的本质则是通过师生之间的语言、动作、神态、情感交流实现对学生情感的启迪、对学生价值观的塑造。教师的情感支持对于学生学习的主动性、目标意识、坚持性、创造力、专注程度、独立性有很大的影响；教师情感的正向表达不仅会对教学和学生认知产生积极影响，还会减缓学习者的学习倦怠。[10] 在传统的面对面教育中，学生即时发现问题，提出困惑，教师即时反馈解答，一问一答，互相支持，互相启发，情感自然地流动，互动体验效果较好。当前，在线教育有教师直接将录制好的视频直接上传给学生观看、学习，也有通过直播的方式在线授课。在线直播教学中，教师缺乏肢体语言，姿势单一，仅通过语言传递教学内容，缺乏情境性；学生长时间集中注意力、近距离关注屏幕而导致的眼睛的疲劳很容易使其产生懈怠心理，从而影响教学效果。此外，直播教学没有解决关注学生个体的问题，反而使得教学的群体规模更加扩大，从教学效果上讲与传统面授并没有太大差别。即使在进行师生互动时，学生也会因为空间距离而感受不到教师和同伴的支持感，加上平台拥挤、网络不稳定导致的卡顿等客观因素的干扰，造成互动不流畅，更达不到应有的效果。

三、疫情防控常态化下我国高等教育线上教育的优化对策

（一）加强线上线下混合式教学，推动线上教育常态化

在线教育既是传统教育的补充，也是一种独立的教育教学形态，应该走向常规化。必须正视、充分利用在线教育的价值，这既是中国高等教育顺应时代变革的需求，也是世界高等教育的共同追求。2012—2019 年，海外在线教育平台的慕课总数从最初的个位数增长到了 2019 年年底的 13500 门。最近，国外在线学历学位教育也正在快速发展，Coursera、edX、Udacity 和 Future Learn 纷纷开设了在线学历学位项目，截至 2019 年年底，以 Coursera 为首的国际在线教育平台开设的在线学历学位项目已有 100 余个。[11] 在线教育已经是世界高等教育的共识，而且正在向正规学历教育迈进。线上教育和线下教育各有其优势和不足，混合式学习能够发挥两种教育的优势，从而推动在线教育在高等教育教学中的常态化，而不只是作为应急式的教育。线下教育中师生交流互动密切，课程组织具有系统性和连贯性，教师易于对学生学习过程进行引导和监督。线上教育中师生能够突破时间和空间的限制，进行即时的交流，学生能够根据各自的需求安排学习进度，选取合适的学习方式，随时随地获取学习资源，提出自己的问题。以往的线下教育教学内容有限，教师无法长时间参与学生的学习过程，且线下教育容易以教师为中心，容易忽视学生的主体地位。线上教育补充、拓展了教学内容，将师生放在一个虚拟空间中，间歇性地维持学习的氛围和互动性，激发学生学习的积极性，使之能够持续参与学习。但是，线下教育中师生交流密切，师生之间的情感传递对学生影响更大，对学生各方面的能力养成的影响是在线教育无法替代的。有学者认为，在今后，互联网、人工智能将在知识讲授方面占优势，而教师则擅长培养学生创新、协作、沟通、表达、情感、认知等方面的能力。[12] 但是，科技的应用不能仅停留在支持传统教学或者线上教学的知识传授上，而应促进合作学习、共同学习和知识创造，成为学习的促成者和加速器。总的来说，线上线下混合式学习要根据学生的学情、教学的目标、课程的性质等合理有效地安排教学时间和学习方式，充分发挥线上线下教育在不同课程领域中的优势。

（二）加强线上教育课程建设，推动线上教育可持续发展

我们应鼓励教师加大在线教育资源和课程的研发，加强共享力度，支持学校将优质在线课程纳入教育

教学体系。疫情期间，国家、在线教育企业、民间机构、教育信息化相关机构开放了一批免费课程，如中国大学 MOOC、学堂在线、智慧树、超星尔雅通识课等，但这些课程往往作为学生课前预习、课外自主学习的资源，尚未真正进入高校正式的教学体系和日常授课安排之中，其发挥的效用远未达到预期。[13] 如何将已有的、优质的在线课程资源创造性地运用到教学当中，为学生提供丰富、适合的前沿知识，是高校教师创建在线课程时要考虑的重要问题。教师除了运用已有的在线教育资源，还需要根据学科、专业、学生、地方发展的实际情况，建设具有实际针对性的在线校本课程。在线课程建设是一个长期且需要团队合作的复杂的工程，需要教学经验、内容、手段和资源等方面的不断积累，需要制作课件、设计组织课程内容、录制视频、组建习题库、参与网络互动等。[14] 在线课程与传统面授课程的一个区别就是在线课程具有碎片化特征，该特征有利于学习者随时随地进行学习。但即使是碎片化的学习也需要向学生提出相关问题，使得学生不只是了解相关知识，还能进一步深度思考和应用。Pianta 认为，在线课程建设还需要考虑为教师提供全方位、全过程的支持，包括情感支持、管理支持和教学支持。我们认为这一过程还应包括对课前、课上、课后各个环节的支持。

（三）增强师生互动效果，提高在线教育情感温度

第一，增强技术的体验感。教育本就是通过人与人之间的互动、交流、情感的传递和共享，实现对受教育者情感、思维、精神上的启迪。在线教育作为一种教育过程与校园环境分离、教育者与受教育者分离的教育形式，在某种程度上正是教育逐渐失去情感体验的过程。但是，随着信息技术和教育技术的深入发展，在线教育将越来越重视互动体验。未来将利用大数据、云计算等手段，发展智能化、交互式的在线教育，增强在线教育体验感；同时，要营造场景，形成互动的环境，学生、教师与智能技术融合的环境，不仅通过语言、图像、屏幕和全息视像，更是通过社会互动将学生带入一种环境，这种环境包括物理空间、社会空间和符号（象征）空间三个部分。[15] 使师生达到沉浸式体验的程度，完全融入师生交流互动所形成的场景中，这才是在线教育师生互动需要实现的效果。

第二，转变教师角色，提高学生数字素养。在线教育中的教师应成为学生的引导者、协调者、促进者、学习伙伴，成为一个主动发现问题、善用数据关注学生学习进展的教师，教师角色不能因为时空的隔离、技术的使用而发生隐匿。教师需要向学生询问学习进展，关注登录频率、学生互动频率、作业迟交率和评估分数等数据，从而详细了解学生的学习情况。在线互动还需要学生具备良好的数字素养、自我效能感和自主学习能力，学生不仅需要掌握相应的理论知识，还要有能力掌握学习的过程。在线教育要求学生能够自主设定自己的学习目标和成果的评价标准，审视指导自己的学习过程；吸收来自他人的学习反馈，运用反馈改进自己的学习过程。

综上，疫情防控背景下的在线教育是高等教育的一种主要教育形态，是其产生以来最大规模的一次教育实践。在线教育应从应急式状态走向常态化地位。我们应重视这次大规模的在线教育实践，不断总结经验，分析问题，不断优化在线教育；应大力推动线上教育与线下教育相互配合、相互补充，发挥各自的优势，从而使二者成为高等教育的车之两轮、鸟之双翼；应紧紧抓住在线教育带来的高等教育教学变革的契机和历史机遇，深入推进高等教育的信息化和现代化。

参 考 文 献

[1] 教育部，等. 关于促进在线教育健康发展的指导意见 [EB/OL]. (2019-09-30) [2020-07-15]. http：//www.gov.cn/xinwen/2019-09/30/content_5435416.htm.

[2] 朱新顺."互联网+"时代在线教育研究与探索 [J]. 现代信息科技，2019 (22)：146-147.

[3] 胡永斌，黄如民. 网络学习空间的分类：框架与启示 [J]. 中国电化教育，2016 (351)：37-42.

[4] 梁丹，董鲁皖龙. 答好在线教学的高校考卷 [N]. 中国教育报，2020-06-03 (4).

[5] 吴刚. 作为风险时代学习路标的教育技术：困境与突破 [J]. 开放教育研究，2020 (3)：11-25.

[6] 邬大光. 教育技术演进的回顾与思考 [J]. 中国高教研究，2020 (4)：1-6.

[7] 朱筠. 在线教育助力"停课不停学" 新技术如何赋能智慧教育好未来 [N]. 人民邮电, 2020-05-29 (6).

[8] 黄荣怀, 汪燕, 等. 未来教育之教学新形态: 弹性教学与主动学习 [J]. 现代远程教育研究, 2020 (3): 3-14.

[9] 余胜泉. 在线教育与未来学校新生态 [J]. 中小学数字化教学, 2020 (4): 5-8.

[10] 王昕. 教师支持视角下大学线上课程的构建 [J]. 中国多媒体与网络教学学报, 2020 (5): 22-25.

[11] 陈伟, 于露. 国内外在线学历学位教育的发展 [J]. 现代教育技术, 2020 (5): 81-86.

[12] 余胜泉. 在线教育与未来学校新生态 [J]. 中小学数字化教学, 2020 (4): 5-8.

[13] 严丹, 赵宏媚. 数字文献和在线课程的开放获取与协同融合研究 [J]. 图书馆建设, 2020 (6): 2-14.

[14] 顾晓薇, 胥孝川. 国家精品在线开放课程建设研究 [J]. 现代教育管理, 2020 (6): 77-83.

[15] 吴刚. 作为风险时代学习路标的教育技术: 困境与突破 [J]. 开放教育研究, 2020 (3): 11-25.

The Actual Needs, Difficulties and Optimization of Online Education in Universities Under the Normal Situation of Epidemic Prevention and Control

Abstract: Under the background of the normalization of epidemic prevention and control, online education is of practical significance to transform education and teaching space, promote the deep integration of information technology and education and teaching, and promote the modernization of higher education governance system and governance capacity. However, there are still some problems in online education: online education has not completely gotten rid of the inertia of traditional offline education; lack of ability to build online courses; online education lacks interaction between teachers and students. In order to further optimize online education, we should strengthen the combination of online and offline teaching and promote the normalization of online education. Strengthen the construction of online education curriculum to promote the sustainable development of online education; enhance the interaction between teachers and students, and improve the emotional temperature of online education.

Keywords: normalization of epidemic prevention and control, higher education, online education, offline education, blending learning

第三篇　现代大学治理体系建设的中国经验

高等教育普及化背景下大学的复合共治机制研究[①]

盛正发[②] 杨 科[③]

据教育部统计,截至2019年,我国各类高等教育在学总规模已达4002万人,高等教育毛入学率达到51.6%,这标志着我国开始迈入高等教育普及化发展阶段。[1]高等教育超过50%的毛入学率所表现的仅是一个量的变化,在我国高等教育从精英化到大众化再到普及化的飞速发展过程中,高等教育规模从落后到反超,量变的表象背后实则是质的飞跃,这其中就包括了高等教育观念、课程与教学、学校办学定位、管理上的诸多变化。

在高等教育由大众化步入普及化的这一过程中,其在教育理念、课程设置、治理方式等层面须进行相应的转变。教育理念和课程设置等涉及大学本身的要素,相对容易转变;但大学的治理方式涉及内部顶层治理及政府和社会的制度环境,转变起来难度较大。在从以政府评价为中心向以市场多元化评价体系为中心转变的过程中,大学的浮躁与功利化追求导致了其可持续发展的能力不足;在大众教育时代,实行的是以政府为主导的管理体制,大学热衷于按政府的统一办学规则争抢公共教育资源,使得大学同质化倾向显著,如大学类型结构、人才培养体系趋同化;在高等教育办学层次上,高职院校"升本"意识很强,二本院校"升一本"的愿望强烈;在办学模式上,由于"985"与"211"院校在财政拨款与资源获取上始终居于垄断性地位,因而成为一般院校努力追赶的对象。这些现象一方面导致了资源的浪费,另一方面导致了高校与当地经济社会融合的积极性不高。但是,高等教育的普及化过程,是一个高校内部与外部社会各要素之间不断交流融合与调整的过程,其内部结构将呈现出多样化、市场化、开放化与现代化的特征。为此,大学在管理体制上必须针对这些问题做出相应的调整与改变。

一、复合共治是高等教育普及化背景下的必然选择

(一)高等教育普及化对大学治理提出了新的要求

美国学者马丁·特罗认为,高等教育的普及化必然伴随高等教育办学模式的多样化、管理上的自主化与分权化、资源筹措的多元化、院校的个性化等一系列重大变化。在高等教育发展的不同历史阶段,其治理的模式呈现出不同的特征。在精英化阶段,以教授治校或学生治校为主,大学外部则是由那些政治、经济和学术上的精英构成。在大众化阶段,大学不再只面对少数精英群体开放,大众开始涌入大学之门,同时高校类型日益多样化,既有面向少数人、为国家选拔精英的学术型大学,又有注重实用技能培养的地方职业学院以及成人大学、函授大学等,大学开始注重不同人群的需求。在大学治理方面,之前是教授治校与政府主导二者共同治理的模式,后来逐渐出现了各种利益相关者的声音,高校不得不面对就业市场、毕业学生群体以及家长的需求而做出相应的反应。另外,高速扩张的高等教育规模给高等教育治理带来了新的挑战,使得治理难度大大增加。以政府的行政权力为导向、以绩效为驱动导致了高等教育治理上的统一化和标准化,严重损害了大学的自主权,导致了高等教育的同质化等。

---

① 课题来源:国家社会科学基金教育学一般课题"治理视野下新建本科院校分类转型研究"(BIA170212)。
② 盛正发,湖南省教育战略研究中心教授,科研处处长,中国教育科学研究院博士后,研究方向为高等教育管理。
③ 杨科,湖南省教育科学研究讲师,硕士,研究方向为高等教育管理。

(二）行政性治理下大学自主性不足

我国行政权力在大学的基本活动方式与组织方式中始终具有不容小觑的力量，相比于欧美国家的大学，中国大学一方面过度依赖政府的扶持与资助；另一方面，又期望着摆脱政府过多的控制并争取自主权利。行政权力在中国大学的泛化导致了学术权力的缺失，"行政性治理"成了中国大学治理的普遍模式，并在我国高等教育发展的进程中发挥过巨大的作用。然而，随着社会的飞速发展和高等教育规模的进一步扩张，这种治理方式的弊端日益显现了出来，人们呼吁高等教育实行进一步改革，要求弱化行政管理在大学治理中的比重，并增强学术自治的份量，让原本的大学理念得以逐步实现，使大学以其自身的规律发展。[2]

（三）社会参与治理的意愿强烈

在高等教育大众化阶段，大学治理的矛盾主要体现为大学管理人员与教师群体之间的矛盾，大学的治理则致力于寻求科层管理与学术自治之间的融洽相处。但是，随着高等教育规模的进一步扩张和普及化，高等教育的组织结构更为多样化，从教师群体与管理人员二者之间的博弈演变到多方利益的交锋，这也要求高等教育在治理方式上变得更为成熟而全面，形成一种多元化的大学治理模式。

高等教育普及化时代的治理，是大学内外所有利益相关者共同参与的治理。相较于以往大学行政与学术二者之间的博弈，现今大学治理的内外部界限逐渐变得模糊，高等教育多元治理已然成为常态，兼具教育性与学术性的大学组织日渐融入现代社会之中，这是一种挑战，也是一种要求。而大学作为由利益相关者组成、彼此间相互作用的系统，在高等教育普及化时代，外在环境如生源、师资与市场需求等已经逐渐发生了转变，大学治理有了更多的利益相关者的参与，因此，实行复合治理尤为必要。

二、大学复合共治的目标与内涵

复合共治包含共同治理、民主管理与协调合作。大学的复合共治是以共同利益为基础，不同的治理方式相互合作和补充，共同协调治理大学的一种互动机制。复合共治具有系统治理、全局治理、法治治理的特征。在复合共治的体系下，国家、高校与社会以共同利益、相互尊重与信任为基础，彼此协商、合作治理。

（一）大学复合共治的目标

大学复合共治的目标在于通过一套包括正式或非正式、内部或外部的制度或文化来协调大学与所有利益相关者之间的关系，合理分配大学治理权力，以保证大学决策科学化。实现大学有效治理的制度建设，关键在于如何设计大学治理结构的制度安排，也就是解决大学利益相关者决策权的配置问题，其中包括治理主体的确定、权责的划分、权力的比重、治理的方式与程序等，以此构建大学与政府和社会之间相互支持的组织模式，以及大学内部决策、执行和监督权力三者间的制约与平衡，最终保证大学在实现自己学术目标的同时，又能达成共同利益。

（二）大学复合共治的内涵

1. 共同治理

大学的共同治理是指几个不同的合法系统对大学运行施加影响与控制，并由此形成一种平衡的过程。大学治理是为调节大学内外部的各种权力主体以及利益相关者的权益而产生的，其中必须提高利益相关者的自觉性和主动性，增强民主交流对话，做到及时化解矛盾与共同承担责任，通过制衡与契约达到公平与效率的有机结合。

共同治理强调各种利益相关者共同参与公共事务并且共同享有公共利益，彼此间相互依存、相互合作，大学治理中必须考虑到利益相关者的关系、地位，提升其认同感。因此，大学治理的主要任务便在于改革以往由单一权力构成的传统治理模式,以此实现多元力量共同参与的"复合共治"。复合共治的过程实际也是责任分担与利益共享的过程。大学治理体系不仅要包含大学内部各群体的代表,也要使政府、企业、校友、资助者等不同力量加入其中。共同治理主要是要协调并维护好大学内外共同利益者的权益,谋求大学的最优发展。

2. 民主管理

大学民主管理既包括了各利益相关者有权参与学校的决策,又包括参与者的平等交流、民主协商,保证过程与结果的公开、公正。在高等教育普及化时代,随着大学组织的日益壮大与日趋复杂,民主与多元化管理的要求日趋重要。正如我国教育法所规定的那样,学校应当按照有关规定,通过教职工代表大会或其他组织形式来进行高校的共同治理与民主监督。

3. 协调合作

利益相关者之间的目标存在冲突和矛盾之时,需要各部门及个体行动者之间密切合作,通过设计、变革和创新协同制度,促进组织及行动者的认知协同和策略合作,有效达成组织目标。高校内外的权力运行既需各司其职、相互制约,亦需相互协调、有效合作。传统的行政管理体制主要坚持职能分化原则,故管理中常常出现盲区或部门相互掣肘的现象,从而增加了行政成本。因此,协调合作需要不同主体在共同利益的基础上,充分运用不同的治理方式,通过参与和协商,达成公共秩序,增进公共利益。

三、高等教育普及化背景下大学复合共治的路径选择

大学治理的关键与核心在于决策权力如何分配。从宏观来看,其可以被划分为系统层面的治理、大学层面的治理和基层学术组织的治理。[3]而目前我国高等教育治理的关键是要顺应时代变革的要求,不断推进高等教育现代化,以政府、社会、大学三者间的新型关系为核心,建立"管、办、评"分离的治理机制,形成政府宏观治理、大学自主管理、社会广泛参与的多元治理格局。

(一)提升社会性治理参与的程度

现代高等教育的发展有其内在的发展规律,其中的核心在于大学各利益相关者基于利益的分配而进行的协商合作。为此,我们可以借鉴国外大学治理的优秀经验,在大学治理的结构、过程和方式上建立具有中国特色的大学治理体系。美国教育学者伯顿·克拉克认为,围绕高等教育系统调整的是政府、民间(市场、舆论等)以及教授会三者间力量的平衡。根据这三种力量掌握主导权的情况不同,大学的管理运营形式分为官僚型、市场型、教授会型。例如,在美国的大学系统中,民间和市场的力量很强,而我国显然是政府力量远高于其他二者的力量。大学系统正是在这三者间的平衡中进行运作。以往大学治理主要是政府主导或教授会自治两种情况,在高等教育普及化后,学生及社会的需求更为多样化,大学日益受到社会各方力量的关注。在这样的情况下,大学需要得到民间或社会的充分支持,他们也迫切希望参与到现代大学建设的进程中来,以维护自身利益,其中最直接的渠道便是直接参与大学的治理。

因此,高等教育要有效吸纳社会资源,增加参与主体的广泛性,使公共事务更能符合社会的意愿,调动社会的积极性,使行政的刚性和社会的灵活性有机结合起来。政府与非营利组织可结成相辅相成的关系,共同服务社会公共事务,实现与非营利组织在价值观上的一致性和功能上的互补和合作关系。[4]同时,增强社会参与的程度,避免大学建设与社会发展相脱节,实现社会参与和政府治理的有机结合。

(二)健全基本的高等教育法律体系

高等教育的普及化不仅是规模与数量的变化,更是利益的多元化。大学治理的意义便在于调节各种利益之间的冲突与矛盾。[5]在调节各方利益的过程中,政府始终发挥着不可或缺的作用。在我国的高等教育治理中,政府不是要充当"全能型政府"的角色,而是要做好大学治理的顶层设计,完善大学的各项法律法规,为大学治理提供规则与准绳,为大学的平稳运行提供根本保障。例如,第二次世界大战(以下简称"二战")后,欧美各国相继制定了一系列政策法规来资助高等教育,并施以影响与控制,如《军人

权利法》《总统高等教育委员会报告》《国防教育法》《高等教育法》《国家在危急中：教育改革势在必行》《在国家的利益中：联邦政府和研究密集型大学》等，这也为我国制定和依法实行高等教育法律法规，防止行政权力的越界，建立和谐的大学治理结构提供了借鉴。因此，高等教育要通过法律法规的形式，对其中不同利益进行权威性与规范性的调整。

（三）落实大学依法、自主、独立办学的主体地位

我国大学与欧美国家的大学相比，相同之处是政府在大学发展的过程中都发挥了重要作用，不同之处在于，欧洲大学校长、教授在教学与学术上拥有较大的权力与自由，而中国高校主要实行的是"行政的教育管理实践观"，"主要的教育管理方式就是行政，依靠等级权力体系来保证整体意志的贯彻执行"。[6] 这种以行政为导向的教育管理实践观忽视了高校主体性的存在，导致了中国大学"大行政、小学术"格局的形成，这使得大学过度依附于政府。政府在学校管理的过程中未能真正放手，在一些直接且微观的层面对高校进行干预，导致了高校自主发展的意识不足，对政府过分依赖。所以，我们需要重新审视行政权力与社会力量复合共治的关系，改变传统政府与大学之间，以及大学内部单一的行政权力管制关系。

首先，政府要减少过去直接干预大学的手段，转而多通过政策、规划与经费等间接手段来对大学进行引导和调控，以此消除过去"管得多、管不了、管不好"的消极影响。其次，大学在呼吁独立自主权利的同时，要加强内部建设，构建科学高效的内部治理结构。最后，作为利益相关者的公众、社会组织与市场要尝试加强对大学的治理与评价，比如可以通过中立的专门机构对大学的办学质量进行评价，并对大学的办学进行监督，从而为政府的政策调整和资源配置提供依据。总之，政府要完成从权威型政府到服务型政府的转变，改进直接行政干预的管理方式，在治理结构中加入教师、学生、社会人士代表等主体来参与大学治理，形成依法办学、自主管理、民主监督、社会参与的现代大学治理模式。

（四）完善符合我国实际的特色治理体系

大学治理实则是对大学各决策部门权责的重新分配。在高等教育普及化时代，大学应建立决策、执行、监督三权分立，相互制衡的多方参与的复合共治模式，形成党委治党、校长治校、教授治学，行政权力与学术权力动态制衡的治理机制；还需要加强并完善以"党委领导、校长负责、教授治学、民主管理"为内涵的中国特色大学治理体系；通过制定大学章程与完善相应的配套，明确高校内部治理主体（党委、校长、学术组织、理事会、师生自治组织）的职权边界，优化运作的方式与程序，形成自我约束与规范的内部治理结构。[7]

一是始终坚持党委在高校内部治理中的领导地位。积极探索由校外利益相关者参与高校决策的机制，建立由政府、企事业单位、校外人士组成的理事会，在高校党委的领导下对大学重要事务开展决策咨询与监督评议，以此来寻求大学公共价值的实现。二是通过完善高校相关章程，如大学章程和学术委员会章程来明确高校学术组织的权责问题，授予教授群体通过学术委员会来进行学术决策的权力。以专业化与权威化的决策建议来取代行政上的过多干涉，改变高校学术权力弱化的现状。三是进一步明确教职工代表大会（以下简称"教代会"）与学生代表大会（以下简称"学代会"）等群众组织在大学治理结构中的功能。过多的行政管理会将社会各利益相关者参与大学管理的可能性排除在外，内部科层制的结构则使得教师与学生群体缺乏参与治理的途径。所以，大学应在法律政策上进一步明确教代会、学代会的责任、权力边界和运行程序，激励代表提高参政议政能力，积极履行代表职责，有效参与学校的决策与管理。教代会、学代会的人员组成要考虑到代表类别、层次、专业的不同，以及参政能力的差异性，以提高教代会参与民主决策和管理的质量与效率。[8] 大学应以此避免权力的过于集中，实现权力间的协同合作，达到权力的动态平衡，使得学术事务与行政事务齐头并进。

总之，我国应结合自己的大学科层制传统，培育大学自主、学术自由的独立品格，引导社会性治理的成长，构建具有中国特色的现代大学治理结构，将行政主导的科层管理体制与现代开放式的治理机制结合起来，以达到大学各利益相关主体的责权对等、利益均衡，从而实现大学复合共治。

参 考 文 献

[1] 教育部. 中国教育概况：2019年全国教育事业发展情况 [EB/OL]. (2020-08-31) [2020-09-05]. http://www.moe.gov.cn/jyb_sjzl/s5990/202008/t20200831_483697.html.

[2][7] 王世权, 刘桂秋. 大学治理中的行政权力：价值逻辑、中国语境与治理边界 [J]. 清华大学教育研究, 2012, 33 (2): 100-106.

[3] 周光礼. 中国高等教育治理现代化：现状、问题与对策 [J]. 中国高教研究, 2014 (9): 16-25.

[4] 盛正发. 复合共治：中国现代大学治理的新向度 [J]. 现代教育管理, 2009 (9): 1-4.

[5] 唐汉琦. 高等教育普及化时代的大学治理 [J]. 中国高教研究, 2016 (4): 9-14, 22.

[6] 陶元磊. 高校治理型内部控制的效应器机制研究：基于预算参与的视角 [J]. 淮北师范大学学报（哲学社会科学版）, 2016, 37 (3): 41-46.

[8] 王亚杰. 美国大学治理对中国特色现代大学治理体系建设的启示 [J]. 中国高教研究, 2014 (9): 33-37.

Research on the Compound Co-governance Mechanism of Universities Under the Background of Popularization of Higher Education

Abstract: China's higher education has now entered the stage of popularization. With the expansion of the scale of higher education and the diversification of its structure and functions, the demands of various interest groups in the university have become more diverse. Therefore, the internal and external governance of higher education with multiple participation must be improved. The system, with the participation of multiple stakeholders, follows the principles of publicity, democracy, coordination and effectiveness, re-establishes a university's top-level power structure suitable for university development, is conducive to talent training and knowledge production, and rationally allocates resources to build and a modern university with positive social interaction and sustainable development.

Keywords: popularization of higher education, university governance, compound co-governance

大学目标管理的困境分析及改进方向[①]

颜建勇[②] 黄 珊[③] 李 丹[④]

一、问题的提出

目标管理（Management by Objectives，MBO）是美国管理学家德鲁克于20世纪50年代针对企业经营而提出的管理方法，他认为"企业赖以生存的所有领域都需要目标"[1]。此后，基于各领域的实践探索，西方研究者们得出一个得到普遍认可的概念，即：目标管理是一种基于目标的单独薪酬制度，它为每个相关主体分配一组目标，以在给定的工作期间（通常为一年）内实现，并指定一些额外的奖励，以履行这些目标。[2]这种可变薪酬制度的主要目的是提高受其约束的人的生产力和工作努力程度，在组织各方之间形成对未来结果的趋同期望。时至今日，作为一种管理技术手段，目标管理不仅仍在世界企业管理中大行其道，而且被迁移运用到其他领域的管理实践中。21世纪以来，特别是近年来，国内不少大学在内部治理中纷纷实施了目标管理模式。然而，关于目标管理是否适用于大学，大学目标管理的正面或负面作用有多大，大学应如何科学地设计、实施、评价目标管理等，高等教育管理界、学术界对这些认识与实践层面的问题讨论不少，甚至争议也不少。本文拟对大学目标管理的相关研究与国内大学的相关实践进行梳理和分析，并结合推进高等教育治理体系和治理能力现代化，提出新时代大学目标管理的改进方向。

二、总体研究回顾

国外研究方面，"战略"概念在20世纪70年代末开始进入高等教育领域，美国学者凯勒的专著《学术战略：美国高等教育管理革命》（1983）使得"战略管理"在高等教育领域开始流行起来，而目标管理作为大学战略实施或达成战略管理目标的一个环节，亦随之在相关文献研究中出现。国外学者针对大学目标管理也不乏一些有影响力的见解，例如，波恩鲍姆（2008）认为，大学目标管理的价值在于"管理中要清楚地牢记长期的目标，经常提及目标以使人们意识到目标的存在"[3]；Ofojebe 等（2014）认为，大学目标管理的作用在于"通过有意义地规划、组织和控制资源来设定和实现大学的发展目标，从而促进大学适应高等教育全球化变革"[4]。总体而言，国外研究侧重于阐述大学目标管理的作用及发挥作用的宏观方式，而少有对大学目标管理的微观研究。

国内研究则包括以下五个方面：一是大学目标管理的意义研究。陈建芳等（2011）认为，目标管理是大学实现二级院系自我发展和激励的管理机制，是大学提升办学实力、管理水平的有效途径[5]；吴合文（2011）认为，目标管理使得大学在实现政策目标上更具有主动性和创新性[6]；陈本炎等（2015）指出，目标管理是改善学校组织、指挥、调控方式的重要手段，是健全激励机制、转变工作作风、提高工作绩效的重要举措[7]。二是施行目标管理的具体策略研究。董泽芳等（2008）指出，大学目标管理有效性的关键在于合理制订目标、有效实施目标、科学考核目标及适时反馈目标[8]；方嘉等（2018）提出，要

[①] 课题来源：教育部社会科学规划项目"大学与政府关系研究——基于项目制的分析"（16YJA880006），浙江省教育科学规划课题"国内大学本科生大类培养模式改革进展及路向研究"（2019SCG174）。
[②] 颜建勇，浙江财经大学公共管理学院研究员、发展规划处处长、高教研究室主任，研究方向为高等教育理论与管理实践。
[③] 黄珊，浙江财经大学发展规划处、高教研究室助理研究员，研究方向为高等教育管理。
[④] 李丹，浙江财经大学发展规划处、高教研究室研究实习员，研究方向为高等教育管理。

注重目标存在阶段性调试优化问题，强化目标的时代性、科学性和可持续性[9]。三是目标管理的效果评价研究。戴开富（2007）探讨了大学目标管理绩效控制问题[10]，陈胜权（2008）探讨了用绩效预算来评价大学目标管理的可行性[11]。四是目标管理的案例研究。董泽芳（2009）以个案为例，对大学目标管理实施中面临的理论困惑与实践问题进行了梳理和分析[12]；谢为群（2014）以上海大学科研管理为例开展了案例研究[13]。五是实践中存在的问题研究。董泽芳等（2009）通过对75所实施目标管理的大学进行调查并发现，目标缺乏广泛的动员、目标体系不够科学、责权利不够配套[14]；顾纪忠（2009）认为，大学目标管理忽视了管理目标的动态性、高校教师劳动的复杂性，以及忽视了教师个体心理的诉求[15]。总体而言，国内学界对大学目标管理的研究尚不多、不新，已有研究侧重于对大学目标管理运用的实践总结，在认识上尚缺乏高度、全面性及新意，并且对目标管理如何促进或者适应大学成长发展尤其是转型发展等问题尚缺乏深入研究。

三、目标管理与大学转型发展的国内实践

21世纪初，目标管理理论在国内大学管理领域逐步产生影响，有一些大学（如江南大学）开始探索实施目标管理制度。通过对研究文献、宣传报道、制度文本、综合改革方案等资料的梳理和分析，以及对国内大学同行的调研访谈，笔者发现，多数大学是基于升级或转型升级的需要而引入目标管理制度的。升级或转型升级依据不同维度可以分为三类：一是发展目标转型，如学院升格为大学的办学建制转型，本升硕、硕升博的办学层次转型，教学型、教学研究型、研究型大学的办学类型转型；二是发展方式转型，如从规模外延发展到内涵式发展再到高质量发展的转型升级；三是治理方式转型，如从微观治理到中观治理再到宏观治理。不论何种方式的转型升级，目标管理都能起到推进器、引导器或任务分解器的作用。

（一）目标管理与大学发展目标转型

就国内大学发展的惯性思维而言，通常把办学建制升级、办学层次升级、办学类型转型升级作为学校一定时期内的发展目标，这些目标是以国家政策或者共识标准为评价标尺来设定的，如办学建制升级以《普通本科学校设置暂行规定》为依据、办学层次升级以国务院学位委员会学位授权审核申请基本条件为依据、办学类型转型升级以教学和研究二者的权重及水平为共识标准。在发展目标转型过程中，因为国家政策是官方的刚性要求，通识标准也相当于业内的刚性要求，学校的发展取向主要表现为工具理性，目标管理主要关注效率优先和实用目的，其重点在于如何选择最优的实施方案，如何以最有效的手段和途径实现发展目标，所以，目标管理的指标依据、指标重点被严格框定于政策或标准范围之内。目标管理的考核强度大、刚性足，其作用主要类似于实现学校发展目标的推进器。（见表1）

表1　大学发展目标转型中的目标管理

项目	建制转型	层次转型	类型转型
发展目标	学院升大学	本升硕、硕升博	教学型转教学研究型、教学研究型转研究型
发展取向	工具理性	工具理性	工具理性兼价值理性
指标依据	国家政策	国家政策	通行标准或共识标准
指标重点	覆盖各方面工作	教学、科研	教学、科研
考核强度	刚性约束	刚性约束	刚柔并济
作用表现	推进器	推进器	推进器

（二）目标管理与大学发展方式转型

大学发展方式可以理解为包含外延和内涵两个维度的高等教育管理哲学概念，大学选择何种发展方

式，既受到国家高等教育发展导向的影响，又受到大学本身所处发展阶段的影响。在高等教育大众化阶段，多数大学因响应国家政策而选择了以规模扩张为主的外延发展方式，发展目标的规模特征明显，目标管理的主要作用在于推进专业、科研项目、重点学科、学位点等数量的建设，尽量兼顾质量建设，工具理性取向比较明显。高等教育大众化后期，办学质量问题日益突出，国家、社会对高等教育的诉求逐渐从"有大学上"向"上好大学"转变，高等教育政策（如2012年教育部发布的《关于全面提高高等教育质量的若干意见》）开始引导大学走内涵式发展之路。大学自身也意识到外延式发展的不可持续性，开始转向内涵式发展以增强办学竞争力，目标管理的工具理性和价值理性取向趋于结合，开始发挥引导器作用。高等教育后大众化或普及化时期，国家、社会和人民群众对高等教育发展的关注焦点转向激发高等教育的创新驱动功能、接受优质高等教育、重视人的发展水平和满足多样化成长成才需求等多个方面，政策导向的高质量发展特征突显（如2018年教育部发布的《关于加快建设高水平本科教育全面提高人才培养能力的意见》），与此同时，大学对自身价值有了更深刻、更理性的认识，从而对内涵式发展有了更高要求，逐步树立起高质量发展的目标愿景，目标管理的价值理性取向和引导器作用明显增强。（见表2）

表2　大学发展方式转型中的目标管理

项目	外延式发展	内涵式发展	高质量发展
发展目标	数量、规模	有质量、有特色	质量高、特色明、优势强
发展取向	工具理性	工具理性兼价值理性	价值理性
指标依据	国家政策、通行标准或共识标准	国家政策与学校发展愿景相结合	以学校发展愿景为主
指标重点	教学、科研、学科、学位点等数量指标	教学、科研、学科、学位点等有质量的数量指标	教学、科研、学科、学位点等高质量的数量指标
考核强度	刚性约束	刚柔并济	刚柔并济
作用表现	推进器	引导器	引导器

（三）目标管理与大学治理方式转型

大学治理方式与政校关系、校院两级关系模式等相关联，大学是资源强依赖和高消耗型组织，"谁出钱谁说话"，政府作为大学办学资源的主要甚至唯一提供者，对大学必然存在绩效诉求，而这种政校关系、绩效诉求必然反映到大学内部治理结构与方式等方面。当然，随着对政校关系认识的深化、绩效诉求的变化，大学内部治理结构与方式必然发生变化。在依附型政校关系下，大学是政府职能的延伸组织，采用微观治理方式，其年度工作计划主要是落实政府计划指令，对二级院系实施的目标管理主要起到任务分解工具的作用。随着政府对高等教育作用认识的深化，政校关系也从依附型走向平等、双向、互动、协同型[16]，政府意识到"放权"也是一种生产力，放权既能激发大学更好地达成绩效，又能激发大学逐步走向自主发展，还能减轻政府对大学的财力负担，因而政府对大学加大、加快了放权力度和步伐（如2017年发布的《教育部等五部门关于深化高等教育领域简政放权放管结合优化服务改革的若干意见》）。大学内部治理也悄然发生着变化，治理模式逐步从"校办院"转变为"院办校"，治理中心逐步从以"校为中心"下沉到以"院为中心"，治理方式逐步从"近距离操控"转向"远距离驾驭"，治理取向从工具理性走向工具理性与价值理性的结合，治理考核强度由弱逐步增强。大学对二级院系目标管理也做出了相应调整，其作用从任务分解器过渡到任务引导器，这种调整反过来又促进和强化了大学治理结构与方式。（见表3）

表 3　大学治理方式转型中的目标管理

项目	微观治理方式	中观治理方式	宏观治理方式
发展目标	"近距离操控",维护学校治理中心地位	保持一定距离,校院两级有限权责分配	"远距离驾驶",治理重心下移,实现"院办校"模式
发展取向	工具理性	工具理性	工具理性兼价值理性
指标依据	学校年度工作计划	学校年度工作计划	以学校发展愿景为主
指标重点	根据学校年度工作计划确定	根据学校年度工作计划确定	根据学校周期发展战略确定
考核强度	弱	逐渐变强	强
作用表现	分解器	分解器与生产机器	引导器

四、大学目标管理的困境分析

纵观国内大学的改革实践,目标管理作为一种治理措施起到了较为明显的作用,主要表现为:一是以发展目标为导向,主攻 KPI(关键绩效指标),以此提高学校工作的战略集中度,推进学校在重点领域和关键环节取得重大突破,从而促进了学校战略突破和发展转型;二是二级院系根据承担的目标任务申请办学资源,学校根据发展目标筹措、配置办学资源,考核目标任务时根据完成情况实行办学资源奖补,以此实现了学校有限办学资源的效率、效益最大化,从而促进了学校资源的优化配置;三是从以"校为中心"的"火车头"牵引转变为以"院为中心"的"动车组"协同推进,促进了内部治理结构优化,在增加学校发展动力源的同时,强化了二级院系的办学主体地位以及自我管理、自主发展、自我约束和自我完善的担当意识,激发了二级院系特色发展、创新发展的内生动力。然而,作为人才培养机构,从有现代大学之日起,不管是培养有德行的人、有专业知识的人,还是培养全面发展的人,大学管理本不应该有任何绩效的、功利性的因素,所以,当追求效益的目标管理与求真育人的大学理念发生碰撞时,势必会存在一些"水土不服"的现象,具体表现为以下三个方面。

(一)目标管理的短期办学行为与大学战略管理注重内涵发展相错位

任何组织都有发展目标,有发展目标就会有相应的管理或治理措施、手段、方法,从这个意义上讲,大学作为一种社会组织也不例外,大学是一种目标组织。[17]千百年来的现代大学发展史已经证明了这一点,大学的地位从象牙塔走向社会的核心,职能从单一走向多元,学科由单学科、多学科发展到综合性学科,人才培养规格从专才、全才到复合型人才,等等,这些性质的转变无不是通过大学的战略管理来实现的。从一所大学初创、成长到走向成熟的历程来看,战略管理就是通过自觉行动,以内涵发展为导引,科学地运用一定的理论和方法,将人、财、物等要素有计划、有组织地加以协调,不断调整思路、方法、手段以适应不同阶段的发展理念、发展任务、发展重点及所在国家的政治制度和经济发展要求,并一以贯之、互成体系,从而能够从容应对各种危机,并最终成为世界公认的结构和功能最能保持原状且存续时间最久的组织。因此,一所大学要想行稳致远,就必须有战略管理意识,任何管理方法的运用都要注重促进自身生命发展动态性、丰富性和连续性的内涵建设。但是,从当前实践来看,高校实行目标管理更多是为了完成"指令",而较少关注内涵建设。当前的目标管理是以政府政策标准作为目标任务和指标体系的设计依据,以实现 3～5 年的办学目标为目的,并单纯地依赖制定政策制度与监督学校相关主体完成制度要求来实现目标管理的全过程。这种为适应外部制度而采取的短期办学行为达标色彩较浓,实现发展目标的动力是得到上级主管部门的认可,从而获取短期的办学资源、阶段性的发展转型,而缺乏促进自身长远发展和内涵建设的战略管理,忽视了对学校那些颇具特色的、可持续的、能促进成长的特征进行沉淀和培育,一旦上级政策发生变化或者已获取的名利开始引入动态调整机制,那么其被动地位将暴露无遗,自身的发展也将陷入碎片化、静态化和孤立化的境地。

（二）目标管理的量化指标导向与大学两级管理的宏观决策导向相错位

在《国家中长期教育改革和发展规划纲要（2010—2020）》颁布之后，很多大学开始探索内部治理路径，选择将办学权力重心下移，实行"院办校"的两级管理模式，即按照上级主管部门办学要求，"通过学校分权和管理重心下移，转变学校部门的管理职能，明确学校和学院的职责和权限，形成学校宏观决策、部门协调配合、学院实体运行的管理模式"[18]。在两级管理模式下，大学的目标管理应该是学校设置战略目标与发展思路，而学院一改依附与被动地位，主动认领任务，并基于目标的实现制定一系列的发展方案，学校根据学院周期内的管理表现和目标完成情况进行评价，既关注结果也关注过程。但很多大学的目标管理只重视学院量化指标的完成情况，而非宏观决策。实践中，目标管理主要聚焦于教学、科研、学科、学位点、师资等可量化评价的领域，着眼于可显性代表学校硬实力的硬指标，而学院为获取这些可量化指标、硬指标而开展的支撑性服务、创造性管理方法等工作被忽视，从而导致学院间竞争关系大于合作关系，学科分散，不同学科与专业间的人才、设备、图书等资源作用无法获得最大程度的发挥，管理机制、管理水平及教学质量无法获得真正意义上的提高。如此循环往复，学校将难以全面认识自身真实的发展状态、发展水平和发展格局，也无法制订科学可行的目标管理方案。

（三）目标管理的工具理性与大学管理的价值理性追求相错位

大学是发展知识以及传道授业解惑的场所，从本质上讲是人类的精神家园，因而大学管理本质是一种价值管理，应该关注价值理性，并且应该渗透到大学工作的各方面、各领域、各环节之中。就此而言，大学的目标管理应该是闪耀着价值理性光芒的管理方式。当然，这并不意味着要彻底否定目标管理的工具理性，而是要实现二者的兼容乃至整合，在制定及推行制度中关注"增长"的可能性同时，更要以"人"为出发点，从显性到隐性、硬性到软性、数量到质量、科研到教学等多维度、多要素、全方位考虑，促进整个大学系统中人的全面发展。但是，当前大学目标管理的工具理性有余而价值理性不足。作为一项基本的绩效评价制度，二级院系被动接受评价，很多工作比如"教学所具有的深邃思想和人才养成性被过滤掉，造成教学与研究的相互对峙"[19]；同时，很多目标管理将教师及行政人员视为促进大学这一机器正常运转所必需的零部件，并要求其配合各指标体系实现目标等相关工作的运转，而忽视了教职工作为重要利益相关者在大学的主体地位，更无视他们自身发展所需要的内在动力；还有，在"培养什么样的人"和"怎样培养人"的特定目标设想下，告知学生为了要被培养成什么样的人必须参加学科竞赛、加强与教师的沟通与交流、要有创新精神、要有批判意识等，而忽视了对学生是否适合被培养为这样的人，每个学生的现有特质与培养目标有何差距，又该如何缩小这些差距，等等个性化问题的关注。可以说，当前大学目标管理缺乏对教学、科研、服务等各类目标要求进行价值评估，这种工具理性主导的目标管理制度"凸显了效率崇拜、依赖评价技术、结果导向、工具人假设等特征"[20]，将极有可能导致大学发展理念、目标及行为的异化。

五、新时代大学目标管理的改进方向

鉴于以上对大学目标管理的困境分析，笔者认为，在新时代加快推进高等教育现代化、建设高等教育强国、办好人民满意的高等教育的宏大叙事背景下，在推进高等教育治理体系和治理现代化建设的新要求下，大学目标管理亦须与时俱进，并且应特别注重从以下六个方面进行改进。

（一）逻辑上进一步彰显大学价值

大学的底色是学术，大学发展又植根于特定的国家制度和文化土壤，立德树人、立言出新是大学的基本价值，主要呈现为学术育人、学术创新、学术服务，这是大学目标管理必须坚守和进一步彰显的设计逻辑。在新时代，立德树人目标既要有定性指标，也要有定量指标，而且都应增强其可视化程度；既注重正面标志性成果的评价，也要强化对负面事项的反向约束。在立言出新目标方面，则重点是在质量和贡献方面下功夫，指标设计上既要有数量指标，更要有质量指标，可以通过分级赋分制来体现指标的质量和贡献导向，并且在评价考核时可采用"一票肯定"等方法来鼓励高校完成更多有质量的目标任务。

（二）思维上从管理转变为治理

伯顿·克拉克指出，"那些用全面综合的形式阐述目的或概括高等教育特点的人，是典型地、重复地从错误的端点出发的人。他们从系统的顶端开始，而高等教育中更佳的端点是基层"[21]，大学是底部沉重的组织，底部在学科、学院、学系等基层学术组织，基层学术组织是大学的心脏地带，是大学最具创造力和活力的地方。这一特点说明了大学治理不宜完全采用自上而下的线性管理方式，而是应该尊重基层学术组织，采用自上而下与自下而上相结合的协商互动治理模式，也就是大学治理的方向是从"头重脚轻"转向底部沉重，重点是要增强基层学术共同体的治理效能，从而实现大学利益最大化。因而，目标管理的指标设计、任务下达和考核评价，均需要二级院系的主动配合、实质参与。

（三）方法上遵循大学生命周期

从生物学观点看，大学是生命组织，有自身的生命周期。大学的生命周期包括三个发展阶段：创业期、中兴期和成熟期。[22]或者按照大学发展的历史进程，可将大学区分为成长型、成熟型、领先型大学。[23]大学发展愿景是大学作为一种生命体的战略目标，不同发展阶段的发展目标均应是大学发展愿景的阶段性体现或阶段性任务，不同发展阶段的发展目标所构成的目标链形成了大学发展愿景的路线图。按照大学生命周期而设计的目标管理，不仅能够把战略管理思维有效地渗透到大学管理中，而且能够把握大学发展的复杂动态以避免掉入发展中可能存在的陷阱，真正地体现和有效落实大学的战略意图。

（四）实施上抓住大学重大主题

大学发展的重大主题应该根据高等教育发展规律来确定，做到内适性与外适性的有机结合，既不能完全按照政府政策和指令来设计，也不能完全自闭于象牙塔而关门办学。重大主题在不同发展阶段体现为不同的发展方式，如创业期或成长型大学以外延式发展为主、中兴期或成熟型大学以内涵式发展为主、成熟期或领先型大学以高质量发展为主；重大主题亦表现为相同办学业务在不同发展阶段的工作重点，比如人才培养模式改革目标是以培养通才为导向、以培养专才为导向，还是以培养个性化人才为导向，科研目标是以数量为导向、以质量为导向，还是以有质量的数量或有数量的质量为导向。按照大学重大主题而设计的目标管理，能够真正起到"抓住牛鼻子"的导向作用。

（五）支持上考虑资源匹配能力

高等教育是资源强依赖和高消耗型活动，大学目标管理必须考虑到办学资源的约束性因素，也就是是否有与实现目标相匹配的办学资源，否则目标制订得再高远宏伟、再科学合理，也只是上不着天、下不落地的空中楼阁。大学办学资源包括人力、财力、物力等资源。人力资源表现为教师数、高级职称数、博士数、团队数等。财力资源主要来源于两个方面：一是比较稳定的财源收入，比如生均拨款、财政专项等；二是通过自身努力而可获得或争取的办学资源，比如服务收入、社会捐赠等。物力资源主要指实验室、研究基地、协同创新中心等各类平台。只有在对全校以及各二级院系办学资源进行比较精确测算或预估的基础上，制订出来的目标任务量才会有比较充分的说服力。

（六）评价上破除单一固化思维

一是改变对绩效管理的传统认识。绩效管理因其所处的环境不同而具有不同意义，大学绩效管理不同于其他社会组织绩效管理的地方在于它是一种价值管理，所以，评价大学目标管理应坚持价值评估导向。简而言之，就是要关注指标背后的育人价值、学术创新价值。二是改变"好操作、易评价"的工具本位，适当削减纯定量评价，引入基于数量的定性评价方式，也就是从容易测量的数量扩展到难以测量的质量，突出目标管理在质量和贡献中的牵引作用。三是改变评价仅仅是为了证明的固化思维。评价的另一个主要目的是为了改进,包括改进教育教学质量、学术质量等方面。四是改变用同一把尺子衡量不同院系的固化思维,对不同院系应实行差别化评价,鼓励其特色发展、创新发展。

综上所述,大学目标管理有利于促使大学牢记自身的使命和发展方向,对于正身处建设高等教育强国过程中的我国大学而言,正确认识大学目标管理的价值并善加开发利用,将有助于其在为人民服务、为中国共产党治国理政服务、为巩固和发展中国特色社会主义制度服务、为改革开放和社会主义现代化建设服务中展现新作为、做出新贡献。

参 考 文 献

[1] 德鲁克. 德鲁克文集:第二卷 组织的管理 [M]. 王伯言,沈国华,译. 上海:上海财经大学出版社,2006:32.

[2] FIFE J. Management fads in higher education: where they come from, what they do, why they fail [J]. The journal of higher education, 2003 (4):469-472.

[3] 波恩鲍姆. 高等教育的管理时尚 [M]. 毛亚庆,等译. 北京:北京师范大学出版社,2008:34.

[4] OFOJEBE R, WENCESLAUS N, ELIBIE E I. Management by objectives imperatives for transforming higher education for a globalized world [J]. Journal of international education and leadership, 2014 (4):1-12.

[5] 陈建芳,刘建强. 高校教学院(系)目标管理的思考 [J]. 中国高教研究,2011 (9):51-59.

[6] 吴合文. 高等教育政策工具分析 [M]. 北京:北京师范大学出版社,2011:92.

[7] 陈本炎,何万国. 基于目标管理的高校二级学院绩效评价体系构建 [J]. 重庆高教研究,2015 (4):19-23.

[8] 董泽芳,张继平. 高校目标管理的主要特征及实施策略 [J]. 高等教育研究,2008 (11):38-44.

[9] 方嘉,郑逸芳. 治理改革背景下"一校一策"目标管理的实践研究 [J]. 教育评论,2018 (4):42-46.

[10] 戴开富,胡水华. 高等学校目标管理绩效控制问题探讨 [J]. 教育与职业,2007 (11):37-39.

[11] 陈胜权. 高校绩效预算管理模式的建构 [J]. 事业财会,2008 (1):51-54.

[12] 董泽芳,何青. 高校目标管理面临的困惑与思考 [J]. 高教发展与评估,2009 (2):23-31.

[13] 谢为群. 高校科研管理工作中目标管理体系建设初探:以上海大学试行全系统目标管理为例 [J]. 研究与发展管理,2014 (5):129-133.

[14] 董泽芳,何青,熊德明. 关于75所高校目标管理实施现状的调查 [J]. 高教发展与评估,2009 (2):15-21.

[15] 顾纪忠. 心理契约视域下的高校目标管理责任制 [J]. 江苏高教,2009 (6):53-54,125.

[16] 瞿振元. 建设中国特色高等教育治理体系推进治理能力现代化 [J]. 中国高教研究,2014 (1):1.

[17] [22] 别敦荣. 大学战略规划:理论与实践 [M]. 青岛:中国海洋大学出版社,2019:24.

[18] 都光珍. 高校校院两级管理体制改革的对策思考 [J]. 国家教育行政学院学报,2011 (11):16-20.

[19] 陈丽,赵刚. 大学教师教学发展中心的生成逻辑与现实困境 [J]. 教师教育研究,2016 (7):20-25.

[20] 李广海. 理性的平衡:高校学术评价制度变革的逻辑及操作指向 [J]. 教育研究,2017 (8):85-90.

[21] 克拉克. 高等教育系统:学术组织的跨国研究 [M]. 王承绪,等译. 杭州:杭州大学出版社,1994:17.

[23] 张胤. 走出成长型高校陷阱:成长型高校走向成熟型高校的战略分析 [J]. 高等教育研究,2012 (10):14-19.

Theoretical and Practical Analysis and Improvement Direction of MBO in the Universities

Abstract: The value of Management by Objectives (MBO) is consistent with the organizational attribute of universities, the university is the target organization. MBO plays an obvious role in promoting the strategic breakthrough and transformation development of universities. However, MBO has also caused problems, such as the misplacement of short-term running universities and emphasis on connotative development, the misplacement of quantitative index orientation and macro decision-making orientation, and the misplacement of instrumental rationality and value rationality. MBO in the universities should adapt to the requirements of promoting the modernization of governance system and capacity of higher education in the new era, and further improve from highlighting university value, transforming thinking mode, following university life cycle, grasping university important themes, considering resource matching capability, breaking solidified evaluation thinking and so on, so as to help universities to demonstrate new achievements and make new contributions in the "Four Services".

Keywords: management by objective in the universities, analysis, function, improvement

从"委员会"到"共同体":高等教育协调治理模式的现代转向

王海莹[①]   杨 旭[②]

亚当·斯密在《国富论》中将市场视为"看不见的手",认为其能够优化资源配置,同样,市场在高等教育中亦发挥着资源配置的作用。随着政府把市场作为激励大学办学积极性的手段,大学之间的竞争愈发加剧。在市场竞争的环境下,高校的生存方式容易趋向个体化、自利化,而弱化公共责任,即如哈贝马斯所说的,个人(个体)利益"入侵公共领域"。显然,高等教育协调治理遵循着另一种逻辑——竞争不是高校提高质量的唯一途径,高校间存在着合作共赢。可见,高等教育协调发展治理本质上是高校间的协同发展。随着全球知识经济的发展,大学超越国际界限创建"高等教育共同体"正成为高校协作的发展趋势,有关高等教育协调治理的问题正变得越来越复杂。然而,传统的高等教育协调治理模式过于僵化,并不能有效回应知识经济时代大学之间的协作需求。为了使大学之间的协作更为灵活和有效,应优化高等教育协调治理模式,提升高等教育协调治理的有效性和灵活性。为此,本研究以高等教育治理模式的多元样态为基础,围绕着高等教育协调治理是什么,"委员会"协调治理模式为何式微,以及"共同体"协调治理模式的走向是什么来展开;在明晰高等教育治理模式多元化样态与高等教育协调治理三维透视的基础上,分析"委员会"协调治理模式的式微与原因,进而推论高等教育协调治理模式的嬗变走向。

一、高等教育治理模式的多元样态

高等教育组织结构随着时代的发展而不断演进,如今的大学与欧洲中世纪大学的行会性质已经有了很大的不同。例如,澳大利亚和英国将高等教育组织体系化,几乎和高等教育相关的组织都被称为大学;加拿大、荷兰和德国按照传统的方法将大学和非大学进行严格区分;美国的高等教育机构类型多种多样,划分比较灵活;东欧、南非等区域正在重建高等教育体系。

高等教育治理结构在国际上呈现多元化特征,而不同国家的高等教育协调治理模式正经历着相似的嬗变,只有对典型治理模式有较为深刻的认识,才能深刻理解高等教育协调治理模式的嬗变。哈曼列举了高等教育治理的四大模式:一是学院模式,强调非等级合作,学术人员有高度的学术自由;二是官僚模式,强调等级制度和法律的理性权威;三是专业模式,强调专家在大学松散组织中的重要作用;四是政治模式,即利益集团在价值观方面的政治冲突使大学治理政治化。

依据哈曼的说法,这些模式涉及三类国家权力体制:①欧洲模式,权力由政府掌握,大学教师自治权力微弱;②英国模式,教师行会权力与机构受托人、管理人影响力适度结合;③美国模式类似于英国模式,但教职员工在决策权方面明显更弱,受托人和管理人的影响力更强。

虽然各个国家的权力体制有许多实质性的差异,但它们确实也存在着共同点:都重视高等教育体制中不同层次机构之间的关系或者动态互动,这些互动既包括学术团体与管理机构之间的互动,也包括学校权力与政府权力的互动。这样的互动关系通常在学术研究中被描述为"自下而上"或者"自上而下"的治理结构类型。

就权力结构中的主动权而言,"自下而上"的治理体制中,政策变革往往在教师、学院或者机构层面

[①] 王海莹,上海第二工业大学职业技术教师教育学院研究员,教育学博士,研究方向为高等教育治理。
[②] 杨旭,天津市教育科学研究院副研究员,研究方向为高等教育管理。

萌芽，大学教师群体具有较强的主动变革意向；"自上而下"的治理体制中，大学只需对政府所实施的变革政策举措进行回应或者执行，大学内部管理机构和教师只是被动地接受。"自下而上"体制的特点是大学具备自治权力且具备竞争性的市场环境，而不是国家立法机构所明确的协调机制；"自上而下"的治理结构的特点则相反。

在"自上而下"的高等教育治理结构中，政府扮演的角色非常重要，负责资源的分配，但是，任何一个政府都不可能拥有对高等教育的绝对管理权力，至少不能像行政机关那样实施行政权力。高等教育治理体制取决于利益集团、战略规划、社会规范、价值观和所有相关意识形态的交互融合。在讨论高等教育协调治理模式时，争论的焦点往往是高等教育政策与高等教育治理结构之间相互关系的交互性和复杂性，各机构利益集团的行为和利益都要受到学术体系结构的限制或者推动。本文试图在透视高等教育协调治理含义的基础上，在多元化的高等教育治理框架下，讨论高等教育协调治理如何从"委员会"模式嬗变为"共同体"模式。

二、高等教育协调治理的三维透视

"协调"是指政府、类似政府的中间组织的跨机构管理活动。马丁将高校协调治理定义为"政府或行政机构管理高等教育的规划、监督、资源分配和控制的正式体系"[1]。范维特认为，协调是政府依据既定的目标，运用一定的手段掌控特定领域的决策。[2]

从资源配置视角来透视高等教育协调治理，政府通常会设立高等教育协调机构对高校进行资源配置。例如，英国的拨款委员会执行资源调控任务，有时也会由政府的一个或者多个机构来负责协调高校之间的资源调控。从整体的管理框架视角来透视高等教育协调治理，其发挥着对国家或者区域高等教育公共福祉的总体管理与承诺，是高等教育宏观制度管理框架。例如，20世纪60年代美国加州政府颁发的《加州高等教育总体规划》为世界上高等教育规模最大的州——加州高校之间的协同发展构建了整体框架，总体规划所发挥的协调治理创新程度是其他总体规划至今难以企及的。从理念视角来透视高等教育协调治理，其着眼点是洞悉协调治理机制潜在的规范性假设和理念。在许多国家，官僚控制主义已经让位于新公共管理主义、经济学理性主义等新潮理念，例如，旧金山湾区高校间的协同发展即基于"加州先锋理念"等先进理念。

三、"委员会"协调治理模式的衰落与原因分析

（一）"委员会"协调治理模式的衰落

通过不同时期各个国家政府的政策意图来梳理高等教育治理之间、环境与协调模式之间的关系就会发现：在20世纪五六十年代，高等教育政策制定者们关注的议题是高等教育扩张的实现途径；从20世纪60年代末到70年代中期，政策的关注点转移到变革高等教育结构体系以回应学者对盛行的教学、研究和决策模式的批评；20世纪80年代，人们对高等教育的扩张从乐观转为悲观与怀疑，以至于几乎导致社会信心的崩溃。因此，充分认识高等教育环境的复杂性对关于高等教育协调治理模式的讨论具有重要意义。

如何在资源、协调、问责与大学自治之间取得最佳的平衡？自20世纪70年代以来，全世界高等教育呈现两大政策趋势：第一个趋势是政府通过制定严格法规和收紧预算拨款对大学进行强有力的控制；第二个战略趋势是通过鼓励高等教育机构更加自主、自律与市场化，从而实现政府从中央控制转变为政府监管和协调。第二个趋势通常被认为比政府事无巨细地控制更具有创新性。[3]

20世纪90年代，政府和高等教育研究者都痴迷于大学自治和政府的远程协调与监管的讨论。但是，许多研究人员错误地将国家控制模式和国家协调监管模式视为相互对立的两个方面。尼威指出，特别是在西欧，有人建议政府权力直接下放到大学，这种说法倾向于大学自治，却忽视了协调与自治两者之间的差别，这种差别往往是至关重要的。[4]

最好的办法是将高等教育协调治理融入政府作为高等教育的提供者到政府作为高等教育的消费者的连续统一体中,而不是将两者视为相互排斥的对立者。[5]正如理查森等人指出,如果把政府作为高等教育资源的提供者,则较少将市场因素考虑在内;如果将政府视为消费者,则政府与许多消费者一样,当然也包括学生,在竞争激烈的市场中为高等教育的服务付费。随着国家制度层面治理体系的创新,高等教育逐渐从国家控制模式向国家协调监管模式转变,并在制度层面加强法人治理。在国家协调监管模式下,政府权力被转移到专门的行政机构或者中间机构管理上,机构在监管中发挥着强有力的协调作用。在这样的制度中,政府强烈期望这种协调与监管符合政府的潜在利益,以更低的成本来运行。

20世纪末,随着公共支出的减少,政府更加重视资源利用效率,于是就加强对资源的协调管理。高等教育从国家主导转向对市场的重视,随之而来的是高等教育的大众化以及对高等教育创新的热情,特别是在学术研究方面。正如1998年约翰斯顿在《高等教育经费筹措与管理现状报告》一书中写的:"20世纪90年代的改革议程一直延伸到21世纪,是面向市场的高等教育协调治理改革,而不是国家或政府的战略管理。"[6]

但是,在更详细地论述面向市场协调治理改革之前,我们需要对一种经典的"委员会"协调治理模式的消失予以分析,即发挥协调作用的委员会机构是如何消失的?

20世纪80年代之前,"委员会"作为协调机构来管理高等教育的做法相当普遍,特别是在英联邦国家。英国的大学资助委员会(The University Grants Committee,UGC)和澳大利亚的联邦高等教育委员会(Commonwealth Tertiary Education Committee,CTEC)作为政府协调高等教育的机构,一方面影响高等教育政策,另一方面充当准政府在高等教育领域发挥协调职能。这些委员会主要由教育主管部门提名人员、学术人员代表、专业团体代表等来管理,其设计的主旨是代表政府了解高等教育机构的需求并对资源进行分配。[7]基于组织性质来看,"委员会"是半官方咨询机构,是政府治理大学的缓冲器。作为全球第一个高等教育协调治理组织,英国大学拨款委员会的成立在当时的时代背景下为政府与高校建立了全新的关系模式,这一模式随后受到各国追捧,对诸多国家的高校与政府关系产生了深远影响。[8]

但是,随着知识经济时代的到来,在澳大利亚、新西兰和英国等地,政府的改革议程并没有给这些"委员会"机构留下任何存在的空间。例如,在澳大利亚,1987年大选之后,为了对大学进行更直接的管理,执政党大幅减少了"委员会"的数量,因为他们认为由行政部门直接负责,在很多方面有着决定性的优势,不仅可以提高行政效率和有效性,而且还可以节约行政成本。

由于受到让"行政部门直接管理"可以节约成本的理念的支配,依据澳大利亚《法定机构与国营企业》中的分析,公共服务的"委员会"被撤销,权力被下放到行政机构。正如麦金内斯所指出的,没有任何地方适合没有潜力增加收入的"委员会"存在。[9]尽管英国、新西兰等国的"委员会"衰落的具体细节有所不同,但是衰落的原因与澳大利亚的大致相同。

(二)"委员会"协调治理模式衰落的原因分析

以下这些因素促使了"委员会"协调治理模式的衰落:①越来越多的人参与高等教育,从而不可避免地使高等教育成为一个政治问题。②人口老龄化导致社会负担剧增,再加上政府削减开支的压力及对公共部门提高效率的要求。③在以"知识加工"取代传统制造业的浪潮中,高等教育是其中的重要组成部分。对于这种变化,很多国家都做了类似的反应——减少学生的人均开支、强调资源的利用效率、更加重视对绩效的检测,特别是在成果方面。④更加重视大学对国家经济的贡献。⑤加强治理体系与治理能力的现代化,"教育共同体"逐步在高等教育协调治理体系中占据主要地位。

入学人数的激增使高等教育承受着更大的压力,这就要求提升大学财务与人才资源的协调治理能力。对高等教育改革的关注已经成为政府微观经济改革议程的一部分,改革的建议大多围绕着"效率"和"生产力"的语境进行。许多经济合作与发展组织成员国的管理模式从控制转向基于协调与指导的监管。[10]

四、高等教育协调模式嬗变走向

世界各国政府几乎都在思考高等教育协调模式的变革。虽然每个国家改革方案的细节存在着很大差别,但是各国政府在改革上或多或少都存在着普遍的共性。世界上大概60%的大学建立在"二战"之后,正是在这个时期,高等教育得以发展与转型,从功能单一的精英机构转变为多种功能的巨型大学。高等教育大众化的结果是带来知识经济的兴起及其全球化,如果没有高学历和高技能劳动力持续而又大量地涌入市场,知识经济便不可能形成。如果仅仅从政府作为高等教育的提供者的角度出发,则这只能使管理层与普通学术人员关系趋向紧张,因为在大学,学术自由的传统价值观轻易难以改变。虽然学院式模式一直是流传已久的"神话",然而,大学确实有自己的标准和价值观,高等教育协调治理模式的嬗变既要契合这些标准和价值观,又要迎合时代发展。如果协调与监管不考虑大学的学术自由等价值观,只会加剧教师和管理人员的疏离。

高校之间的战略联盟以及协同创新中心等是教育协调的新兴模式。教育社会学家皮埃尔·布迪(Pierre Bourdieu)强调,高校战略联盟或者协同创新中心的实质是高等教育场域空间内结构演化的动态过程[11];是在激烈的教育竞争环境下,两个以上的高校或者研究机构为了实现共同提升竞争力的利益需求,通过缔结契约化的联盟形式进行全方面的合作,在资源、知识与研究等方面协调共存。不管是战略联盟还是协同创新中心,其本质上都体现了协同发展思维。二者不仅为成员高校之间的合作创造了可能,还在一定程度上塑造着高等教育的新的生态结构。这些新的协调治理模式往往使命更加明确,有旨在促进高校成功转型的"应用技术大学联盟",也有旨在推动国际化合作的"中国-南非职业教育合作联盟"。高等教育协调模式随着时代发展,发生了许多根本性的变化,概括而言,包括以下三个方面。

(一)性质:从半官方到非官方

大学之间的"跨界""跨国"等协调合作蓬勃兴起,有着很多成功的范式。目前,世界上具有影响力的旧金山湾区共同体(the San Francisco Bay Area)、欧洲高级工程教育和研究学校协会(Conference of European Schools for Advanced Engineering Education and Research,CESAER)、剑桥-波士顿区(the Cambridge-Boston Region)均属于这样的战略联盟。我国的"C9联盟""立格联盟"等联盟在发达城市顶尖高校的带动下,在"京津冀""粤港澳""长三角""珠三角""成渝双城经济圈"亦形成了大学共享资源、互结联盟发展的趋势。并行发展的高等教育协调治理模式还有"协同创新中心",如中国社会科学院欧洲研究所与北京大学、南开大学启动的"世界文明与区域研究协同创新中心";武汉大学与美国哈佛大学、乔治·梅森大学和加州大学圣塔巴巴拉分校共建的"时空创新中心-国际协同创新站"(Collaborative International Site of Spatiotemporal Innovation Center)等,成了知识经济时代大学创新协调治理模式的学术高地。大学"战略联盟"和"协同创新中心"有助于成员高校资源共享,实现共同发展。随着政府权力下放,大学结成联盟,抱团寻求政府政策、资源的支持,形成了多种类型的战略集群,通过学分互认、资源共享等举措形成整体协调发展的大学共生场域,进而不断提升联盟大学的核心竞争力。就我国而言,自1988年国务院同意并转发了国家教育委员会《关于推动联合办学和校际协作若干问题的意见》之后,高等教育协调模式开始发生变化,不再由政府主导,而是基于自愿和利益共享,大学联盟的性质逐步由半官方演化为非官方。

(二)结构框架:从单一化、非市场化到多元化、市场化

20世纪西方发挥高等教育协调治理的"委员会"以及我国所组建的行业性的大学战略联盟,都是在政府主导下运行的,其结构框架不仅是单一化的,而且是非市场化的。随着21世纪各个国家政治、经济体制改革和知识经济时代的到来,高等教育协调模式逐步走向多元化、市场化,既可以是缔结契约的"虚体联盟",又可以是以大学城、大学创新科技园区等形式存在的"实体联盟",如美国的旧金山湾区,我国的天津海河教育园、南京仙林大学城等高等教育联盟。多元化、市场化的多元高校集群实质是以市场

竞争与合作的方式，改变原有高校关起门来办学的结构和运行方式，就性质而言是一种"社会协调"模式。这种协调通过非均质化的整体协调，使市场竞争参与运作。联盟所产生的强大知识溢出效应，成为区域产业结构调整升级与创新发展的不竭动力源泉。这种多元化、市场化的协调使高等教育在战略层面上实现了社会公共价值的增值。

（三）发展理念：从区域性到国际化

20世纪高等教育协调模式主要着眼于本国的高等教育发展，很少涉及国际合作。例如，构想酝酿于1956年的常春藤联盟，一开始是体育联盟，定位是精英高校的区域联盟，之后，"常春藤"所代表的不仅仅是学术上的卓越，更是社会阶层的一个象征。随着全球化、国际化的盛行，高等教育协调治理模式演化为"国际共同体"（international hub）。例如，加州大学伯克利高等教育研究中心的道格拉斯也曾将旧金山湾区的高等教育称为"国际共同体"。[12]由于旧金山湾区是国际化的先行者，湾区高校吸引了世界最杰出的人才，因此也成就了硅谷的辉煌。硅谷更是将国际化、开放、共享及合作这样的理念践行到了极致，形成了硅谷的灵魂与精髓。可见，美国旧金山湾区既是高等教育协调模式国际化的先行者，亦是受益者。

同样，在我国推进大学国际化的进程中，国务院在《统筹推进世界一流大学和一流学科建设总体方案》中特别强调，要"加强与世界一流大学和学术机构的实质性合作，将国外优质教育资源有效融入教学科研全过程，开展高水平人才联合培养和科学联袂攻关"[13]。我国的粤港澳大湾区教育协同发展联盟、"一带一路"高校联盟、中外合作大学联盟、成渝地区双城经济圈高校联盟等，实现了区域间、国际间的合作、有序竞争与协调，这些联盟无一不在践行着"国际化""服务国家战略"的联盟发展理念。

五、结语

综上所述，高等教育协调模式适时调整自己的理念、结构、角色，既是对时代变迁的呼应，也体现了大学在竞争中寻求协调与合作的共识与诉求。但是，就我国联盟的协调与合作的成效而言，大学联盟确实不少，但实际共享共建落地的并不多，还存在很多尚未解决的难题：首先，联盟的契合点难以达成一致。除了政府指派性的帮扶以及一些办学利益的驱动，联盟高校很难找到契合点，大多数联盟还是停留在人才培养方面的学分互认。其次，形式大于内容，盲目"追风"。联盟筹建之后，高校领导开两次会就各奔东西，项目可持续性不够。比如，联合实验室平时基本各做各的，评估时再凑材料。最后，高校目前还是竞争性有余，合作性不足。除非涉及竞争性内容的项目要两个捆绑在一起才能拿到，才有合作的可能性，否则就会出现一涉及学费分配，联盟就停止发挥作用的现象，以及只在掐尖方面积极，对其他方面关注度不够，发展到最后可能连圆桌会议都懒得开了。其症结在于自上而下行政化的资源分配模式及联盟制度保障体系的缺乏。目前，长三角研究型大学联盟做了一些新探索，联盟通过项目制能落实一些共建共享的内容，但仍需要进行机制设计，类似大学该如何联合发力、大学联盟该如何纳入法律制度保障等，这些问题值得我们思考。

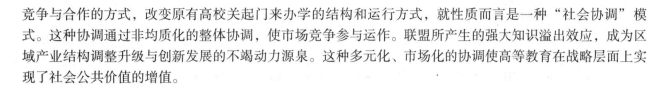

参 考 文 献

[1] MARTIN M, TALPAERT R. Co-ordination：continental Europe [M]. The encyclopedia of higher education. Oxford：Pergamon (CD-ROM version)，1992.

[2] VAN VUGHT F. Governmental strategies and innovation in higher education [M]. London：Jessica Kingsley，1989.

[3] TEICHLER U. Research on higher education in Europe：some aspects of recent developments [M] // FRACKMANN M, MAASSEN P. Towards excellence in European higher education in the nineties. Utrecht：Lemma，1992：37 – 62.

[4] EDUCA NEAVE G. The changing concept of university and community：debates around pandora's box

［M］//Paper presented to the scientific seminar on governance structures in higher education institutions, London: Jessica Kingsley, 2001: 13-17.

［5］WILLIAMS G. The "marketization" of higher education: reforms and potential reforms in higher education finance［M］//DILL D, SPORN B. Emerging patterns of social demand and university reform: through a glass darkly. Tarrytown, N. Y.: Elsevier Science, 1995: 170-190.

［6］JOHNSTONE D B. The financing and management of higher education: a status report on worldwide reforms［M/OL］. Washington, D. C.: The World Bank, 1998［2019-03-23］. http://www.worldbank.org/html/extdr/educ/postbasc.htm.

［7］CLARK B R. The higher education system: a cross-national perspective［M］. Berkeley: University of California Press, 1983.

［8］韩一松. 国际比较视野下的区域高等教育协调治理机制完善路径选择［J］. 中国成人教育, 2018（5）: 45-48.

［9］MCINNES M. Public sector reform under the Hawke Government: reconstruction or deconstruction?［J］. Australian quarterly, 1990, Winter: 108-124.

［10］NEAVE G, VAN VUGHT F. Government and higher education relationships across three continents: the winds of change［M］. Oxford: Pergamon, 1994.

［11］WACQUANT L J D. Towards a reflexive sociology: a workshop with Pierre Bourdieu［J］. Sociological theory, 1989, 7（1）: 26-63.

［12］DOUGLASS J, EDELSTEIN R, HOAREAU C. A global talent magnet: how a San Francisco/bay area global higher education hub could advance California's comparative advantage in attracting international talent and further build us economy competitiveness［J/OL］. Research & Occasional Paper Series: CSHE, 2011［2019-03-23］. https://cshe.berkeley.edu/sites/default/files/publications/rops.calbayareahehub.6.13.2011.pdf.

［13］国务院印发《统筹推进世界一流大学和一流学科建设总体方案》［EB/OL］. (2015-11-05)［2019-03-23］. http://www.gov.cn/xinwen/2015-11/05/content_2960898.htm.

The Evolution of Coordinated Governance Model of Higher Education: from "Committee" to "Community"

Abstract: The market can optimize the allocation of higher education resources, but in some aspects, the market needs to coordinate governance in the allocation of higher education resources to achieve the desired effect. In order to achieve some goals, the coordinated governance of higher education is not only need but also necessary. Although there are various types of governance structure of higher education in various countries, the coordinated governance model of higher education is experiencing the same situation, which is changing from "committee" governance mode to "community" governance mode of higher education, showing the following trends: the nature has changed from semi-official to non-official; the structural framework has changed from single, non-market to diversified and market; the development concept has changed from regional to international. There are still many challenges in the coordination effect of China's Higher Education Alliance. In the future, we need to further explore how to integrate it into the legal system.

Keywords: commission, community, coordination model of higher education, coordinated governance model of higher education

现代大学内部治理及其发展趋势研究

宋玉文 戴吉亮

党的十八届三中全会明确把"推进国家治理体系和治理能力现代化"列为全面深化改革的总目标，这标志着党的执政理念更加注重"治理"，而非简单的"管理"。政府自上而下与社会自下而上相结合的"治理"是现代化建设更加成熟的标志，也是党的执政理念不断深化、改革开放步入新阶段的重要标志。

推进国家治理体系和治理能力现代化是国家推进综合改革的总目标，也是各领域改革的总要求。高等教育作为全面深化改革的重要领域，推进大学治理能力现代化是其深化改革的必然要求。尤其是随着市场逻辑的引入，我国高等教育入学率超过50%，我国高等教育进入普及化阶段，高等教育相关利益群体的知识水平和维权意识也在不断增强，这对大学的治理结构提出了更高的挑战。如何在大学治理主体与利益多元化的现实背景下，围绕大学治理体系构建和治理能力现代化的提高，继续深化综合改革，实现高校各方利益相关者共同参与治理，合理优化完善大学治理评价体系，提高大学治理绩效，进而实现大学办学治校育人的目标——"办好人民满意的教育"，并真正实现"立德树人"的根本任务，成了大学治理的重要课题。

一、大学治理理念及其本质考察

1983年，世界银行的《世界发展报告》把"治理"定义为：利用机构资源和政治权威管理社会问题与事务的实践。"大学治理"理念则源于"公司治理"。后来人们发现，各种非营利性组织也存在着委托－代理关系。大学作为一个非营利性组织，其组织构成、治理结构和利益关系既具有自身的独特性，又具有组织本身的共性，因此，将"治理"概念引入大学治理具有重要价值。

从组织社会学的角度来说，大学与公司具有明显的共同特征：两者都由复杂的利益相关者构成，都具有科层组织的特征，两者都存在层级关系并追求目标绩效，这是大学借鉴公司"治理"概念的基础。毫无疑问，大学是一个具有多方利益关系的综合性科层制度体系，旨在实现人才培养、科研公关、地方产业结合等目标功能，但大学功能本身又具有社会性、公益性，并非完全企业式的功利性，若完全照搬企业的治理模式，纯粹追求利润最大化而忽略社会价值，那么，大学的价值观与社会效益将会遭到严重破坏。因此，将公司的"治理"概念移植到大学，必须考虑大学"立德树人"的根本任务及大学的独立性与社会价值属性，而不能单纯地采用"拿来主义"，应该在明确公司治理的背景与前提下，进一步明确大学治理的独特性定义。

大学治理的独特性定义需要在维护"立德树人"及其社会价值的基础上，通过引入企业"绩效"的概念，合理分配大学权力和资源，引导大学各方利益群体参与多元共治，激励多元群体发挥自身优势，最大化服务于大学的根本任务和核心目标，而将大学价值观、高校文化与企业绩效概念相结合是大学治理的难题。当前，大学内部治理的结构核心是"党委领导下的校长负责制"，教授们组成学术委员会，掌握职称评定等学术权力，师生共同参与民主管理，这体现了多元共治的特点。但是，这种多元共治结构具有明显的"不平衡"性，各方力量不同程度地存在权力失衡问题，比如，教授学术权力体现得不明显，院校

---

① 课题来源：青岛理工大学学校发展规划项目（FG201903）。
② 宋玉文，青岛理工大学信息与控制工程学院辅导员，研究方向为教育社会学。
③ 戴吉亮，青岛理工大学马克思主义学院教授，研究方向为大学治理、教育政策。

两级权力、责任、资源分配不平衡，师生参与治理的范围小、程度低且合理利益诉求难以得到维护，都是大学运行过程中出现的问题。首先，大学治理应实现"让专业的人干专业的事"，发挥多元共治的优势，校院两级责任、权力和资源分配应更加清晰，行政权力与教授的学术权力应有更加清晰的边界，师生的合理诉求应该有更多反馈和实现的渠道，以此激励各方参与大学治理，实现企业式绩效激励的效果。其次，通过大学文化凝聚各方力量，实现大学"立德树人"的根本任务和社会价值属性，因为社会价值属性是高校与企业的根本区别。当下，如何在大学内部校院两级进行责任、权力、资源的合理配置，实现多元激励和有效约束，充分引导教授参与大学治理，是改善大学治理关系的重要环节。[1]

二、改革开放以来大学内部治理结构改革与问题分析

高等教育与国家政策、社会变迁息息相关，具有强烈的时代性，经历了起点阶段、发展阶段和成熟阶段，在时代和政策变迁的过程中，可获悉中国大学治理结构变化及相应的问题。[2]

（一）起点阶段（1978—1997年）

改革开放之初，高考刚开始恢复，大学内部治理结构问题并未凸显。当时，大学生数量较少，社会发展阶段对大学治理结构存在着明显制约，国家政策主要是为解决当时主要社会问题、满足社会需要而制定的。这是大学治理结构的起点阶段。

1978年，随着高考制度的重新确立，我国通过了《全国重点高等学校暂行工作条例》，提出了"党委领导下的校长分工负责制"和"在党委领导下定期举行师生员工代表大会"，开始探索大学治理结构和教职工民主管理权力问题。这与当时恢复高校秩序，满足民主诉求的社会背景紧密相关，部分大学开始探索制定教职工代表大会制度。1985年，《中共中央关于教育体制改革的决定》和《高等学校教职工代表大会暂行条例》，对学校领导机制和教职工参与民主管理和民主监督进行了初步探索。1989年，《中共中央关于加强党的建设的通知》明确了"高等院校实行党委领导下的校长负责制"。1993年，《中华人民共和国教师法》首次以法律形式规定将"可参与学校的民主管理"作为"教师享有的权利"，使教职工参与学校治理获得了法律依据。

这一阶段的大学治理结构植根于重新建立秩序的时代背景，进行了初步探索，主要涉及大学领导体制和教职工参与高校民主治理的权利。但这一时期的大学治理结构缺乏相应的实践基础，更多是一种理念探索，既没有清晰明确的概念和内涵界定，又缺乏相应的实施规范。

（二）发展阶段（1998—2009年）

1998年《中华人民共和国高等教育法》的通过，对大学内部治理结构产生了里程碑式意义，其对大学领导体制、面向社会、自主办学、民主管理、学术委员会、教职工代表大会等均有相应规定。这是大学治理结构开始快速发展的阶段。一方面，大学内部治理结构具有坚实的法律依据；另一方面，大学内部治理的多元利益体开始凸显，高校的社会属性开始彰显。这一阶段的大学治理同改革开放不断推进、社会不断发展、大学与社会需要不断融合的社会背景紧密相关。

（三）成熟阶段（2010年以来）

这一阶段主要是围绕《国家中长期教育改革和发展规划纲要（2010—2020年）》（2010）、《高等学校章程制定暂行办法》（2011）、《学校教职工代表大会规定》（2014）、《高等学校学术委员会规程》（2014）、《普通高等学校理事会规程（试行）》（2014）、《关于坚持和完善普通高等学校党委领导下的校长负责制的实施意见》（2014）几个文件，明确细化了大学内部治理结构的领导体制、议事规则、大学章程、多元主体、决策程序、学术委员会、教职工权利、长效机制等，对其均进行了系统性总结，并赋予相应的法律依据和政策依据。该阶段，大学内部治理结构逐步走向成熟。这一时期，我国改革开放不断深入，高等教育社会适应性不断增强，大学内部治理结构的完善既具有丰富的实践基础，又具有相应的理论

总结，大学内部治理结构的概念被明确提出并清晰界定，现代大学制度已经走向成熟阶段。"党委领导、校长负责、教授治学、民主管理、依法治校"逐步成为中国特色社会主义现代大学制度的普遍特征。

三、大学内部治理结构改革存在的问题[3]

（一）对大学院（系）治理的重视不够

在当前大学治理结构和相应的政策文件中，强调学校层面的顶层设计多，而较少涉及院（系）层面，偏重于整体界定，忽略了院（系）层面的功能发挥。党委领导下的校长负责制通过科层制度延伸到院（系）层面，虽然促进了学校层面战略意图的传达，但自下而上的声音传导较弱，相应的机制不够健全。

（二）院（系）办学空间被挤压，缺乏自主权

大学组织中直线职能制的过于强化使得科层制的弊端更为凸显，在院（系）层面，执行多于"创造"，教师们忙于应对各种指令会议，学科与科研的创造性难以发挥，教师的成长缺乏长远规划和布局。一些需要进行长线布局的学科项目，往往因为学院缺乏自主权而容易被"短平快"的指令打乱，难以获得长足发展。

（三）教授治学需要进一步制度化

学术委员会或教授委员会在大学治理结构中的学术权威需要加强，其在院（系）层面的设置及作用发挥还不够。而在实际运行层面，学术委员会或教授委员会的议事规则和决议程序仍未得到明确，实际运行的效果并不理想，行政权力容易影响学术决议，教授的地位未得到凸显。学校需相应地扩大学术委员会或教授委员会在学术方面的话语权，倡导"专业的人干专业的事"以发挥教授在学术领域的天然优势，并倡导"教授就是大学"以彰显教授的在学术方面的主导地位。

（四）院（系）中教师参与民主管理的程度需要加强

目前，在院（系）层面，教师参与学校管理缺乏明确的机构或机制，参与机会较少，参与程度较低，甚至出现了有部分教师游离于学校的情况。当合法权益遭到损害时，教师向上反馈的渠道也比较有限，传导机制欠缺，往往需要政务服务热线或信访才能引起学校重视。因此，教师群体参与民主管理的程度需要加强，应通过畅通相应渠道，形成合理机制，建立教师参与大学治理的体系。

（五）学生对院（系）民主管理的参与普遍缺失

大学生在高校的正当合法权益被损害的情况有时会发生，当代大学生自我意识增强，并不甘心做"治理对象"，导致大学生与高校之间形成一种结构性张力。他们主要通过政务服务热线、信访系统或网络反映相应诉求，本质在于其主体力量在大学治理结构中被有所忽略。部分高校在探索建立学生评教体系，但对大学治理结构的影响有限，高校学生参与校园管理的机会较少，且需要一个探索的过程。

四、大学内部治理改革的发展趋势

（一）以"善治"为目标，提高大学治理绩效，办好人民满意的教育

大学组织具有科层组织模式的特点，其通过层级管理，强调权力的等级体系，形成多元主体运行秩序，实现大学组织目标。但大学组织又具有自身的独特性，组织效率最终要为大学"立德树人"的根本任务服务，以实现相应的社会服务价值。大学所开展的科研项目，并非单纯以营利为目的，而应有更高的社会追求和公共利益，这是大学"善治"的根本意义所在。"善治"与大学治理结构相辅相成，大学治理

结构的合理优化,将有效提升大学治理绩效。"善治"是社会治理的最终目标,大学治理的最终目标亦应实现高校的"善治"。一流大学的治理目标是:遵循自身发展规律,激发学科、人才、制度、资源、文化的活力和效率,提高办学治校育人的绩效,办好人民满意的教育。[4]

(二)"横向分权",优化内部治理结构将成为大学治理的重点

中国特色社会主义现代大学制度以"党委领导、校长负责、教授治学、民主管理、依法治校"为内部治理结构的基本特征,实质上是横向分权、相互制衡,同时能够发挥各方优势,真正"让专业的人干专业的事",从而实现优势互补、多元共治的基本架构。大学应逐步在"党委领导下的校长负责制"这一制度下,扩大教授治学的权力,畅通教职工参与高校治理的渠道,合理保障广大学生主体的合法权益,使得各方相互配合、资源共享、相互制约,以提升高校现代治理能力,逐步完善现代大学制度,提高高校的学术创造能力、人才培养能力、组织管理能力。

(三)"纵向授权",深化院校两级关系将成为大学治理的难点

当前高校存在的院校两级责任、权力、资源分配不均衡的问题,是大学内部治理结构不合理的重要体现,严重影响了高校的学术创造力,也制约着院(系)的工作积极性和学术创造力。具体而言,学校层面掌握了核心资源和权力,处理事务往往未能充分提前调研,其分配具有明显的行政指令特征,院(系)层面的需求很难得到有效满足,资源和权力的配置效果未能达到最大化。因此,当前的大学内部治理结构体系需要通过分权,扩大院(系)级自主权,促进高校管理重心有所转移,使院(系)掌握更多的权力、资源,并承担相应的责任,以推动院(系)治学,提高高校学术生产力。在"纵向分权"过程中,在扩大院(系)权力的基础上,需要将权力和义务结合起来,形成"多劳多得、少劳少得、不劳不得"的分配机制,杜绝学术"大锅饭",以激励院(系)和广大教师的学术科研积极性。

(四)构建大学制度动态化体系,植入优秀大学文化

大学制度体系需要梳理现有的法律制度、上级政策文件、学校规章制度,并根据法律和上级政策而变化,结合时代发展变化和学校实际,动态进行制度"废改立",构建大学制度动态化体系,加速高校自身的"新陈代谢"。动态化制度体系是大学社会适应性的重要要求,也是高校自身创新能力提升的集中体现,是实现高校现代治理能力的重要体现,是高校持续创新、学术科研进步、人才培养能力不断增强的制度保障。同时,大学内部治理结构借鉴企业"治理"概念,需要依托大学章程,植入优秀的大学文化,并通过优秀大学文化弥补科层制单纯追求效率所带来的弊端,完成大学育人使命与社会服务价值。

(五)以绩效评价体系构建为重点,推进治理评价长效机制建设

《大学运行模式》的作者、美国学者罗伯特·伯恩鲍姆指出:"追求一种目标,而不是追求目标的机制,是更具有决定意义的抉择。"[5]大学绩效评价体系既要考虑"量"的指标,又要考虑"质"的指标,单纯的量化考核和数字竞赛模式,不符合学术独立性和长远布局特征,也不符合学生成长成才的规律。因此,大学绩效评价体系应综合权衡大学的独特性、学术的长久性、育人的规律性、管理的规范性,这样才既能激发教职工的积极性,又能避免急功近利导致的学术不端现象。中共中央、国务院2020年10月印发了《深化新时代教育评价改革总体方案》,通过深化教育评价改革推动教育发展,对高校评估提出了更全面、综合的标准和要求。[6]同时,大学内部治理评价体系应建立长效机制,形成闭环管理流程,评价机制本身又产生相应的反馈,从而不断完善和修正相应的制度。未来大学绩效评价应注意这三方面:其一,应引入第三方专业力量,提升评价的专业性;其二,应对管理、学术、教职工、学生进行分类评价,以提升评价的精准性;其三,应提高绩效评价的奖惩力度,建立长效机制,合理引导资源分配。

(六)以干部治理能力提升为重点,推进治理主体能力现代化

在大学内部治理结构中,干部治理能力是大学治理能力中的重要一环,其管理服务能力决定着学校的

整体管理水平。一方面,干部治理能力要求干部牢牢把握育人方向,坚持"为党育人,为国育才"。另一方面,干部治理能力要求干部必须依托政策制度和法律法规治理大学。依法治校是大学治理能力现代化的重要体现,"依法"就是依据相应的法律法规、政策文件和学校规章制度。因此,推进高校治理能力现代化,需要推进治理主体能力现代化,加强干部德行培养和业务能力拓展,还需要构建合理的制度体系,实现主体与结构之间的相互配合。

参 考 文 献

[1] 蔡连玉,吴文婷. 从公司治理到大学治理的理念移植与遮蔽误用 [J]. 高校教育管理,2018 (6):37-43+73.

[2] 尚洪波. 高校内部治理结构改革:改革开放四十年来的回顾与展望 [J]. 国家教育行政学院学报,2018 (11):23-28+86.

[3] 张德祥,方水凤. 1949 年以来中国大学院(系)治理的历史变迁:基于政策变革的思考 [J]. 中国高教研究,2017 (1):1-7.

[4] 眭依凡. 内部治理体系创新之于"双一流"大学建设何以重要 [J]. 探索与争鸣,2018 (6):31-48.

[5] 伯恩鲍姆. 大学运行模式 [M]. 别敦荣,主译. 青岛:中国海洋大学出版社,2003.

[6] 杨慷慨,蔡宗模,张海生. 从"目标考核"到"治理绩效评估":我国大学内部管理范式转型研究 [J]. 江苏高教,2018 (5):22-25.

Research on the Internal Governance of Modern Universities and Its Development Trend

Abstract: As an important field of deepening the reform in an all-round way, all the reforms of universities should focus on the goal of improving the performance of university management and educating students and running the education that the people are satisfied with. This paper defines "governance" and "university governance", carefully sorts out the three stages of the reform of university internal governance structure since the reform and opening up, clarifies the legal basis and perfect institutional basis of university governance in China, and points out the problems existing in the reform of university internal governance structure. At last, this paper explores the development trend of university internal governance reform from six aspects: improving university governance performance, "horizontal decentralization", "vertical empowerment", university system construction, performance evaluation system, cadre governance ability and university governance innovation.

Keywords: modern university, internal governance system reform, development trend

普及化阶段我国高等教育治理的政策选择[①]

左崇良[②]

高等教育治理变革是我国高等教育的一个重大政策问题。高等教育的健康有序发展有赖于前瞻性的教育变革，普及化阶段的高等教育治理应该具有什么样的特征？高等教育普及化阶段的治理结构和运行机制有何特殊性？普及化阶段的中国高等教育治理变革应采取哪些政策和举措？这些都是我国高等教育迈入普及化阶段后亟待探究的课题。

一、普及化阶段我国高等教育改革的挑战与机遇

迈入普及化阶段的中国高等教育实现了历史性跨越，置身于新的内外部环境，面临着新的发展任务，既有机遇，也有挑战。

（一）普及化阶段我国高等教育面临的机遇

2019年秋季开学之后，我国高等教育毛入学率已超过50%，我国高等教育进入普及化阶段，迎来了前所未有的发展机遇。

高等教育的发展与社会经济发展水平密切相关。世界高等教育的发展经历了精英化、大众化和普及化三个阶段。当前，发展中国家高等教育的影响力不断增大，世界高等教育发展呈现普及化进程加快的特点。中国是世界上最大的发展中国家，人口众多，经济总量大，高等教育发展速度快。21世纪前20年里，中国高等教育在学总规模和毛入学率均呈快速增长趋势，1999年起实施高校扩招之后，我国高等教育规模迅速扩大，2007年高等教育毛入学率已达23%。自2012年党的十八大以来，我国高等教育加速发展，高等学校成为创新驱动发展的主要策源地，高校服务国家社会发展的能力显著增强。教育部发布的《中国高等教育质量报告》指出，2019年，我国高等教育毛入学率达到了50%以上。40多年前，马丁·特罗首次提出高等教育转型的系列概念，阐述了高等教育有精英的、大众的、普及的三种形态，即"三个阶段"。依据马丁·特罗的高等教育三阶段理论，我国高等教育于2019年正式迈入普及化阶段。

我国高等教育进入普及化新阶段后，面临着重大的发展机遇。教育工作者对我国高等教育发展的历史阶段性和特殊性、未来15年的核心问题要有准确认识和把握。在过去的一段时期内，高等教育的各类主客体和内外部因素对我国高等教育规模的扩张起到了推动作用，其中，国民接受高等教育的需求、社会经济的快速发展和国家提升科技竞争力的需要，是推动我国高等教育普及化发展的三大力量。进入普及化阶段，最重要的是改变高等教育的价值观、质量观、功能观等理念，我们必须根据所掌握的国内外历史经验知识，担负起对高等教育的发展进行预判、预测以至预警的任务。[1]

（二）普及化阶段我国高等教育面临的挑战

普及化阶段的中国高等教育遇到了前所未有的新形势。普及化阶段的高等教育不只代表着高等教育入学率的上升，还代表着高等教育处于全新的发展阶段。普及化阶段的到来，预示着我国高等教育处于比大

[①] 课题来源：湖南省社会科学基金教育学专项课题"教育现代化背景下湖南教育治理体系构建及制度优化研究"（JJ193594），中国博士后科学基金第59批面上资助项目"治理现代化视域中高等教育的分权与共治"（2016M590593）。
[②] 左崇良，衡阳师范学院副教授，厦门大学博士后，研究方向为教育政策、高等教育管理。

众化阶段更加复杂的内外部环境,面临着来自方方面面的挑战。

我国的高等教育普及化过程,是一种计划性增长模式,时间跨度小,新建高等学校是规模扩张的主要力量。运用动态计量经济学中的协整理论对我国历年来高等教育规模及其主要影响因素进行分析,研究发现,高等教育规模与四个影响因素之间确实存在稳定的长期均衡关系,其影响系数从大到小依次为:总人口数、恩格尔系数、GDP发展水平和第三产业产值占GDP的比重。[2]受经济体制与规模化战略思维的影响,我国在高等教育发展中存在着明显的数量化倾向,这影响到高等教育质的发展。我国经济社会发展形势对高等教育普及化进程具有推进作用,对于普及化阶段高等教育的规模与结构、质量、公平的关系,我们需重新加以思考,新兴信息技术与教育国际化进程也将带来新的机遇与挑战。

普及化阶段的我国高等教育面临着巨大的挑战:高等教育规模扩大、内外部联系加强、利益相关者日渐增多、利益群体不断分化。然而,制度和管理上的不完善使我国高等教育因无法应对这些挑战而陷于困境。随着高等院校的扩招,大学生就业难、文凭贬值等问题日益凸显,由此引发了人们对教育"过度"还是"不足"的争论。质量与数量的矛盾是高等教育高标准与规模化、严要求与多样性之间的矛盾。伴随着经济的高速增长,现时期中国高等教育不仅在追求数量,也在追求质量,同时还在进行大幅度的改革,但还是存在一些问题,据此可以看出,高等教育的数量与质量多少有些"不相容"。

迈入高等教育普及化阶段之后,我国高等教育面临着发展新任务、新高考生源特征、新兴信息技术变革等机遇与挑战,亟待进行高等教育质量评价范式的转变。在世界范围内高等教育质量评价的理念、方法和范式都在转型的背景下,我国亟待完善高校本科教学质量评价体系,发挥高校教学评价的主体地位,探索结果导向的评价方法,构建多元参与的教育治理体系,从而系统、持续地提升我国高等教育的质量。[3]高等教育普及化阶段出现了学生遴选和招生制度的变化,进一步扩大了高校和学生的选择权,从而可构建更为多元、开放、共享的高等教育体系。

二、普及化阶段高等教育治理的战略选择与核心目标

中国高等教育改革与发展只有做出具有战略意义的政策选择,沿着科学、法治的道路前行,才能实现高等教育治理体系和治理能力现代化的核心目标。

(一)普及化阶段我国高等教育发展的战略选择

从控制走向协调,以治理代替管理,是国际趋势,也是我国高等教育改革的战略选择。治理现代化,是普及化阶段我国高等教育的一项重要政策。

普及化阶段内我国高等教育的发展具有以下特点:高等教育系统庞大,规模、结构、质量、效益多项目标兼顾,各层次、各类型高等教育机构协调发展,多样性发展格局基本形成,高等教育与社会经济发展的融合度扩大,高层次人才培养能够满足国家和社会的需要。面对高等教育发展新态势,我国将继续采取"双一流"建设、内涵式发展、多元化发展、开放发展、创新发展等一系列高等教育政策和发展战略,逐步推进高等教育治理现代化建设,以重点建设带动全面提升,体现平民教育理念,以改革促进高等教育发展,推进现代化高等教育体系建设。

推进高等教育治理体系和治理能力现代化是我国高等教育事业兴旺发达的前提和保障。新时代背景下,实现高等教育治理现代化是实现国家治理现代化不可或缺的一部分,是打破高等教育发展瓶颈的关键,是全面提高教育质量、加快"双一流"建设的必然要求。[4]推动高等教育治理现代化应以教育方针政策为引领、以教育法治为保障、以创新人才培养为关键、以社会主义先进文化为支撑。我国高等教育的发展始终伴随着追求良性治理的探索和努力,做出这种探索和努力不仅是为了让高校形成更高质量的教育成果,更是为了平衡各个行动主体的利益,并保全大学精神。

(二)普及化阶段高等教育治理体系建设的核心目标

党的十八届三中全会提出:"全面深化改革的总目标是完善和发展中国特色社会主义制度,推进国家

治理体系和治理能力现代化。"将推进国家治理体系和治理能力现代化作为全面深化改革的总目标,对于中国的政治建设,乃至整个中国的社会主义现代化事业来说,具有重大而深远的理论意义和现实意义。教育治理体系和治理能力现代化是国家治理体系的重要组成部分。"发展具有中国特色、世界水平的现代教育"是我国教育事业发展的根本目标,高等教育治理现代化,是普及化阶段中国高等教育制度改革的总目标。

高等教育治理现代化离不开价值观念的指引,同时也需要运用一定标准来衡量。中国特色的高等教育治理改革,需要先进性、科学性、人民性相统一的价值体系的引领。高等教育治理现代化的目标是"善治"和"高质量发展",使大学与社会、政府的治理能力得到充分发展,各方共同参与到提升高等教育质量的活动中。"善治"是高等教育治理追求的直接目标。衡量教育善治与否有十个标准,即参与度、回应性、透明度、自由度、秩序、效率、法治、问责、公平、效能。[5]高等教育治理体系与治理能力现代化也有一整套衡量标准,主要包括:科学治教、法治化、过程民主化、运行制度化、公平与效率并重。构建现代化高等教育治理体系需以价值观为导向,以制度建设为核心,努力提升高等教育政策的制定与执行水平。"高质量发展"是我国高等教育治理现代化的最终目标。加快推进高等教育现代化、实现高质量发展是应有之义和必然要求。[6]在普及化阶段,我国高等教育的治理变革应好好把握数量与质量、规模效应与质量标准的辩证关系,深化高等教育改革、提升人才培养能力、优化教育体系结构。

高等教育治理体系与治理能力现代化是深化高等教育领域综合改革的总要求。高等教育治理体系和治理能力是一个有机整体,二者相辅相成。高等教育治理体系现代化要适应普及化阶段的特点,通过改革高等教育体制机制和完善法律法规,以推动各项教育制度日益完善,从而实现高等教育治理的制度化、规范化、程序化。高等教育治理能力现代化,是指在高等教育治理体系的框架下,增强各项制度治教的本领,把制度优势转化为高效管理,提升高等教育治理的能力和水平。高等教育治理体系与治理能力现代化,有利于高等教育的现代化发展,其总体目标包括:实现对人力资源全面充分的开发,为经济社会发展提供可靠的人力资源支撑;保障和促进人的全面发展;努力推进社会生活学习化,不断提高社会文明程度。[7]

三、普及化阶段我国高等教育治理的行动路径

高等教育治理体系和治理能力的现代化进程,在很大程度上反映了高等教育现代化的进程。

(一)加强法治建设,推动高等教育治理范式转型

中华人民共和国成立以来,我国高等教育法治建设历经起步探索、艰难维持、逐步恢复、快速推进、全面深化五个阶段,高等教育法律体系走向成熟、教育行政法治不断推进、依法治校取得阶段性实效、高校法治教育深入实施、学生权益法律保障成效初显。展望我国高等教育法治建设的前景,应以《中国教育现代化2035》为指引,推动高等教育领域科学立法、全面完善高等教育法治体系、优化高等教育行政执法体制、全面推进高等教育法律实施,深入实施依法治校、全面提升高校法治化水平、强化高等教育领域法治教育、全面增强法治教育对象法治观念、完善高等教育领域争议解决机制、切实维护利益相关主体合法权益。[8]在普及化阶段到来之际,我国高等教育治理变革需从普及化高等教育的核心特征出发,立足于普及化高等教育建设所需的主要条件,实施有针对性的大学治理,构建现代化的高等教育治理体系。

(二)高等教育治理的衡平法则与规约机制

高等教育治理现代化是国家治理现代化的重要组成部分,应以制度现代化推进国家治理现代化,而治理现代化的关键是制度执行力,因此,需要进一步探索协同治理,推动高等教育治理现代化,创新高等教育治理机制。[9]

高等教育治理的规约机制是指有利于高校创新的政策法律和规章制度及组织运行模式,其基本要素包括教育政策法规、大学章程、高校规章制度、动力机制、决策机制、执行机制、监控和评估机制、激励机制、调整和完善机制等。高等教育治理的规约机制为高校运行确立了框架和标准,是影响高等教育质量的

重要因素，科学性设计、利益性博弈、程序性正义与有效性监督是其运行规则。如何在政府的宏观调控和大学的自主办学之间实现衡平，如何实现行政权力和学术权力的良性互动，建立一套完备有效的运行机制，促进高校管理和决策的科学化、民主化和法治化，这属于普及化阶段高等教育治理变革的衡平法则。

（三）加强高等教育省级统筹，构建政府、大学、社会之间的新型关系

继续深化省级政府高等教育统筹改革，需要加快完善高等教育法治体系，依法理顺中央与地方的财权事权、强化地方政府的责任、约束地方政府的权力、营造良好的高等教育生态环境。

省级政府是高等教育发展的重要主体，加强省级政府对高等教育的统筹是普及化阶段我国高等教育管理体制改革的重要内容。在普及化阶段，我国高等教育的规模将进一步扩大，高等教育的管理重心将下移至省级政府，由省级政府对本省区的高等教育进行统筹。在高等教育治理现代化推进过程中，应通过区分举办者权利和行政管理者权力的思路来厘清省级政府高等教育统筹权的内涵，落实省级政府的举办者权利，扩大省级政府的行政管理权力并予以法律保障，在此基础上进一步推进省级政府高等教育统筹[10]，提升省级政府高等教育统筹权力、能力与效力。

（四）层类交错，共存发展，普及化阶段的高等教育秩序构建

我国高等教育刚从大众化阶段迈进普及化阶段，需要进行体系重构和秩序构建。高等教育大众化阶段所构建的以分层为主要特征的高等教育体系难以适应新时代的发展要求，普及化阶段的高等教育需要更均衡、更充分的发展。高等教育体系构建，既要满足普及化阶段高等教育的发展性需求，又要立足于大众化阶段高等教育所建立的现实性基础，以高等教育管理体制为支撑，在高等教育普及化初期阶段建立以"普通高等教育"和"职业高等教育"分类并以学位授予权分层的"层类交错"高等教育体系。普及化阶段初期的中国高等教育，需要建设以本科为主、专本硕博各层次比例合理、公办院校与民办院校互促互进的高等教育新体系。

普及化阶段的高等教育治理，要求高等教育秩序构建的逻辑从只注重体系内部生态平衡的共存秩序逻辑，转向体系内部生态和外部心态互治的共同发展秩序逻辑。借鉴发达国家的治理经验，迈入普及化阶段后中国特色高等教育体系的构建，应遵循共同发展秩序逻辑，建立"层类交错"的高等教育体系，实现体系内部的共同发展；注重与国民心态相融合，实现体系内外部的共同发展；在全球性体系中彰显中国高等教育体系的特有价值，兼顾本土性和世界性的共同发展。[11]普及化阶段的中国高等教育治理变革，需采取多种举措，优化高等教育治理结构，构建有质量的普及化高等教育。

参 考 文 献

[1] 潘懋元，李国强. 聚焦教育2030行动框架：2030年中国高等教育现代化发展前瞻 [J]. 中国高等教育，2016（17）：4-7.

[2] 毛建青. 影响高等教育规模的主要因素及其协整关系：基于时间序列数据的分析 [J]. 北京师范大学学报（社会科学版），2009（2）：114-119.

[3] 钟秉林，王新凤. 普及化阶段我国高校教学质量评价范式的转变 [J]. 中国大学教学，2019（9）：80-85.

[4] 胡明. 坚定中国特色教育自信 推动高等教育治理现代化 [J]. 国家教育行政学院学报，2019（11）：3-7.

[5] 褚宏启，贾继娥. 教育治理与教育善治 [J]. 中国教育学刊，2014（12）：6-10.

[6] 张炜，高等教育现代化的高质量特征与要求 [J]. 中国高教研究，2018（11）：5-10.

[7] 龚光军. 塑性成形：面向2030年的中国高等教育现代化建设新理路 [J]. 现代教育管理，2018（2）：17-22.

[8] 刘永林. 新中国成立70年来高等教育法治建设的回顾与展望 [J]. 中国高教研究，2020（1）：

27-34.
[9] 劳凯声. 创新治理体制、尊重学术自由和高等学校改革 [J]. 教育研究, 2015 (10): 10-17.
[10] 申素平, 左磊. 论省级政府高等教育统筹权 [J]. 中国高教研究, 2019 (5): 13-18.
[11] 陈先哲, 卢晓中. 普及化时代高等教育体系的构建逻辑: 从共存秩序到共荣秩序 [J]. 高等教育研究, 2019 (8): 1-8.

Policy Choice of China's Higher Education Governance in the Popularization Stage

Abstract: From control to coordination, governance instead of management is an international trend and a policy choice for China's higher education. In the stage of popularization, China's higher education is facing opportunities and challenges, and it is urgent to clarify the objectives and characteristics of higher education governance modernization. The problems and experience of China's higher education are the starting point of higher education governance reform, and the scientific and legal higher education governance system and governance capacity modernization is the goal orientation of governance reform. To construct a new order and new pattern, to promote the quality of higher education, fairness and efficiency must be considered as a whole. "Rule of law, participation, effectiveness and stability" is the goal system of higher education governance; at the stage of popularization, China's higher education needs to further explore governance reform, maintain the appropriate scale of higher education, achieve hierarchical and classified development, and build a quality popularization of higher education.

Keywords: popularization stage, higher education governance, main characteristics, policy choice, quality assurance

完善"六力"举措 推进高校治理体系和治理能力现代化

刘向锋[①] 杜莉[②]

党的十九届四中全会审议通过了《中共中央关于坚持和完善中国特色社会主义制度 推进国家治理体系和治理能力现代化若干重大问题的决定》（以下简称《决定》），对坚持和完善中国特色社会主义制度、推进国家治理体系和治理能力现代化做出了重大部署。[1]高校作为中国特色社会主义事业的重要组成部分，承担着人才培养、科学研究、社会服务、文化传承与创新、国际交流与合作等重要职能，理应在推进国家治理体系和治理能力现代化的过程中积极作为、善于作为、开创新局面、趟出新路子、积累新经验、展现新作为，为加快实现国家治理体系和治理能力现代化做出新的贡献。结合新时代高校建设和发展的实际，高校应在强化政治领导力、提升思想引领力、提高人才培养力、扩大学术影响力、培育文化凝聚力、增强制度执行力"六力"方面，积极探索，勇于创新，不断提升高校治理体系和治理能力现代化水平。

一、强化政治领导力，确保党对高校的全面领导

习近平总书记指出："办好我国高等教育，必须坚持党的领导，牢牢掌握党对高校的领导权，使高校成为坚持党的领导的坚强阵地，这一点任何时候都不能动摇。"[2]要贯彻落实好习近平总书记的重要讲话精神，就必须不断加强和改进高校党建工作，强化政治引领的灵魂导向作用，把加强党的政治建设作为首要任务和主要目标，把增强党的政治领导力作为检验学校领导班子，尤其是学校主要领导干部的首要标准和必备素质，这是新时代加强高校政治建设的核心要义。

党的政治领导力作为政党政治建设的核心要素，是党在把方向、谋大局、做决策、抓班子、带队伍、促落实中所展现出来的政治能力及其运作效果。[3]具体而言，就是领导班子注重提升政治领导力，选拔干部突出政治担当，发展党员突出政治标准，干部教育管理突出政治纪律和政治规矩，基层党组织建设突出政治功能，舆论宣传突出政治氛围。对高校而言，就是把党的政治建设和学校中心工作紧密结合，以党的政治建设引领学校中心工作，以加强党的建设引领学校教育教学工作，坚持正确的办学方向，为党育人、为国育才；同时，以卓有成效的工作业绩促进学校的党的政治建设，从而充分彰显加强党的政治建设的重要性和必要性。

（一）坚持正确的政治办学方向

确保正确的人才培养方向，先要坚持正确的办学方向，高举中国特色社会主义伟大旗帜，坚定不移走中国特色社会主义道路，始终坚持马克思主义指导思想不动摇，绷紧意识形态工作安全弦，自觉树立政治安全意识，增强政治敏锐性和政治鉴别力；要旗帜鲜明地站稳政治立场，坚定政治信仰，坚持以习近平新时代中国特色社会主义思想为指导，增强"四个意识"、坚定"四个自信"、落实"两个维护"，牢记"国之大者"，不断提升政治判断力、政治领悟力和政治执行力；始终不忘初心，牢记使命，落实立德树人的根本任务，"为党育人、为国育才"；立足中华民族千秋伟业，开阔视野，努力培养一代代拥护中国共产党领导和中国特色社会主义制度、为中国特色社会主义奋斗终身的建设者和接班人；切实肩负起为人

[①] 刘向锋，山东工商学院副院长，博士，研究方向为大学生思想政治教育、大学生就业。
[②] 杜莉，滨州医学院教授，研究方向为英语语言文学、大学生思想政治教育。

民服务，为中国共产党治国理政服务，为巩固和发展中国特色社会主义制度服务，为改革开放和社会主义现代化建设服务的政治责任，在课堂建设、文化建设、平台建设、社会实践、队伍建设等方面体现新担当，展现新作为。

（二）发挥学校党委的领导核心作用

高校党委要承担起管党治党、办学治校的主体责任，履行好把方向、管大局、做决策、抓班子、带队伍、保落实的领导职责。其要坚持和完善党委领导下的校长负责制，正确处理好党委和行政的关系；完善议事决策制度，健全党委统一领导，党政分工合作，协调运行的工作机制。党委是高校的领导核心，统揽全局，协调各方，要集中精力抓好办学方向和改革发展中的重大问题；以校长为首的行政班子，要在职责范围内积极主动、独立负责地做好教学、科研和行政管理工作。落实好党委领导下的校长负责制的关键就是要处理好党委书记和校长的关系。书记和校长要形成推动学校事业发展是第一要务的共识，切实做到相互尊重、相互信任、相互激励、相互支持。在重大问题和重要事项上，二者要坦诚相见、深入讨论，相互之间要有容人的雅量和胸怀；要正确处理领导职位和工作角色之间的关系，以及党委与党委书记之间的关系（要认识到党委不等同于党委书记，而是党委领导集体；校长不等同于校长个人，而是行政班子领导集体）。

（三）发挥院（系）党组织的政治核心作用

院（系）党组织作为学校承上启下的关键环节，在保证监督党的路线方针政策，以及对上级党组织决定的贯彻执行方面发挥着重要的引领和示范作用；在推动教育教学、科学研究、日常管理和学生教育等重大事项中发挥着重要的带头和推动作用。院（系）党组织要注重发挥院（系）"中场发动机"的作用，把党的教育方针和重大战略部署，落实到院系的各项工作中来，以此不断加强基层党组织建设；要形成"围绕中心抓党建、抓好党建促发展"的良好氛围，使两者相互促进、相互融合，推动党建工作和中心工作协调发展、共同发展。基层党支部要加强对党员的教育、管理和监督，规范支部日常工作，充分发挥基层党支部的战斗堡垒作用。

二、提升思想引领力，坚持扎根中国大地办大学

思想是行动的先导，理论是实践的指南。习近平总书记在全国高校思想政治工作会议上强调，"办好中国特色社会主义大学，要强化思想引领，牢牢把握高校意识形态工作领导权"[4]。为了抓好思想引领这个关键环节，我们要在"培养什么人、如何培养人、为谁培养人"这几个根本问题上保持清醒认识。

（一）落实好立德树人根本任务

习近平总书记指出："我国高等教育肩负着培养德智体美劳全面发展的社会主义建设者和接班人的重大任务，必须坚持正确的政治方向。"[5]在高校思想政治工作中，思想引领的任务就是坚持以马克思主义为指导，坚持党对高校的领导，坚持社会主义办学方向，全面贯彻党的教育方针，坚持不懈地进行中国特色社会主义理论教育，坚持不懈地培育和践行社会主义核心价值观，坚持不懈地促进高校的和谐稳定，坚持不懈地培育优良校风和学风。高校要抓好马克思主义理论教育，就要让学生深刻感悟马克思主义的真理力量，把中国特色社会主义的道路自信、理论自信、制度自信、文化自信转化为办好中国特色社会主义大学的自信，把我们中国特色社会主义制度的特色和优势有效转化为培养社会主义建设者和接班人的能力；同时，要坚持不懈地培育和弘扬社会主义核心价值观，引导广大师生做社会主义核心价值观的坚定信仰者、积极传播者、模范践行者。

（二）发挥好党的创新理论引领作用

增强党的思想引领力，就是强化全校师生员工对新时代党的指导思想和根本宗旨的高度认同和行动自

觉。高校要把学习和贯彻习近平新时代中国特色社会主义思想作为首要政治任务，坚持不懈地用这一马克思主义中国化最新成果武装头脑、推动实践、指导工作；按照学懂弄通做实的要求，全面系统学、深入思考学、联系实际学、带着问题学，常学常新，活学活用，不断提高理论思维能力和思想政治水平；结合学校人才集聚和智力凝聚的优势，坚持问题导向、效果导向和目标导向，围绕我国经济社会发展和党在治国理政过程中面临的重大现实和理论问题，以及人民群众关心关注的热点难点焦点问题，做出积极回应和满意解答，用实际行动不断拓展理论新视野、提升理论新境界、做出理论新概括、实现理论新飞跃。

（三）牢牢掌握党在意识形态工作领域的领导权

高校是党的意识形态工作的重要领域和前沿阵地，课堂是学习、宣传马克思主义的重要渠道，思想政治课是学习马克思主义的核心课程，高校师生是需要加强意识形态方面素养的重要群体。作为中国特色社会主义高校，其办学行为和教书育人的各环节都要体现党的宗旨、国家意志和人民性质，具有鲜明的意识形态属性。思想引领需要确立阵地意识，扎根中国大地办大学，必须具有中国特色和属性。高校应在坚持正确导向中凸显思想引领力，引导广大师生认真学习中国特色社会主义理论体系和习近平新时代中国特色社会主义思想，掌握马克思主义的世界观和方法论，坚定对马克思主义的信仰，坚定对共产主义和中国特色社会主义的信念，坚定对实现中华民族伟大复兴中国梦的信心。高校党委要掌握思想政治工作的主导权，强化管党治党、办学治校的主体责任，把准方向、管好大局，提高思想政治工作的能力；要抓住教师这个关键，加强师德师风建设，健全教师政治理论学习制度，提升教师的思想政治素质，特别是要发挥好党员教师的重要引领作用，从而加强对学生的思想熏陶，促进情感转化、素质提升。

三、提高人才培养力，增强服务国家和社会的实效性

习近平总书记指出："办好我国高校，办出世界一流大学，必须牢牢抓住全面提高人才培养能力这个核心点，并以此带动高校其他工作。"习近平总书记的重要论述，对于办好中国特色社会主义大学、推进党和国家的事业发展，具有重大而深远的意义。当今时代，高等教育发展水平是衡量一个国家发展水平和发展潜力的重要标志。建设社会主义人才强国，对高等教育的需要比以往任何时候都更为迫切，对科学知识和卓越人才的渴求比以往任何时候都更强烈。[6]

（一）提高教师队伍整体素质

教师队伍整体素质是人才培养能力中的核心能力，是判断高校人才培养能力高低的重要标准。高校中心任务的重中之重，就是要着力建设一支政治素质过硬、业务能力精湛、育人水平高超的高素质教师队伍。[7]提升教师队伍综合素质，必须树立鲜明的目标导向。首先，把加强师德师风建设作为首要标准。加强师德师风建设，需要健全和完善师德师风考核制度，建立教师个人信用记录，完善诚信承诺和失信惩戒机制，推动师德建设常态化、长效化，引导教师以德立身、以德立学、以德施教、学为人师、行为世范。其次，把提升教师专业素养作为重要目标。高校应积极开展教育教学研究活动，广泛开展教师教学能力提升培训，尤其是提高教师运用现代信息技术与教育教学深度融合的能力；把具备较强的教育教学与科研能力作为青年教师专业素养考核的基本要求，不断增强教师的科研创新力和教学感召力。最后，把深化教师管理制度改革作为重要推动力。高校应健全教师资格认定和准入制度，严格标准，关口前移，严把教师聘用的政治关、业务关和道德关，确保教师政治品质过硬；完善教师教书育人的能力评价和考核制度，把教育教学质量作为教师专业技术评聘、绩效考核的重要依据；不断完善教授给本科生上课的制度，大力推动高层次教师走上本科教学第一线，履行好教书育人职责，全面提升教育教学水平。

（二）推动思政工作体系与教育教学体系相融合

落实好立德树人根本任务，必须坚持"育人为本、以德为先、德学兼修、全面提升"的科学育人观。思政工作体系应主动融入教育教学体系、管理体系和后勤服务工作体系，形成"三全育人"理念，构建

"思政课程+课程思政"育人新格局。实现上述目标,首先,要突出思想政治理论课的中心地位。高校应加强马克思主义学院建设和马克思主义理论教育,让学生深刻感悟马克思主义的真理力量,坚定马克思主义信仰,坚定走中国特色社会主义道路的信念,不断提高学生的思想理论水平、政治觉悟、道德品质、文化素养,为学生成长成才打下坚实思想基础。其次,发挥"专业课思政"的重要作用。高校要做好"专业课思政"建设的整体规划,根据不同专业人才的培养特点和专业能力素质的要求,科学合理地设计"专业课思政"的有关内容;充分利用融入式、渗透式、嵌入式等教学方法,强化教师立德树人、教书育人的意识,在每堂课的教学中都能融入思想政治教育元素,精心打造一批"课程思政"示范课堂,选树一批"课程思政"优秀教师,激励广大教师争做"四有好教师"。最后,全面提升思想政治工作质量。高校应遵循思想政治工作规律、教育教学规律和学生成长规律,做到"因事而化、因时而进、因事而新",不断增强思想政治工作的时代感召力、思想吸引力、工作创新力和组织凝聚力,努力提高思想政治教育工作的能力、水平和质量。

（三）完善和创新育人机制

当前,高等教育的发展动力正从要素驱动向改革创新驱动转变。高校要善于与政府部门联合、与行业企业合作、与科研院所融合,用好校内外、国内外各种优质教育教学资源,努力提高人才培养能力。首先,要完善校企合作协同育人机制。高校应深入推进产教融合、校企合作协同育人改革,通过体制机制创新,把更多优质社会资源转化为高校育人资源,吸纳更多行业企业参与高校人才培养,提高人才培养的契合度。其次,要健全科教融合协同育人机制。高校应结合国家、省重大科技计划任务,建立科教融合、相互促进的协同育人机制,推动国家级、省部级科研基地向高校本科生开放,为本科生及早参与科研,创造良好条件。最后,要形成并完善国际交流合作育人机制。高校应主动服务国家对外开放战略,加快引进优质教育资源,推荐优秀学生到国际组织任职、学习和培训,选拔青年学术骨干到国外高水平学术机构访学、研修交流等;借鉴国际经验,推进与国外高水平大学开展学生互换、学分互认、学位互授,形成多样化、多层次、高水平的高校人才培养新机制。

四、扩大学术影响力,提高学科专业建设水平

高校作为一个承担着学术研究任务的人才培养机构,其科研水平和学术影响力如何,直接决定着人才培养质量和服务社会的能力。所以,不断提升高校科研实力和创新能力将是高校发展的永恒主题。

（一）树立先进的教育发展观

高校应在明晰办学理念、发展目标和发展战略的基础上,对学科建设和专业建设进行整体规划,坚持有所为、有所不为,要扎根中国大地、坚持服务需求导向,把服务国家战略和区域经济社会发展作为学科专业设置调整的前提条件,把落实国家标准作为学科专业建设的底线要求,适时调整、优化学科结构和专业结构,不断培育并强化学科、专业的优势和特色;[8]将学科与专业的组织领导、规划建设、管理体制机制以及评估与激励机制相结合,将人才培养、科学研究以及社会服务相结合,着力推进学科与专业的一体化建设。

（二）合理配置教育资源

无论是学科建设还是专业建设,都要涉及人、财、物的调配和资源配置机制的完善。高校要树立学科龙头建设地位,充分利用各种资源,积极培育优势学科、发展交叉学科、提升传统学科,不断提升学科建设水平。要坚持质量为本,运用资源配置的均衡原则,选择性地设置和发展学科专业,协调好学科建设和专业建设之间的关系,促进学科建设和专业建设的良性互动。在学科建设中,既注重知识体系的系统性、前沿性和实用性,更注重学校内部不同学科之间的相互支撑、交叉和渗透,积极发挥学科群的系统功能,不断提高学科建设水平;在专业建设中,既注重人才培养目标和标准的设计,更注重课程体系优化、师资

队伍建设和学科专业的交叉融合，在专业之间形成良好的协调和知识贯通机制，为人才培养搭建高水平平台。同时，高校要优化结构，重点扶持、优先发展一批符合国家社会需求并体现学校优势的特色学科专业和重点学科专业，不断提升学校影响力。[9]

（三）完善学科专业协同发展机制

有专家指出："特色+优势+一流"才是真正的一流。学科和专业的内涵特点决定了高校的学科专业建设是一项系统工程，需要顶层设计和系统谋划。高校要以体制机制创新为切入点，不断深化综合改革，建立健全工作机制，切实抓好内涵建设。建立完善学科专业结构调整机制，健全专业准入、调整和退出机制，引导高校优化学科专业布局，科学合理设置学科专业，不断构建科学合理的学科专业体系。高校应高度重视学科建设对专业发展的支撑作用，加大对专业建设和师资队伍建设的投入力度，促进应用型专业质量提升和科学发展，为推动学校高质量发展、培养更多高素质人才创造良好条件。

五、培育文化凝聚力，营造风清气正的育人氛围

大学文化是大学精神、大学传统和大学风气的综合体现，是培养人和塑造人最重要的资源。大学文化的集中表现是大学风气，大学精神是其最高层次。办大学就是创设文化氛围，就是营造高品位的文化环境。这种文化氛围不仅包括自主创新精神和民主开放精神等，还是"引导人、激励人、鼓舞人的一种内在动力，是凝聚人心、鼓舞斗志、催人奋进的一面旗帜"。

（一）弘扬大学精神

大学精神是一种反映大学本质的精神状态。大学精神包括自由平等精神、人文科学精神、创新批判精神等。例如，北京大学以"思想自由，兼容并包"而闻名，北京师范大学以"学为人师，行为世范"而著称。大学作为一种时代的产物，既要有创新的激情，更要保持一份应有的精神气质。培育具有国际视野、时代特征和学校特色的大学精神，就要坚持以大学精神统领建设大学文化，坚持"以人为本"的教育理念，努力培养高尚的人文精神和科学精神，为创新大学文化建设，提升学校"软实力"夯实基础。

（二）明晰办学理念

大学的办学理念是办学者对大学精神、性质、功能和使命的最基本认识，也是大学内部管理及运转的重要基础。哈佛大学的"与柏拉图为友，与亚里士多德为友，更与真理为友"，耶鲁大学的"追求光明与真知"，清华大学以"厚德载物"阐释自己的办学理念，都是引领大学朝着正确方向前进的最好实例。确立科学正确的大学办学理念，既要深深植根于中国优秀传统文化的深厚土壤，又要开拓创新，凝练出具有自身特色且与时代和世界同频共振的思想理念；强化服务地方经济社会发展的办学定位，对"大学是什么"和"大学应该怎么做"两大核心问题做出科学明晰的价值判断和理性选择，形成共谋发展的思想合力。

（三）完善大学制度

大学制度是大学正确办学思想的落实、核心价值观的遵循、办学特色和创新体系的形成等大学精神贯彻落实的保障。大学必须根据其基本价值取向和发展目标确立自身组织结构和管理运行体制机制。通过民主决策和有关程序，建立完善各项规章制度，规范各种办事程序和行为，建立健全有利于大学精神发扬传承的各种激励政策，最大限度地调动教职员工的积极性和创造潜力，努力实现学校发展目标。要以大学章程为核心，建立健全系统完备、科学规范、运行高效的制度体系；要不断推进大学制度创新，增强组织活力，使大学的功能与时俱进，适应经济社会发展。国内外很多实例已经证明，建立科学先进的大学制度，可以在不太长的时间内改变一所大学的面貌，推动学校快速发展；而离开了先进的制度，便难以得到发展。

六、增强制度执行力，把制度优势转化为治理效能

制度具有根本性、全局性、稳定性和长期性，是党和国家事业发展的重要保障。党的十九届四中全会的《决定》强调，"制度的生命力在于执行"，推进高校治理体系和治理能力现代化，加强制度建设是治本，加紧落实制度是关键。[10]高校党员、干部要带头提高制度执行力，不断把高校制度优势转化为治理效能。

（一）强化制度意识

思想是行动的先导，内化于心、外化于行的制度意识，是制度执行的重要前提。贯彻落实党的十九届四中全会精神，必须统一思想，凝心聚力，加强制度理论研究和教育宣传，坚定制度自信。我们要充分认识到我国业已形成的高等教育制度和高等教育治理体系来之不易，具有多方面的显著优势，因而需要认真学习贯彻，倍加珍惜，始终坚持，不断完善。随着中国特色社会主义制度日趋成熟定型，我们党执政的制度化、规范化、程序化水平越来越高，迫切需要高校党员、干部进一步强化制度意识，自觉维护制度的权威性和刚性约束力。各级高校党组织要坚持原则、遵守制度，严格按制度办事，敢抓敢管，强化执行和落实，通过深化教育、警示告诫、案例阐释，让广大党员干部认同制度、敬畏制度，执行制度，敢于同一切违反制度的行为做斗争。

（二）发挥表率作用

"政者，正也。子帅以正，孰敢不正。"高校领导干部要克服"庸、懒、散"的习惯，提高照章依规办事的能力和水平。在制度执行上，领导干部的认识、决心和态度，往往决定着一个单位的工作面貌和精神状态。领导干部既是制度制定者，也是制度执行者，必须做好表率，当好示范，不做例外，牢固树立"制度面前没有特权，制度约束没有例外"的思想意识。其要求别人做到的，自己首先要做到，而且要做得更好；要求别人不能做的，自己首先不能做。领导干部要按制度行使权力，不做选择，不搞变通，不打折扣，在大是大非问题上，旗帜鲜明，立场坚定，毫不含糊，要坚持原则，一身正气，率先垂范，不断提升领导示范效应和制度权威性。

（三）加强监督考核

高校规章制度的制定和完善具有自身的特点，也是一个动态递进并逐步完善的过程。一般而言，高校制度制定的过程民主化程度高、讨论时间长、稳定性较强，但是也存在"重制度制定，轻制度执行"的弊端和问题，造成了制度执行不力，政策制度落实大打折扣，效果不佳和效率低下的后果。究其原因，很大程度上是因为违反制度的行为没有及时受到查处，相关部门对违反制度的行为也缺少应有的惩戒举措。维护高校规章制度的严肃性和权威性，需要加强制度执行的监督和检查力度，将常态化监督和定期检查相结合，及时发现和纠正偏离制度的"苗头性、倾向性"问题，坚持"制度面前人人平等，执行制度没有例外"的原则，严肃查处违反制度的行为，坚决杜绝做选择、搞变通、打折扣等现象，不断增强制度的权威性和执行力，让制度管用见效，从而不断提升高校治理效能。同时，高校也要提高制度的科学性和规范性，做到与时俱进，不断提升规章制度的建设成效。

参 考 文 献

[1] 李斌. 走出"体制性困局"：新时代的乡镇（街道）管理体制改革及其路径选择：以杭州市为分析个案［J］. 中共杭州市委党校学报，2021（4）：87-96.
[2] 腾建勇. 新时代高校党建高质量发展的思考与探索［J］. 思想理论教育，2021（2）：74-78.
[3] 牛月永. 增强党的政治领导力［N］. 学习时报，2019-11-18（2）.

[4] 靳诺,徐志宏,王占仁,等. 习近平总书记关于教育的重要论述研究笔谈[J]. 思想理论教育导刊,2020(9):4-20.

[5] 杜玉波. 加快推进大学治理体系现代化[N]. 光明日报,2020-04-07(13).

[6] 张烁. 把思想政治工作贯穿教育教学全过程 开创我国高等教育事业发展新局面[N]. 人民日报,2016-12-09(1).

[7] 山红红,刘娟,申倩. 高校党委教师工作部建设现状及发展对策探究[J]. 北京教育(德育),2021(4):25-29.

[8][9] 钟秉林,李志河. 试析本科院校学科建设与专业建设[J]. 中国高等教育,2015(22):19-23.

[10] 贺祖斌. 推进高等教育治理体系和治理能力现代化建设[J]. 中国高等教育,2020(8):41-43.

Improvement of "Six Strength" to Advance Modernization of University Governance System and Capacity

Abstract: We need to enhance the modernization of university governance system and capacity, which is the requirement of the cause of our party and country, and the inner driving force for development of universities. In order to achieve such goals, universities are supposed to strengthen the following "six powers" combined with their specific realties. The first is to strengthen political leadership to guarantee the overall party leadership over universities. Second is to improve the strength of guiding version to take root in China to run universities. The third is to raise the level of talent cultivation to better serve the country and society. The fourth is to expand academic influence to promote the construction of disciplines and specialties. The fifth is to cultivate cultural cohesion to create a clean and upright environment. The sixth is to improve the implementation of system to translate the institutional advantages into effective governance. Based on this, universities should be more creative and build their own characteristics to increase the level and ability of education.

Keywords: institution of higher education, governance system, governance capacity, innovative development

高职院校治理制度性危机与消解
——基于制度合法性的内控机制视角

陈玉华① 邵红梅②

从 2019 年国务院出台的《国家职业教育改革实施方案》，到 2020 年教育部等九部门印发的《职业教育提质培优行动计划（2020—2023 年）》，以及近期相关部门密集配套"三教"改革、产教融合、"1+X"证书试点、高职扩招等印发的 30 多个政策文件，还有各省相继出台的职业教育改革实施方案，为职业教育集聚和释放了一批政策红利，标志着我国职业教育已经走向了提质培优、增值赋能内涵式发展的新时代。为推进国家和各省关于职业教育改革的举措落地见效，多数高职院校结合自身实际，制定、修订了一批涉及人事、资产、教学、科研改革等的管理制度。制度要在实施过程中产生相应效力，其制定过程首先要获得认同和接受，即取得应有的合法性，否则就会陷入制度性危机，影响制度效力发挥。本文从制度合法性的内部控制视角，探讨在职业院校深化改革、提质培优的背景下，高职院校治理制度性危机的表现及消解对策，以期促进多主体参与办学的协同治理模式改革和内外部治理效能提升。

一、高职院校进入多主体参与治理的新阶段

作为一种有着广泛需求、具有特定功能的类型教育，职业教育在中国充分展示出其强大的自我完善能力和旺盛的生机活力。2019 年，全国普通本专科院校招生人数达到 914.9 万人，其中普通专科招生 483.6 万人。在现代制造业、战略性新兴产业和现代服务业等领域，一线新增从业人员 70% 以上来自职业院校。从总体来看，高职院校已逐渐从规模扩张进入内涵建设阶段，但一定程度上仍然存在重条件建设、轻质量提升，重规模扩张、轻内涵发展，对专业数量、招生规模关注多，对影响人才培养的要素重视不够的问题，高职院校质量、结构与地方经济社会发展的需要尚有差距。

2017 年 10 月在党的十九大上，习近平总书记指出："必须坚持和完善中国特色社会主义制度，不断推进国家治理体系和治理能力现代化，坚决破除一切不合时宜的思想观念和体制机制弊端，突破利益固化的藩篱，吸收人类文明有益成果，构建系统完备、科学规范、运行有效的制度体系，充分发挥我国社会主义制度优越性。"从党的十八届三中全会提出"坚持和完善中国特色社会主义制度，推进国家治理体系和治理能力现代化"，到党的十九届四中全会提出"全面实现国家治理体系和治理能力现代化，使中国特色社会主义制度更加巩固、优越性充分展现"，党和国家推出了 1600 多项改革方案，促进了中国特色社会主义制度的完善、国家治理体系和治理能力现代化水平的明显提高，为政治稳定、经济发展、文化繁荣、民族团结、人民幸福、社会安宁、国家统一提供了有力保障。2019 年，习近平总书记在甘肃考察山丹培黎学校时，从"实体经济是我国经济的重要支撑，做强实体经济需要大量技能型人才，需要大力弘扬工匠精神"的战略高度，做出了"发展职业教育前景广阔、大有可为"的重大论断。以习近平同志为核心的党中央对职业教育的重视程度之高前所未有，推动职业教育改革发展的力度之大前所未有，我国职业教育迎来了新的重大发展机遇。面对"双高计划"等新一轮改革任务和职业教育改革发展的新的历史机遇，高职院校内部治理结构开始从"党委领导、校长负责、教授治学、民主管理、依法治校"向"党委领导、校长负责、教授治学、民主管理、社会参与、依法治校"转变，校理事会等"社会参与"方式在高职院

---

① 陈玉华，中国高等教育学会理事，成都航空职业技术学院党委副书记、副院长、教授，研究方向为高等职业教育与教学。
② 邵红梅，成都航空职业技术学院团委副书记，研究方向为高等职业院校内部治理与内部控制。

校内部治理中发挥着越来越重要的作用，高职院校决策权成为各利益相关方共同的治理权，校内外多元主体和利益相关方将在学校重大决策中发挥作用。

二、高职院校治理制度性危机

高职院校权利主体多元、社会参与度高的特征，决定了其内部控制机制更加复杂，治理的制度性危机出现概率更高。《行政事业单位内部控制规范（试行）》提出，"行政事业单位内部控制是单位为实现控制目标，通过制定制度、实施措施和执行程序，对经济活动的风险进行防范和管控"。内部控制是完善学校治理结构的重要保障，内部控制的核心是"制定制度、实施措施和执行程序"，其中合法合规的制度设计是基石。

经过高等职业教育创新发展行动计划、职业院校管理水平提升行动计划、优质高职院校建设、"双高计划"院校建设等多个重大项目的推动，多数高职院校在内部治理方面都取得了较大进展，基本构建起了党委统一领导、党政齐抓共管、部门各负其责的教育领导体制和运行机制。2020年9月印发的《职业教育提质培优行动计划（2020—2023年）》从职业教育"下好一盘大棋"出发，规划设计了10项任务、27条举措，职业教育"大有作为"的实践进入白热化阶段。产教融合、校企合作是职业教育的基本办学模式，《国家职业教育改革实施方案》明确了要发挥企业重要办学主体的作用，党的十九大报告提出职业教育要深化产教融合、校企合作。全国现有1000多个职教集团，但有效运作的、切实对人才培养模式改革产生推动作用的还不到1/7。在新一轮改革中，高职院校治理制度性危机主要表现在产教融合不够深入，教育和产业"一头热、一头冷"的现象频发，混合所有制办学停留在概念层面，各大职业教育集团定位尴尬，等等。

以上危机产生的根本原因在于，制度未能将各利益相关者的治理权有效配置；具体原因则在于，政府对校企协同育人、社会力量参与职业教育办学的政策性引导不足，企业参与职业教育的优惠政策和激励措施相对缺乏，企业并没有履行实施职业教育的义务，校企协同人才培养模式不健全，专业设置与产业需求、课程内容与职业标准、教学过程与生产过程的对接不够深入。这些危机直接引发了职业教育人才供给和产业需求不完全适应，人才培养层次类型与产业发展需求不完全匹配的人才供需结构性矛盾。

三、高职院校治理制度性危机的消解对策

在全面推进国家治理体系和治理能力现代化的大背景下，对于以制度为基础的高职院校治理来说，着眼于制度合法性重建、决策内部控制机制健全、多元协同治理模式完善，无疑是推动高职院校治理制度性危机消除的方向和路径。

（一）重构程序合法的制度制定过程

减少高校各相关利益方腐败发生的制度性因素，可以促进高校廉政建设和保障办学目标的实现。制度在学校正常运行，不仅要求规章制度要有合法合规的内容，在制定程序上也必须合法合规。要确保内部控制建设三步骤"制定制度、实施措施和执行程序"的合法合规，首先要求制度制定过程，即高职院校制度制定程序流程的公正、公平和合理。制度制定程序应将专家论证、企业行业参与等环节固定下来，应设置制度明确要求师生员工、校友、企业行业代表等多元主体参与到制度制定过程中。

（二）健全基于制度合法性的决策内部控制机制

内部治理的核心和抓手是高校内部控制建设。当前，高职院校内部控制机制改革已被推到改革前沿，通过改革决策内部控制机制可以牵引和带动高职院校内部治理的整体改革。高职院校内部控制包括业务层面和单位层面，业务层面内部控制机制是学校依法办学的内在基础，单位层面内部控制机制是学校依法办学的重要保证。单位层面内部控制由决策机制、执行机制和监督机制等主要环节构成。制度不仅能规范议

事决策机制,也体现议事决策意志,其合法性建设影响着决策机制的建立健全,从而影响整个内部控制效果。

《国家职业教育改革实施方案》指出,职业教育制度标准还不够健全,配套政策有待完善,对于新时期职业教育制度建设提出了更高更新的要求。内部控制是为了防范风险,主要通过协调好制度的制定、实施、执行来推动学校多元办学主体的利益达到相互制衡,同时实现动态平衡。对高职院校单位层面关键风险点的识别应从组织架构、体制机制、制度设计、流程再造和信息系统等方面入手,其中的制度设计对于内部控制来说是关键要素,因此,高职院校被赋予了自主决策和管理的权限。为了让高职院校在法律、法规赋予的权力范围内履行法定的责任和义务,高职院校的办学体制改革和育人机制改革需要创新制度支撑,内部控制必须建立以规章制度为总依托的法治体系。

高职院校决策内部控制机制主要通过五个方面的内容实现治理的平衡:一是决策领导机构。根据上级规定和职业院校特点,设立党委会、院长办公会、学术委员会等对规定范围内的事宜进行决策。二是决策制度。通过制定"三重一大"相关制度和议事规则,对决策范围、规则和制度修订进行规范。三是决策流程。通过建立科学、民主的决策流程,让师生参与重大决策过程,对重大决策进行专家论证和合法性审查,防范决策风险。四是决策执行。建立良好的组织和程序,通过具体业务部门和各类领导小组(办公室)的有效运转和执行来完成任务。五是决策监督。由校内纪检监察部门、审计部门、教职工代表大会、党员代表大会、学生代表大会和团员代表大会等机构,根据决策级别对决策过程和执行进行监督检查并及时提醒执行部门改进。高职院校应完善决策内部控制机制,实行权力的合理分配和运行,有效避免决策代表个人意志或处罚奖惩不分明的现象发生,从而推动单位层面内部控制机制的完善、内部治理水平的提升和依法治校目的的实现。(见图1)

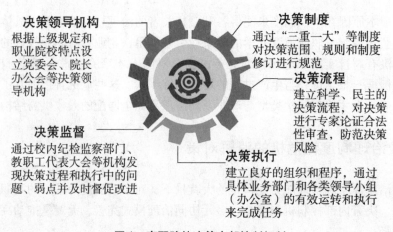

图1　高职院校决策内部控制机制

(三)建立基于协同治理理念的多元协同治理模式

在教育领域综合改革全面深化,教育改革的系统性、整体性和协同性亟待增强之际,中共中央、国务院印发了《深化新时代教育评价改革总体方案》,强调"到2035年,基本形成富有时代特征、彰显中国特色、体现世界水平的教育评价体系",提出将重点评价职业学校德技并修、产教融合、校企合作、育训结合等情况,扩大行业企业参与评价,引导培养高素质劳动者和技术技能人才。高职院校尤其是公办高职院校是典型的利益相关者组织,不同利益相关方有不同的诉求。引入协同治理理念,建立完善利益相关者参与的治理机制,是消解高职院校治理制度性危机、充分发挥教育评价指挥棒作用的重要途径。

协同治理理念是治理结构的一个研究范式,属于交叉学科理论,源于自然科学领域,是一个旨在以协同论来提升治理效能的理念,最早由德国的物理学家赫尔曼·哈肯提出并运用在物理系统关系方面。面对新的改革发展形势,传统的管制型、行政型的管理模式已经不能适应职业教育的改革和发展要求,多利益主体共同参与、协同共管的多元协同治理模式成为必然。协同治理机制建立在利益相关者相同的价值追求基础之上，是通过一系列协同行为，推动各方朝着共同的方向发展，并最终实现各方主体的诉求。多元化协同治理的正式性、动态性和跨部门性等特征，使得协同理论的研究和应用延伸到社会科学领域、深入到高职内部治理中显得越来越有必要。

高职院校治理是利益相关者参与院校重大决策的治理结构和过程，其核心在于决策权力由政府的唯一管理主体和单一权力中心向利益相关者的多元管理主体和权力中心的转移与重新分配，各利益相关者共同拥有对学校的治理权。完善多元主体参与的治理结构，协同是核心，制度是基础。产教融合难以深入，校企协同育人"一头热""一头冷"的困境，究其根本在于缺乏上位的系统制度设计，缺乏对高职院校各治理主体的协同一致的制度约束与规定。

决策权是各利益相关者参与学校重大决策的一种体现，这种决策权正往多元治理主体转变。由于校友、政府、行业企业等外部利益相关者对公办高职院校的决策和管理行为的监督十分有限，高职院校办学成效难以得到量化和比较，这使得我们对治理进行评价存在实际困难。因此，一方面，我们需要通过制度设计，鼓励利益相关者参与治理，将多元主体纳入学校决策体制中，成立由政府、行业企业、校友等利益相关者参与的校级层面的理事会等决策机构，使行业企业与职业院校形成区域性、行业性的教育集团，分专业设置吸引企业等利益相关者参与的校企合作委员会；利用信息化手段促进多元主体参与的校院两级决策机构的功能实现，通过协同治理促成诉求达成一致，促使治理更加兼顾各利益相关者的权益，更有利于学校当前和长远的发展。另一方面，我们要构建教育与产业融合发展评价指标体系，引导行业企业、社会力量参与到高校治理中来，在专业设置、应用研究、校园建设、财务管理、社会培训等领域吸收利益相关者参与，以构建多方协同治理的新局面。

参 考 文 献

[1] 陈子季. 职业教育从"大有可为"到"大有作为"[N]. 中国教育报，2020-10-13（9）.

[2] 赵丽生，茹家团，李荣，等. 高职高专院校治理：内部控制［M］. 北京：经济科学出版社，2016：18.

[3] 尹晓敏. 利益相关者参与逻辑下的大学治理研究［M］. 杭州：浙江大学出版社，2010.

[4] DE LEEUW R R, DE BOER A, MINNAERT A. What do Dutch general education teachers do to facilitate the social participation of students with SEBD? [J]. International journal of inclusive education, 2020 (11).

[5] ROBERT C. Educational hazards? The politics of disaster risk education in Rio de Janeiro [J]. Contents, 2020 (4).

[6] 林炊利. 核心利益相关者参与公办高校内部决策的研究［D］. 上海：华东师范大学，2013.

[7] 张立荣，冷向明. 协同治理与我国公共危机管理模式创新：基于协同理论的视角［J］. 华中师范大学学报（人文社会科学版），2008（2）：11-19.

[8] 吴大进，曹力，陈立华. 协同学原理和应用［M］. 武汉：华中理工大学出版社，1990.

[9] 张康之. 合法性的思维历程：从韦伯到哈贝马斯［J］. 教学与研究，2002（3）：63-68.

[10] 肖芸. 论大学治理权的制度性危机与合法性重建［J］. 郑州大学学报（哲学社会科学版），2010（4）：171-173.

[11] 邵红梅，武智慧，张寒露. 基于制度合法性的公办高职院校内部控制机制探究［J］. 中国职业技术教育，2019（25）：71-77.

Governance of Institutional Crisis and Resolution in Higher Vocational Colleges

Abstract: Vocational education directly faces and serves the whole situation of economic development. Vocational education and general education are two different types of education and has an equal status. In the key stage of winning the "hardest battle" in the comprehensive reform of education and the connotative development of improving quality, cultivating excellence and value-added empowerment of vocational education, we should pay more attention to the governance of institutional crisis and resolution in higher vocational colleges, and to analyze the main representations and internal causes of the institutional crisis. Based on the perspective of internal control mechanism of institutional legitimacy, this paper puts forward the crisis resolution countermeasures of reconstructing the institutional legal formulation process, perfecting the internal control mechanism of decision-making, and the diversified collaborative governance model based on the concept of collaborative governance, achieving the balance of external legitimacy and internal compliance of the authority operation of multiple subjects.

Keywords: governance right of higher vocational colleges, institutional crisis, governance structure, integration of production and education, internal control

以章程实施督导助推大学治理现代化[①]
——基于湖南省高校章程实施专项督导的实践

彭学文[②]

章程是高校依法自主办学、实施管理和履行公共职能的基本准则,是现代大学制度的重要体现方式,章程建设是高校治理体系和治理能力现代化建设的核心内容。2011年11月,教育部发布《高等学校章程制定暂行办法》,在全国范围内正式开展高校章程建设工作。到2016年,全国高校基本完成了章程的制定和核准,实现了"一校一章程"。但"天下之事,不难于立法,而难于法之必行",章程的实施比制定更重要。通过实施章程,促进大学治理现代化,是大学章程建设中一个迫切需要回答的新问题。[1]章程实施使章程从纸面上落实到了实践中,是推动高等学校依法办学、提高治理水平的重要途径。[2]政府、高校和社会都期待通过章程的制定和实施,推进和完善"党委领导、校长负责、教授治学、民主管理、社会参与"的现代大学制度,促进学校治理体系的现代化,提升人才培养质量,促进高等教育内涵发展和"一流大学"建设。但在现实中,大学章程的实施面临诸多亟待解决的问题,总体上存在筹备上欠完备、态度上欠主动、行为上有选择、结果上有偏差等有限响应的特征。[3]这导致制定出台的章程往往被束之高阁,未能落实到治校实践中,同时,以章程为统领的规章制度"废、改、立"工作进展缓慢,重要配套制度尚未建立,章程实施机制还未完善。[4]2019年2月,中共中央、国务院印发《中国教育现代化2035》,将"推进教育治理体系和治理能力现代化"作为立足当前、着眼长远的十大战略任务之一,并提出"提高学校自主管理能力,完善学校治理结构,继续加强高等学校章程建设"的具体任务。因此,高校章程核准后的实施任重而道远,需要一套行之有效的机制来推进章程持续落实,以便在大学治理中发挥应有的作用。

一、开展章程实施专项督导的必要性分析

面对章程实施中存在的问题与困境,以专项督导形式推动章程实施,是大学章程建设的重要内容与环节,是推进高校治理体系和治理能力现代化的重要途径,具有必要性和很强的现实意义。

(一)开展章程实施专项督导,是全面推进依法治校和构建现代大学制度的必然要求

法为治之本。我国颁布了高等教育法,从法律上规范了高校办学方向和基本制度。很多高校依据高等教育法制定了章程。有了章法,就应该依法依章运行,执行校纪校规,使高校发展做到治理有方、管理到位、风清气正。开展高校章程实施专项督导就是要切实推动学校落实章法,坚持正确办学方向,提升学校治理的现代化水平。高校也唯有加强章程实施工作,"按章办学"的局面才可能形成,依法治校才可能取得真正突破,现代大学制度才可能逐步构建。开展专项督导有利于推动全省高校章程实施工作,有利于提高依法治校能力、加快构建现代大学制度。

(二)开展章程实施专项督导,是夯实"放管服"改革、提升大学治理能力的迫切需要

2017年3月,教育部等五部委联合印发了高教领域"放管服"改革文件,在编制岗位、职务评聘、

[①] 课题来源:湖南省教育科学规划课题高校党建研究专项(XJK14DJA004)。
[②] 彭学文,湖南工商大学党委组织部、统战部副部长,博士,讲师,研究方向为地方高校发展与治理。

学科专业设置、科研经费等很多方面给予了高校更大的自主权,高等教育行政管理以及高校内部治理必将面临新的重大挑战。高校须进一步完善治理体制机制,加快构建"党委领导、校长负责、教授治学、民主管理、社会参与"的现代大学制度,提高治理能力,才能做到权力"下得去,接得住,用得好"。主管教育行政部门也须进一步创新教育行政管理手段,强化事中事后监管,提高"依法治教"的能力和水平,才能"管得好"。以专项督导为手段,推动高校章程实施工作,加快构建科学的高校治理机制,夯实制度体系,有利于高等教育简政放权、放管结合、优化服务改革工作的顺利推进。

(三)开展章程实施专项督导,是教育行政部门履行章程实施指导与监督功能的职责所在

《高等学校章程制定暂行办法》规定:"高等学校的主管教育行政部门对高等学校履行章程情况应当进行指导、监督;对高等学校不执行章程的情况或者违反章程规定自行实施的管理行为,应当责令限期改正。"省属高校的教育行政主管部门,对全省高校章程执行具有指导和监管职责。教育督导是政府对教育工作进行监督、检查、评估、指导的法律手段,实施教育督导的实践也表明,专项督导是一种行之有效的教育行政治理方式。因此,通过开展章程实施专项督导,督促各高校加快推进章程实施,强化宏观管理,是省级教育行政管理部门的职责所在。

二、湖南省高校章程实施专项督导的实践探索

为促进高校章程的实施,完善高校内部治理,有学者提出,应以评估来促进章程的实施,通过评估的形式来描绘出大学章程实施的"厚度"与"质量"的"数据集"。[5]一些机构和地方也进行了有益的实践探索,如教育部政策法规司委托华中师范大学开展"全国高校章程执行情况评估课题"调研,新疆、河北、福建、山东等地以抽查、督查、调研、评估等多种途径和方法对高校章程落实进行督促、指导。2017年5月,湖南省教育厅和省教育督导委员会办公室印发了《湖南省高等学校章程实施工作专项督导办法》,并于2018年5月—2020年7月,以各高校章程核准时间为序,对29所省属本科高校和57所高职专科院校的章程实施进行全覆盖的专项督导。

(一)章程实施专项督导的实施主体

由谁来实施高校章程实施专项督导关系到督导工作的专业性、权威性。我国高校章程实施方面存在的主要问题是政府对我国大学章程实施的关注度不高。回顾我国大学章程近年来的建设与发展,正是由于政府的强力推进,才使得我国大学在较短时间内完成了章程的制定与核准。然而,国家政策并未及时跟进,政府对大学章程的实施也未给予足够的关注。[6]为此,湖南省的高校章程实施专项督导在省委、省政府的统一领导下进行,由省教育厅、省教育督导委员会办公室组织开展。该专项督导项目成立了全省高等学校章程实施情况专项督导工作领导小组,由省教育督导委员会副主任、省教育厅厅长任组长,有关厅委领导为成员;成立了全省高等学校章程实施情况专项督导专家委员会,由国家督学担任委员会主任,省级督学任委员。在此基础上,该专项督导项目还组建了两个督导组,分别由省教育厅两位副厅级领导任组长,负责总体指挥;由省属高校的原党委书记和原校长任执行组长,对督导工作统筹把关;由省教育厅督导室和政策法规处等职能部门的负责人、省教育厅法律顾问、从高校抽调的教育法学教授及政策法规处等处室的负责人任组员,具体负责查阅资料、访谈人员及现场反馈、初步评分等工作;每个督导组还配备了一名省教育厅工作人员,负责中层干部章程知识测试及师生对章程实施满意度调查的组织、统计、反馈等工作。

(二)章程实施专项督导的内容与标准

专项督导的内容由章程建设本身的内容与实施的任务决定。章程实施的困局主要源于文化环境的制约、原有管理制度的路径依赖、章程实施推动主体的缺失等。[7]针对存在的问题及原因,经过多次调研、讨论,湖南省根据现代大学治理体系制定了《湖南省高等学校章程实施工作专项督导指标体系》,构建了以章程实施的组织领导情况、本校章程内容掌握程度与章程实施满意情况、章程主要规定落实及配套制度

建设为主要内容的章程实施督导内容体系。一是明确督导重点内容。把握大学治理的组织架构，重点督查党委领导下的校长负责制根本领导制度执行、校院两级管理体系运行、学术组织作用发挥、大学文化建设、师生合法权益保障、办学社会需求对接六个方面的情况。二是科学设计指标体系。指标体系分为学校和领导重视、成立章程实施相关职能机构、章程宣传学习、中层干部章程内容掌握程度、学生和教职工关于章程实施的满意度、党委领导下的校长负责制、校院两级管理机制建设、学术管理机制建设、民主管理机制建设、社会参与机制建设、师生权益保护机制建设、法治工作机制建设、章程实施机制建设等具体内容，明确每项指标的具体评分标准和评分办法，科学设置各项指标的分数权重。三是鼓励特色工作。设计总分为10分的特色加分项，对形成了特色鲜明、示范性强、有一定影响力的章程实施工作经验，在中央主流媒体做典型经验报道或全国性会议上进行交流发言，产生了良好的社会影响的酌情加分。

（三）章程实施专项督导的方法与程序

科学的督导方法与严密的督导程序是专项督导取得预期成效的重要保障。湖南省高校章程实施专项督导按照自查自评、网上督导、现场督查、结果评定发布、整改核查五个阶段依次推进，对全省所有公办高校，用3年时间，分7个批次进行。一是开展网上督导。接受督导的高校在省教育督导网络平台上传自查报告和附件，并自评打分，在学校官方网站开设专栏，公示自查自评情况；评估专家在网络平台上对学校自查情况进行审阅。二是开展现场核查。现场核查由督导组进驻所督导的高校，用一天的时间，通过听取汇报、章程内容测试、满意度测评、查阅资料、个别访谈等方式对有关指标进行调查核实，并初评计分。三是将主观测评与客观检查相结合。督导组在每所学校随机抽30名中层干部进行章程内容的闭卷测试，并在每所学校随机抽50名教职工和50名学生进行章程实施的满意度测评，与学校领导班子成员、相关职能机构和院系负责人代表、学术委员会委员和教职工代表大会代表个别谈话，了解章程实施情况。同时，核查章程实施过程中的原始材料，如查阅党委会、校长办公会记录纪要，考核党委领导下的校长负责制执行情况；查阅各项规章制度是否符合章程规章，形式是否规范。

三、高校章程实施专项督导的性质与特征

对湖南省高校章程实施专项督导的实践探索进行总结分析，我们可以发现，高校章程实施专项督导是教育主管部门作为督导主体，依据一定的标准与程序，对各高校章程实施的过程及结果的质量、效果、效益等方面进行评估、指导、督促的活动，是国家规定的教育督导的一种具体形态。其目的是促进各高校提高对章程的认识，推进章程的实施，进而推动依法治校，提高高校的治理水平。湖南省高校章程实施专项督导具有专业性、权威性、政策性和鲜明的问题导向性等特征。

（一）章程实施专项督导的专业性

督导专家组由在章程建设方面具有长期实践经验或较深理论研究的高校领导、教授及章程实施有关职能部门的负责人组成，并根据专家个人的专业和工作经历进行组内分工，如由法学教授负责法治建设方面，由曾任学校党政办公室主任或组织部负责人的专家负责党委领导下的校长负责制方面。同时，每位专家独立负责某一方面的内容，独立评估打分，其专业权力受到充分尊重。在独立打分的基础上，小组再集体讨论，初步确定所督导高校的基本情况、存在问题和每一项指标的具体得分，最后由组长统筹把关。督导专家组在现场向高校领导班子反馈时，根据组内集体确定的意见，由每位专家就其负责的内容向学校反馈情况，提出建议，确保督导评估的客观性、专业性。

（二）章程实施专项督导的权威性

专项督导的权威性主要体现在以下两个方面：一是组织实施的权威性。湖南省的高校章程实施专项督导经省教育厅厅长办公会研究通过，报分管教育的副省长审批同意后，由省教育厅发布文件，召开动员部署大会再正式实施。高校章程实施专项督导同时也得到了教育部的支持和指导，召开动员部署大会时，教

育部政策法规司巡视员出席并讲话。所以，专项督导是政府的一种行政行为，是对高校政策落实的行政检查，具有行政的权威性。二是在结果运用方面的权威性。专项督导的结果作为对被督导高校及其主要负责人进行考核的重要依据，对被评为优秀等次的高校予以通报表彰，授予"湖南省现代大学制度建设先进高校"奖牌并奖励经费；对被评为合格等次的高校予以通报表彰；对被评为不合格等次的高校给予通报批评，并对主要负责人予以诫勉谈话。同时，专项督导结果被纳入省"双一流"建设以及依法治校示范校建设的评价体系。

（三）章程实施专项督导的政策性

专项督导以党和国家政策、法律为准绳，依据各高校核准的章程开展督导，主要体现在以下两个方面：一是有明确的政策依据。《高等学校章程制定暂行办法》第三十一条规定了高等学校的主管教育行政部门对高等学校履行章程情况进行指导、监督的职权。2016年，教育部《依法治教实施纲要（2016—2020年）》明确规定："要健全章程核准后的执行和监督评价机制建设，督促学校以章程为统领，完善内部治理结构和规章制度。"省教育厅作为省属高校的行政主管部门，对全省高校章程执行情况负有指导和监管职责。二是督导组在督导工作过程中严格执行党和国家的政策、法律。督导组按《湖南省高等学校章程实施工作专项督导办法》的要求，以《中华人民共和国高等教育法》《关于坚持和完善普通高等学校党委领导下的校长负责制的实施意见》《高等学校学术委员会规程》《学校教职工代表大会规定》《普通高等学校理事会规程（试行）》等党和国家的政策、法律为依据，检查各高校的各项制度是否符合党和国家的政策、法律，是否符合本校章程，同时检查各项具体制度是否落实、落地，是否取得了预期效果，并提出关于落实政策的督导意见。

（四）章程实施专项督导的问题导向性

问题是时代的声音。湖南省高校章程实施专项督导通过强化督导结果运用，切实发现、解决高校章程实施过程中存在的问题，推动章程的实施，提高依法办校水平，达到以督促学、以督促改、以督促建、以督促用的实际效果，主要体现在以下两个方面：一是通过严查找问题。在督导过程中，督导组通过个别访谈、查阅原始材料等方式，发现所督导高校在章程实施过程中存在的薄弱环节与突出问题。在现场核查结束时，督导组成员分别向所督导高校全体班子反馈初步情况，主要是反馈网上督导和现场核查时发现的问题，并提出针对性建议。经专家委员会评审和领导小组审核后，督导意见书也着重分析了高校章程实施过程中存在的问题，提出了整改要求。二是严肃整改问题。对于评定等次为不合格的高校，在接到督导意见书后30日内向省教育厅、省教育督导委员会办公室提交书面整改方案，6个月内完成整改任务并接受现场复查。获得其他等次的高校在接到督导意见书后按要求整改，并在3个月内将整改落实情况书面报告省教育厅、省教育督导委员会办公室备查。

专项督导通过对全省所有公办本科和高职高专院校章程实施情况的全覆盖，增强了高校领导干部和师生对章程的认知认可，提升了依章办学意识，促进了学校完善章程统领下的各项制度建设，完善了高校内部治理结构，提高了高校的治理能力与水平，效果是比较明显的。当然，作为现代大学制度建设的枢纽工程，章程实施是一个复杂、艰巨和长期的过程，不可能毕其功于一役。高校章程实施专项督导只是政府指导监督推动高校章程实施的外部力量，还需要在政府和高校的持续、协同努力下，进一步深化改革，激发高校依章治校的内在动力：一是各高校要将章程实施纳入日常工作，从大学文化、组织机构、制度建设等方面构建章程实施的长效机制。二是政府部门要进一步简政放权，落实高等学校办学自主权，激发高校实施章程、依法依章自主管理的内在动力。三是在专项督导结束后，要将高校章程实施情况纳入高校领导班子考核、巡视及"双一流"评估建设的内容，建立章程实施监督的常态化机制。

参 考 文 献

[1] 朱家德. 大学章程实施比制定更重要 [J]. 中国高教研究. 2016 (6)：65-69.

[2] 孙霄兵. 推进大学章程实施 提高高校治理水平 [J]. 中国高等教育, 2016 (19): 5-7.

[3] 凌健, 毛笛. 高等教育政策执行中的有限响应与反思: 以A省地方高校章程建设为例 [J]. 复旦教育论坛, 2018, 16 (6): 44-49.

[4] 李芳莹, 眭依凡. 大学内部治理能力提升: 理念共识、实践路径、问题与挑战: 基于对大学领导者的访谈 [J]. 西北工业大学学报 (社会科学版), 2020 (2): 31-37.

[5] 陈大兴. 以评估推进大学章程实施 [N]. 中国社会科学报, 2017-08-03 (4).

[6] 欧阳光华, 叶晓力. 论新阶段我国大学章程建设困境 [J]. 现代大学教育, 2019 (1): 90-97+113.

[7] 张猛猛. 大学章程实施的当下困境与破解之策: 基于新制度主义的视角 [J]. 江苏高教, 2019 (3): 37-43.

Promoting the Implementation of University Charter by Supervision and Guidance: Based on the Practice of Special Supervision and Guidance on the Implementation of University Charter in Hunan Province

Abstract: The vitality of university statutes lies in its implementation. Under the situation that public colleges and universities nationwide basically realize the "One School, One Constitution", special supervision of the charter is an inevitable requirement for comprehensively advancing the rule of law and building a modern university system and an urgent need to improve the governance capabilities of colleges and universities and consolidate the reform of "Decentralization, Management and Service". It is also the responsibility for the education administration department to perform its supervision and guidance functions. Based on the superior policies and national laws, the supervision expert group of Hunan education department adopts the combination of online supervision and on-site supervision to carry out special supervision on the implementation of the regulations of association of all public undergraduate and higher vocational colleges in the province through methods and means such as teacher-student satisfaction evaluation, articles of association knowledge test, access to original materials, individual interviews, problem feedback and rectification within a time limit. With its professionalism, authority, policy and distinct problem orientation, the expert group has effectively promoted the implementation of the regulations for association of colleges and universities in the province. Its experience and practices are worth summarizing and popularizing.

Keywords: university charter, charter implementation, supervision and guidance

第四篇　普及化阶段高等教育发展的未来趋势

深化粤港澳大湾区高校合作研究[①]

张 敏[②] 张 猛[③]

一、引言

2019年2月，中共中央、国务院印发《粤港澳大湾区发展规划纲要》（以下简称《纲要》），提出打造粤港澳大湾区教育和人才高地，要求推动三地教育合作发展。《纲要》明确支持粤港澳高校合作办学，鼓励联合共建优势学科、实验室和研究中心；充分发挥粤港澳高校联盟的作用，鼓励三地高校探索开展相互承认特定课程学分、实施更灵活的交换生安排、科研成果分享转化等方面的合作交流；支持大湾区建设国际教育示范区，引进世界知名大学和特色学院，推进世界一流大学和一流学科建设。2019年2月，中共中央、国务院发布的《中国教育现代化2035》也明确提出了深化粤港澳高等教育合作交流，促进教育资源特别是高等教育相关的人才、科技、信息等要素在粤港澳大湾区的高效流动，促进泛大湾区的高校合作。2019年8月发布的《中共中央 国务院关于支持深圳建设中国特色社会主义先行示范区的意见》，要求深圳应"充分落实高等学校办学自主权，加快创建一流大学和一流学科"。国家对粤港澳大湾区高校合作提出了一系列重要意见和要求，开展大湾区高校合作的系统性研究正当其时。《纲要》发布两年来，大湾区高等教育建设步入了快车道，大湾区内地9市有20所新高校筹建或开始动工，其中有8所是与港澳高校合作办学的，超过30个粤港澳大湾区高等教育单位正在不断推进高校、大学校区、研究生院等的建设。

（一）文献回顾与评述

截至目前，已有学者从促进粤港澳大湾区高等教育融合发展的重要性、现状、机遇与挑战等方面进行了综合研究论述，较为清晰地梳理了大湾区教育资源的分布、各区域教育特点、教育合作的情况和存在的困难与机遇。欧小军（2018）、卢晓中（2019）对世界三大湾区高校集群发展状况进行了分析与研究，通过比较各湾区发展特色，总结发展经验，认为在湾区一体化建设中，高等教育融合发展建设起到了重要作用，集群发展模式应当因地制宜发展，根据实际经济发展状况、文化因素等探索符合实际情况的融合发展模式。何吴钰等（2019）肯定了推进粤港澳大湾区高等教育融合发展建设的重要意义，分析了内地与港澳地区推进教育融合存在的挑战与不足，提出应当结合内地与港澳的资源优势，加强交流合作，以更为开放包容的心态加强学术交流。谢爱磊等（2019）指出，基于粤港澳地区的地理位置与相关配套产业的资源优势，发展高等教育融合具有相对充实的经济基础。与此同时，有学者指出，在未来的融合发展过程中，应当更加注重顶层设计与制度创新，重视产学研结合与国际化交流合作，多领域提升高等教育融合发展的质量。曾一帆（2019）梳理了粤港澳地区教育发展现状，重点针对当前粤港澳地区已经开展的高等教育合作现状提出了相应的政策性建议，认为在人才培养模式、学科建设、科研合作、高校交流等方面应当采取恰当措施，有序推进高效融合发展，加强整体交流合作，推进更加高水平的大湾区建设。关于合作

[①] 课题来源：深圳市教育科学规划2020年度重点课题"深化粤港澳大湾区教育合作研究"（ZDFZ20007），哈尔滨工业大学（深圳）2019年度质量工程建设项目"《资本论》选读"。
[②] 张敏，哈尔滨工业大学（深圳）马克思主义学院执行院长，教授，研究方向为教育发展、高校管理。
[③] 张猛，哈尔滨工业大学（深圳）经济管理学院高级讲师，研究方向为高等教育、政治经济学。

促进的机制，许长青、常玉梅（2019）认为高校合作可以采用"强制性＋诱致性"混合制度变迁策略，焦磊（2018）则研究了大湾区高校联盟的构建策略。还有一批学者从具体专业和行业方面［如商科（尤彧聪、易露霞，2019）、艺术（胡骁，2019）、职业教育（冼雪琳、安冬平，2017）等］开展了相应的研究。

在建设粤港澳大湾区国家战略的实施中，高等教育合作是重要一环。大湾区高校合作方面的研究成果数量近期出现快速增长。我们通过中国知网用关键词"粤港澳大湾区高等教育合作"进行检索，发现2019年之后收录文章20篇，而2018年只有4篇，总量虽然还不多，但可见对其的关注度在增加，在国家战略的推动下有可能成为研究的热点。另外，研究视角更加多元，学者从不同角度对粤港澳大湾区的教育资源、合作基础进行了较全面的分析。

相关研究的主要不足表现为以下三个方面：一是实操性程度有待提升，对现实存在的问题的研究需要更深更透，很多解决方案和政策建议还达不到可实施的程度。二是难以突破思维定式，重复习惯性思路较多，创新还不够显著，表现在缺乏能够回应经济、社会发展变化大趋势，明确地指出哪些学科应该具体通过怎样的优先发展来破解何种现实问题的研究，而更多见的是以自我为中心的讨论，主观判断过多，客观研究不足，对市场需求、社会环境等外延性调查研究不够。三是欠缺国际视野，对港澳教育体系了解不深，战略前瞻性不足。

（二）粤港澳大湾区高校合作的潜力与意义

知识创造和人才培养是粤港澳大湾区创新发展的重要支撑，粤港澳大湾区核心城市在高等教育方面各具优势，但在实现智力资源充分流动、创新观点得以充分激发方面还存在一些障碍。随着粤港澳大湾区建设的逐渐开展，大湾区高等教育发展迎来了新机遇。

首先，研究粤港澳大湾区三地高教资源结构，优化高校资源配置。随着粤港澳大湾区建设的逐步推进，三地在合作与交流的过程中逐渐凸现出各自在教育上的短板与不足。港澳地区开放较早、开放程度高，具有更加广阔的国际化视野，更加适应全球发展趋势，但其缺乏产业支撑，生源受限，优秀科技人才的就业面非常狭窄，无法充分发挥港澳地区优质教育资源潜力。广东高等教育领域仍存在一些短板，尽管其高等教育规模较大，各层次高等教育覆盖率较高，但大而不强，教育质量与港澳相比仍有较大差距，另外，广东高校的国际化程度较低，缺乏广阔的国际化视野。因此，只有三地融合发展，才能多方获益：港澳高校的科学技术研究需要广东产业的支撑，内地高校培养国际化人才则需要借助港澳经验。据此，我们应该从宏观上提出优化高校资源融合发展的思路。

其次，研究高校合作中的制度差异，探索合作模式的创新，识别和分析重点合作领域。参考欧美发达国家、亚洲国家和地区高等教育的合作实践，高等教育的集群式发展有利于高校交流合作、加强学科交叉协同、促进学术资源互联互通，能增强具有不同学科优势的大学之间的交流与合作。在实际应用中，我们应通过开放课程互选、学分互认、校企合作、科研资源互享、项目联合申报等方式开拓高校集群内各高校的人才发展空间，增进学术交流，多领域提升人才培养水平，增强人才的综合素质与竞争力。高校合作不只局限于高校之间，政府、高校、企业都有参与的空间。因为管理体系的差异会使一定的现实壁垒存在，所以我们应该通过创新合作模式来应对。另外，粤港澳大湾区高校的结构性差异使得一些领域可以先行先试，但还需要进一步挖掘和研究。

最后，挖掘大湾区高校合作的潜力，促进高教资源紧缺地区的高质量发展。深圳作为改革开放之后崛起的新城市，高教事业起步较晚，严重落后于深圳的经济发展水平。在《中共中央 国务院关于支持深圳建设中国特色社会主义先行示范区的意见》的要求和指导下，2019年9月10日，深圳市委、市政府在全市教育大会中发布了《关于推进教育高质量发展的意见》，提出"打造与城市地位相匹配、中国一流、世界先进的现代教育"的建设目标，希望加快推进教育高质量发展，以先行示范区的标准推动新时代深圳教育工作走在前列。目前，深圳正在研究如何通过加强粤港澳大湾区高校合作来补短板，从而促进深圳高教事业的高质量发展。

当前，高等教育总体上有与社会需求脱节、过度学术化而脱离实践等问题。粤港澳大湾区创新经济、

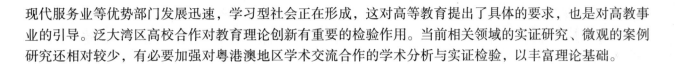

现代服务业等优势部门发展迅速，学习型社会正在形成，这对高等教育提出了具体的要求，也是对高教事业的引导。泛大湾区高校合作对教育理论创新有重要的检验作用。当前相关领域的实证研究、微观的案例研究还相对较少，有必要加强对粤港澳地区学术交流合作的学术分析与实证检验，以丰富理论基础。

二、粤港澳大湾区内高校分布特点与主要合作方向

《纲要》的颁布，标志着粤港澳大湾区加强区域交流合作、推进大湾区一体化建设的正式开始。建设粤港澳大湾区是为了推进内地与港澳的合作与交流，在经济、文化、技术、教育、卫生等领域进一步深度融合发展，汇集各方优势资源，打造出具有全球影响力的重要核心区域。高等教育合作作为粤港澳大湾区建设的重要组成部分，对加强内地与港澳文化交流合作，推动粤港澳大湾区实现创新发展，增强港澳同胞爱国意识，促进深圳高等教育先行示范路径的研究，都具有重要意义。

（一）粤港澳大湾区高校合作的结构性特点

实现粤港澳大湾区的高等教育资源共享，优化教育资源的配置，提升内地与港澳地区的优势互补、资源互利，推进共赢建设格局，是建设粤港澳大湾区的必要环节，也体现了新时代高校发展的趋势。新时代高校发展要主动应对国内外百年未有之大变局，服务国家战略，满足经济转型需要，推动创新引领，加快"一带一路"建设，助力构建"人类命运共同体"。高等教育应以人民为中心，加强以人为本的意识，培养全面发展的建设人才，而粤港澳大湾区高校合作有利于人才培养。粤港澳大湾区高校发展要服务于"一国两制"，促进区域融合，加强港澳与内地的相互理解和深入合作。粤港澳大湾区高校的布局在数量、质量、学科、分布等方面有以下三个主要的特点。

首先，粤港澳大湾区高校资源分布不均，高等教育发展水平差异较大。一方面，从整体上看，粤港澳大湾区是全国高校资源极为丰富、水平较高、规模较大的地区；另一方面，高校分布严重不均衡。广东省高校数量约为150所，但教育资源高度集中在广州，其中有中央部门直属高校5所，均坐落于广州。香港高校质量和规模优势明显，香港大学、香港中文大学、香港科技大学世界排名靠前，香港城市大学、香港理工大学等紧随其后，香港高校学生规模约为18万人（包含非香港本地学生3万人），教育国际化水平高。澳门即使人口较少、面积较小，也有高等院校10所，全日制学生3万多人，其中内地学生占近40%。澳门大学经全国人大批准，在珠海横琴岛建设和启用了新校园。反观粤港澳大湾区部分城市，高校数量严重不足，2017年《经济观察报》评选的"最缺高校城市"的排行榜中，佛山、深圳和东莞分别位列第一、第二、第四名。深圳近年来通过高校办学模式创新，正在迅速追赶，南方科技大学、哈尔滨工业大学（深圳）、香港中文大学（深圳）、深圳北理莫斯科大学、深圳技术大学等设有本科教育的高校已经招生，还有一批高校和规划的高教园区将陆续建成。而佛山、东莞因各种原因，高水平的高校较少，但目前也在稳步推进高校建设。

其次，高校合作已取得较大进展，但也存在现实障碍。①合作方面。以2005年广东珠海设立首家具有独立法人资格的合作办学机构北京师范大学－香港浸会大学联合国际学院为起点，2012年广东省又设立了国内第二家内地与港澳台地区合作办学机构——香港中文大学（深圳），2017年由中俄两国元首倡导建立的深圳北理莫斯科大学正式开学，2018年香港科技大学（广州）正式挂牌。在市场的推动下，港澳高校的MBA（工商管理硕士）等热门专业教育已经开始在广东布局。2019年，东莞市政府宣布一所冠名"粤港澳大湾区"的大学将在东莞设立。广东省内的教育合作、跨市办学也有实质性发展，如中山大学、华南理工大学、暨南大学等高校在深圳、珠海、佛山等地也有开展办学。此外，暨南大学等高校在澳门也开展了办学活动。②存在的障碍。港澳与内地高校教学理念与模式不尽相同，存在较大的制度、文化、资源差异，大湾区高校交流合作将面临诸多困难与不便，政策管理、培养体系、师资水平、学科结构、信息系统、观念文化、语言等可能会成为阻碍高校合作的软性壁垒。

最后，高校合作的需求迫切，高教互补性强。港澳高校在国际化水平、教育理念、管理模式、师资水平等方面具有优势，有不少学科处于世界一流水平，但本地经济体量和人口体量较小，限制了科研范围和

学生就业。而广东省高校在生源质量、产业支持、实验基地、科研开发等方面有优势，但在国际化人才培养上还有较大的欠缺。在推进"一带一路"和粤港澳大湾区建设，中国经济正在向创新发展转型的大背景下，通过高教合作，可实现粤港澳优势互补，从而助力高校发展与产业结合，打造南方教育高地。粤港澳高等教育一体化发展有利于推动粤港澳大湾区的建设，可为该地区提供优质人才，有利于实现高教的现代化和国际化。

由此可见，在建设粤港澳大湾区教育和人才高地的背景下，加强高校合作属于政策鼓励、市场需要、社会关注的重要问题。加强合作，取长补短，具有很大的现实前景。

（二）粤港澳大湾区高校合作的互补性领域

在《纲要》精神指导下，结合粤港澳大湾区科技创新、产业布局，加强粤港澳大湾区高等教育融合发展建设的重点在于符合国家战略，顺应市场需求，遵照政府引导。港澳高校科技研究国际化水平高，但产业支撑不足。而广东省高新制造业、现代服务业较为发达，具有广阔的合作前景。粤港澳大湾区和"一带一路"建设需要大批国际化人才，港澳高校在此方面有更多经验，可以与内地高校深入合作。上述两个方面的矛盾为港澳与内地高校合作开辟了新思路。

1. 港澳高水平高校与本地产业结构之间的矛盾

香港和澳门大学的学科门类齐全，国际化水平高，但港澳地区经济体量较小，产业结构以金融、贸易、旅游、物流等第三产业为主，制造业尤其是高科技产业的发展空间有限。这直接导致了港澳高校中科学与技术专业的毕业生就业面狭窄，毕业生薪资偏低，优秀学生不愿意报考，进而影响了自然科学与技术专业的发展，这在一定程度上浪费了高校的优质资源。如图1所示，在几大类专业的比较中，香港高校的本科、授课型研究生（专业研究生）、研究型研究生（学术型研究生）毕业后，在商科金融、社会工作和医学专业都有较好的收入回报，而理学、工学、人文专业的毕业生则薪资较低。

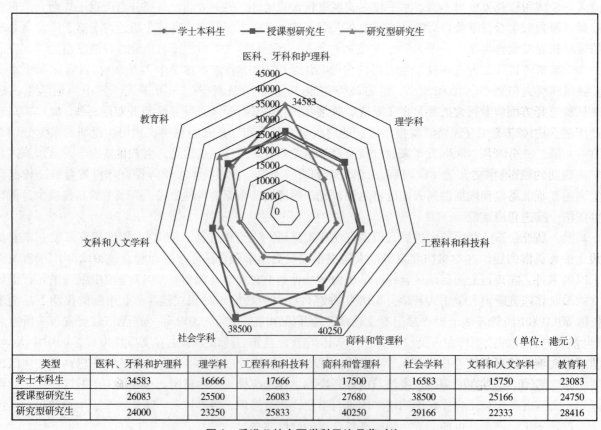

类型	医科、牙科和护理科	理学科	工程科和科技科	商科和管理科	社会学科	文科和人文学科	教育科
学士本科生	34583	16666	17666	17500	16583	15750	23083
授课型研究生	26083	25500	26083	27680	38500	25166	24750
研究型研究生	24000	23250	25833	40250	29166	22333	28416

图1 香港八校主要学科平均月薪对比

来源：薪酬网

香港高校毕业生的薪资分布水平与内地高校有较大差异，受惠于中国的经济发展、工业化进程、超大规模的国家建设、"一带一路"建设和经济转型升级等，工科专业的计算机、土木建筑桥梁、电子通信、材料、机械等专业都是内地高校的热门报考专业。如果香港、澳门的高校在理学和工学领域加强与内地高校的合作，便能够使资源得到合理优化。

2. 内地国际化人才的紧缺与高校国际化视野不足的矛盾

习近平总书记以构建人类命运共同体为基本理念，发出了共建"一带一路"的倡议，以积极加深全球伙伴关系，推进全球治理体系改革。"一带一路"倡议秉持共商、共建、共享的全球治理观，努力消除旧秩序里西方世界和非西方世界之间的贫富悬殊，深度参与国际秩序调整，携手应对全球气候变化等挑战。《纲要》中明确提出，要把粤港澳大湾区打造为"一带一路"重要支撑区。港澳与内地高校科技类合作的前景研究和国际化经济管理人才的联合培养研究，可服务于粤港澳大湾区和"一带一路"建设。粤港澳大湾区建设作为一项国家战略，是"一带一路"的重要支撑平台。

无论是推动"一带一路"建设，还是粤港澳大湾区建设，都需要一大批国际化高水平人才，但目前广东高校在此方面存在短板。此外，经济、管理、法律、金融、社会工作等领域都需要一大批既懂国际规则，又熟悉国内业务的人才。这为香港、澳门与内地高校建立合作提供了想象空间。

三、粤港澳大湾区高校合作的模式与路径

高校合作并无明确的概念界限，范围比较宽广。鉴于粤港澳大湾区集中体现了我国"一国两制"的特点，涉及三个海关、三种货币等方面的差异，为高校合作增加了协同效果的同时，也带来了协同难度，粤港澳大湾区高校合作具有一定的特殊性，应从合作模式、区位选择和政策利用上推动粤港澳大湾区高校合作。

合作模式可以通过多种方式开展。一是高校之间的人才培养，包括机制性的学分互认、学生和教师交换、学历学位教育合作、委托培养等方式。二是科研合作，包括科研资源共享、联合科研攻关、课题联合申报等。三是政府协调，包括高校与地方政府、其他高校、大型组织合作组织新的学校、校区、研究机构、实验室等。四是高校与产业融合发展，包括办学合作相关的业务、文化融合、产业生态等。合作模式可以灵活多样，但要与国家战略、市场需求紧密结合，避免"拍脑袋"决策和"面子工程"。

区位选择方面应兼顾多方面利益。首先，港澳和内地高校应以市场化观念展开双向合作，港澳高校可以积极进入内地市场，与合作伙伴（高校、政府、企业）合作，内地高校也应积极主动进入香港、澳门的教育市场，充分利用对内地市场的认知优势和产业联系，积极发展在香港、澳门的业务。其次，高校资源相对匮乏的城市要更加积极参与多层次的高校合作，例如，深圳与其他一线城市相比，明显存在高等教育方面的短板，粤港澳大湾区高校合作能为深圳的高等教育建设带来机遇，有利于其加快引进高水平的大学和学科，推进重点实验室集群建设等。《中共中央 国务院关于支持深圳建设中国特色社会主义先行示范区的意见》提出，应以深圳为主阵地建设综合性国家科学中心，使其在粤港澳大湾区国际科技创新中心建设中发挥关键作用。这对深圳高教事业发展提出了更高的要求，深圳高等教育也应该借助"双区"建设的有利条件，实现赶超。类似的，佛山、东莞等城市也应该大力参与粤港澳大湾区的高校合作。

高校合作应充分利用国家相关部门和地方政府给予的扶持政策。关于高校对外合作业务的法规有《中华人民共和国中外合作办学条例》等。另外，教育部重视粤港澳大湾区教育合作与交流，在《纲要》颁布后，积极谋划粤港澳大湾区教育合作的发展，与广东省政府共同制定了《教育部 广东省人民政府共同推进粤港澳大湾区教育合作发展 支持深圳建设中国特色社会主义先行示范区工作备忘（2019—2020年）》。我们应切实研究政策利好，为粤港澳大湾区高校合作的合法合规发展奠定基础。

参 考 文 献

[1] 许长青，郭孔生. 粤港澳大湾区高等教育集群发展：国际经验与政策创新 [J]. 高教探索，2019

(9): 5-13.

[2] 谢爱磊,李家新,刘群群. 粤港澳大湾区高等教育融合发展:背景、基础与路径 [J]. 中国高教研究,2019 (5): 58-63+69.

[3] 李家新,谢爱磊,范冬清. 区域化发展视角下的粤港澳大湾区高等教育合作:基础、困境与展望 [J]. 复旦教育论坛,2020,18 (1): 84-90.

[4] 李晶. 改革开放四十年来粤港澳高等教育合作的回顾与前瞻 [J]. 现代教育论丛,2019 (5): 42-48.

[5] 卢晓中,卓泽林. 湾区高等教育的形成与发展:基于粤港澳大湾区与旧金山湾区比较的视角 [J]. 高等教育研究,2020,41 (2): 90-98.

[6] 章熙春. 实现粤港澳大湾区高等教育高水平发展的着力点 [N]. 光明日报,2019-03-11 (16).

[7] 马早明,俞凌云,杨励. 粤港澳大湾区视域下澳门高等教育发展:机遇、挑战与应对策略 [J]. 华南师范大学学报(社会科学版),2019 (5): 12-17+189.

[8] 焦磊. 粤港澳大湾区高校战略联盟构建策略研究 [J]. 高教探索,2018 (8): 20-24.

[9] 李晶,刘晖. 粤港澳大湾区高等教育整合的逻辑与进路 [J]. 高等教育研究,2018,39 (10): 31-36.

[10] 陈先哲,陈雪芹. 多中心之下的融合创新:粤港澳大湾区高等教育集群的挑战与出路 [J]. 苏州大学学报(教育科学版),2019,7 (2): 13-19.

[11] 欧小军. "一国两制"背景下粤港澳大湾区高水平大学集群发展研究 [J]. 现代教育管理,2018 (9): 17-22.

[12] 何吴钰,钟敬强,曾一帆. 粤港澳大湾区高等教育融合发展研究 [J]. 商业经济,2019 (10): 33-34.

[13] 曾一帆. 粤港澳大湾区高等教育协同发展态势研究 [J]. 现代教育科学,2019 (3): 48-51+73.

[14] 尤彧聪,易露霞. 粤港澳大湾区商科教育校企深度合作创新驱动模式和路径研究:基于高等教育供给侧改革视角 [J]. 高教研究与实践,2019,38 (1): 53-59.

[15] 胡骁. 粤港澳大湾区建设背景下的舞蹈高等教育交流合作机制研究与探索 [J]. 艺术教育,2019 (11): 82-83.

[16] 冼雪琳,安冬平. 粤港澳大湾区高等教育现状及合作模式探讨 [J]. 深圳信息职业技术学院学报,2017,15 (4): 7-11.

[17] 裴普,朱晴雯. "一带一路"背景下粤港澳大湾区的定位与走向 [J]. 人民法治,2019 (11): 42-45.

Research on the Construction of Higher Education Highland in Guangdong-Hong Kong-Macao Greater Bay Area

Abstract: The 2019 "Development Plan of Guangdong-Hong Kong-Macao Greater Bay Area" proposes to build a highland of education and talents in Guangdong-Hong Kong-Macao Greater Bay area, which requires to promote the development of education cooperation. The development of higher education in Greater Bay Area has ushered in new opportunities. The focus of strengthening the integrated development and construction of higher education in Greater Bay Area is to comply with the national strategy and the market demand. The internationalization level of scientific and technological research in Hong Kong and Macao universities is high, but the industrial support is insufficient; however, the high-tech manufacturing industry and science and technology industry in Guangdong are advanced, which brings broad prospects for cooperation. New ideas, modes and policies should be launched to promote the substantive development of university cooperation in Greater Bay Area.

Keywords: Guangdong-Hong Kong-Macao Greater Bay Area, higher education cluster, education and talent highland

国际化应用型大学建设的研究[①]

刘宏伟[②] 荆丽雯[③] 刘露露[④] 严锐帆[⑤]

一、应用型大学的发展概况

应用技术大学在20世纪60年代中期开始兴起于以联邦德国为代表的欧洲国家。这种大学是一种新型的高等教育形式，在德国，该类型的高校与传统研究型大学（Universität）在名称上就有区别，应用技术大学被称为Fachhochschule，也就是英文中的University of Applied Science，可以翻译成"应用科学大学"。初期，应用技术大学的建设方式主要分为三种途径：新建、升格和改造。改革之前，欧洲的应用型教育包括职业院校和应用技术学校且通常被纳入中等教育的范畴。[1]随着各国颁布了一系列法案和政策，应用技术大学被纳入高等教育体系并获得合法地位。1976年联邦德国颁布了《高等教育总纲法》，1986年荷兰颁布了《高等职业教育法案》，1993年奥地利通过了《应用技术大学法案》。[2][3]在政策和社会经济需求的推动下，应用技术大学在欧洲地区（包括德国、瑞士、英国、荷兰等国家）进入高速发展的时期，院校数量、学科覆盖、在校生数量等量化指标都大幅上涨。2013年年底的统计数据显示，德国应用技术大学的注册在校生人数达到了高校在校生总数的1/3。

欧洲应用技术大学的出现和高速发展的动力主要来自两方面：一是顺应社会经济发展规律，二是服务区域经济建设需求。衡量国家社会经济发展水平的主要指标包括GDP（国内生产总值）、城镇化率和产业结构等。欧洲国家应用技术大学出现时期的社会经济背景为人均GDP达到3000～6000美元；城镇化率超过50%；第一产业农业在产业结构中的比重持续下降，第二产业工业制造业在产业结构中的重要性开始降低，第三产业服务业的比重上升。中国经历了改革开放后的经济腾飞，在2010年人均GDP达到5000美元，2019年突破10000美元大关。我国常住人口的城镇化率在2013年达到53.73%，到2018年年末，城镇化率提升至59.58%，城镇化发展快速且依然具备潜力。随着经济社会的发展，我国的产业结构从新中国成立前的纯农业国逐步发展优化，截至2005年，我国农业、工业和包括服务业在内的其他产业比重为17.0∶45.8∶37.2。第一产业比重持续下降，第二和第三产业的重要性逐步提高。GDP增长的模式从由第一产业带动转变为由第二、第三产业带动。

可以看出，21世纪的中国经济形势和欧洲应用技术大学兴起年代的经济形势有很多共性，快速增长的经济总量和不断转型升级的产业格局对劳动力能力的升级提出了进一步的要求。行业和企业对用工的需求不再只是能完成单一、机械的操作，而是产生了大量对既掌握理论知识又具备应用实践能力的高水平应用型技术人才的需求缺口。同时，高端制造业和服务业的发展将技术领域进一步细化，产业分布也变得更具特色，而应用技术大学在区域经济发展中提供了智力动能。比如，德国奔驰汽车公司所在地斯图加特地区，当地的应用技术大学都以汽车以及与汽车相关的电子、机械制造等专业为特色，产业和大学的发展互为辅助。

中国正处在产业升级转型的关键时期，在这样的社会经济背景下，建设应用型大学成为时代的必然选

[①] 课题来源：广东省教育科学规划课题"应用型技术大学的评估体系和实践教学人才培养"（2018GXJK164）。
[②] 刘宏伟，深圳技术大学教务部主任，教授，研究方向为高等教育。
[③] 荆丽雯，深圳技术大学教务部职员。
[④] 刘露露，深圳技术大学教务部职员。
[⑤] 严锐帆，深圳技术大学教务部职员。

择。2014年发布的《国务院关于加快发展现代职业教育的决定》指出,"探索本科层次的职业教育";同年,教育部等六部门印发的《现代职业教育体系建设规划(2014—2020年)》明确提出,"鼓励举办应用技术类型高校"。[3] 这两份文件为应用型高校的发展提供了政策法规上的保障。文件中同时指出,中国应用型高校的建设途径分为两种:一是由一批已有的本科高等学校向应用型高等学校转型;二是当独立学院转设为独立设置的高等学校时,鼓励其以应用型高等学校为自身定位。在经费和招生等方面,政策对应用型高校有所倾斜,以鼓励和支持应用型本科层次职业教育的发展。另外,中国应用型大学的建设也应当与欧洲一样,考虑区域性产业特色,与区域产业协同发展。

二、德国应用型大学特点

前文已经提到,德国应用技术大学的办学具有明显的区域特征。因此,德国应用技术大学在培养目标、专业设置、课程设置等方面都是为区域经济发展服务。

专业设置着力对接区域产业和全国性产业需求。例如,德国经济最发达的巴伐利亚州拥有最发达的汽车和电子等产业基础,建在巴伐利亚州的著名公司总部包括奥迪、宝马、英飞凌、西门子等。这一地区也孕育了著名的应用技术大学,包括慕尼黑应用技术大学、雷根斯堡应用技术大学、维尔茨堡-斯维尔因富特应用科技大学等,其汽车和电子等学科也不断为当地产业的发展提供支撑。在对接全国性产业需求方面,像医疗教育、康复技术和护理教育等专业在近几年的高速发展正是为了适应德国全国老龄化的趋势,从而为老年人提供更好的心理和生理方面的健康需求。

在课程体系设置中,德国应用技术大学的理论教学与实践教学并重。与传统的综合型大学相比,应用技术大学更强调对学生实践能力的培养。在学制上,学校会额外安排一个学期的企业实习,同时可以在企业实习中寻找实际的课题完成毕业项目和毕业论文。在日常课程上,学校会增加实践环节的安排,更多的实习实训机会能帮助学生将理论学习与实践应用相结合。同时,应用技术大学在课程设置上配置了自然科学基础课、专业基础课、专业课程等。德国在进行学校课程设置时,由各州文化与教育部门联席会议和大学校长联席会议共同把握定位和路线,对于专业的培养计划框架(包括课程数量、课程安排等)以及具体课程的考试大纲都给出明确的要求,以期达到教学水平的统一和对各学校教学质量的保障。

德国的大学只有教授的职位概念,而没有职称概念。符合教授职位任职要求的候选人可以直接通过州政府的招聘来应聘。对于应用技术大学的教授职位来说,除了要求应聘者拥有博士学位以外,还要求应聘者具有3年以上的企业工作经验,并承担过重要的企业项目。这样的师资背景使得学校有更多的与企业对接的资源,同时,教授自身的企业工作经验会在授课过程中潜移默化地传递给学生。

传统型大学科研主要是进行前沿的基础性研究。目前,应用型大学也愈发重视科研,但是这个科研以应用型研究为主,以服务产业发展为导向,面向服务地方经济和企业。德国的应用技术大学最初的办学目标是培养高水平的工程师、设计师等应用型人才,属于以授课为主的高校,主要培养本科和硕士研究生层次的人才。近年来,在逐步发展的过程中,德国的应用技术大学获得了培养应用型博士研究生的资格,因此,学校除了教学以外,还肩负了从事应用型科研的职能。应用技术大学和传统大学在长期的发展过程中产生了越来越多的共性,但是应用技术大学依然以注重学生实践能力的培养为特色。

德国应用技术大学由于增加了实践和实习环节的要求,因此,对学生毕业的学分要求比综合型大学要高。比如,雷根斯堡应用技术大学的电子和信息工程专业对于本科生的毕业学分要求为210学分[ECTS(欧洲学分互认体系)],而慕尼黑理工大学对同一专业学生本科毕业学分要求为180学分。学制上,传统型大学通常须完成6个学期的学习,而应用技术大学须完成7个学期的学习才能达到毕业要求。

三、在中国创办应用型大学的办学思路

教育部发布的关于"十三五"时期高等学校设置工作的意见指出,我国高等教育总体上可分为研究型、应用型和职业技能型三大类型。应用型高等学校主要从事服务经济社会发展的本科以上层次应用型人

才培养,并从事社会发展与科技应用等方面的研究。如何在中国创办高起点、高水平、高标准建设的应用型大学,如何探索出真正适应中国应用型大学的办学方式,培养具有国际视野、工匠精神的本科及以上层次应用型人才,应从应用型大学的发展理念、学科建设、人才培养模式、教师引进培养及考核等方面进一步研究和明确。

(一) 对接地区产业发展的学科建设

我国的应用型大学应以满足社会发展需求为前提,以实现深度产教融合为目标,在学科设置上紧密围绕应用型大学所在地的产业需求,实现专业链与产业链的对接。其应借鉴德国应用技术大学协同育人的实践经验,充分利用学校所在地的产业优势,与区域内科技龙头企业、行业协会和科研院所深度合作,积极探索学校发展与区域经济发展的联动效应。以粤港澳大湾区为例,在经济全球化和高新科技飞速发展的背景下,当今产业急需大数据与人工智能、智能制造与机器人、新材料和新能源、创意设计等行业的重点人才来实现专业链与产业链的对接,这要求应用型大学的学科建设和应用型人才培养须紧密对接区域经济发展及地方产业特点,在区域产业链、人才链中找到适合应用型大学发展的切入点,加强学科专业建设与地区经济多元化发展的结合,站在更高的起点上实现高质量、高水平的学科发展建设。

与传统高校相比,应用型大学的学科建设应更加侧重于与地区性的产业发展对接与契合,这在国内具有独特性和开创性,也切合地区的发展建设对大量高层次应用型技术人才的需求。

(二) 应用型特色人才培养

1. 实践教学

实践教学作为教学过程的重要环节,是培养学生应用实践能力的重要手段。[4]中国的应用型大学应当以培养学生解决实际问题的能力和创新能力为主要评价标准,除了理论基础知识的传授外,还应更加注重实践教学与实训经验,侧重于工程师、设计师等高端应用型人才的培养。

这些要求具体落实到教学环节上,就是院校应提高实践课程的占比,在培养方案的课程设置中规定充分的课内、课外实践性学时。课内学生在专任实践教师的带领下完成实验课和课内探讨环节、研究实际问题;课外则由学生自主学习,完成与课程相关的项目。学生在掌握专业知识的基础之上,学以致用,进入企业进行实习与实践,深入了解专业相关的行业与产业;通过课程内外的实践教学与实际应用让学生的理论学习与企业实习紧密结合,做到学习与实习之间的相互促进。

2. 校企合作

以实现深度产教融合为目标,充分利用地区产业优势与区域内科技龙头企业、行业协会和科研院所深度合作,是应用型大学的特点之一。与传统高校不同,中国应用型大学的校企合作应具备更大的深度和广度,整合社会各方优质资源,构建"政、校、行、企"互联互通的生态化合作大平台。[5]应用型大学的学生进入企业将更多从事有创新创造需求的工作,并且参与和专业相关的项目研发、开发等实践工作,而非单纯的操作性、重复性工作。大学通过校企合作、产教结合提高学生的实践能力,促进学生与企业之间的联系,对提升毕业生的社会竞争力也大有裨益。此外,校企合作还将推动学校发展及区域经济发展的联动效应,通过共建实习实训基地、共建实验室、共建校企合作课程、校企联合人才培养项目等协同教育方式,使其所培育的人才适应企业发展需求。

3. 国际合作

在如今国家深入实行"一带一路"倡议的背景下,我国应用型大学的建设不仅要重视中国的地区产业发展对接,也要做到与国际接轨,增强国际合作与发展。应用型大学必须达成国际合作,创新国际化人才培养模式,为国家培育具备工匠精神、国际视野的优秀人才。[6]

在办学思路和方式的探讨研究中,高校可通过与德国、瑞士等国家的应用技术大学的国际合作,不断总结适合中国应用型大学发展的办学方法。一方面,德国、瑞士等的应用技术大学教学模式已然成熟,我国高校可在充分考虑自身办学特色的基础上,与国外高校、企业建立深度合作关系,充分吸取国外应用技术大学办学的成功经验;另一方面,由于文化背景、学生个性差异及课程教材的不同,在国际合作中,建议成立专门的团队来开展培养模式等学科专业发展的探索与研究，通过不断与国外专家、国内企业家和高校专家进行探讨交流，得到广泛的理论指导及帮助，从而更有针对性地制定和完善符合中国国情的应用型大学的建设方案。

同时，学校可开设国际课程、双语课程、国际周等活动，为学生提供出国交换学习等项目，帮助学生拓展国际视野，培养学生的国际化思维。未来的毕业生将不仅仅局限于在国内发展，也有机会到国外高校进一步深造，从而具备进入国际一流企业工作的国际竞争力。

此外，学校还可为校内教师提供更多的海外访学机会，使教师在与外籍教授的交流中学习国际先进应用技术大学在培养模式、课程体系、教材开发等方面的经验，再结合国内授课经验，从而总结出真正适合中国应用型大学的经验。

（三）师资队伍

传统大学强调教师的科研能力、学历等，而应用类大学不仅强调科研能力，更强调的是教师的工作经历和实践能力，因此在招聘教师时，不仅应关注教师的学历背景，更应强调其在相关领域的工作经历，还可聘任来自知名企业界的具有丰富产业经验的相关工程技术人员担任特聘教师或者教授。

建设好师资队伍是保证教学质量的关键。学校可在教学环节中聘请高水平、企业经验丰富的工程师、设计师等担任授课教师，使应用型大学的师资队伍更具有针对性和实践性。应用型大学在师资引进和培养方面，应重视教师的行业企业工作背景，专任教师中应有高比例的具有多年先进企业工作经验的工程师、研发精英、技术总工程师等人才。总之，做好外部引进和内部培养，发展学科理论扎实、专业操作能力强、教学效果良好的师资队伍，将有力促进校企合作课程、研究项目和实践实训的推进，符合产教融合的培养理念。

四、结论

应用型大学是高等教育的一种新的发展形式，以满足社会发展需求为前提，旨在培养高水平、国际化、应用型人才。在创办应用型大学方面，以德国为代表的欧洲国家已经积累了近60年的经验，充分借鉴和改进相关办学经验是建设中国特色应用型大学的必经之路。在创办应用型大学的过程中，我们需要充分考虑实践教学、校企合作和国际合作三个方面，以期建成高水平、国际化应用型大学。

参 考 文 献

[1] 佚名. 应用技术大学是国家竞争力的助推器 [J]. 国外职业教育，2014（1）：48.
[2] 陈正. 德国应用技术大学的历史变迁对我国职业教育的启示 [J]. 国家教育行政学院学报，2014（10）：84-88.
[3] 邵建东. 我国应用技术大学建设：挑战与推进策略 [J]. 教育研究，2018，39（2）：75-79.
[4] 苑迅，郭辉，秦昌明. 地方高校应用型人才培养与实践教学体系构建的探索与实践 [J]. 实验技术与管理，2011，28（8）：1-4+19.
[5] 徐金益，于竞. 应用型本科高校转型初期产教深度融合的实现路径 [J]. 教育与职业，2020（13）：46-50.
[6] 谭丽. 地方应用型高校国际校企合作人才培养模式探究 [J]. 科学大众（科学教育），2019（4）：159-160.

The Research and Exploration on the Development of International University of Applied Science

Abstract: The development of Chinese social economy has come into a new stage, it becomes crucial to found universities of applied science with a focus on both theoretical and practical training. Universities of applied science originates from European countries especially in Germany. Such universities gained great success in training students and promoting regional economy development. Some questions still remain unanswered including how to utilize the experience from foreign high-caliber universities of applied science and apply them in Chinese universities. In this paper, the history and development of universities of applied science are first reviewed. Then the characteristics of universities of applied science in Germany are analyzed and summarized. Finally, suggestions are given in terms of how to develop universities of applied science in China.

Keywords: university of applied science, internationalization, practice-oriented education, university-enterprise cooperation, higher education

展望2020—2032年高等教育性别结构变化趋势
——一项基于多模型的预测

刘 文[①]

"结构"一词首先出现在自然科学中，通常被理解成"组成系统的各部分相互结合的方式和比例关系"[1]。结构功能主义学派的兴起，使"结构"作为一种学术话语表达频繁见诸社会科学研究中。例如，文化结构、年龄结构、性别结构等。鉴于人口性结构是指一定时期内一个国家或地区人口构成中的男女比例[2]，我们不妨将高等教育性别结构通俗地理解为高等教育阶段学生性别比例状况。国家教育统计数据显示，2006年我国普通专科在校女生比例开始超过男生，2009年普通本专科总体女生比例超过男生，2010年硕士研究生层次性别比例也发生"反转"，2011年除博士研究生层次外，高等教育阶段学生性别结构全面反转。近年来，女大学生比例超过男大学生的现象持续演进，使"高等教育性别比例"逐渐由坊间热议的现象上升为学术研究议题，进而"新性别差距"（胡振京，2009）、"性别比例失衡"（胡亚莉，2012）、"高等教育女性化"（马宇航、杨东平，2016）、"性别比例逆转"（曹长德，2016）等表达逐渐成为对"女多于男"的高等教育性别格局的学术话语概括。

高等教育性别结构的这种变化不可避免地引发了学者们的一系列思考：关于大学"阴盛阳衰""男孩危机"的争论不绝于耳[3-5]，有关"她时代"女大学生职业生涯规划的探讨逐渐增多[6]，甚至，人们对高等教育性别比例反转后可能对劳动力市场和婚姻市场带来的冲击也给予了诸多关注[7-9]。然而，探讨高等教育性别结构变化对高等教育系统内外部的影响，不能仅仅基于当前现状做简单推断，而必须结合未来一段时期内高等教育性别结构的可能变化状况做出综合预判。目前可知2019年普通本专科教育中在校女生占比达到52.53%（2020年的数据尚未公布），然而未来一段时间（2020—2032年）里高等教育性别结构又将如何演变？"女多于男"的性别格局是继续保持，还是会出现拐点？倘若继续维持，到2032年"女多于男"的程度又将如何变化？这些问题至今仍缺乏一个理性的分析。基于此，本文尝试对2020—2032年我国高等教育性别结构变化状况做出预测。它的意义不仅在于回应上述疑问，以期为探究高等教育性别比例反转对高等教育系统内外部诸方面的影响提供借鉴，更在于或许能为高校和社会有关部门做出制度调整和制定未来规划提供些许参考。

一、文献述评

直接对高等教育阶段学生性别结构变化趋势进行预测的研究成果极其匮乏。斯蒂芬·文森特-兰克林（Stephan Vincent-Lancrin）曾运用时间序列分析法对经济合作与发展组织成员国2006—2025年的高等教育在校女生比例进行预测，认为2025年成员国高等教育在校女生比例平均值将达到58%。[10]然而，该项预测仅孤立地将已有趋势进行外推延展，而并未考虑经济增长、人口变化、高等教育事业发展等其他因素所带来的影响。换言之，将数据变化的既定态势静态延伸至未来的时间序列分析法，仅适合于3~5年内的短期预测。事实上，欲对高等教育性别结构的变化趋势进行中长期预测，则必然无法回避对高等教育在学规模和在校女生数量的预测。虽少有研究涉及后者的测算，但有关前者的预测并非空白。

从已有的研究来看，研究者们对高等教育在学规模的预测或采用时间序列分析法，或借助回归模型，或综合运用上述两种方法。时间序列分析法的固有缺陷（仅适合短期预测），可能导致运用此法得出的中长期预测结果效度较低，故在此不再对运用该法的相关研究进行过多评述。相比较而言，通过对两个变量

[①] 刘文，广西师范大学教育学部讲师，华东师范大学教育学博士，研究方向为高等教育管理、高等教育社会学。

进行关系拟合以构建回归预测模型的方法较为可取。事实上，诸多研究者往往基于高等教育与经济发展之间的密切关系，选取 GDP、人均 GDP 等反映经济发展水平的统计量作为自变量构建回归模型，进而预测高等教育在学规模。胡咏梅、薛海平（2004）分别以 GDP 年均增长率、人均 GDP、财政支出占 GDP 比重为自变量，以高等教育毛入学率为因变量建立回归模型，得出高等教育规模不宜再继续大规模扩张的结论。王宁（2008）通过将高等教育毛入学率与 GDP 进行拟合，构建了幂函数预测模型，认为高等教育规模与经济发展高度正相关。胡德鑫（2016）将 GDP 与普通本专科在校生数纳入对数曲线模型，进而预测 2016—2032 年普通本专科在校生规模。这些研究通过数理计算印证了高等教育规模与经济发展之间的强相关关系，后续预测高等教育在学规模的研究仍可沿用此法。

此外，相关领域也不乏综合运用时间序列分析法和回归模型预测高等教育在学规模的研究。以程瑶、章冬斌为例，他们分别运用线性回归模型、逻辑增长曲线模型、时间序列分析模型预测高等教育在校生数量。[11] 线性回归模型预测，通过对在校生数与 GDP 进行关系模型拟合，假定 GDP 年增长率以计算未来 GDP 值，再根据模型推导未来高等教育在校生数。逻辑增长曲线模型预测建立在未来高等教育适龄人口预测的基础上，随后设定不同的毛入学率目标，进而计算出未来高等教育在校生数。尽管他们采用上述三种模型都获得了合乎一定逻辑的预测结果，但时间序列分析模型的固有缺陷以及设定不同毛入学率的主观随意性，决定了时间序列分析模型和逻辑增长曲线模型的预测效度相对较低。即便如此，他们构建的适龄人口预测模型仍属于较为严谨的，后续其他研究者纷纷沿用[12-14]，本研究亦如此。

通过对相关文献的回顾，我们可获得以下启示：其一，对 2020—2032 年高等教育性别结构的预测属于中长期预测，相较于时间序列分析、逻辑增长曲线预测法，基于两个非时间变量拟合而构建回归预测模型的方法较为可取。其二，对高等教育性别结构的预测不可避免地涉及测算高等教育在校规模和在校女生数量，在运用回归模型进行预测时，除了要重视经济发展与高等教育规模之间的关系，还应当考虑人口变化所造成的高等教育适龄人口和女性适龄人口的波动。其三，高等教育在校女生数与 GDP 的关系并不明朗，对其的预测或许可以借鉴高等教育毛入学率测算公式（高等教育在校学生数/高等教育适龄人口），通过女性高等教育毛入学率与女性适龄人口的乘积来推算。究竟如何推算 2020—2032 年高等教育在学规模和在校女生数，以预估该时段的高等教育性别结构，下文将详细回答。

二、研究设计

（一）研究对象选取

我国高等教育类型多样，教育行政部门通常分成普通高等教育（包括普通研究生教育、普通本专科教育）、成人本专科教育、其他各类高等学历教育（包括在职硕士教育和网络本专科教育）三大类别分别统计高等教育性别比例。然而，成人教育和网络教育的准入条件和培养方式与普通高等教育差异较大，造成其生源的年龄结构和性别结构往往不稳定；此外，它们在高等教育规模中所占的比重不到三成（根据历年教育统计数据整理而得）。正因为如此，许多冠以"高等教育"之名的学术研究通常都以普通高等教育为实际研究对象。本研究涉及高等教育性别比例统计，成人教育、网络教育生源性别结构的不稳定态势决定了不宜将其纳入统计口径。相比较而言，普通本专科生源的年龄结构和性别结构较为稳定，他们几乎都通过参与高考跨入高等教育阶段，18—22 岁已是学界约定俗成的高等教育适龄人口统计区间；而且，他们长期占据普通高等教育在校生规模的 93% 以上（根据历年教育统计数据计算而得）。综合考虑数据的完整性、预测的科学性以及研究的可控性，本研究选取普通本专科教育作为分析对象。

（二）预测的逻辑主线

预测 2020—2032 年普通本专科教育的性别结构，关键在于测算出普通本专科在校生总数和在校女生数量。对前者的预测相对较为简单，对后者的预测因要使用高等教育毛入学率计算公式而涉及女性普通本专科毛入学率和适龄人口两个变量，因此相对较为复杂，整体预测思路包含三条相互交织的逻辑主线：主线一，构建 GDP 与普通本专科在校生数的关系模型，再假定 GDP 的年增长率，以未来 GDP 值推算 2020—2032 年普通本专科在校生总数。主线二，借助适龄人口预测模型，推算出 2020—2032 年普通本专科教育适龄人口与女性适龄人口。主线三，首先，构建普通本专科毛入学率与女性普通本专科毛入学率之间的关系模型；其次，依据 2020—2032 年普通本专科在校生数与适龄人口计算出相应的普通本专科毛入学率；再次，根据上述回归模型推算 2020—2032 年女性普通本专科毛入学率；最后，结合 2020—2032 年女性适龄人口计算出相应的普通本专科在校女生数。

三、预测步骤与结果

看似复杂的预测逻辑，实际上仅包括以下五个步骤：其一，预测 2020—2032 年普通本专科在校生总数；其二，推算 2020—2032 年普通本专科教育适龄人口与女性适龄人口；其三，构建普通本专科毛入学率和女性毛入学率之间的回归模型；其四，测算 2020—2032 年普通本专科毛入学率和女性毛入学率；其五，计算 2020—2032 年普通本专科在校女生数及其占比。

（一）预测 2020—2032 年普通本专科在校生规模将从 3094.3 万人增长至 3777.1 万人

以往关于高等教育在学规模预测的研究，多通过建立 GDP 与高等教育在校生数之间的关系模型来予以估算。参考以往研究并结合现实需要，本研究在考虑数据连贯性和预测科学性的基础上，对 1999—2019 年的 GDP 和普通本专科在校生数进行多重模型拟合，在获得拟合度最佳的回归模型后再假定 GDP 年增长率，以 2020—2032 年 GDP 预测值推算相应的普通本专科在校生数。

表 1 为 1999—2019 年我国 GDP 和普通本专科在校生数的基本情况。据表 1 可知，在经历市场经济体制改革和高等教育扩招后，我国 GDP 由 90564.4 亿元增长至 990865 亿元，普通本专科在校生规模由 413.4 万人增长至 3031.5 万人，两者的变化趋势相似。为了更直观地反映两者间的关系，依据表 1 中的数据对两者进行各种曲线模型拟合，以寻找拟合度最优的关系模型。常用于曲线估计的模型有 11 种：线性、二次曲线、三次曲线、对数曲线、复合曲线、增长曲线、S 曲线、逆函数、幂函数、逻辑函数、指数分布。本研究将普通本专科在校生数设为 y，GDP 设为 x，将表 1 中的数据代入 11 种模型进行关系拟合，反馈结果如表 2 所示。虽然 11 个模型均在 0.001 的显著水平下通过检验，但依据判定系数 R^2 可知仅三次曲线、对数曲线、S 曲线三者的拟合度较好，再结合 F 值综合断定拟合度最佳的模型产生于对数曲线和 S 曲线之中。鉴于随着我国经济发展进入新常态，高等教育迈入普及化，GDP 与普通本专科在校生规模将可能有序地平稳增长，而对数曲线模型所展示出的后续平稳关系可能更符合未来走向。基于上述考量，本研究选择对数曲线模型预测普通本专科在校生数，依据表 2 的参数值可知模型表达式为：$y = -10780.72 + 1000.855 \times \ln(x)$。

表 1 1999—2019 年我国 GDP 与普通本专科在校生数据

年份	GDP（亿元）	在校生数（万人）	年份	GDP（亿元）	在校生数（万人）	年份	GDP（亿元）	在校生数（万人）
1999 年	90564.4	413.4	2006 年	219438.5	1738.8	2013 年	592963.2	2468.1
2000 年	100280.1	556.1	2007 年	270092.3	1884.9	2014 年	641280.6	2547.7
2001 年	110863.1	719.1	2008 年	319244.6	2021.0	2015 年	685992.9	2625.2
2002 年	121717.4	903.4	2009 年	348517.7	2144.7	2016 年	740060.8	2695.8
2003 年	137422.0	1108.6	2010 年	412119.3	2231.8	2017 年	820754.3	2753.6
2004 年	161840.2	1333.5	2011 年	487940.2	2308.5	2018 年	900309.5	2831.0
2005 年	187318.9	1561.8	2012 年	538580.0	2391.3	2019 年	990865.0	3031.5

注：1999—2018 年 GDP 数据来自《中国统计年鉴：2019》，1999—2018 年在校生数据源于历年《中国教育统计年鉴》，2019 年 GDP 和在校生数据来自《中华人民共和国 2019 年国民经济和社会发展统计公报》。

表2 模型汇总和参数估计值

方程	R^2 方	F	df1	df2	常数	B1
线性	0.842	101.532***	1	19	838.382	0.003
三次曲线	0.985	360.092***	3	17	−453.457	0.013
对数曲线	0.977	799.162***	1	19	−10780.720	1000.855
S 曲线	0.980	946.995***	1	19	8.162	−175581.908
二次曲线	0.941	143.537***	2	18	261.210	0.006
逆函数	0.975	751.987***	1	19	2934.666	−245408543.400
幂函数	0.862	118.813***	1	19	0.340	0.671
复合曲线	0.656	36.253***	1	19	857.996	1.000
增长函数	0.656	36.253***	1	19	6.755	0
指数分布	0.656	36.253***	1	19	857.996	0
逻辑函数	0.656	36.253***	1	19	0.001	1.000

注：F 为模型显著性检验统计量，df 为回归分析的自由度，B1 为拟合模型中自变量的系数，P 为模型显著检验值。*** 代表 P 小于 0.001。

根据"十三五"规划（2016—2020 年）制定的 GDP 年均增长率"大于 6.5%"的目标，2019 年我国 GDP 比上年实际增长 6.1%，以及国家信息中心首席经济学家祝宝良通过构建经济增速模型，指出"十四五"期间乃至 2035 年前的 GDP 增速可能维持在 5.2%～6.2% 区间[15]，本文尝试取 5.2%～6.5% 之间的中位值 5.85%，假定该值为 2020—2032 年的 GDP 年均增长率，进而获得这一时段的 GDP 预测值，再依据上述对数曲线模型，测算出 2020—2032 年普通本专科在校生规模（见表3）。由表3 可知，2020—2032 年普通本专科在校生规模将由 3094.3 万人增长至 3777.1 万人。

表3 2020—2032 年 GDP 值与普通本专科在校生规模测算结果

年份	GDP（亿元）	在校生数（万人）	年份	GDP（亿元）	在校生数（万人）
2020 年	1048830.6	3094.3	2027 年	1561497.8	3492.6
2021 年	1110187.2	3151.2	2028 年	1652845.5	3549.5
2022 年	1175133.1	3208.1	2029 年	1749536.9	3606.4
2023 年	1243878.4	3265.0	2030 年	1851884.8	3663.3
2024 年	1316645.3	3321.9	2031 年	1960220.1	3720.2
2025 年	1393669.1	3378.8	2032 年	2074893.0	3777.1
2026 年	1475198.7	3435.7	—	—	—

（二）2020—2032 年高等教育适龄人口和女性适龄人口均呈下降态势

学界通常依据《国际教育分类标准》将 18—22 岁定为高等教育适龄人口统计区间，据此可知，2020—2032 年高等教育适龄人口出生于 1998—2014 年。因此，可依据 1998—2014 年的出生人口基数测定 2020—2032 年高等教育适龄人口和女性适龄人口。程瑶、章冬斌结合出生人口基数和 22 岁前人口死亡变动情况构建了高等教育适龄人口预测模型[16]：

$$P_t = \sum_{i=18}^{22}[BY_{t-i} \times (1-r_1)^8 \times (1-r_2)^{i-8}] \quad BY_{t-i} = \frac{NY_{t-i} + NY_{t-i-1}}{2} \times B_{t-i}$$

P_t 为 t 年的适龄人口总数，BY_{t-i} 为 $t-i$ 年的人口出生数，r_1 指 8 岁前的人口死亡率，r_2 指 8 到 i 岁（8 岁后）的人口死亡率，NY_{t-i} 为 $t-i$ 年的总人口，B_{t-i} 为 $t-i$ 年的出生率。

由模型的结构可知，r_1 和 r_2 的值至关重要，但以往运用此模型的研究均沿用赵岚的假定[17]，该假定在并无充实依据的情况下直接将8岁前死亡率（r_1）定为6‰，8岁后死亡率（r_2）定为4‰，显然有失偏颇。此外，该模型使用总人口数和出生率推算出生人口数，虽然逻辑上并无漏洞，但其信度必然不如《中国人口和就业统计年鉴》公布的基于抽样调查的实际出生人口数。因此，本研究仅沿用第一个模型，并重新度量 r_1 和 r_2。根据模型表达式可知，出生人口数、8岁前人口死亡率（r_1）、8到22岁人口死亡率（r_2）成为预测2020—2032年高等教育适龄人口的关键指标。同理，女性出生人口数、8岁前女性死亡率（$r_{1女}$）、8—22岁女性死亡率（$r_{2女}$）是预测2020—2032年女性适龄人口的重要变量。

1998—2014年的出生人口数据在历年《中国人口和就业统计年鉴》中可查阅获得，女性出生人口数据可结合历年出生性别比推算得知（见表4）。此外，该年鉴也分年龄、性别对全国人口和死亡人口数据予以了统计，但4个死亡率指标仍难以度量。考虑到同龄人中死亡人口相对稀少，统计学上常用千分率来计量，因此，对死亡率的度量应力求建立在普及性和精密度较好的数据上。依据人口学对人口普查数据、人口抽样调查数据和生命事件登记数据的对比可知，人口普查和1%人口抽样调查数据的普及性和精密度相对较好。[18]因此，本研究拟采用较为新近的2010年第六次全国人口普查和2005年、2015年1%人口抽样数据来估算相应的死亡率指标，即对上述年份人口数据中0—7岁人口（女性人口）、8—22岁人口（女性人口）的死亡率分别予以统计，然后计算出3个年份中0—7岁人口（女性人口）、8—22岁人口（女性人口）的死亡率均值分别为1.23‰（1.07‰）、0.41‰（0.26‰），用这些均值相应地指代 r_1（$r_{1女}$）、r_2（$r_{2女}$）。

表4　1998—2014年的出生人口与女性出生人口

（单位：万人）

出生年	出生人口	女性出生人口
1998年	1991	917.4
1999年	1909	870.3
2000年	1771	816.7
2001年	1702	789.2
2002年	1647	749.0
2003年	1599	735.0
2004年	1593	720.2
2005年	1617	739.7
2006年	1584	722.5
2007年	1594	723.8
2008年	1608	729.1
2009年	1591	725.0
2010年	1592	730.4
2011年	1604	736.5
2012年	1635	751.0
2013年	1640	753.7
2014年	1687	781.5

注：1998—2014年出生人口数据来自历年《中国人口和就业统计年鉴》，1998—2014年女性出生人口根据历年出生人口和出生性别比推算而得，2006—2014年出生性别比可从相应年份国民经济和社会发展统计公报中获悉，2000、2005年出生性别比可参照相应年份的人口普查/调查数据，其余年份的出生性别比可参照相应年份《中国人口和就业统计年鉴》中"0岁人口性别比"。

在适龄人口预测模型涉及的相关指标均已获得计量后，遂可依照模型预测2020—2032年高等教育适龄人口和女性适龄人口。表5列出了2020—2032年高等教育适龄人口、女性适龄人口以及相关统计数据，由此可知，普通本专科教育适龄人口总数将由8888万人下降至8039万人，与此同时，女性适龄人口将由4094万人下降至3709.2万人。适龄人口与女性适龄人口纷纷下降的态势与相应的出生人口降低息息相关。

表5 2020—2032年高等教育适龄人口与女性适龄人口预测结果

（单位：万人）

预测年份	高等教育适龄人口预测 18—22岁合计	高等教育女性适龄人口预测 18—22岁合计
2020年	8888.0	4094.0
2021年	8501.8	3913.8
2022年	8190.5	3765.5
2023年	8038.8	3689.5
2024年	7922.6	3623.6
2025年	7870.4	3598.7
2026年	7879.3	3592.8
2027年	7877.3	3597.5
2028年	7852.7	3588.3
2029年	7872.4	3602.2
2030年	7912.8	3629.1
2031年	7944.4	3653.4
2032年	8039.0	3709.2

（三）女性普通本专科毛入学率恒高于普通本专科教育毛入学率

首先，借助《中国人口和就业统计年鉴》并考虑高等教育扩招后的稳定状态以及数据的可获得性，分别统计出2002—2016年18—22岁人口和女性人口，以获得这些年份普通本专科适龄人口和女性适龄人口数据。其次，相应地从历年《中国教育统计年鉴》中整理出2002—2016年的普通本专科在校生数和在校女生数。再次，依照高等教育毛入学率测算公式计算上述时段历年普通本专科毛入学率和女性普通本专科毛入学率。最后，运用SPSS 21对普通本专科毛入学率和女性毛入学率进行线性与非线性拟合，结果发现虽然各种模型均在0.001显著性水平下通过检验，但线性模型的拟合度最优（$R^2 = 0.997$，$F = 4780.2$，两者均最高），其回归方程表达式为$y = 1.248x - 0.044$，其中y为女性普通本专科毛入学率，x为普通本专科毛入学率。据此可判定，普通本专科毛入学率与女性普通本专科毛入学率高度线性相关。

遂依据已测算出的2020—2032年普通本专科在校生数和适龄人口数，计算出相应的普通本专科毛入学率。然后，将上述年份的毛入学率纳入线性回归模型，推算出2020—2032年普通本专科女性毛入学率。由表6可知，2020—2032年女性普通本专科毛入学率恒高于普通本专科毛入学率，反映女性的高等教育入学"优势"将获得延续。

（四）"女多于男"的高等教育性别结构格局在2020—2032年将获得延续

在得出2020—2032年女性普通本专科毛入学率和女性适龄人口数，以及普通本专科在校生数后，该时段普通本专科在校女生数、在校女生占比便随之可得。据表6可知，"女多于男"的普通本专科性别结构在2020—2032年将获得延续，到2032年女生占比将增加至53.26%。至于2032年以后，高等教育性别结构是否会重回"男多于女"的传统格局，我们尚不得知，或许可参照高等教育性别结构已反转多年的欧美国家的变化轨迹做简要预判。

表6 2020—2032年普通本专科教育性别结构预测

参照组		预测组					
年份	女生占比（%）	年份	女生占比（%）	普通本专科总体		女性普通本专科	
				在校生（万人）	毛入学率（%）	在校生（万人）	毛入学率(%)
2007年	49.12	2020年	51.66	3094.3	34.81	1598.7	39.05
2008年	49.86	2021年	51.99	3151.2	37.07	1638.2	41.86
2009年	50.48	2022年	52.21	3208.1	39.17	1675.0	44.48
2010年	50.86	2023年	52.31	3265.0	40.62	1707.8	46.29
2011年	51.14	2024年	52.28	3321.9	41.93	1736.7	47.93
2012年	51.35	2025年	52.38	3378.8	42.93	1769.8	49.18
2013年	51.74	2026年	52.31	3435.7	43.60	1797.1	50.02
2014年	52.12	2027年	52.46	3492.6	44.34	1832.3	50.93
2015年	52.42	2028年	52.58	3549.5	45.20	1866.3	52.01
2016年	52.53	2029年	52.71	3606.4	45.81	1901.0	52.77
2017年	52.54	2030年	52.88	3663.3	46.30	1937.1	53.38
2018年	52.54	2031年	53.07	3720.2	46.83	1974.4	54.04
2019年	51.72	2032年	53.26	3777.1	46.99	2011.8	54.24

四、结论与展望

我国高等教育性别结构于2009年开始反转，倘若按照预测的结果演进，到2032年，其反转态势将历经24年。据一项基于全球190个国家和地区的比较分析，世界范围内高等教育性别结构反转后，女大学生比例高于男生的态势通常不可逆，无论中低收入国家抑或是"女多于男"结构维持40年以上的国家，女大学生占比都会保持在50%~69.5%的区间内。[19]综合上述分析可预判，在未来较长一段时期内，我国女大学生比例高于男生的状况可能会持续。

结合表6，假定2020—2032年女大学生占比均为52%，普通本专科毕业生群体中女生占比也维持在52%，且每年毕业生人数保持2019年的758.5万不变，则每年毕业的女大学生将比男大学生多30.34万，2020—2032年步入社会的女大学生累计比男生多394.42万，恰好相当于2019年的女性大学毕业生规模。上述基于保守估计而推断出的庞大数据，在一定程度上告诉我们：当"女多于男"成为高等教育性别结构的常态格局，新的性别结构关系可能会与传统"男多于女"环境下制定的高校制度和公共服务安排形成内在张力；与此同时，也可能推动高学历女性群体规模增长，进而影响女大学生在劳动力市场中的竞争境遇，甚至带来婚姻市场择偶匹配和供求关系的变化。此外，接受过高等教育的母亲和未接受高等教育的母亲在子代教育中扮演的角色和发挥的功能必然不同。高学历女性越来越多，是否会更有益于子代教育，从而使人口再生产质量得到提高？这一系列问题将可能伴随"女多于男"的高等教育性别结构格局的延续而更加充分地显露或获得更多的关注。对于社会科学研究者而言，有必要在后续的研究中对此展开深入考察；就高校和社会相关部门的管理者而言，应对此具有前瞻性考量，适时、适切地做出相应的制度调整并在管理与服务中加强性别意识。

参 考 文 献

[1] 薛天祥.高等教育学［M］.桂林：广西师范大学出版社，2001：77.

[2] 宋健. 人口统计学 [M]. 北京：中国人民大学出版社，2019：56-58.

[3] 张园园. "她时代"来袭，大学阴盛阳衰？[N]. 中国妇女报，2016-01-05（A03）.

[4] 李文道，赵霞. 男孩危机：一个众多研究数据支撑起的事实 [J]. 中国青年研究，2010（11）：10-16.

[5] 徐安琪. 男孩危机：一个危言耸听的伪命题 [J]. 青年研究，2010（1）：40-46+94-95.

[6] 杨平. "她"时代，女大学生需要职业生涯规划 [J]. 考试周刊，2009（45）：187-189.

[7] 李春玲. "男孩危机""剩女现象"与"女大学生就业难"：教育领域性别比例逆转带来的社会性挑战 [J]. 妇女研究论丛，2016（2）：33-39.

[8] 曹长德. 大学生性别比逆转及其对高等教育的影响 [J]. 安庆师范学院学报（社会科学版），2016，35（1）：138-140.

[9] 唐良君. 高等教育中的性别比例变化对劳动力市场的影响研究 [D]. 天津：南开大学，2017.

[10] VINCENT-LANCRIN S. The reversal of gender inequalities in higher education: an on-going trend [M]. Paris: OECD Publishing, 2008: 266-277.

[11][16] 程瑶，章冬斌. 2020年前适龄人口变化与普通高等教育规模发展趋势分析 [J]. 教育科学，2008（5）：11-14.

[12] 李硕豪，李文平. 2013—2030年我国高等教育规模发展研究：基于适龄人口和经济水平的分析 [J]. 开放教育研究，2013，19（6）：73-80.

[13] 易梦春. 我国高等教育生源供给与需求关系研究：基于人口学的视角 [D]. 厦门：厦门大学，2015.

[14] 胡德鑫，王漫. 2016—2032年我国高等教育规模的趋势预测 [J]. 教育学术月刊，2016（6）：3-7.

[15] 李泽慧. 国家首席经济学家祝宝良：未来5年中国经济的发展趋势及对策分析 [EB/OL].（2020-09-04）[2020-09-13]. http://feng.ifeng.com/c/7zTUoQsQvQW.

[17] 赵岚. 中国农村适龄人口人均预期受教育年限展望 [J]. 教育科学，2006（2）：52-55.

[18] 张羚广，蒋正华，林宝. 人口信息分析技术 [M]. 北京：中国社会科学出版社，2006：15.

[19] 刘文. 国际高等教育性别结构转变的脉络、条件与趋势：基于全球190个国家和地区的比较分析 [J]. 江苏高教，2019（11）：107-113.

Looking Forward to the Changing Trend of the Gender Structure of Higher Education from 2020 to 2032: A Prediction Based on Multiple Models

Abstract: The continuous phenomenon of the proportion of female college students surpassing of male students has caused scholars to ponder over the imbalance of gender ratio in higher education. The discussion that the reversal of gender structure in higher education will have influenced on the internal and external system of higher education is also increasing. However, these discussions cannot be rigidly inferred from the current situation, and must be comprehensively predicted in light of the possible conditions of the future gender structure of higher education. Through multiple construction of relevant models, the article predicts that the gender pattern of higher education for "women in more than men" in 2020—2032 will continue to be maintained, and by 2032, the proportion of girls will reach 53.26%. Combined with the evolution of the gender structure of higher education worldwide, the author predicts that the situation that the proportion of female college students is higher than male students in our country will be irreversible in the future years. When the gender structure pattern of "more women than men" in higher education becomes the new normal, researchers, university administrators, and managers of social departments should pay more attention to the possible impact of this new normal on the higher education system, labor market, marriage market, offspring education, and the demographic structure.

Keywords: gender structure, gender structure of higher education, more women than men, model, prediction

普及化阶段背景下精英高等教育机会获得的家庭经验与底层文化研究

董永贵② 吴鑫婷③

一、问题提出

改革开放以来,随着我国经济的快速发展和教育规模的不断扩大,我国高等教育已从大众化阶段进入普及化阶段,有机会接受高等教育的人越来越多。然而,随着高校毕业生数量的不断攀升和社会经济发展对高学历人才的需求,上大学不再是教育的终点。为了提高就业竞争力,越来越多的毕业生选择继续攻读研究生,考研热潮日益高涨,同时,高等教育的区分度也开始上升到研究生阶段。总体而言,无论是在高等教育入学机会还是研究生入学机会上,优势阶层和弱势阶层所获得的入学机会比例都是不均等的,优势阶层学生凭借其文化资本等优势资源,在入学机会上占据优势。[1]

目前关于家庭背景与高等教育入学机会的研究数不胜数,大多数研究都从布迪厄的文化再生产理论出发,认为劳工阶层家庭由于资本的匮乏而无法在入学机会上占据优势地位,[2][3][4]并认为底层教育存在一种"先天不足"的缺陷,是需要被弥补、帮助和扶持的教育方式,[5]底层教育逐渐被污名化,那些劳工阶层家庭教育子女的成功经验往往被人们忽视。也有研究者认为,劳工阶层家庭拥有的具有自身特色的文化资本和教育方式能帮助他们的孩子通过教育实现阶层流动。[6][7]但是,在研究生教育机会获得方面的研究较少,已有的研究也是基于文化再生产理论阐述农村学生的不利地位,而对那些成功获得研究生教育机会的劳工阶层家庭学子的研究则较少。

我国获得研究生教育机会的渠道除了全国统一考试之外,还有推荐免试④通道,能够获得推免资格的学生大多是在大学中学业表现非常优秀的。其中不乏一些来自劳工阶层家庭的学子,他们在本科阶段坚持着以学习为重的惯习,从而取得学业成功,走上保研之路。探讨成功获得研究生教育机会的劳工阶层家庭推免生在争取保研的路上其父母给予的帮助与担任的角色,不仅有利于了解取得成功的寒门学子的家庭经验,还有利于丰富家庭视角下研究生教育机会获得和高等教育与社会流动的相关研究。

二、已有研究基础

关于家庭背景是否影响研究生教育机会获得的研究有不一致的结论。有的研究表明,来自不同社会经济地位家庭的学生在研究生教育机会的获得上存在非常显著的差异。[8]基于教育理性选择理论,社会经济地位较低的群体可能会较早地结束学习生涯或者把注意力转向职业技术训练机构,而不是进入学历教育机构[9];相反,社会经济地位较高的群体则有更强烈的追求更高水平和更高质量教育的动机,并以此有效

---

① 课题来源:国家社会科学基金青年项目"乡村振兴背景下中西部地区农村学子学业成功的生成机制研究"(19CSH025),河南省哲学社会科学规划项目"河南省农村学生学业成功的形成机制研究"(2018CJY039)。
② 董永贵(通讯作者),郑州大学教育学院副教授,研究方向为教育基本理论、教育社会学。
③ 吴鑫婷,华中科技大学教育科学研究院硕士研究生,研究方向为教育社会学。
④ 推荐免试,简称"推免",是指不用参加研究生考试而直接读硕士研究生的一种情形。其按照国家教育部门关于推荐少数优秀应届本科毕业生免试成为硕士研究生工作的规定执行,一般包括发布保研办法或保研简章、准备和寄送材料、笔试面试、预录取和报名等几个流程。

地维持其阶层地位[10]。来自低收入水平家庭的农村学生有的由于经济原因失去读研究生的机会，而拥有更多经济资本、社会资本和文化资本的优势阶层会通过教育出租来获得读研究生的机会。[11]有调查研究指出，2010年和2012年毕业于北京高校的本科生中，选择继续读研的学生的家庭背景和学业表现都要显著优于毕业后直接就业的学生。[12]国外相关研究发现，家庭经济状况以及父亲的受教育水平对某些类型的研究生教育机会的获得具有显著影响。[13]

也有研究认为，在研究生教育机会获得的过程中，家庭背景的作用会降低甚至消失，因为研究生教育选拔的主要标准是学业成就而不是家庭背景。[14]基于社会选择理论和绩效选择理论，经过每一阶段的教育筛选，无论是来自上层还是下层家庭的大学生在学习成绩、个人抱负和能力等方面都具有较强的同质性，因此，家庭背景的作用在弱化[15][16]；基于生命历程视角的研究结论为，随着孩子的逐渐成熟，与父母之间关系的变化，在大学之后的教育转变时，孩子对父母经济上和社会上的依赖会减少，在决策时，父母的背景因素会变得不太重要[17]；也有实证研究表明，家庭经济资本的高低与研究生教育机会的获得成反比，因为经济地位的劣势会促使寒门子弟更加渴望通过教育实现自身阶层的向上流动[18]。

已有研究争论的焦点主要是从宏观角度探讨家庭背景对研究生教育选择、教育机会获得结果的影响，但没有关注到家庭因素对研究生教育机会获得的影响的具体路径。鉴于已有研究的不足，本研究会在研究对象和研究角度上进行创新，从家庭视角关注通过推免渠道成功获得研究生教育机会的来自劳工阶层家庭的学子，关注他们在求学之路和保研路上父母所担任的角色和家庭对他们的影响。

三、研究方法

本文采用目的性抽样的方式选取10位本科就读于"985"或"211"高校、通过保研成功获得研究生教育机会的来自劳工阶层家庭的推免生进行深度访谈，聚焦他们的求学历程以及在争取保研的路上父母参与的情况。我们对每位受访者都进行了两次或以上的访谈，每次访谈时长为0.5~1.5小时。我们对10位访谈对象的访谈稿进行命名，编码方式为N+序号，案例序号为1—10。

表1　受访者基本信息

受访者	性别	专业	父母职业	父母学历	户籍	家庭结构	家庭人均年收入(元)
N1同学	女	管理学	父亲司机，母亲无业	父母高中	农村	四口，父母和弟弟	11000
N2同学	女	教育学	母亲无业，父亲去世	母亲初中	农村	三口，妈妈和姐姐	11000
N3同学	男	教育学	父亲建筑工人，母亲纺织工人	父母初中	农村	独生子	48000
N4同学	女	教育学	父亲木工，母亲无业	父亲初中，母亲小学	农村	四口，父母和弟弟	25000
N5同学	男	理学	父母务农，时而外出打工	父母初中	农村	六口，父母，三个妹妹	8000
N6同学	女	经济学	父母务农，母亲外出打工	父亲高中，母亲小学	农村	六口，父母，两个姐姐，一个弟弟	3000
N7同学	女	管理学	父母务农	父母初中	农村	五口，父母，哥哥和弟弟	12000
N8同学	男	工学	父亲务农，母亲卖电器	父亲中专，母亲初中	农村	四口，父母和妹妹	30000
N9同学	男	教育学	父母为企业工人	父亲高中，母亲初中	城市	独生子	30000
N10同学	男	工学	母亲务农，父亲无业	父亲高中，母亲初中	城市	独生子	5000

四、研究发现

来自劳工阶层家庭的推免生成功获得优质的研究生教育机会的基础是大学四年来一如既往的良好的学

习态度与学习习惯以及在争取保研的路上为克服结构性束缚而展现出的主观能动性。在这个过程中,他们的父母担任的是努力学习的督促者、学业成功的期望者、勇往直前的支持者和道德行为的塑造者的角色。

(一)努力学习的督促者

教育是社会流动最重要的渠道之一,许多底层家庭都将其视作改变命运的重要阶梯。底层家庭对教育的重视,对改变命运强烈的欲望都促使底层家庭的学子努力学习、积极向上流动,对于这些来自劳工阶层家庭的推免生而言也不例外。谈及家庭对自身保研的影响时,学习态度成了他们时常提到的东西(见图1)。他们说,父母因为知识水平不高,在学习方面无法提供有效的帮助,对自己只能采取"散养"方式,但是他们时常会在耳边"唠叨",强调学习的重要性,并且督促与要求自己认真学习。这种让孩子"自然成长"的教养方式和"努力学习的督促者"角色让这些推免生从小能够自主安排课余活动并一直保持着良好认真的学习习惯。他们将勤奋学习作为自己活动的基本准则,丝毫不怀疑其本身的合理性,[19]即使进入大学后没有了外界的监督,仍然能够勤奋学习,仿佛学习就是他们作为学生的"本分"。"好好学习"已经内化于他们的认知中,即使在活动丰富多彩的大学生活中,他们仍能做到认真听讲,按时完成专业课的作业,自主加深专业学习,提高自身专业知识水平,为获得保研资格奠定基础。

图1 来自劳工阶层家庭的推免生受到的家庭影响(词汇云)

"认真的学习态度一直是我父母、老师所强调的。在学习中,同伴的影响也会使我有意地端正自己的学习态度。"(N6同学,2020年3月23日)

"父母的学历也不高,所以平时对我的学习指导不多,都让我自主学习。但是,他们要求我要有好的学习习惯……(大学的时候)平时上课认真听讲、多注意专业知识的学习,还有阅读专业书籍等都能培养自己的专业能力,这个对我是最重要的。"(N7同学,2020年3月23日)

(二)学业成功的期望者

从科尔曼开始,教育期望就被认为是家庭内部社会资本的重要指标,因为家庭教育期望的高低往往与父母对孩子的关注和投入成正比。[20]来自劳工阶层家庭的推免生的父母对他们的学业发展是抱有期望的,即使有的受访者表示,父母对自己持有的是一种"顺其自然,尽力而为"的态度。但是,这种"顺其自然"的态度并不意味着在学习上无要求、不予理会、放任自流,"中等偏上""不能太差"是父母的要求界限,而时常旁敲侧击地对学习情况进行监督是父母对他们的关注,不可否认的是,"重视学习"的观念依旧潜藏在顺其自然的外衣之下。

有的受访者则表示,父母对自身的期望很高,从小时候的成绩排名到考大学、上名牌学校再到找到好工作，父母都是自己学业成功之路上的期望者。他们通过以"别人家的孩子"为榜样来表达对名校的向往，以及通过对待子女学业成绩的态度来表达自身对子女的教育期望。这种期望在潜移默化中影响着孩子的行为，从激励着他们从小努力学习、获得好成绩到让他们在争取保研的路上力争获得优质教育机会。

"印象最深刻的是老爸经常和我说清华、北大怎么牛，考试不好就会被问：那谁就可以写对这道题，考那么好……小时候一般是将我和别人的成绩进行对比……（成绩不好时）会数落我一顿，有时会当着另一方的面揭露我的不及格。"（N5同学，2020年2月8日）

"他们对我的期望还是挺高的，在初高中时，我一直名列前茅，如果某一次考得差的话他们会产生一些负面情绪……（因为）他们是有高期望的，所以我在夏令营当中是一刻也不放松，严格要求自己，争取每一个机会，我会在其中表现得比较谨慎严肃。"（N9同学，2020年3月11日）

（三）勇往直前的支持者

父母由于文化水平有限，对高等教育升学规则、推免制度、夏令营的流程不了解，因而也无法在争取保研过程中给予子女有效的帮助。他们只能尽可能地为子女提供经济支持，通过积极地关注子女的保研行动，凭借自己的生活经验关心、鼓励子女，让他们能够在激烈的竞争场域中勇往直前，"想做就去做吧"是子女经常得到的一种肯定与尊重。我们利用NVivo 11对此次访谈的内容进行词频分析，"支持"一词出现的频率最高。（见图2）

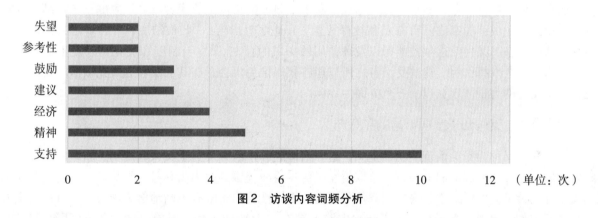

图2 访谈内容词频分析

当子女在外奔波参营时，父母会打电话表示问候与关心，了解孩子参营的动态与结果，根据自身的经验尽可能地给予子女一些参考性意见与帮助，在子女面对保研夏令营中激烈的竞争压力与不可预知的失利时提供适切的鼓励。来自父母的理解、支持与温暖，让他们感受到温暖的家庭氛围，让他们在争取保研时没有过重的精神负担和心理压力，而轻松开放的心态有利于自身水平的发挥。可以说，家庭情感支持对来自劳工阶层家庭的推免生克服困难并坚持走争取保研之路发挥着重要的作用。

"因为参加夏令营的时候我是独自一人在外，所以基本上父母每天都会打电话了解一下我的动态。父母经常说的是一个人要注意安全，保持轻松的状态，不要紧张。"（N1同学，2020年2月10日）

"因为我爸妈在这方面不是很了解，所以给不了太多建议，在整个过程中不参与，放手让我去做。不参与，给我充分自由让我去选择也算一种参与吧，他们对我最大的支持就是尊重……他们会提供一些社会上的经验，虽然并不是特别管用，比如他们说单位平时招工的时候会看重什么，所以你至少也要去个'985'大学什么的。"（N9同学，2020年3月11日）

（四）道德行为的塑造者

除了对学习成绩的强调与重视，来自劳工阶层家庭推免生的父母对他们从小的身心发展与行为规范也予以了重视。有的受访者还表示，相较于学习能力，父母会更加注重思想品格上的教育。父母语言上的规训引导以及行为上的以身作则，从强调基本的礼貌诚信、友善真诚的立身之法到团结互助、负责担当的处世之道，塑造着他们做人应有的品质。

在争取保研的路上，来自劳工阶层家庭的推免生会经历各种形式的考核。在如同一个社交场所的保研夏令营场域中，不同的学生运用不同的社交方式与老师、同学打交道，而真诚实在的做人准则是这些来自劳工阶层家庭的推免生独特的社交方式。在团队合作与小组作业中，互帮互助意识让他们在夏令营中认识到更多志同道合的朋友，也感受到很好的学术交流氛围；在与老师交流的面试过程中，以谦虚与实事求是的态度展现自我。不卑不亢、真诚友善的态度让劳工阶层家庭的推免生在保研竞争中收获的不仅仅是优质的教育机会，还有与老师和同学的情谊。

"父母比较注重对我做人方面的教育，告诉我在生活中与人交往要真诚、诚实，做事要认真等。面试的时候，我跟老师交流的过程是真诚的，不会夸大自己哪方面的能力，是什么样就说什么样。"（N7同学，2020年3月23日）

"父母会在思想品格方面教我怎么做人，虽然也不是很明显地教我。我更多的也是看他们做出的榜样行为……他们对我的这种影响让我在夏令营里待人礼貌、友善。"（N2同学，2020年2月8日）

"他们比较注重培养我的责任意识，因而在团队活动中，我会乐于承担比较多的责任，尽力把事情做好。"（N3同学，2020年3月9日）

五、研究结论

虽然在家庭资本方面存在不足，但父母在子女求学路上的角色定位隐含着底层家庭学子在结构性束缚下成功获得高学业成就的家庭教育特点和教育智慧。布迪厄曾指出："归根结底，一种资本的价值，取决于某种游戏的存在，某种使这项技能得以发挥作用的场域的存在。"[21]当制度和文化情景发生变化时，底层文化的力量将会发挥作用。这些受访者之所以能够获得推免机会，与其底层家庭文化被激活有关。概括来说，底层文化的力量体现在以下三个方面。

（一）贤能主义信仰下重视学习的家庭惯习

贤能主义，又称为精英治理或功绩主义，这一信仰起源于西方专业主义兴起之初，新兴的中产阶级凭借以其贤能（才智）所成就的业绩，去争取传统上为贵族所统摄的权力、利益与地位。[22]在能力取向的贤能主义主导的公平竞争模式下，底层家庭认可教育的工具性价值，唯有不断地努力学习，才有可能上好学校、找到好工作。再者，受儒家文化影响，中国人都有"万般皆下品，唯有读书高"的观念，对知识、读书具有强烈的认同感，因此，部分底层家庭十分重视学习的作用。受知识能力水平的限制，他们只能作为一名督促者对子女的学习行为进行监督，让他们养成良好的学习习惯和善于学习的态度。正是在这种督促与重视下，子女在家庭场域中形成了重视学习的惯习。

惯习作为历史的产物，是身体化的历史，它基于过去的经验形成，并作为一种认知和动机系统积淀于个体身体内，且以一种下意识而持久的方式体现在个体行动者身上，体现为具有文化特色的思维、知觉和行动，[23]对个体具有深远和持久的影响。来自劳工阶层家庭的推免生早期在家庭场域中形成的"以学习为重"的惯习，内化成一种价值观念反映在他们的行动取向上，进而迁移到大学场域中，即使没有外在行为的督促也同样能发挥作用，并持续地对他们每一阶段的学习产生影响。

（二）生命共同体中支持与温暖的家庭文化

滕尼斯曾指出，"共同体"是一种人类群聚形式，一切亲密的、秘密的、单纯的共同生活，都被理解为在共同体里的生活。[24]在共同体里面，人们休戚与共、同甘共苦。滕尼斯曾将共同体分为三类，其中一类便是血缘共同体。家庭是基于血缘关系形成的生命共同体，家庭成员之间彼此相互联系、相互影响。基于生命共同体产生了共生意识和共享意识，家庭内部每个生命个体都在主动构建共生关系，继而构建共同体，发挥主动作用维系彼此间的情感纽带，以实现和谐共生，继而谋求共同发展，形成命运的共同体。[25]家庭是最基本的初级群体和最初的共同体，家庭成员间亲密而深入的情感联结、支持与理解的共情方式、谋求共同发展的生命共同体意识能够给成员个体提供所需要的情感力量和其他力量，是成员个体在面对困来自劳工阶层家庭的推免生,其家庭中的生命共同体意识促使家庭成员之间相互帮助、相互支持,父母与子女构筑了一个充满理解、支持与鼓励的生命共同体,可为子女提供情感关怀、帮助等共享资源,举全家之力尽可能地支持子女的读研选择。即使读研意味着要付出延迟3年就业的代价,他们的父母仍选择无条件地支持。即使父母不懂什么是保研、什么是夏令营,也无法为子女的决定提供有效建议,他们仍尽可能地提供物质支持,并给予充分的自由与尊重,在高压竞争环境中给予子女情感支撑和温暖关怀,让他们感觉到自己不是孤身一人在前进。

(三)传统文化浸润下修己成人的家风熏陶

家庭是社会的细胞和缩影,本质上可将其看作一种文化场。这个文化场域涵盖复杂的文化层级,比如价值层面的思想观念、行为准则等,它们立体性、多通道地渗透家庭内部的各个方面。[26]而家风作为家庭文化价值层面的一部分,以生活经验、实践智慧或价值理念等形式蕴含于家训、家规、家谱等言语或典籍载体中,又以实践工具理性的形式渗透家庭成员的价值取向、观念道德、行为准则和人生态度。[27]其作为一种无字的宝典和无言的教育,始终对家庭成员的个人努力、道德、责任以及上进心产生着潜移默化的影响。在儒家文化影响下,中国传统家风文化强调将"修身养性""做好人"作为立身之法,如"勿以恶小而为之,勿以善小而不为""知之为知之,不知为不知,是知也"等都是教育子女恪守道德、诚信立身的道理;传统家风文化还强调以和为贵、亲仁济众的处世之道,如"穷则独善其身,达则兼济天下"是教育子女应团结友善、扶危救困,具有责任意识。

在传统文化的浸润下,很多来自劳工阶层家庭的推免生,其家庭都十分重视子女的道德品质和做人的行为规范,以待人礼貌、诚实友善、实事求是为行为准则的家教家风让他们在夏令营这个社交场所中与老师交往真诚礼貌,与同学交往友善负责,努力上进而不是冒进急躁地参与研究生教育机会的竞争,从而学有所成。

参 考 文 献

[1] [11] 张继平. 研究生入学机会比例公平的社会学分析 [J]. 研究生教育研究,2013 (3): 7-13.

[2] 刘志民,高耀. 家庭资本、社会分层与高等教育获得: 基于江苏省的经验研究 [J]. 高等教育研究,2011 (12): 22-31.

[3] 刘精明. 高等教育扩展与入学机会差异: 1978~2003 [J]. 社会,2006,26 (3): 158-179.

[4] CROSNOE R, SMITH C, LEVENTHAL T. Family background, school-age trajectories of activity participation, and academic achievement at the start of high school [J]. Applied developmental science, 2015, 19 (3).

[5] 安超,康永久. "文化区隔"与底层教育的污名化 [J]. 贵州师范大学学报(社会科学版),2019 (2): 48-57.

[6] 程猛,康永久. "物或损之而益":关于底层文化资本的另一种言说 [J]. 清华大学教育研究,2016 (4): 83-91.

[7] 董永贵. 突破阶层束缚: 10位80后农家子弟取得高学业成就的质性研究 [J]. 中国青年研究,2015 (3): 72-76.

[8] 焦开山,李灵春,孙占淑. 摆脱教育不平等的最后机会: 研究生教育机会的不平等及其影响因素 [J]. 社会发展研究,2018,5 (1): 102-121+244.

[9] BECKER, R, HECKEN A E. Why are working-class children diverted from universities? An empirical assessment of the diversion thesis [J]. European sociological review, 2009, 25 (2).

[10] LUCAS S R. Effectively maintained inequality: education transitions, track mobility, and social background effects [J]. American journal of sociology, 2001, 106 (6).

[12] 李忠路. 家庭背景、学业表现与研究生教育机会获得 [J]. 社会, 2016, 36 (3): 86-109.
[13] MULLEN A L, GOYETTE K A, SOARES J A. Who goes to graduate school? Social and academic correlates of educational continuation after college [J]. Sociology of education, 2003, 76 (2): 143-169.
[14] MARE R D. Social background and school continuation decisions [J]. Journal of the American statistical association, 1980, 75 (370): 295-305.
[15] BELL D. On equality: Ⅰ. meritocracy and equality [J]. The public interest, 1972, 29: 29-68.
[16] BREEN R, GOLDTHORPE J H. Explaining educational differentials towards a formal rational action theory [J]. Rationality and society, 1997, 9 (3): 275-305.
[17] MVLLER W, KARLE W. Social selection in education systems in Europe [J]. European sociological review, 1993, 9 (1).
[18] 郑冬冬. 家庭背景对研究生教育机会获得的影响机理研究：基于南京市16所高校的问卷调查 [J]. 中国农业教育, 2020, 21 (1): 61-70.
[19] 胡雪龙, 康永久. 主动在场的本分人：农村学生家庭文化资本的实证研究 [J]. 全球教育展望, 2017, 46 (11): 104-116.
[20] 范静波. 家庭学业支持对青少年学习成就的影响研究 [J]. 学海, 2019 (2): 66-71.
[21] 布尔迪厄, 华康德. 反思社会学导引 [M]. 李猛, 李康, 译. 北京：商务印书馆, 2015.
[22] 刘云杉. 超越贤能主义 [J]. 教育研究与实验, 2009 (2): 13-19.
[23] 刘欣. 阶级惯习与品味：布迪厄的阶级理论 [J]. 社会学研究, 2003 (6): 33-42.
[24] 滕尼斯. 共同体与社会 [M]. 林荣远, 译. 北京：商务印书馆, 1999.
[25] 李慧红, 申富英. 弗吉尼亚·伍尔夫作品中的生命共同体意识 [J]. 海南大学学报（人文社会科学版）, 2020, 38 (2): 127-134.
[26] 谭敏. 农村家庭教育的文化逻辑与现代转换 [J]. 教育论, 2020 (5): 22-28.
[27] 张旭刚. 中华传统优良家风家教的价值意蕴、现代流变与创新转化 [J]. 内蒙古农业大学学报（社会科学版）, 2016, 18 (5): 104-110.

Working-class Education Experience and Underclass Culture of Acquisition of Elite Educational Opportunities under the Background of Popularization

Abstract: With the popularization of higher education in China, obvious inferiority is shown in the intense competition for admission to graduate education in working class. When explaining the academic success of the working-class students, the underclass education is often stigmatized. However, it ignores the successful experience of the working class participating in the education of their children. This paper interviewed 10 working-class parents and investigates their roles during the graduate admission of their children. We found that the parents play important roles in supervision, expectation of academic success, providing support and mortal guidance, which shows obvious characteristic of meritocracy. In addition, the family culture with a sense of community was proven to implicitly influence the learning behavior and strategy choice of their children during the graduate admission.

Keywords: underclass culture, exam-free candidates of working-class, education experience, education opportunities, the role of parents

固本强优　守正创新
新建本科院校应用型转型发展与实践

余　波[①]

应用型本科院校的转型原则为：一是实现"两个突出"，突出服务地方（行业）经济和社会发展，突出应用型人才培养的办学定位；二是转型发展，是积极应对或主动适应外部环境变化和内部发展需求的一种自觉选择。新升格本科院校转型包括专科到本科、一般普通本科到地方应用型本科院校这两种转变，主要表现为学校发展方向、办学类型以及由此引发的院校办学方式、人才培养规格及其管理体制等各个方面的转型。其根本是以人才培养为核心，以主动服务地方经济发展为目标，围绕注重内涵发展、凝练办学特色等方面，不断实践和探索应用型本科院校的转型发展之路。

一、新建本科院校转型发展的共性实践与困境

（一）转型发展中的共性基础实践

1. 转型视域下发展共识思想与办学定位及思路的形成

新建本科院校的转型是在层次跃迁的基础上积极寻求由专科教育向本科教育转变的内涵实质性转型，其转型并非个别学校偶然性的大胆尝试，而是为改变学校处境、实现自身价值的主动选择[1]。需要解决三个层面的问题：一是如何建设合格本科院校的问题，即接受教育部本科教学水平评估；二是落实"地方性""培养应用型人才"等问题；三是建设怎样的地方应用型本科院校的问题。基于这三个问题，学校的转型发展采用整体推进式，形成转型发展教育思想的观念转变，确定并坚持"应用型"的办学类型、发展目标定位及人才培养类型和规格定位。

2. 应用型院校的特征贯穿转型发展的方向和路径

应用型本科教育的突出表征是"应用型""地方性"，为生产服务一线培养应用型、复合型、创新型人才[2]。随着转型发展由理论到实践的逐步推进，很多学校通过转变思想观念、对外开放合作，对应用型、服务型、地方性问题进行了深入研究，明确了差异、特色和内涵式发展的战略。其方向和路径围绕主动融入服务区域经济产业转型升级与创新驱动发展、产教融合与校企合作、应用型技术技能型人才培养、学生就业创业能力培养等方面展开。

（二）转型发展中存在的问题

1. 学科布局：传统优势继承与培育特色关系衔接不足

学校在具体实施的过程中存在的问题，一是原有学科专业结构严重滞后于区域产业布局和转型升级格局；二是人才培养目标、培养方式、课程体系的变化规律经历"原型""现型""新型"三个实施阶段，与之配套的师资结构、经费投入、教学管理机制相应变化和调整不到位；三是新一轮工业革命、中国经济"新常态"、"中国制造2025"等内外部教育环境、形势的变化，导致转型升级盲目追求高大上，脱离了自身的发展需要，因而陷入特色培育缺乏后劲支撑、传统优势继承不足的窘境。

2. 发展模式：办学功能与结构、质量与效益失衡凸显

新建本科院校的办学经费主要来源于学费收入，所以不少院校的发展重点就是扩规模、拼数量，这必

[①] 余波，成都工业学院网络与通信工程学院讲师。

然导致以牺牲学校的办学质量为代价[3]。一些学校的发展模式沿袭传统的资金投入，力图在最短时间内提升各项办学指标，实现办学规模和办学条件的升级，对重要办学资源投入的合理性和必要性缺乏科学论证，结果导致大宗仪器设备因利用率偏低而造成新的浪费，重申报轻建设、重有无轻成效等现象凸显。各个专业对如何培养应用型人才、怎样培养应用型人才、培养怎样的应用型人才等仍然处于探索阶段，没有系统的标准与成熟模式，更谈不上实现办学功能与结构、质量与效益的综合平衡。

3. 内涵建设：目标和理念缺乏具体参考标准体系的支撑

内涵式发展迫切需要转变以规模扩张为特征的粗放式、外延式发展方式，发展重点需要转向以质量提升为核心的发展模式，强调"以质增效""以效促质"。内涵建设的核心点是把控好学校发展各项工作的质量关，促进招生、培养、就业三级联动，不断提高服务区域经济的能力。过程的实施无论是教育教学管理、课程建设、学科专业建设都需要制定具体的、因地制宜的参考标准以进行质量监控。在我国的高等教育分类体系中，应用型本科院校的质量检测标准体系和参考标准尚属空白，西方国家的同类大学基于《华盛顿协议》开展了对工程类学科专业的建设和认证工作，中国沿海地区的一些高校也开始实施专业认证，但内陆地区的许多高校还缺乏此意识[4]，不同学校在人才培养模式创新、产学研合作教育、服务地方等具体举措上表现出趋同性特征，操作层面仍然流于形式。

4. 对外合作：学校与行业企业协同育人机制存在不足

校企合作的机制问题一直是应用型本科建设的难点，国家先后出台了《关于深化产教融合的若干意见》《国家产教融合建设试点实施方案》等政策，其目的就是指导应用型本科院校与地方企业合作，促进教育链、人才链与产业链、创新链的有机衔接。但在具体实施的过程中，校企间缺乏互利共赢的利益机制，企业以利益为最大化而崇尚短平快，高校则更多地站在自己的角度考虑如何利用企业的资源为培养技术应用型人才服务，校企合作的接合点难以贯穿整个人才培养链，学生在企业实习期间的管理缺失以及教学质量缺乏监控，使得校外教学质量得不到保证。

5. 治理体系：教育教学管理与内生动力赋能乏力

符合应用型本科建设的治理体系不仅需要解决学校内部管理的问题，同时也需要适应应用型人才培养的"分层教学、分流培养、项目驱动、定向就业"等教改实验，更要适应产教融合新机制、校企合作新路径、实验教学新体系、创新教育新模式、服务社会新拓展[5]。缺乏应用能力的教师队伍和缺乏攻坚拓展能力的管理队伍，已经成为影响新建本科院校应用型人才培养最关键的因素。这些问题需要大学治理体系重新结合自身的发展诉求，理性分析自身所面临的困境，推动治理体系转轨，从而激发学校发展的内生动力。

综上，似乎每个问题都涉及应用型本科建设的核心，然而任何一项改革与创新必然涉及宏观、中观和微观三个层面[2]。宏观看来，新一代产业技术的变革及国家和地方对应用型本科院校或产教融合示范城市的推动政策无不彰显外部环境条件正在逐步向利好转变，新建的大学在转型的中观、微观层面下工夫，在改变自身的小环境上有所作为，积极寻求和实现在管理制度、治理体系、学科建设、专业建设、学校精神理念、服务社会等方面协调一致的内部变革，从应用型本科教育的本源出发，以主动积极的创新心态，从高校规划、设计出发，推动校内转型发展和相应的管理体制改革，通过赋能师资和管理队伍，推动新建本科院校的转型和发展。

二、追本溯源、厘清地方应用型人才培养路径的根本问题

雅斯贝尔斯提出：当社会发生根本变革时，教育也要随之而变；而变革的尝试首先是对教育本质问题的追问。[6]笔者在此基础上，界定对转型发展理念的明确认识，包括对应用型本科建设中的关键词的深入剖析和理解。

（一）大学教育的本质

什么是大学的根本？

大学（高等学校）具有三个重要的职能：通过教育与教学培养人才，通过科研工作发展科学，利用院校的优质教育资源为当地社会服务。这是国际的共识。其中，培养专门人才是基本职能[7]。教学是学校的中心工作，与习近平总书记对高等教育"立德树人"的指导思想是高度一致的。19世纪初，洪堡创办柏林大学，提出教学与研究统一原则，将科学研究引进大学之中，于是，大学就有了第二个职能。教育的外部关系规律是"教育的发展要与社会的经济、政治、文化相适应"[7]，在市场经济的双刃剑影响下，研究型大学存在的"重科研、轻教学"的偏向已经引起了教育部门的高度重视，并呼吁"以本为本"，理性回归大学育人的根本。作为应用型本科院校，尽管不存在"重科研、轻教学"的偏向，但应该意识到的是教学与科研存在内在的本质联系，以及科研应用对服务地方和区域经济的作用。教师从事适量的科学研究有利于了解学科前沿、提高学术水平和思维能力，从而有助于提高教学质量；其应用型科研成果的推动，则有利于教师与地方企业员工精诚合作、相互补充，为校企协同合作搭建利益共享的桥梁，也为"双师型"教师队伍的建设打下基础。

因此，从大学教育的本质出发，应用型本科院校以人才培养为核心，利用校企、校地、校行多种合作模式，促进教师不断形成应用型科研的能力，是提升服务地方区域经济能力的重要途径。

（二）应用型人才

国家《关于引导部分地方普通本科院校向应用型转变的指导意见》明确要求转型的地方普通本科院校要主动适应我国经济发展的新常态，主动融入产业转型升级和创新驱动发展，承担为生产服务一线培养应用型、复合型、创新型人才的使命。以操作为主要特征的是技能型人才（技术工人），以技术应用为主要特征的是技术型人才（现场工程师），以设计开发为主要特征的是研发型人才（设计工程师）。从人才细分的角度来看，地方本科院校培养的应用型人才明显属于技术应用型人才，这就需要立足地方、根植区域经济发展、联合企业，最终实现技术应用型人才的培养目标。

常熟理工学院提出"注重学理、亲近业界"的人才培养理念，更加清晰地阐述了应用型人才的本质特征。学理包括"学习之理""学术之理"，前者指学生的学习能力，后者指学生所学专业需要掌握的学科理论知识、经验性知识和工作过程性知识[8]，这是本科学生应具备的专业基础理论知识，也是对本科层次人才的一般要求，是区别于缺乏理论基础和发展后劲的职业性岗位教育的核心所在；而亲近业界则是学生专业应用能力和关键能力形成的主要场所，一方面延续了专科职业教育"实用"的优良传统，另一方面也是区别于研究型和学术型本科教育的关键所在。因此，应用型人才培养应该遵循以素质教育为核心、以市场为导向、以能力培养为重点的原则，其实施途径就是充分谋求与地方经济的合作，实现产教融合、协同育人。

（三）大学特色

"大学特色"是我国高校改革的核心问题，深化改革、转型发展、提高质量、形成特色是新建本科院校向应用型本科院校转型发展的主题。特色问题的思考是每个学校需要解决的重要课题。教育部《高等教育教学工作水平评估方案》的表述是："特色是指在长期办学过程中积淀形成的，本校特有的，优于其他学校的独特优质风貌。特色应当优化人才培养过程，提高教学质量作用大、效果显著。特色有一定的稳定性并在社会上有一定的影响、得到公认。"独特性、稳定性、公认性、创新性是办学特色的基本特征[9]。独特性的实质是"人无我有，人有我优"，区别是特色的基础，广泛认同的优势是其根本。办学特色的形成需要时间上的积累、沉淀和考验，这样才能具有稳定性。至于公认性，主要彰显其对社会发展做出的实际贡献，得到社会和同行的广泛认同，与社会的互动密不可分。办学特色不是一成不变的，它应该主动适应社会的变革和更替，也要具有与时俱进不断创新的活力，即创新性。

《国家中长期教育改革和发展规划纲要（2010—2020年）》指出："促进高校办学特色，引导高校合理定位，克服同质化倾向，形成各自的办学理念和风格。"地方新建本科院校大多数是从原来的地方专科学校、行业专科学校合并或独立升本而来的，近几十年来，中国区域经济百花齐放，造就了曾经的地方专科学校都有各自的特色，这无疑奠定了应用型本科高校的特色建设基础。

因此，高校只有深刻认识到大学特色的本质特征，才能够在原有优质特色的基础上，根植地方经济变革发展，取其精华、去其糟粕，在办学理念、学科专业、人才培养模式、组织文化特色中逐步积累、逐步完善、长期追求，在从量变到质变、从低级到高级的渐进和奋斗中，不断凝练呈新，彰显其特色和优势，并将其沉淀为学校发展的"精髓"。

（四）协同创新

当前，国际上对"创新"一词的权威解释为：2000年联合国经济合作与发展组织（OECD）关于"在学习型经济中的城市与区域发展"的报告中提出的，"创新的含义比发明创造更为深刻，它必须考虑在经济上的运用，实现其潜在的经济价值。只有当发明创造引入到经济领域，它才成为创新"。创新更强调应用，在于现实地推动社会的发展[10]。社会服务和创新紧密相连。新建本科院校以服务地方经济发展作为历史使命，融入地方发展，协同创新就极为重要。

应用型本科院校开展协同创新，以促进地方经济发展作为自身存在的根本目的，因此创新的本质即将知识技术人才、教育教学的产出应用到地方经济发展的现实中去，而不是简单地将协同创新作为一种单纯的手段性、工具性的活动。

（五）转型

转型发展理论认为，转型是教育从某一种既定结构与形态向另一种未来结构与形态的整体性位移与变革，是指教育从形式到内涵、从显性到隐性、从宏观到微观等不同维度，主动应对教育生态环境变化而进行的调整。新建本科院校之所以需要转型，一是由于我国高等教育正处于迈入大众化、平民化、分层分级、克服同质化发展的新阶段；二是在新一轮经济革命、中国经济新形态下，受推进供给侧的高等教育综合改革，全面提升高等教育质量的内部改革趋势所迫。

因此，新建本科院校不仅需要在发展方向、办学类型、办学方式、人才培养规格及其管理体制改革等方面尝试转型，同时还要兼顾转型与发展、转型与改革的关系（在转型中发展、发展中转型，改革促进和保证转型、转型深化和落实改革），既要在理念上推进转型与改革，又要建立相应的机制与体制来推进转型和改革[11]，并在宏观（地方、国家与主管部门）、中观（学校或地方）、微观（二级学院）上平衡利益和关系，才能将转型落到实处。

三、固本才能强优、守正方能创新

高等教育是一个相对独立的主体，更是一个培养人才的系统工程。学校自身的内在维度始终是教师和学生。围绕这两个维度，应用型本科院校的建设才能找到内在的根据、动力和目标。这些院校要厘定培养应用型人才的根本问题，明确促进新建本科院校的地方应用型转型的终极目标，才能为服务地方经济的发展培养技术应用型人才，并逐步形成学校长期立足的优势特色。针对这个终极目标，新建本科院校应如何抉择？在面对学科布局、发展模式、内涵建设、对外合作、治理体系等探索与实践中的新问题的时候，回到事物的根本和本源，是破除矛盾的最好方式。

（一）从理念精神的高度理解应用型人才培养

应用型人才的培养，不能简单地从国家教育类型的区分、高等教育体系的分工及国家教育发展的改革来看待，更应该从整个高等教育的发展历史和大学教育的根本，以及经济发展的规律和地方高校自身在区域经济发展中所处的角色和地位变化来理解。只有基于这个根本，才能深入理解为什么要进行新建本科院校向应用型的转型发展，才能体会主动服务地方经济、根植地方经济发展，并启动以应用型人才培养为根本的转型是自身立足的迫切需要。基于此，应用型人才有专业知识理论、市场导向、创新应用培养的明显特征，对其培养必须至少有两个条件：一是有应用能力的教师，二是有实施应用能力培养的场所和转化应用能力的体制机制。围绕这两个条件，新建本科院校开展产教融合、校地协同的目的就非常清晰，即搭建提高教师应用型能力的平台，通过项目、合作等方式促进对教师应用型实践能力的培养；通过与企业行业实现人员互通、资源互补，不断培养内外循环的"双师双能"应用型师资队伍。学校围绕地方应用型目标，加快专业结构的优化调整，对原有的资源进行合理整合、引流、配置。经费投入不足的急缺专业，要抢抓政府支持、产教融合的发展战略，以项目驱动、培养学科带头人、优先发展特色优势为引领，不断完善实践应用能力的场所。体制和机制也应以此为核心进行综合改革。

（二）从机制赋能角度释放师资队伍的内在动力

管理学家彼得·德鲁克认为：管理者要做的是激发和释放人本身固有的潜能，创造价值。这是管理的本质，核心就在于赋能。推进应用型本科院校建设，要面临师资队伍应用型实践能力重塑的突出问题。解决此问题的核心措施是通过管理机制的赋能，赋予组织和人以能力和功效，使学校有前途，系统有效率，教师有成就感，学生有成长感[12]。何谓赋能？管理机制能够释放师资队伍的内在动力，就是赋能的根本体现。众多转型院校的政策措施包括派老师去企业实训，招聘或与企业共建共享"双师型"教师，鼓励教师发论文、做项目、报课题、开展对外合作等。这些举措在革新的同时，也不断冲击着原有教师体系的结构，势必造成新老交替匆忙、举措过急或成效不足等矛盾。

应用型本科院校既要有一定数量的标志其学术水平的高学位、高职称的专家级教师，更要有相对数量的标志其实践应用能力突出的专/兼职工程师、技术经理，或具备应用型实践能力等级的"双师/双能型"教师。因此，学校职能部门针对师资队伍的建设考核、评定职称的标准体系都应该围绕此核心进行综合改革和实践。职称评定不能延续原来只重理论型论文的传统评价形式，或者只是研究型高校评定职称的缩减版；应激励教师参与项目或是开展各种类型项目的申报。同时，基于人才队伍的梯队建设时间性及应用型人才培养的综合性，在制定机制时，还应该考虑赋能教师组团发展或协同发展，管理维度标准和尺度围绕应用型建设而展开。

（三）从整体性的综合改革推进内涵式建设发展

新建本科院校的转型不是学校单项改革的累加，而是事关学校整体办学社会服务功能关联性、系统性、整体性的综合改变，只有理顺改革的方式方法，才能在内涵式建设中实现突破性的推进。学校的内涵建设改革包含人才培养模式、师资队伍建设与评价、教学管理质量监控、人事制度等，也包含省市推动的应用型本科高校发展机制、政行企校协同育人机制以及校院两级管理机制的改革。学校的发展策略不能坐等外部促进学校转型的配套政策和资金支持，应率先转型，抢占发展先机，才能与外因良性配合和循环促进。

同理，学校内部应梳理自上而下、自下而上等多重交织的改革方式，并且使以点带面、以整体促进局部、以局部带动全局的多种改革方式相互促进。比如，启动人才培养模式的改革，学校方面首先应从整体学科专业布局的角度出发，设定人才培养规格、类型、目标基本尺度。二级学院应针对人才培养的课程内容、体系、实践环节、与企业协同育人方式、教材教学方式选择、考核方式等进行实质性操作。除此之外，配套的师资队伍机制、质量管理、学生工作、服务保障、资源的整合和配置等方面的系列改革应协同推进与落实。二级学院不仅要把握学校整体方向，落实二级学院综合改革发展理念，而且要主动求变、积极创新，围绕教师的认同与参与度，深化内部的系列改革。改革成败的关键环节自然离不开实施改革的少数关键团队，即管理干部队伍的建设，强有力的核心管理团队是增强改革执行力和成效性的根本保证。

（四）从应用型人才培养的目标内化协同创新

谈及应用型本科院校服务社会经济的功能，不难理解开展协同创新的外在逻辑和外在因素，但如果仅仅从外因出发而非内在自觉行为，则难以保证协同创新的持续性[10]。回归致力于培养将知识和技术应用到现实生产活动中的应用型人才问题，学校就能清晰明确协同创新是自身转型的内在需要，守正方能创新。首先，教师从事创新活动培养应用能力，学生参与创新应用培养应用能力，二者都是培养应用型人才的重要途径，也是摆正教育教学、应用科研与创新之间教学为本、科研为基、服务为要的内在关系的核心。其次，梳理学校创新应用内在逻辑的前提就是制度的创新，创新是目的，协同是手段，而机制是保障。机制的保障在制度导向、制度设计、制度完善三个方面环环相扣。比如，通过制度的导向推动校企、校地合作，其根本目的是打造应用型人才培养和应用型创新实践师资队伍的试验场。为确保试验场落到实处，制度设计层面就需要因校制宜，建立协同创新平台建设的长效机制，促进协同的各方能够持续推进建设，其中，协同利益的保证是前提，从而促进科研项目的集中性、特色性、持续性和商务化。最后，具体的规定和措施还应随着实践的发展而做出相应的变化调整，即促进制度的完善。

制度实施的关键实践在于学校的综合职能部门，综合职能部门是有效推行顶层设计理念的中枢。综合改革与创新，绝不仅仅是二级学院的事，首先应该是职能部门率先启动自身改革，特别是几个关键的职能部门，如人事、科技、教务等。其改革也可打破常规，几个重要职能部门分派人员成立专门团队，团队成员具备双重身份，重点打造商务化运作管理机构，在校企合作的持续推进、应用型知识产权的成果转化和服务地方企业的商务合作中重点突破。因此，建设一支专业化水平高、综合协调能力强、市场意识强、信息渠道宽、公关能力强的管理队伍和具备应用型能力的师资队伍是协同创新必不可少的条件。

（五）从回归特色的根本凝练办学育人的优势

独特、稳定、公认、创新是大学特色的本质，应用型本科院校办学的根本就是服务地方经济发展需要。服务地方经济的发展，破除象牙塔式的传统办学方式，不仅仅是学校管理层面的战略更新，更应该是全校师生每个人重新认识自身发展的迫切需要。因此，打好地方牌，利用地方资源，扎根地方，提供优质多样的教学、科研、文化、信息、资源等方面的服务，是实现校地互动发展、共荣共进的切入点、支撑点和生长点。

新建本科院校还需面对专科学校的历史特征，专科学校归属管理的历史原因与注重实践的办学形式，都形成了一些独具特色的标识。面对专科特色的保留问题采取一刀切或一概而论的做法都是不恰当的，也不是转型发展的主要目的。同样，学校从应用型人才培养的本质出发，立足于新一轮技术变革和发展的现状，将历史沉淀的精华进行升级，对不符合产业新技术发展的专业进行转型，传承学校优秀的精神文化传统，从理念、内容、优势、区域四个方面培育办学特色，集中资源办优势学科专业，并不断增强与地方经济的契合度，立足地方、依托地方、服务地方、产教融合、协同育人、开放办学，为区域经济和产业转型升级提供人才支撑和应用服务。这种方式凝练的特色使应用型本科院校具有成长壮大的根基，也是对固本强优的最好诠释。

四、成都工业学院转型发展的实践探索

成都工业学院作为一所2013年新升格的院校，确立了"地方性、应用型、开放式"的办学定位和"根植地方、魂在应用、产教融合、协同育人"的办学思路，将产教融合、协同育人作为学校应用型本科建设的基本纲要。学校2016年制订了《成都工业学院十三五发展规划》，按照三步走的阶段发展目标，将学校建成国内知名、特色鲜明的高水平地方性应用型现代工程技术大学。2018年，学校顺利通过教育部本科教学水平评估。

通过几年的努力，学校先后获评国家和四川省实施"产教融合"发展战略改革示范性高校、"国家'十三五'地方高校转型示范工程（产教融合规划项目）"实施高校、四川省首批"卓越工程师教育培养计划"、"本科院校整体转型发展改革"试点院校，是全国新建本科院校联盟副理事长单位、全国无人机产业创新联盟副理事长单位、四川省应用型本科高校联盟理事长单位、四川省电子信息产教联盟牵头单位。2019年，与国家级产教融合城市宜宾协商共建"宜宾园区"办学基地。

可以看出，成都工业学院在地方应用型本科建设的探索实践中，凝聚转型发展共识，明确办学理念与办学思路，突破西部地区教育经费投入不足的局限，抢抓机遇、实干巧干，为地方应用型本科院校的发展奠定了坚实的基础。在迈入应用型本科转型发展的攻坚阶段之际，学校在2020年年初的务虚会上，明确了强优固本、凝练特色，将内涵式发展作为中心工作的共识。尽管面临着与其他同类高校竞争的困境和新

事物实践过程中的重重阻碍，但挑战常常带来机遇，因为转型发展的过程本身就是突破困境、实践创新、锐意进取的奋斗历程。

参 考 文 献

[1] 顾永安，等．新建本科院校转型发展论［M］．北京：中国社会科学出版社，2012．

[2] 顾永安．高校向应用型转变的"问题思维"［N］．中国教育报，2015 – 11 – 30（10）．

[3] 徐兆武．地方应用型高校转型发展理念的误区及价值归向选择［C］//全国新建本科院校联盟．创新型国家建设中新建本科院校的机遇与使命：全国新建本科院校联席会议暨第十六次工作研讨会学术论文集．成都：西南财经大学出版社，2016．

[4] 黄立平，等．香港高校专业建设及课程开发［C］//全国新建本科院校联盟．创新型国家建设中新建本科院校的机遇与使命：全国新建本科院校联席会议暨第十六次工作研讨会学术论文集．成都：西南财经大学出版社，2016．

[5] 黄大勇，等．地方本科院校转型发展战略与应用技术大学治理体系对接的研究与实践［C］//全国新建本科院校联盟．创新型国家建设中新建本科院校的机遇与使命：全国新建本科院校联席会议暨第十六次工作研讨会学术论文集．成都：西南财经大学出版社，2016．

[6] 雅斯贝尔斯．什么是教育［M］．邹进，译．北京：生活·读书·新知三联书店，1991．

[7] 潘懋元．从"回归大学的根本"谈起［J］．清华大学教育研究，2015，36（4）：2．

[8] 朱士中，顾永安，何东亮．新建本科院校转型发展背景下课程改革的探索［J］．新余学院学报，2014（5）：1 – 6．

[9] 李硕豪．大学办学特色研究综述［J］．西南交通大学学报（社会科学版），2005（1）：123 – 127．

[10] 陆正林，戴国洪，顾永安．关于新建本科院校协同创新的理论思考［C］//全国新建本科院校联盟．创新型国家建设中新建本科院校的机遇与使命：全国新建本科院校联席会议暨第十六次工作研讨会学术论文集．成都：西南财经大学出版社，2016．

[11] 顾永安．转型视域下新型大学内部管理体制改革的思考［J］．应用型高等教育，2016（1）：27 – 32．

[12] 侯典牧．高等学校教育教育与管理的核心是赋能和释放［C］//全国新建本科院校联盟．创新型国家建设中新建本科院校的机遇与使命：全国新建本科院校联席会议暨第十六次工作研讨会学术论文集．成都：西南财经大学出版社，2016．

Strengthening the Foundation and the Innovation Development and Practice of Application Oriented Transformation in Newly Established Universities

Abstract: The newly-built undergraduate colleges and universities are bound to face the dilemma and contradiction of practicing new things when they enter the deep-water area of transformation and development. From the origin, this paper clarifies the fundamental problems of the local application-oriented talent training path, understands the application-oriented talent training from the perspective of concept and spirit, releases the internal power of the teaching staff from the prspecive of mechanism empowement, promotes the connotative construction from the overall comprehensive reform, internalizes the collaborative innovation from the goal of cultivating applied talents, and condenses the advantages of school running and education from the return of characteristics. Only by strengthening the foundation can we be strong and excellent. Only by keeping the right thing can we innovate.

Keywords: newly established universities, transformation and development, appliation oriented, characteristics, collaborative innovation

第五篇　高校服务经济社会发展的实践之路

普通高校专业设置与地方三大支柱产业需求协调发展现状调查研究
——以吉林省为例

赵淑梅[①]　高　斌[②]　刘　爽[③]

当前，学界有关专业设置与产业需求协调发展的研究主要是从以下三个视角展开的：一是高职高专专业设置与产业需求适应性的研究，二是本科院校学科专业与产业需求的适应性研究，三是包括本专科在内的专业设置与产业需求的适应性研究。其中第一点较多，二、三点较少，而第三点还没有形成系统性的研究成果。本文尝试从整体性、主体性的视角，就普通高校专业设置与产业需求、三大支柱产业需求的协调程度展开点面结合的研究。

基于研究项目的特点，本文主要采用了文献研究、调查研究和比较研究相结合的方法。数据与样本采用了大数据、全样本与核心数据、核心样本相结合的方式，大数据、全样本是指基本数据采用全省62所独立设置的普通高校相关数据，核心数据与样本是基于三大支柱产业的相关数据。

一、吉林省普通高校专业设置概况

截至2018年12月，吉林省共有62所普通高校，占全国普通高校总数的2.33%；在学总规模658327人，占全国普通高校在学总规模的2.33%，且均低于平均数，专科院校更为突出。相比之下，吉林省普通高校的发展整体偏弱（见表1）。

表1　吉林省普通高校在全国高校中的发展状态（2018年）

项　目	本　科		专　科	
全国总数	1245所	16973343人	1418所	11337005人
各省平均数	40所	547527人	45.8所	365710人
吉林省总数	37所	486973人	25所	171354人

注：数据来源于教育部网站。

（一）本科专业设置概况

1. 本科专业设置结构与规模分析

吉林省普通本科高校专业有学科门类12个，专业类86个，专业298种（全国共有506种），专业布点1960个。总的特点为：一是学科门类齐全，专业结构布局极不均衡。其中，工科独占鳌头，开设的专业种数、布点数分别占总数的三成以上，且招生与毕业生规模均遥遥领先，而哲学、历史学与农学建设极弱，专业点占比极低。二是专业结构与产业结构走向一致、局部不协调并存。第一、第二、第三产业结构的比例为7.7∶42.5∶49.8，与其相应的专业毕业生结构的比例为2.56∶38.96∶58.48，招生结构的比例

[①] 赵淑梅，吉林省教育科学院高等教育研究所所长、研究员，研究方向为高等教育管理与学科专业建设。
[②] 高斌，吉林省教育科学院院长，博士，研究方向为区域经济学。
[③] 刘爽，在读博士研究生，吉林省教育科学院副研究员，研究方向为高等教育管理。

为 1.45∶38.72∶59.82，对应第三产业的专业规模最大，对应第二产业的专业规模居中，对应第一产业的专业规模最小（见表2）。三是专业存量小与专业重复设置并存。吉林省专业覆盖率为 58.9%（298/506），还有较大的扩容空间。同时，专业重复开设的问题较严重，每个专业平均有 6.6 个布点，高于平均数的学科门类就有 5 个，尤其是管理学的所有专业，平均布点为 9 个以上，而且从对应的产业来看，农学类专业建设极弱，与农业大省极不匹配。

表2 吉林省本科专业结构与规模分析（2018 年）

产业	学科门类	专业类（个）	专业（种）	专业占比（%）	专业设置学校数（个）	专业布点（个）	专业点占比（%）	专业平均布点（个）	毕业生数（人）	招生数（人）
第一产业	农学	7	19	6.38	10	62	2.92	3.26	2893	1625
第二产业	理学	9	19	6.38	25	151	7.43	7.95	7584	6790
	工学	30	100	33.56	34	642	32.80	6.42	36472	36472
第三产业	哲学	1	1	0.34	2	2	0.11	2.00	59	68
	经济学	4	12	4.03	25	85	4.30	7.08	6396	5864
	法学	6	12	4.03	21	61	3.03	5.08	3422	3361
	教育学	2	15	5.03	16	82	4.19	5.47	4824	5265
	文学	3	27	9.06	33	207	10.72	7.67	11013	11538
	历史学	1	4	1.34	8	14	0.74	3.50	597	696
	医学	9	24	8.05	13	89	4.56	3.71	6350	7847
	管理学	9	33	11.08	37	311	16.03	9.42	18417	17353
	艺术学	5	32	10.74	31	254	13.16	7.93	15061	14839
合 计	12 个学科门类	86	298	100	255	1960	100	6.58	113088	111718

注：表中数据来源于教育厅提供的"2018 年普通本科、专科学生分校分专业情况统计表"。以下涉及专业统计数据均源于此。

2. 对应三大支柱产业的本科专业结构与规模

与三大支柱产业相对应的本科专业结构相对稳定，经过综合统计，形成表3。从中可知，与汽车、石化、农产品加工产业相对应的本科专业类别分别有 17 个、11 个、10 个，专业分别有 45 种、18 种、19 种，且相对应的招生规模都小于毕业生规模，预示着对应三大支柱产业的专业规模在减小，不论是各学科门类还是总的规模，都有缩小的趋势。而且，本科专业为三大支柱产业提供的人力支撑强度依次为汽车、石化与农产品加工业，其中农产品加工业极弱，发展很难。石化与农产品加工业的毕业生之和、招生之和只为汽车产业毕业生、招生总数的 1/3 左右。

表3 与三大支柱产业相对应的本科专业结构与规模（2018 年）

支柱产业	学科门类（个）	专业类（个）	专业（种）	毕业生（人）	招生（人）
汽车产业	4	17	45	30932	30842
石化产业	2	11	18	7167	6417
农产品加工业	3	10	19	4445	3526

注：本、专科专业结构源于"吉林省特色高水平学科专业建设与产业需求对接关系图谱"，数据来源于吉林省教育厅提供的"2018 年普通本科、专科学生分校分专业情况统计表"。以下同。

(二) 专科院校专业设置概况

1. 专业设置结构与规模分析

本文研究的专科包括吉林省独立设置的 25 所专科院校和 24 所本科院校设置的专科（以下统称"专科院校"）。当前，吉林省专科院校开设的专业大类有 19 个，专业类 83 个，专业 325 种，专业布点 1673 个（见表 4）。从表 4 可知，专业种数排在前 5 位的专业大类依次是交通运输、装备制造、医药卫生、财经商贸、教育与体育，其专业种数之和占专业总数的 47.69%；专业布点数排在前 5 位的专业大类依次是装备制造、财经商贸、电子信息、医药卫生、交通运输，其布点数之和占布点总数的 64.26%；招生数排在前 5 位的专业大类依次是医药卫生、装备制造、财经商贸、交通运输及教育与体育，其招生之和占招生总数的 85.32%；对应第一、第二、第三产业的招生结构比例为 0.97∶23.99∶75.03，第一、第二、第三产业结构比例为 7.7∶42.5∶49.8。由此可以看出，吉林省专科院校专业设置的基本状态是：专业门类齐全，专业结构不均衡，专业布点数相差悬殊，专业结构与产业结构极不协调，基本形成了以第三产业专业为主导并在逐渐扩张，以第二产业专业为基本支撑并有缩小趋势，第一产业的专业极弱但有增强的总体态势。

表 4　专科院校专业结构与规模（2018 年）

三大产业	专业大类	专业类（个）	专业（种）	专业占比（%）	专业设置学校数（所）	专业布点数（个）	专业点占比（%）	招生数（人）	招生占比（%）
第一产业	农林牧渔	3	17	5.23	10	38	2.27	598	0.97
第二产业	资源环境与安全	8	16	4.92	11	26	1.55	336	0.54
	能源动力与材料	5	14	4.31	9	21	1.26	800	1.29
	土木建筑	6	16	4.92	21	87	5.20	1436	2.32
	水利	2	2	0.62	2	6	0.36	529	0.86
	装备制造	6	32	9.85	33	321	19.19	10238	16.57
	生物与化工	2	12	3.69	11	35	2.09	354	0.57
	轻工纺织	2	2	0.62	2	2	0.12	0	0.00
	食品药品与粮食	5	14	4.31	18	82	4.90	1138	1.84
第三产业	交通运输	6	40	12.31	21	141	8.43	7941	12.85
	电子信息	3	26	8.00	32	190	11.36	6254	10.12
	医药卫生	7	28	8.62	21	167	9.98	12735	20.61
	财经商贸	9	28	8.62	38	256	15.30	8791	14.23
	旅游	3	8	2.46	27	80	4.78	1027	1.66
	文化艺术	3	16	4.92	24	71	4.24	1246	2.02
	新闻传播	2	4	1.23	4	5	0.30	59	0.10
	教育与体育	4	27	8.31	31	113	6.75	6757	10.94
	公安与司法	5	17	5.23	2	20	1.20	1426	2.31
	公共管理与服务	2	6	1.85	9	12	0.72	119	0.19
合计	19 个专业大类	83	325	100	326	1673	100	61784	100

2. 对应三大支柱产业的专科院校专业结构与规模

对应三大支柱产业的专科专业结构是根据吉林省教育厅与中国知网联合编制的"关系图谱"来设计的。由于此图谱是在新的专科目录颁布前编制的，因此专业结构变化较大，如对应汽车产业、石化产业及农产品加工业的专业经过优化组合,由原来49种、19种、59种分别减至28种、10种、17种,其中个别专业毕业生、招生数为0。从表5可知,与汽车、石化、农产品加工业相对应的专科专业类别分别有9个、3个、8个,专业分别有28种、10种、17种,且相对应的招生规模大都小于毕业生规模,预示着对应三大支柱产业的专业规模在缩小,多数学科门类总的规模都有缩小的趋势,只有交通运输大类呈现增强的势头。相对而言,汽车产业对应的专业规模较强,石化与农产品加工业的专业规模较小,尤其石化产业专业规模极其薄弱。

表5 与三大支柱产业相对应的专科院校专业结构与规模(2018年)

支柱产业	学科门类(个)	专业类(个)	专业(种)	毕业生数(人)	招生数(人)
汽车产业	4	9	28	12035	11230
石化产业	2	3	10	508	246
农产品加工业	4	8	17	1606	1273

二、吉林省三大支柱产业发展基本现状

(一)吉林省经济发展基本走向

随着经济形势的发展,2018年9月,吉林省委、省政府出台了《关于进一步优化区域协调发展空间布局的意见》,提出打造"一主、六双"产业空间布局的重大战略,其长远目标是构建以长春为核心的区域协调发展新格局,打造东北亚区域极具影响力的经济板块,全力将长春打造成"东北亚区域性中心城市",建设"大长春"、带动"大吉林"、引领"大东北"。同时,在"一主、六双"规划引导下,再造汽车、石化、农产品加工三大支柱产业新优势,努力把先进装备制造、医药健康、文化旅游产业发展成为新的支柱产业。

新中国成立以来,吉林省产业结构主要经历了从"一二三"到"二一三"到"二三一"再到"三二一"格局的四次重大转变。从中可反映出吉林省地区经济发展特征的演变,即由以第二产业为主导、第一第三产业共同发展的时期,逐步发展到以第三产业为主导、第二第三产业齐头并进、第一产业为辅助的发展时期,从中折射出吉林省经济发展的基本走向。

(二)三大支柱产业发展基本现状

本文研究的是吉林省传统的汽车、石化、农产品加工三大支柱产业。基于产业发展的呈现形态,分别从主营业务收入、主营业务成本、利润总额、从业人员数4个基本指标来分析每个支柱产业的发展概况。本文研究的支柱产业属于第二产业。在三大产业结构中,第二产业由第一位转到第二位,正处于调整转型期,大的经济环境直接影响三大支柱产业的发展走向。总的来看,三大支柱产业呈现波动式发展,总体上呈现滑坡状态,其中汽车产业滑坡不大,在三大支柱产业中遥遥领先;石化与农产品加工业波动较大,相对薄弱,尤其是石化产业,其利润出现负增长,发展面临窘境。从主营业务收入和主营业务成本看,汽车制造业有着明显的优势,农产品加工业居中,石化产业相对弱;从利润总额看,呈现汽车制造业平缓下滑、石化产业由陡升又急速下滑、农产品加工业波动式涨幅的态势;从从业人员看,三大支柱产业从业人员数呈现整体下滑的趋势,尤其是石化产业,出现了陡降。

三、普通高校专业设置与三大支柱产业需求协调发展现状分析

(一)普通高校专业设置与产业需求协调发展整体概况

根据2018年吉林省产业发展和普通高校专业设置的现状,本文整理出三大产业中相关的专业、招生

与毕业生规模与结构，以及产业结构、就业结构等相关情况，通过相应关系对比分析，研究吉林省普通高校专业设置与产业经济发展相适应的程度。从表6可知，吉林省三大产业结构呈现的是"三二一"格局，从业人员呈现的是"三一二"格局，而对应产业的专业结构、毕业生结构与招生结构呈现的都是"三二一"格局。整体上看，吉林省的产业结构与专业结构调整不同步，有的滞后有的超前，存在明显的不匹配问题。其中，与第一产业相对应的专业结构，无论本科还是专科建设都极其薄弱；与第二产业相对应的专业结构相对薄弱，专科尤为明显；与第三产业相对应的专业整体超前，专科更为突出。而且，第一、第二产业的就业弹性系数为负值，说明不但没有就业吸纳能力，反而要转移出大批剩余劳动力，第三产业的就业弹性系数也不高，吸纳能力也不强，从整体上反映出经济处于滑坡转型的窘境，这将成为经济发展的一个拐点，也将是高校专业调整的一个拐点。

表6 普通高校专业设置与产业需求协调发展概况一览（2018年）

产业类型		产业结构（%）	贡献率（%）	从业人员结构（%）		就业弹性系数	
第一产业		7.7	3.9	32.47		-1.29	
第二产业		42.5	44.8	21.05		-0.36	
第三产业		49.8	51.3	46.48		0.08	
产业类型及专业结构		专业（种）	专业结构（%）	毕业生人数（人）	毕业生结构（%）	招生人数（人）	招生结构（%）
第一产业	本科	19	6.38	7584	6.44	6790	5.81
	专科	17	5.23	476	0.90	598	0.97
	小计	36	5.78	8060	4.72	7388	4.30
第二产业	本科	119	39.94	44056	37.41	36540	37.01
	专科	108	33.24	16526	31.16	14831	23.99
	小计	227	36.44	60582	35.47	51371	29.89
第三产业	本科	160	53.70	66139	56.17	66763	57.19
	专科	200	61.55	36029	67.94	46355	75.03
	小计	360	57.78	102168	59.81	113118	65.81
合计		623	100	170810	100	171877	100

注：产业类数据根据《2019年吉林统计年鉴》相关数据整理而成。

（二）普通高校专业设置与三大支柱产业需求协调发展概况

在专业设置与三大产业需求整体协调状态的分析中，专业设置与第二产业的需求不太协调，这直接影响三大支柱产业的协调发展，相对应的专业设置与三大支柱产业需求存在不同程度的不协调问题。

1. 与汽车产业需求适应性分析

从表7可知，以三大支柱产业为整体，在主营业务收入结构中，汽车产业收入占总收入七成以上，是名副其实的支柱产业、主打产业；在利润总额结构中，汽车产业鹤立鸡群，在总额中占九成以上，更为突出；从就业结构看，汽车产业最高，达六成以上。与其相对应的本、专科专业占五成以上，专业建设相对薄弱，尤其专科更弱，不能有力支撑汽车产业的发展。另外，从专业规模看，毕业生结构中，总的为七成，专科为八成以上；招生结构中，总的为七成以上，相对于毕业生结构，本、专科招生都有了相应的增加，尤其专科已达到88.09%，明显超出就业结构的比例，人才有些过剩。总的来看，普通高校专业设置与汽车产业发展需求不协调，专业结构所占比相对薄弱，专业人才培养规模过剩。

表7 普通高校专业设置与三大支柱产业需求协调发展概况一览（2018年）

支柱产业	主营业务收入（元）	收入各占比（%）	利润总额（元）	利润结构（%）	从业人员数（人）	从业人员结构（%）
汽车产业	69679470	72.24	5652308	93.4	259871	61.69
石化产业	13111692	13.59	-219346	-3.62	19127	4.54
农产品加工业	13669093	14.17	398399	6.6	142281	33.77

支柱产业及专业结构		专业（种）	专业结构（%）	毕业生数（人）	毕业生结构（%）	招生数（人）	招生结构（%）
汽车产业	本科	45	54.88	30932	72.71	30842	75.62
	专科	28	50.91	12035	85.06	11230	88.09
	小计	73	53.28	42967	75.79	42072	78.59
石化产业	本科	18	21.95	7167	16.85	6417	15.73
	专科	10	18.18	508	3.59	246	1.93
	小计	28	20.44	7675	13.54	6663	12.45
农产品加工业	本科	19	23.17	4445	10.45	3526	8.65
	专科	17	30.91	1606	11.35	1273	9.99
	小计	36	26.28	6051	10.67	4799	8.96
合计		137	100.00	56693	100.00	53534	100.00

2. 与石化产业需求适应性分析

在主营业务收入结构中，石化产业占总收入的近14%，在三大支柱产业中最低，而且从利润总额看已处于亏损状态，在三大支柱产业中处于低水平发展状态。在从业人员结构中，仅占4.54%，不足一成。相应地，在专业结构中，本、专科比例均最低，总的为20.44%；毕业生结构、招生结构相对较低，其中专科更弱，分别为3.59%、1.93%，与本科相比更为明显。总的来看，石化产业难以支撑其相应专业及人才发展需求，且本科人才相对过剩，专科人才不足。

3. 与农产品加工业需求适应性分析

在主营业务收入和利润总额结构中，农产品加工业略高于石化产业，就业结构比例占三成左右。而与其相应的人才培养规模却最小，在毕业生结构中仅占10%左右；在招生结构中所占比例处于最低水平，还不足10%。所培养的专业人才难以满足其发展需求，人才培养储备不足。总的来看，专业设置与农产品加工业发展不协调，专业存量尚可，但培养规模太小，专业人才不能满足其发展需要。

四、高校专业设置与三大支柱产业协调发展的主要对策

在"双一流"建设的大背景下，吉林省提出了"双特色"发展战略，坚持以总体规划为统领，以特色发展为导向，进一步优化专业布局结构，扶优扶特扶需扶新，引导省属高校在各自类型和领域的特色化、差异化发展。在专业与产业协同推进的过程中，要坚持政府统筹、专业支撑、产业引领的总体思路，坚持专业结构与产业尤其三大支柱产业结构同向同行，共同服务地方经济社会发展。

（一）政府规划指导要谋统筹、谋精准

1. 发挥统筹职能，建立产业专业联动机制

统筹规划专业设置与产业发展的对接工作，为校企合作搭建平台，并建立起平台运行的保障机制，做到信息共享，改革会商。实现产业与专业联动的第一个层次就是政府机构联合发力。吉林省发展和改革委

员会、吉林省工业和信息化厅、吉林省商务厅、吉林省教育厅、吉林省人力资源和社会保障厅、吉林省统计局等部门既要各司其职，又要统筹协调，做到信息共享，政策衔接。发改部门做好产业、企业布局的规划审批工作，工信部门、商务部门做好行业指导工作，人力部门、统计部门做好信息统计、发布工作，教育部门做好专业设置引导与推进工作。实现产业与专业联动的第二个层次是学校与企业对接。目前来看，吉林省高校的专业设置都能够匹配到省域企业之内，但是校企合作的层次还需要提高，深度还需要挖掘。建议政府相关部门对照产业与专业状况，完善吉林省行业指导委员会制度，实行校企专家混编制，发挥行指委宏观信息共享、微观专业指导的作用。实现产业与专业联动的第三个层次是建立学校相关部门之间的工作协调机制。尤其是学科办、教务处、就业指导中心等部门要在专业建设工作中建立起常规的会商机制。

2. 发挥规划职能，提升产业、专业契合度

首先，政府应通过政策杠杆引导企业根据全省各地区经济发展趋势和产业发展需求，主动融入国家"一带一路"建设，全方位对接东北振兴战略国家相关重大规划，尤其是在"一主、六双"产业空间布局实施背景下，做好企业自身的区域发展规划。其次，应加强对专业调整的顶层设计，针对"一主、六双"产业空间布局实施战略，对全省普通高校布局及专业结构做出新的调整和规划，对各地区的专业布局做出相应的区域规划，并通过调节招生规模引导专业与吉林省的产业结构相适应。解决三类典型问题：普通高校专业结构与布局不均衡，与区域经济发展及三大支柱产业需求存在不同程度的不协调问题；专业空白点多与专业布点多并存的问题；专业设置较分散，难以形成专业特色、专业集群效应等问题。

（二）高校专业建设要谋结构、谋内涵

1. 高校专业调整要谋内涵、重特色

一是加强专业内涵建设。根据高校专业结构及其与三大支柱产业对应专业设置的基本情况，部分高校专业设置跨度大，专业分散，需要进一步明确办学方向，强化主干专业建设，着力打造重点专业、优势专业和特色专业及高水平特色专业群，形成专业集群效应，提高专业辐射能力。二是加强专业上下衔接。可以吉林省应用型高校与职业技能型高校为试点范围，探索采取放宽学制、积分晋级的方式，将中专、高职、本科一体化职教的质量链条扣紧，从而解决一体化人才培养质量参差不齐的问题。三是要将专业建设工作与大学生创新创业工作结合起来，争取在校内孵化专业市场，引领、带动地方产业经济发展。四是抢救扶持濒危且极缺专业。基于前面的基本研究，对应石化与农产品加工业的专业规模较小，尤其是石化产业，其专业规模极其薄弱，且相对应的招生规模都小于毕业生规模，预示着对应三大支柱产业的专业规模在缩小，不论是各学科门类，还是总的规模，都有缩小的趋势。为此，亟须加强与第一产业、石化产业及农产品加工业相关的学科专业建设，扩大专业规模。此外，对一些社会需求小、就业率低、质量差、重复率高且招生少的专业进行撤并，以提高资源利用率。

2. 高校专业布局要谋整体、重结构

从地域上看，长春的专业布局需优化整合，吉林、四平、延吉的专业布局需优化拓展，其他地级市的专业布局需扩容再造，以适应"一主、六双"产业布局的新需求。同时，为适应产业发展新战略，再造三大支柱产业新优势，吉林省正在打造新的汽车产业集群、石油化工产业集群与农产品加工产业集群。基于支柱产业发展新布局，所在地的高校及相应专业亟须转型升级，进一步优化专业结构，增设相关专业，扩大专业规模。同时，应在梅河口、公主岭设立对应产业的专科学校，为产业发展提供急需的人力支撑。

3. 高校专业建设要谋动态、重制度

根植吉林大地，服务振兴发展，突出以产教融合为重点的制度创新，精准设置专业、灵活调整专业，全面提升吉林省高等教育支撑力、贡献力、竞争力。一是根据区域产业与社会发展特点探索新的专业生长点，在内涵与特色上下工夫，实现专业与产业联动发展。比如，面对吉林省正在实施的"一主、六双"产业空间布局，打造新的汽车产业集群、石油化工产业集群与农产品加工产业集群等发展战略，各高校要以战略眼光来整合与增设相关专业，抢占培养紧缺人才的优先权，在为区域经济发展提供人力支撑的同时，提升自身的贡献力和竞争力。二是建立一个与人才需求预测、招生、就业联动的专业预警与动态调整

机制。同时,学校可以联席会议的形式为平台,定期研究相关问题,并形成一种规范的常态化的联席会议制度,这样就会减少专业设置的盲目性、随机性与功利性,进而增强专业设置的前瞻性、针对性和有效性。为了保证这个机制能得到有效落实,需建立一个名副其实的专门机构来负责相关工作,并建立一套自主适应机制和运行控制机制。

(三) 三大支柱产业发展要谋人才、谋市场

2018年,吉林省产业结构虽然艰难地实现了"三二一"模式的历史性突破,但是第三产业的优势仍不明显,总体来看,吉林省的经济基础依然严重依赖传统的重工业、重化工、重加工企业。这类企业对资源的需求较大,人力资源与产品结构固化严重,适应经济发展形势的灵活性较差。同时,吉林省的汽车、石化、农产品加工等行业企业大多依附于"一汽""吉化"等国有企业,受限于企业性质与规模等原因,其市场敏锐度较低,结构升级与技术革新速度较慢,对专业人才的需求品质不高。基于此,需从人才和市场两大关键点发力。

1. 谋人才,为企业发展奠基

一是企业要树立人才发展观。人才是企业提升竞争力的核心要素,没有人才,难以在科技大战中取胜。企业参与高校相关专业的人才培养是一种责任、一种发展战略。二是积极参与高校人才培养过程,引导高校培养企业所需的人才。可以通过发布就业信息报告和制订人才培养方案两种方式提升人才培养的参与度。有条件的企业可以采取承担实习实训教学任务或成体系地设置订单班的方式创新企校联合培养人才的方式。三是要注重产业对专业的引领作用。当产业链延长并凸显集群效应时,地方高校的专业建设自然会因势利导,开拓新的专业市场。况且,只有做好"产业 + 专业"和校企合作等工作,才能谋到所需的各类人才,才能夯实企业发展的根基。

2. 谋市场化思维,为企业发展提供新动力

市场是企业的战场,市场化思维要求企业勇于舍弃、敢于创造,能根据市场需求,不断调整企业发展方向,寻找新的生长点,开拓新的市场。当前,吉林省要再造汽车、石油化工、农产品加工等传统支柱产业的新优势,要坚持两种思路:一是增强自身"造血"功能。下大力气淘汰落后产能,加快技术升级步伐,对接电子科技、网络科技、发展数字经济与共享经济,用新思维新技术,借助吉林省高等教育学科门类齐全、专业集成度较高的特点,扩大产业经济效益,提升产业发展附加值,增强企业的吸引力和竞争力。二是做好与汽车、石化产业及农产品加工业相关的学科专业强基工作。一方面,有针对性地加大专业的调整力度,扩大专业规模;另一方面,结合产业及三大支柱产业发展的新战略、新布局,进一步整合、拓展相关区域的学校及学科专业布局,为区域经济发展提供人才支撑。吉林省作为农业大省,西部地区种植业、养殖业、农产品深加工业由于缺少专业人才支撑,产品附加值比较低,产业整体发展一直不景气,并由此陷入恶性循环。基于此,亟须出台经济政策与人才政策,对相关产业给予大力扶持,打造其规模效应。

参 考 文 献

[1] 吉林省人民政府."一主、六双"产业空间布局规划[EB/OL]. (2019 – 01 – 31) [2019 – 02 – 20] http://xxgk. jl. gov. cn/gbcs/? file = http://xxgk. jl. gov. cn/szf/gkml/201901/W020190131540754063897. pdf.

[2] 2019年吉林省政府工作报告 [R/OL]. (2019 – 02 – 03) [2019 – 03 – 01]. http://m. sohu. com/a/293093413_120057265.

[3] 吉林省2018年国民经济和社会发展统计公报 [Z/OL]. (2019 – 04 – 30) [2019 – 05 – 10]. http://jl. sina. com. cn/news/yaowen/2019-04-30/detail-ihvhiqax5855347. shtml.

An Empirical Study on the Coordinated Development of Specialty Setting in Colleges and Universities and the Demands of the Three Pillar Industries in Jilin Province

Abstract: Through investigation and research, it is found that the major structure and industrial structure of ordinary colleges and universities in Jilin Province are moving in the same direction, but there are some uncoordinated problems in different degrees, that is, the adjustment of major structure and industrial structure is not synchronized, some lag, some lead, there's a clear mismatch. Among them, the professional structure corresponding to the primary industry, no matter undergraduate or junior college construction, is extremely weak; the professional structure corresponding to the secondary industry is relatively weak, but the junior college is more obvious; and the professional structure corresponding to the tertiary-industry is overall ahead of the times, in particular, the specialty is more prominent. In contrast, with the three pillar industries demand is more prominent, relative to the automotive industry, the proportion of professional structure is relatively weak, and the scale of professional training is excessive. It is difficult for petrochemical industry to support the demand of specialty and talent development, and there is a relative surplus of undergraduate talents and a shortage of specialized talents. In order to make them more compatible, this paper puts forward some concrete suggestions from the three dimensions of the government's planning guidance should be well-planned and precise, the specialty construction of colleges and universities should seek structure and connotation, and the three pillar industries should seek talents and market.

Keywords: ordinary colleges and universities, major structure, three pillar industries, compatible

人力资源协同视阈下服务地方产业发展的应用型人才培养研究

罗玉洁[①]　罗　刚[②]　蒋祺炜[③]

党的十八大以来，习近平总书记就人才工作做了系列重要讲话，强调人才是第一资源。当前，中国面临新发展格局，进入新发展阶段，落实新发展理念离不开人力资源强有力的支撑。新时期，高校担负着为社会主义现代化强国建设培养高素质人才的历史重任。高校发展必须顺应时代潮流，充分认识到高等教育在经济发展中，特别是在创新动能中发挥的人才支撑和智力支持的重要作用。2015年，三部门（财政部、中宣部、教育部）《关于引导部分地方普通本科高校向应用型转变的指导意见》对高校转型改革进行了顶层设计，提出了本科高校转型发展的主要任务。2017年，教育部关于《"十三五"时期高等学校设置工作的意见》明确了构建以人才培养定位为基础的高等教育分类体系，对应用型高等学校的设置做了界定。由此可见，地方应用型本科高校的发展，必须适应产业结构转型升级对人才培养结构和培养质量需求的变化，将人才培养与升级版的生产劳动相匹配，促进解放创造力、发展生产力，提高应用型人才培养质量和水平，为有效推进地方区域经济社会创新发展做出贡献。人力资源协同强调要素主体相互协同、相融互动，从内部协同和外部协同两个维度，为构建精准的应用型人才培养模式、搭建多元主体协同格局、实现人才高质量供给和高效率配置提供了理论借鉴和实践指导。

一、人力资源协同的理论意蕴

"人力资源协同"概念源于企业微观管理，原义指组织协调内部人与人的关系，实现人力资源在组织中的最优配置，增强人力资源与其他要素的互补性、协调性、一致性、耦合性，使组织获得竞争优势和实现卓越绩效。现代化产业体系建设同样强调人力资源协同，人才作为人力资源的核心要素，与产业能级、科技创新、服务平台等要素相融互动，呈现出资源效益最大化，实现"1+1>2"的效果。

（一）深度开发是基础

人才深度开发是以问题为导向，聚焦人才培养定位、人才培养模式、人才培养质量、优化人才结构等方面存在的突出问题，从地方区域经济高质量发展战略目标着眼，构建"创新型人才、应用型人才、技术技能型人才"的不同层次开发培养体系，加大人力资源供给。

（二）精准匹配是关键

人才精准匹配是以需求为导向，紧紧围绕地方区域功能定位，创新驱动发展和现代产业需求，摸清主导产业核心功能的重点领域人才需求，聚焦产业链关键环节，精准匹配各层各类各环节需要的人才。

（三）协同整合是策略

人才协同整合是以市场为导向，人力资源自由流动、优化配置需要构建多元主体跨界融合的协调整合机制，在合作共生系统内形成合作伙伴关系，促使人力资源与其他要素相互协同、相融互促。

[①] 罗玉洁，成都工业学院高等教育研究所讲师，研究方向为高等教育管理、思想政治。
[②] 罗刚，成都工业学院高等教育研究所所长、教授，研究方向为高等教育管理。
[③] 蒋祺炜，成都市教育局高等教育与职业教育处副处长，研究方向为高等教育。

（四）共享共赢是目标

人才共享共赢是以效益为导向，通过要素的物理整合，在协同整合中重塑生产力发展模式，提升人才培养质量和人力资源配置效率，实现地方高校与区域经济社会发展、行业企业技术进步、学习者价值创造的目标。

二、人力资源协同视阈下地方高校应用型人才培养的必要性

（一）是贯彻以人民为中心和新发展理念的必然要求

习近平总书记在全国教育大会上指出，新时期新形势，社会主义现代化建设、促进人的全面发展和社会全面进步对教育和学习提出了新的更高的要求。技术革命带来的"创造性破坏"将建立新的生产体系，将引起人力资源市场和应用型人才培养持续变革。基于人力资源协同视角的应用型人才培养，秉承创新、协调、绿色、开放、共享的发展理念，尊重教育教学规律和学生身心发展规律，为创新型应用型人才培养提供良好的环境和机制，不断优化学科专业布局和人才结构，不断增强教育发展动力，创新人才培养模式，形成校企共育、社会协同的良好教育生态，推动人才的价值实现，发挥人的最大效用，满足人民对美好生活的向往。

（二）是推进大学治理体系和治理能力现代化建设的决定性因素

中共中央、国务院印发的《中国教育现代化2035》对高等教育提出了科学定位、特色发展、产学融合、促进转化等一系列提升竞争力的任务和举措。人力资源协同视阈下的应用型人才培养紧紧围绕构建社会主义现代化强国建设，实现高等教育现代化的目标，以内涵发展为根本，以多元共治为价值指向，通过价值定位、制度建设、结构优化等推进治理体系和治理能力现代化建设。旨在解决当前高等教育结构性矛盾突出、同质化倾向严重、人才培养机制不健全、人才培养结构和质量尚不适应经济结构调整和产业升级要求等凸显的问题，切实发挥地方本科高校作为应用型人才培养的主阵地为地方和区域经济社会发展服务、为国家和民族发展服务的重要作用。

（三）是构建现代产业体系和促进地方经济高质量发展的客观需求

人力资源是现代产业体系和经济增长的根本和关键。面对新技术、新产业与新业态层出不穷的状态，应用型人才作为当前产业人才培养、产业升级的主要群体，正在经历从重"量"到重"质"的转型发展过程。该过程通过本土人才培育，提高应用型人才供给质量，摸清应用型人才需求现状，形成与现代产业体系相适应的应用型人才协同发展格局，实现人才链与产业链的有效衔接，为产业生态圈、产业能级提升、城市高质量发展提供持续高素质应用型人才支撑。

三、人力资源协同视阈下地方高校应用型人才培养的现实困境

（一）协同理念不深入，主体作用发挥不充分

第一，学校产业人才培养观念待转变。地方应用型本科高校是向产业输送大量人才的基地，然而应用型本科教育顶层设计、理念价值、支撑要素和评价标准等若干问题急需认清和破解。目前，不少地方本科高校对传统人才培养模式的认知并未改变，对人才培养在社会经济发展中的重要作用认识不够，学科专业设置同质化现象严重，仍将研究型大学学科型评价标准作为主要考核指标，应用型教育教学质量大闭环观念尚未形成。加之传统的教师认知偏差、本位意识、专业水平欠缺所致的"照本宣科"和"满堂灌""填鸭式"教学模式难以满足地方产业转型升级对应用型人才的素质和能力需求，导致地方应用型高校成为与社会隔离的"象牙塔"。第二，企业校地校企合作积极性不高。产教融合、校企合作是适应产业结构调

整、培养适合行业企业发展需要的高素质应用型人才的重要举措。但出于机会驱动和短期盈利动机，多数企业缺乏长远发展谋划，缺乏对人力资源在企业发展中的重视，对依靠人才和科技创新增强企业核心竞争力缺乏紧迫感。当前，校企合作仍然以粗放型的合作为主，尚未形成企业与学校共同参与的"双主体育人"模式，产教融合发展难以深化，致使学校人才培养缺乏科学的实施路径与保障体系。

（二）精准匹配不到位，人才供给与产业需求脱节

由政府主导的产业部门虽然对现代产业体系构建、核心产业功能区定位、重点产业领域支持出台了相应政策和文件，但对相关产业人才需求仍然处于模糊状态，尚不能准确提供新时代区域现代产业体系构架下规模以上企业、一般企业、孵化企业等不同层次、不同类型企业所需要的初、中、高级人力资源素质、数量、结构等信息。一方面，企业用人短期急需性与学校人才培养长期周期性存在矛盾，企业缺乏对人才培养过程和规律的认识；另一方面，学校在培养产业人才方面缺乏需求的客观标准和培养的准确方向，对于满足产业转型升级期对人才的需求具有严重滞后性。产业人才需求端和学校人才供应端缺乏有效衔接，使得产业人才精准匹配有一定的难度。

（三）机制体制不健全，制度与资源保障欠缺

政府履行宏观调控职能缺位现象严重，落实高校"放管服"改革、引导部分地方普通本科高校向应用型转变、产教融合建设等措施的配套政策和制度保障缺失。如2015年《关于引导部分地方普通本科高校向应用型转变的指导意见》提出的"制定应用型高校的设置标准，制定应用型高校评估标准"尚未形成定论，一大批新建本科院校仍在研究型大学和高职院校之间摇摆不定。校地校企合作体制机制顶层设计、工作机构与运行机制尚不健全。如地方财政缺乏直接鼓励校企合作的专项经费保障，对"双师双能"型教师建设的引导和支持不足，导致地方应用型高校"内培外引"、实践教学、到企业锻炼等方面的保障薄弱，教师参与校企合作的积极性不高，影响了应用型本科教育服务区域产业转型升级的能级与作用的发挥。

四、人力资源协同视阈下应用型人才培养的思路与对策

地方高校应用型人才培养，是涉及多元主体、多维价值、多方协同的行为活动，仅靠任何单一主体的驱动和"一厢情愿"难以实现效果最优化。人力资源协同理论为推动地方应用型高校人才培养提供了新思路和新方法。人力资源协同理论遵循"以人为本"的思想，充分发挥人才是第一资源的优势，通过内部协同，实现应用型人才培养和人力资源的深度开发；通过外部协同，实现人力资源与区域发展战略、现代产业体系、城市规划建设等精准匹配，进而推动高素质应用型人才在多领域、多层次、多链条上跨界融合，实现应用型人才培养和配置收益最大化。

（一）内部协同：高质量供给，构建精准的应用型人才培养模式

内部协同以学校和企业为双主体，共同构建主动适应地方区域经济发展的应用型人才培养模式，促进应用型本科内涵式发展。

1. 科学定位，优化学科专业布局

地方应用型本科高校是以应用型为办学定位、培养应用型人才的本科院校。应用型本科人才培养的宗旨就是满足社会经济发展对高层次人才的需求。所以，地方应用型高校需要以高等教育的方针为指导，紧扣地方功能定位和产业发展需求，改造传统学科专业，打造特色优势学科专业，主动调整优化学科专业布局。学校要重点围绕高素质应用型人才培养、品牌专业创建、"双师"队伍建设、协同基地打造、培养机制完善、社会服务提升等方面夯实基础、培育优势。实现服务地方所需、产教深度融合、校企深度合作的发展目标，全面提升应用型人才培养质量和水平，为地方区域提升现代产业能级提供坚实的应用型人才支撑。

2. 特色发展，深化产教融合培养体系

坚持以新工科和工程教育专业认证为指导，以问题为导向，校企双方共同探索构建以产教"五融合"为特征的应用型人才培养体系。遵循"产业需求建专业、技术发展改内容、学校主体推改革、学生志趣变方法、内外资源创条件"的原则，将"培养规格与行业标准相融合""教学内容与工程实际相融合""教学过程与工作过程相融合""教学场所与真实工厂相融合"和"教师队伍与工程师队伍相融合"等产教"五融合"的应用型人才培养模式贯穿于人才培养的全过程，提升学生的工程实践能力与创新能力，增强其就业核心竞争力。如笔者所在的成都工业学院创建了"股权共持、利益共享、风险共担、优势互补"的"成工富创"校企合作新模式。

3. 质量提升，健全应用型人才培养评价标准

健全应用型人才培养质量标准和评估体系是根本保障。应用型本科教育应该建立一套具有可操作性的、能反映应用型本科院校关键点和核心要素的评价标准体系。地方产业人才培养质量标准体系建设，需要政府、学校、企业、行业共同参与，将产业功能区专业类人才培养质量标准作为专业设置、专业建设、教学质量评估的基本遵循。同时，应制定符合工程教育特点的师资评价标准与教师发展机制，探索与产业链相匹配的师资队伍建设路径，强化教师工程背景，对教师的产业经历提出明确要求并积极创造条件。另外，应推动高校形成内生的、有效的质量文化，强化生命线意识，将质量价值观落实到教育教学各环节，不断改进和提高应用型人才培养质量。

(二) 外部协同：高效率配置，构建多元主体协同格局

外部协同强化政府引导、市场主导，形成与地方区域经济高质量发展、现代化产业体系建设相适应的高素质应用型人才协同发展格局，促进产业链与人才链融合互动。

1. 政府引导，建立多元协调合作机制

政府应强化宏观调控职能，健全相关法律法规，完善制度保障；深化高等教育领域和人才管理体制"放管服"改革，支持高校对接产业行业需求，自主设置调整专业，下放人才评价、选用、奖励等权力给用人主体；通过政策引导高校向政府确定的方向进行专业设置和调整，给予适当的政策支持和财政扶持；优化区域政策环境，逐步完善促进校企合作的政策法规，调动企业参与地方应用型本科教育的积极性，建立应用型本科教育联席会议制度，统筹协调区域内校企合作工作；在财政、税收、土地等方面支持企业与地方应用型院校共建共享生产性实训基地、产品研发中心、科技创新中心，通过政府购买服务的方式支持企业办学；通过组织实施校企合作对接会，推进精准服务企业活动；推动地方应用型本科高校与行业、企业共建共办，实现招生与招工结合、教师与工程师互派、培养方案共同制定、考核标准双方互认、研发平台共同参与的校企合作办学机制。如笔者所在的学校在省政府主导下，创立了省教育厅、省经济和信息化委员会共建成都工业学院的"厅委共建"产教融合体制机制，充分发挥政府宏观调控和市场机制作用，深化产教融合、校企合作，打造"政行企校"利益深度链接共同体，推进政行企校全方位、全过程协同育人。

2. 市场主导，搭建高水平服务平台

一方面，地方应培育一批专业化、市场化的人力资源服务机构，构建人力资源协同应用场景，打造基于跨界共享的人力资源平台和成果教育平台，充分发挥市场的决定性作用，实现人力资源智能配置、应用知识按需共享。另一方面，地方应高度重视本土人才培育，打造企业高校融合共同体、新型产业技术研究院等育才平台，有针对性地培育重点行业、重点领域所需的应用型人才。围绕地方现代产业体系，探索采用"企业提需求、高校出人才、政府给支持"的运行模式，共建专职工作站，以产出为导向，实施应用技术创新研发，对通过绩效考核的合作双方人员给予经费奖励。有效整合政府、市场、高校资源，通过构建相应机制和搭建高水平服务平台，促进高校科学定位、特色发展，使转型高校更好地与当地创新要素资源对接，与产业转型升级发展同频共振，与行业企业人才培养和技术创新的需求对接，从而有力协调和解决产学矛盾、工学矛盾，有效解决人才培养与行业产业需求方面的脱节和不相适应的问题。

参 考 文 献

[1] 魏中林. 面向2035的一流应用型本科教育发展 [J]. 高教探索, 2019 (11): 5-8.
[2] 徐家庆. 应用型本科院校深化产教融合的策略及实现途径 [J]. 中国大学教学, 2018 (12): 79-81.
[3] 王慧芳. 从供给侧改革看教育产业人才产品的供给问题 [J]. 教育理论与实践, 2019 (18): 10-12.

Research on the Cultivation of Applied Talents Serving the Development of Local Industry from the Perspective of Human Resources Coordination

Abstract: The core of human resources coordination theory is deep development, accurate matching, collaboration and win-win sharing. There is a coupling effect between the cultivation of applied talents in local universities and the upgrading of regional modern industrial level. Based on the theory of human resources collaboration, in order to realize the high-quality supply and efficient allocation of talents, we need to build an application-oriented talent training model for schools and enterprises from the perspective of internal collaboration; and to build a multi-subject collaboration pattern from the perspective of external collaboration, which was led by the government and the market.

Keywords: human resources coordination, local colleges and universities, applied talents, application-oriented talent training

"双高计划"背景下高职院校服务地方经济社会发展的问题及对策

刘文韬[①] 邹 勇[②]

一、引言

2017年,党的十九大顺利召开,对我国社会的主要矛盾做了重新定位,时代的变化和社会的发展也向高职教育提出了新的要求。2019年1月,国务院印发了国家职业教育改革实施方案,提出将启动实施中国特色高水平高等职业学校和专业建设计划即"双高计划"[1];同年4月,教育部、财政部联合发布了《关于实施中国特色高水平高职学校和专业建设计划的意见》,提出"建设一流高职院校"的目标和选择"国际化"路径,这既是顺应中国"走出去"的发展战略,提升中国企业和产品国际竞争力的需要,也是主动适应当前中国经济转型升级,提升职业教育及其人才培养竞争力,从而切实增强职业教育吸引力的需要。"双高计划"旨在打造技术技能人才培养高地和技术技能创新服务平台,引领职业教育服务国家战略,坚持产教融合,促进产业升级[2]。同时"双高计划"也明确提出坚持产教融合,创新高等职业教育与产业融合发展的运行模式,精准对接区域人才需求,提升高职学校服务产业转型升级的能力,推动高职学校和行业企业形成命运共同体,为加快建设现代产业体系,增强产业核心竞争力提供有力支撑。这对高职教育的发展既是机遇,也是极为严峻的考验,同时也将高职院校服务地方经济社会发展的职能推向了新的阶段。

二、高职院校的社会服务职能及与地方经济社会发展的辩证关系

(一)高职院校具有服务社会经济发展的职能

20世纪初,美国威斯康星州立大学首先提出"大学教育应当为区域经济和社会发展服务"的理念,并由此形成了人才培养、科学研究与社会服务三位一体的高等教育职能。《国家中长期教育改革和发展规划纲要(2010—2020年)》也把提高人才培养质量、提升科学研究水平、增强社会服务能力作为我国高等教育未来10年的主要发展任务[3]。

高职教育作为高等教育的重要组成部分,与普通大学既有共性也有个性,而为区域经济和社会发展服务则是二者之间的共性。可见,与地方经济社会发展相结合、服务地方经济社会的发展已是中国大学发展的必然方向。高职院校将其知识资产转移扩散到企业和社会其他领域,对社会问题进行识别、分析和解决,是强国、强省的重要途径,也是高职院校实现社会服务职能、寻求自我发展的本质所在。

(二)高职院校与地方经济社会发展的辩证关系

高职院校与地方经济社会发展究竟是什么关系?明白这一点可以让我们更好地坚持与推进高职院校履行其职能。二者应该属于一种辩证关系,即对立统一关系,二者既可以很好地相互支持与配合,又可能会相互制约,起到相反的作用。具体来看,一方面,高职院校的发展推动了地方经济的发展,提升了区域人

[①] 刘文韬,成都航空职业技术学院汽车工程学院讲师。
[②] 邹勇,成都航空职业技术学院学生工作部副教授。

力资源水平，带动了区域高新技术的发展，优化了区域市场经济发展的软环境，为区域经济发展注入了新活力。另一方面，区域经济的发展可为高职院校的发展提供学科建设与专业设置的保障，为高校提供丰富的就业市场，助推高职教育不断改革与发展[4]，二者是"双赢"和"互惠互利"的关系。应该说，"双高计划"的提出就是基于二者之间相互作用推动的结果。但如果高职院校不能为地方经济社会发展服务，则学生会面临就业困难，无法满足社会的需求。

三、当前高职院校在服务区域经济社会发展中存在的问题

高职院校与区域经济社会发展之间是对立统一的辩证关系，二者相互作用共同推动着双方不断变革以实现"双赢"和"互惠互利"。但在现实社会中，二者之间也不完全是和谐的。随着中国经济进入高质量发展阶段，这种不和谐的因素也不断显露出来。从高职院校来看，主要存在以下四个方面的问题。

（一）调研不足，高职院校缺乏对地方经济社会发展情况的充分了解

毛泽东曾提出"没有调查就没有发言权"的著名论断，并运用马克思主义的立场、观点和方法，调查和研究中国社会的历史和现状，把马克思主义普遍真理同中国革命实践结合起来，进而提出了指导中国革命的理论和方针政策，赢得了革命的胜利。高职院校肩负着服务地方经济和社会发展的重要职能，理应坚持辩证唯物主义的思想方法，运用对立统一的观点，对地方的经济和社会发展状况进行充分的了解，如了解本地区行业分布和发展情况、企业对人才的需求情况、政府对地区经济发展规划情况等，做到知己知彼。要做到这一点必须开展调查研究，在详尽占有材料的基础上，实事求是，具体问题具体分析，把握事物发展的全过程，事物的内外部联系，从而抓住事物的本质。当前部分高职院校在服务地方经济社会发展方面存有诸多问题，在很大程度上就是由于缺乏对外部环境的调查和了解，导致培养的人才不适应行业、企业的需求，从而在服务质量和服务能力方面受到很大的限制。

（二）部分高职院校的服务意识淡薄，服务能力不强

现代社会是一个服务型社会，具备服务意识是每一个社会组织应有的态度，从而有利于形成"人人为我，我为人人"的良好社会风气。高职院校也须具备良好的服务意识，但由于长期以来受各种不良风气的影响，很多高职院校还没有转变观念，没有树立起"以服务为宗旨，在贡献中求发展"的互动发展理念，特别是部分公办高职院校，对服务地方经济社会发展的认识程度还不够，主动服务意识也不强，认为主动找企业合作低人一等，从而放弃了很多机会；更有些高职院校还停留在等、靠、要阶段，被动地等着地方政府和企业找上门来，缺乏主动尝试和企业合作的意识[5]。由于部分高职院校长期脱离社会需求实际，缺乏对当地社会有关人才需求的分析和研究，只是一味地追求书本知识的教学，教师缺乏企业工作经验，实训的内容也与现实的工作有较大差异，人才的培养目标与地方经济社会发展的需求联系不够紧密，学生的创新和实践能力得不到培养和训练，导致学生毕业后很难满足用人单位的要求，使高职院校在服务能力方面存在很大的不足。

（三）专业设置结构不合理，不能满足当地行业和企业的需求

高校的专业是根据科学分工或生产部门的分工而形成的门类。根据2012年教育部颁布的《普通高等学校本科专业设置管理规定》的明确要求，高校设置和调整专业，应主动适应国家和区域经济社会发展需要，适应知识创新、科技进步以及学科发展需要，更好地满足人民群众接受高质量高等教育的需求；应遵循高等教育规律和人才成长规律，符合学校办学定位和办学条件，优化学科专业结构，促进学校办出特色，提高人才培养质量。但目前制约地方高职院校服务区域社会经济发展的专业设置因素依然存在，主要表现为：一是专业设置全而不精。部分高职院校为达到"升格"标准，在硬件设施不完善、师资队伍薄弱的情况下，仍然盲目开设新的专业，这导致部分地方高校专业设置同质化现象较为严重；且盲目增设专业导致经费紧张，教学质量难以保障；毕业生"就业难"的问题仍较为突出[6]。二是专业的设置没有考

虑到时代发展的需求。时代快速发展，导致出现两种情况：首先是原来部分热门专业慢慢脱离了时代，社会需求已严重过剩，导致学生毕业后就业困难，如几年前十分热门的建筑工程造价类专业、房地产经营与估价专业；其次则是盲目跟风开设的专业，学校本身不具备专业开设的条件，但因为市场或社会思潮炒作而开设。这些所谓的新专业往往是"新瓶装旧酒"，除名字响亮外，开设的课程缺乏特色，专业课程之间的逻辑关系也十分牵强，企业录用这些专业的毕业生后发现并不能满足他们的需求。

（四）人才培养模式相对保守，不能适应行业和企业的用人要求

根据人力资本理论的观点，在影响经济发展的各种因素中，人的要素最为关键。经济能否发展取决于人的素质的高低，而不是自然资源是否丰富以及资本的多寡。现代经济的发展必须依靠劳动者智力水平的提高，而教育是提高人们的知识和技能，提高工作效率的最主要途径[7]。高职院校服务地方经济社会发展最为核心的方面是为社会发展培养和输送人才。人才的培养模式则直接关系到人才培养质量的高低。人才培养模式，是指在一定的教育理念指导下，教育工作者群体所普遍认同并遵循的关于人才培养活动的实践规范和操作样式，它以教育理念为基础，以培养目标为导向，以教育内容为依托，教育方式为具体实现形式[8]。目前，很多高职院校的人才培养模式还停留在传统的层面，以课程和学校为中心，较少考虑行业和企业的需求，特别是对学生的忠诚度、合作精神和"工匠精神"方面的培养较为欠缺，所培养和训练的学生与行业、企业所需要的专业人才存在一定的差距。

四、高职院校服务地方经济社会发展的对策

随着社会的快速发展和供给侧结构性改革的深入推进，社会经济环境也发生了巨大的变化。为适应社会发展的要求，高职院校作为人才供给方也应当与时俱进，主动进行改革和发展。针对上述存在的诸多问题，现提出以下对策，供大家参考。

（一）积极开展对当地经济社会发展的调研，了解具体情况

"知己知彼，百战不殆。"做好调查研究，坚持实事求是，一切从实际出发，理论联系实际，在实践中检验真理和发展真理，这是我们党的思想路线，也是一个组织生存和发展的科学的世界观和方法论。地方高职院校要服务于当地经济社会的发展，首先要做的就是对地方的经济社会情况进行详细调查和分析。调查的内容包括：一是经济发展情况，如当地每年的生产总值、人口分布情况、人口结构情况、人们的消费水平等；二是调研当地的主要行业、支柱产业、大中小企业的发展情况，人才需求数量及质量要求等情况；三是了解当地政府的经济发展规划，如是否会将某一片区规划为开发区、工业区或某一类别产业园区等。调查的方法包括文献分析、访谈、比较分析等，一切有利于收集有价值的信息的方法都可以采用。高职院校应通过信息收集，了解本地区的经济和社会发展情况，为做好自己的战略定位、专业调整及确定人才培养模式提供参考，从而培养出更多当地经济和社会发展需要的人才，将服务于地方经济和社会发展的职能落到实处。

（二）增强服务意识，提高服务能力，变被动为主动

服务是指履行职务，为他人做事，并使他人从中受益的一种有偿或无偿的活动，不以实物形式而以提供劳动的形式满足他人的某种特殊需要。简单地说，服务就是为别人做事，满足别人的需要。现代社会就是一个服务型的社会，"我为人人，人人为我"。具备服务意识是当代每一个社会组织应有的态度。地方高职院校作为知识源泉和创新基地，可以为所在区域提供源源不断的知识供给、智力支持和人才支撑，是推动区域经济社会发展的重要力量；同时，具有鲜明特色的区域经济体也可为地方高职院校提供特有的学术环境、科研氛围，为特色学科的发展创造有利的条件。二者相得益彰，从而实现"双赢"和"互惠互利"。高职院校应该秉承"在服务中求发展"的宗旨，加大宣传力度，发挥高职人才、技术、实验设备等各方面优势，为地方经济社会发展提供全方位、多层次的服务，既有经济方面的，也有文化、教育和政

治、科技方面的，既有间接的，也有直接的，但都要力求务实，而不是摆摆架子、做做样子[9]。

（三）依据市场需求，调整专业结构，适应企业发展要求

专业是社会需求与高职教育教学工作紧密结合的纽带，是学校教学工作主动、灵活适应社会需求的关键环节，也是培养的人才能否满足本地区经济社会发展的重要因素。专业设置不能随心所欲，而应充分反映时代变化的特点及社会产业、行业和企业的需求。高职院校在专业设置方面应做到以下几点：一是要紧密结合地方支柱产业的发展需求，了解社会发展背景和经济结构调整的动向，把握社会、经济和学生发展需求与高职教育之间的接合点，是高职院校专业设置的前提[10]。二是要调整和设置主体专业，适应地方产业结构调整的需要。应以顾客（企业）需求为中心，努力提供顾客需要的产品（人才）。如成都航空职业技术学院立足于龙泉驿区"汽车城"建设的需要，新增汽车检测与维修技术、汽车制造与装配技术、汽车电子技术、新能源汽车技术、汽车营销等专业以适应本地企业发展的需要，为汽车产业的发展提供了大量的专业人才。龙泉驿区也因汽车产业的发展，连续3年成为全国GDP突破"千亿"的区县，其中2019年达到1388.88亿元，在全国区县中排名第94位。应该说，龙泉驿区汽车产业的发展与学校的人才供给是密不可分的。

（四）深化校企合作，创新人才培养模式，满足社会用人需求

随着经济的不断发展，国内的产业结构必将呈现逐步由劳动密集型向资本密集型、技术密集型转移的发展态势，劳动力结构也将随之发生深刻变化。社会对受过职业教育和培训的高技能人才的需求将不断增大，同时也对高职院校的人才培养产生了更多期待，对高职人才的社会视野要求显著提高，对高职人才能力发展的可持续性要求增强，对高职人才的需求层次呈现出多样化的趋势。[11]当前社会对人才的期待已不是高职院校所能独立承担的，因此，高职院校必须创新人才培养模式，改变传统的以学校为中心、以教学为中心的人才培养模式，引入更多社会力量参与到人才培养中来，其中，校企合作无疑是最有效的模式之一。当前校企合作在人才培养方面可供参考的方式很多，如定制班、订单班，前者是根据企业的用人原则和人数来进行定向培养，比较有针对性；后者是学生在入学时签订"就业协议"，即毕业之后到合作企业工作，学生读书的费用及学习设备由合作企业提供。此外，还可以通过其他合作模式，根据企业需要进行人才培养。当然，校企合作模式不能完全按照某一个企业的某一个岗位的需求来培养，否则会造成学生专业面太窄，如遇到企业裁员会对学生后续就业产生很大的限制，这类问题还需要进一步研究。

总之，高职院校服务地方经济社会发展是高职教育的本质属性，也是其基本职能之一。在"双高计划"背景下，高职院校的这一职能将发挥更加重要的作用，因此，我们需要进一步创新高等职业教育与产业融合发展的运行模式，精准对接区域人才需求，提升高职学校服务产业转型升级的能力，推动高职学校和行业企业形成命运共同体，为加快建设现代产业体系、增强产业核心竞争力提供有力支撑。尽管目前高职院校在服务地方经济社会发展方面越来越受到人们的重视，但在如何服务、服务内容等方面还存在诸多争议，也引发了学者的不断讨论和研究，目前还没有形成完全统一的模式，还有很多地方值得研究、思考、实践和创新。相信随着高职教育改革的进一步深化，高职院校人才培养与地方经济社会发展之间可以更好地相互促进、共同发展，共同为实现中华民族的伟大复兴贡献力量。

参 考 文 献

[1] 国务院关于印发国家职业教育改革实施方案的通知 [EB/OL]. (2019-02-13) [2019-05-10]. http://www.gov.cn/zhengce/content/2019-02/13/content_5365341.htm.

[2] 教育部 财政部关于实施中国特色高水平高职学校和专业建设计划的意见 [EB/OL]. (2019-04-01) [2019-05-10]. http://www.moe.gov.cn/srcsite/A07/moe_737/s3876_qt/201904/t20190402_376471.html.

[3] 国家中长期教育改革和发展规划纲要（2010—2020年）[EB/OL]. (2019-07-29) [2019-05-10]. http://www.moe.gov.cn/srcsite/A01/s7048/201007/t20100729_171904.html.

[4] 周应佳. 地方高校服务地方经济社会发展的实践与探索 [J]. 襄樊学院学报, 2009 (6): 5-9.
[5] 周济. 以服务为宗旨 在贡献中发展: 教育部部长周济在高校服务地方发展工作会议上的讲话 [J]. 中国高校科技与产业化, 2007 (Z1): 23-27.
[6] 柳国梁. 地方高校的服务转型与内涵式发展 [J]. 宁波教育学院学报, 2014 (1): 1-5.
[7][9] 周红. 高校教育服务地方经济社会发展模式研究 [J]. 沈阳师范大学学报 (社会科学版), 2014 (6): 113-115.
[8] 徐涵. 职业教育人才培养模式创新 [J]. 中国职业技术教育, 2010 (3): 8-11+16.
[10] 戴勇. 办好高职紧缺专业 服务地方支柱产业 [J]. 中国高等教育, 2005 (8): 41-42.
[11] 何涛. 当代高职教育"人才观"的审视与前瞻: 从高职教育服务地方经济发展谈起 [J]. 中国职业技术教育, 2014 (20): 5-8.

Problems and Countermeasures of Higher Vocational Colleges Serving Local Economic and Social Development under the Background of "Double High Education Plan"

Abstract: The plan for the construction of high-level higher vocational colleges and specialties with Chinese characteristics, namely the "double high plan", clearly puts forward that higher vocational colleges should adhere to the integration of production and education, accurately meet the needs of regional talents, enhance the ability of higher vocational colleges to serve the transformation and upgrading of the industry, and promote the formation of a community of common destiny between higher vocational colleges and industrial enterprises. This is an opportunity and challenge to the development of higher vocational colleges. Higher vocational colleges have the function of social service and have a dialectical relationship of unity of opposites with the development of local economy and society. Based on the problems existing in the service of local economic and social development in higher vocational colleges, such as the lack of in-depth understanding of the local economic situation, weak service consciousness, weak service ability, unreasonable specialty structure and conservative personnel training mode, etc. This paper puts forward the concept of talent training as the core, and puts forward that higher vocational colleges should understand the local economic and social conditions; enhance service awareness and improve service ability; adjust professional structure and innovate talent training mode, so as to meet the needs of social employment and provide strong support for industrial core competitiveness.

Keywords: double high school plan, higher vocational education, economic and social development, problems and countermeasures

"双循环"新格局下区域高校联盟建设的价值、问题与建议

李 旭[①]

在我国高等教育从大众化向普及化阶段迈进的新时期，调整高等教育结构以促进质量提升及其与经济社会的协调发展，无疑是政界和学界广泛关注的焦点问题。近年来，随着京津冀、粤港澳大湾区、长三角等国家战略区域及其相应发展规划的陆续确立，以城市群为整体统筹推进区域高等教育的协同（融合、一体化）发展和结构优化，正日益成为我国高等教育现代化进程中亟待探索的新命题。这不仅是在战略层面提升区域教育整体发展水平的题中应有之义，同时也是为区域经济社会高水平发展提供可持续动能的内在要求。在区域化发展态势下，区域高校联盟[②]作为高等教育领域协同发展的重要平台，被赋予了突出的战略价值，成为各区域范畴内促进高等教育资源统筹和高校结构优化的共同选择。伴随着区域战略发展规划的逐步推进，形式多样、主体多元、内容各异的高校联盟不断涌现。尽管其在各地的建设发展中存在不尽相同的条件、目标、特点与问题，但仍呈现出诸多共性趋势，面临着诸多共同挑战。

2020年，在新冠肺炎疫情影响下，世界产生了百年未有之大变局，高等教育改革发展及高校日常教育教学工作遭遇全方位的挑战，这使得方兴未艾的区域高校联盟建设不得不面临新老问题叠加的复杂局面。习近平总书记在深刻分析国内国际形势的基础上，提出要逐步形成以国内大循环为主体、国内国际双循环相互促进（简称"双循环"）的新发展格局，[1]为我国面向未来的经济发展指明了方向，亦为区域经济社会发展提供了新的思路与要求。在机遇与挑战并存的历史关键期，如何在新形势中化"危"为"机"，进一步完善区域高校联盟建设，更好地推进区域高等教育结构优化和质量提升，更好地服务区域经济社会良性发展，更好地助力"双循环"发展格局下的深层变革，亟待我们从理论和实践层面做出全面探析。

一、区域高校联盟助力经济格局"双循环"发展的价值与优势

高校联盟是两所或两所以上有着共同利益追求或战略目标的高校，在接受一定共同规则约束并保持主体独立身份的基础上，以一定组织方式建立深度合作的联合体。从不同维度或标准着眼，高校联盟可以划分为多种模式。[2][3][4]"区域高校联盟"作为与"跨区域高校联盟""全国/全球高校联盟"等类型相对的概念，不仅强调联盟伙伴在一定地理空间上的同源性，而且往往更加关注联盟运作与区域经济社会发展的协调性。区域高校联盟所具有的独特价值和内在优势，使其在助力"双循环"新格局的发展过程中蕴含着不可忽视的力量。

（一）高校联盟是区域高等教育造就竞争与合作优势的必然要求

作为人才和智力支撑之源，高等教育是加快形成"双循环"新格局进程中必不可少的发展助力。为了更好地促进区域教育资源的优化统筹，提升高等教育对区域发展的服务引领作用，各战略发展区域都亟待加强高校联盟建设。

首先，高校联盟有助于各校通过资源共享提升规模效益。通过促使高等教育资源突破校际或地域界限

[①] 李旭，北京教育科学研究院教育发展研究中心助理研究员，教育学博士，研究方向为比较教育、教育政策。
[②] 为便于表述，下文言及的"高校联盟"均指"区域高校联盟"。

以实现共享，提高高校资源利用率，降低单位运行成本；同时在更大范围内实现专业化分工，提高学习经验效应。[5]其次，高校联盟有助于通过资源互补降低发展成本。各校通过"协同作战"促进资源优化重组，能避免补偿性发展中的低水平重复，以更少投入获得更多产出，从而实现区域高等教育发展质量与效益共赢。最后，高校联盟有助于通过资源整合增进可持续发展的能力。面对知识技术更新周期不断缩短的形势，高校若想永葆竞争力，并促进诸如大学精神、校园文化、学校声誉等隐性资源的迁移，就不能仅限于对既有资源的统筹，而必须通过联盟等形式深化合作，提升对新资源的开拓创新能力。[6]

（二）高校联盟是造就区域"双循环"经济新增长极的必要助力

随着国内统一大市场与国内要素自由流动的实现，京津冀、长三角、粤港澳大湾区等国家重点发展区域势必承担起加快增强自主创新能力、带动提升产业链及供应链现代化水平等重要战略使命。另有专家预测，在未来5～10年，国内有望形成新一轮的区域经济发展一体化，而由此形成的都市圈与城市群建设，将会成为下一轮中国经济发展的新增长极。[7]这不仅意味着一些区域内部资源要素的整合与发展速度将会进一步加快，而且对区域间形成合理有序的梯队式产业发展格局提出了迫切需求。而这些无疑都需要强大的人才队伍及科研力量提供支撑。

在外部发展环境不稳定、不确定因素依然较多的形势下，通过高校联盟在区域内高校间形成多层面、宽领域、立体化、稳定有序的合作关系，不仅有利于促进高等教育资源的互补、共享，而且有利于促进相近地缘关系中的价值统一。相比跨区域或全国范围的高校联盟，区域高校联盟显然更便于实现高校之间实物资源的共享共建及软质要素的互信互通，并且更易于在共同的区域发展环境中获得有利于提高联盟紧密性与有效性的一致性利益诉求或同质性伙伴群体。换言之，区域高校联盟在助力区域经济社会发展中具有至少两方面的独到价值：一是有助于在区域内构建动态循环的双向资源保障体系，提高核心要素的稳定性，规避改革发展中的多重风险，为创新驱动发展提供可持续性助力；二是有助于促成利益接合点，在复杂的博弈关系中找到契合而稳定的合作伙伴，并激发出新的利益共生关系。就此意义而言，可以将高校联盟看成打造或重塑区域经济社会发展新优势的有效助力。

二、我国区域高校联盟建设的现状

目前，我国已逐步形成了以京津冀、长三角、粤港澳大湾区、成渝双城经济圈、长江中游城市群等为代表的区域发展格局。伴随着各大城市群的发展，区域高校联盟也掀起了一轮新建浪潮。据不完全统计，仅上述地区建立的区域高校联盟数量便有40余个（见表1）。

表1　我国部分区域高校联盟建设简况①

区域	联盟名称	联盟成员	成立时间
京津冀区域	京津冀协同创新联盟	北京工业大学等3所高校	2015年
	京津冀建筑类高校协同创新联盟	北京建筑大学等4所高校	2015年
	京津冀地区农林高校协同创新联盟	河北农业大学等9所高校	2015年
	京津冀轻工类高校协同创新联盟	河北科技大学等3所高校	2016年
	京津冀卓越医学人才培养高校联盟	首都医科大学等6所高校	2019年

---

① 受篇幅限制，表1仅列举各区域具有代表性的1～5个高校联盟。

续表1

区域	联盟名称	联盟成员	成立时间
长三角地区	长三角高校合作联盟	复旦大学等8所高校	2005年
	长三角地区应用型本科高校联盟	上海应用技术学院等27所高校	2014年
	长三角研究型大学联盟	浙江大学等5所高校	2019年
	长三角医学教育联盟	复旦大学上海医学院等10所高校	2019年
	长三角G60科技走廊高水平应用型高校协同创新联盟	上海工程技术大学等9所高校	2020年
粤港澳大湾区	粤港澳高校联盟	中山大学等40所高校	2016年
	粤港澳大湾区高校在线开放课程联盟	暨南大学等52所高校	2018年
	粤港澳高校智慧校园联盟	中山大学等12所高校	2020年
成渝双城经济圈	成渝地区双城经济圈高校联盟	四川大学等20所高校	2020年
长江中游城市群	武汉七校联盟	武汉大学等7所高校	1999年

从现状来看，尽管上述高校联盟普遍提出要加强交流互访、教学科研合作等内容，但不同联盟在具体协同内容与方式上仍存在诸多差异。与此同时，从区域范畴来看，不同区域的高校联盟建设也呈现出不尽相同的规模、模式、特点与发展路径。这不仅与各地高等教育系统的发展特点与水平密不可分，而且与各地经济社会的发展条件与需求息息相关。相关内容，笔者将另文分析。

三、我国区域高校联盟建设中的问题与根源：以京津冀地区为例

尽管近年来我国区域高校联盟建设如火如荼，但在整体上仍处于初步建设和探索阶段，与世界几大著名高校联盟相比，仍存在着较大差距，在联盟自身发展及服务区域经济社会发展等方面仍存在理想与现实间的差距。正如上文所述，不同区域的高校联盟建设具有不同的特点，同样，其发展过程中也存在不尽相同的问题，需要具体区域具体分析。这里，仅以京津冀地区为例，对我国区域高校联盟建设中存在的问题及其成因做一简要分析。

自2015年4月中共中央政治局审议通过《京津冀协同发展规划纲要》以来，京津冀地区已初步建立起10余个高校联盟，尽管其在发展上已初具规模，但仍暴露出诸多问题，不仅不利于联盟价值的真实体现，而且不符合"双循环"新格局的发展要求与趋势。

（一）京津冀高校联盟发展中的突出问题

1. 虚化：形式大于内容

回顾历史，京津冀三地高校间早有合作，但模式相对单一和自发。而区域高校联盟在2015—2016年间大量涌现，则主要归因于上位政策的层层催化。既有联盟虽体现为自由式结盟，但本质上依然深受政策干预，可以看成三地高校借京津冀一体化战略之东风，纷纷寻找合作伙伴以抢占发展先机的应势回应。由此导致的一个不利局面，便是高校之间虽然签订了联盟框架协议，但多停留在务虚阶段，高校之间的合作普遍以召开研讨会、人员互访等方式展开，尚未深入到实践的中观与微观层面。

2. 失衡：主体参与热度不均

首先，从联盟成员的地域分布来看，京冀两地高校的参与度较高。其中，河北高校不仅积极参与各类联盟，而且部分高校更是主动承担起牵头组织或承办联盟会议的责任，显示出抓住高校联盟的良好机遇、共享京津两地优质教育资源以带动自身发展的热切愿望。其次，就联盟成员的层次而言，地方高校的参与热度明显高于部属高校。这固然有部属高校数量相对较少的因素，但也从一个侧面反映出地方高校渴望通过联盟抵御"顶端优势"压力的迫切诉求。最后，就联盟成员的类型而言，已有的高校联盟多集中在理

工科领域，在可以梳理出名单的30余所成员高校中，大多数都是以理工类见长的高校，而文科类高校和综合性大学合计约占25%，语言、政法等文科类高校在构建区域联盟的积极性上更是明显不足。

3. 异化：联盟伙伴责任分担不均

既有联盟的建设往往呈现出牵头学校热情高、任务重，而其他成员缺乏实际责任分担的"一边倒"特点。从理论上讲，高校联盟作为一种协同发展方式，其不同于一般合作的一个典型特点便是主体行动具有同步性。换言之，若在一个联盟内部，只由一所或少数几所高校主导或全揽工作，其他高校只做附议或附庸，那么，这种状态下的高校联盟事实上已经失色或背离了初衷，遑论协同发展。

4. 泛化：组织及行动框架不清晰

高校联盟尽管强调成员间围绕共同目标协同合作，但同时也注重保持各成员的独立性。由于各校在办学理念、发展目标、组织制度、行为惯习等方面均有不同程度的差异，因而便需要构建出能够指导、约束成员共同行为的行动框架及权责明晰的组织管理体系，以服务和满足联盟体的共同利益。然而目前，在组织框架上，仅有少数联盟对组织制度、管理架构等做出了明确规定；在行动框架上，尽管高校联盟基本都签订了框架协议，但大多仍停留在宏观或泛化的协议内容上，普遍缺乏契约性制度约束和着眼于长远发展的阶段性行动规划。这种组织和行动框架上的模糊性，不仅不利于克服成员间的客观差异而实现共同发展目标，同时也易导致发展路径上的"失焦"，大大限制高校联盟的有序性及向纵深推进的可持续发展。

（二）京津冀高校联盟建设中的问题成因分析

1. 资源不均

2019年京津冀区域共有普通高校270所，但主要聚集在北京（92所）、天津（57所）和石家庄（44所），仅这三城便占据了区域高校总数的71.5%，其他77所高校则散布在河北各地，由中心向边缘地带呈放射状分布：紧邻京津的保定、廊坊、唐山的高校数量相对较多，与京津相隔较远或位于山区的衡水、邢台等地的高校数量稀少。这种布局直接反映出京津冀高等教育资源分布结块化和不均衡的结构特征，给校际沟通交往、要素流动等带来了一定的现实困难。

2. 落差显著

从高校层次结构来看（见图1），北京本科院校数量接近专科院校的3倍；天津、河北本专科院校数量比均接近1∶1。就高校主管部门而言，北京有38所部属高校，约占全国的30%，河北却没有一所教育部直属高校。[8]

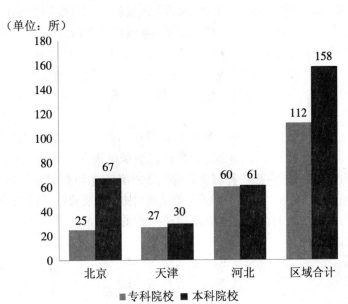

图1 京津冀区域高等院校数量规模及层次结构（2017年）

就人才培养而言，北京本科及以上层次的在校生规模较大（见图2），天津以本专科层次为主（专科在校生数约为北京的2倍），河北的本专科在校生占比超95%。可见，京冀高校人才培养的重心呈现结构倒置状态，天津介于二者之间，但仍处于中低位。

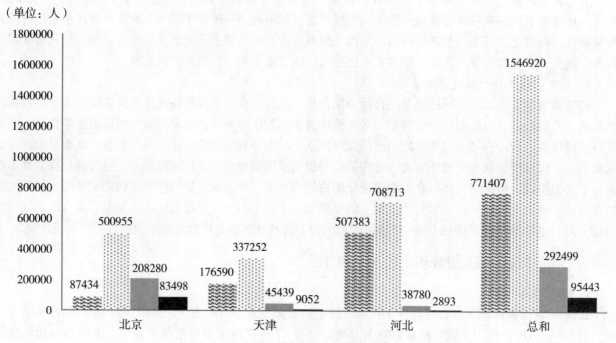

图2 京津冀区域高等院校在校生层次结构比较（2016年）

数据来源：①北京数据来自北京市统计局和国家统计局北京调查总队总编的《北京统计年鉴2017》，中国统计出版社2017年出版；②天津数据来自天津市统计局和国家统计局天津调查总队编的《天津统计年鉴2017》，中国统计出版社2017年出版；③河北数据来自《河北经济年鉴2017》，中国统计出版社2017年出版。

从办学水平来看，京津高校实力均高于河北，尤其北京高校优势显著。在全国大学综合实力排行榜的前百位高校中，北京高校有16所，占该市高校总数的17.4%；天津高校有2所，占该市高校总数的3.5%；河北高校仅有1所，不足该省高校总数的1%，[9]凸显出三地高校办学水平的巨大差距。

此外，河北高校生均经费远少于北京、天津，以及高校专任教师体量明显不足等不均衡现象也在支撑条件上直接导致三地教育科研水平上的巨大差异。三地高等教育发展的上述落差，加大了高校间相互对话、理解和博弈的难度，造成了京津冀高校协同发展的先天不足。而长期以来，北京对优质高等教育资源的虹吸效应远远大于辐射效应的怪圈，更是助长了该区域高等教育发展的马太效应。

3. 利益复杂

经简要梳理可见，京津冀高校协同发展所涉及的利益相关体，除了三地人民政府外，还包括中央和国家层面的主管部门17个、共建部门11个以及共建企业若干（见表2）。据粗略统计，仅涉及的办学主体便超过30个，同时包含266所高校内部的各级管理部门，以及三地与联盟建设所需资源密切相关的众多财政、人事、土地等管理部门。不同主体具有不同的角色、地位以及利益、需求，在此基础上建立跨区域的高校联合体，势必面临着复杂的利益分配与协调问题，这为在错杂的利益关系中寻得切实有效的利益结合点带来了重重困难。

表2 京津冀高校协同发展所涉及的利益相关体[6]

高校主管部门			（其他）共建单位		
类型	名称	数量	类型	名称	数量
地方政府	北京市人民政府 天津市人民政府 河北省人民政府	3	地方政府	—	—
中央和国家机关	中共中央办公厅 教育部 外交部 工业和信息化部 公安部 司法部 交通运输部 国家民族事务委员会 （原）国家卫生和计划生育委员会 国家体育总局 （原）国家安全生产监督管理总局 中国地震局 中国科学院 中国社会科学院	14	中央和国家机关	（原）环境保护部 （原）农业部 水利部 （原）国土资源部 住房和城乡建设部 （原）文化部 （原）国家林业局 （原）国家新闻出版广电总局 国家国防科技工业局 国家铁路局 国家中医药管理局	11
人民团体	中华全国妇女联合会 中国共产主义青年团 中华全国总工会	3	企业	中国航天科工集团、 （原）中国铁路总公司、 国家电网公司等	—

4. 制度壁垒

京津冀虽然地缘相近，却存在诸多掣肘区域资源统筹和主体利益协调的制度阻隔。一是三地有关制度难以对接。区域高校联盟离不开人、财、物、信等资源的流动，然而三地相关人事、财政、科研管理等制度存在不同程度的割裂，造成资源"想出出不去、想进进不来"的尴尬处境。例如，教师跨区域流动不可避免地会涉及其在外地任教期间的绩效考核、科研成果归属、子女随迁学习等现实问题，但目前三地尚未对此做出统一规定。如果相关问题不能理顺，则个体利益极易暴露在高校联盟建设所潜藏的政策风险之中，从而大大降低其行为主动性和积极性。类似问题不胜枚举。二是地方保护主义的隐性干扰。面对高校联盟可能带来的利益冲突与挑战，在行政壁垒的束缚和行政绩效考核的压力下，地方政府往往会趋向保守。而京津冀既覆盖首都又涵盖"环京津贫困带"的复杂环境，使得地方保护主义更易阻碍改革的推进。例如，北京作为首都，不仅要更多地考虑改革带来的政治影响，而且要兼顾改革发展与社会稳定间的关系问题，因而在诸多涉及教育的改革中都显得更为慎重[10]，这也给京津冀区域高校联盟建设带来独特的难题。[6]

四、新形势下完善区域高校联盟建设的对策与建议

从上述问题出发，这里仍以京津冀区域高校联盟建设为研究对象，提出如下改革对策与建议。

(一) 提升效力：从"分散"走向"统筹"

面对区域高等教育协同发展的特殊性及复杂性，区域高校联盟建设若想取得预期内的实效，亟待建立统一而有效力的统筹机构，改变资源整合过程中自发、分散的低效运作状态。从政策视角来看，这种多主体参与的活动要有序开展，就必须有统一的行动中枢——政府，由其调控各方行为、平衡利益、保证方向。[11] 鉴于三地间行政壁垒及地方保护主义难以破除的制度惯习，在当前所处的改革初期，亟待组建一个协调三地政府的专门领导小组，或者直接由国家京津冀协同发展领导小组下设分支机构专门负责高等教育领域的协同发展。[12] 这类实体机构均可设在雄安新区，其职责有三：一是完善顶层设计，二是做好上传下达，三是有序开展督导评价工作。

(二) 调动内力：从"上位"走向"下位"

现阶段，区域高校联盟借助政府统筹的力量加强建设，是改革初期破除区域制度壁垒、建立基本运行规范的必要手段。但从长远来看，作为一种自愿结合的组织形式，高校联盟的有机运作理应以高校自身的发展需求为原动力，要更多地依靠市场力量进行调节，这是促进改革从"自上而下"的政策逻辑向"自下而上"的实践逻辑转变的必然要求。为了实现这种转变，京津冀高校之间及其与政府等相关利益主体之间应该加强沟通交流，促进双向或多向供需信息的全面对接，当务之急则是做好以下三方面的工作。

一是引导高校厘清定位。从现状来看，京津冀不同层次、类型的高校存在不同程度的同质化现象。例如，部分地方高校盲目追赶部属高校，一味扩大规模、扩增专业，甚至造成优势学科的特色弱化；三地在本科及专科层次上的诸多学科专业也呈现出较高的一致性等。这种同质性现象直接反映出部分高校定位不清等问题，极易带来高校联盟在成员选择上的困难或偏差，并由此造成内在动机的弱化。鉴于此，政府亟须做好高校分类工作，引导三地高校特别是地方高校依据自身特点与职能找准发展定位，并依据自身定位及经济社会发展需要确立清晰合理的专业发展体系，从而为筛选联盟伙伴、搭建联盟平台奠定良好基础。

二是构筑三大功能平台。高校联盟不同于企业联盟，并不以增加经济利润为核心目的，而是更注重通过共享资源、降低成本等提升教育价值，这就要求联盟在建设时围绕高校内在功能和属性搭建相应的承载平台：其一，建设人才培养平台，既要注意分层分类发展，突出特色，也要注意促进实体平台（如联合实验室）和虚拟平台（如MOOCs）间的有机结合；其二，建设科研创新平台，可以充分依托北京中关村科技园、清华科技园、天津未来科技城、河北唐山曹妃甸国家级经济技术开发区等高新科技产业园区的资源优势，积极拓展高校跨区域协同创新和促进成果转化的渠道与能力；其三，建设社会服务平台，可紧密结合区域老龄化加剧，北京、张家口共办冬奥会，三地医疗养老一体化，运输通信一体化等新局面，积极对接区域产业布局结构调整的新业态和社会发展的新需要，不断提高高校服务区域经济社会发展的能力。

三是完善联动机制。这包括伙伴筛选机制、组织管理机制、资源统筹机制、服务保障机制等一系列内容。

(三) 激发活力：从"目标导向"走向"问题导向"

作为战略规划的重要一环，高校联盟的建设需要以一定的目标为导向，这是因为联盟建设要依据上位政策所设立的阶段性目标进行统筹规划，而且联盟可以借助一定的目标为吸引力，将分散的发展视野与多元的利益诉求引向某一具有契合性的接合点。尽管这种目标导向的逻辑主线具有其合理性，但从上文的分析中不难看出，在现阶段，高校联盟在诸多层面都暴露出过于依赖目标导向的不利倾向。换言之，京津冀高校联盟建设中遇到的诸多问题在根本上都源于目标导向的行为制约，表现为"为了联盟而联盟"，缺乏面向"非联盟则难以解决"的问题寻找合作共赢之路。鉴于此，要想理顺各方关系，寻找到切实的建设路径，就必须积极树立问题意识，牢牢把握问题主线，使高校联盟能够有针对性地切实解决京津冀三地高等教育发展中的突出问题，进而促进区域整体竞争力的提升。[6]

(四) 深植磁力：从"硬环境共建"走向"软文化共鸣"

结合国外知名高校联盟的建设发展经验不难看出，在增强实效性及影响力的诸多因素中，高校联盟文化发挥着重要作用。这种具有高度主体共识、共情、共责的组织文化，不仅为高校联盟建设提供了强大的凝聚力，而且也为其提供了源源不断的原动力和创造力。在一定意义上，相对于正式的制度约束，这种非正式的规则约束往往能够对成员构建紧密的协同关系、增强整体文化自信、提升联盟整体竞争力等产生更为全面而深刻的影响。因此，在京津冀区域高校联盟建设中，除了要加强看得见的资源流动和硬环境建设外，还要格外重视隐性的高校联盟文化建设，促进各成员在共建共享的"软文化共鸣"中助力实现更高水平的联盟合力作用。[6]

参 考 文 献

[1] 习近平. 国家中长期经济社会发展战略若干重大问题 [J]. 求是，2020 (21): 1-4.
[2] 汪怿. 国外高校战略联盟与合作的几种模式 [J]. 辽宁教育研究，2003 (10): 6-8.
[3] 袁文榜. 高校战略联盟动因、分类及问题分析 [J]. 高校教育管理，2012 (2): 46-50.
[4] 吴越. 中国高校联盟运行机制研究 [M]. 北京: 人民出版社，2016.
[5] 湛俊三. 地方高校战略联盟研究 [D]. 武汉: 武汉理工大学，2008: 30.
[6] 李旭. 京津冀区域高校联盟建设的现状、困境与对策 [J]. 高等教育研究，2018 (6): 42-50.
[7] 张明. 准确理解"双循环"推动新一轮区域一体化发展 [N]. 四川日报，2020-08-26 (6).
[8] 2019 年全国高等学校名单 [EB/OL]. (2019-06-17) [2019-07-15]. http://www.moe.gov.cn/jyb_xxgk/s5743/s5744/A03/201906/t20190617_386200.html.
[9] 武书连. 挑大学 选专业: 2018 高考志愿填报指南 [M]. 北京: 中国统计出版社: 2018.
[10] 李汉邦，李少华，黄侃. 论京津冀高等教育区域合作 [J]. 北京教育（高教版）: 2012 (6): 13-15.
[11] 薛二勇，刘爱玲. 京津冀教育协同发展政策的构建 [J]. 教育研究，2016 (11): 33-38.
[12] 白翠敏. 京津冀高等教育协同发展战略研究 [D]. 济南: 山东财经大学，2015: 40.

The Value, Problems and Strategies of Regional College Alliance Under the "Dual Circulation" Development Pattern

Abstract: In recent years, the establishment of national strategic regions, such as Beijing-Tianjin-Hebei, Yangtze River Delta and Guangdong-Hong Kong-Macao Greater Bay Area, is accompanied with a boom of regional college alliances, which is of great value in the structural optimization of higher education. Moreover, the fresh "dual circulation" development pattern further puts forward several new requirements for the development of regional social economy, as well as the college alliance. As for the latter, it is not only an inevitable requirement for regional higher education to create development advantages, but also a necessary supporter to create a new regional "double cycle" economic growth pole. Up to now, there are more than 40 college alliances in the five strategic regions in China, exploring different development paths, and also exposing lots of problems. For example, there are several problems in the construction of college alliance in Beijing-Tianjin-Hebei Area, such as prizing form over content, being unequal in the involvement passion among the stakeholders, being uneven in apportionment of liability among alliance partners, and being vague in organization and the action frame. As a whole, the problems are mainly rooted in the uneven distribution of resources, significant development gap, complex stakeholders' interests, and district barriers among institutions in this area. Facing requirements in the new era, it is suggested to change the regional college alliance from disperse organization to overall planning, from epistatic orientation to subordinate orientation, from goal-based logic to problem-based logic, and from optimizing hard environment to construction joint culture.

Keywords: the "dual-circulation" development pattern, regional college alliance, Beijing-Tianjin-Hebei

我国高校创新创业教育的历史演进与体系解构

陈黎明[①] 卢凤君[②]

一、引言

新时代,在"大众创业、万众创新"国家战略背景下,重视并开展大学生创新创业教育已成为各地各类高校教育的新常态。创新创业相关课程进入高校课堂,新版专业培养方案也都在融合创新创业相关元素。从国家层面到各地高校校级层面,创新创业大赛在如火如荼地开展着,起始于2015年的每年一届的中国"互联网+"大学生创新创业大赛成果丰硕且具有了国际影响力。[1]2015年国务院办公厅发布政策文件,提出"到2020年建立健全'课堂教学、自主学习、结合实践、指导帮扶、文化引领'融为一体的高校创新创业教育体系"[2]。5年来,在政府、高校、产业三方主体三螺旋推进下,我国高校创新创业教育体系1.0得以建立与健全。在当下,回顾我国高校创新创业教育的历史演进路径以探求其内在规律,理论解构中国特色高校创新创业教育体系以前瞻其未来趋势,有其现实的价值意义。

二、我国高校创新创业教育的历史演进

我国高校创新创业教育相关概念的提出,大致可以溯源到20世纪八九十年代[3]。社会主义中国集中力量办大事的制度特色,决定了我国高校创新创业教育的历史演进轨迹可以借由创新创业教育相关国家政策历史脉络的梳理来显现。创新创业教育概念的演变和国家政策变革的阶段性特征表明,从20世纪80年代末到2020年,我国高校创新创业教育30多年来的发展历程可划分为:酝酿与探索(1989—1998年)、萌芽与试点(1999—2008年)、体系1.0初步成型(2009—2014年)、体系1.0逐步健全(2015—2020年)等四个阶段。

(一)酝酿与探索阶段(1989—1998年)

在1998年之前的酝酿与探索阶段,创新创业教育作为整体概念尚处于酝酿之中。该阶段局限于探索"创业教育",以期为20世纪90年代因就业政策改革而逐渐凸显的毕业生就业问题寻找可行的解决方案,因而当时的创业教育概念是以就业为导向的。至于创新教育概念,在当时人们心目中更多地聚焦创新方法的学习,是以技术为导向的。1998年12月教育部颁布的《面向21世纪教育振兴行动计划》是我国高校创新创业教育从"酝酿与探索阶段"迈向"萌芽与试点阶段"的标志性政策文件,是我国高校创新创业教育纳入国家政策的起点[4]。

(二)萌芽与试点阶段(1999—2008年)

在1999—2008年间的萌芽与试点阶段,关注重点仍然是创业教育。这一阶段的典型事件是2002年教育部选取清华大学等9所高校作为试点单位,推行创业教育试点工作,鼓励大学生自主创业缓解就业压力。但该阶段的创业教育与创新教育尚未真正融合,创业教育缺乏实际平台支撑[5]。这一阶段与后续

[①] 陈黎明,中国农业大学经济管理学院副教授,工商管理系教工支部书记,管理学博士,研究方向为创新创业教育、泛演化逻辑。
[②] 卢凤君,中国农业大学经济管理学院教授,管理学博士,研究方向为创新创业教育、管理创新思想方法。

"体系1.0初步成型阶段"的分水岭,是在2009年中国高等教育学会成立了创新创业教育分会,"创新创业教育"作为一个整体概念被正式提出。

(三) 体系1.0初步成型阶段(2009—2014年)

在2009—2014年间的体系1.0初步成型阶段,基本特征是创新教育概念与创业教育概念得以融合,强调基于创新的创业;而新提出的"创新创业教育"概念,定位是致力于大学生能力素质的养成。时任教育部副部长陈希提出创新创业教育应贯穿于人才培养全过程的理念[6]。在2010年,教育部会同科学技术部、人力资源和社会保障部等国务院相关部委密集出台了旨在推进创新创业教育工作的一系列政策文件。2014年9月,李克强总理在达沃斯论坛首次提出"大众创业、万众创新"的理念,这一理念在2015年3月的全国"两会"上升为国家战略,这是中国特色创新创业教育体系从"体系1.0初步成型阶段"过渡到"体系1.0逐步健全阶段"的里程碑式事件。这里提出"体系1.0"的概念,意在表明创新创业教育体系的建立与健全不是一蹴而就的,也不是一劳永逸的,而是一个动态演进、不断完善的过程,未来一定会有更为完善的、螺旋式发展的"体系2.0""体系3.0"等在持续实践的基础上相继呈现。

(四) 体系1.0逐步健全阶段(2015—2020年)

在2015—2020年间的体系1.0逐步健全阶段,突出特点是创新创业教育服务于"大众创业、万众创新"国家战略,并进一步落实创新创业教育贯穿人才培养全过程的政策理念。以2015年为时间节点,国务院相关部门推出了一系列配套的政策文件,指出创新创业教育要以培养具有创新精神、创业意识、创新创业能力素养的创新创业型人才为导向。[7]该阶段创新创业教育的指向,拓展为以创新为基础的创业,支持创新者去创业,使创新创业成为驱动经济社会发展的引擎。[8]这一阶段最值得一提的事件是教育部牵头组织的中国"互联网+"大学生创新创业大赛,从2015年开始每年举办一届,以赛促教、以赛促学、以赛促创;从2015—2019年的5年间累计有947万名大学生、230万个大学生团队参赛,从2017到2019年的3年间累计有170万大学生踏上"青年红色筑梦之旅"[9]。

三、我国高校创新创业教育体系的理论解构

中国特色高校创新创业教育体系,同构于"生命体",体系的"灵魂"是中国特色创新创业教育理念。学会求知、学会做事、学会共处、学会做人等被称为教育支柱的"四个学会"[10],其意义可类比体系的"基因"。创新创业型人才的潜能可由智商、情商、灵商等"三商"来表征[11][12],与"三商"教育相对应的第一课堂、第二课堂、第三课堂的课堂结构,可类比体系的"骨架"。体系中的各种"链",则可类比为生命体的"经络",特别是教育链与人才链的双链组合,犹如体系的"任脉";产业链与创新链的双链组合,犹如体系的"督脉"。促进教育链、人才链与产业链、创新链的对接衔接,可推动产教融合,打通高校创新创业教育体系的"任督二脉"。

(一) 教育体系的"灵魂":中国特色创新创业教育理念

中国特色创新创业教育理念是我国高校创新创业教育体系的灵魂,以"高校创新创业教育贯穿于人才培养全过程"为基础理念。从国家政策文献中可以梳理概括如下的中国特色创新创业教育理念要点:①坚持教育为社会主义现代化建设服务,为人民服务,培养德、智、体、美全面发展的社会主义建设者和接班人,着力培养信念执着、品德优良、知识丰富、本领过硬的高素质专门人才和拔尖创新人才;②创新创业教育贯于穿人才培养全过程,优化知识结构、丰富社会实践、强化能力培养,着力提高学生的学习能力、实践能力、创新能力;③坚持以人为本、全面实施素质教育,核心是解决好培养什么人、怎样培养人的重大问题,重点是促进学生的全面发展,着力培养大学生服务、国家服务人民的社会责任感、勇于探索的创新精神和善于解决问题的实践能力[13][14]。

（二）教育体系"基因"：四个学会

联合国教科文组织在1996年出版的《国际21世纪教育委员会报告》，提出21世纪教育的四大支柱：学会求知（learning to know）、学会做事（learning to do）、学会共处（learning to live together）、学会做人（learning to be）。[15]从我国教育实践中诞生的创新创业教育概念是与此一脉相承的，创新创业教育的每个单元都有"四个学会"的影子，"四个学会"是中国特色高校创新创业教育体系得以成型的内核"基因"。作为参与起草《国际21世纪教育委员会报告》的唯一中方委员，周南照先生对"四个学会"有详尽的解读：最基础的是"学会求知"，不仅仅从学校教科书和教师课堂讲授中汲取人类积累的知识，还包括在个体社会化的过程中了解各种社会关系、习得民族文化观念、学会遵守社会行为规范等，形成历史唯物主义和辩证唯物主义的科学世界观是"学会求知"的本质内涵[16]。

（三）教育体系的"骨架"："三商""三课堂"

基于中国特色创新创业教育理念要点，成为"德、智、体、美全面发展的社会主义建设者和接班人"和"信念执着、品德优良、知识丰富、本领过硬的高素质专门人才和拔尖创新人才"的充分必要条件是人才具备智商高、情商高、灵商高的"三高"特征[17]。智商、情商、灵商"三商"教育分别对应第一课堂、第二课堂和第三课堂。

课堂概念，泛指进行各种教学育人活动的场所和渠道，即人才培养场域。最常见的有"第一课堂"和"第二课堂"，这是从课内、课外学习的空间维度上进行区分。很多学者为了教学研究的需要，又从"第二课堂"中细分出"第三课堂""第四课堂"概念。第一课堂的课堂教学活动，优势在于智商教育，是"学会求知"的场域。而学生主体拥有较大自由度的所有课外活动或社会实践活动，统称为"第二课堂"，此类活动一般需要校内外导师给予指导帮扶。典型的第二课堂包括：校内课外活动场域，不妨称之为"课堂2.1"；校外社会实践活动场域，不妨称之为"课堂2.2"；在线虚拟空间活动场域，不妨称之为"课堂2.3"。常有文献把"课堂2.2"或"课堂2.3"称为"第三课堂"，本文认为，它们的实质仍然是"第二课堂"。通过"第二课堂"的情景性学习和社会性学习，学习者与实际世界有效联系起来，能够促进学生主体情感能力的发展。"第二课堂"重视情商教育，是"学会做事、学会共处"的活动场域。

文献[18]界定的"第三课堂"概念，意指学生主体自主学习"学会做人"的无形场域，可形象地表述为"第三课堂在脑中心"。它是内在的，需要借由外在的"第一课堂"和"第二课堂"成就自身。诸如哲学方法论思维方式的习得、有利于意识品质培养和促进生命意义思考的相关活动及其载体，均附属于"第三课堂"。第三课堂重在灵商教育，旨在促进学生主体心智素质和综合能力发展。

表1的"体系基因"一栏表达了"三商""三课堂"结构与"四个学会"之间的内在联系。健全的高校创新创业教育体系应该是"课堂教学、自主学习、结合实践、指导帮扶、文化引领"等五要项融为一体的[19]，而这五要项也与"三商""三课堂"结构有着密切的对应关系。这是"三商""三课堂"可以类比为高校创新创业教育体系"骨架"的依据。健全的高校创新创业教育体系必有完善的"三商""三课堂"结构。

表1 "三商""三课堂"类比体系"骨架"的依据

课堂结构	人才培养	体系基因	体系要项
第一课堂	智商教育	学会求知	课堂教学
第二课堂	情商教育	学会求知 学会做事、学会共处	结合实践、指导帮扶
第三课堂	灵商教育	学会求知 学会做人	自主学习、文化引领

（四）教育体系的"任督二脉"：教育链、人才链与产业链、创新链

在汉语词汇里，"链"是指用金属的环连接成的长条形的东西；在计算机数据结构术语中，"链"表示节点间的信息联系，它以某种形式将一个节点与其他节点连接起来。在日常生活语境下，"链"泛指有逻辑关系的各环节之间环环相扣的联系。社会经济复杂系统的高质量发展必然呼唤着系统思考和体系化工程，诸多带"链"的概念开始出现在我们的研究视野里，如创新创业教育体系表述中的教育链、人才链、产业链、创新链。2017 年，国务院办公厅政策文件明确提出要"实现产教融合，促进教育链、人才链与产业链、创新链有机衔接"[20]。相对于我们熟知的"产业链、创新链"概念，"教育链、人才链"的概念比较陌生。文献中关于"教育链"的概念界定众说不一，本文倾向于认同将"课程学习、实践锻炼、课题研究、指导帮扶、对外交流、自我修养"等教育教学环节作为教育链条基本环节的观点[21]。基于"三商""三课堂"理论视角，"第一课堂"智商教育、"第二课堂"情商教育、"第三课堂"灵商教育所涵盖的教育教学活动联动互补，将单位时段内（学期或学年）的教育教学安排成人才培养的基本单元环节，这样按时序链接而成、环环相扣的人才培养过程，被称为"教育链"。教育链概念是从教育主体视角解读的人才培养过程；若从导师指导帮扶、人才培养效果视角审视这样的人才培养过程，就有了"人才链"的概念，其核心是大师级导师，关键在于不断创新，具有以人才孵化人才的马太效应[22]。可知，教育链与人才链是人才培养过程的"一体两链"。新人经常被形象地比喻为"新鲜血液"，那么，教育链与人才链这样的双链组合可以被比拟为"任脉"（人体"血之海"）。创新创业人才培育，应该深深植根于创新创业实践的土壤之中，以便从产业的创新发展中汲取人才成长的能量养分；因而，此能量养分的"输送通道"——产业链与创新链的双链组合，也完全可以被比拟为"督脉"（人体"气之海"）。国家发改委和教育部等六部委合力推进的深化产教融合的战略性举措[23]，其对于创新创业人才培养的最大价值意义，就在于打通我国高校创新创业教育体系的"任督二脉"。

四、结论与展望

历经 30 余年四个阶段，中国特色高校创新创业教育"体系 1.0"已经建立健全。高校创新创业教育体系类似于生命体，其"灵魂"是中国特色创新创业教育理念，其"基因"是学会求知、学会做事、学会共处、学会做人等"四个学会"，其"骨架"是"第一课堂"智商教育、"第二课堂"情商教育和"第三课堂"灵商教育，其"任脉"是教育链、人才链双链组合，其"督脉"是产业链、创新链双链组合。深化产教融合的战略举措，旨在打通我国高校创新创业教育体系的"任督二脉"。

随着创新创业教育实践的不断推进，中国特色高校创新创业教育体系必将与时俱进。"体系 1.0"之后将有"体系 2.0""体系 3.0"……在可触摸的未来，"体系 2.0"可望建基于区块链、服务链双链组合，这是由区块链的本质特征和实践趋势所决定的。区块链具有去中心化、开放性、独立性、安全性、匿名性的特征，"区块链+教育"问题已经成为国内外教育的研究热点[24]。区块链系统具有透明化、数据不可篡改等特征，可应用于学生征信管理、升学就业、学术、资质证明、产学合作等方面[25]，以推动我国高校创新创业教育的健康发展。期待以"区块链+教育"为基础架构的我国高校创新创业教育"体系 2.0"早日建立健全。

参 考 文 献

[1] [9] 教育部新闻发布会介绍深化高校创新创业教育改革及中国"互联网+"大学生创新创业大赛有关情况 [EB/OL]. (2019-10-10) [2019-11-20]. 中国政府网，http://www.gov.cn/xinwen/2019-10/10/content_5438032.htm.

[2] [7] [13] [19] 国务院办公厅. 国务院办公厅关于深化高等学校创新创业教育改革的实施意见 [EB/OL]. （2015-05-13）[2019-11-20]. http://www.gov.cn/zhengce/content/2015-05/13/

content_9740. htm.
- [3] 张洋磊，苏永建. 创新创业教育何以成为国家行动：基于多源流理论的政策议程研究 [J]. 教育发展研究，2016（5）：41-47.
- [4] 任胜洪，刘孙渊. 高校创新创业教育政策的演进逻辑及展望 [J]. 教育研究，2018，460（5）：59-62.
- [5] 周倩，胡志霞，石耀月. 三螺旋理论视角下高校创新创业教育政策的演进与反思 [J]. 郑州大学学报（哲学社会科学版），2019，52（6）：54-60.
- [6] 陈希. 将创新创业教育贯穿于高校人才培养全过程 [J]. 中国高等教育，2010（12）：4-6.
- [8] 王占仁. 中国创业教育的演进历程与发展趋势 [J]. 华东师范大学学报（教育科学版），2016（2）：30-38.
- [10][15][16] 周南照. 21世纪教育的四大支柱 [J]. 世界教育信息，2014，351（15）：3-7.
- [11][17][18] CHEN L M, LU F J. Study on innovative entrepreneurship talent of college students in the view of third classroom [J]. Journal of educational research and policies (JERP), 2020, 2 (7): 109-113.
- [12] 佐哈，马歇尔. 灵商：人的终极智力 [M]. 王毅，兆平，译. 上海：上海人民出版社，2001.
- [14] 国家中长期教育改革和发展规划纲要（2010—2020年）[EB/OL].（2010-07-29）[2019-11-20]. http://www.gov.cn/jrzg/2010-07-29/content_1667143.htm.
- [20] 国务院办公厅. 国务院办公厅关于深化产教融合的若干意见 [EB/OL].（2017-12-19）[2019-11-20]. http://www.gov.cn/zhengce/content/2017-12/19/content_5248564.htm.
- [21] 闫玉，杨雪. 高校青年马克思主义者培养的教育链条建构探究 [J]. 郑州大学学报（哲学社会科学版），2015，48（6）：14-17.
- [22] 王荣德. 诺贝尔科学奖中的"人才链"及其启示 [J]. 科学学研究，2000，18（2）：70-76.
- [23] 国家发展和改革委员会，教育部，工业和信息化部，等. 关于印发国家产教融合建设试点实施方案 [EB/OL].（2010-10-09）[2019-11-20]. https://www.ndrc.gov.cn/fzggw/jgsj/shs/sjdt/201910/t20191009_1195536.html.
- [24] 翟海燕. "区块链+高等教育"变革对高等教育生态的重塑 [J]. 高教探索，2020（4）：36-40.
- [25] 中国区块链技术和产业发展论坛. 中国区块链技术和应用发展白皮书（2016）[EB/OL].（2016-10-18）[2019-11-20]. http://www.199it.com/archives/526865.html.

Historical Evolution and System Deconstruction of Innovation and Entrepreneurship Education in Chinese Colleges and Universities

Abstract: The historical evolution of innovation and entrepreneurship education in China's colleges and universities over the past 30 years has gone through four stages: brewing and exploration, germination and pilot, initial formation of System 1.0, and gradual improvement of System 1.0. From the perspective of life body, the "soul" of innovation and entrepreneurship education systems is the concept of innovation and entrepreneurship education with Chinese characteristics. Learning to know, learning to do, learning to live together, and learning to be, are the genes of innovation and entrepreneurship education systems. Its "skeleton" is an organic combination of IQ education in the first classroom, EQ education in the second classroom and spiritual quotient education in the third classroom. The significance of implementing the integration of industry and education, and promoting the organic connection of education chain and talent chain with industrial chain and innovation chain, is analogous to open up the Ren Meridian and the Du Meridian in human body.

Keywords: colleges and universities, innovation and entrepreneurship education, historical evolution, systems deconstruction

第六篇 "双一流"建设及其评价体系的实证架构

… 第六篇 "双一流"建设及其评价体系的实证架构

中国第一轮"双一流"大学建设成效周期监测评估研究[①]
——以中国大学立德树人指数为中心

冯用军[②] 赵 雪[③]

知识创新、科技进步与人才辈出是"双一流"大学建设的内部源动力和连接外部世界的纽带,大学作为高等教育第三部门组织,也是国家知识创新体系的轴心和国家创新体系的智慧源。中国大学是实现中华民族伟大复兴的"国之重器",其现代化成效事关中国和平崛起与中华民族美好未来。[1] 大学现代化水平是衡量国家发展进程和民族发展潜力的显著标尺,创新知识、核心技术与卓越人才对新时代的中国日趋重要。中国特色社会主义进入新时代[2],扎根中国大地办人民满意的教育是党和国家的承诺,也是人民和民族的期许,更是大学人的核心使命。在四轮国家高等教育战略工程强力助推下,我国高等教育实现了从精英化、大众化到普及化的"三级跳"。世界一流大学、世界一流学科、世界一流教学(本科和研究生)、世界一流专业、世界一流课程建设(五个一流)已成为新时代中国深化高教改革与发展的突破口,其建设水平、质量与成效监测评估越发引人关注。[3]

世界一流大学是国家创新系统和人类命运共同创新体的核心模块,实现中华民族伟大复兴的重要战略依托就是中国"双一流"大学知识创新的速度、技术创造的效度、人才培养的高度。鉴古知今方能古为今用,学贯中西方能洋为中用,中国"双一流"大学建设必须对中西方历史教育文化精髓进行综合凝练、融汇转化。近代"大学"曾是"象牙塔"(ivory tower),现代大学已是"社会核心",迫切需要更多学术大师、技术大匠,即"所谓大学者,非谓有大楼之谓也,有大师之谓也"[4],同时充分发挥人才培育、科技研发、社会服务、文化传承创新与国际交流合作等核心职能的支撑引领作用。[5] 非新无以为进,非旧无以为守,古今大学其形相异但其质相同,古为太学,今称大学,都在为天地立心、为生民立命、为往圣继绝学、为万世开太平。大学的根本使命是立德树人,大学的核心价值是知识创新,培育人才与创新知识是大学联通政府、企业、社会、家庭等的桥梁。大学是通向未来的桥梁,必须在道德引领上有更大担当、在精神塑造上有更高追求。大师探求真理、大学培育英才——此"大学"之所以为大也。[6] 建成"双一流"大学是国之大计,"党中央作出建设世界一流大学和一流学科的战略决策,就是要提高我国高等教育发展水平,增强国家核心竞争力"[7],必须坚持中国立场、全球眼光,形成具有中国特色、符合世界标准的高等教育监测评估思想理论体系。国家评估和第三方评价有助于促进"双一流"大学建设,是发展公平而有质量的高等教育、办好人民满意的高等教育、逐步解决新时代高等教育主要矛盾等的重要助力。2020年是《国家中长期教育改革和发展规划纲要(2010—2020年)》(简称《中长期教育规划纲要》)等的收官年,也是《中国教育现代化2035》《深化新时代教育评价改革总体方案》等的开局年,更是第一轮"双一流"建设高校的"期末考试"。通过系统梳理中国"双一流"大学建设成效监测评估的法理依据,创新优化中国大学标准分类及其发展愿景,进而科学构建新时代中国"双一流"大学建设成效监测评估指标体系,深度挖掘高等教育质量监测国家数据平台(教育部)、中国高等教育发展大数据库(安邦)、高等教育发展指标数据平台(青塔)等的原始核心数据和时序大数据,综合运用140所"双一流"建设

[①] 课题来源:中国博士后科学基金项目"西南联大与西北联大治理模式的比较研究"(2017M610787)、陕西师范大学高层次人才科研启动项目"中国大学监测评价关键技术研究与应用示范"(1110011175)、河北省人文社会科学研究重大课题攻关项目"优质差序:京津冀高等教育协同发展对策研究"(ZD201804)。
[②] 冯用军,陕西师范大学教育学部"一带一路"教育高等研究院教授,泰国斯坦福国际大学博士研究生导师,教育学博士后,安邦中国评价科学院院长,研究方向为教育史、教育政策与评价、教育发展战略规划。
[③] 赵雪,唐山师范学院副教授,陕西师范大学博士,研究方向为思想政治教育、高等教育管理。

高校（A+B+C类）的建设方案及中期自评报告、终期专家评估结果和有影响力的第三方评价结果，将其建设进展、建设成效对照标杆大学进行终期评估、实践验证和趋势预测，有助于各方了解第一轮"双一流"大学周期建设成效，既可为党和国家开展新一轮"双一流"大学柔性遴选等提供决策咨询，也可为中国学界的高教理论话语逐步转化为世界性实践话语提供中国表达，更可为中国大学评价标准上升为国际标准、破解全球大学评估难题提供中国方案，开辟发展中国家建成世界一流大学、推动构建人类命运共同体的中国道路。

一、中国"双一流"大学建设周期成效监测评估法理

大学是社会发展的火车头、民族进步的引领力，建设"双一流"大学是中国坚定不移的高等教育战略抉择[8]，是支撑经济发展和社会进步的"四梁八柱"。中国特色世界一流大学是世界一流大学集团的新兴力量，"重"在中国特色，"要"在世界一流。所谓"中国特色大学"，是坚持马克思主义指导地位、贯彻习近平新时代中国特色社会主义思想的大学（思想引领），是服从中国共产党领导、坚持社会主义办学方向的大学（行动指南），是坚持中国道路、秉承中国制度、遵守中国法律的大学（根本保障），是贯彻新时代党的教育方针、传承创新中华优秀传统文化、厚植爱国主义情怀的大学（创新源泉），是扎根中国大地、坚持"四个服务"、实现中华民族伟大复兴中国梦的大学（实现路径）；所谓"世界一流大学"，是不忘初心坚守立德树人之根本、砥砺前行传承人类文明之精魂，已经并正在持续培养引领未来的人才（杰出校友等），持续产生推动人类发展社会进步的创新思想与文化（哲学社会科学家等）、前沿科学（科学家等）、高新技术（发明家与大国工匠等）等的群集，它们已经并正在为世界和平发展和构建人类命运共同体等做出持续贡献。监测评估权是国家教育主权的重要组成部分，国家推动"管办评"分离，第三方监测评估成为时代潮流，政府主导监测评估大方向，第三方独立开展立体监测评估。在国家法律政策保障和支持下，经过70多年坚持不懈的理论探究、标准优化与实践验证，我国在较短时期内建构起了大学专业评估、中介评估与同行评估"三位一体"评估体系，即国家层面与民间层面的高等教育监测评估标准体系相继建立并付诸应用。《中长期教育规划纲要》提出要"鼓励专门机构和社会中介机构对高等学校学科、专业、课程等水平和质量进行评估。建立科学、规范的评估制度。探索与国际高水平教育评估机构的合作之路，形成中国特色学校评估模式。建立高等学校质量年度报告发布制度"[9]。《统筹推进世界一流大学和一流学科建设实施办法（暂行）》提出要开放竞争、动态管理，"学科水平在有影响力的第三方评估中进入前列……以中国特色学科评估为主要依据，参考国际相关评估因素……论证确定一流大学和一流学科建设高校的认定标准……参考有影响力的第三方评估……强化跟踪指导……根据期末评估结果等情况，重新确定下一轮建设范围"[10]。政府力主"管办评"分离是推进"双一流"大学第三方评估的重要保障，也是体现大学意志与落实办学自主权的必由之路。《教育部关于深入推进教育管办评分离 促进政府职能转变的若干意见》提出，要"推进依法评估，建立科学、规范、公正的教育评估制度"，这为通过评估深化大学改革、完善大学治理结构提供了先决条件。[11]"双一流"大学不是终身制，而是滚动式的、有进有出、动态调整，教育部已适时启动中期评估和终期评估，力图构建多元多层多维的中国特色一流大学、一流学科评价体系，并且会对建设成效不明显的高校、学科"亮黄牌"。[12]《加快推进教育现代化实施方案（2018—2022年）》提出要构建教育质量评估监测机制，"研究建立中国特色'双一流'建设的综合评价体系"。《中国教育现代化2035》要求构建教育质量评估监测机制，深度参与国际教育规则、标准、评价体系的研究制定，建立教育发展监测评价机制，全方位推进教育监测评估现代化，"分类建设一批世界一流高等学校，建立完善的高等学校分类发展政策体系，引导高等学校科学定位、特色发展"[13]，而这也是党、政府、高校和师生的"教育梦"。这些政策措施和《中华人民共和国高等教育法》等法规，为第三方评估机构利用大（数据）智（能化）移（动态）云（计算）物（联网）技术动态监测与跟踪评估"双一流"建设短期、中期、中长期、长期成效提供了法理依据和强劲动力。挥动"奋进之笔"才能交出"得意之作"，中国特色世界一流大学、世界一流学科（一流研究生教育）、世界一流本科教育（一流专业）既不是在纸上规划出来的，也不是在书上描绘出来的，而是在全体大学人坚持不懈的奋斗中成长起

来的，中国大学只有站在世界舞台上与他国大学同场竞技，即按照世界大学评估标准在竞争中发展、发展中趋优、创优中变强，才能跻身世界舞台中央，赢得全球认可，助力人类发展进程。

世界一流大学是全球大学系统中各层次、各类型、各形式高校中的火车头、领军者、排头兵、主导者的创新集群。在新时代，在努力实现"两个一百年"奋斗目标的时期，中国高教改革与发展领域的核心议题之一就是"双一流"大学建设。"双一流"大学肩负着再造中国大学全新风貌、重塑中国大学世界格局的历史重担，承担着为构建人类命运共同体（世界）、落实"一带一路"倡议（国外）和推动京津冀协同发展、粤港澳大湾区、长江经济带等（国内）"一体两翼"战略提供智慧支持与科技支撑的时代使命。中国风格是中国大学的底色，华夏文明是中国大学的灵魂，中国特色必须贯穿"双一流"大学建设全程，优先为中国共产党治国理政服务。"党中央作出了建设世界一流大学的战略决策，我们要朝着这个目标坚定不移地前进。办好中国的世界一流大学，必须有中国特色。没有特色，跟在他人后面亦步亦趋，依样画葫芦，是不可能办成功的……我们要认真吸收世界上先进的办学治学经验，更要遵循教育规律，扎根中国大地办大学。"[14]"双一流"大学是展示中国高等教育质量与中华民族核心柔性竞争力的典型标志，是落实创新驱动发展战略、在重大关键领域实现创新突破、打造汇聚全球一流英才的智慧高地，是组织具有重大先导作用的协同攻关，形成代表国家水平、获得全球同行认可、在世界上拥有话语权的智慧创新体[15]，是突破"卡脖子技术"的重大战略创新力量。"双一流"大学是中国加快抢占全球科技前沿制高点的创新动力，一流学科是协同攻关重大关键核心技术、产出一流成果的主要载体，一流本科教育是联合培育一流人才的核心基地，"建设一流本科教学、提高教学质量，是加快推进'世界一流大学和一流学科建设'的迫切需要……一流的本科教育是一流大学的重要基础和基本特征"[16]。如今，在我国建成一批"双一流"大学，绝不是简单照搬或模仿、复制欧美世界一流大学的经验就能做到的，而是由服务中国战略与构建人类命运共同体等国际倡议的伟大实践完成的，这些大学将是具有中国特色、自主创新、为中国和平崛起与世界和平发展服务的多样性大学。

二、中国"双一流"大学建设周期成效监测评估模型

发展是第一要务，人才是第一资源，创新是第一动力。[17]中国大学承担着培育德、智、体、美、劳全面发展的社会主义建设者和接班人的新时代使命，必须坚持党的领导和社会主义办学方向。中国大学只有努力推进"双一流"建设，才能把握"九个坚持""九个要求"，破解"培养什么人、怎样培养人、为谁培养人"这个根本问题。《中长期教育规划纲要》、"双一流"方案分别实施10年、5年来充分证明，培育一流人才，关键在教师，特别是一流教师。[18]《中国教育现代化2035》要求对中国大学"双一流"建设成效进行科学合理评价，必须坚守立德树人根本宗旨，突出人民性，即教师和学生的发展，"以生为本"实现"四个回归"，即以一流专业、一流本科教育促进一流学科、一流大学建设，最终培育一流校友。

（一）中国"双一流"大学建设成效监测评估指标体系的框架

大学排名是大学监测评估的重要参照手段，是排名主体根据标准对大学及其要素进行量化排序的过程总和。排名权就是话语权，是国家教育主权的重要组成部分。大学排名主导权是世界大学排名机构话语权与影响力的"晴雨表"，也是国与国之间高教竞争的重要依据。自1985年全球第一个大学排名诞生以来，拥有世界性影响力且持续公布大学排名的机构有20余家，其中中国有5家，综合集成历史较长、公信力较高、影响力较大、知名度较高的大学排名组织的指标体系，其"核心标准"包括三大板块：人才培育（师生规模、校友质量）、科技研发（论文数量、成果质量）、国际影响（学术声誉、社会贡献）。[19]为科学监测、跟踪评估、动态调谐、持续推动"双一流"大学建设进程，必须站在第三方中介立场，坚持世界眼光、国际标准、高点定位，同时融汇中国特色、中国文化与中国元素来构建监测评估指标体系。习近平总书记在全国教育大会上强调，要扭转不科学的教育评价导向，坚决克服"五唯"顽瘴痼疾，从根本上解决教育评价指挥棒问题。[20]监测评估的根本目的是"以评促建"，激励多样性大学为实现师德引领、

教育教学、科技研发、文化传承、国际交流"五位一体"培育人才提供多元化方案。为破除"五唯"等不良指挥棒倾向,让绿色大学监测评估形成压倒性态势,实现大学监测评估生态的根本性扭转,第四代大学监测评估强调创新为根、效益为本、贡献优先,以引导中国大学不忘初心、牢记使命,持续破解"钱学森之问"和突破"卡脖子技术"。

大学监测评估要"破五唯"就必须"定标杆""立五看",即看是否有利于引领大学科学定位、合理分类、内涵发展、办出特色、提升质量和增强综合实力,看是否有利于增加优质高教资源供给、破解高教主要矛盾、办人民满意的大学,看是否有利于大学提升教育教学、科技研发、社会服务、文化传承等的创新品级,看是否有利于大学提高人才培养、理论研究、技术开发、服务经济社会、促进国际合作与交流等的效益水平,看是否有利于大学提高对人的全面发展、社会进步、国家和平崛起、民族伟大复兴、世界和平、人类命运共同体构建等的贡献程度。高校应立足高等教育促进人的发展、促进社会发展的功能,以及现代大学培育人才、研发科技、服务社会、传承创新文化、推动国际合作交流五大核心职能,批判性地借鉴全球高等教育评估和现代大学评价的经验教训,以培养人才为中心,将坚持知识创新、坚持技术进步作为全要素监测评估的宗旨。教书育人、立德树人成效是检验大学一切工作成效的唯一标准,重点监测评估大学的"质量""特色""成效""贡献"。运用德尔菲专家咨询法、层次分析法、钱学森从定性到定量综合集成法和SPSS、DPS等软件[21],科学构建起了中国"双一流"大学建设成效监测评估指标体系及其指标权重(见表1),包括1个元指标、5个一级指标、15个二级指标、21个三级指标与300余个四级指标观测点,如"教学水平"指标包括"双一流"专业、精品课程、教改项目、规划教材、教学/学术论文、教学成果奖等观测点。该监测评估指标体系是中国综合集成创新、自主创新与体制机制创新的成果,是在改革开放40多年来,大学监测评估科研、设计、验证、试点与运行经验等的基础上,投入海量资源,充分借鉴国际第三代大学评估技术先进理念,遵循"高等教育组织排名的柏林原则",吸取世界大学排名组织的经验教训,研发设计的具有中国特色、符合世界标准的第四代大学监测评估技术,即提出了力图破解世界大学监测评估难题的"中国方案"与"中国智慧"——兼具中国特色、华夏风格与世界眼光、国际视野,可对"双一流"背景下中国大学建设成效进行跟踪评估与智能监测。

在通常情况下,用一套大学监测评估指标体系评价不同类型、形式、层次、性质等的大学,显然是不科学的,结果也是不靠谱的,但如果不用一套指标体系则无法保证评估结果的可比性和可参照性,这就是国内外大学监测评估的"两难问题",也是现行大学排名存在的致命弊端。其实,在本质上,大学的基本职能和核心功能是相似的,比如培育人才、研发科技、传创文化、影响社会、促进国际交流等,但它们之间最大的差异就是贡献侧重点不同,即不同大学有相近的贡献力。基于这些发现,提出破解世界大学评估难题的优化方案之一,就是采用同一套指标体系,但指标权重采用弹性算法(常模参照/标准参照算法),即根据大学在知识创新、技术发明、人才培育、文化传承创新、道德引领等核心职能维度上的多元贡献侧重来科学调谐算法和合理协调系数(见表2),计算出中国大学立德树人指数(Chinese Universities Talent Index, CUTI)并据此发布中国大学评估结果。其中,常模参照算法主要用于TOP 200(中国/全球前200名)大学选优评估,标准参照算法主要用于TOP 200(中国/全球前200名)之外的大学竞争评估。教育教学以培育人才作为大学的第一职能,一流本科教育、一流专业是一流大学、一流学科的底色,依托大学衍生的其他重要职能都应该围绕人才培养这个核心与根本职能。所以,立德树人是大学的根本使命,教书育人是教师的责任担当,在文化传承创新中培育人才是大学区别于其他社会组织的本质特征,是大学之所以为大学的独特标志。建成"双一流"大学,应对共同挑战、迈向美好未来,既需要经济科技力量,也需要文化文明力量。在全球大学评估中率先将大学的第四大职能——文化传承引领——独立列出作为评估大学核心贡献的元评估指标,目的是引导中国的大学成为中华民族优秀传统文化和多样性世界文明的传承者、创新者和引领者。

表1 中国"双一流"大学建设成效监测评估指标体系（通用版）

元指标	一级指标	二级指标	三级指标	指标权重	指标侧重	指标属性
立德树人指数（TI）	教育教学指数（一流教学）C&CI	教学质量	教学水平	0.09	中国特色	定性/历时数据
			校友质量	0.13	世界标准	定量/历时数据
		师资质量	杰出师资	0.11	世界标准	定量/历时数据
		培养基地	学科实力	0.07	中国特色	定性/历时数据
	科技研发指数（研学产用）S&TI	科技项目	高端项目	0.06	中国特色	定量/历时数据
		科技平台	创新平台	0.05	中国特色	定量/历时数据
		科技产出	标志成果	0.08	世界标准	定量/历时数据
		科技质量	高级奖励	0.07	世界标准	定量/历时数据
		科技转化	技术转让	0.05	中国特色	定性/历时数据
			决策咨询	0.04	世界标准	定性/历时数据
	社会服务指数（社会服务）S&SI	社会影响	生源质量	0.05	中国特色	定量/历时数据
			大学捐赠	0.02	世界标准	定性/历时数据
			传媒报道	0.01	中国特色	定量/历时数据
		服务社会	创新创业	0.02	世界标准	定性/历时数据
	文化引领指数（文化传承与创新）C&II	文化繁荣	文化传承	0.02	中国特色	定性/历时数据
			文化创新	0.02	中国特色	定量/历时数据
			文化引领	0.03	世界标准	定性/历时数据
	国际声誉指数（国际交流与合作）I&CI	国际师生	境外师生	0.03	世界标准	定量/历时数据
		国际平台	跨境平台	0.01	中国特色	定量/历时数据
		国际学术	学术影响	0.02	世界标准	定量/历时数据
		全球排名	世界排名	0.02	世界标准	定量/历时数据

表2 中国"双一流"建设高校绩效监测指标智能权重

项目	人才培养	科技研发	社会服务	文化引领	国际声誉
常模参照	0.40	0.35	0.10	0.07	0.08
研究型院校	0.35	0.35	0.10	0.10	0.10
专业型院校	0.50	0.20	0.15	0.08	0.07
应用型院校	0.50	0.20	0.20	0.05	0.05
技职型院校	0.60	0.10	0.25	0.02	0.03

大学是社会进步的"轴心"与经济发展的"引擎"，是科学发现、技术发明、人才辈出的"摇篮"，指标权重的科学分配、弹性系数的合理运用充分体现了高等教育基本功能与大学核心职能之间的耦合共轭关系，比较符合社会发展规律、高等教育规律和人才成长规律。比如社会服务指数，重点考察大学创新创业实践、"三下乡"、校地合作等的效果；科技转化指标，重点考察校企合作、产教融合、科教融合、产学研一体化、产业人才培养和决策咨询服务等的成效；生源质量指标，重点考察家长和考生对大学的"认可度"。[22] 当然，从理论和实践上讲，这套大学监测评估系统是不完美的，还需要持续优化。一方面，大学是千差万别的，不可能用一套指标体系衡量所有的大学；另一方面，大学是发展变化的，不可能用一套指标体系评估大学的未来和未来的大学。所以，理想的大学监测评估指标体系应该是与时俱进、分类分

层、动态优化和摩尔迭代的，但必须万变不离其宗，即聚焦立德树人、教书育人这个根本使命，衡量大学对家庭、社会、中国、民族、世界的持续贡献。

（二）中国"双一流"大学建设成效监测评估指标的数据选择

中国"双一流"大学建设成效监测评估指标的数据采集、清洗和使用遵循客观、公正、便利、科学、透明的原则，首选公开权威数据，不采用缺乏公信力的自建指标数据库。具体地说，300 余个指标观测点的数据是基于质量基础的数量指标，即采集金字塔顶端的核心数据对大学进行监测评估。"塔尖数据"（Top Data）主要来自官方公布的权威数据，如教育部全国普通高校中华优秀传统文化传承基地和国家实验室工程中心等国家级数据、业界公认的标准数据，如 CNS（*Cell*、*Nature*、*Science*）和科技部"三类高质量论文"等代表作数据、第三方验证的开源数据，如诺贝尔科技奖获得者和未来科学大奖等标志性数据。采用这三类数据可以增强监测评估的权威性、公信力，还能避免评估者暗箱操纵和被公众质疑。

（三）中国"双一流"大学建设成效监测评估指标体系的算法

中国"双一流"大学建设成效的多维监测与单维评估结果均作归一化处理，以百分制分数或指数值的方式呈现，以后会逐步过渡到等级制，而实际操作时会根据高校类型、层次、形式和性质等优化指标权重和算法。通用的计算方法为以下三种。

（1）三级排名指标得分的算法。

计算公式：样本大学的三级排名指标得分 = 100 × ∑（各三级排名指标参数 × 系数）/MAX［∑（各三级排名指标参数 × 系数）］。

（2）一、二级排名指标得分的算法。

计算公式：样本大学的一级排名指标得分 = 60 + 40 × ∑各二级排名指标得分/MAX（∑各二级评估指标得分）。

计算公式：样本大学的二级排名指标得分 = 100 × ∑（各三级排名指标得分 × 权重）/MAX［∑（各三级排名指标得分 × 权重）］。

（3）综合排名得分的算法。

计算公式：样本大学的最终综合排名得分 = 60 + 40 × ∑（元评价指标得分 × 权重）/MAX［∑（元评价指标得分 × 权重）］。

由此得出中国大学竞争力指数（CUTI）计算公式：

$$CUTI \left| \sum_{i=1}^{n-6} C\&CI \times 0.4 + S\&TI \times 0.35 + S\&SI \times 0.10 + C\&II \times 0.07 + I\&CI \times 0.08 \right| \times 40 + 60$$

三、中国"双一流"大学建设周期成效监测评估验证

大学监测评估系统是否科学、合理、客观、高效，关键看是否符合"三个有利于"原则——是否有利于提升人才的培养质量、是否有利于增强高校的综合实力、是否有利于引领高校的科学发展，即引导高校发展从数量转向质量、外延转向内涵、全面转向特色、规模转向效益。2020 年度是第一轮"双一流"大学建设周期总结的收官年，其建设进展和成效会直接影响 2021—2025 年第二轮"双一流"大学动态遴选和持续建设。为了动态检验中国"双一流"大学监测评估模型的信度、效度，应遵循科学、独立、客观、透明、公正的第三方高等教育数据研究原则，运用高等教育大数据深度挖掘和处理分析系统（Higher Education Big Data Deep Mining and Processing Analysis System，HEDPS）对 140 所"双一流"大学（A + B + C 类）的建设进展、成效进行双重验证，并利用灰色预测模型 GM（1，1）对"双一流"大学"三步走"战略趋势进行仿真模拟。具体地说，HEDPS 通过深度学习后的跟踪监测、动态采集、实时更新，全面反映 140 所"双一流"大学五大职能的原始核心数据（截至 2020 年 10 月 1 日）和时序大数据（1949 年 10 月 1 日—2020 年 10 月 1 日），对全部大数据进行清洗、挖掘与标准化归一处理，并遴选标杆大学进

行映照，利用常模参照算法等获得140所"双一流"大学的立德树人指数（"期末成绩"）、世界排名和未来发展态势（见表3）。

表3 中国"双一流"大学建设周期成效监测评估结果及趋势仿真

排序	校名	CUTI	世界排名	国家定位	评估结果	2020年	2035年	2050年	战略目标
标杆大学	哈佛大学	—	1—3	—	—	1—3	1—3	1—3	世界顶尖大学
标杆大学	牛津大学	—	1—5	—	—	1—5	1—5	1—5	世界顶尖大学
1	清华大学	95.00	20—25	A	优	20—25	15—25	10—20	世界顶尖大学
2	北京大学	94.50	31—40	A	优	31—40	15—25	10—20	世界顶尖大学
3	中国科学院大学	91.50	41—50	C	优	35—40	15—35	10—25	世界顶尖大学
4	浙江大学	91.00	51—100	A	优	51—100	25—50	20—25	世界顶尖大学
5	上海交通大学	90.50	51—100	A	优	51—100	25—50	20—30	世界顶尖大学
6	复旦大学	90.00	51—100	A	优	51—100	25—50	20—30	世界顶尖大学
7	中国科学技术大学	89.50	51—100	A	优	51—100	25—50	20—40	世界顶尖大学
8	国防科技大学	89.00	51—100	A	优	51—100	25—50	20—40	世界顶尖大学
9	南京大学	88.50	101—200	A	优	101—200	51—100	25—50	世界顶尖大学
10	中山大学	88.30	101—200	A	优	101—200	51—100	25—50	世界顶尖大学
11	哈尔滨工业大学	87.50	101—200	A	优	101—200	51—100	25—50	世界顶尖大学
12	北京师范大学	86.70	101—200	A	优	101—200	51—100	51—100	世界一流大学
13	武汉大学	85.00	101—200	A	优	101—200	51—100	51—100	世界一流大学
14	四川大学	84.50	101—200	A	优	101—200	51—100	51—100	世界一流大学
15	华中科技大学	83.00	101—200	A	优	101—200	51—100	51—100	世界一流大学
16	同济大学	82.05	101—200	A	优	101—200	51—100	51—100	世界一流大学
17	西安交通大学	81.40	101—200	A	优	101—200	51—100	51—100	世界一流大学
18	南开大学	80.88	101—200	A	优	101—200	51—100	51—100	世界一流大学
19	厦门大学	80.36	201—300	A	优	201—300	101—200	101—200	世界一流大学
20	东南大学	80.10	201—300	A	优	201—300	101—200	101—200	世界一流大学
21	天津大学	80.05	201—300	A	优	201—300	101—200	101—200	世界一流大学
22	吉林大学	80.00	201—300	A	优	201—300	101—200	101—200	世界一流大学
23	北京理工大学	79.20	201—300	A	优	201—300	101—200	101—200	世界一流大学
24	山东大学	78.57	201—300	A	良	201—300	101—200	101—200	世界一流大学
25	大连理工大学	77.96	201—300	A	优	201—300	101—200	101—200	世界一流大学
26	中国人民大学	77.70	301—400	A	优	301—400	201—300	201—300	世界一流大学
27	北京航空航天大学	77.35	301—400	A	优	301—400	201—300	201—300	世界一流大学
28	华南理工大学	77.18	301—400	A	良	301—400	201—300	201—300	世界一流大学
29	华东师范大学	77.00	301—400	A	良	301—400	201—300	201—300	世界一流大学
30	中南大学	76.90	301—400	A	良	301—400	201—300	201—300	世界一流大学
31	苏州大学	76.90	301—400	C	良	301—500	301—500	201—500	世界一流学科大学
32	兰州大学	76.88	301—400	A	良	301—400	201—300	201—300	世界一流学科大学
33	中国农业大学	76.85	401—500	A	良	401—500	301—400	301—400	世界一流学科大学

续表3

排序	校名	CUTI	世界排名	国家定位	评估结果	2020年	2035年	2050年	战略目标
34	湖南大学	76.82	401—500	B	良	401—500	301—400	301—400	世界一流学科大学
35	电子科技大学	76.80	401—500	A	良	401—500	301—400	301—400	世界一流学科大学
36	重庆大学	76.78	401—500	A	中	401—500	401—500	301—500	世界一流学科大学
37	中国地质大学（武汉）	76.76	501—600	C	良	501—600	401—500	301—500	世界一流学科大学
38	华东理工大学	76.74	501—600	C	良	501—600	401—500	301—500	世界一流学科大学
39	东北师范大学	76.73	501—600	C	良	501—600	501—600	401—600	世界一流学科大学
40	东北大学	76.71	701—800	B	良	701—800	701—800	601—800	世界一流学科大学
41	西北工业大学	76.69	601—700	A	良	601—700	501—600	401—600	世界一流学科大学
42	东华大学	76.66	601—700	C	中	601—700	501—600	401—600	世界一流学科大学
43	南京理工大学	76.63	601—700	C	良	601—700	501—600	401—600	世界一流学科大学
44	西北农林科技大学	76.62	601—700	B	优	601—700	601—700	501—700	世界一流学科大学
45	华中师范大学	76.60	601—700	C	良	601—700	601—700	501—700	世界一流学科大学
46	北京协和医学院	76.59	601—700	C	优	601—700	601—700	501—700	世界一流学科大学
47	武汉理工大学	76.57	601—700	C	良	601—700	601—700	501—700	世界一流学科大学
48	第二军医大学（海军军医大学）	76.55	601—700	C	良	601—700	601—700	501—700	世界一流学科大学
49	中国地质大学（北京）	76.54	601—700	C	良	601—700	601—700	501—700	世界一流学科大学
50	中国石油大学（华东）	76.52	601—700	C	中	601—700	601—700	501—700	世界一流学科大学
51	西南大学	76.50	601—700	C	良	601—700	601—700	501—700	世界一流学科大学
52	北京化工大学	76.49	601—700	C	中	601—700	501—600	401—600	世界一流学科大学
53	南京航空航天大学	76.47	701—900	C	良	801—900	801—900	701—900	世界高水平大学
54	华中农业大学	76.44	701—800	C	中	701—800	701—800	601—800	世界一流学科大学
55	南京师范大学	76.42	701—800	C	良	701—800	701—800	601—800	世界一流学科大学
56	北京科技大学	76.39	701—800	C	中	701—800	701—800	601—800	世界一流学科大学
57	上海大学	76.35	701—800	C	良	701—800	701—800	601—800	世界一流学科大学
58	北京交通大学	76.30	701—800	C	良	701—800	701—800	601—800	世界一流学科大学
59	中国矿业大学	76.26	701—800	C	良	701—800	701—800	601—800	世界一流学科大学
60	中国石油大学（北京）	76.21	701—800	C	中	701—800	701—800	601—800	世界一流学科大学
61	西北大学	76.18	701—800	C	良	701—800	701—800	601—800	世界一流学科大学
62	福州大学	76.15	801—900	C	良	801—900	801—900	701—900	世界高水平大学
63	中国矿业大学（北京）	76.10	701—800	C	中	701—800	701—800	601—800	世界一流学科大学
64	郑州大学	76.00	701—800	B	中	701—800	701—800	601—800	世界一流学科大学
65	云南大学	75.87	701—800	B	良	701—800	701—800	601—800	世界高水平大学
66	陕西师范大学	75.75	801—900	C	良	801—900	801—900	701—900	世界高水平大学
67	对外经济贸易大学	75.70	801—900	C	中	801—900	801—900	701—900	世界高水平大学
68	第四军医大学（空军军医大学）	75.56	801—900	C	良	801—900	801—900	701—900	世界高水平大学

续表3

排序	校名	CUTI	世界排名	国家定位	评估结果	2020年	2035年	2050年	战略目标
69	中国海洋大学	75.50	701—800	A	中	701—800	701—800	601—800	世界一流学科大学
70	西安电子科技大学	75.37	701—900	C	良	701—800	701—800	601—800	世界一流学科大学
71	北京工业大学	75.25	801—900	C	中	801—900	801—900	701—900	世界高水平大学
72	哈尔滨工程大学	75.22	801—900	C	良	801—900	801—900	701—900	世界高水平大学
73	南京农业大学	75.18	801—900	C	中	801—900	801—900	701—900	世界高水平大学
74	北京邮电大学	75.15	801—900	C	中	801—900	801—900	701—900	世界高水平大学
75	西南交通大学	75.13	801—900	C	良	801—900	801—900	701—900	世界高水平大学
76	暨南大学	75.10	801—900	C	中	801—900	801—900	701—900	世界高水平大学
77	上海财经大学	75.08	901—1500	C	良	901—1500	901—1500	801—1500	世界高水平大学
78	北京外国语大学	75.06	901—1500	C	中	901—1500	901—1500	801—1500	世界高水平大学
79	中央民族大学	75.02	901—1500	A	中	901—1500	901—1500	801—1500	世界高水平大学
80	中央财经大学	75.00	901—1500	C	中	901—1500	901—1500	801—1500	世界高水平大学
81	华北电力大学	74.94	901—1500	C	中	901—1500	901—1500	801—1500	世界高水平大学
82	江南大学	74.90	901—1500	C	中	901—1500	901—1500	801—1500	世界高水平大学
83	天津医科大学	74.85	901—1500	C	中	901—1500	901—1500	801—1500	世界高水平大学
84	合肥工业大学	74.82	901—1500	C	中	901—1500	901—1500	801—1500	世界高水平大学
85	中国药科大学	74.80	901—1500	C	中	901—1500	901—1500	801—1500	世界高水平大学
86	南昌大学	74.75	901—1500	C	中	901—1500	901—1500	801—1500	世界高水平大学
87	河海大学	74.70	901—1500	C	良	901—1500	901—1500	801—1500	世界高水平大学
88	上海外国语大学	74.60	901—1500	C	中	901—1500	901—1500	801—1500	世界高水平大学
89	中南财经政法大学	74.40	1500+	C	中	1500+	1500+	1400+	世界高水平大学
90	南京信息工程大学	74.35	1500+	C	良	1500+	1500+	1400+	世界高水平大学
91	西南财经大学	74.10	1500+	C	中	1500+	1500+	1400+	世界高水平大学
92	上海中医药大学	73.96	1500+	C	中	1500+	1500+	1400+	世界高水平大学
93	北京中医药大学	73.65	1500+	C	良	1500+	1500+	1400+	世界高水平大学
94	北京林业大学	73.20	1500+	C	中	1500+	1500+	1400+	世界高水平大学
95	南京邮电大学	72.75	1500+	C	良	1500+	1500+	1400+	世界高水平大学
96	中国政法大学	72.13	1500+	C	中	1500+	1500+	1400+	世界高水平大学
97	宁波大学	71.85	1500+	C	合格	1500+	1500+	1400+	世界高水平大学
98	华南师范大学	71.20	1500+	C	中	1500+	1500+	1400+	世界高水平大学
99	中国传媒大学	70.90	3000+	C	合格	3000+	1500+	1400+	世界高水平大学
100	首都师范大学	70.00	3000+	C	中	3000+	1500+	1400+	世界高水平大学
101	安徽大学	69.80	3000+	C	合格	3000+	1500+	1400+	世界高水平大学
102	湖南师范大学	69.75	3000+	C	合格	3000+	1500+	1400+	世界高水平大学
103	河北工业大学	69.50	3000+	C	中	3000+	1500+	1400+	世界高水平大学
104	大连海事大学	69.25	3000+	C	合格	3000+	1500+	1400+	世界知名大学
105	长安大学	69.00	3000+	C	合格	3000+	1500+	1400+	世界知名大学

续表3

排序	校名	CUTI	世界排名	国家定位	评估结果	2020年	2035年	2050年	战略目标
106	太原理工大学	68.50	3000+	C	合格	3000+	1500+	1400+	世界知名大学
107	广西大学	68.15	3000+	C	合格	3000+	1500+	1400+	世界知名大学
108	东北农业大学	67.40	3000+	C	中	3000+	2000+	1500+	世界知名大学
109	辽宁大学	66.35	3000+	C	中	3000+	2000+	1500+	世界知名大学
110	东北林业大学	65.30	3000+	C	合格	3000+	2000+	1500+	世界知名大学
111	天津工业大学	64.75	3000+	C	合格	3000+	3000+	2000+	世界知名大学
112	南京中医药大学	64.28	3000+	C	中	3000+	3000+	2000+	世界知名大学
113	河南大学	63.95	5000+	C	合格	5000+	3000+	2000+	世界知名大学
114	四川农业大学	63.85	5000+	C	中	5000+	3000+	2000+	世界知名大学
115	广州中医药大学	63.70	5000+	C	合格	5000+	3000+	2000+	世界知名大学
116	天津中医药大学	63.55	5000+	C	合格	5000+	4500+	4000+	世界知名大学
117	内蒙古大学	63.45	5000+	C	合格	5000+	4500+	4000+	世界知名大学
118	上海海洋大学	63.40	5000+	C	合格	5000+	4500+	4000+	世界知名大学
119	海南大学	63.25	5000+	C	合格	5000+	4500+	4000+	世界知名大学
120	贵州大学	63.20	5000+	C	合格	5000+	4500+	4000+	世界知名大学
121	延边大学	63.05	5000+	C	合格	5000+	5000+	4000+	世界知名大学
122	成都理工大学	62.80	10000+	C	合格	10000+	9500+	9000+	世界知名大学
123	西南石油大学	62.65	10000+	C	合格	10000+	9500+	9000+	世界知名大学
124	南京林业大学	62.50	10000+	C	合格	10000+	9500+	9000+	世界知名大学
125	宁夏大学	62.45	10000+	C	合格	10000+	9500+	9000+	世界知名大学
126	成都中医药大学	62.41	10000+	C	合格	10000+	9500+	9000+	世界知名大学
127	新疆大学	62.35	10000+	B	合格	10000+	9500+	9000+	世界知名大学
128	石河子大学	62.25	10000+	C	合格	10000+	9500+	9000+	世界知名大学
129	青海大学	62.20	10000+	C	合格	10000+	9500+	9000+	世界知名大学
130	西藏大学	62.15	10000+	C	合格	10000+	9500+	9000+	世界知名大学
131	北京体育大学	—	—	C	优	—	—	—	中国特色世界一流大学
132	中国人民公安大学	—	—	C	中	—	—	—	中国特色世界一流大学
133	外交学院	—	—	C	中	—	—	—	中国特色世界一流大学
134	中央音乐学院	—	—	C	优	—	—	—	中国特色世界一流大学
135	中国音乐学院	—	—	C	中	—	—	—	中国特色世界一流大学
136	中央美术学院	—	—	C	良	—	—	—	中国特色世界一流大学

续表3

排序	校名	CUTI	世界排名	国家定位	评估结果	2020年	2035年	2050年	战略目标
137	中国戏剧学院	—	—	C	良	—	—	—	中国特色世界一流大学
138	上海体育学院	—	—	C	合格	—	—	—	中国特色世界一流大学
139	上海音乐学院	—	—	C	合格	—	—	—	中国特色世界一流大学
140	中国美术学院	—	—	C	合格	—	—	—	中国特色世界一流大学

"双一流"大学是中国高等教育软实力的拳头产品,也是中国参与全球高等教育治理和资源市场配置的竞争利器,更是创新型国家建设和突破"卡脖子技术"的重要力量。表3显示,清华大学等30所"双一流"大学建设成效周期监测评估结果为"优",即超额完成"双一流"建设阶段性目标任务,建设成效非常显著,标志性成果非常突出,建设方案符合度和建设目标达成度非常高,社会和国际综合贡献度非常大,办学特色非常鲜明,取得了一批可复制、可推广的创新成果。山东大学等40所"双一流"大学建设成效周期监测评估结果为"良",即全面完成目标任务,建设成效明显,标志性成果显示度高,符合度好,达成度高,社会贡献大,办学特色更加鲜明。重庆大学等40所"双一流"大学建设成效周期监测评估结果为"中",即基本完成目标任务,取得了若干标志性成果,社会贡献较大,办学特色比较鲜明。宁波大学等30所"双一流"大学建设成效周期监测评估结果为"合格",即主要建设指标均已达成,基本符合建设进度和目标要求,学科竞争力明显增强,办学特色基本形成。评估结果为"中"和"合格"的高校中的5%~10%应降低资助力度,并新增20所左右的新大学进入。可以说,党中央、国务院实施"双一流"战略的5年,是"双一流"建设高校进行历史性变革的5年,也是"双一流"建设高校取得历史性成就的5年,中国高等教育软实力得到极大提升,特别是"双一流"建设高校的影响力、吸引力和竞争力得到显著提升[23],支撑国家重大战略和国际合作倡议的贡献力显著增强。总体上看,140所"双一流"建设高校经过5年的重点资助和持续建设,从改革度、符合度、达成度、标志度和贡献度五方面来衡量,无论是纵向对比(时间上与以前对比),还是横向对比(空间上与外国高校对比),都取得了不同程度的发展进步,特别是在处理好本科教学与学科建设、特色发展与综合提升、社会服务与文化传承创新、国际交流合作等方面都取得较大突破,基本完成了"五大建设任务"和"五大改革任务",良好的"期末成绩"为2020年、2035年、2050年分阶段,按计划建成若干所中国特色世界一流大学、一批世界一流学科高水平大学奠定了坚实基础。

守正创新,殊方共享。多元与融合是新时代大学监测评估模式的核心特征,高等教育政策决策者、理论工作者、实践运营者和消费共享者等利益相关者应联合起来,努力建构凸显中国特色、与全球标准接轨的第四代大学排名体系(4.0版),即主体多元、平等会商的监测评估理念,内外协同、智能优化的监测评估技术,科教融合、贡献导向的监测评估内容,动态诊断、弹性适应的监测评估过程。[24]推进高等教育监测评估体系和监测评估能力现代化,建立中国特色、世界水平的"五位一体"(自我评估、专业认证及评估、院校的"合格评估或审核评估"、国际评估、状态数据常态监控)质量保障体系和"五个一流"建设综合评价体系是《中国教育现代化2035》《深化新时代教育评价改革总体方案》等提出的重要任务。在"双一流"大学建设成效监测评估实践中,要主动借鉴与吸收国外监测评估发展性和增值性的理念取向、投入产出的内容指向、认证及专业机构的制度保障等有益经验,为发展国家监测评估"五个一流"建设成效等提供"中国智慧",早日建成文明意义上而非大学"排行榜"意义上的"双一流"大学[25],为中国国家战略和国际倡议的实现做出历史新贡献!

参 考 文 献

[1] 冯用军, 赵雪. "双一流"大学建设政策内涵与绩效评价: 基于大学排名的视角 [J]. 中国高等教育评估, 2019 (2): 3-12.

[2] 习近平. 决胜全面建成小康社会 夺取新时代中国特色社会主义伟大胜利 [M]. 北京: 人民出版社, 2017: 11.

[3] 周作宇, 马佳妮. 人类命运共同体: 高等教育国际合作的价值坐标 [J]. 教育研究, 2017 (12): 42.

[4] 梅贻琦. 中国的大学 [M]. 北京: 北京理工大学出版社, 2012: 27.

[5] 杜玉波. 大学要切实承担起文化传承创新的历史使命 [EB/OL]. (2011-11-11) [2018-04-09]. http://old.moe.gov.cn//publicfiles/business/htmlfiles/moe/moe_176/201111/126434.html.

[6] 林建华. 人民日报名家笔谈: 守正创新, 引领未来 [N]. 人民日报, 2016-03-11 (5).

[7] 习近平. 习近平谈治国理政 [M]. 北京: 外文出版社, 2014: 376.

[8] 吴岩: 办世界水平大学需要精准把握"四个一流" [EB/OL]. (2016-12-23) [2018-04-09]. http://edu.people.com.cn/n1/2016/1223/c1006-28973041.html.

[9] 国家中长期教育改革和发展规划纲要 (2010—2020年) [J]. 中国高等教育, 2010 (Z3): 4-17.

[10] 本刊编辑. 2018年全国教育工作会议召开 教育部部长陈宝生提出2018年实施"奋进之笔"7大主攻方向 [J]. 中国民族教育, 2018 (2): 4-5.

[11] 龚成. 管办评分离与高校办学自主权的落实 [J]. 江苏高教, 2018 (10): 58-62.

[12] 柴葳. 推动"双一流"加快建设特色建设高质量建设 教育部召开"双一流"建设现场推进会 [N]. 中国教育报, 2018-10-01 (3).

[13] 中共中央国务院印发《中国教育现代化2035》[N]. 人民日报, 2019-02-24 (1).

[14] 徐京跃, 霍小光. 习近平在北京大学考察时强调: 青年要自觉践行社会主义核心价值观 与祖国和人民同行努力创造精彩人生 [N]. 人民日报, 2014-05-05 (1).

[15] 习近平. 关于《中共中央关于全面深化改革若干重大问题的决定》的说明 [J]. Beijing review, 2014 (6): 11-15.

[16] 储召生. 一流大学本科教学高峰论坛举行 [N]. 中国教育报, 2016-05-07 (2).

[17] 习近平李克强栗战书汪洋王沪宁赵乐际韩正分别参加全国人大会议一些代表团审议 习近平参加广东代表团审议时强调: 发展是第一要务 人才是第一资源 创新是第一动力 [N]. 新华每日电讯, 2018-03-08 (1).

[18] 高慧斌. 教师政策评价分析: 基于《国家中长期教育改革和发展规划纲要 (2010—2020年)》实施五年的思考 [J]. 河北师范大学学报 (教育科学版), 2015 (6): 93.

[19] 冯用军, 赵雪. 中国"双一流"战略: 概念框架、分类特征和评估标准 [J]. 现代教育管理, 2018 (1): 12-18.

[20] 何忠国. 坚决克服"五唯"痼疾 [N]. 学习时报, 2018-09-19 (1).

[21] 刘六生, 冯用军. 高等教育研究中的数学方法 [M]. 北京: 科学出版社, 2009: 145-159.

[22] 冯用军. 高考改革利益共同体的教育选择行为分析: 基于云南省高三师生及家长的调查 [J]. 国家教育行政学院学报, 2010 (12): 48-52.

[23] 李健, 洪成文. 中国高等教育软实力的内涵及建设路径 [J]. 大学教育科学, 2018 (5): 16.

[24] 冯用军, 赵雪, 朱立明. 中国特色世界一流大学建设成效评价体系理论建构与实践验证 [J]. 江苏高教, 2019 (1): 20-26.

[25] 潘懋元, 贺祖斌. 关于地方高校内涵式发展的对话 [J]. 高等教育研究, 2019 (2): 34-38.

Research on the End Effectiveness Monitoring and Evaluation of First Round "Double World-class" Universities in China: Take the Chinese Universities Talent Index as the Center

Abstract: The world-class universities are important think tanks for major developed countries to seize the commanding heights of the science and technology innovation. The establishment of a number of world-class universities with distinctive Chinese characteristics is a strategic mission for realizing the peaceful rise of China and the "Chinese dream" of the great rejuvenation of the Chinese nation. With the advancements of National High Education Strategic Projects, universities of China have undergone historic changes and achieved historic achievements. On the basis of systematically combing the legal bases of the monitoring assessment of universities of China under the background of "double world-class" strategy, the article innovates and optimizes the classification standards and development visions of the universities of China, and scientifically constructs the theoretical direction and methodology of the monitoring assessment index system of construction effects of the "double world-class" universities with Chinese characteristics and world connection through the root of knowledge innovation, the base of running efficiency and the priority of comprehensive contribution, deeply mines the raw core data and time series big data in the National Data Platform of High Education Quality Monitoring etc., comprehensive uses of the construction plans and midterm self-assessment reports, final expert evaluation results and influential third-party measuring results of first round 140 "double world-class" construction universities (A + B + C), then conducts the end assessment, and practical verification of the construction progress and construction effectiveness of benchmark universities with Chinese University Talent Index (CUTI) as the center, and reasonably uses the grey prediction model GM (1, 1) to scientifically predict its construction situation, which can provide references for the national dynamic monitoring, tracking assessment, helix discriminant and flexible selection of the second round of the "double world-class" universities, finally continue to promote the modernization of the Chinese high education monitoring assessment system and capabilities.

Keywords: universities of China, "double world-class" construction universities, world-class universities, construction effectiveness, monitoring assessment

韩国世界一流研究型大学培育计划及其评价指标体系研究[①]

张雷生[②]　朱　莉[③]　魏莲莲[④]

一、"21 世纪智慧韩国工程"（BK21）实施至今政策成效综述

"21 世纪智慧韩国工程"（Brain Korea 21，简称"BK21 工程"）旨在进一步改善和完善韩国的高等教育体系，建设世界一流水平的研究生院，重点培养和资助硕士、博士及科研人员（博士后研究员/聘任制教授），目标是通过重点培育一批具有世界水准的研究生院，以提高国家竞争力。其强调以成果为中心导向，SCI（科学引文索引）/EI（工程索引）等级论文增加，研究费用实施中央管理制。"BK21 工程"每阶段周期为 7 年，其中，第一周期是 1999 年 3 月—2006 年 2 月，第二周期是 2006 年 3 月—2013 年 2 月，第三周期 BK21 PLUS（Program for Leading Universities and Students）是 2013 年 9 月—2020 年 8 月。2020 年 9 月—2027 年 8 月正式实施 BK21 FOUR（Fostering Outstanding Universities for Research）。

（一）"BK21 工程"第一、第二阶段实施成效及改进空间

"BK21 工程"第一、第二两周期共资助 244 个研究团队，321 个项目组，总计 565 个，平均每个研究团队受资助 8.7 亿韩元，每个项目组受资助 1.7 亿韩元。[1]其中，"BK21 工程"第一个建设周期每年度投入经费约 1996 亿韩元（总计 1.3 万亿韩元），共有 72 所学校，438 个研究团队（项目组）入选获得支持。就人才培养及政策覆盖面而言，第一个建设周期共资助培养了 50874 名硕士、23009 名博士、3196 名签约教授和 4913 名博士后研究人员，还资助了 2330 名长期研修者及 46131 名短期访问学者与 4658 名特聘学者。

第一个建设周期尽管研究成果数量大幅增加，但客观存在着高质量成果数量不足、成果转化率低下、未能有效构建学术成果评价管理体制与综合信息系统等问题。[2]具体而言，在第一个建设周期中，科学技术领域的确涌现出一批优秀的研究成果，被韩国学术振兴财团认为是"BK21 工程"最大的成果。其中，研究人员在科学技术领域发布的所有 SCI 论文总数为 42942 篇，从第一个实施年度（1999 年 9 月—2000 年 8 月）的 6340 篇增加到第五年（2003 年 3 月—2004 年 2 月）的 13343 篇，增长 1 倍以上；韩国在全球发表的 SCI 论文数量排名从第 18 位（1998 年）上升到第 12 位（2006 年）。在此期间，科学技术领域的专家数量由 1409 名增加到 1634 名，新增长了 16%；研究生数量由 3092 名增加到 3421 名，增加了 11%。"BK21 工程"第一个建设周期期间，韩国高等教育的建设重心逐渐向建设世界一流的研究型大学转变，在各高校形成了积极竞争的科研氛围；同时，借助于对硕士研究生、博士研究生及博士后研究人员进行经济上的资助补贴，为储备高级专业科研人员和智力资源奠定了扎实的基础。[3]

与此同时，不可否认的是，该阶段"重理轻文"的现象比较明显，人文社会科学领域的教授和新晋

[①] 课题来源：国家社会科学基金项目"东亚地区世界一流大学法人内部治理结构比较研究"（16BZZ082）、吉林大学阐释党的十九届四中全会精神专项项目"提升新时代高校党政领导干部治理能力现代化的方略研究"（2020SZQH18）、吉林大学劳动关系专项研究课题"新时代高校工会服务学校发展与改革的路径研究"（2020LD011）。
[②] 张雷生（通讯作者），吉林大学高等教育研究所副教授，韩国安养大学教育学院特聘教授、博士研究生导师，研究方向为教育行政管理、国际高等教育政策。
[③] 朱莉，吉林大学高等教育研究所硕士研究生，研究方向为区域高等教育。
[④] 魏莲莲，吉林大学高等教育研究所硕士研究生，研究方向为区域高等教育。

研究人员的数量并没有明显增加，并且人文社会科学领域的卓越成果也相对较少，"BK21工程"资助的签约教授和博士后研究人员数量也都在减少。另外，由于第一阶段中大学体制改革动力和力度不足，世界一流研究型大学建设的制度层面改革乏力。在"BK21工程"实施初期一度出现扩大本科招生数量的大学数量有所增加的情况，但为了向研究型大学转型，许多大学压缩了本科招生规模，甚至招生人数锐减到原招生计划的84.9%。[4]

"BK21工程"第二阶段，项目实施时间为2006年3月—2013年2月，年度经费约2805亿韩元（总计1.8万亿韩元），共有74个学校和568个研究团（组）入围获得经费支持。该阶段的政策目标是建立研究型大学体制与培养核心领域高级人才。在该阶段取得的成果方面，参与该项目的大学的学生就业率上升，一般大学的毕业生的就业率为78%，参与"BK21工程"的大学毕业生就业率为91%。此外，QS世界大学排名前200位的韩国大学数量由2所（2007年）跃升到6所（2012年）。在存在的局限和不足方面，由于强调成果的数量，成果质量受到影响，研究院体制改革不足。[5]整体而言，韩国BK21第二阶段的预算比第一阶段翻了一番，韩国教育部和人力资源开发部于2005年4月20日宣布，BK21第二阶段将计划资助1.8万亿韩元，旨在落实研究型大学的建设措施和培养核心领域的关键人才。不过，BK21第二阶段在2010年投资2370亿韩元，用来资助2.1万名研究生、2500名博士后研究员及聘任制教授；淘汰了7个研究成果和能力不足的研究团队，大幅削减了研究经费。[6]

（二）"BK21工程"第三阶段（BK21 PLUS）政策实施成效及改进空间

韩国教育部和韩国研究财团于2013年5月16日发布了BK21 PLUS计划实施方案，投资1.9万亿韩元对522个研究团队（组）进行资助，旨在培养基础科学、应用科学、人文社会科学的硕士、博士研究生人才。为增强地方大学研究实力，促进与当地产业合作发展，将对首尔、京畿道和仁川以外的地方大学的资助比例从24%增加至35%，研究团队从所资助的500所本科大学中选定了225所地方大学。[7]项目的实施时间为2013年9月—2020年8月，年度经费约2700亿韩元（总计1.9万亿韩元）。类型包括创新型人才培养、全球型人才培养、专业化人才培养三个方面。截至2019年年底，该项目共支援扶持了65所大学、262个研究团队和260个研究组。

BK21 PLUS计划根据每个领域的学术特点制定了更加详细的评估指标，分为工程、医学、农业、生命、水产、海洋、科学技术融合、人文学、社会科学、人文社会融合、设计、摄影等类别。而过去的评价指标仅分为科学技术和人文社会科学两种。随着这几种类型的详细评估指标的应用，评价体系突出了各个学术领域的特点。另外，减少了评价体系中对于论文数量的定量指标，增加了期刊论文的影响因子和被引用量等定性指标。[8]研究生个人论文影响力指数从2013年的1.36提高到2017年的2.3，教授的人均论文发表篇数从每年的16.5篇增加到21.4篇。尽管2017年韩国科学技术论文数量位居全世界第12名，但是每篇SCI论文平均被引用次数在2013—2017年间排在第32位。在以论文数量、引用数量评价研究成果的"《美国新闻与世界报道》全球大学排名"中，首尔大学最好的成绩仅仅排在世界第128名。[9]

在BK21 PLUS的主要成果方面，首先，主要学科中人才培养数量增多。基础科学、应用科学、人文社会学科中的硕士和博士科研人才每年平均培养数量分别为1347名、5831名、1602名。在新需求下，科学技术和人文社会科学分别占BK21人才培养比重的22.1%和4.3%。其次，科研水平与地位得到提高。"BK21工程"大学的教授和研究生所发表的论文影响因子数大幅度上升，与未加入"BK21工程"的大学相比，"BK21工程"大学的教授和研究生所发表的论文数是其2.29倍。教授人均论文影响因子数从2013年的16.5提升到2017年的21.4；硕士和博士研究生人均论文影响因子数从2013年的1.36提升到2017年的1.8。最后，促进科技成果发展，不少大学转型为研究型大学。在韩国科技部评定的"2013—2017年度国家优秀科研成果"中，由"BK21工程"大学所创造的科研成果占据83.2%，2018年韩国占据全世界1%的顶尖人才中有54%都是"BK21工程"中的教授；在QS世界大学排名中位于前100位的韩国大学数由2004年的0所先后上升为2009年的2所和2014年的3所以及2019年的5所，这5所大学分别为首尔大学（第36位）、韩国科学技术院（第40位）、浦项科技大学（第83位）、高丽大学（第86位）、成均馆大学（第100位）。

在BK21 PLUS的局限与问题方面[10]，首先，培养高水平研究人员的稳定教育体制缺失。BK21 PLUS工程的研究生科研经费（硕士研究生60万韩元/月，博士研究生100万韩元/月）难以补贴其学费和生活费。理工科硕士、博士研究生平均每月的生活费为79.6万韩元（以首尔大学为例，2016年研究生每月最低生活费为70万韩元）。其次，成果评定时研究管理指标显示40%以上的研究生教育改善程度相对不足。再次，研究成果从数量上来看位居世界前列，但研究成果的质量存在很大差距。具体而言，韩国SCI论文篇数位居全世界第12位，2013—2017年5年间，平均每一篇SCI论文被引用次数排在第32位［《科学技术论文高水平成果研究分析报告》，KAIST（韩国科学技术院）& KISTEP（韩国科学技术企划评价院），2018］。在美国 US News & World Report 的全球大学排名中，韩国大学的排名相当靠后。在2020年全球大学排名中，首尔大学排第128名，成均馆大学排第195名，韩国科学技术院排第252名，高丽大学排第271名，延世大学排第329名，浦项科技大学排第335名。[11]最后，建设世界高水平研究型大学存在局限。一方面，由研究生院、学科（部）等单位构成的科研团队资源不同，由学科分类引起的严重分化使得改善研究生院整体环境出现困难。资源预算是根据科研团队（组）的需求，以使用为目的而制订的。另一方面，大学以本科建设为中心，缺失建设研究型大学的规划和战略，尚未构建起健全完善的以研究生院为中心的教学事务管理体系。2015年12月23日，韩国教育部和韩国研究财团公布了BK21 PLUS中期评价结果，该评估对现有的544个研究团队（组）进行绩效评估，在绩效评估中有24个研究团队（组）因研究成果不足而被淘汰，不具备再次评选的机会。教育部于2016年2月底以现场检查的形式，抽查了选定的研究团队（组）是否有造假或故意虚假陈述的情况。[12]

二、BK21 FOUR项目计划概述

韩国教育部于2019年12月3日公开发布了BK21第四阶段计划方案的草案（BK21 FOUR），计划从2020年9月起开始实施，2027年8月截止，计划总投资2.9万亿韩元，平均每年培养资助19000名研究生，其中未来人才培养计划人数12600名，创新人才培养计划人数6400名（见表1）。第四阶段计划中首次引入"质量评价"，约80%的论文将接受质量评价，剩余20%的论文实施数量评价。申请"BK21工程"的研究人员必须每人提交2篇论文，并对其每篇论文的卓越性和创新点进行500字以内的描述性评价，教育部评估委员会成员将进行深入讨论，并判断其论文在学界和社会上的影响力，定性评价主要包括论文被引用数和其影响因子数。[13]2023年中期评价时，计划对研究成果及论文实施100%的质量评价。[14]值得关注的是，已建立起的"创新人才培养计划"旨在培养新兴产业人才，为国家和社会培养必要的科学研究人才。其中包括智慧工厂、智慧农场、金融科技、新能源、生物健康、智慧城市、无人机、未来汽车八大核心先导性产业及大数据、新生代通信技术、人工智能、医疗保健、VR（虚拟现实）技术、智能机器人、智能半导体、尖端纳米、创新药物、可再生新能源、智慧城市、无人机、独立交通13个创新发展动力领域。[15]

表1 BK21 PLUS与BK21 FOUR主要内容比较

分类	BK21 PLUS工程	BK21 FOUR
时间	2013年9月—2020年8月（7年）	2020年9月—2027年8月（7年）
预算	每年2700亿韩元（共计1兆9千万韩元）	每年4080亿韩元（共计2兆9千万韩元）
规模	团262个，组260个	团403个，组174个
类型	1. 未来创新型人才培养； 2. 全球性人才培养； 3. 专业化人才培养	1. 未来人才培养工程； 2. 创新型人才培养工程

续表1

分类	BK21 PLUS 工程	BK21 FOUR
地区大学参与比率	占全部预算的35%，占数量的45%	具体比例要根据申请和前阶段的评价而定
预算补贴	团队经费（100%）	教育研究团队（项目课题组）（87%），研究生院科研经费（13%）
研究生科研经费基准	硕士研究生每月60万韩元，博士研究生每月100万韩元，博士研究生结业每月100万韩元	硕士研究生每月70万韩元，博士研究生每月130万韩元，博士研究生结业每月100万韩元
新晋科研人员补贴	博士后、聘任制教授每月250万韩元以上	博士后及聘任制教授每月300万韩元以上
科学技术院参与限制	无具体参与限制	限制只能有一个教育研究团队参与
学校间联合	未合作	共同授予学位，学校联合
研究成果评价方式	以论文数量为主要指标	论文质量评价（80%），论文数量评价（20%）
愿景	构建推动创造性经济的创新型硕士、博士人才培养基础	建设具备世界一流教学和科研竞争力的研究型大学
目标	建设7所全球性研究型大学（QS世界大学排名前200名）	培养应对社会变化具有先导性的创新型人才，完善研究生院体制，研究生教育健康发展
研究水平和质量	达到世界水平以定量为主的指标评价的定量成果，注重研究成果的质量与其对国民生活不足的改善	引入以质量评价为指标的研究，研究成果与经济、社会、文化等各种领域问题相关联
人才培养/教育教学	培养主要学科领域后备人才，研究生科研经费不足	通过完善的研究生教育体系培养创新型人才，提高科研经费，改善学习与科研环境
体制创新	提高科研单位的整体能力，体制改革不足	研究生院科研创新经费向新兴学科领域倾斜，完善研究生院体制

（一）内外大环境的变化

第四次产业革命和技术发展引发了大学教育教学和科学研究的变化，第四次产业革命更加需要具有学科交叉背景和复合型研究能力的创新型优秀人才。同时，韩国国内对从事高层次研究开发的人力资源需求持续增加，2013—2022年间，韩国理工科博士资源严重短缺，缺口大约为12000人。再者，以知识生产为主的研究型大学的影响力逐渐扩大，世界性的研究型大学不仅关心学术研究，还承担着解决区域、社会、国家、全球等层面问题的职责。另外，目前学界的研究成果评价和资源分配方式正在发生改变，主要国家的大学研究资源和研究生院科研人员的培养计划已经开始对具有代表性的研究成果的质量进行总体评价。譬如，在德国的卓越战略（Excellence Strategy）中，学者申请科研项目时，需要提交2～5篇具有代表性的论文以接受质量审查。

（二）BK21 FOUR 项目出台过程及计划安排

在实施 BK21 PLUS 后续工程的基础研究（2018年8—11月）的基础上，韩国教育部和韩国研究财团联合发布了 BK21 后续工程改编基本方向（案）（2018年11月27日），进而实施 BK21 PLUS 后续工程评价成果指标暨成果管理计划研究（2019年1—7月）；召开国会讨论会（国会议员室主办，2019年5月15日），讨论 BK21 后续工程发展方向和完善研究生教育方案；成立 BK21 后续工程计划咨询委员会（2019

年6月3日/7月31日/11月6日）。召开"BK21工程"20周年纪念专题研讨会（2019年6月28日），发布第四阶段"BK21工程"详细计划研究结果（方案），着手实施第四阶段BK21详细分类的深入计划暨工程公告方案研究（2019年9月—2020年2月），收集和整理关于BK21后续工程计划中教育和研究意见（2019年9月—10月），调查BK21 PLUS工程所属大学的教学问题（2019年10月25—28日），讨论BK21 PLUS工程综合管理委员会第四阶段工程计划（案）（2019年11月1日）。

2019年12月底之前，修订BK21第四阶段基本方案，并于2020年1月面向社会公众公布；2020年4月底之前，接受第四阶段"BK21工程"申报材料；到2020年8月底之前，对提交的第四阶段"BK21工程"教育研究团队（项目课题组）申报材料进行评审；2020年9月公示第四阶段"BK21工程"入围项目并启动资助。

三、BK21第四阶段推进计划方案解析

（一）方案展望及预期目标

政策远景目标可以概括为建设世界一流研究型大学，提高核心研究领域的科研能力，培养科研后备人才。政策着力点包括"强化研究竞争力，培养硕士、博士科研人才，完善研究生教育及研究，培养国家社会所需科研人才"四个方面。具体而言，首先要扩大研究成果质量评价，将研究成果资源综合经济、社会、文化等诸多领域；其次，扩大硕士、博士研究生整体规模，为其营造良好的科研和学习环境，增加科研奖学金；再次，完善教育过程，强化学位授予管理制度，设立研究生科研经费；最后，加强创新型人才培养，集中培养国家核心领域专业化研究人才。

BK21第四阶段（2020—2027年）具体目标包括三个方面。首先，从两个方面来着力推进建设世界一流研究型大学。一方面，争取在QS世界大学排名中位于前100名的高校的榜单中从2019年的5所增加到2027年的7所，在QS世界大学排名中位于前200名的高校的榜单从2019年的7所增加到2027年的10所。另一方面，争取在QS世界大学学科排名中位于前50名的学科数量从2019年的61个上升到2027年的70个，在QS世界大学学科排名中位于前100名的学科数量从2019年的138个上升到2027年的150个。其次，按学科和新兴产业分类，培养优秀科研人才。BK21 FOUR计划7年期间每年培养19000名以上优秀硕士、博士人才，每年约引进1500名博士后和专职教授。最后，提高教育教学与科学研究的质量和水平，使韩国SCI论文被引用次数排名从2017年的世界第13名提升到2027年的世界第10名，实施关于解决产业和社会问题等的教育计划方案。

（二）基本方向

首先，强化大学的研究竞争力。在对研究成果进行评价时，注重提高科研成果质量评价的比重，同时，评价指标多样化，保证评审成员的专业性，引入以多方面代表为主的定性评价；注重按照学科分类反映各自特点，简化项目申请过程，减轻大学申报负担。其次，大力培养硕士、博士科研人才。扩大硕士、博士研究生数量，年度招生名额从17000名增加到19000名，提高研究生科研奖学金和新晋科研人员的生活费金额，营造良好、稳定的科研环境。具体而言，硕士研究生每月科研经费从60万韩元提升到70万韩元，博士研究生每月科研经费从100万韩元提升到130万韩元，新晋科研人员每月科研经费补贴从250万韩元以上提升到300万韩元以上；实现教育科研团队和研究生间的助教、研究员等合约的义务化，并且强化保护研究生正当合法权益不受侵害。再次，完善研究生教育和培养机制。完善研究生培养计划，提高研究生的伦理道德水平，完善外国留学生教育体制；强化以研究生创新为特点的研究型大学建设体制。最后，着力培养国家和社会所需的科研人才。推进培养与新兴产业、核心产业相适应的科研人才，培养致力于解决社会问题的研究者，改善人民生活质量；关注区域间基础科学、人文社会科学的均衡发展。

表2所示是"未来人才培养工程"支持学科领域及可申请教育研究团队数量，表3所示是"创新人才培养工程"支持学科领域及可申请教育研究团队数量。

表2 "未来人才培养工程"支持学科领域及可申请教育研究团队数量

学科大领域	学科小领域	具体学科	可申请教育研究团队（组）数量
基础科学（5）	物理、化学、生物、数学、地球科学	物理学、化学、生物学、数学、地球科学、地质学、海洋学、大气学、天文学等	按照具体领域分类1个
应用科学（10）	电子、计算机、机械、化工、材料、建筑、医学、药学、应用生命材料、农水产学	电气、电子、信息工学等，计算机学，机械，化学工学、化学生物工学等，材料工学，土木学、城市学，医疗科学，药学，应用生命科学、应用生命材料，农生命工学，食品学，植物学，农生物学，畜牧学，农工学，森林学，海洋水产学	按照具体领域分类1个
人文科学（5）	历史、哲学/宗教、韩国语文学、西洋语言文学、东洋语言文学	历史学，哲学，宗教学，国语国文学，韩国文学，英语言文学，法语言文学，德语言文学，西语言文学，汉语言文学，日语言文学	
社会科学（9）	法学/政治/行政、经济、社会/人类/社会工作、经营、教育、新闻传播、心理/儿童/消费者、地理/旅游/区域开发、设计/电影	行政学，法学，政治外交学，经济学，贸易学，社会学，人类学，社会工作学，经营学，教育学，新闻传播学，心理/儿童/消费者，地理学，旅游学，区域开发，设计学/电影学	按照申请单位分类1个
其他重点领域（13）	建筑、产业、能源、造船、航空、牙医、韩医、兽医、统计、护理、保健、体育，其他	建筑学，建筑工程学，产业工程学，环境、资源、能源，造船工程学，航空工程学，牙医学，韩医学，兽医学，统计学，护理学，保健学，体育学。以上未提到的单一学科	按照申请单位分类1个

表3 "创新人才培养工程"支持学科领域及可申请教育研究团队数量

领域	具体领域	可申请教育研究团队（组）数量
新兴产业领域	智能工程、金融科技、可再生能源、生物制药、医疗保健、无人机、未来机动车、大数据、人工智能、虚拟现实、智能机器人、智能半导体、尖端材料、新一代通信等。除此之外的材料、配件、设备领域	每个具体领域可申请1个
工业、社会问题解决领域	人文社会领域融合、科学技术领域融合、人文社会科学技术领域融合	以在读研究生数量为基准，4000名以上可申请4个，2000名以上可申请3个，2000名以下可申请2个及以下

注：人工智能属于智能软件领域。

（三）主要内容

概括而言，BK21 FOUR项目时间总跨度为7年，周期从2020年9月到2027年8月；政府计划投入财政预算为每年度4080亿韩元，总计为2.9万亿韩元。项目类型共包括提高基础与核心学科领域研究能力的"未来人才培养工程"（类型Ⅰ）和培养解决新兴产业、社会等问题的先导性科研人才的"创新人才培养工程"（类型Ⅱ）两大类。申请单位包括教育研究团队和教育研究组两种，支援规模包括403个教育研究团队和174个教育研究组。（见表4、表5）

资源预算由"支援扶持教育研究团队（项目课题组）培养基础与核心学科领域和创新先导核心研究人才的支援经费"和"支援扶持大学本部为了跃身成为世界一流研究型大学而完善研究生院制度体系的研究生院创新资源费"两部分组成。经费分配原则，一方面是支援达到BK21前三个阶段目标的地方大学，另一方面是将未来人才培养工程资源的20%左右划拨给基础科学、人文和社会科学领域。

表4 类型Ⅰ具体领域教育研究团队（组）数量及年度支援扶持最高额度

研究团	组成 领域	具体学科	全国 研究团队（组）数	最高支援扶持上限	地方 研究团队（组）数	最高支援扶持上限
教育研究团队	基础学科	物理	6个	32亿韩元	3个	8亿韩元
		化学	6个	26亿韩元	3个	11亿韩元
		生物	7个	27亿韩元	3个	13亿韩元
		数学	4个	18亿韩元	2个	6亿韩元
		地球科学	3个	17亿韩元	2个	8亿韩元
		总计	26个	—	13个	—
	科学技术 应用学科	电器电子	7个	62亿韩元	6个	33亿韩元
		计算机	4个	21亿韩元	2个	14亿韩元
		机械	6个	39亿韩元	4个	36亿韩元
		化工	6个	26亿韩元	4个	15亿韩元
		材料	6个	29亿韩元	3个	10亿韩元
		建筑	4个	17亿韩元	2个	14亿韩元
		医学	4个	29亿韩元	6个	17亿韩元
		药学	3个	29亿韩元	2个	11亿韩元
		应用生命	3个	20亿韩元	2个	24亿韩元
		农水产学	2个	26亿韩元	2个	8亿韩元
		总计	45个	—	33个	—
	科学技术领域总计		71个		46个	—
	人文社会领域总计		32个	10亿韩元	24个	10亿韩元
	其他重点领域总计		8个	13亿韩元	4个	13亿韩元
教育研究组	科学技术领域		47个	4.25亿韩元	49个	4.25亿韩元
	人文社会领域		24个	3亿韩元	41个	3亿韩元
	其他重点领域		7个	4.25亿韩元	6个	4.25亿韩元
总计			2338亿韩元，359个教育研究团队（项目课题组）			

注：其他重点领域：建筑、工业、能源、造船、航空、牙医、韩医、兽医、统计、护理、保健、体育等独立的学科构成，各学科教育研究团队申请数量不足的情况，相似学科领域需要综合考虑评价。

对科学技术领域各学科每个大学只能申请一个教育研究团队，对人文社会领域的教育研究组不加限制；未来人才培养工程教育研究团队申请学科所属的非参加项目的教授不可加入教育研究组，未来人才培养工程教育研究组只能申请一个学科。

表5　类型Ⅱ具体领域教育研究团队（组）数量及支援扶持年度最高额度

组　　成		全　　国		地　　方	
领　域	具体学科	数量	最高支援扶持上限	数量	最高支援扶持上限
领域（1）新兴产业	八大核心先导产业十三大创新增长动力				
	智能工程	3个	13亿韩元	4个	8亿韩元
	智能palm（个人数字助理）	2个	14亿韩元	2个	6亿韩元
	金融科技	2个	10亿韩元	2个	5亿韩元
	可再生能源	7个	13亿韩元	8个	8亿韩元
	生物制药	8个	14亿韩元	10个	7亿韩元
	医疗保健	6个	14亿韩元	7个	7亿韩元
	智能CT（计算机断层扫描）	5个	14亿韩元	6个	8亿韩元
	无人机	2个	14亿韩元	2个	7亿韩元
	未来机动车	3个	13亿韩元	4个	7亿韩元
	大数据	9个	14亿韩元	11个	8亿韩元
	人工智能	6个	14亿韩元	8个	8亿韩元
	虚拟现实	2个	17亿韩元	3个	8亿韩元
	智能机器人	2个	13亿韩元	3个	9亿韩元
	智能半导体	3个	12亿韩元	4个	8亿韩元
	尖端材料	4个	13亿韩元	5个	7亿韩元
	新一代通信	3个	15亿韩元	4个	7亿韩元
	此外的材料、配件、设备领域	4个	14亿韩元	5个	8亿韩元
领域（2）解决工业和社会问题	人文社会融合、科学技术融合、人文社会科学技术融合	28个	7亿韩元	31个	5亿韩元
总计		1187亿韩元，218个教育研究团队			

（四）各领域评价指标

BK21 FOUR项目中计划实施的工程类型分为"未来人才培养工程"和"创新人才培养工程"。前者旨在提高基础与核心学科领域的研究能力，培养科研后备力量；后者旨在培养解决新兴产业、社会等问题的先导性研究人才。"未来人才培养工程"注重培养基础科学及应用型学科人才，其中80%的教育研究团属于科学技术范畴，20%属于人文社会领域。"创新人才培养工程"注重培养解决产业和社会问题的领军复合型研究人才。两项工程在实施过程中注重评价，大体上都从教育研究团队自身的构成、愿景和目标，教育能力，研究能力，研究生院创新能力四大方面进行详细的指标划分并赋值，用以计算各个工程在实施过程中的得分，实现对其合理且有针对性的评价。值得一提的是，"创新人才培养工程"更加注重产学合作，强调理论与实际结合的重要性。尽管两项工程所要达到的人才培养目标有些许不同，但归根结底，二者都体现了人才培养过程中对人才多方位、全方面的评价。

具体来看，"未来人才培养工程"中教育研究组的构成主要考察"教育研究组长的教育、研究、行政能力，研究生院所属学科全体教授的参与率，教育研究组研究生院学科（部）现状"，教育研究组愿景和目标考察"教育研究组愿景和目标"等方面内容。

教育能力方面主要考察包括教育课程的构成和运营，考察"教育课程构成和运营现状与计划、科学技术、工业社会问题相关的教育计划现状构成及运营计划"。人才培养计划和资源方面，考察"近3年研究生院人才培养数、教育研究团队培养的优秀研究生及资金计划、研究生就业情况"。研究生研究能力方面，考察"研究生研究成果优秀性、提高研究生优秀科研成果数的计划"。新晋研究人员的运用方面，考察"确保优秀新晋研究人员及资金计划"。参与教授的教育能力方面，考察"参与教授教育能力代表成果"。教育的国际化战略方面，考察"教育项目的国际化情况及计划、国外教授情况及影响"。

研究能力主要包括参与教授的研究能力，考察"科研经费赞助成果、教育研究组的研究能力现状计划"。对工业、社会的贡献度方面，考察"对解决工业、社会问题的贡献度"。研究的国际化现状方面，考察"参与国际性学术活动成果、参与教师的国际性合作研究成果、与国外大学和研究机构研究者的交流"。

研究生院创新主要包括大学的目标和战略，考察"研究型大学的远景和目标、对于大学现状和问题的分析、建设研究型大学的整体重组方案"。教育教学和科学研究整体构建方面，考察"教育课程和学位管理现状及计划、构建以学生为中心的教育研究体系、产学结合平台现状及计划、国际化平台现状及计划"。学术研究经费及环境改善方面，考察"提供继续教育的教育教学和科学研究、研究伦理和研究环境的改善计划、人才培养计划和研发（R&D）工程的方案"。教育研究团队经费计划方面，考察"为强化教育研究团队竞争力的研究生和新晋科研人员的经费方案、为强化教育研究团队竞争力的教授的经费方案、教育研究团队的经费计划"。经费执行及成果管理方面，考察"预算实施计划、构建成果管理体系和实施方案"。

"创新人才培养工程"与"未来人才培养工程"的评价指标，最大的不同就是对产学合作的应用与考核。"创新人才培养工程"更加注重产学合作，强调产学合作是评价指标中重要的一部分。产学合作板块包括产学合作教育课程，考察"产学合作教育课程构成和运营计划"；参与教授产学合作能力，考察"近3年间国内和海外产业经费成果，专利、技术转让和创业成果优秀性，通过产学合作解决产业问题的成果"三方面；产学合作间人力物力交流，考察"产学合作间人力、物力交流成果及计划"。因此，"创新人才培养工程"更加注重实际操作，培养各个新兴领域的复合型人才。

（五）具体支援扶持内容

1. 教育研究团队（项目课题组）支援扶持

该项支援扶持的原则是，教育研究团队（项目课题组）支援扶持的最大额度在预算范围内可以参照其特点和目标灵活地编订，研究生科研经费占预算的60%以上（人文社会科学、医学等领域，教育研究团队占50%）。应充分考虑其规模及预算，适当调整支援扶持额度。此外，支援扶持项目主要包括：研究生科研经费，硕士研究生70万韩元/月、博士研究生130万韩元/月、博士毕业100万韩元以上/月；科学领域学生占比为70%，人文社会科学领域每位导师最多支援2名硕士和1名博士；新晋科研人才科研经费，博士后和聘任制教授（最少1年以上合约期）的支援扶持金额为每月300万韩元以上；国际化经费主要支持参加国际学术会议、研究生长/短期海外研修、邀请海外学者以提高教育研究团队（项目课题组）的国际影响力。

2. 研究生院创新支援扶持

该项支援扶持的目的在于资助研究生院的制度改革，建设世界一流研究型大学并构建其体制。引进国外研究型大学的方法，进行制度革新。支援扶持范围：研究型大学的内部调整，完善研究生教育，改善研究环境和硬件设施，强化研究生院的国际竞争力。对申请及支援扶持单位的要求：申请教育研究团队（项目课题组）必须是大学的中心（本部）；一定数量的教育研究团队需设立在大学中，参照教育研究团队数、参与教师和研究生数量，按照大学的资源确定其规模。

支援扶持原则：首先，研究生院层面上的制度改革费用要注重成果伦理并根据年度评估发放不同等级的支援扶持金额。研究生院创新支援扶持金不可以与教育研究支援扶持金同时使用；未参与的学科与不符合目的的工程不可使用经费。其次，进行研究生创新领域评价时，综合全国/地区的公开意见，分类发放创新资助经费。具体支援扶持条目大致包括三个方面：其一，研究院职责再确立。建立中长期研究生教育教学和科学研究战略和计划，研究型大学内部体制改革。其二，完善研究生教育机制。强化研究生院学位管理，实施 RA/TA（助研/助教）制度；改善研究环境和硬件设施，构建研究评价资助体制，实施研究伦理、研究安全等教育计划，强化实际研究人员管理。资助公共研究空间和广泛性高的器材和研究材料费。其三，强化研究生国际竞争力。资助研究生国际合作研究、外文论文创作和讲解，邀请海外优秀学者和研究生等。

（六）评价方向及其特点概述

首先，评价差别化。未来人才培养工程需要评价教育教学和科学研究领域的成果及计划，培养各领域优秀科研人才；创新人才培养工程以复合研究型研究和产学合作为重点；研究生院创新需要建立以研究生为重心的制度，建立产学合作的平台，以研究生院的教育教学和科学研究资源体系为评价重点。其次，强调要进一步强化研究院教育评价。通过研究生教育体制改革，建立健全世界一流水平研究生教育的人才培养制度；提高研究生的优秀率，以提高研究生的能力并丰富其经历，建立研究生权利保障体制为评价指标；提高外国留学生的韩国语能力，使其了解韩国社会文化，实施毕业后落户韩国的人才政策。最后，改善研究成果评价机制。为了提高研究成果质量，保证长期的科学研究，扩大研究成果质量评价。对提高教授和毕业生代表性研究成果的优秀率，引入定性评价机制（70%），对教授 5 年内全部论文进行定性评价（30%）。其中，各学科参与教师研究成果定量评估方案规定对科学技术领域，每人论文被引用数 + 每篇论文被引用数（10%），每人论文篇数 + IF（影响因子）和 ES（特征因子分值）（20%）；对人文社会科学领域，每人论文篇数（30%）；毕业生需在科技领域发表代表性论文 1 篇，引入关于人文社会科学全部论文的定量评价（70%）。

（七）成果管理方向

首先，共同方面，大学和项目团队（组）每年实施自由灵活的内部评价，并进行成果公示。根据需求，请项目管理机构为教育研究团队（项目课题组）提供咨询。其次，未来人才培养工程方面，实施两次中期评价和综合评价。第一次中期评价（2023 年）排名后 30% 的教育研究团队（项目课题组）将被淘汰重新选定；第二次中期评价（2026 年）对排名后 20% 的教育研究团队（项目课题组）的支援扶持金将重新调整。再次，创新人才培养工程方面，检查新兴学科工程义务履行情况，进行中期评价和综合评价。履行项目检查（2022 年），不履行时将取消资格；中期评价（2024 年）排名后 30% 的教育研究团队（项目课题组）将被淘汰重新选定。最后，研究院创新支援扶持金方面，在年度评估排名中位于后 20% 的研究院的创新支援扶持金将重新调整。

四、韩国社会各界对 BK21 FOUR 的反应

根据 "BK21 FOUR" 的草案，2019 年 12 月 24 日，大韩建筑学会、大韩产业工学会、韩国原子能工学协会、韩国资源工程协会、大韩造船学会和韩国航空宇宙学会 6 个工学领域团体负责人向时任韩国社会副总理兼教育部长官提出 "BK21 FOUR" 应该均衡学科门类，不应该把建筑工学、能源工学、工程工学、海洋造船工学和航空宇宙工学 5 个部门边缘化，导致其缺乏独立的发展地位。建筑、造船、能源、航空宇宙、工程工学都是工科大学中首屈一指的专业，是韩国的支柱产业的核心学科课程。但是在 "BK21 FOUR" 中，它们被分到 "其他重点" 领域。"其他重点" 领域中的大多数学科都是与工学联系不大的学科，如牙医学、韩医学、兽医学、统计学、保健学、体育学等，由此看来，属于该领域的学科被视为 "次要主题"，引起了学术界的强烈反对[15]。

2020 年 2 月 6 日，韩国教育部和韩国研究基金会确认了 BK21 FOUR 的基本计划，自从 2019 年 12 月初发布了该计划草案，在收集了大学、学术界和专家咨询委员会的意见后，最终的实施计划终于得以确

定。这次确定的计划在一定程度上满足了相关领域的需求,并对工学和非工学领域进行了划分,预计其选定的教育研究机构数量将会增加,其名称更改为"重点应用"学科。有望申请教育研究团队和教育研究组的学校和学科必须在2020年3月初到4月24日之间进行初步申请,选定性评估将在5月中旬开始,7月初结束,预计7月中发布选定评估的结果,并于9月初定稿实施。[16] BK21 FOUR 项目增加了资助对象的数量,增加了科研经费投入,是以"研究院为中心的选择和集中"。

BK21后续项目基本方向政策研究小组的负责人、延世大学河延燮教授指出:韩国建设世界一流研究型大学存在局限性。根据QS大学排名可知,在世界前500名大学中,韩国大学仅有15所;世界前1000名大学中,韩国大学有30所。许多得到资助的大学缺乏专业化研究的视野和策略,尚未建立起以研究院为主的学术机构。仅仅依靠研究团队不足以提高研究生院科研能力和改善体制。[17]

考虑到这一点,BK21后续项目基础政策研究小组提出如下改进计划:通过公开竞争选拔577个教育研究团队(项目课题组)进行资助,与2019年第三阶段获得资助的522个教育研究团队(项目课题组)相比,数量增加了55个。计划资助预算总金额为2.9万亿韩元,与第三阶段1.9万亿韩元相比,增加了52.6%。同时,对研究生科研能力和学业水平的关注度提高了,对科研奖学金的支援扶持也相应提高了。硕士研究生的科研经费从每月60万韩元提高到70万韩元,博士研究生的科研经费从每月100万韩元提高到130万韩元,博士后研究人员和聘任制教授等科研人员的工资从每月250万韩元以上提高到300万韩元以上。为加强执行非学术任务的研究生(助教、研究员)的权益保障,必须签订业务协议,以获得相应资金支援扶持。[18] 对未来最明智的投资就是对人力资源的投资。从这个意义上来讲,BK21 FOUR 的新型评价体系将会培养出更加适应第四次工业革命社会变化的人才。[19]

参 考 文 献

[1] [2] [3] 4단계 두뇌한국21 사업 기본 계획 (안)발표 [EB/OL]. (2019 – 12 – 04) [2020 – 04 – 29]. https://moe.go.kr/boardCnts/view.do?boardID = 294&boardSeq = 79190&lev = 0&searchType = null&statusYN = W&page = 17&s = moe &m = 020402 &opType = N.

[4] 공감언론뉴시스[EB/OL]. (2019 – 12 – 04) [2020 – 07 – 10]. https://news.naver.com/main/read.nhn? mode = LSD&mid = sec&sid1 = 102&oid = 003&aid = 0002498330.

[5] 동아일보[EB/OL]. (2019 – 12 – 04) [2020 – 07 – 10]. https://news.naver.com/main/read.nhn? mode = LSD&mid = sec&sid1 = 102&oid = 020&aid = 0000303523.

[6] 네이버뉴스[EB/OL]. (2019 – 12 – 04) [2020 – 07 – 10]. https://news.naver.com/main/read.nhn? mode = LSD&mid = sec&sid1 = 117&oid = 078&aid = 0000007617.

[7] 파이낸셜뉴스 [EB/OL]. (2019 – 12 – 04) [2020 – 07 – 10]. https://www.fnnews.com/news/201003041509035298?t = y.

[8] 국제신문 [EB/OL]. (2019 – 12 – 04) [2020 – 07 – 10]. http://www.kookje.co.kr/news2011/asp/newsbody.asp?code = 0300&key = 20130517.22002211315.

[9] 뉴데일리경제[EB/OL]. (2019 – 12 – 04) [2020 – 07 – 10]. http://biz.newdaily.co.kr/site/data/html/2015/12/23/2015122310013.html.

[10] 공감언론뉴시스[EB/OL]. (2019 – 12 – 04) [2020 – 07 – 10]. https://newsis.com/ar_detail/view.html? ar_id = NISX20141122_0013312589&cID = 10201&pID = 10200.

[11] 서울경제 [EB/OL]. (2019 – 12 – 04) [2020 – 07 – 10]. https://www.sedaily.com/NewsView/1YYTH1BU3J.

[12] 공감언론뉴시스 [EB/OL]. (2019 – 12 – 03) [2020 – 10 – 15]. https://newsis.com/view/? id = NISX20191203_0000848848&cID = 10201&pID = 10200.

[13] 서울경제 [EB/OL]. (2019 – 09 – 08) [2020 – 10 – 10]. https://www.sedaily.com/NewsView/

1YYTH1BU3J.

[14] [18] 동아사이언스 [EB/OL]. (2019 - 09 - 06) [2020 - 10 - 11]. http：//dongascience. donga. com/news/view/32750.

[15] 동아사이언스 [EB/OL]. (2019 - 09 - 08) [2020 - 10 - 11]. http：//dongascience. donga. com/news/view/33092.

[16] 동아사이언스 [EB/OL]. (2019 - 09 - 09) [2020 - 10 - 12]. http：//dongascience. donga. com/news/view/34138.

[17] 한국대학신문 [EB/OL]. (2019 - 09 - 08) [2020 - 10 - 11]. http：//news. unn. net/news/articleView. html？idxno = 203479.

[19] 한국일보 [EB/OL]. (2019 - 12 - 31) [2020 - 10 - 15]. https：//www. hankookilbo. com/News/Read/201912311051035286？did = NA&dtype = &dtypecode = &prnewsid = .

A Study on the BK21 and Its Evaluation Schemes of Korea

Abstract: In order to enhance the world competitiveness of South Korea higher education, South Korea government aims to foster world-class universities by launching a series of policies and measures. At the end of 20 century, the "Brain Korea 21st Century Project" which is the most influential policy and can be regarded as the representative policy of Korea government in building world-class universities was launched. Up to now, the BK21 project has gone through three stages. From the comprehensive index of international competitiveness of higher education, the project has achieved remarkable results, but there are also some problems that need to be solved. With the advent of the fourth industrial revolution, the Korea government will launch a new round of the "Fostering Outstanding Universities for Research" (BK21 FOUR). The plan of BK21 FOUR has enlightenment and influence on the support category, industry university cooperation and postgraduate training in the domestic double first-class construction work.

Keywords: South Korea, world-class university, evaluation index schemes

我国一流大学社会服务绩效评价指标体系的构建与应用[①]

习勇生[②]

一、关于高校社会服务评价指标体系的研究现状

在我国从高等教育大国向高等教育强国迈进的历史性跨越中，加强和改进一流大学的绩效评价体系可以为政府有关部门评估"双一流"建设成效提供视角和方法上的借鉴。在现行的评价体系中，社会服务评价是略显薄弱的环节之一。已有研究表明，一流大学在从事教学、科研之外，还要生产公共服务和拓展外联产品[1]，依托大学的优势开展多种形式的技术咨询、技术服务、专利转让等社会服务活动，但其价值往往难以准确衡量[2][3]。综观相关研究，高校的社会服务绩效评价通常被视为整体绩效评价的有机组成部分，而关于人才培养、科学研究和社会服务的独立研究，又以科学研究绩效评价的研究成果居多，主要采用数据包络分析（DEA）[4]、Super-SBM 静态分析以及 Malmquist 指数动态分析[5]等方法，之后数据包络分析方法逐渐发展出三阶段 DEA[6]和改进 DEA 交叉模型[7]等前沿方法。关于社会服务绩效评价的独立研究，大体来说还不够丰富，多以定性研究为主，定量研究主要集中在评价指标和实证方法两个方面。

关于高校社会服务指标体系的构建，通常是基于社会服务广义和狭义两个层面的定义。广义的社会服务囊括了社会所进行的人才培养、科学研究和文化传承，强调教学、科研、文化传承皆服务于社会，即大学的所有职能都可归为"社会服务"[8]。学者们从多角度和多维度对社会服务进行了划分，有学者将其分解为教学延伸服务、科研延伸服务、文化活动服务和资源服务四个方面[9]；也有学者选取人才培养、科研技术服务、专家咨询服务、文化资源服务作为社会服务的指标[10]。狭义的社会服务强调高校直接面向国家及区域重大战略需求，注重挖掘高校社会服务深层次的内在功能。在研究中，学者们因特定需要，或因数据局限，往往只选择与社会服务直接相关的某个或某几个指标，虽然这些指标具有一定的说服力，但由于过于零散地分布在一些研究成果中，无法系统地反映社会服务的绩效情况。本文简单梳理了一些目前已有的指标（见表1），这些指标可以为本研究构建指标体系提供基本遵循。

表1 高校社会服务相关评价指标

序号	相关指标	文献来源
1	专利授权数、专利出售总金额、专利出售当年实际收入、专利所有权转让收入	王燕，吴蒙，李想[1]；孙继红、翁秋怡[11]，翁秋怡[12]；侯强[13]；胡咏梅，梁文艳[14]
2	技术转让收入、技术转让当年实际收入	孙继红，翁秋怡[11]；刘兴凯，左小娟[6]；翁秋怡[12]
3	转让合同金额	王燕，吴蒙，李想[1]；彭莉君，等[15]
4	研究报告采纳数	孙继红，翁秋怡[11]；翁秋怡[12]
5	社会培训数、继续教育服务	张宝友，黄祖庆[16]；翁秋怡[12]

[①] 课题来源：西南财经大学"中央高校基本科研业务费专项资金"2020年度高等财经教育研究项目——我国一流大学社会服务绩效评价的实证研究（JKB20FG11）。

[②] 习勇生，西南财经大学人文学院助理研究员，研究方向为高等教育政策。

续表1

序号	相关指标	文献来源
6	高校收入中的经营收入	成刚，孙志军[17]
7	社会服务、科技服务课题数	王巍，等[18]；李元静，王成璋[19]

在实证研究方法方面，高校社会服务绩效与科研绩效评价基本类似，概括起来有结构方程模型方法、超效率DEA分析、三阶段DEA模型、Malmquist指数模型以及随机前沿分析（SFA）等。

综上所述，相对于高校整体办学效率评价而言，科学研究绩效评价已经比较完善，而关于社会服务绩效评价的研究才刚刚起步，研究空间较大。本文在前人研究的基础上，基于一定的理论基础，拟构建出一流大学社会服务绩效评价的指标体系，并运用定量分析方法对指标体系进行修正与完善。

二、一流大学社会服务绩效评价指标体系的构建

本文在探索构建一流大学社会服务绩效评价指标体系时，重点考虑两对关系：一是整体与部分的关系。高校的社会服务职能与人才培养和科学研究难以进行彻底绝对的区分，我们无法脱离教学、科研孤立地研究社会服务问题，因此，本文将高校社会服务界定为广义层面。当然，在具体构建指标体系时，本文也会重点考虑社会服务自身的独特性。二是静态与动态的关系。通过开展头脑风暴式讨论和运用德尔菲法等方法，不难搭建起一套静态的、"看上去很美好"的社会服务绩效评价体系。然而，这种指标体系能否反映高校的发展轨迹，能否揭示高校从投入到产出的动态特征，能否刻画出不同类型高校在社会服务方面的不同表现，需要在实践中去验证。

本文在研究中发现，Boyne关于组织绩效的IOO（Input-Output-Outcome）模型在一定程度上有助于分析高校在"投入—产出—结果"三个环节的内在机理，如此既能够探讨投入产出的效率，也能反映出投入与结果的效益。高校投入（input）一般包括人力、物力、财力三个方面，这点在学界已基本达成共识。产出（output）是指基于一定的资源投入，经过教育活动直接产出的物品、服务或人力资本。结果（outcome）则更加强调投入与产出给社会经济文化所带来的更深层次的影响。本文运用此模型，尝试将社会服务指标整合得更加深入全面，并力图反映高校社会服务的动态特征。经过反复研究，本文构建的指标体系见表2。

表2 一流大学社会服务绩效评价指标体系

一级指标	二级指标	三级指标
整体投入（input）	人力投入	校本部教职工总数
		校本部专任教师
		专任教师高级职称数
		研究与发展全时人员（自然科学）
		研究与发展全时人员（人文社会科学）
	物力投入	教学及辅助用房面积
		实验室（实习场所）面积
		校舍面积
	财力投入	科技经费投入
		研究与发展拨入总经费（人文社会科学）
		科技经费政府资金
		科技经费企事业单位委托

续表2

一级指标	二级指标	三级指标
综合产出（output）	人才培养产出	在校研究生数
		在校普通本/专科学生数
	科学研究产出	发表论文数（人文社会科学）
		发表论文数（自然科学）
		研究与发展课题数（人文社会科学）
		研究与发展课题数（自然科学）
		国际学术会议提交论文数（人文社会科学）
		国际学术会议提交论文数（自然科学）
	社会服务产出	知识产权申请数（自然科学）
		专利出售合同数（自然科学）
		技术转让合同数（自然科学）
		研究与咨询报告数（人文社会科学）
产出效果（outcome）	社会服务经济效益	专利出售数当年实际收入金额
		技术转让当年实际收入金额
	社会服务声誉价值	相应奖励计划（含特聘教授、讲座讲授、青年学者）
		当量科学研究与发展成果获奖（人文社会科学）
		当量科学研究与发展成果获奖（自然科学）
	社会服务成果质量	国家四类科技计划
		国际级项目验收数（自然科学）
		研究与咨询报告被采纳数（人文社会科学）

三、一流大学社会服务绩效评价指标体系的应用

为进一步验证指标体系的科学性和合理性，本研究采用教育部直属高校基本情况统计资料，梳理了进入"双一流"建设行列的30所一流大学在2008年至2016年间的相关数据，并运用主成分分析方法对评价指标体系进行检验。具体来说，运用SPSS 22.0进行主成分分析，对高校社会服务"投入—产出—结果"的指标体系进行降维，并基于相关系数矩阵或协方差矩阵，分别计算"投入""产出"与"结果"的特征值和方差贡献率，以此形成不同的主成分。

（一）投入指标

表3给出了投入指标的KMO（抽样适合性检验）和Bartlett（巴特利）球形检验结果。其中KMO值为0.836，在0.8以上，表明适合做主成分分析。巴特利球形检验结果为0.000，小于0.0001，也表明适合做主成分分析。

表3 投入指标的KMO与Bartlett检验结果

KMO 测量取样适当性		0.836
Bartlett 球形检验	近似卡方	12702.632
	df	66
	Sig.	0.000

由表4可知，前3个成分特征累计值占了总方差的88.051%，后面的特征值的贡献度越来越小。一般情况下，可以根据特征值大于1的标准来判断主成分的个数。按照此标准，投入指标可降维为3个综合指标，也即3个主成分，其特征值分别为7.270、1.995和1.301。

表4　投入指标的因子提取结果

因子序号	起始特征值			提取平方和载入		
	特征值	方差贡献率（%）	累计方差贡献率（%）	特征值	方差贡献率（%）	累计方差贡献率（%）
1	7.270	60.584	60.584	7.270	60.584	60.584
2	1.995	16.622	77.206	1.995	16.622	77.206
3	1.301	10.844	88.051	1.301	10.844	88.051
4	0.394	3.283	91.334	—	—	—
5	0.307	2.561	93.895	—	—	—
6	0.241	2.009	95.904	—	—	—
7	0.206	1.715	97.619	—	—	—
8	0.144	1.200	98.818	—	—	—
9	0.060	0.502	99.320	—	—	—
10	0.051	0.424	99.744	—	—	—
11	0.023	0.192	99.936	—	—	—
12	0.008	0.064	100.000	—	—	—

本文进一步采取Kaiser（1958）提出来的最大方差旋转法对因子载荷矩阵进行旋转，得到旋转后因子载荷矩阵（见表5）。3个主成分在原始变量中的载荷不同，表5只显示其中的最高载荷。从表5可以看出，第一个主成分反映了一流大学需要的整体投入，变量包括校本部教职工总数、校本部专任教师数、专任教师高级职称数、校舍面积、教学及辅助用房面积、实验室（实习场所）面积；第二个主成分侧重一流大学在自然科学方面的投入，包括研究与发展全时人员（自然科学）、科技经费投入、科技经费政府资金、科技经费企事业单位委托；第三个主成分侧重人文社会科学方面的投入，包括研究与发展全时人员（人文社科）和研究与发展拨入总经费（人文社科）。

表5　投入指标旋转后的因子载荷矩阵

项　目	主成分		
	1	2	3
校本部教职工总数	0.877	—	—
校本部专任教师数	0.904	—	—
专任教师高级职称数	0.866	—	—
校舍面积	0.899	—	—
教学及辅助用房面积	0.899	—	—
实验室（实习场所）面积	0.883	—	—
研究与发展全时人员数（自然科学）	—	0.826	—
科技经费拨入	—	0.936	—
科技经费政府资金	—	0.900	—
科技经费企事业单位委托	—	0.858	—
研究与发展全时人员数（人文社会学）	—	—	0.873
研究与发展拨入总经费（人文社会学）	—	—	0.891

（二）产出指标

在产出指标方面，Bartlett 球形检验结果小于 0.0001，KMO 值为 0.815，表明适合做主成分分析（见表6）。

表6 产出指标 KMO 与 Bartlett 的检验结果

KMO 测量取样适当性		0.815
Bartlett 球形检验	近似卡方	5579.698
	df	66
	Sig.	0.000

由表7可知，前3个成分特征累计值占了总方差的73.44%。根据前文提到的主成分的抽取条件，可以得到3个主成分，其特征值分别为4.713、2.657和1.444。

表7 产出指标因子提取的结果

组件	起始特征值			提取平方和载入		
	总计	变异的百分比（%）	累加百分比（%）	总计	变异的百分比（%）	累加百分比（%）
1	4.713	39.272	39.272	4.713	39.272	39.272
2	2.657	22.141	61.413	2.657	22.141	61.413
3	1.444	12.031	73.444	1.444	12.031	73.444
4	0.871	7.256	80.700	—	—	—
5	0.529	4.409	85.109	—	—	—
6	0.388	3.235	88.344	—	—	—
7	0.346	2.879	91.223	—	—	—
8	0.316	2.634	93.857	—	—	—
9	0.240	2.002	95.859	—	—	—
10	0.209	1.740	97.599	—	—	—
11	0.153	1.274	98.873	—	—	—
12	0.135	1.127	100.000	—	—	—

旋转后因子载荷矩阵（见表8）的结果表明，第一个主成分反映了一流大学在人才培养方面的产出，包括在校研究生数、在校普通本/专科学生数；第二个主成分侧重人文社会科学方面的产出，包括研究与发展课题数（自然科学）、发表论文数（自然科学）、知识产权申请数、专利出售合同数（自然科学）、技术转让合同数、国际学术会议交流论文数（自然科学）；第三个主成分侧重一流大学在自然科学方面的产出，包括研究与发展课题数（人文社科）、发表论文数（人文社科）、研究与咨询报告数（人文社科）、国际学术会议提交论文数（人文社科）4个变量。

表8 产出指标旋转后的因子载荷矩阵

项 目	成 分		
	1	2	3
在校研究生数	0.809	—	—
在校普通本/专科学生数	0.831	—	—
研究与发展课题数（自然科学）	—	—	0.635

续表8

项目	成分		
	1	2	3
发表论文数（自然科学）	—	—	0.797
知识产权申请数	—	—	0.820
专利出售合同数（自然科学）	—	—	0.760
技术转让合同数	—	—	0.718
国际学术会议提交论文数（自然科学）	—	—	0.756
研究与发展课题数（人文社会科学）	—	0.878	—
发表论文数（人文社会科学）	—	0.881	—
研究与咨询报告数（人文社会科学）	—	0.780	—
国际学术会议提交论文数（人文社会科学）	—	0.804	—

（三）结果指标

在结果指标方面，表9显示，Bartlett球形检验结果小于0.0001，KMO值为0.673，小于0.8，根据学界以往的研究经验，尚在可接受的范围之内。

表9　结果指标 KMO 与 Bartlett 的检验结果

KMO 测量取样适当性		0.673
Bartlett 的球形检验	近似卡方	1860.375
	df	28
	Sig.	0.000

通过旋转后的因子载荷矩阵（见表10）可知，结果方面大致也可以归纳为3个主成分，第一个主成分反映了一流大学在自然科学领域的科技贡献与荣誉，包括国家四类科技计划、国际级项目验收数（自然科学）、当量科学研究与发展成果获奖（自然科学）情况、相应奖励计划情况（含特聘教授、讲座讲授、青年学者）；第二个主成分侧重一流大学人文社科贡献与获奖情况，包括研究与咨询报告被采纳数（人文社科）、当量科学研究与发展成果获奖情况（人文社科）；第三个主成分侧重社会服务的经济效益，包括专利出售数当年实际收入金额、技术转让当年实际收入金额。

表10　结果指标旋转后的因子载荷矩阵

项目	成分		
	1	2	3
国家四类科技计划	0.889	—	—
国际级项目验收数（自然科学）	0.909	—	—
当量科学研究与发展成果获奖情况（自然科学）	0.574	—	—
相应奖励计划情况（含特聘教授、讲座讲授、青年学者）	0.630	—	—
研究与咨询报告被采纳数（人文社科）	—	0.818	—
当量科学研究与发展成果获奖情况（人文社科）	—	0.846	—
专利出售数当年实际收入金额	—	—	0.826
技术转让当年实际收入金额	—	—	0.856

四、小结

本文借鉴IOO模型，探索建立一流大学社会服务绩效评价的指标体系，是一种积极有益的尝试。然而，此指标体系也存在一定的局限和不足：①数据驱动的痕迹明显。许多现有的调查数据尚未对社会服务有明确的界定，社会服务的评价指标比较单一。本文运用的统计数据，各类指标相对完善，因此在构建社会服务评价指标体系时比较全面。尽管如此，也未能完全摆脱统计数据驱动的不足。②理想与现实之间存在差距。本文在构建指标体系时，理想中的"产出"包括人才培养产出、科学研究产出、社会服务产出，理想中的"结果"是社会服务经济效益、社会服务声誉价值和社会服务成果质量，然而，主成分分析的结果表明，产出和结果指标存在着显著的人文社科和自然科学之别。这种评价指标体系对于各学科均衡发展的综合性大学来说勉强适用，但对于非综合性大学而言，完全套用该指标体系可能无法反映出其社会服务的真实绩效。因此，本研究所构建的指标体系在实践中还有待修正与完善。

后续的研究将依照目前的思路，运用结构方程模型进一步探索一流大学在社会服务方面的投入、产出和效果之间的定量联系，探寻中间产出在投入与效益之间是否存在中介效应等。

参 考 文 献

[1] 王燕，吴蒙，李想. 我国高校人才培养、科学研究与社会服务效率研究：基于超效率的三阶段DEA模型[J]. 教育发展研究，2016，36（1）：39-47.

[2] 黄林芳. 高等教育投入产出主成分分析[J]. 财经研究，2005（7）：112-122.

[3] 许长青. 我国高等教育投入产出主成分分析：1995～2006[J]. 现代教育科学，2009（5）：25-32+42.

[4] 侯启娉. 基于DEA的研究型高校科研绩效评价应用研究[J]. 研究与发展管理，2005（1）：118-124.

[5] 黄建国，袁伟灿. 世界一流大学建设高校科研效率评价[J]. 黑龙江高教研究，2018（8）：11-15.

[6] 刘兴凯，左小娟. 我国高校科研效率的区域性特征及影响因素分析：基于三阶段DEA方法的实证研究[J]. 国家教育行政学院学报，2015（5）：77-83.

[7] 王宁，王鲁玉. 基于改进DEA交叉模型的"一流大学"建设高校科研效率评价[J]. 现代教育管理，2019（2）：75-80.

[8] 盛国军. 高校社会服务职能评价体系研究[J]. 黑龙江高教研究，2012，30（2）：49-52.

[9] 刘涛，油永华. 高校社会服务能力评价体系的构建及应用研究：以山东省高校为例[J]. 当代教育科学，2016（17）：33-36.

[10] 李凡. 高校社会服务职能评价指标体系的构建[J]. 中国高等教育评估，2011，23（1）：38-41.

[11] 孙继红，翁秋怡. 2016年高校绩效评价研究报告[J]. 高教发展与评估，2017，33（3）：19-34+121-122.

[12] 翁秋怡. 我国高校科研、教学和社会服务效率趋势研究：以72所教育部直属高校为例[J]. 当代教育科学，2017（10）：81-86.

[13] 侯强. 基于超效率DEA模型的区域高等教育投入产出效率研究[J]. 经营与管理，2017（1）：145-147.

[14] 胡咏梅，梁文艳. 高校合并前后科研生产率动态变化的Malmquist指数分析[J]. 清华大学教育研究，2007（1）：62-70.

[15] 彭莉君，等. 中央部属高校的研究生教育投入产出效率研究：基于2009—2014年的面板数据[J]. 现代教育管理，2018（3）：104-110.

[16] 张宝友，黄祖庆. 论高校社会服务评价指标体系[J]. 黑龙江高教研究，2009（8）：41-43.

[17] 成刚, 孙志军. 我国高校效率研究 [J]. 经济学 (季刊), 2008 (3): 1079-1104.
[18] 王巍, 王志浩, 刘宇新. 高等教育投入产出的 DEA 规模效率研究 [J]. 中国管理科学, 2013, 21 (S2): 726-730.
[19] 李元静, 王成璋. 资源配置效率的比较分析: 以我国区域高等教育资源为例 [J]. 软科学, 2014, 28 (10): 22-26.

The Construction and Application of Social Service Performance Evaluation Index System of First-class Universities in China

Abstract: It is necessary to strengthen and improve the social service performance evaluation system of first-class universities for the construction of "double world-class". Based on the existing research results, this paper constructs the index system of social service performance evaluation of first-class universities by referring to the IOO model. This paper selects 30 first-class universities which have entered the the ranks of "double first-class" construction, sorts out the relevant data from 2008 to 2016, and uses the principal component analysis method to test the index system. Research has found that the index system is scientific and reasonable, but there are also some limitations and deficiencies.

Keywords: first-class universities, social service, performance evaluation, principal component analysis

西部"双一流"高校拔尖创新人才选拔影响因素研究

沈 华[①] 梁冰洁[②]

一、问题的提出

当下,随着世界范围内各国综合国力的竞争愈演愈烈,建设创新型国家的呼声日益高涨。其中,对拔尖创新人才的培育尤为关键,其不仅能有效促进我国科技创新,更关系着中华民族的伟大复兴。因此,自21世纪起,自主招生、"三位一体"综合评价录取以及高校专项计划等新型招生政策相继出台,如何有效选拔拔尖创新人才逐渐成为我国深化高等教育招生考试制度改革的重点议题。这一系列拔尖创新人才招生政策的重点是选拔出统一高考难以选拔出的一些优秀创新人才。然而,由于还没有完善的能力测量技术,选拔过程中存在材料造假的现象,这影响了拔尖创新人才招生的公平性,使人才选拔质量难以得到保证。基于此,2020年,教育部在深入调研和总结高校自主招生试点以及上海高考综合改革试点经验的基础上,进一步推出了基础学科招生改革试点(以下简称"强基计划"),该计划从学生的高考成绩、综合素质评价及高校综合考核结果等多维角度出发,按照一定比例得出学生的综合成绩,再按综合成绩由高到低录取学生,以提高拔尖创新人才的选拔质量,促进选拔公平。强基计划作为一项新近推出的拔尖创新人才招生政策,其具体实施方法尚有待细化完善,了解当前高校拔尖创新人才选拔情况,分析影响拔尖创新人才选拔结果的因素,有利于为强基计划的具体实施提供实证依据及建议,对进一步推进拔尖创新人才招生改革有重要意义。因此,本文拟解决的关键问题是高校在拔尖创新人才选拔中能否选拔出更具有创新能力的拔尖学生,以及影响拔尖创新人才选拔结果的主要因素是什么。

二、文献综述

在对高等教育入学影响因素的研究中,多数学者认为,较好的家庭经济收入状况对高等教育入学起着正向的促进作用。因为在通常情况下,经济收入越高的家庭,越有能力负担高等教育的成本,其子女入学的概率会大大增加[1][2]。对自主招生等拔尖创新人才招生政策的研究,同样证实了家庭经济条件对选拔结果的显著影响。例如,苟振芳和汪庆华的研究发现,在初试成绩相同时,家庭社会经济地位越高的考生更有可能在自主招生的面试环节中胜出[3]。鲍威利用2010年北京大学教育学院实施的高校学生调查结果,从公平性和效率性的视角考察了高校自主招生制度的实施成效,研究发现,自主招生制度在一定程度上削弱了保送生制度背后的不公平性,但依然存在着向知识精英阶层、城市学生倾斜的精英化趋向。[4]尹银等人将参加自主招生的大学生和参加普通高考的大学生进行比较之后发现,家庭收入较高的、中东部地区的、城市家庭的学生更有机会成为自主招生大学生。[5]

除了家庭经济背景会对高等教育入学产生显著的影响之外,学生自身能力较强也起着正向促进作用。例如,刘精明发现,能力和出身两个方面对不同层级普通本科教育机会的分配均存在显著影响,但能力的影响始终较大程度地大于出身的影响。可见,当前中国高等教育的机会分配中,尽管存在着出身的影响,

---

[①] 沈华,电子科技大学公共管理学院教授,管理学博士,研究方向为教育经济与管理。
[②] 梁冰洁,电子科技大学公共管理学院2017级硕士研究生,研究方向为高等教育管理。

但根本上仍秉持着能力评价的主导性标准。[6]此外，多项研究结果均表明，一般来说，通过各类拔尖创新人才招生政策而录取的学生的确在学业成绩和综合素质等方面都要优于普通高考学生。[7-10]

目前，我国关于拔尖创新人才招生政策的研究还存在两点不足：其一，在拔尖创新人才招生政策选拔结果的影响因素方面，学者们的研究视角主要聚焦于家庭经济条件，而缺少对学生自身综合能力的考量。其二，现有的对拔尖创新人才选拔结果的研究，主要是将通过拔尖创新人才招生政策被选拔出的学生和通过普通高考被选拔出的学生入校后的表现进行比较，以此来分析高校的拔尖创新人才招生政策是否选拔出了更加优秀的学生，但进入大学后，学生的实际情况极易受到影响和改变，因而采用学生入校后的数据进行研究容易产生政策效果方面的偏差。

因此，本文使用尚未入校的新生问卷数据，运用实证的研究方法分析高校拔尖创新人才选拔的影响因素，探究高校在拔尖创新人才选拔中是否选拔出更具有创新能力的拔尖学生。基于文献综述，本文提出以下三个研究假设：

（1）学生能力对拔尖创新人才选拔结果有显著影响。学生能力越强，通过拔尖创新人才选拔的可能性就越高。

（2）家庭背景对拔尖创新人才选拔结果有显著影响。学生家庭背景越有利，通过拔尖创新人才选拔的可能性就越高。

（3）在高校拔尖创新人才选拔结果影响因素中，学生能力对拔尖创新人才选拔结果的影响要高于家庭背景对选拔结果的影响。

三、研究数据和方法

（一）数据来源

在拔尖创新人才招生政策中，自主招生政策的实施时间最长、招生范围最广、总体招生名额最多，是高校选拔拔尖创新人才最主要的招生政策，且2019年自主招生新政策与2020年强基计划一脉相承，分析对2019年自主招生中拔尖创新人才选拔情况对2020年强基计划的具体实施有重要参考价值。因此，本文主要以2019年自主招生政策为研究对象，使用2019年某西部高校新生问卷调查数据，分析高校自主招生中的拔尖创新人才选拔情况，探究影响拔尖创新人才选拔结果的因素。在研究拔尖创新人才初选结果的影响因素中，以直接通过普通高考被录取的4577名学生与通过自主招生初选的123名学生为研究对象，将"是否通过自主招生初选"作为一个二分因变量。在研究拔尖创新人才终选结果的影响因素中，以获得自主招生录取资格的50名学生与参与自主招生却未获得自主招生资格的73名学生为研究对象，将"是否通过自主招生终选"作为一个二分因变量。[11]

（二）研究方法

1. 因子分析法

学生能力的测量一直是教育学、心理学领域研究的重难点内容，对学生综合能力的测量尚未有权威的测量量表。但有学者研究发现，全面的学习投入不仅能让学生的知识体系更加完善，还有利于学生各方面素质的提高。[12]因此，学生的学习投入情况能有效反映学生的综合能力。此外，在2019年自主招生中，学科特长、创新能力、身体素质也是自主招生中拔尖创新人才选拔的重要依据。因此，本文将从学习投入、学科特长、创新能力及身体素质四个方面考察2019年自招生的综合能力情况。本文参考美国2016年NSSE项目的学习投入指标[13]、岳英对创新能力的分类[14]，选择了与学习投入、创新能力、学科特长及身体素质等有关的49个变量，对49个变量相关数据进行KMO与Bartlett检验，结果显示，KMO统计值为0.938，Bartlett球形检验P值小于0.05，说明本数据适合做因子分析。通过对49个变量进行因子分析发现，有10个初始特征值方差贡献率大于1，其方差累计贡献率约63%。采用因子分析将49个变量划分为10个衡量综合能力的指标，分别是反思归纳、合作学习、生师互动、定量推理、创新品质、创新技能、创新实践、学科兴趣、学科能力、身体素质。[11]

2. 回归分析法

本文分别将"是否通过自主招生初选"与"是否通过自主招生终选"作为二分因变量("否"=1,"是"=2),探究学生能力及家庭背景对拔尖创新人才选拔结果影响程度,并且主要采用二元 Logistic 回归模型对影响个体通过拔尖创新人才选拔初选(终选)的因素进行分析。假设个体通过初选(终选)的概率为 P,则不能通过初选(终选)的概率是 $(1-P)$。以 Logit(P) 为因变量,建立包含 i 个自变量的 Logistic 回归模型如下[11]:

$$\text{Logit}P = \beta_0 + \beta_1 X_1 + \beta_2 X_2 + \cdots + \beta_i X_i$$

其中,X_1,X_2,X_3,……,X_i 表示自变量,β_0 是常数项,β_1,β_2,……β_i 是回归系数。

四、拔尖创新人才选拔结果影响因素分析

高等教育入学机会的获得通常受学生综合能力和家庭背景的共同影响,因此,将个体特征、家庭背景和学生能力等变量纳入二元 Logistic 回归模型,分析学生能力及家庭背景对自主招生两次拔尖创新人才选拔结果的影响程度,分析结果见表1[11]。

表1　影响拔尖创新人才选拔结果的回归分析[11]

	影响因素	模型一①		模型二②	
		B	Exp(B)	B	Exp(B)
个体特征	性别(男)	0.363	1.438*	-0.330	0.719
	民族(汉族)	1.429	4.174***	-0.268	0.765
	生源地区(中部)	—	—	—	—
	生源地区(东部)	-0.314	0.730	0.391	1.478
	生源地区(西部)	0.614	1.848***	0.117	1.085
综合素质	反思归纳	0.001	1.001	-0.203	0.817
	合作学习	0.157	1.170	0.062	1.064
	生师互动	-0.235	0.790*	-0.475	0.622
	定量推理	0.157	1.170**	-0.057	0.944
	创新品质	0.235	1.315*	-0.294	0.745**
	创新技能	0.092	1.097	0.250	1.284*
	创新实践	0.054	1.055	0.125	1.133
	学科兴趣	0.149	1.160**	-0.076	0.927
	学科能力	0.520	1.682***	0.091	1.095
	身体素质	0.002	1.002	0.448	1.565**

---

① 模型一的因变量为"是否通过自主招生初选"。
② 模型二的因变量为"是否通过自主招生终选"。

续表1

影响因素		模型一		模型二	
		B	Exp（B）	B	Exp（B）
家庭背景	家庭总收入（低收入家庭）	—	—	—	—
	家庭总收入（中低收入家庭）	0.091	1.095	0.446	1.562
	家庭总收入（中高收入家庭）	0.654	1.730**	0.101	1.107
	家庭总收入（高收入家庭）	0.829	2.290***	0.678	1.971
	父母受教育年限	0.170	1.186***	0.068	1.070
	父亲职业阶层（基层）	—	—	—	—
	父亲职业阶层（中层）	0.202	1.223	0.044	1.045
	父亲职业阶层（高层）	0.007	1.007	0.149	1.160
	家庭居住地（农村）	—	—	—	—
	家庭居住地（乡镇）	0.284	1.328	0.487	1.627
	家庭居住地（县城）	0.297	1.351	0.251	1.286
	家庭居住地（地级市）	0.485	1.672	0.674	1.963*
	家庭居住地（省会或直辖市）	0.538	1.736	0.557	1.745

注：*表示显著性0.1，**表示显著性0.05，***表示显著性0.01。

（一）自主招生拔尖创新人才初选结果影响因素分析

如表1所示，在模型一中，在限定了学生个体特征的情况下，将衡量学生综合能力的变量纳入了模型中，发现学生的某些能力对学生通过自主招生初选有着显著影响。在衡量学生综合能力的10个变量中，有6个变量都对学生通过自主招生初选有显著影响。反思归纳、合作学习、创新实践以及身体素质这4个变量对学生通过自主招生初选没有显著影响。定量推理、创新品质、创新技能、学科兴趣和学科能力5个变量对学生通过自主招生初选具有显著的正向影响，尤其是学生的学科能力对学生通过自主招生初选的影响最大，学生的学科能力每提升一个单位，其通过自主招生初选的概率会提高72%[11]，这说明高校自主招生在初选过程中确实将创新能力和学科特长作为重点考察内容。在自主招生报名条件中，各高校普遍将获得数学、物理、化学、生物学、信息技术五类学科竞赛的省级一等奖或以上奖项作为自主招生报名的重要条件，这意味着能够通过高校自主招生初选的学生均在五大学科竞赛中获得了优异的成绩。学科竞赛可以锻炼人的智力、意志，帮助学生学会自主思考，有助于锻炼学生的逻辑思维能力和独立解决问题能力，可以极大地激发学生的学科兴趣与潜能，对培养学生综合能力有重要作用。本研究结果也显示，通过自主招生初选的学生在学科兴趣及能力上有着更优秀的表现。可以看出，将学科竞赛获奖作为自主招生初选的重要条件，确实对于选拔出具有较强学科兴趣和能力的学生有重要作用。[11]

进一步将学生家庭背景纳入回归分析，发现学生的家庭收入及父母受教育年限对学生通过自主招生初选有着显著影响。在综合能力和家庭背景的各变量中，家庭收入对学生通过自主招生初选的解释力度最强。学生通过自主招生初选的可能性随着家庭收入的增长而增大。中高收入家庭的学生通过自主招生初选的可能性是低收入家庭学生的1.7倍，高收入家庭的学生通过自主招生初选的可能性更是低收入家庭学生的2.2倍，这可能是由于经济收入较高的家庭可以对子女的教育进行更多的投资，为子女创造更多的支持条件，通过教育投资提升了子女的综合素质，从而提高了子女通过自主招生初选的可能性。在现今社会，针对自主招生的辅导班比比皆是，收入较高的家庭可以为子女参加各种辅导班提供良好的物质保障，而经济条件较差的家庭由于难以承受高昂的培训费用，其子女在自主招生中就会处于不利地位。与低收入家庭子女相比，中低收入家庭的子女虽然通过自主招生初选的可能性较大，但是二者通过自主招生初选的概率并没有显著差异。可能的原因是中低收入家庭也没有足够的经济条件给子女提供充分的教育资源，致使其子女在自主招生初选中并没有明显优势。父母的受教育年限对子女通过自主招生初选也有着显著影响。父母的受教育年限每提高一年，子女通过自主招生初选的可能性会提高18%。这可能是由于接受过高等教育的父母能更多地参与到子女的教育过程中。有研究指出，随着父母受教育程度的提高，其对子女的学习设施投资和与子女互动时间投入会同时增加。[15]在为自主招生做准备的过程中，高学历的父母对高校的自主招生政策有更深入的了解，可以提供更多的指导和帮助，并将之转变为其子女通过自主招生初选的优势。

（二）自主招生拔尖创新人才终选结果影响因素分析

在模型二中，在限定了学生个体特征的情况下，将衡量学生综合能力的变量纳入了模型中，发现学生的综合能力对学生通过自主招生终选并没有显著影响。在衡量学生综合能力的10个变量中，只有3个变量对学生通过自主招生终选有显著影响。其中，身体素质对通过自主招生终选有着显著促进作用，这可能是由于2019年自主招生新政策中首次明确提出增设体育科目测试。将体测成绩作为录取的重要参考，是激励学生积极进行体育锻炼、促进学生体质健康发展的重要手段，有效提高了录取学生的身体素质。创新技能对学生通过自主招生终选也具有显著的正向影响，说明自主招生终选中的考察方式对选拔出创新技能更优秀的学生有较好效果。但创新品质却对自主招生终选具有显著的负向影响，自主招生终选依然没有选拔出在创新品质上表现更优秀的学生。这可能是由于对学生知识水平、技能的考察标准更容易量化，高校已拥有较成熟的考察标准，而个人品质应该通过哪些外部表征来观察、测量和比较依然是心理学研究中的重难点内容，高校对如何考察学生的创新品质还未探索出有效的方法。

进一步将学生家庭背景纳入回归分析后，发现家庭收入、父母受教育程度及父亲职业虽然对获得自主招生录取资格有促进作用，但仅学生的家庭居住地对自主招生终选结果有着显著影响。居住在地级市的学生通过自主招生终选的可能性是居住在农村的学生的1.9倍。造成这一明显城乡差异的原因主要有两个方面，一方面可能是高校自主招生的终选试题多以城市生活经验为背景，如有关地铁运行、共享单车、移动支付等方面的问题，很少有以农村生活经验为背景的问题。这使得生活在城市的学生在自主招生终选中更有优势，却影响了农村学生在自主招生选拔过程中的表现。另一方面可能是在城乡二元体制下，基础教育中的公共教育资源配置存在明显的不均衡，尽管政府一直在加大对农村教育的投入，但以城市为中心的教育资源分配导向尚未得到根本性扭转，城乡的基础教育质量依然存在十分明显的差异。学生的综合素质是影响自主招生录取资格获得的重要因素，与城市学生相比，农村学生由于获取优质教育资源的难度相对较大，其在综合素质上的表现也相对较差，这无疑增加了农村学生获得自主招生录取资格的难度。因此，尽管自主招生政策向农村学生有所倾斜，但由于没有从根本上解决提高农村学生综合素质的问题，自主招生录取结果依然存在明显的城乡差异。

五、研究结论及建议

（一）研究结论

上述分析验证了本文的前两个假设，发现学生能力和家庭背景确实对拔尖创新人才选拔结果产生了显著影响。学生能力越强，家庭背景越优越，学生越容易通过自主招生中两次拔尖创新人才的选拔。与第三个假设不同，本文发现，与家庭背景相比，学生能力对拔尖创新人才选拔结果的影响力较为有限。在自主招生拔尖创新人才初选中，家庭收入对学生通过自主招生初选的解释力度最强。在自主招生拔尖创新人才终选中，虽然学生能力对终选结果有积极影响，但家庭居住地对终选结果产生的影响最大。整体看来，在拔尖创新人才选拔中，家庭背景因素对选拔结果的影响要大于学生能力因素。

（二）政策建议

为了进一步优化拔尖创新人才选拔效果，实现高校强基计划目标，使高校在人才选拔中选拔出更优秀的学生，学校和政府应共同发力确保高校强基计划的招生质量，促进招生公平。

增强学生综合能力对人才选拔结果的影响，提高招生质量。首先，要完善综合素质评价，科学使用综合素质档案。教育部可邀请相关人员进行讨论，从拔尖创新人才的核心培养目标出发，充分听取专家学者的建议，并且有机结合高校招生工作人员的实际经验，在中学的综合素质评价中，为学生的创新能力等方面的考核设置更为科学合理的指标，特别是要注重对量化评价指标的完善。高校需对考生综合成绩中综合素质评价所占的比重进行细致的解释说明，教师等专业人员也需采取集体评议的方法对考生综合素质进行民主评价。其次，要增强高校考核的科学性，提高人才测评的质量。高校应按照一定的类别建立专门的命题组，在面试中，各专业人员可根据专业特色选取有针对性的测评方法和技术，如结构化面试、无领导小组讨论以及情景模拟等，并且应在测评的过程中尽量注意控制环境因素的影响。最后，要重视人才选拔中的体育测试。高校在考核中，应明确设置体育考试的内容，详细规定各种考核内容的要求及权重，在管理制度上和日常教学中强化学生锻炼身体的意识和行为。

减少家庭背景对人才选拔结果的影响，促进招生公平。首先，政府应加大对教育落后地区基础教育的扶持力度，加大力度吸引优质人才支持中西部农村学校教育的发展，注重对教师薪酬待遇、工作环境、福利保障以及未来职业发展前景的改善，特别要注重满足长期待在农村尤其是偏远贫困乡村的教师的基本发展诉求，从而减少家庭居住地对人才选拔结果的影响。其次，高校也要在考核内容、考核方式、选拔标准等方面向边远贫困地区倾斜，在命题时，应加入对农村经济社会发展状况的考虑，在保证试题难度无显著差异的前提下，可以分别设置城乡两套试题，从而减少家庭居住地对人才选拔结果的影响。最后，将培养拔尖创新人才的重任从家庭转向学校，学校应发挥教育主阵地的功能，为学生开展丰富多样的教学活动和课外活动，在保障学生基本教学需求的基础上努力发挥学生的潜能，以促进学生综合能力的提升，从而减少家庭收入对高校人才选拔结果的影响。

参 考 文 献

[1] BRIAN P A. The relations between race, family characteristics, and where students apply to college [J]. Social science research, 2010 (2): 310 – 323.

[2] JOSH K, RONNI P. Family income and higher education choices: the importance of accounting for college quality [J]. Journal of human capital, 2011 (4): 453 – 477.

[3] 荀振芳, 汪庆华. 自主招生: 精英角逐的场域 [J]. 清华大学教育研究, 2011 (2): 56 – 63.

[4] 鲍威. 高校自主招生制度实施成效分析: 公平性与效率性的视角 [J]. 教育发展研究, 2012 (19): 1 – 7.

[5] 尹银, 周俊山, 陆俊杰. 谁更可能被自主招生录取: 兼论建立高校自主招生多元评价指标体系 [J]. 清华大学教育研究, 2014 (6): 41 – 47.

[6] 刘精明. 能力与出身: 高等教育入学机会分配的机制分析 [J]. 中国社会科学, 2014 (8): 109 – 128 + 206.

[7] 黄晓婷, 关可心, 陈虎, 等. 自主招生价值何在?: 高校自主招生公平与效率的实证研究 [J]. 教育学术月刊, 2015 (6): 28 – 33.

[8] 李雄鹰. 大学自主招生质量的实证研究 [J]. 中国高教研究, 2013 (6): 33 – 38 + 95.

[9] 文雯, 管浏斯. 自主招生学生大学学习过程初探: 以九所"985"、"211"高校自主招生群体为例的实证研究 [J]. 清华大学教育研究, 2012 (3): 98 – 104.

[10] 田甜. 高校自主招生政策下学生发展潜质实证研究 [J]. 湖北社会科学, 2018 (5): 146 – 152.

[11] 梁冰洁. 高校拔尖创新人才招生政策的公平与效率研究 [D]. 成都: 电子科技大学, 2020.

[12] ELS C M, JANSEN E P W A, WIM J C M. Secondary school students' engagement profiles and their relationship with academic adjustment and achievement in university [J]. Learning and individual differences, 2017, 54: 9 – 19.

[13] National survey of student engagement. Engagement indicators [EB/OL] [2018-03-24]. http://nsse.indiana.edu/html/engagement_indicators.cfm.
[14] 岳英. 高校自主招考学生创新能力的表现特征及其原因分析 [J]. 复旦教育论坛, 2017 (3): 18-24.
[15] 祁翔. 父母受教育程度与子女人力资本投资: 来自中国农村家庭的调查研究 [J]. 教育学术月刊, 2013 (9): 73-79.

Analysis of Influential Factors in Selecting Top Innovative Talents in Universities

Abstract: The admissions policy of top-notch innovative talents in universities, as an important part of China's higher education admissions system, has always received much attention. Either the student's ability is the main factor affecting the selection of talents, or the university selects more capable students in the selection of top innovative talents is the focus of this article. According to the freshman data of a high-quality university in western China, through factor analysis and binary logistic regression analysis of the selection results of top innovative talents, it was found that the student's ability and family background have a significant impact on the selection results of top innovative talents. The stronger the student's ability, the better the family background, and the easier it is for students to be selected as top innovative talents. In addition, the impact of family background on the selection of top innovative talents is higher than the ability of students. At present, measures such as improving comprehensive quality evaluation, enhancing scientific assessment of universities, and giving preferential treatment to students in remote and poor areas during selection can be used to enhance the quality of talent selection and promote fair selection.

Keywords: top innovative talents, influencing factors, comprehensive ability, family background

第七篇　教师管理与人才培养的路径探索

民国时期（1912—1949年）高校教师劳动关系的演变简论[①]

李志峰[②] 曹逸云[③]

民国时期是中国由传统社会向现代社会转型的一个特殊时期。一方面，中国仍然处在半殖民地半封建社会，另一方面，资本主义也得到了一定的发展。在文化领域，传统的制度惯性与西方的理念文化互相博弈，此消彼长，彼此交织。这一特点反映在高等教育领域，反映在高校教师劳动关系上，大体也呈现出"传统"与"现代"两种劳动关系并存，从传统向现代转型的特征。

伴随着中国近代化进程的推进，中国传统教育逐步向近代化教育的方向迈进，高校教师作为一种新的社会职业群体出现并不断发展壮大。民国时期高校教师劳动关系的形成与发展不仅与大学的制度文化息息相关，而且受制于特定的社会、政治、经济制度。在民国时期的不同历史阶段，高校教师的聘任方式、工资收入以及生活状态都有所不同，并呈现出多样化和不稳定性的特征。民国时期高校教师劳动关系经历了一段曲折演变、不断规范的过程。分析研究民国时期各阶段高校教师劳动关系状况，对于溯源高校教师劳动关系、分析教师劳动关系发展规律，探讨高校教师劳动关系发展趋势具有一定的意义。

由于民国时期多重统治区域的分立，国民党统治区、共产党开辟的革命根据地和日本侵略者占领区高等学校教师劳动关系呈现出完全不同的发展形态。本文主要以民国时期国民党统治区高等学校与教师之间的劳动关系为研究对象。

一、政府主导：高校教师劳动关系滥觞阶段（1912—1927年）

从民国初期到1927年，大学教师聘任制度尚未形成，在人事任用方面，当时教育部赋予了高校校长相当充分的自主权，大学教员均由校长聘任。[④] 总体而言，民国初期的大学教师属于社会的上层群体，其待遇和地位相对较高。[1]这个时期，中国高等教育史上最早的"大学自治"与"教授治校"雏形初步形成，并初步形成了校长主导、高度集权的管理模式。

（一）形成了高校教师法律关系的雏形

从高校与教师的法律关系角度观察，劳动关系是劳动双方平等协商订立和履行劳动契约所形成的特定劳动隶属关系与协作关系，高校与教师之间属于一种法律地位对等的契约关系。[2]中华民国政府从建立起，就开始对大学教师的聘用、晋升和抚恤等方面进行政策规范，形成了最早的劳动法律关系。

1912年10月，当时教育部公布的《大学令》首先将大学教员分为教授、助教授和讲师三级，其中教授、助教授为专任教员，讲师则为兼任教员。1917年9月，当时教育部颁布的《修正大学令》将高校教师分为正教授、教授、助教授、讲师四等。这一系列法令的颁布为大学教师的等级评定提供了法律依据。1914年7月，北京政府教育部制定颁布了《教育部直辖专门以上学校职员薪俸暂行规程》，此项规程从制度上规范了高校教师薪俸的标准。1927年6月23日，国民政府教育行政委员会颁布并实施了《大学教员

[①] 课题来源：国家社会科学基金（教育学）一般项目"新时代高校教师劳动关系的市场化转型及其和谐治理研究"（BIA190208）。
[②] 李志峰，武汉理工大学高等教育发展研究中心主任、法学与人文社会学院副院长，教授，博士研究生导师，研究方向为高等教育管理、学术职业与大学教师发展。
[③] 曹逸云，武汉理工大学法学与人文社会学院教育经济与管理专业硕士研究生，研究方向为高等教育管理。
[④] 根据当时教育部1914年公布的《直辖专门以上学校职员任用暂行规程》和1917年公布的《国立大学职员任用及其薪律规程》，教授、讲师、外国教员、图书馆主任、庶务主任、校医等，均由校长聘任，再呈报教育总长即可。

资格条例》及大学教员薪俸表，对教师的等级、聘任资格和薪俸做出了更加细致的规定，大致确立了南京国民政府时期高校教师的聘任资格和薪俸标准。

与国立大学和省立大学相比，私立大学教员聘任和标准有着明显的政策差异。金陵大学在积极响应国民政府教育行政机关政策之余，发挥其主观能动性，对《大学教员资格条例》进行了修改。[2]这些规章制度将大学教师的薪俸待遇清晰列举，提供了大学教师聘任方面的法律依据，使大学在聘用教师时大体能做到有章可循。[3]

在政府主导教师劳动关系阶段，各大学并非完全依据教育部所规定的教师聘任规程进行教师聘任活动。实际上，作为雇佣主体的大学在教师的任用方面具有较高的自由度，大学校长掌握着教师聘任的话语权。同时，政府制定的一系列制度规程对教师的劳动权益起到了"保护罩"的作用，教师的聘任、薪酬和晋升都在一定程度上受到制度规程的保护，高校与教师的劳动关系总体上在政府颁布的制度规程范围内运行。

（二）高校教师经济收入总体满意度较高

史尚宽先生认为，"劳动关系谓以劳动给付为目的之受雇人与雇佣人之间的关系"[4]。劳动关系是劳动者和劳动力的使用者为实现劳动过程构成的一种社会经济关系，是生产关系的重要组成部分。民国初年至南京国民政府期间，大学与教师的经济关系具体表现在教师薪俸待遇、生活福利等方面。

根据政府颁布的相关规定，大学教师的薪俸待遇按级发放，其经济收入呈现出上升趋势。《教育部直辖专门以上学校职员薪俸暂行规程》规定："凡直辖学校教员，分专任、兼任二种，其应支薪俸数目如下：大学专任教员，月支180～280元；大学预科专任教员，月支140～240元；高等师范学校专任教员，月支160～250元；专门学校专任教员，月支160～250元。兼任教员薪俸，按授课时间实数支给之，每小时薪俸如下：大学校兼任教员，每小时酌支3～5元；高等师范学校、专门学校大学预科之兼任教员每小时酌支2～4元；凡外国教员之薪俸及授课时间，别以契约定之。"[11]大学依照岗位制定教师薪酬，教师的经济权益得到基本保障。

大学教员薪俸表将大学教师的薪俸等级分为四等，共十二个级别，依据级别划分薪俸标准，具体规定如下：教授为一等，副教授为二等，讲师为三等，助教为四等。每个等级下面分为三级，其中一级教授月薪为500元，二级教授450元，三级教授400元；一级副教授月薪340元，二级副教授320元，三级副教授300元；一级讲师月俸260元，二级讲师240元，三级讲师200元；一级助教月俸180元，二级助教160元，三级助教140元。教师薪资收入根据教师等级逐级划分，实际上，教师的经济收入在不同高校的实际执行过程中有所提高，此时期教师群体的薪酬待遇处于较高水平。高水平收入为教师的学术职业发展提供了经济上的支持，并使其能够持续性地开展学术研究和教学活动，高校教师对工资收入满意度较高。

（三）高校教师学术活动自由度较高

劳动关系作为最基本、最复杂、最重要的社会关系之一，不仅事关劳动者的生存发展，也关乎社会经济的稳定形势。社会关系作为大学教师劳动关系的一种，具体表现在教师职业地位、身份认同、组织归属感等方面。

由于民国前期政权的频繁更迭，国内的政治局势没有形成相对稳定的状态，北洋军阀统治对社会以及教育领域的控制相对宽松。在此背景下，各种新式教育思潮不断涌现，教育界呼吁和主张"教育独立"，国家权力不得任意和强制介入教育。对于教师权利空间而言，教师拥有了相对自主的格局，可以依据自己的专业判断开展教育教学活动，其职业地位处于较高层次。[5]同时，由于制度规程的保障以及大学灵活的用人权力，民国时期的大学教师学术自由度较高，大学教授兼课行为普遍存在，学校对教师管控较弱，这种双向的社会活动充分激发了教师的内在职业热情。总体而言，大学教师的社会地位较高。

（四）民国初期高校教师劳动关系的特点

一是通过规章制度对教师劳动关系进行管理。民国初期，教育部公布的《大学令》对大学教员的任用资格做了详细规范,此后,南京国民政府教育行政部门对高校教师的资格和薪俸标准有初步的政策规范,教师按照招聘流程进入大学组织,进行教育教学活动。

二是校长在教师劳动关系过程中发挥了主导作用。大学在招聘教师时并非全部按照教育部所制定的教员聘任规程,在实际操作中具有较高的自由度,其中校长具有较大的话语权。高校聘请教师虽有法令规定的学历要求,但根据当时的社会状态以及校长引进人才的心理强烈程度,为了获得优秀教师,各校往往费尽心思寻觅人才,教师任教的方式不再单一,学校与教师之间不再是劳动关系对立的双方,而是一种彼此珍惜与信任的关系。[6]

三是同行推荐成为教师聘用的一种重要途径。在教师聘任过程中,除了依照规定进行遴选外,熟人的推荐也成为一个重要途径。例如,章士钊向蔡元培推荐了自己的挚友李大钊出任北京大学图书馆主任。吴宓1919年还在哈佛大学就读本科时,北高师校长陈宝泉便通过该校派赴美国进修教师的辗转介绍,邀聘他回国担任英语科主任教授之职。[7]1916年,梁漱溟在《东方杂志》发表了一篇《究元决疑论》的文章,引起学术界的注意,蔡元培看到后,破格邀请这位仅有中学毕业文凭的青年到北大讲授印度哲学。[8]民国时期大学多样化的教师聘用形式成为高校教师合同聘任的一种典型特征。

四是民国前期,政府对教育事业的控制力度相对较弱,相对宽松的文化氛围给教育事业的发展提供了比较广阔的空间。受当时开放教育思想及自由文化氛围的影响,民国大学校长发现人才以及亲自聘请的现象频发,引进了一批具有真才实学的教师。此外,薪俸制度及其他政策保障促进了相对稳定的师资队伍的形成,由于普遍实行聘任制而非终身制,教师的自由流动性较大。

二、政府控制:高校教师劳动关系规范管理阶段(1927—1937年)

20世纪20年代末至30年代中期,政府在推动国防、经济、文化建设的同时也加强了对学校教育的领导和控制。在此背景下,教育界的民主思想和探索精神受到管控和抑制,民国初期的教育独立和学术自由思潮也被政府的集权和垄断所取代。国民政府通过颁布教育法令条例,对大学教师资格检定①与教师聘任制度做出规范,大学教师资格检定的"大学自治"与聘任的"校长集权"理念逐渐式微。

(一)高校教师聘任和学术活动受到严格管控

1927年,南京国民政府教育行政委员会继1926年广州国民政府颁布《国民政府对于大学教授资格条例之规定》后,颁布了《大学教员资格条例》,对大学任职教师所需具备的条件做了规定,严格规范了大学教员的聘用资格、等级划分及审查办法,将大学教员的等级再次划分为教授、副教授、讲师、助教四级。[9]该条例首次对教师聘任制度进行了较为详细的规范,教师的等级划分与资格审查都受到政府的管控与规制。

同时,政府也对大学教师的教学时间与劳动形式进行了规范。1929年6月17日,国民政府教育部颁布了《国立大学教授自十八学年度上学期起应以专任为原则》,规定:"国立大学教授,不得兼任他校或同校其他学院功课,倘有特别情形,不能不兼任时,每周至多以6小时为限,其在各机关服务人员,担任学校功课,每周以4小时为限,并不得聘为教授。"[10]教师的教学内容、教学时间和教学方式受到严格的管控。

(二)高校教师工资收入等级差异较大

南京国民政府成立后,政府管理权逐渐扩大,教师的级别、薪俸等级及发放形式都受到教育法令、法规等多种形式的规制,形成了较完整的工资制度体系,教师薪酬体系逐步规范化。在此时期,各大学根据自身实际情况对教师的工资收入和待遇做出了符合规定的调整。实际上,南京国民政府时期的大学教师工

---

① 教师资格检定制度,是指由教育行政机关组成的教师检定委员会,根据各类学校教员任职资格的规定,对各级各类学校教员任职资格的检查认定制度。

资收入依据教师等级呈现出差异化现象，不同类型、不同等级大学教师之间的工资收入和生活待遇标准存在差距。

由于受到各高校所处地区经济发展状况、高校性质等因素的影响，国立大学教师薪俸明显高于私立大学和教会大学教师的薪俸。1931 年，国立大学教授的月薪平均值为 265.60 元，而私立大学教授月薪较低，仅为 124.30 元，教会大学教授月薪则更低，为 117.50 元。[11] 北京大学是当时最有代表性的一所国立大学，1929 年 12 月制定的国立中央大学教员薪俸现行标准基本延续了大学教员薪俸表的规定。1931 年至 1934 年间，北京大学教授的月薪平均都在 400 元以上，副教授在 300 元左右，专任讲师月薪在 160～250 元之间，助教月薪在 80～90 元之间。私立大学在教员薪资待遇方面比国立大学要低得多，国立大学专任教授月薪一般在 300～400 元之间，而复旦大学教授的月薪只有 200 元。教会大学的教师待遇则更低一些，因教会大学办学经费主要来源于校友及其他社会组织的捐赠和筹集等，与国立大学、私立大学教师的薪俸收入相比，教会学校难以给予教师相当充足的工资，教师的薪俸处于较低水平且难以得到提升。1928 年，金陵大学制定了《金陵大学教职工的职称分类和薪水等级条例》，规定了不同等级教师每月的薪俸数：教授最高为 300 元，副教授最高为 200 元，讲师最高是 150 元，助教最高是 100 元。[12] 在政府集权模式下，大学依据行政指令对教师经济关系进行约定，教师工资具有国家统一主导与学校调整相结合的特点。在这种管理体制之下，处于强势地位的学校在教师劳动关系中拥有更大的主导权，教师间的经济收入、学术资源分配差异较大。

20 世纪 20 年代，尤其是在北京政府时期，政局动荡、经济衰退导致国家财政紧张，教育经费并不能得到有效保障，拖欠教育经费和教师薪金的现象时有发生，导致高校教师的薪俸并未按照所规定的标准发放，教师的实际收入偏低。为了获得应有劳动报酬，高校教师经常组织各种形式的索薪运动，使得高校与教师的经济关系冲突频发，教师的学术活动受到影响。

（三）高校教师组织认同感与归属感较强

在这个时期，大学教授群体保持了相对独立的社会地位。总体而言，大学教师积极投入教育教学活动，大学教授彼此之间的长期交往，由此形成了一定的学术派系，学术领域的紧密联系增强了教师群体对于大学组织的认同感与归属感。教学与研究作为大学教师任职与聘任的双重标准，促使许多大学成立研究所，鼓励和推动教师从事科学研究。在此阶段，高校教师学术研究的职能得到加强，教学与科研呈现出共生发展的局面，给高校教师的学术劳动以及由于学术劳动而存在的劳动关系带来了一定的影响。

（四）民国中期高校教师劳动关系的特点

南京国民政府成立后，政府逐步加强了对教育事业的干预力度，学校教育受到了更为严格的管控。《大学教员资格条例》的颁布强化了政府对大学教师任职资格的规范化、制度化管理，教师的资格评定有了具体施行标准。大学教师依照功劳和业绩进行常规职称晋升，也可以获得破格晋升。除此之外，各高校根据各自的实际情况又制定了不同的教师薪俸标准。总体而言，教师的职业晋升以及教育教学方式受到政府的严格控制和监督。在此状况下，高校教师的学术自由权利也受到了极大限制。同时，各大学根据实际情况对高校与教师之间的管理制度、劳动关系体系也做出了相应的规定，在制度上提供了双重保障，使得教师的劳动活动呈现出较为顺畅与多样的特点。[13] 在这个阶段，高校教师劳动关系的规范化管理是其基本特征。

三、政府失序：高校教师劳动关系差异化发展阶段（1937—1949 年）

抗日战争的全面爆发从根本上改变了高校教师的劳动关系，改变了教授群体的生活境遇，使他们从战前的高收入阶层滑落到社会底层。抗日战争全面爆发后，基于严峻的国际国内形势，军费支出的增加导致教师薪酬日益减少。伴随着战争的推进和局势的紧张，货币贬值、物价飞涨，享有优裕生活条件的教授们跌到了贫困的谷底，经济收入的急剧下降使其难以维持原有生活状态。在此背景下，政府难以对高校教师劳动关系进行合理有序的管理，导致其整体处于失序状态。

（一）高校教师法律关系难以保障

抗日战争全面爆发后，国际国内形势严峻，为了配合抗日战争，政府发布了战时单行法规，并对教师职业的法律地位、司法救助做了规范。政府于1940年8月颁布了《大学及独立学院教员资格审查暂行规程》（简称《暂行规程》）等相关法规制度，对各等级教员的聘任资格进行了修正，明确规定了高校教师的聘用资格、经验、最高薪、最低薪以及加薪年限与数量，规定教师以专任为原则，并确定了相应的大学教师的薪俸等级[14]；尽管高校教师聘任形式与薪俸等级从形式上受到法规制度的规定，但是在全国抗日战争的大环境下，高校内迁、教师流失、设备损坏、经费短缺，使得高等学校办学难以为继，救亡图存成为当时全国民众的共同意志。抗日战争的全面爆发使得原有的高校教师劳动关系的一系列制度安排都成为镜中花、水中月。

（二）高校教师经济收入急剧下降

因社会经济状况不稳定，虽然《暂行规程》规定的工资标准有所提高，但是教师获得的实际报酬却有所下降，无法保障教师的最低生活标准，教授生活的赤贫化使得其工作与生存处于紧张状态。抗战胜利后，各高校以及各地教育部门调整了教员薪俸支给标准，并以法令形式为教师提供司法救济。清华大学在1947年5月颁布了修正后的《国立清华大学教师服务及待遇规程》，对教师的薪资收入和生活待遇进行规范保障。[15] 从1939年开始至抗战胜利，教授与政府一直就薪酬待遇问题进行反复沟通与交涉。抗战期间，高校教师除领取月工资外，还有基金福利、养老抚恤金、特殊津贴、学术资源等作为教师的经济收入补充，不过虽有此类法令规范教师的经济收入，但教师的实际收入受外部环境影响已降至低谷。

教育部指出："教员薪给本规定有固定薪俸表，任意加薪，结果各教员之薪给已有超过薪俸表所定之最高额者。长此以往，规定之薪俸表势将视为具文。为使法令与事实得以兼顾起见，特通令全国各院校规定增加薪给之教员应以成绩优良者为限；所增数额亦以薪俸表所定一级至二级为限。助教、讲师、副教授已支最高薪者，超过一级或二级以上之数，应改为校内临时研究补助费，不得并入正薪内计算，以示区别。"这从制度上维持了高校教师薪俸标准的客观性和公正性。自1943年10月起，教育部对高校教师的学术资源进行分配，分等级划拨学术研究补助费，在教师的基本工资收入外，增加教师的学术资源，但社会剧变导致教师的实际工资与名义工资产生差异。残酷的经济形势和物价冲击，打破了教师收入的平衡与稳定。政府虽以法令形式明确规定了教师薪酬待遇制度，但失衡的经济状况使教师待遇与以往保持一致成为空谈，教师群体的生活处于社会较低水平。

（三）高校教师社会关系疏离化和多元化

抗日战争全面爆发后，原本在东部地区的学校纷纷迁往西部地区，在此背景下，生活艰难的大学教师流动频繁，其生活质量难以保障。高校与教师群体间的组织认同、价值观念、情感期待等均产生了偏离。大学教师内部之间原本稳定的生活水平结构遭到破坏，大学教授经济状态以及身份地位的失衡促使其政治态度和立场已然发生转变，具有相同价值目标与情感观念的教师往往成为一个整体。[16] 西南联合大学的教授中出现了如闻一多、张奚若、吴晗等激进派，他们积极投身于政治运动中，追求民主、渴求解放。[17] 教师的职业稳定与学术自由难以维系，高校与教师作为劳动主客体间的社会关系趋于紧张，高校教师与院校的关系表现出疏离化和多元化的特征，一定程度上表现为劳资对抗关系。

（四）民国后期高校教师劳动关系的特点

战争的全面爆发和社会局势的急剧变化使得相对和谐的教师劳动关系遭到严重破坏。民国后期，各高校教授的流动量很大，教授的聘书期限一般都是一年；期满以后，学校可以按自己的条件另聘教授，教授也可以按自己的条件另行应聘。[18] 特别是在抗战时期，大学教授因政治局势的变化流动频率变大，虽然国民政府对高校教师应该享有的薪给、津贴、奖励、养老抚恤等生活待遇都以法令的形式确定下来，但是受到物价上涨和通货膨胀的冲击和影响，这一工资制度并不能够保障高校教师生活的安定，教师的实际收入水平和生活水平正处于"低气压"状态。[19]总体来看，民国后期高校教师劳动关系出现了不稳定的失序态势。持续动荡的政治局势对民国后期高校教师劳动关系的影响重大。从民国初年到抗战全面爆发期间，教授群体一直享有高层次人才地位和待遇。战后，教师实际收入锐减，生活水平降至社会底层，学术劳动、学术生活、学术条件整体处于失序状态。

总之，受特定时期社会政治经济以及教育发展状况的影响，民国高校教师劳动关系经历了一个不断变化、不断发展的过程。民国前期，中国近代高等教育处于起步阶段，大学的自主权为教师创造了较为有利的学术环境，不同院校类型的教师劳动关系呈现多样化的特点。南京国民政府成立后，政府加强了对教育事业的控制，教师的聘任制度和任职资格受到教育法令和章程的规范而逐步走向制度化道路。抗日战争全面爆发后，时局的动荡以及社会经济的严重受损使教师群体生活水平下滑，教师劳动关系呈现出不稳定的态势。由此可见，民国时期高校教师劳动关系的曲折道路揭示了一种基本规律，国家的政治文化经济状况深刻地影响着高校教师的劳动关系。

需要特别说明的是，民国时期是一个社会急剧动荡的时期，民国时期高等教育规模小，教师人数少，接受高等教育的学生人数非常有限，具有精英化教育的显著特点。由此看来，民国时期高校教师劳动关系只是中国近现代高校教师劳动关系具有积极意义的实践探索，并不能作为当代普及化高等教育阶段教师劳动关系的实践样本。有些人对民国高等教育充满了赞誉，却对民国时期大学与政治、大学与经济、大学与社会、大学与知识之间的关系缺乏历史性的观察，因此，不免有隔岸观花、水中望月之感。因此，科学、客观地研究民国时期高校教师劳动关系的演变过程，就需要破除假象、探究事实。

参 考 文 献

[1] 李华兴. 民国教育史［M］. 上海：上海教育出版社，1997：196.

[2] 申素平. 论我国公立高等学校与教师的法律关系［J］. 高等教育研究，2003（1）：67-71.

[3] 祁占勇. 中国高校教师聘任制：过去、现在与未来［J］. 中国教育法制评论，2009（0）：160-179.

[4] 董保华. 劳动关系调整的法律机制［M］. 上海：上海交通大学出版社，2001.

[5] 葛福强. 民国高校教师待遇的历史考察（1912—1949）［J］. 宁波大学学报（教育科学版），2012，34（6）：38-42.

[6] 吴民祥. 流动与求索：中国近代大学教师流动研究：1898—1949［M］. 杭州：浙江教育出版社，2006.

[7] 邓小林. 略论1912—1927年间大学教师的聘任问题［J］. 云南民族大学学报（哲学社会科学版），2004（5）：154-157.

[8] 梁漱溟. 纪念蔡元培先生［M］//陈平原，郑勇. 追忆蔡元培. 北京：中国广播电视出版社，1997：114-117.

[9] 潘懋元. 中国近代教育史资料汇编［M］. 上海：上海教育出版社，1993：368-370.

[10] 教育部直辖专门以上学校职员任用暂行规程［M］//王学珍，郭建荣. 北京大学史料：第二卷·一. 北京：北京大学出版社，2000：322.

[11] 马嘶. 百年冷暖：20世纪中国知识分子生活状况［M］. 北京：北京图书馆出版社，2003：71.

[12] 金陵大学教职工的职称分类和薪水等级条例［M］//《南大百年实录》编辑组. 南大百年实录：中卷. 南京：南京大学出版社，2002：192.

[13] 孙存昌，王全林. 中国"近代大学教师问题研究"述评［J］. 黑龙江高教研究，2008（10）：60-62.

[14] 吴锦旗. 抗战前后大学教授薪酬待遇的变化及其影响［J］. 现代教育科学，2012（1）：108-113.

[15] 教育部直辖专门以上学校职员薪俸暂行规程［J］. 教育杂志，1914（5）：9-11.

[16] YOUNG A N. China's wartime finance and inflation：1937—1945［M］. Cambridge, Mass：Harvard

University Press,1965.

[17] 西南联大《除夕副刊》.联大八年[M].北京:新星出版社,2013:120.

[18] 田正平,吴民祥.近代中国大学教师的资格检定与聘任[J].教育研究,2004(10):81-89.

[19] 姜良芹.抗战时期高校教师工资制度及生活状况初探[J].南京师大学报(社会科学版),1999(3):53-59.

A Brief Discussion on the Evolution of University Teachers' Labor Relations in the Republic of China (1912—1949)

Abstract: In the Republic of China, the labor relationship between colleges and teachers has experienced a tortuous development process in the ups and downs of the time. From the traditional integration of government and education to cooperation and confrontation, from relative freedom to institutional regulations, the labor relationship between colleges and teachers has undergone tremendous changes with the tremendous changes in society. Teachers' employment methods, salary systems, labor forms, and working conditions have shown diversified and unstable characteristics. It is obvious that the development and evolution of college teachers' labor relations has been affected by the multiple factors such as politics, policies, and culture in different historical periods.

Keywords: Republic of China, university teachers, labor relationship, historical evolution, diversification

服务国家战略的特色培训发展模式研究
——以中南大学"工信部领军人才培训"项目为例

吴 斌[①] 范太华[②]

通过培训来培养胜任实现国家战略目标的人才,是高校的重要职能和社会责任。国家战略的宏大体系由许多项目构成,每个项目都有其特色,项目的特色决定了培训的相应特色。作为项目之一的企业经营管理人才素质提质工程中的中小企业经营管理领军人才培训,就是一个特色培训。

中小企业既是改善民生的重要支撑,又是企业家精神的重要发源地。早在2010年发布的《国家中长期人才发展规划纲要(2010—2020年)》(简称《纲要》)中,国家就提出了实施中小企业银河培训工程的企业经营管理人才队伍建设举措。[1]为贯彻《纲要》,工业和信息化部(简称"工信部")于2011年开始开展中小企业经营管理领军人才培训工作,以提高中小企业经营管理水平。"十三五规划"将实施企业经营管理人才素质提质工程、培养企业经营管理人才列为国家发展战略的重大项目之一。[2]2019年,中共中央办公厅、国务院办公厅印发了《关于促进中小企业健康发展的指导意见》,重申要"重视培育企业家队伍。继续做好中小企业经营管理领军人才培训,提升中小企业经营管理水平"[3]。同年年底,国务院促进中小企业发展工作领导小组第四次会议要求"要大力弘扬企业家精神,健全有效保护机制,为企业家成长创造良好环境"[4]。中小企业经营管理领军人才培训在国家战略中的重要意义越来越突出。

为肩负起高校服务国家战略的使命,中南大学充分利用学校办学资源、学科特色、行业和区域优势,申报了工信部中小企业经营管理领军人才培训项目,对湖南中小企业实施开展经营管理领军人才培训。培训工作按照工信部提出的"政府引导、市场运作、面向企业、讲求实效、整合资源、共建共享"基本原则,由学校、湖南省中小企业主管部门、工信部共同制订培训方案并组织实施。这个项目也填补了湖南省国家级企业经营管理人才素质提升工程培训项目的空白,促进了湖南省中小企业经营管理水平的提高和中小企业的发展。

一、中小企业经营管理领军人才培训项目设计定位

随着国际国内市场环境的变化,中小企业面临生产成本上升、融资难融资贵、经营管理水平不高、创新发展能力不足等问题,我们提出的中小企业经营管理领军人才培训项目的设计思路是:以习近平新时代中国特色社会主义思想为指导,坚持新发展理念,聚焦供给侧结构性改革,通过对中小企业经营管理领军人才的培养,提升中小企业治理体系和治理能力现代化水平,提升中小企业国际化发展和大中小企业融通发展能力,激发中小企业的经营活力和发展动力,提高中小企业的发展质量和效益,促进中小企业健康发展。

项目设计定位遵循以下四条原则。

第一,落实并推进国家治理体系和治理能力现代化建设的原则。

党的十九届四中全会审议通过的《中共中央关于坚持和完善中国特色社会主义制度 推进国家治理体系和治理能力现代化若干重大问题的决定》指出,坚持和完善中国特色社会主义制度,推进国家治理体系和治理能力现代化,是全党的一项重大战略任务。项目设计实施必须遵循这一重大战略任务,围绕企

---

① 吴斌,中南大学继续教育学院院长、教授,中国成人教育协会副秘书长,中国高等教育学会理事、继续教育分会副理事长,研究方向为高等教育学、继续教育管理。
② 范太华,中南大学原网络教育学院院长、教授,研究方向为高等教育学、继续教育管理。

业内部治理体系和治理能力现代化，针对企业经营管理培训领军人才，带动中小企业发展水平不断提升。

中小企业的治理体系和治理能力的现代化水平不高是制约企业可持续发展的瓶颈，迫切需要通过对企业经营管理领军人才的培养和人力资源体系的建设，增强企业核心竞争力和创新发展能力，提升企业治理体系和治理能力的现代化水平，达到充分发挥中小企业在促进宏观经济、稳定就业中的重要作用的目的，不断提高企业发展质量。

第二，加快为适应经济社会发展要求培养企业管理人才的原则。

习近平总书记在主持召开的民营企业座谈会上指出，"要练好企业内功，特别是要提高经营能力、管理水平，完善法人治理结构，鼓励有条件的民营企业建立现代企业制度。还要拓展国际视野，增强创新能力和核心竞争力，形成更多具有全球竞争力的世界一流企业"[5]。这一同样适用于国企的要求，为企业发展指明了方向，对培养与国家经济发展相适应的企业经营管理人才具有指导性意义。

培养大批优秀的中小企业经营管理人才，既是国家经济发展的必然要求，又是促进中小企业加快转变发展方式和结构升级的必然要求，同时也是建设一支高水平的企业经营管理人才队伍、实施人才强国战略的重要途径。中小企业家以实干兴邦、助力中国企业腾飞为己任，更应具有社会责任感、产业创新精神及行业竞争力，通过聚焦实业、做精主业，不断提升企业发展质量，培育更多具有全球竞争力、自主知识产权、国际知名品牌、治理体系和治理能力现代化的世界一流企业。

第三，不断增强企业经营管理人才政治素养和社会责任的原则。

习近平总书记在民营企业座谈会上提出了"任何企业都必须遵守的原则，也是长远发展之道"的政治定位和社会形象，包括热爱祖国、热爱人民、热爱中国共产党，践行社会主义核心价值观，弘扬企业家精神。[5]

企业的社会责任包括经济责任、持续发展责任、社会公益责任、法律责任和道德责任等，不但要承担法律和经济义务，还要承担对社会有利的长期目标义务，要转变传统的"盈利至上""以利润为天职"的经营理念。

企业经营管理人才的政治素养和社会责任要求企业家具有历史使命感、社会责任感和法律规矩意识，做爱国敬业、守法经营、创业创新、回报社会的典范。

第四，持续提高民营企业高层经营管理人才的能力水平的原则。

中小企业经营管理领军人才培养是民营企业发展的重要保障。改革开放40多年来，我国民营经济不断发展壮大，贡献了50%以上的税收，创造了60%以上的国内生产总值，获得了70%以上的技术创新成果，解决了80%以上的城镇劳动就业，占据了90%以上的企业数量，[4]民营企业在我国经济发展过程中已经成为我国经济的重要支撑。当前，我国经济已由高速增长阶段转向高质量发展阶段，由于国际经济环境的变化、企业经营管理与经济转型的要求不适应、相关政策落实不到位等原因，我国民营经济发展遇到了一定的困难。例如，在经济高速增长时期，一部分民营企业经营比较粗放，热衷于铺摊子、上规模，导致负债过高，在环保、社保、质量、安全、信用等方面存在不规范、不稳健甚至不合规、不合法的问题。在加强监管执法的背景下，民营企业自身必然会面临很大压力。为了破解这一难题，迫切需要培养与此相适应的企业经营管理领军人才，以适应经济转型发展的要求，提高民营企业的市场掌控力和国际竞争力。

二、中小企业经营管理领军人才培训项目培养方案

领军人才一定是成功的企业主，但一个成功的企业主却不一定是领军人才。领军人才的培养与成长条件和过程不同于普通职工，不同于一般的企业主，也不同于其他企业家。领军人才应具备特殊的素质，如个体性特质、群体性特质等[6]。我们认为，领军人物的特质表现为社会态度、智力特征、心理品格、人格特质和领导能力五个方面，并可展开为如表1所示的20个特点。

表1 领军人物的特质

特质方面	特质点
社会态度	政治信仰，价值认识，真理实践，责任担当
智力特征	知识广度，专业素养，思维方法，创新素质
心理品格	自我控制，自我超越，抗挫折力，意志水平
人格特质	道德修养，人格魅力，成就导向，文明追求
领导能力	驾驭能力，作风干劲，用人策略，解决矛盾

归纳起来，就是"品德素质优秀、专业贡献重大、团队效应突出、引领作用显著、发展潜力较大"[7]，这是领军人才的基本条件，也是领军人才培训的目标。通过培训，他们能够成为具有扎实的企业经营管理理论基础和显著的实践成就，战略规划能力强，企业经营管理水平高，在企业的宏观战略指导下，对企业的发展有清晰的规划，能够率领科研、生产和经营团队，实现企业的战略目标，提升企业的核心竞争力的企业家。[8]

工信部中小企业经营管理领军人才培训项目针对两类对象组织实施：一类是成长性好、创新能力强、在区域或行业中处于龙头骨干地位的中小企业经营管理者，另一类是发展潜力大的初创小微企业经营管理者。工信部还要求各培训承担机构"要科学设置课程体系，突出培训特色，围绕制造强国和网络强国建设，加强对智能制造、'互联网+'、军民融合、'专精特新'、产业整合及转型升级等方面的培训。通过组织学员参加跨区域交流，引导结业学员继续学习等方式，不断满足学员对培训的新需求。积极配合开展领军人才培训体系建设各项工作，形成全国中小企业领军人才培训统一品牌"[9]。

中南大学培训项目培养方案就是在上述思想指导下设计的，并按照培训体系模块化、培训专题系列化的思路，设计出由时政发展模块、经营管理模块、国学修养模块、国际化模块、自主研学模块、增值服务模块、复训专题模块构成培训体系的项目培养方案。

结合企业工作和培训人员在岗实际，培养方案按培训周期1年、具体安排20～24天设计，采用集中培训与企业实践、理论教学与实际应用、线上与线下学习、研究性探索与主题交流论坛等相结合的培训模式。注重培训中小企业经营管理的重点领域和薄弱环节，以着力提升企业经营管理者专业化水平为目标，培养领军人才素质，增强其管理、创新能力，拓展国际视野，提高国际竞争力；内容上突出立德树人、宏观政策、专业知识、战略转型、国学修养、社会责任等。项目培养方案见表2。

表2 项目培养方案

培训体系	培训专题
时政发展模块	国家治理体系和治理能力现代化政策解读
	国内外政治经济形势研判及民营经济发展
经营管理模块	商业模式创新与互联网思维
	企业制度设计
	领军企业战略与执行
	领军品牌策略与品牌定位
	股权激励与公司治理
	财务管理之企业成本管理
	用人与激励——华为成功法则
	营改增时代企业纳税筹划

续表2

培训体系	培训专题
国学修养模块	财富管理与家族传承
	国学修习与企业家修养
国际化模块	"一带一路"规划热点及投资策略分析
	企业国际化经营战略与品牌创新
	企业国际化经营管理风险防范
自主研学模块	爆品经济与社群营销
	企业法律风险防控与治理
	国家战略与企业发展文化
	《孙子兵法》与现代商战谋略
	民营企业如何做大做强突破发展瓶颈
	中外历史文化、管理思维模式比较
	中国宏观经济形势热点解析
增值服务模块	户外拓展训练
	学员企业参访及知名学府游学
	深海领导力测评
	名企参访及大型论坛
	全国领军人才交流
复训专题模块（结业后实施）	互联网商业策略与人工智能投资逻辑
	公司治理之人人都是合伙人
	国家战略与企业发展战略
	股权激励与顶层设计
	新时期战略转型与企业再造
	优质流程设计与落地执行

三、中小企业经营管理领军人才培训项目实施保障

（一）构建项目运行保障机制，确保项目实施质量

该项目依托学校教学、科研、行业、品牌优势以及多年的高端培训经验，借鉴发达国家的培训模式，整合校内外优质资源，构建系统的学习培训体系，形成自身培训特色。

在教学安排方面。学院设专职教学秘书，负责教学管理与服务工作。学习周期为1年，按20天、140学时组织，每月集中2天（周六、周日）面授，另安排自主学习100学时。学员结业后，连续3年每年组织不少于3天的复训。

在培训内容方面。围绕工信部中小企业经营管理领军人才培训要求，以政治、经济、社会、管理、科技、历史、人文、创新等知识相互融合，在不断变化的新商业环境下，提高学员调整企业战略、组织架构、资本运作方式、营销方式以及软实力的能力，实现企业的转型与突破，打造企业可持续竞争优势。

在培训模式方面。通过面授教学、自主学习、考察实践、发展咨询、交流研讨等方式结合的多维度教学，最大限度地提高学员的培训效能。秉承实际应用、创新发展、国际化的原则，通过对企业在成长中遇到的典型现象进行深度解剖和分析，提升学员的经营理念和管理经验，转变思维方式，全面提升其驾驭全

局的能力。

在教师选聘方面。该项目根据培训需求甄选教师，审查教师授课资料，评价教师授课能力及授课水平；与教师约定授课时间，就培训课程内容和实施方案与教师进行充分沟通，课后对教师授课效果进行评估。保证教师在授课过程中注重自身的职业素养，树师德，正师风；保证课堂内容积极向上，传播正能量。

在教学要求方面。要求教师认真完成教学任务，及时做好课前教学准备，保证教学和实习过程中的质量。为确保培训规范有序，保障培训质量不断提高，每次上课均与教师签订承诺书和干净课堂协议。课后，学员和教学督导填写课堂教学评估表，评价教师的上课效果及提出存在的问题和不足。

在培训效果方面。由传统的以面授为主的学习模式，拓展到跨区域学习、标杆企业实地考察学习、专家案例教学与点评、企业发展论坛、学员学习沙龙、社会公益活动等。工信部人才交流中心联合中南大学继续教育学院，为学员搭建跨地区、跨行业、跨领域的交流互动平台，学员可与来自全国其他地区的领军企业家充分交流互动，共享知识盛宴。理论与案例相结合的互动式教学方式，提升了学员的学习兴趣，学习更具有针对性和实效性，提高了培训效果。

（二）构建项目支持保障体系，持续提供增值服务

为学员发展提供持续服务是中小企业经营管理领军人才培训项目设计的重要内容之一，同时也是学校履行社会服务职能、加强校企合作、提供智力支持的有效渠道。本项目为学员发展提供了多模式的持续服务。

成立企业家校友会。为加强学员与学校之间的联系，体现学校对学员及其企业发展的持续服务和关怀，依靠项目成立了中南大学企业家校友会，并将其纳入学校校友会统一管理，学员及其企业享受学校校友待遇，参与学校组织的校友活动。通过校友会，促进了学校与学员及其企业之间、学员与学员之间的深度融合；通过参访、联谊、研讨会、论坛、扶贫等校友会活动，履行社会职责，搭建企业合作平台，实现资源聚合。

提供学员交流平台。借助该项目组建了专家智库团队，为企业、学员发展提供咨询、交流服务，引导学员深入剖析企业和学员发展中存在的问题，组织企业发展、国际商务、投融资决策、人力资源管理等专题论坛，帮助企业解决转型升级发展过程中的问题。学员通过企业发展的成功案例分析、成败经验分享，结合自身企业经营实际，对标检查企业存在的问题，探讨解决路径、方法。

提供学员复训服务。学员结业3年内，学校每年安排学员回校复训，针对学员、企业发展过程中对新知识的要求，持续提供服务。学校提供复训课程模块，包括互联网商业策略与人工智能投资逻辑、公司治理之人人都是合伙人、国家战略与企业发展战略、股权激励与顶层设计、新时期战略转型与企业再造、优质流程设计与落地执行等内容。同时根据学员、企业的个性化要求，拓展复训内容，进一步促进和加强校企合作。

项目的实施过程也是一个不断完善、持续改进和提升质量的过程。我们在总结该培训项目实施过程和中小企业发展的基础上，结合国家人力资源强国建设战略，持续提升项目定位和不断深化项目研究，提出以企业领军人才培养为核心、行业领军企业培育为目标，突出高端人才培养、先进企业塑造的新时代中小企业经营管理"双领军"培育计划项目。同时，也为深入落实国家企业经营管理人才素质提升工程以及研究打造工信部中小企业经营管理领军人才培训项目升级版提供有益探索和实践方案。

参 考 文 献

[1] 国家中长期人才发展规划纲要（2010—2020年）[EB/OL].（2010-06-06）[2019-06-02]. http://www.gov.cn/jrzg/2010-06/06/content_1621777.htm.

[2] 国家"十三五"规划纲要165项重大工程项目[EB/OL].（2016-08-23）[2019-06-02]. https://www.taodocs.com/p-174173168.html.

[3] 中共中央办公厅、国务院办公厅印发《关于促进中小企业健康发展的指导意见》[EB/OL].(2019-04-07)[2019-06-02].http://www.gov.cn/zhengce/2019-04/07/content_5380299.htm.

[4] 刘鹤主持召开国务院促进中小企业发展工作领导小组第一次会议[EB/OL].(2018-08-20)[2019-06-02].http://www.gov.cn/guowuyuan/2018-08/20/content_5315204.htm.

[5] 习近平主持召开民企座谈会,传递四大重要信息[EB/OL].(2018-11-01).[2019-06-02] http://www.xinhuanet.com/politics/xxjxs/2018-11/01/c_1123649448.htm.

[6] 李超平,江峰.新经济时代领军人才的成长要求及开发路径研究[J].中国人力资源开发,2015(11):6-12.

[7] 中共上海市委组织部.关于开展2017年上海领军人才选拔工作的通知[EB/OL].(2017-06-15)[2019-06-02].http://www.czj.sh.gov.cn/zys_8908/zcfg_8983/zcfb_8985/hj_9035/hjyxrc_9039/201706/t20170615_175508.shtml.

[8] 中共上海市委组织部.上海领军人才队伍建设实施办法[EB/OL].(2006-07-08)[2019-06-02].https://wenku.baidu.com/view/1d295e906bec0975f465e274.html.

[9] 工业和信息化部办公厅关于做好2018—2019年度中小企业经营管理领军人才培训工作的通知[EB/OL].(2018-07-11)[2019-06-02].https://www.sohu.com/a/239225020_818354.

Research on the Development Patterns of Characteristic Training that Serves for the National Strategy:
Taking "MIIT Training of Leading Talents on SMEs' Operation and Management" in Central South University as an Example

Abstract: One of the most important functions and social responsibilities of colleges is to cultivate talents who have the competence of achieving national strategic goal. This paper will take "MIIT Training of Leading Talents on SMEs' Operation and Management" in Central South University as an example with an aim to study the Development Patterns of Characteristic Training that Serves for the National Strategy from the aspects of talent training's design orientation, training program and implementing guarantee. Meanwhile, it puts forward four principles on project design orientation, seven modules of training program, six aspects of ensuring project implementation quality, and four channels of continuously providing value-added services.

Keywords: national strategy, characteristic training, development, pattern

心理能力建设在高校人才培养中的应用及路径探索

周 玲[①] 赵雪茹[②]

红色基因是中国共产党在长期的革命实践中汇聚的精神内核,是在实现中华民族伟大复兴道路过程中形成的精神纽带,是对中华民族先进品质、崇高思想、优良品质的高度凝练和升华。从革命圣地延安创办中国特色新型高等教育开始,党始终重视高等学校的人才培养,高等学校在传承红色基因的过程中起着举足轻重的作用。

高校红色基因传承中的人才培养应该遵循"大树理论"。每一棵大树从根基到树干再到树叶都聚满了能量。从小树苗成长为参天大树离不开五个条件:一是时间积淀。"十年树木,百年树人",一棵小树成为木材可能需要10年的时间,人才的培养也同样如此,甚至需要更长的时间。二是应对考验。没有任何一棵小树苗可以在温室中长成参天大树,每一次的狂风霜雪都会使大树更加坚定,无所畏惧。在高校红色基因传承下的人才培养过程中一定会遇到形形色色的挑战,只有遇见问题、解决问题,成功应对考验,才能让人才培养体系更加完善。三是根基牢固。没有一棵大树离开了根是可以成活的,粗根、细根、微根,深入地底,不断地吸收营养、使自己成长。在高校人才培养的过程中,马列主义、毛泽东思想、邓小平理论、习近平新时代中国特色社会主义便是我们的根,红色基因便是我们的根,要坚定我们的根基不动摇、不妥协、不放弃。四是向上生长。每一棵大树的成长都是不断向上的。高校在人才培养的过程中也应该秉持红色精神,不断向前、与时俱进,培养新时代的社会主义建设者和接班人。五是面朝阳光。每一棵大树都热情地迎接每一缕阳光,承接每一滴雨露,依靠自我能量不断成长。我们要将心理能力建设纳入人才培养体系中,把红色基因中乐观、豁达的态度不断发扬光大。

随着现代社会的转型和发展,人们的利益需求日益多元化,价值观不断地交融和碰撞。大学生的心理健康水平不仅是其身心健康的直接反映,也是高校人才培养的重要内容,是红色基因传承中不可或缺的组成部分。大学生的心理能力建设不能成为没有桨的"浮船",它需要一个力量指引。"功崇惟志,业广惟勤",心理建设也需要一个力量导向指引自己朝着正确的方向前进。高校可以在传承红色基因的过程中纳入心理能力要素,以培养人格完善、身心良好的社会主义建设者和接班人。

一、心理能力建设对高校传承红色基因人才培养的意义

心理能力是从事心理活动所需要的能力。良好的心理能力是一种面对现实、自信乐观、完善自我、拼搏顽强、积极向上的内在力量。心理能力建设就是培养目标对象能够准确地观察、理解、表达自身的心理状态,并采取相应措施将心理状态调整至健康水平,从而有效管理自己的情绪。在高校传承红色基因的过程中培养学生心理能力有着以下四个方面的意义。

(一)心理能力建设有利于人格完善,适应生活

大学生的自我意识十分突出,他们离开家的束缚,开始有了自己的规划和生活,同时又面对即将就业步入社会的责任,压力巨大。有研究表明,我国大学生在过去一年内的自杀意念产生率为9.1%~18.1%,自杀计划的发生率为2.5%~5.4%,自杀未遂的比率为1%~8.4%。同时,大学生的抑郁比例

[①] 周玲,北京理工大学人文与社会科学学院副教授。
[②] 赵雪茹,北京理工大学人文与社会科学学院硕士研究生。

也不断飙升，我国大学生抑郁发生率在13.25%～79.90%，而一般人群仅为5%～6%，可见大学生的心理健康问题亟待解决。因此，在高校传承红色基因的过程中通过培养大学生良好的心理素质，让其感受革命先辈不放弃、不妥协、不被击垮的强大心理力量，有利于增强大学生对革命家的崇敬、对党组织的热爱和对国家的自豪感。对大学生进行心理能力建设，既有利于提高其心理调适能力，锻炼他们的意志，提高他们的心理素质，又可以增强其独立生活和对社会环境的适应能力，使其学会如何更好地处理人际关系，人格更趋完善，以更加积极的面貌面对生活和学习，为社会主义事业奋斗终身。

（二）心理能力建设有利于打造红色校园，促进良性循环

对大学生进行心理能力建设能够在全校范围内形成一种乐观、积极的心理氛围。个人构成集体，集体成就个人，心理学认为每个人都有自己的"场"，当场域充满积极的正能量时，周围的人会受到其影响从而形成"快乐场域"；当场域是负能量、悲观懈怠时，周遭的人也会随之受到影响转而低沉。习近平总书记在全国高校思想政治工作会议上指出："要坚持不懈促进高校和谐稳定，培育理性平和的健康心态，加强人文关怀和心理疏导，把高校建设成为安定团结的模范之地。"因此，在传承红色基因的过程中培养学生热情、积极向上的能量，使每个人都附带"红色场域"，有利于在整个校园内营造一种红色氛围，打造红色校园、健康校园。人的心理会受到客观环境的制约和影响，因而红色、健康的校园文化会在一定程度上对大学生的心理倾向和心理状态起到一种隐性的引导和影响，从而形成一种良性循环。

（三）心理能力建设有利于培育宽松和谐的社会氛围，有效推行红色教育

每个人都是社会人，社会是人赖以生存的外在环境。个人的良好发展必定能够促进社会的有序运行。党的十九大报告指出要"培育自尊自信、理性平和、积极向上的社会心态"。良好的心理能力建设能够在全社会兴起一种积极向上的社会心理氛围，只有每一位社会成员拥有良好的心理素质，才能让他们在生活学习工作的过程中感到安全、公平和幸福，渐趋消除焦虑、浮躁和压抑等不良心态，从而以平和、和谐的状态与他人、社会以及自然相处，才能在全社会范围内营造一种宽松和谐的社会氛围。在红色基因传承的过程中对大学生进行心理能力建设，不仅可以提高学生的心理调适能力，还能激发学生对革命先辈的崇尚和敬仰之情。大学生是社会主义事业的主力建设者和接班人，对其进行心理能力建设能够彰显社会的精神文明状态，有效推行红色教育和社会主义信仰教育。

（四）心理能力建设有利于国家安定，培育全面发展人才

《礼记·大学》中提到"修身、齐家、治国而平天下"。只有修正好自身素养才能治理好国家；只有对每一位大学生进行心理能力建设，让其拥有良好的心态，才能使其更好地为国家服务，为人民服务。毛泽东曾说过"身体是革命的本钱"，这里的身体绝不仅是躯体那么简单，一个好的身体还必须以良好的心理素养做支撑，两者是密不可分的。《中共中央国务院关于深化教育改革全面推进素质教育的决定》明确指出，要"加强学生的心理健康教育，培养学生坚忍不拔的意志、艰苦奋斗的精神，增强青少年适应社会生活的能力"。很多专家、学者也提到了"六育"思想（即在"德智体美劳五育"的基础上加上"心育"），高校需要重视对大学生的心理能力建设，以便培育新时代新型高等教育的"六育"全面发展人才。

二、高校传承红色基因人才培养中的心理能力建设

（一）建设目标

大学生具有自我意识突出、情感丰富但不稳定等心理特点，在成长的过程中如果误入歧途，难以调适自己的心理状态，就会导致不良的后果。大学生自杀原因复杂，学业受挫、爱情受挫和严重家庭冲突分别位居前三位。根据廖翠萍的研究，高校大学生最易罹患精神疾病。精神疾病与抑郁心态相对应，压力带来的痛苦、绝望则易引起青年大学生的自杀冲动或者导致其抑郁。低下的抗挫抗压能力可能是大学生自杀的

第一心理因素。在高校传承红色基因的过程中，必须不断提高学生的心理素质，培养学生良好的抗压力、抗挫力、抗逆力等心理素质。

（二）建设的内容

红色基因的一个重要精神是不怕吃苦、坚忍不拔、勇于挑战。新时代大学生的学习条件越来越好，生活水平越来越高，但是他们的认知能力却越来越差，意志能力越来越薄弱，心理防线也越来越容易被瓦解。因此，只有坚持传承红色基因，扎好自己的"根"，提高认知、坚定意志，提高自身的心理调适能力，才能不断提高大学生适应社会的能力，促进全方位的发展。在高校传承红色基因进行人才培养的过程中，心理能力建设主要集中在以下四个方面。

1. 认知能力

认知能力是人们对事物的构成、性能与他物的关系、发展的动力、发展方向以及基本规律的把握能力，是个体活动最基本的心理条件。著名心理学家艾利斯认为，人总是根据大量已有的信念、价值观、意愿、动机、偏好等来认知世界。要想培育大学生健康的身心，就必须帮助学生树立正确的世界观、价值观，这就要以红色基因为基础扎好我们的"根"，提高大学生辨别信息和认知事物的能力。

2. 意志力

意志力是指一个人自觉地确定目标，并根据目标来支配、调节自己的行动，克服各种困难，从而实现目标的能力。罗伊斯说："从某种意义上说，意志力通常是指我们全部的精神生活，而正是这种精神生活在引导着我们行为的方方面面。"以红色基因传承为基础，学习革命先辈面对困难不妥协不抛弃不放弃的意志力，从而有效提高大学生的心理素质。

3. 心理承受能力

心理承受能力是个体对逆境引起的心理压力和负性情绪的承受与调节的能力，主要是对逆境的适应力、容忍力、耐力、战胜力的强弱。我们要在学习革命先辈强大的心理承受能力基础之上培养、提高大学生的心理承受能力，以此来塑造大学生适应生活的品质。

4. 抗逆力

抗逆力（抗压力、抗挫力）是当个人面对逆境（压力、挫折）时能够理性地做出建设性、正向的选择和处理方法的能力。抗逆力运作机制模型（见图1）认为，任何个体在最初都是处于"身心平衡"的状态，当压力、逆境、危机产生时，"身心平衡"的状态被打破，原有的人生观、价值观、世界观等认知模式被瓦解，这时候就需要进行重新建构，而新的构建过程可能会导致四种不同的结果：功能失调性重构、丧失性重构、平衡重构、具有抗逆力的重构。其中，具有抗逆力的重构能够激活生命潜能，使个体能够积极应对压力、逆境、危机等困境。

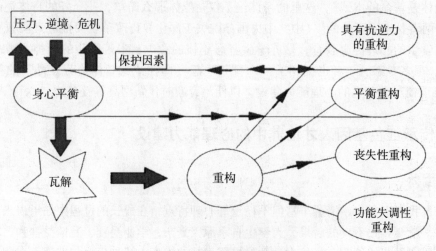

图1 抗逆力的运作模型

（三）建设的途径

2001年3月，教育部颁发了《关于加强普通高等学校大学生心理健康工作的意见》；2011年2月，教育部办公厅印发了《普通高等学校学生心理健康教育工作基本建设标准（试行）》的通知；此后，习近平总书记在纪念五四运动100周年大会上的讲话中指出，"新时代中国青年，要有家国情怀，也要有人类关怀"；2018年，中共教育部党组印发《高等学校学生心理健康教育指导纲要》，自此，各大高校纷纷开始加强对大学生心理能力的建设。但是我们不难看到，大学生的心理健康问题还有待进一步增强。为了更好地对大学生进行心理能力建设，我们应该提供可操作性的实施途径，同时加以政策、资源、经费和师资等的保障，共同促进红色基因人才培养过程中的心理能力建设。（见图2）

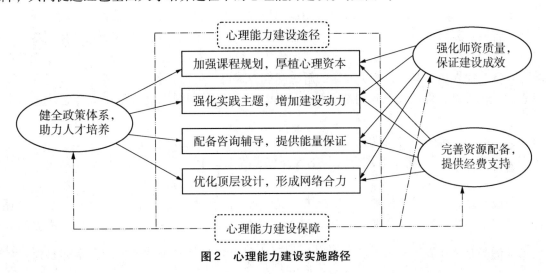

图2 心理能力建设实施路径

1. 加强课程规划，厚植心理资本

学校教育的主要形式是课程，因此要先从课程出发进行整体规划，不断加强大学生的心理能力建设。一是在专业课程的教学中加强对大学生的心理培养，在课堂氛围、课程模式中植入相应的促进心态良好发展的环节；二是健全心理健康教育课程体系，结合实际，把心理能力建设纳入学校的整体教学计划，规范课程设置，实现大学生心理建设全覆盖。高校红色基因是以"两课"为主进行传承的，而高校思政课程和心理课程的对象一致，即都是大学生；总目标一致，即都是培养适应社会发展、身心健康全面发展的社会主义接班人。因此，我们应该牢牢地把控好这一特点，结合思政课程规划辅以心理能力建设方面的内容。例如，在讲红军长征四渡赤水、血战大别山时，除了教育学生学习战士们不被困难所吓退的英雄气概和革命精神之外，还应该鼓励学生学习革命先辈积极豁达的心态，面对逆境绝不放弃，同时调整自身的心态，重振旗鼓。开展全方位课程的疏导教育，提高学科关联性、渗透性，不仅可以从实现学科整合方面进行研究和探讨，还可以从社会心态和社会场域的视角进行研究，以便挖掘学生的潜在能力，培养其应对挫折和逆境的应激能力，不断厚植其心理资本。

2. 强化实践主题，增加建设动力

心理能力建设是一项科学性、实践性很强的工作。现代文盲的概念不再是不识字，而是不能将已经学到的知识应用到现实生活中，不能付诸实践，不能在未来的生活中进行更新和创造。因此，在高校红色基因传承过程中对大学生进行心理建设，必须提供实践活动来强化训练学生的心理能力。首先，让学生们总结中华人民共和国成立以来我党的光辉业绩，提炼出改革开放以来的时代精神，通过这些实践来讴歌我党积极向上的心态，同时对社会各界优秀人物进行积极评价，体会先进工作者的抗逆力和心理资本，激发学生内化于心的崇敬和强大的心理动力。其次，从学校的团日活动和党性教育出发，从大学生团员和党员群体着手进行心理能力建设。可以在教育课程和会议主题中加入心理能力训练方面的小活动，这样不仅可以增加会议的趣味性，还能帮助大学生干部群体不断提升心理素养。同时，团日活动也可以增加富含心理挑

战的活动,引导成员克服心理障碍,取得胜利,不断增强其意志力和心理承受能力。最后,在校园内举办红色活动和竞赛,例如,不少高校的心理志愿者针对大学生心理问题举办心理话剧。我们还可以在红色活动举办的同时加入心理要素或在竞赛中加入心理素养这一评判标准,在校园内营造积极向上、自强不息的校园心理氛围。

3. 配备咨询辅导,提供能量保证

学校教育有时不能照顾到每个人,因此,我们必须提供咨询辅导服务,以便针对性地解决问题。首先,设立心理辅导中心、心理社团来为大学生提供有针对性的帮助,同时可以开设心理讲座、心理"茶话会"等活动来改变学生对于心理问题是心理疾病的错误认知,调动其心理建设的积极性。其次,加强辅导员团队心理能力建设,在对学生进行生活谈话和理想咨询的时候也要为学生提供心理方面的帮助,同时还要善于根据学生的变化及时疏导,从而帮助他们树立正确的自我概念,塑造良好心态。最后,学校可以借助网络平台或者新媒体技术来对学生进行心理普查。考虑到学生遇到心理问题时讳疾忌医、担心同学老师知道自己的隐私等情况,为避免学生遭到二次伤害,可以设置微信公众平台,让学生匿名反映自己的问题,同时配备专业人员对其进行相关问题的解决和能力建设。另外,各大高校都有"时事政策""网上社团"等思想政治网站,可以在思政网站中设立心理模块,以及利用思政信息对学生心理进行潜移默化的影响。

4. 优化顶层设计,形成网络合力

进入21世纪以来,国家将"心理育人"纳入高校思政工作十大育人体系,因此,红色基因传承背景下的心理能力建设也应该从"心理育人"体系的顶层设计来进行全方位的规划和系统设计,遵循大学生心理规律,完成心理育人的各项任务,为思政工作提供有力的支撑。高校的心理服务建设必须遵循这一趋势,结合新时代中国特色社会主义要求,建立完善"学校—学院—系—班级—寝室"全覆盖的五级工作网络,开展"课程教育、活动实践、咨询服务、预防干预、平台保障"五位一体的心理能力建设体系,以便全方位多层次帮助学生厚植心理资本、提高心理素养、强化心理能力,培养"三观正、心理强"的社会主义接班人和建设者。

(四)建设的保障机制

1. 健全政策体系,助力人才培养

虽然大学生心理健康教育的力度在不断加强,但是必须有政策的支撑才能把大学生的心理建设问题落到实处。首先,应该健全政策体系,加强政策的可实施性:明确主体、目标、形式等,不断完善政策文件内容,以便高校可以更好地将心理能力建设纳入红色基因传承的人才培养过程中来。其次,政策绝不应只是一纸空文,政策的发布必须伴随着执行和实施,因此,我们应该健全规范监督机制,对政策的实施给予一定的帮扶和支持。最后,要健全政策评价机制,通过评价来对政策进行调整和改进,不断助力高等教育红色基因传承人才培养过程中的心理能力建设,培养新时代富有强大心理素质的综合型人才。

2. 完善资源配备,提供经费支持

活动的开展离不开资源的保障,高校的心理能力建设应该有相应的物质和设备支持。现代高校的资金大部分用于教学设备更新、师资力量提升和校园建设方面,而心理能力的建设也需要一定的资金支持,以便更好地在红色基因传承过程中进行心理能力建设。

3. 强化师资质量,保证建设成效

高素质的师资队伍是支撑学校持续发展的根本保证,是学校有质量、有魅力、有生机的重要表现,因此,强化师资队伍建设,能够保证高校红色基因传承过程中心理能力建设的有效性。首先,应给专职教师提供心理能力建设相关的培训,使其具备相关的知识,不断对学生产生潜移默化的影响。其次,高校辅导员作为大学生的"知心"教师,必须具备一定的心理知识和心理建设策略,在与学生相处和进行咨询的过程中帮助学生调整不良心态,使学生以一种积极向上的状态生活和学习。最后,教书者必先强己,育人者必先律己。无论是教师还是学校管理人员都应该不断强化自身的心理能力,营造良好的心理氛围,从而正向影响学生的心理状态,保证高校心理能力建设的成效。

三、总结

在这个思想文化激荡、价值观念多元、信息瞬息万变的社会，优良的心理素质必将对 21 世纪的人才质量产生积极而又深远的影响。"红色基因"孕育了永放光芒的抗洪抢险精神、抗震救灾精神、北京奥运精神、载人航天精神，鼓舞着一代又一代中华儿女为了实现中华民族伟大复兴而坚强自立、坚持梦想、抵御挫折、勇往直前。在高校传承红色基因的背景下对大学生进行心理能力建设，不仅可以真正实现"为党育才，为国育人"的目标，还能够让大学生在感到革命先辈红色精神的同时，激发起他们强大的心理能量，以积极向上的状态投入到社会主义的建设中来，助力实现"两个一百年"奋斗目标和中华民族伟大复兴的中国梦。

参 考 文 献

[1] 习近平. 决胜全面建成小康社会 夺取新时代中国特色社会主义伟大胜利 [M]. 北京：人民出版社，2017：49.

[2] 在纪念五四运动 100 周年大会上的讲话 [N]. 人民日报，2019-05-01 (2).

[3] 胡月星. 把心理能力建设纳入党的自身建设 [J]. 中国党政干部论坛，2019 (1)：20-24.

[4] 吴刚. 领导干部心理调适能力建设探析 [J]. 领导科学论坛，2012，(12)：39-41.

[5] 吴才智，于丽霞，孙启武，等. 自杀大学生中的应激事件 [J]. 中国临床心理学杂志，2018，26 (3)：472-476.

[6] 张芮，杨晨韵，张耀东. 中国大学生抑郁影响因素的 Meta 分析 [J]. 中国全科医学，2019 (12)：1-6.

[7] 王钰珉. 张开"志技"双翼中长跑提效：培养高年级小学生中长跑技能与意志力的方法与启示 [J]. 中文科技期刊数据库（全文版）教育科学，2017 (6)：274.

[8] 张佩. 课程思政理念下"心理学"公共课教学质量的提升策略 [J]. 西部素质教育，2020，6 (12)：92-93.

[9] 穆成银. 新时代大学生"十大"育人体系的研究 [J]. 管理观察，2018 (34)：133-134.

[10] 廖翠萍. 中国大学生自杀未遂的研究分析 [D]. 重庆：重庆医科大学，2018.

Bringing the Construction of Psychological Ability into the Training System of Inheriting Red Gene in Colleges and Universities

Abstract: Since the founding of new higher education, the Communist Party of China has injected red gene into it, which promotes the vigorous development of higher education in New China, and has gone out a far-reaching and unique "red education road". The construction of psychological ability is of great significance to students, schools, society and the country, and is conducive to the improvement of personality, the cultivation of a relaxed and harmonious social atmosphere and national stability. Therefore, it should be incorporated into the system of cultivating the talents with red gene in colleges and universities. Through the five in one psychological system of course education, activity practice, consulting service, prevention and intervention, platform guarantee, the ability building system helps students cultivate psychological capital, improves their pschologial ability and culivates socialist builders and successosrs with "three views of positive and strong psychology".

Keywords: psychological ability building, red gene, personnel training

美国高校教师队伍的发展趋向与管理制度[①]

杨尊伟[②] 卢 迪[③]

高等教育质量在很大程度上取决于师资质量,高质量的师资队伍是高质量的人才培养和科学研究的必备条件。因此,高等教育质量战略或内涵式发展的实现,要求必须将高质量的师资建设作为高校改革发展的重中之重。2018年5月2日,习近平总书记在北京大学师生座谈会上指出:"人才培养,关键在教师。教师队伍素质直接决定着大学办学能力和水平。建设政治素质过硬、业务能力精湛、育人水平高超的高素质教师队伍是大学建设的基础性工作。"[1]经济社会发展程度越高,人才的重要性就越凸显。当今世界,国际竞争日趋激烈,各国之间经济、科技、军事等核心领域的竞争归根到底是人才的竞争,加强教师队伍建设是世界各国和地区高等教育改革与发展的重要措施。对于我国来说,积极融入国际化,向发达国家学习高校发展及师资队伍建设的先进经验,是加快高等教育强国建设的必要策略。在世界范围内,美国位居世界高等教育体系的中心,其高校教师管理与服务模式具有较大的启发和借鉴意义。本文在探讨美国高校教师队伍发展趋向和管理制度的基础上,总结了关于其队伍建设的若干经验,以期为我国高校高素质教师队伍建设提供借鉴。

一、美国高校教师队伍的发展趋向

本文依据美国国家教育统计中心(The National Center for Education Statistics,NCES)于2019年5月发布的《2019年教育状况》[2](The Condition of Education 2019)统计数据[④],分析美国高校教师队伍的总体规模、结构状况、薪资水平、终身教职情况以及种族和性别分布态势。

(一)美国高校教师队伍的规模稳步增长

从1999年秋季到2017年秋季,授予学位的高等院校的教师总数从100万增加到150万,增长了50%。全职教师的数量从593000人增加到821000人,增长了38%。相比之下,兼职教师的数量在1999年至2011年间从444000人增加到762000人,增长了72%;随后在2011年至2017年间从762000人减少到722000人,减少了5%。由于第一季度兼职教师人数增长较快,从1999年到2017年,所有兼职教师的比例从43%上升到47%。

在1999年秋季至2017年秋季期间,授予学位的公立、私立非营利机构和私立营利性高等院校的教师人数有所增加,但增幅要比私立营利性机构小得多。具体来说,公立机构的教职工人数从719000人增加到971000人,增长了35%;私立非营利机构的教职工人数从289000人增加到486000人,增长了68%;私立营利性机构的教职工人数从30300人增加到86200人,增长了185%。但在2017年,只有6%的教师受雇于私立营利性机构,而63%的教师受雇于公立机构,31%的教师受雇于私立非营利机构。

[①] 课题来源:全国教育科学"十三五"规划教育部重点课题"美国研究型大学参与区域创新的路径及成效研究"(DDA190324)。
[②] 杨尊伟,济南大学高等教育研究院副教授,教育学博士,研究方向为比较高等教育、高等教育政策与管理。
[③] 卢迪,淮北师范大学教育学院副教授,研究方向为国际与比较教育、高等教育国际化。
[④] 文中的数据除特别标注引用外,均来源于此报告,特此说明。

(二) 美国高校教师队伍结构的发展态势

1. 教师队伍的学历层次较高

一般来说，应聘者需要具有博士学位或博士后经历，才能申请美国大学教师的工作岗位。美国排名前30的大学的全职博士教师占比平均为96%。这说明在世界一流大学的师资队伍中，教师的学历层次普遍较高。例如，普林斯顿大学全职博士教师占比为96%，哈佛大学全职博士教师占比为97%，耶鲁大学全职博士教师占比为96%，加州理工学院全职博士教师占比为100%，麻省理工学院全职博士教师占比为99%，斯坦福大学全职博士教师占比为99%。[3]

2. 专兼职教师的职称结构差异明显

美国高校教师队伍的职称结构方面，专职教师队伍中教授、副教授和助理教授所占比例相对均衡，分别为28.5%、21.9%和23.2%，教员、讲师和其他三者共占26.3%。而兼职教师队伍中教员和其他无职称者所占比例较高，分别为35.4%和46.0%，教授、副教授、助理教授合计只占10.9%。[4]

3. 教师队伍的学缘结构多元化

有研究根据上海交通大学公布的2003年世界大学学术排行榜，有层次地选取16所美国大学（兼顾公立和私立），对美国高校教师学缘结构进行统计分析，结果显示[5]：一方面，11所大学中拥有本校博士学位的教师占比低于10%，而这些学校拥有国际化学习背景的教师比例总体上都很高，平均达到24%以上，其中哈佛大学等3所大学的比例超过了30%；另一方面，这些大学的教师的毕业院校也不是集中在某一所或某几所学校，而是遍布世界各地，例如，加州理工学院总共290多名教师，分别毕业于世界79所不同的大学，就接收在国外获得博士学位教师的情况来看，也达到了7%左右的比例。

4. 兼职教师的数量迅速增长

美国高校教师包括教授、副教授、助理教授、讲师、助教、兼职教授和临时教授。从1999年秋季到2017年秋季，授予学位高等院校的教师数量从100万增加到150万，增长了50%。全职教师的数量在此期间增加了38%，兼职教师的数量在1999年至2011年间增加了72%，但在2011年至2017年间却减少了5%。2017年秋季，在授予学位高等教育机构的150万名教师中，全职教师和兼职教师的占比分别为53%和47%。

5. 生师比结构维持较高水平

在授予学位高等院校中，2009年秋季全日制学生与教师的比例（简称"生师比"）为16∶1，2017年秋季的生师比降为14∶1，其中私立营利性高等教育机构的生师比为21∶1，公立2年制高等教育机构的生师比为19∶1，公立4年制高等教育机构的生师比为14∶1，私立非营利性4年制高等教育机构的生师比为10∶1。

(三) 美国高校教师队伍的薪资水平

在2017—2018学年，授予学位高等教育机构9个月合同的全职教师的平均工资为8.67万美元。平均工资因职称而异，从讲师的平均工资6.07万美元到教授的平均工资12.2万美元不等。

1. 全职教师的平均工资都处于增长态势

从1999—2000学年到2009—2010学年，全职教师的平均工资从8.19万美元增加到8.54万美元，增长了4%，2017—2018学年比2009—2010学年增长了1%，增加到8.67万美元。从不同职称教师的薪资增长来看，1999—2000学年到2009—2010学年，教授的平均工资从10.9万美元增加到11.9万美元，增长了9%；副教授的平均工资从7.99万美元增加到8.49万美元，增长了6%；助理教授的平均工资从6.59万美元增加到7.13万美元，增长了8%；讲师的平均工资从5.6万美元增加到5.97万美元，增长了7%。2017—2018学年，教授和助理教授的平均工资比2009—2010学年高出3%，讲师高出2%，副教授高出1%。

2. 全职教师的平均工资因高校的性质和类型而异

在2017—2018学年，私立非营利性机构全职教师的平均工资为9.52万美元，高于公立机构全职教师的平均工资 8.32 万美元和私立营利性机构全职教师的平均工资 5.62 万美元。在私立非营利性和公立机构的具体类型中，私立非营利性博士学位授予机构和公立博士学位授予机构的教师平均工资最高，分别为 11.1 万美元和 9.42 万美元。私立非营利性 2 年制大学教师的平均工资为 5.7 万美元，公立 2 年制大学教师的平均工资为 6.87 万美元，博士和硕士学位授予机构以外的公立 4 年制大学教师的平均工资为 6.92 万美元。2017—2018 学年，公立机构教师的平均工资从 1999—2000 学年的 8.06 万美元增加到 8.32 万美元，增长 3%；同期私立非营利机构教师的平均工资从 8.53 万美元增加到 9.52 万美元，增长 12%；私立营利性机构教师的平均工资从 4.33 万美元增加到 5.62 万美元，增长 30%。

3. 教师的平均工资因专职和兼职而异

根据美国大学教授联合会（American Association of University Professors，AAUP）对不同性质和等级高校教师的薪酬状况的调查，2016—2017 学年，兼职教师的平均年薪为 20508 美元，而全职教师的平均年薪为 80095 美元，是兼职教师年薪的 4 倍左右。从不同性质的高校来看，公立高校兼职教师的平均年薪为 21742 美元，私立高校兼职教师的平均年薪为 19478 美元，宗教附属高校兼职教师平均年薪为 18499 美元。从不同等级的高校来看，具有博士学位授予资格的高校兼职教师平均年薪为 26312 美元。

（四）拥有终身教职制度的教师比例下降且男性高于女性

2017—2018 学年，大约 55% 的授予学位高等教育机构拥有终身教职制度。终身教职制度保证教师在完成试用期后，不会无故被解雇。拥有终身教职制度的机构所占比例从私立营利性机构的 2% 到公立博士学位授予机构的近 100% 不等。在拥有终身教职制度的机构中，46% 的全职教师在 2017—2018 学年拥有终身教职，低于 1999—2000 学年期间的 54%。在实行终身教职制度的公共机构，拥有终身教职的全职教师比例在此期间下降了 9 个百分点；在私立非营利性机构，这一比例下降了 6 个百分点；而在私立营利性机构，这一比例下降了 60 个百分点。在拥有终身教职制度的院校，男性教师拥有终身教职的全职教学人员比例高于女性教师，如 2017—2018 学年，分别有 54% 的男性教师和 41% 的女性教师拥有终身教职职位。

（五）教师队伍的种族和性别分布状态

2017 年秋季，在所有授予学位高等院校的全职教员中，41% 是白人男性，35% 是白人女性，6% 是亚洲/太平洋岛屿的男性，5% 是亚洲/太平洋岛屿的女性，黑人男性、黑人女性、西班牙裔男性和西班牙裔女性各占 3%，美国印第安人/阿拉斯加原住民和来自两个或两个以上种族的人各占全职教师的 1% 或更少。

在授予学位高等院校，教师的种族/民族和性别分布因学术等级而异。例如，2017 年秋季，在全职教授中，54% 是白人男性，27% 是白人女性，8% 是亚裔/太平洋岛民男性，3% 是亚裔/太平洋岛民女性，黑人男性、黑人女性和西班牙裔男性各占全职教授的 2%，西班牙裔女性、美国印第安人/阿拉斯加原住民、来自两个或两个以上种族的人占全职教授总人数的 1% 或更少。相比之下，在全职助理教授中，白人男性占 34%，白人女性占 38%，亚裔/太平洋岛民男性占 7%，亚裔/太平洋岛民女性占 6%，黑人女性占 4%，黑人男性、西班牙裔男性和西班牙裔女性各占全职助理教授的 3%，而美国印第安人/阿拉斯加原住民和来自两个或两个以上种族的人各占全职助理教授总数的 1% 或更少。

二、美国高校教师队伍的管理制度

从美国高校教师队伍的管理实践来看，其管理制度主要涉及高校教师的分类与职责、聘任与晋升、培养与进修、评价与薪酬、权益与保障五个方面的内容。

（一）美国高校教师的分类与职责

美国高校教师队伍由专职教师（full-time faculty）和兼职教师（part-time faculty/adjanct teacher）两种

类型组成，其中专职教师设置讲师、助理教授、副教授和教授四种职称序列。美国高等院校的讲师（lecturer）至少要获得这一专业硕士或硕士以上的学位。助理教授（assitant professor）一定要有本专业的博士学位，要在教学和科研上有一定的经历并能显示出发展的潜力。副教授（associate professor）除了要有博士学位外，还需在高等教育教研中有5年以上的工作经验，更重要的是在教学质量、科研及论文上要有显著的成果。教授（professor）除需满足副教授的条件外，在教研、论著的数量和质量上要求更上一层楼，科研和论文要在本专业领域中有国内国际影响。

20世纪70年代以来，美国高校兼职教师数量逐渐增长，其原因主要有高等教育财政紧缩、多样性人才培养的需要以及学术劳动力市场供过于求等。高校兼职教师被称为美国高校教师队伍中的"隐性群体"（the invisible faculty），美国学者莱斯利和盖帕（Leslie D. & Gappa J.）指出，美国高校兼职教师的来源主要有四大类别[6]：第一类是医科专家、各领域专业人员和专家。其中50%以上的这类兼职教师在其他地方都有专职工作，他们一般是因为兴趣而不是经济原因来从事教学工作的。他们通常在数学、公共管理、法律、医药及健康、商学和社会工作等非常专业化的领域中教学。第二类是"老当益壮者"（career enders）。这种类型的兼职教师都是已达退休年龄、有丰富的专业实践或教学实践能力的专家，例如退休了的保险行业的经理或大学校长、拉丁语教授，或是工程师、军官等，他们也是因为兴趣而做兼职教师的，并且立志将余生献给传授知识的教育事业。第三类是"自由骑兵者"（free lancers）。他们通常把兼职作为提高适应性的一种方式，包括音乐家、作家、设计家、顾问、艺术家等。他们兴趣广泛，不可能接受单一角色的专职教师。另外，也有一些人是因为自己的事业不景气才以经济原因而从事教学的。第四类是有抱负的专业学者（aspiring academics）。通常是一些刚获得学位的哲学博士或在读博士，或是一些想靠做兼职教师的收入来完成博士论文的博士学位攻读者。他们是为了自己的教育和获得教学经验而考虑花适当的时间和精力做兼职工作。美国高校聘用兼职教师的目的主要有三个方面[7]：一是通过聘用兼职教师向学生传授诸如建筑、旅游、临床心理、电影制作和犯罪法等领域的先进的专业知识，同时也传授大学课程中必不可少的特殊技能课，如体育训练或工艺课等；二是作为基础技能课程的教师，向学生讲授英语写作、绘画、乐器演奏、导数等课程；三是作为全职教师的替补，弥补由于全职教师辞职、生病和退休而出现的空缺。在具体工作上，兼职教师主要承担本科生的教学工作，较少参与管理和科研。

（二）美国高校教师的聘任与晋升

美国高校选聘教师需要遵循以下基本原则和要求。第一，教师聘任和升级均面向社会、全球公开，招聘信息刊登在各大新闻媒体的教育专栏和其他各种媒体渠道，通知有关能提供候选人信息的企事业单位和科研机构，或者在有关专业会议上公开招聘。第二，应聘者必须具有博士学位。第三，为了避免学术上"近亲繁殖"（inbreeding）或"论资排辈"的倾向，美国各大学一般不招聘刚从本校毕业的学生，而主要通过高薪吸引最优秀的人才进入高校。如哈佛大学、南加利福尼亚大学和田纳西大学奥斯汀分校等都规定，本校毕业生直接留校任教的比例一般保持在15%以内；很多高校侧重招聘具有一定工作经历的人才，甚至不考虑应届毕业生。第四，美国大学招聘教师时遵守公平和公正原则，如哈佛大学的《大学教师手册》明确规定："大学管理者有责任保证在聘用大学教师和对待有资格的应聘者时，在性别、种族、肤色、信仰、年龄、国籍、是否残疾、是否为服役老兵或越战老兵等方面不允许有任何歧视。大学学术委员将有责任监督在大学教师研究与任命中反歧视行动的具体实施情况。"[8]

美国高校教师雇用本身不是终身制的，一般分为短期合同制（non-tenure track）和有终身教职申请权（tenure-track）两种。短期合同制是根据学校需要及教研经费的情况和教员工作的质量，每年签订合同，决定去留。具有终身教职申请权的教员，按规定一般在校任教5~6年后可以申请终身教职。美国高校教师任职最关键的环节是能否取得终身教职（tenure），申请终身教职的手续是经系主任和院长同意由教员本人提出申请。美国高校大多实行一种"非升即走"（up or out）制度，即教师在受雇期间或聘期结束时未晋升就必须离校。讲师的聘任期一般为1年，讲师升为助理教授的机会很少，期满时，如果校方不再需要就会被辞退。助理教授的聘期多为3年，期满时，如果校方需要且其业绩突出，可继续受聘3年，连续工作6年且成就显著的助理教授可晋升为副教授，并获得终身聘用资格，其余人则期满离校。未获终身聘用资格的副教授如果在聘期内晋升教授无望也只好离校，教授受聘时一般立即获得终身聘用资格（"合同教授"除外）。美国高校教师职称晋升对学历和资历均有严格的要求，如讲师晋升助理教授须有博士学位，硕士毕业生须有3年的教龄；晋升副教授必须教学效果优良，并且是有6年以上教龄的博士毕业生，或是有9年以上教龄的硕士毕业生；晋升教授则要求是有10年教龄的博士毕业生，或者是有15年教龄的硕士毕业生。

（三）美国高校教师的培养与进修

20世纪90年代，为了适应高等教育对教师的要求，美国学院与大学联合会和研究生院委员会共同发起和实施了"未来教师培训计划"，旨在将博士研究生培养成为能胜任高校教学工作的人，使他们具有教学、研究和专业服务的职业能力，为他们未来选择教师职业创造一个好的开端。美国许多大学还建立了各种旨在帮助提高教师水平的教学中心，为青年教师提供业务咨询和进行教学实践的场所。由于美国没有全国性的高校教师发展的相关法规与制度，美国高校教师的培训与进修纯粹属于个人提高业务水平的行为，是学校在为其提供良好服务条件基础上的教师自主自愿行为。在支持高校教师专业发展方面，美国高校通过实施资助青年学者和研究者的优惠制度，设立教学、科研奖金和学术休假，建立教师专业发展专项基金制度，积极鼓励教师走出校门参加各种学术交流活动，为教师参加国内外学术活动提供条件，使教师有机会获得新的信息，了解学科动向，扩大教师本人的学术影响。

学术休假（sabbatical leave）是美国高校教师进修和提高的一种重要制度，源于19世纪末美国研究型大学的崛起及其对教师国际化的需求，在提升教师教学水平、促进科研创新能力、提高教师队伍士气和缓解教师职业倦怠等方面成效显著。美国高校规定专任教师在学校连续工作7年，可以享受半薪学术休假一年或全薪学术休假半年，教师可以在学术休假期间到其他院校或国外做访问学者，开展教学和科研活动。"学术休假的活动范围不受限制，可以继续从事原有科研课题的研究，也可以开拓新的领域；可以进行高深学科的深造、专题项目的研究、新技术开发、课程建设，也可以深入实际调查研究，从而提高专业理论水平。此外，美国高校也经常为教师提供短期学术假和一定的经费，或者减少工作负担，为教师的业务进修创造条件。"[9]

（四）美国高校教师的评价与薪资

美国高校教师评价包括三种：①常规评价，主要是履职尽责情况的年度评价，由总结性评价和一系列单项的评价综合构成，如本学期开设课程的学生评价等。②晋升评价，主要评价申请者履职尽责情况以及是否具备高一级职务所要求的素质和水平。③专项评价，是根据特别需要开展的评价。评价的主要内容是美国高校教师承担的基本职责，包括教学、科研和公共服务三个方面。教学考核的指标主要有每学期教学工作量、注册选课学生的增减、所教课程学生的平均成绩、指导研究生或本科生开展科学研究的情况等，对教师教学态度、质量、效果的考核采用学生问卷、同行评价、学术行政主管评价和自我评价等多元评价结合的方式。科研考核指标主要有发表论文的质量和数量、课题研究的影响和科研经费的额度等，论文质量依据期刊的种类及其学术影响力，请同行专家做出考核评价。公共服务考核指标主要考察教师承担学校、院系学术组织工作，从事学术顾问、学生事务及其他义务的公共服务以及对社会和当地经济发展所做的贡献等。一般来说，教学、科研和公共服务在教师评价中所占比重大致为40%、40%和20%，但这个指标比重也会因院校类型而异。

美国高校教师薪资的确定一般以岗位、能力、绩效等几个因素为依据。在薪资类型上，主要有签约体系薪资制（Contract Salary System, CSS）和单一固定薪资制（Single Salary Schedule, SSS）两种类型。[10]其中，签约体系薪资制是主体，这种制度主要根据教师的教育水平、相关工作经验和学术活动判断教师的预期工作产出而确定其起始薪酬标准。教师每年受人才供求关系影响与所在院校协商工作量并确定报酬。单一固定薪资制与我国高校现行的职务等级工资制很相近。根据美国1963年的《平等工资法案》（*Equal Pay Act*），除非明确采用"年薪制"（Seniority System）或"绩效工资制"（Merit System），否则雇主必须在相同的工作条件下，对工作岗位、教育程度、工作年资及工作考评结果相同的人支付相同的工资。单一固定工资制度详细规定了每一个学衔的固定级别以及每一个级别晋级时间的具体条例。同时，同一等级的教师每年都会获得同等金额或同等比例与金额相结合的薪资涨幅。无论是签约体系薪资制还是单一固定薪资制，高校教师薪酬均与受聘职级密切相关。

美国高校教师的年薪制由固定基本工资、可变工资和奖金红利三个部分组成。[11] 固定基本工资是主体，约占教师总收入的55%～60%，体现了美国高校教师薪酬收入的稳定性特点。基础科学系的教师薪酬只包含两部分即固定基本工资和可变工资，个人的固定工资一般不发生变化，除非其职位等级变动；可变工资将由教师的专业和他对院系的贡献业绩来共同确定。教师年薪一般以每年9个月或11个月的工作合同为基础，假期工作和从事第二职业、提供咨询服务的劳动报酬不计入工资额内。假期3个月工资从本人争取到的科研经费中支付，如科研经费不足，可以申请暑期短学期中开课，从学校领取暑期工资。如要申请少上课，多做科学研究，则少上一门课，少拿25%工资；少上两门课，少拿50%工资。教师从学校少领的工资可以在自己的研究经费中得到补偿，而学校拿了这部分工资可以请别的人开课。

（五）美国高校教师的权益与保障

美国高校教师的基本权利主要体现在学术自由、学术休假、学术研修等方面[12]：①学术自由。美国高校一贯主张教师积极开展科研活动，允许师生对学术问题持有异议，倡导全体师生员工在良好的气氛中进行学术研究。教师有权在课堂上就其讲授内容展开讨论，但对于与教学内容无关且又容易引起争议的论题，则要求教师谨慎，最好回避。②学术休假。美国高校教师在一所学校连续工作7年且成绩突出者，在不影响学校正常教学工作的情况下，可享受1次学术休假，时间不得少于1个学期，甚至可以超过1年。③学术研修。美国高校鼓励和资助教师参加校外乃至国际性的学术会议，以达到交流信息、了解学科发展、扩大影响的目的。许多高校还设有提高教师质量的服务中心，帮助教师提高教学水平。

在美国，高校教师合法权益保障的基本机制是终身教职制度。1940年，美国大学教授协会（AAUP）和美国大学院校协会（AAC）联合发表了《关于学术自由和终身教职原则的声明》，标志着美国终身教职制度的建立。该声明在反映学术或教学职业的基本实践标准的基础上，界定了大学教授的需求和权利义务等方面的基本规范，实际上是教授联合会争取自己的权利，与大学管理界达成的一种契约。该声明把学术自由看作是美国大学教师的一种权利，要求高校不得以解聘等方式侵犯教师学术自由权。为回应终身教职制度在实践中面临的种种挑战，1998年，美国大学教授协会发表了《聘后评审：AAUP的回应》的报告，提出了终身教职后评审（Post-tenure Review）的10条建议性原则：①要不惜一切代价保护学术自由；②聘后评审制度不能成为修订终身教职决定的借口，管理人员不能以聘后评价为借口解雇教师；③教师应该在终身后评审制度中起主要作用；④终身聘后评议制度应该让教师自然发展，学校应该投入资金促进教师的发展；⑤终身后评审制度应建立在学科与专业发展的基础上，并应具有一定的弹性；⑥终身后评审的过程与结果应该保持公开；⑦教师发展计划应该是聘后评议的一部分，聘后评议的政策应由教师与管理者共同制定；⑧教师应该获得对他们的评议做出评价的权力；⑨在严格的持久的性能下，对教师进行评价，如没有严格的程序，那么教师可以参与任何处罚案件；⑩解聘的标准只能是成为解聘的原因，解聘过程要有严格的程序保障。[13]

大学教师权益的实现还得益于大学关于教师聘任的程序性规定。在美国，根据劳工法，教师聘任必须按照合法、公正的程序进行。大学中任何一个职务的招聘都必须在相关出版物上公开发布，否则视为违法；大学解聘教师时，必须在法定时间内通知教师并给予其申诉权利，否则大学就会因程序不合法而在法庭上败诉。大学的人力资源或劳工关系委员会对各类人员招聘的合法性有监督作用。美国教师与高校之间是平等的民事法律关系。再者，教师的权益还受到大学章程中关于学院规则、条例、教师手册以及适用于集体谈判的协议等一系列规章的保护。教师一旦进入学校就要遵守学校的这些具有法律效力的规章制度，并受其保护。[14]

三、美国高校教师队伍建设的若干经验

教师队伍质量是创建世界一流大学的关键因素，哈佛大学文理学院前院长亨利·罗索夫斯基（Henry

Rosovsky)认为:"迄今为止,衡量大学状况最可靠的指标,是该校教师队伍的优秀程度,这几乎能决定其余的一切;一支优秀的教师队伍能够吸引优秀的学生、基金以及校友和公众的支持,并能赢得国内和国际的承认。保持和提高学校声誉的最有效的办法,就是改善教师队伍的质量。"[15]美国拥有世界上最高水平的高等教育,归根结底是因为其有一支高水平教师队伍,而这又得力于其先进的教师管理和服务体系。

第一,维持较高水准的经费投入。美国高校教师薪酬具有较强的外部竞争力,确保教师薪资保持在较高水平,这不仅能够提升教师职业吸引力、激励教师投入,还能够依据人才培养的需要扩大教师规模,以保障合理的生师比水平,这是提高人才培养质量的重要条件。美国一流大学尤其是私立精英大学的生师比都保持在较低水平,而我国大学的生师比明显偏高。因此,通过增加投入降低高校生师比是提高人才培养质量的重要措施,也是我国高等教育改革的重要任务。

第二,重视教师队伍结构的优化。教师规模的增加并不必然带来教师质量的提升,队伍结构优化才是保障教师质量的基础。具体来说,确保教师的高学历水平、高职称水平、国际化和多元化水平,也就是不断提高拥有博士高级学位教师的比例,提高高级职称教师的比例,增加国际化教师的比例,追求教师来源的多样化。通过优化结构,改善教师队伍的整体质量,建设一支高素质高校教师队伍。

第三,实施灵活的教师管理制度。美国高校采取短期聘用、项目制聘用、长期或终身聘用等方式聘任教师,根据教学、研究的需要灵活选择和聘用教师;并采用不同的薪酬模式适应不同类型和岗位教师特征。通过灵活多样的聘任方式和差异化的薪酬水平,为高校教师提供个性化的选择和服务,促进其专业发展。

第四,聘用大量的兼职教师。美国高校从各行业聘用优秀人才担任短期教师,有利于给教学带来多样化的课程内容,给学生带来多样化的学习体验。如上文所述,兼职教师薪资平均水平是全职教师薪资水平的1/4,聘用兼职教师也有利于节省教师薪资支出。更重要的是,兼职教师制度解放了大量长聘教师,使他们可以把更多的时间和精力投入学术活动中。

第五,重视高校教师的权益保障。美国高校教师主要拥有包括学术自由权、专业发展权等的合法权利。教师权益保障措施主要是通过终身教职制度保护教师学术自由和学术自主的权利;通过学术休假和提供资助等方式鼓励教师进修和参加学术活动,促进其专业发展;建立教师权益保障机制,强调依法治教的基础性作用,尤其重视程序公正在教师聘任和权益保护中的作用。

总之,以上内容概括了美国高校教师管理与服务体系的五个基本维度,而在不同维度下又有着十分复杂的运行机制和管理办法,从而构成了富有成效的高校教师发展环境,对我国高校教师队伍建设有着一定的启发价值。同时,无论是美国还是其他国家或地区的高校教师服务体系都具有鲜明的本土特色,而非绝对普适性的经验模式。因此,我国高校教师发展与服务体系的构建必须建立在中国高等教育发展的实际基础之上,借鉴先进经验,利用中国智慧解决中国问题,建立中国特色社会主义高校教师发展与服务体系,助力建设一支高质量教师队伍,为我国创建世界一流大学和高等教育强国建设提供坚实的人才资源和智力支撑。

参 考 文 献

[1] 习近平. 在北京大学师生座谈会上的讲话 [EB/OL]. (2018-05-02) [2020-02-13]. http://www.xinhuanet.com/politics/2018-05/03/c_1122774230.htm.

[2] MCFARLAND J, HUSSAR B, ZHANG J, et al. The Condition of Education 2019 [EB/OL]. (2019-05-22) [2020-02-13]. https://nces.ed.gov/pubsearch/pubsinfo.asp?pubid=2019144.

[3] 刘莉莉. 高校师资队伍结构优化及其对策研究:基于世界一流大学的经验分析 [J]. 东南大学学报(哲学社会科学版), 2011 (6): 126-129.

[4] 杨天平, 尹帅. 美国高校兼职教师队伍研究 [J]. 教育与教学研究, 2019 (6): 44-53.

[5] 姜远平, 刘少雪. 美国一流大学教师学缘结构有何特点 [N]. 中国教育报, 2007-09-24 (5).

[6] LESLIE D, GAPPA J. Education's new work force [J]. Planning for higher education, 1994, 22: 1-6.

[7] SOMMER B. Recognizing academe's other faculty [J]. Planning for higher education, 1994, 22: 7-10.
[8] 杨茂庆. 美国研究型大学教师流动政策与实践研究 [J]. 中国教育政策评论, 2012: 144-153.
[9] 李子江, 李子兵. 国外高校教师队伍建设的经验与特色 [J]. 大学教育科学, 2006 (1): 59-61.
[10] [11] 夏茂林, 等. 美国高校教师绩效薪资制度的主要特点、问题及启示 [J]. 大学教育科学, 2011 (1): 92-96.
[12] 穆岚. 美国高校教师队伍管理探微 [J]. 教育评论, 2003 (6): 95-97.
[13] 吴岩. 市场权力协调下的美国大学教师聘任制度改革及启示 [J]. 外国教育研究, 2011 (1): 70-75.
[14] 杨晴, 刘香菊. 从德国和美国的经验看公立高校与教师的法律关系 [J]. 华北电力大学学报 (社会科学版), 2009 (5): 36-40.
[15] ROSOVSKY H. The university: an owner's manual [M]. New York: W. W. Norton & Company, 1991: 229-230.

The Development Trend and Management System of the Faculty Construction in American Universities and Colleges

Abstract: The quality of faculty directly determines the ability and level of the university, and the construction of high-quality faculty is an inevitable requirement for the connotative development of higher education. The United States is the center of higher education in the world, and its faculty construction is very effective. This paper uses the statistical data of "the Condition of Education 2019" to analysis the development trend of the faculty construction in American colleges and universities in terms of overall quantity, structure status, salary level, tenure status, ethnic and gender distribution. The five dimensions of college teachers' classification and responsibility, employment and promotion, training and further study, evaluation and salary, rights and guarantees constitute the content of American college teachers' management system. There are complex operating mechanisms and management measures in different dimensions, which constitute an effective faculty development environment, and have certain enlightening value for the faculty construction in colleges and universities in China.

Keywords: American college teachers, faculty construction, development trend, management system

基于学习产出的教育模式下新文科一流专业人才培养目标研究

辛 琳 徐永林

2019年,教育部连续颁布了两个重要文件——《教育部关于深化本科教育教学改革 全面提高人才培养质量的意见》(教高2019年6号文)和《教育部关于一流本科课程建设的实施意见》(教高2019年8号文),开启了中国高等教育本科教育改革的具体推进环节,搭建了具体的实施框架:从构成专业的课程入手,推动一流专业的创建,并最终形成有中国特色的一流本科教育体系和网络。

一、一流专业人才培养目标研究问题的提出

关于何为"一流本科教育",目前尚无定论。其中,美国本科教育改革的提法是,以学生为中心、满足学习权利、强调学习结果、丰富学习体验、鼓励学习创新、促进学习成功。国内学者提出,一流本科教育应具备高质量的生源、通识教育的课程体系、研究性的教学模式、高水平的教学队伍、严格的淘汰制度等。总之,如何理解一流本科教育,国内外目前尚无公认的定义和科学的指标。

从12世纪开始,专业教育贯穿了大学800多年的发展史,从最初的通过专业学术训练来实现人格完善、道德提升和品性塑造的新人文主义大学专业理念,发展到通过专业将基础科学、社会实践等融合的多向非线性机制,专业建设与发展在大学教育中承担着关键功能。

根据教育部公布的数据,截至2019年6月15日,全国高等学校共计2956所。在"一流本科、一流专业、一流课程"的网络布局中,一流专业建设起着承上启下的关键作用,2000多所高校该如何建设适合自己的一流专业,体现"中国特色+学校特色"的专业建设,是首先需要思考清晰的战略问题。作为专业建设起点的人才培养目标的清晰定位,是战略的起点,也是培养方案、课程体系、课堂教学、师资培养的灵魂。

二、一流专业人才培养目标构建的理论基础

教育价值观决定着教育价值取向,教育的对象和实施者、受益者都是"人",因此,以人为本是教育的核心理念。建设一流专业既是综合实力和国际竞争力的直接体现,也是建设世界一流大学和一流学科的逻辑起点。人才培养过程中,细分人才培养目标,自上而下设计课程和教学的成果导向的教育(Outcome-based Education,OBE)理念,以及尊重学习者的需求和自身特点的建构主义学习理论,是一流专业人才培养目标构建的理论基础。

(一) OBE 理念

OBE 理念最早出现于1981年美国学者 Spady W. D. 的论文中。其公认的定义为:帮助学生经由学习实现特定产出的教育教学过程。其实质上是管理学的结果导向、绩效导向在教育活动中的体现。其具体实

---

① 课题来源:上海市教育委员会资助的上海高校本科重点教学改革项目"新文科背景下基于OBE理念的金融拔尖人才培养模式创新与实践"。
② 徐永林,上海对外经贸大学副校长,博士,教授,教育部高等学校金融学专业教学指导委员会委员。
③ 辛琳,上海对外经贸大学金融管理学院副院长,博士,副教授。

施原则有四项：清楚聚焦学习成果、扩大学生学习机会、提高教师期待、反向设计课程与教学。

OBE 理念的理论基础来源于泰勒原理和布鲁姆掌握学习理论。"现代课程理论之父"拉尔夫·泰勒提出，不同类型的学校要根据自身情况选择恰当的教育目标，综合考虑学科的逻辑、学生的心理发展规律和社会需求后，方能实施恰当的教育，此为"泰勒原理"。布鲁姆提出的掌握学习理论要求通过形成性评价及时发现学生存在的问题，从认知目标、情感目标、动作技能目标等方面给学生提供"第二次机会"，直到学生真正掌握教学内容。

OBE 理念最大的特点是动态调整，即要求学校和教师结合现实需求明确学生的预期学习结果，以最终学习成果为起点反向设计课程体系，并开展教学，结合个性化培养方案，给予每一位学生平等的获得成功的机会，让每一位学生都能在学习过程中自我实现。按照"培养目标—毕业要求—课程体系—课程内容"的顺序，通过"从上到下"的"倒推"模式来重新构建人才培养体系。因此，专业的人才培养目标是专业建设的起点。

（二）建构主义学习理论

建构主义学习理论作为横跨教育学、心理学的重要理论，对人类的学习活动和认知活动具有较大的实践指导意义。该理论认为，学习是一种学习者从自身原有经验出发，建构起新的经验的过程。其最初起源于瑞士心理学家皮亚杰提出的关于儿童认知发展的日内瓦学派的理论；后来，柯尔伯格、斯滕伯格、卡茨、维果斯基等人分别在认知结构的性质与发展条件、个体主动性发挥、社会文化历史背景的影响等方面进行了丰富与完善，形成了建构主义学习理论的框架。

建构主义学习理论认为，知识是人们在当前环境下对客观世界的一种解释、假设或假说，是一种阶段性的状态。知识并非放之四海皆准的法则，也不能提供适合一切的解决方案，需要不断再加工和再改造。由于学习者背景和经验不同，其对同一知识也会有不同的定位；学习是一个主动过程，是一个动态过程，是一个新旧知识不断融合、拆解、重构，直至一个新的认知状态的出现的过程。换言之，学习实际上是不同境界的认知平衡状态的动态迭代过程；学习者是学习过程中的主动者和活跃者，也是最终结果的承载者。因为每一位学习者有着自己的理解和倾向，会形成具有较大偏差的认知结果；所以，教师的角色更像是一个支架，起着展示、引导、观察、鼓励、激发、情境提供等作用，帮助学习者理解新知识、重构知识系统。知识、学习、学习者、教师等构成了围绕人才培养目标有效运转的系统，人才培养目标是这个系统的灵魂。

三、一流本科专业人才培养目标的内涵

哲学层面对"目标"的解读是指一个逐步推进过程的最终载体，即从感性到理性，从理性到纯粹理性，从纯粹理性到制定规则，从制定规则到现实目标。管理学认为，目标是指工作或计划拟定实现的标准。教育学中的人才培养目标是有关人才培养活动的目标，专业人才培养目标是专业通过对自身发展的认知及对环境的了解，平衡内在能力水平和外在社会需求后，结合使命与愿景，为本专业学习者制定的，可考察的、合理的、理想化的未来图景。

（一）一流本科专业人才培养目标是以学生为中心的具体体现

一流专业人才培养目标表面上是对目标的描述，实则体现了以人为中心的本质，目的是促进学习者的发展。人的发展是一个复杂的过程，最终决定走向和结果的，往往是多因素影响博弈的后果。所以，一流专业人才培养目标因其界定对象的复杂性，而具有较大的不确定性，在表述中无法准确地对其特征与规范进行具体的体现，于是更多地表现为专业人才培养方向的指引、教育理念的展示和人才培养使命的表达。

（二）一流本科专业人才培养目标具有明晰的方向性

一流本科专业人才培养目标应该是专业人才培养工作的行动方向，具有强烈的导向性，蕴含了专业历史背景、现状及未来发展的设计，体现了专业的性格特征。学校的办学层次、办学水平和办学类型，以及

学校的发展阶段均约束着一流本科专业的发展愿景与方向。例如，对人才类型的表述，到底是"引领者"合适，还是"复合者"合适？是"学术人"合适，还是"应用人"合适？对人才特质的要求，到底是"素质养成"合适，还是"基础扎实"合适？是"主动创新"合适，还是"适用面广"合适？好的一流本科专业人才培养目标应该能够体现学校和专业的精神与性格，并且具备人文传播效应。

（三）一流本科专业人才培养目标具有激励作用

一流本科专业人才培养目标能够在简洁凝练的文字中表达对其培养人才的基本要求，同时，也能将专业、学院、学校的崇高理想和美好愿望融入其中，引导师生向真向善向美，激发师生奋斗的精神，具有强大的感染力。在世界一流大学本科人才培养目标中，"创造、传播、应用和分享知识""拓展人类知识与边界""为国家和世界服务""思想家和领导者"等语言描述，持续激励着大学、学院、专业、师生等。

四、一流专业人才培养目标构建案例

上海对外经贸大学原隶属于国家对外贸易经济合作部（现商务部），学校始终将推进国际化作为促进学校事业发展的重要途径。学校与108所境外高校及机构签订了合作协议，参加了"一带一路"高校战略联盟、中国－俄罗斯经济类大学联盟、金砖国家商学院联盟、中国－中东欧国家高校联合会等联盟。上海对外经贸大学金融管理学院中加合作办学已经20多年。目前，学院与英国曼彻斯特大学、美国宾州州立大学、美国罗德岛大学、法国雷诺商学院等高校持续开展合作，每年都有100多名学生赴海外学习。金融学（全英语）专业人才培养目标具有鲜明的"国际化"特征。这既是延续历史和传承，也是适应新形势、新要求、新变化的需要。

新文科是在第四次工业革命和新时代中国特色社会主义的背景下，以创新和融合为关键词对传统文科的升级，特征为从学科导向转向以需求为导向，从专业分割转向交叉融合，从适应服务转向支撑引领。新文科一流专业人才培养目标需要结合专业发展特色和研究、服务路径进行重塑。

（一）六向度选择人才培养目标

根据成果导向和建构主义学习理论的要求，金融学（全英语）专业人才培养目标向度选择的具体方法是：采用对比世界一流大学本科教育人才培养目标内涵和关键词的方式，结合上海对外经贸大学及其金融管理学院的特色与优势进行筛选确定。

1. 人才定位向度的选择

世界一流大学在人才定位方面表述的关键词为：领导者，未来领袖精英，思想家和领导者，学科领导者，研究人员、科学家和学者，变革者，具有国际最高标准的青年科学家，具有批判性和智慧的全面批判性思考者，等等。上海对外经贸大学的金融学（全英语）专业设立的初衷是探索拔尖学生培养模式，实施本科人才"造峰"计划，因此，其结合"国际化"特色，提出培养具有全球视野和创新精神的现代金融管理精英人才的定位，培养学生成为跨国公司全球运营的业务的执行者和未来领导者。

2. 知识向度的选择

世界一流大学在知识向度方面表述的关键词为：创造、传播、应用和分享知识，拓展人类知识与边界，广泛、深刻的智识，等等。金融学（全英语）专业人才培养目标对智识的要求表述为：了解国际经济环境，特别是国际金融市场发展动态，熟悉国际金融产品设计和交易管理的规则、法律与惯例，掌握现代金融管理理论、基本知识与基本技能，通晓跨国企业运作模式，掌握现代金融决策分析理论、工具和方法。

3. 能力向度的选择

世界一流大学在能力向度方面表述的关键词为：终身学习能力，理解力、洞察力、想象力和实践能力，探索、批判性思维和探究、发现能力，批判分析和写作能力，解决社会问题的能力，创新创造精神与能力，等等。金融学（全英语）专业人才培养目标的能力向度可以概括为国际化"四通"人才，即通用语言——适应以英语为工作语言的工作环境，通用规则——熟悉全球通行商业规则，通用管理——具备跨文化适应力、合作力和领导力和通用工具——掌握全球运营定量分析工具及通用软件,培养学生成为跨国公司全球运营的业务的执行者和未来领导者。

4. 素质向度的选择

世界一流大学在素质向度方面表述的关键词为:强烈的公共责任感、国际素养和开拓精神,教养深厚、人性伟大、责任感强,追求有意义和道德感的生活与价值观,以创新方式追求卓越,等等。金融学(全英语)专业人才培养目标的素质向度,结合社会主义核心价值观要求,可以表述为具有正确的价值观、强烈的责任感和开拓精神的人才。

5. 研究向度的选择

世界一流大学在研究向度方面表述的关键词为:最尖端前沿研究,独立、原创性研究,开展基础研究和技术创新,严格的学术训练,早期参与科学和学术研究,等等。金融学(全英语)专业人才培养目标的研究向度,可以融入对一流本科专业建设中基本学术素养养成的要求,表述为熟悉基本学术规范、可以自主开展研究。

6. 服务向度的选择

世界一流大学在服务向度方面表述的关键词为:为国家和世界服务,引领世界,造福人类,服务社区,等等。金融学(全英语)专业人才培养目标的服务向度必须基于中国教育的基本使命,为中华民族的伟大复兴服务。

(二)凝练办学特色,提取核心竞争力

1. 以需求确定人才培养目标对应的基本核心能力

根据哈特研究会(Hart Research Associates)自2012年持续进行的本科生学习结果的调查,以及针对雇主进行的关于雇主认可的最重要的大学学习结果的调查,排在第一位的是"不同环境中的问题解决",96%的被调查者认为能够在不同环境中解决问题是最重要的习得能力;87%的人认为"知识和理解,价值观"是最重要的习得能力;86%的人认为"技能和判断"是最重要的习得能力;85%的人认为"口头沟通"是最重要的习得能力;83%的人认为"团队合作能力"是最重要的习得能力;82%的人认为"书面沟通"是最重要的习得能力;81%的人认为"道德判断和决策""批判性思维与分析推理"是最重要的习得能力;80%的人认为"广泛的文科知识"是最重要的习得能力。

从上述数据可以看出,一流本科教育培养的核心能力应该包括灵活解决问题的能力、正确的价值观、丰富的知识储备、良好的沟通能力、优秀的团队合作能力、正确决策的能力、深入的思考能力和广泛的通识基础。

2. 根据办学特色凝练特色核心能力

(1)"英语+"特色。上海对外经贸大学从诞生起,就具备"英语+外贸"的鲜明特色。办学过程中,始终体现了对本科生英语"六位一体"的要求:听力、口语、阅读、写作、翻译、词汇量。同时,将"通用英语+学术英语+拓展英语"贯穿培养方案始终,为人才培养奠定了鲜明的特色和优势。

(2)良好的商务沟通能力。上海对外经贸大学有着悠久的中外合作办学历史,在融合交流中形成了研讨式教学、混合式教学等先进模式,并将团队合作工作成果的陈述与沟通,广泛应用于各门课程的教学实践中,取得了良好的对本科生商务沟通能力的训练效果。

(三)实证检验人才培养目标蕴含的核心能力

我们采用国际通行的李克特五分制量表进行调研,设计了"8+2"个问题的调查问卷。2019年9月30日至10月11日,通过"问卷星"发放调查问卷进行上海对外经贸大学本科教育特色调查,共回收有效问卷664份,第一份试卷完成于2019年9月30日,最后一份问卷完成于2019年10月11日。每份问卷平均用时46秒,答卷人所在地有上海、浙江、江苏、广西、湖南、贵州、新疆、西藏等,人群覆盖面显示覆盖了教师、在校生和已毕业学生。克伦巴哈系数为0.971,超过0.7的标准,说明该调查问卷具有良好的信度和效度。在664份有效问卷中,10项核心能力平均得分是4.142,最高分是"英语作为工作语言的能力"的4.37,最低分是"深入的思考能力"的4.02。(见图10)

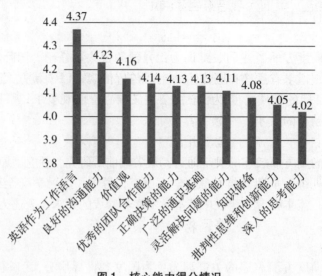

图 1　核心能力得分情况

运用专业的问卷分析软件 AMOSS 针对 664 份调查问卷进行分析，发现被调查者认为一流本科教育人才培养核心能力按照重要性程度从高到低排序分别为：正确决策的能力、深入的思考能力、灵活解决问题的的能力、优秀的团队合作能力、知识储备、批判性思维和创新能力、广泛的通识基础、良好的沟通能力、价值观、英语作为工作语言的能力。（见图 2）

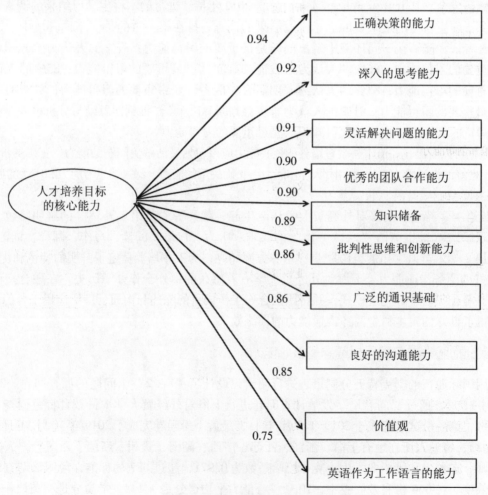

图 2　人才培养目标对应的核心能力体系分析结果

（四）金融学（全英语）专业人才培养目标确定

综上所述，金融学（全英语）专业人才培养目标在 OBE 理念和建构主义学习理论的指导下，对比分析世界一流大学人才培养目标的人才定位、知识、能力、素质、研究和服务六个向度关键词，结合学校和专业特色的要求，可以表述为：金融学（全英语）专业的人才培养目标是，培养具有正确的价值观、强烈的责任感和开拓精神，以中华民族复兴为己任，服务于国际金融中心发展需求，熟悉基本学术规范的跨国公司全球运营的金融业务执行者和未来领导者。探索拔尖学生培养模式，实施本科人才"造峰"计划，打造适应跨国公司全球商务活动需求的全球通用商科人才，即通用语言——适应以英语为工作语言的工作环境，通用规则——熟悉全球通用商务规则，通用管理——具备跨文化适应力、合作力和领导力，通用工具——掌握全球运营定量分析工具及其通行软件。

五、基于 OBE 理念的人才培养目标分解设计框架

以成果为导向的人才培养目标的落实，需要"倒推"出核心能力及对应的毕业标准，才能提供专业认证时不可或缺的培养目标合理性及达成度的评价基础。针对前述设计的 10 项核心能力设计的毕业标准的考核重点见表 1。

表 1 人才培养目标蕴含的核心能力及毕业标准设计

核心能力	毕业标准
正确决策的能力	能够提出问题，分析问题，判断问题，多方案选优后的决断、与自检等
深入的思考能力	具备透过问题表象发现本质和关键点的能力
灵活解决问题的能力	能够在不同环境下尽量以相对最优的方式和方法解决问题
优秀的团队合作能力	具备尊重、欣赏、宽容、互助为核心的团队协作精神，以团队利益最大化为目标的能力
知识储备	具备在工作中运用专业知识，解决专业问题的基本能力，达到本专业领域的初级水平
批判性思维和创新能力	能以分析、批判的思维方式认知、判断、处理与专业实践有关的问题，敢于设计新颖的解决方法
广泛的通识基础	具备哲学与社会、文学与艺术、科学与创新、数学思维与经济分析、文化历史与国际视野的基本知识
良好的沟通能力	面对不同人群能进行有效沟通
价值观	具备底线思维，能在职业要求和道德伦理方面遵守规则。认同社会主义核心价值观，并能在专业领域和非专业领域遵守
英语作为工作语言的能力	能在英语环境进行文字和语言的顺畅沟通，包括商业环境、学术环境等

参 考 文 献

[1] 吴岩. 一流本科 一流专业 一流人才 [J]. 北京：中国大学教学，2017（11）：4-12+17.

[2] 方华梁. 世界一流大学专业教育演进的逻辑：基于知识秩序转型视角的考察 [J]. 高等教育研究，2019（2）：61-71.

[3] 林健. 一流本科教育：建设原则、建设重点和保障机制 [J]. 清华大学教育研究，2019（2）：1-10.

[4] 王严淞. 论我国一流大学本科人才培养目标 [J]. 中国高教研究，2016（8）：13-19+41.

[5] 尚红娟. 美国一流本科教育的改革与发展趋势 [J]. 现代大学教育, 2018 (3): 37 - 48 + 112.
[6] 别敦荣. 一流大学本科教学的性质、特征及建设路径 [J]. 中国高教研究, 2016 (8): 7 - 12.
[7] 李硕豪. 论一流本科教育的基本特征 [J]. 中国高教研究, 2018 (7): 12 - 16.

Research on Training Goals of First-class Professional Talents Based on OBE and Constructivist Learning Theory

Abstract: The determination of first-class professional talent training goals is the strategic starting point for first-class professional construction. Based on the OBE and constructivist learning theory, this paper analyzes the connotation of the training goals of first-class professionals, and proposes six dimensions which are talent positioning, knowledge, ability, quality, research, and service. Combined with the characteristics of schools, we set up talent training goals that contain core abilities. Taking the finance (taught in English) major as an example, the research and design of talent training goals were carried out, and graduation standards corresponding to the ten core competencies were proposed.

Keywords: first-class professional, talent training goals, outcome-based education, constructivist learning theory

第八篇　博士生论坛论文

"为何"与"如何":高等教育治理"中国方案"的元研究

公钦正[①] 赵之灿[②]

2019年10月24日,教育部发布《关于加强新时代教育科学研究工作的意见》,明确提出教育科学研究是教育事业的重要组成部分,要在教育科学的研究工作中着力提升国际影响力,积极参与全球教育治理,推动中国教育成功经验的传播与分享。2020年6月,教育部等八部门《关于加快和扩大新时代教育对外开放的意见》(以下简称《意见》)正式印发。《意见》对新时代教育对外开放进行了四项重点部署,其中一项即积极向国际社会贡献教育治理"中国方案"。高等教育治理"中国方案"是教育治理"中国方案"的重要组成部分,新中国成立以来,中国高等教育事业在党和政府的领导下实现了跨越式发展,这是党和人民齐心协力、艰苦卓绝奋斗的结果,成功的背后体现着制度性优势,蕴含着内在的规律[1]。同时,"越是民族的,越是世界的",在高等教育事业发展过程中遇到的问题,既有中国的特性,又有世界的共性。将中国在高等教育治理现代化进程中的经验进行总结,并进一步形成高等教育治理"中国方案",是教育科学研究的时代要求和研究任务,不仅对于我国高等教育事业起到继往开来的作用,还能提升中国高等教育研究的国际影响力,为世界高等教育进步做出"中国贡献"。因此,有必要对高等教育治理"中国方案"的研究进行元研究,明确"为何"以及"如何"研究高等教育治理"中国方案"。

一、"为何"研究高等教育治理"中国方案"

(一)研究背景

第一,逆全球化的国际形势带来机遇和挑战。2016年,特朗普当选美国总统与英国脱欧两大事件反映了西方保守主义思潮的再抬头。自2018年以来,特朗普政府不顾中方劝阻,执意发动贸易战,掀起了一轮又一轮的中美贸易争端,并在"美国优先"思想主导下,同世界其他国家发生不同程度的贸易摩擦,贸易保护主义大行其道。2020年年初,新冠肺炎疫情在全球范围内肆虐,以美国为代表的西方世界在抗击疫情的过程中充满种族、文化和制度傲慢,不遗余力地污名化中国在抗击疫情中取得的成果,美国甚至以"中国已经控制了世界卫生组织(WHO)"为由直接宣布退出WHO,单边主义、霸权主义行径为世人所不齿。这种逆全球化政治走向可能会改变当今高等教育国际化的世界格局[2];受到疫情及中美贸易战的直接影响,国际高等教育市场很不景气,英美等世界主要留学目的国受到严重冲击,美国多所百年名校甚至因财务困难而选择永久性关闭;为打压中国发展,美国大肆泛化国家安全概念,对华提高学术交流门槛,在政治层面趋于右倾,在高等教育层面走向封闭。诡谲多变的国际形势对中国而言既是挑战,更是机遇,在国际高等教育格局变动不居的今天,中国必须抓住机遇,进一步提高国际化水平,更积极地参与全球高等教育治理,扩大对全球高等教育事业的影响力。

第二,党和政府要求向国际社会贡献教育治理"中国方案"。2017年,习近平总书记在党的十九大报告中首次提出,"中国特色社会主义进入新时代,意味着中国特色社会主义道路、理论、制度、文化不断发展,拓展了发展中国家走向现代化的途径,给世界上那些既希望加快发展又希望保持自身独立性的国家和民族提供了全新选择,为解决人类问题贡献了中国智慧和中国方案",这打破了现代化等于西方化的神

---

① 公钦正,中国人民大学教育学院博士研究生,研究方向为高等教育管理、比较高等教育。
② 赵之灿,中国人民大学教育学院博士研究生,研究方向为高等教育管理。

话，明确了世界上其他国家实现现代化的第二条可选道路，即中国特色社会主义发展道路。中国实现现代化的过程，是在西方国家对华充满敌意、全面封锁的外交环境中，在党和政府的领导下，由中国人民自力更生、艰苦奋斗、摸着石头过河闯出来的，与西方国家的现代化过程有着本质区别。因此，在中国特色社会主义进入新时代后，主动总结过往的问题及实践，将经验理论化、将理论体系化，为解决人类问题提供中国智慧和"中国方案"，这既是党中央提出的发展方向和具体要求，又是中国理论研究者承担的历史责任和时代使命，充分展现了负责任大国的担当。教育现代化是国家现代化的关键一环，而教育对外开放又是教育现代化的鲜明特征和重要推动力，为了更好地实现从"高等教育大国"到"高等教育强国"的转变，我国坚持教育对外开放不动摇，秉持积极、双向开放，平等、互利交流的原则，主动参与高等教育全球治理，在国际高等教育社区中贡献"中国方案"、发出中国声音，这既是党的十九大报告精神在高等教育领域的实践和延伸，同时也是高等教育科学研究的重要时代命题。

（二）研究综述

世界高等教育治理模式从宏观上一般被分为欧洲大陆体系和盎格鲁-萨克逊体系，胡娟[3]从法治理念和思想传统上区分了两大治理模式，周光礼[4]则指出两大体系在高等教育系统层面和大学内部治理层面呈现出趋同性。此外，不少学者认为，高等教育治理模式的实质区别体现在政府、市场和大学的关系上：伯顿·克拉克基于三者关系构建了高等教育系统的"三角协调模型"；加雷斯·威廉斯则按照三主体相互之间的关系强弱，将"三角协调模型"扩展为六种不同的协调模式。彭湃[5]则认为，上述两人提出的模式是不同的价值体系和高等教育理念的载体。依据政府、市场和大学三者间的不同关系对高等教育治理模式进行二分已成共识，但值得一提的是，现有两大治理模式的划分和研究均以西方高等教育治理的实践为基础。近年来，随着我国经济的迅速崛起和高等教育的跨越式发展，学界对高等教育治理"中国方案"的讨论逐渐多了起来，主要集中在以下两个方面。

第一，能否将高等教育治理"中国方案"单独列出，并视之为与两大治理模式相平行的新模式。有些学者认为，高等教育治理"中国方案"是中西方合并的产物，比如查强等[6]认为，在宏大的全球化语境中，中国大学模式独立于世的关键在于其体现了不同特征，特别是儒家文化与西方文化的结合。但有些学者对"中国方案"的提法表示质疑，比如周光礼[7]认为，能否将高等教育的某种发展路径上升为特定"方案"，取决于这一路径是否与现有模式相区分，以及是否具有世界范围内的普适性和学习意义，因此，能否将中国的实践上升为一种普适性"模式"尚待进一步研究。

第二，对高等教育治理"中国方案"特殊性的讨论。有学者从历史与现实的角度出发，提出"中国方案"的特殊性体现为中国传统儒家文化和中国政治制度优势。比如查强[8]认为，考察高等教育治理"中国方案"，可以从传统文化情境和当下政治社会环境两个角度出发；周光礼[9]从高于"中国模式"的视域下提出了"东亚模式"，认为儒家的人文主义和高等教育的政治目的是此模式的两个特点。也有学者从经验出发，归纳出政府主导、目标导向、集中资源等具体特征。比如郑文[10]认为"中国模式"通常以试点方式办好重点大学，以项目方式推进改革发展；舒刚波等[11]提出中国高等教育包括坚持党对高等教育的领导、坚定社会主义办学方向、坚守高等教育发展的中国特色等制度优势。

由于目前达成共识的两大治理模式是以西方大学为基础来划分的，所以，对高等教育治理"中国方案"的研究，实际上是随着中国高等教育自信的不断提升而经历的一个从无到有、从普遍到具体的渐进过程。总体而言，既有研究围绕高等教育治理"中国方案"进行了有益讨论，总结了"中国方案"的具体特征，并得出了启示性结论，但仍存在以下不足：一是在研究方向上，受时代特征限制，学者们争论的焦点主要集中在"有无"高等教育治理"中国方案"的问题上，对"是什么"的研究还比较缺乏。结合国内复杂形势和党的十九大做出的重大判断，接下来应当进一步提升文化自信，将研究重点集中到高等教育治理"中国方案"的内涵与外延上来。二是少数对高等教育治理"中国方案"内容的研究仍仅仅停留在经验归纳的层次上，且不成体系。应当认识到"中国方案"是一套从问题到经验、再到理论框架和文化根基的完整体系，研究者不仅要归纳问题、总结经验，还要抽象出中国本土的相关理论，找到"中国方案"与中国传统文化的联系，真正对高等教育治理"中国方案"进行整体性研究。

二、"如何"研究高等教育治理"中国方案"

(一) 研究对象

"越是民族的,越是世界的。"高等教育治理"中国方案"来源于中国的先进经验,因此要回答这一问题,就要在国家层面、区域层面寻找研究对象。如果说高等教育治理"中国方案"是一个纵横交错的矩阵 (matrix),那么高等教育治理"中国方案"的研究对象即为矩阵中的一个个交叉点(如图 1 所示)。从横向来讲,高等教育治理"中国方案"中包含一系列我国高等教育事业在治理现代化进程中遇到的问题,比如党对教育事业的全面领导问题与党委领导下的校长负责制这一解决方式、高等教育资源总量匮乏的问题与实施高等教育重点建设政策这一解决方式等。从纵向来讲,高等教育治理"中国方案"是一套完整的治理体系,包括中国在高等教育现代化进程中遇到的问题、在解决问题中的实践经验、在总结经验基础上抽象而来的本土理论、在提炼和运用理论过程中彰显的中国文化四个部分。检验研究对象价值性的标准是,所开展的研究能否推动中国积极参与到高等教育全球治理中,给世界上那些既希望加快发展本国高等教育,又希望保持教育主权独立的国家和民族提供全新选择,为解决世界高等教育问题贡献中国智慧。

		我国高等教育事业在治理现代化进程中遇到的问题			
高等教育治理"中国方案"的构成层次		问题一:党对教育事业的全面领导问题	问题二:高等教育资源总量匮乏问题	……	问题N:高等教育资源分布不均衡问题
	层次一:现代化进程中的问题	研究对象1.1	研究对象2.1	……	研究对象N.1
	层次二:解决问题的实践经验	研究对象1.2	研究对象2.2	……	研究对象N.2
	层次三:从经验中抽象出的理论	研究对象1.3	研究对象2.3	……	研究对象N.3
	层次四:理论彰显的中国文化	研究对象1.4	研究对象2.4	……	研究对象N.4

图 1 高等教育治理"中国方案"的研究对象矩阵

(二) 研究步骤

接下来,本文将选取我国高等教育重点建设政策作为案例,对开展高等教育治理"中国方案"研究的步骤予以说明。

第一,选取问题。中国在高等教育治理现代化进程中遇到的问题,既有中国的特殊性,又有世界的普遍性,其特殊性来源于中国独特的历史背景和基本国情,普遍性则来自高等教育秉持的自身规律和大学发展遵循的学术逻辑。因此,研究好、解决好遇到的问题固然是中国的需求,同时也是对世界的贡献。比如,中华人民共和国在成立之初一穷二白、百废待兴,对高等教育资源的极度匮乏与对高等教育事业发展的迫切需要之间产生了巨大矛盾,这一问题至今仍是许多发展中国家在发展本国高等教育事业时面临的主要问题,因此,可以将其确定为矩阵的横坐标。

第二,总结经验。中国高等教育实现跨越式发展的微观基础,正是中国人民在党和政府的带领下,通过政策创新、体制改革、对外开放等方式一次次有效解决了所遇到的种种问题,成功的背后是巨大的制度优势，因此值得对经验进行总结。比如，为了解决资源与需求之间的落差与矛盾，我国发挥社会主义制度"集中力量办大事"的优势，于1954年在全国范围内划定6所重点大学，集中有限的教育资源，对极少数大学进行重点建设，高等教育重点建设政策自此启动并延续至今，在展现出极强活力与生命力的同时，为我国高等教育事业的发展做出了卓越贡献，并在当今国际和国内高等教育现代化进程中留下了深远影响。

第三，提炼理论。理论的形成有两种路径：一种是研究者对事先设定的假设进行逻辑推演，用事实验证假设；一种是研究者对实践进行深入分析，浓缩归纳出本土理论。中国高等教育治理现代化进程中产生的理念、制度、政策和方法，具有鲜明的中国特色和文化优势，只有以经验事实为依据归纳出的理论才具有生命力，才能真正用来指导人们具体的生活实践。比如，"重点论"是最早实施重点建设政策的理论基础，是唯物辩证法中的一个基本理论阵地，其认为矛盾产生动力，存在矛盾的二者之间力量是不平衡的，必须在解决问题的过程中有重点地抓住其中一方。由于"重点论"经过了革命实践的检验并被上升为理论，因此，中华人民共和国成立后，"重点论"被引入高等教育领域，作为高等教育重点建设政策最初的理论基础。

第四，扎根文化。高等教育治理"中国方案"归根结底是一套建立在中国文化基础上的话语体系，是思想观念和价值取向的载体和外显。作为一种文化现象，一个国家的大学概念和大学模式只能在这个国家的文化传统中得到诠释，中国大学要走向世界，必须植根自己的本土文明、生长基因、历史传统，把"根"扎牢、扎稳、扎得有力量[12]。比如，我国实施重点建设政策的最终目的，不仅是要建设指标意义上的世界一流大学，还要建设哲学意义上的世界一流大学，归纳出基于中国传统文化及中国特色社会主义文化的高等教育治理模式，在高等教育国际治理中提出"中国方案"、发出中国声音。

（三）理论基础

在最近30年中，学术界提出了三种主要的大学组织变革分析范式：同构理论、分化理论和同质异形理论[13]。这三种理论主要用于解释组织与外部环境的互动以及组织内部结构和组织制度的变革，如果将高等教育治理"中国方案"与世界其他治理模式之间视为内外部关系，则三种理论运用在高等教育治理"中国方案"的研究中具有很强的解释力。

第一，同构理论。同构理论更加关注不同治理模式的普遍性特征，强调大学选择组织治理模式的动力来自外部环境带来的同构性压力，具体又包括社会学制度主义主张的文化同构和资源依赖理论主张的物质同构。同构理论认为，无论是发达国家还是欠发达国家，为了应对来自全球化的压力和挑战，都会依据主流的组织基模和制度标准来对本国高等教育治理模式进行变革和重组。基于同构理论，我国在高等教育治理现代化进程中必然或主动或被动地学习西方大学治理的制度或内容，从而在高等教育治理"中国方案"中体现为具有普遍性的治理特征。

第二，分化理论。分化理论更加关注不同治理模式的特殊性特征，强调大学选择组织治理模式的动力来自组织及其行动者的文化认知。分化理论认为，尽管外部环境带来的压力相同，但是由于不同的组织行动者具有不同的发展历史、组织文化、利益诉求，因此将会根据自身理解对外部压力做出转化、调解、抵制等不同回应。基于分化理论，高等教育治理的国际经验并不能直接在中国本土层面发挥作用，而是要经过自下而上的"中国化"过程，转化为适合中国文化传统、发展需要、国情学情的实践，比如，把"立德树人"作为教育的根本任务，既符合我国人文主义教育传统，又反映出教育改革发展实践中形成的新理念新思想新观点。

第三，同质异形理论。同质异形理论试图把同构理论与分化理论综合起来，强调组织治理模式的选择是一个外部环境和组织行动者共同发挥作用的结果，是一个自上而下与自下而上相结合的过程。同质异形理论认为，当组织与环境发生互动后，最终的结果将是地方文化特征和世界制度基模的共同体现[14]。基于同质异形理论，在全球化时代，高等教育治理的模式之间既存在不同的表现形式，也可以归纳出共同的特征。比如，虽然中国大多数高校设置了董事会，但在党委领导下的校长负责制的内部治理结构下，董事会发挥的是"协调联系"的作用，而不是像西方大学那样作为决策机构拥有高校决策权。

因此，开展高等教育治理"中国方案"研究的理论基础应当包括三个方向：根据同构理论，研究我国高等教育治理模式与世界高等教育治理模式之间的相似之处，即治理模式中的普遍性特征；根据分化理论，研究我国高等教育治理模式与世界高等教育治理模式之间的差异之处，即治理模式中的差异性特征；根据同质异形理论，研究高等教育治理"中国方案"同世界高等教育治理模式相比的创新之处，即治理模式中的结合性特征。

三、高等教育治理"中国方案"研究中的两对关系

在新冠肺炎疫情重塑全球政治经济格局、我国外部发展环境更加错综复杂的特殊背景下，党中央、国务院高度重视教育对外开放，并为新时代教育对外开放擘画了宏伟蓝图，做出了顶层设计。由于高等教育治理"中国方案"的研究既涉及我国高等教育治理现代化进程中一些本土化的实践和理论研究，又包括我国同世界其他国家治理模式的比较研究，因此，在开展研究时，需要准确理解和把握两对辩证关系，即地方化与全球化、普遍性与特殊性。

（一）地方化与全球化

开展高等教育治理"中国方案"研究，应当符合中国文化语境下的地方化和全球化关系。西方文化习惯以二元论看待事物，以冲突抵抗的思维判断二元关系，擅长运用单线思维进行思考，认为这个世界上只有中心和次中心，只有领导者（leader）和追随者（follower），所以，是否"以西方为中心"是判断西方与非西方的基础。与之相反，中国文化擅长运用并行思维考虑问题，讲究"三人行必有我师"，认为共同繁荣才是上策，提倡"普遍和谐"的观念，追求"仁者爱人""和谐共存"的境界。中国传统文化在处理地方化与全球化之间的关系时，具有十分重要的现实意义。自党的十八大以来，习近平总书记在联合国人权理事会、"一带一路"国际合作高峰论坛、博鳌亚洲论坛等重大场合多次提出并阐述"人类命运共同体"的理念，这一价值观内化了中国传统文化中的"和谐"思想，认为各国之间要在相互信任的基础上寻求利益的最大公约数，构建一个"你中有我、我中有你"的国际社会新格局。

构建高等教育命运共同体是"人类命运共同体"概念在高等教育领域的延伸，研究好高等教育治理"中国方案"是构建高等教育命运共同体的前提和基础。正所谓"一花独放不是春，百花齐放春满园"，如果将世界高等教育治理模式比作一个大花园，那么中国的高等教育治理经验就如同一朵盛开的鲜花，不仅增加了花园的春色，也将帮助和促进其他花朵的成长。《意见》还明确提出，"中国将积极分享经验做法，向国际社会特别是广大发展中国家提供力所能及的帮助。中国还将深化与联合国教科文组织等多边机构的合作，为全球教育发展贡献中国力量，为全球教育治理贡献'中国方案'"。因此，正确理解和平衡地方化与全球化的关系，研究并提出高等教育治理的"中国方案"将成为实现这些目标的关键和前提。

（二）普遍性与特殊性

开展高等教育治理"中国方案"研究，应当注重在研究过程中对普遍性和特殊性之间的关系进行区分。近半个世纪以来，盎格鲁－萨克逊治理模式和欧洲大陆治理模式之间出现了显著的趋同性特征，比如，在政府监督的同时确保大学学术自由与自治，大学层面的校长或董事会掌握的领导权力得到不断加强，等等。这是全球高等教育治理的最新动态和共同趋势，并成为普遍性的大学治理标准模式和基本准则，在全球范围内被广泛接受和应用的同时，也在高等教育治理"中国方案"中有不同程度的体现。实际上，无论是"中国方案"，还是其他两大高等教育治理模式，都是对高等教育治理的技术性思考和经验性总结，不同治理模式之间不存在效率上的高低之分和技术手段上的优劣之别，就像"公制"源于法国、"公元纪年"源于以色列一样，全世界各领域的先进经验均可以作为学习的对象。因此，在高等教育治理"中国方案"的研究中，应当及时总结我国在高等教育治理现代化进程中值得借鉴、学习和改造的普遍性经验，认识到同质化是高等教育现代化中的一股不可阻挡的趋势。

与此同时，除了技术和经验具有普遍性的特征之外，国家与国家、地区与地区之间在文化上也具有差

异性,反映到高等教育治理领域则表现为治理模式的特殊性,比如实用主义与美国"三螺旋模式"、新人文主义与德国"科教融合模式"、国家主义与"大学校教育模式"、经验主义与英国"精英本科生教育模式"等。但差异性、特殊性不等于冲突性、对抗性,不同国家的治理模式不仅能够满足本国发展需求,同时也可以给其他国家以启迪。换言之,在研究高等教育治理"中国方案"时,要清楚认识到,西方一些普遍性的高等教育理念已经被纳入中国大学的现代性,同时,中国高等教育治理中的一些基于本土生长出的特殊性知识也可以创造出不同于西方大学的现代性,也可以凭借其"先进性"供西方参考、供世界参考,中国高等教育治理中具有特殊性的制度创新也在全球范围内具有普遍性意义[15]。

无论是地方化与全球化、普遍性与特殊性,都是在开展高等教育治理"中国方案"的过程中需要拿捏和平衡的关键辩证关系,随着我国高等教育整体水平跃居世界中上行列,中国的教育合作伙伴已遍布全球,与教育国际组织开展的合作日益密切,国际影响力和贡献度正不断提升。但同时也要清醒地认识到,只有加强对高等教育治理"中国方案"的研究,将其作为推进大学治理现代化的重要理论基础,才能保持文化自信和国际定力,直面国内外新时代新形势带来的问题和挑战。

参 考 文 献

[1] 袁振国. 迎接高质量教育科学研究新时代 [J]. 教育研究,2019,40 (11):22-25.

[2] 高杭. 全球视域下的国际比较教育研究:美国著名比较教育学家阿特巴赫教授专访 [J]. 比较教育研究,2017,39 (9):7-12.

[3] 胡娟. 西方大学两大治理模式及其法治理念和思想传统 [J]. 清华大学教育研究,2018,39 (3):34-42.

[4] [9] 周光礼. 中国高等教育治理现代化:现状、问题与对策 [J]. 中国高教研究,2014 (9):16-25.

[5] 彭湃. 大学、政府与市场:高等教育三角关系模式探析:一个历史与比较的视角 [J]. 高等教育研究,2006 (9):100-105.

[6] [8] 查强,史静寰,王晓阳,等. 是否存在另一个大学模式?关于中国大学模式的讨论 [J]. 复旦教育论坛,2017,15 (2):5-12.

[7] 周光礼. 世界一流大学建设的"东亚模式":政府行为及其局限性 [J]. 中国高校科技,2019 (4):12-15.

[10] 郑文,陈伟. 我国高等教育发展的多维特色:中国模式探索 [J]. 教育研究,2012,33 (7):71-76.

[11] 教育部机关党校第九期处级干部理论进修班课题组,舒刚波,范笑仙. 中国高等教育自信:现实基础、文化基因与制度优势 [J]. 中国高教研究,2017 (6):42-45+58.

[12] 周光礼. 扎根中国大地:创办世界一流大学的方法论 [J]. 探索与争鸣,2018 (6):45-48.

[13] 周光礼,黄容霞,郝瑜. 大学组织变革研究及其新进展 [J]. 高等工程教育研究,2012 (4):67-74.

[14] MASSIMILIANO V. Globalization and higher education organizational change: a framework for analysis [J]. Higher education, 2004, 48: 483.

[15] 周光礼,马海泉. 科教融合与大学现代化:西方大学科研体制化的同质性和差异性 [J]. 中国高教研究,2013 (1):12-21.

"Why" and "How": A Meta-study on the "China's Plan" of Higher Education Governance

Abstract: Carrying out research on the "China's Plan" of higher education governance plays an important supporting, driving and leading role in accelerating the modernization of higher education governance, building a powerful country in higher education, and enhancing the confidence of higher education in China. "Why" and "How" are two key issues that need to be considered when conducting research on the "China's Plan" of higher education governance. The current research on the "China's Plan" of higher education governance is still unable to meet the requirements of responding to the complex situation of international de-globalization and contributing to the "China's Plan" of education governance. The research objects should be determined by the horizontal and vertical matrix, while the theory of isomorphism, differentiation and heterogeneity should be used as the theoretical basis, and the "China's Plan for higher education governance" should be completed through four steps: selecting problems, summing up experience, refining theories, and rooting in culture. The nature of research requires to accurately understand and grasp the dialectical relationship between localization and globalization, universality and particularity.

Keywords: higher education governance, modernization of education governance, China's Plan, meta-research

"五力三维"：高等院校治理能力现代化的联动运行[①]

刘 兴[②] 程 瑶[③]

高等教育治理能力现代化的进程，彰显了我国高等院校（简称"高校"）治理能力的不断发展。2013年，党的十八届三中全会通过了《中共中央关于全面深化改革若干重大问题的决定》，提出全面深化改革的总目标是完善中国特色社会主义制度，推进国家治理体系和治理能力现代化。[1]在此基础上，2014年，时任教育部部长袁贵仁对加快构建教育治理体系和治理能力现代化的内涵、目标和任务进行了深刻论述。但是，关于高校治理能力现代化以何种形态存在和发展，到目前为止还没有一种规律性的表述。在进行高校内部治理时，治理能力的现代化，以及如何将抽象化的内部治理能力进行具象化的阐释，关系着对高校内部治理能力现代化实施效果的评估，同时也是当代高校内部治理体系现代化建设的关键。为此，本文以高校内部治理为切入点，将治理能力具象化，探究高校内部治理能力发挥的困境与问题，并试图找出适宜高校治理能力现代化的运行机制。

一、高等院校治理能力的困局：动和静之间的摩擦力

高校内部治理可分为治理体系与治理能力两部分。其中，治理能力既能体现治理体系的功能协调性，又可以对治理体系起到直观的评价作用。对于现代高校而言，如果要实现高校治理现代化，则必须具备富有效力的高校治理能力。[2]高校治理能力主要包括：政治认同能力、行政领导能力、学术参与能力、民主管理能力、监督反馈能力。其中，治理能力的动态为实践的实施，治理能力的静态则为有关这些治理能力的文本表述。"动""静"之间的不协调产生了一定的"摩擦力"，具体体现在以下三个方面。

（一）政治、行政赋能和职能执行力之间的错位

我国高校在内部治理的发展过程中，受"官本位"的传统思想和高校治理能力探索起步较晚的影响，经常出现学术权力与行政权力边界模糊的现象，从而导致政治、行政理念与管理实践的脱节，继而影响了学校内不同机构之间的合理配置。在资源分配方面，如果管理者的自由斟酌和裁量权较大，就会倾向运用政治策略手段影响与决策有关的各种因素。[3]在此情形下，在学校的治理工作中，往往会出现权力交叉、职能错位的情形，从而制约学校内部治理的发展。

（二）学术动态参与和行政模式领导的负和博弈

高校在内部治理过程中，由于学术权力与行政权力并列运行，因而有时会出现权力的负和博弈局面，使得各自权力的发挥都会受到不同程度的损伤。就目前的高校治理来看，其在一定程度上存在强行政力、弱学术力的现象。一方面，高校具有科层制组织的特征，具备完善的管理制度和运行机制，可以对学术权力的实施主体、实施对象进行约束，以实现高校内部治理的高效运行；另一方面，作为学术研究场所的高校，只有功能独立体现、学术研究自主的动态治理才能确保其真正实现学术繁荣。因此，两种权力如何协同实施，实现高校内部治理的"正和博弈"，一直是许多高校努力探索的目标。

[①] 课题来源：中央高校业务费专项项目"武汉理工大学治理体系与治理能力现代化理论与实践研究"（2020VI141）。
[②] 刘兴，武汉理工大学法学与人文社会学院硕士研究生，研究方向为高等教育管理。
[③] 程瑶（通讯作者），武汉理工大学思想政治教育专业博士研究生，研究方向为高等教育治理。

（三）民主管理与监督反馈的矛盾与摩擦

高校治理能力不仅包括政治认同能力、行政领导能力、学术参与能力的横向实施，还包括民主管理与监督反馈能力的纵向实施。在高校治理过程中，以民主管理为主要特征的教职工代表大会以及行使监督反馈权利的教师、学生群体，虽然在理论上具有参与治理的权利，但实际上由于各种原因，有时他们进行协商和监督的能力相对还比较弱。同时，在校级、院级二元统筹管理中，是"大学办学院"还是"学院办大学"的矛盾时时出现。有的高校往往重顶层设计，而轻基层监督、反馈、参与，民主管理与监督反馈能力的"底部沉降"并未真正落实，最终影响了高校治理的效果。

二、高等院校治理能力现代化的解释：和谐力理论

治理理论自20世纪90年代兴起以来逐渐被学者们所重视。治理是指"各种公共的或私人的个人和机构管理其共同事务的诸多方式的总和，是使相互冲突的或不同的利益相关者得以调和并且采取联合行动的持续过程"[4]。对于现代化，吉登斯指出，"现代性首先意味着在后封建的欧洲所建立，而在20世纪日益成为具有世界历史性影响的行为制度与模式，'现代性'大略地等同于'工业化的世界'"[5]。如果要走出高校治理的困局，就需要各个治理能力的和谐统一，即高校治理能力现代化是指高校内部治理能力达到善治及多元共治的有序变革进程。简言之，高校治理能力现代化就是形成一种"多元融合力"，使得"党委领导、校长负责、教授治学、民主管理、依法治校"的体制有序高效运行。

（一）治理能力现代化的主力协同性：党委领导、校长负责的协同治理

如果出现政治能力和行政能力错位的情形，则必须牢牢把握主心骨——坚持党的领导。以党治校，可以确保中国大学治理特色，坚持走中国特色的大学发展道路。"党委领导下的校长负责制"是高校不可或缺的组织原则。在高校内部治理的思想政治路线上，校长要接受党委的政治领导；在具体事务的治理上，两者需相互合作，明晰责任、职权。在高校治理能力现代化中，党委作为治理的领导核心，对高校的长远规划和重大事项的治理要进行最终决策；校长在高校日常事务治理工作和行政命令发布方面则要充分发挥作用。只有党政治理主力在政治和行政领域进行有效的协同治理，才能促进高校各方面工作的和谐共治。

（二）治理能力现代化的动静相对性：校长负责、教授治学的整合治理

高校是建立在科层制组织基础上进行学术研究的组合体，因此，高校内部治理也要将校长的行政力与教授治学的参与力进行整合。在处理学术参与力和行政领导力的关系方面，我们不能固化治理思维。若一味追求校长负责治理的模式化而忽视教授治学自主性的动态参与，就会造成治理的机械化，导致治理理念缺乏现代性。相反，则会造成高校治理的学术性散漫，使得治理无规律可循。在具体的高校治理过程中，教授治学与校长负责是两种治理能力的不同表现。"学术人"参与治理主要表现在自由学术环境的营造，以及对学术事务享有决策、监督、评价和咨询的权利。行政治理能力应与学术参与能力相互协调，以防范行政能力的学术泛化和行政能力的强势化，努力建立在行政治理能力主导下的多部门配合的学术资源的有效配置机制，从而实现高校内部科学的学术治理目标。

（三）治理能力现代化的多元民主性：民主管理与依法治校的兼容治理

高校在进行内部治理时，需要有法可依。在古希腊时代，亚里士多德就强调了法律的优先性。在他看来，法律以理性为依托，没有欲望，更无自己的利益，是真正意义上的公正的裁判者。[6]依法治校是学校内部进行监督、反馈治理的前提。法治化的治理为民主管理的实现提供了民主性的法治环境。教师和学生是高校民主管理的施力主体，同时也是受力对象，其参与高校内部治理的民主性程度决定了基层内部治理的运行效果。高校治理的现代化应积极发挥基层治理参与者的决策和监督作用。教职工代表大会（以下简称"教代会"）、学生代表大会对教师和学生的治理职责及权限要进行明确的规定。同时，与学校教师、

学生群体参与治理密切相关的各类组织机构也要为此提供制度保障，尤其要以大学章程作为"内部宪法"来指导高校的内部治理。

三、高等院校治理能力现代化的等效替代：换力与接力

目前，我国多数高校实行"校院两级建制，校院两级管理，以院为主"的矩阵式管理模式，高校内部治理现代化便贯穿于此横向结构和纵向结构之中。在横向结构上，主要是要解决权力的分散以及权力之间的制衡问题。在权力制衡方面，我国现代高校内部治理体系应是"党委领导、校长负责、教授治学和民主监督"[7]。而高校纵向的"校-院"结构则要通过高校治理能力现代化的换力与接力来实现，以提高高校治理能力的转化效率。

首先，高校治理能力现代化的换力是指将原来属于行政顶层的控制力、决策力转换成基层共同参与治理的共治力。校级相关行政部门在对权力边界及资源配置进行综合评估后，将部分原本属于上级的控制力、决策力转换为基层的相关人员及学术组织的共治力。这样，治理换力实现了权力、责任、资源落实到院级结构中，继而缩小高校相关管理人员的规模，精简管理机构，从而实现整个校-院治理体系的扁平化，激发所有相关人员参与高校治理的热情。

其次，高校治理能力现代化的接力是指校-院承接换力过程中对行政顶层控制力、决策力的有效分权。此后，校级职能部门的决策权主要集中在学校宏观目标、长远规划方面，而院一级的决策权则侧重于学术、教学等具体的短期活动。在现代化的高校治理中，上级部门不能通过治理越位来获得威信，相反，校-院现代化治理需要进行科学分权以便加快控制力和决策力的合理下移。因此，高校要通过资源的合理部署来达到内部治理"1+1>2"的整体优化效果。

四、高等院校治理能力现代化的内在机制："五力三维"的联动

如孟子所言，"徒善不足以为政，徒法不能以自行"。高校治理能力现代化的实现不仅要依托制度保障，还需要内在机制的合理联动，因为高校治理能力现代化既要内部多元主体能力的协同发挥，又要横向、纵向管理结构中治理能力的协调与分权。为切实推进高校治理能力现代化，笔者通过构建"五力三维"的运行机制来实现治理能力的合力与分力的有效联动，如图1所示。

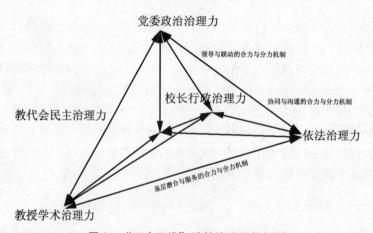

图1 "五力三维"院校治理运行机制

在"五力三维"高校治理运行机制中，存在党委政治治理力、校长行政治理力、教授学术治理力、教代会民主治理力、依法治理力五种现代化治理能力。这五种治理能力既是高校整体治理运行机制中的治理分力，同时又是整体治理运行机制中的治理合力。在整个治理运行机制中，根据各分力的作用对象、施力效果的不同，又可细分为领导与联动的合力与分力机制、协同与沟通的合力与分力机制以及基层磨合与

服务的合力与分力机制。三个分机制的存在与高校校-院两级管理结构相契合，使得高校的内部治理紧密贴合高校组织结构实际。运行机制中，每三个治理能力构成一个三角形，基于数学原理，三角形具有稳定性。这种治理机制有助于高校内部减少"治理摩擦力"，克服"治理阻力"，实现高校内部现代化治理的稳定运行。

（一）领导与联动的合力与分力机制

在我国高校管理团队中，既有校长，也有党委书记，还有分管学校各部门不同工作的校领导。在高校治理现代化中，"党委领导、校长负责"的含义有所扩大。在整个治理运行机制中，党委政治治理力、校长行政治理力属于高校顶层治理的范畴，"善治"为高校内部治理能力现代化的最终目标。基于此，党委政治治理力须贯穿于整个纵向治理体系之中，坚持党委领导治理的运行机制，实质上就是坚持了中国特色的高校治理能力现代化，突出了高校治理的独特性。党委政治治理力与其他四个治理能力并无实质性的差异，它们都是为了学校内部治理能力能够正常发挥而存在的。但是，我们需要对五种治理能力设置明确的应用范围，以免在治理过程中出现推诿、扯皮现象。党委政治治理力更多地表现在思想、政治、组织上的统一治理，以确保学校治理现代化发展的方向及思想指引。其他四种治理能力则主要在执行党的治理路线、政策的具体应用方面进行各部分功能的配合。基于此，五种治理能力在党委政治治理力的统一领导下互相联动运行，为学校整体治理营造良好的治理环境，实现高校内部治理的科学化、民主化、法治化。

（二）协同与沟通的合力与分力机制

协同与沟通的合力与分力机制是一种"软治理"机制。各种治理能力的发挥都要通过制度、规则等"硬治理"来实现，而实现高校治理现代化更需要"软硬兼施"。"协调发展是大学治理结构调整、治理能力现代化建设的有力抓手。"[8]协同与沟通的方式，有助于促进组织和部门的对话与沟通，有助于促进顶层与基层的信息互动。以多元治理能力参与的协同与沟通机制进行非结构性治理，本质上是高校治理理念的现代化，也是文化治理的一种方式。"文化治理放弃了建构一个文化上层框架的要求，转而强调不同文化的特殊情境，以及文化的内在动能与多样形式等有助于治理运作的基本条件。"[9]各个施力主体在协同与沟通的交流中逐渐形成整个治理体系的治理文化，打造现代化的治理精神文化，培育现代化的治理生态。所以，协同与沟通的合力与分力联动机制可以作为治理理念转变的有益途径，它可以使各个主体治理能力进行有效组合，形成最优合力。建立协同与沟通的联动机制，有利于多元治理主体把握治理话语权，通过自由沟通探索高校内部治理，加速治理信息横向、纵向流动，实现现代高校治理能力运行机制"软治理"的创新性、独特性。

（三）基层磨合与服务的合力与分力机制

我国高校治理能力现代化的内在机制尚未完全成熟，二级院系尚未充分发挥民主管理与监督的作用。在"泛行政化"的科层结构中，学校应在现代化治理能力的运行机制方面敢于突破、敢于改革。学校在关注顶层设计的同时，也应关注二级院系作为基层参与治理的机制，不断在教授学术治理力、教代会民主治理力、依法治理力方面探索新的治理运行机制。二级院系作为施力主体在发挥基层治理力时，要清晰认识治理探索的风险性、不确定性，要在教授学术治理力、教代会民主治理力、依法治理力的不断磨合中逐渐开展治理实践。为此，学校可以从院系的某一具体学科推进治理，将学科治理中的民主管理、教授治学、依法治校的权限进行细化、落实，总结治理经验，然后再由点到面地逐步延伸治理力的辐射范围。二级院系的基层治理参与者要树立牢固的服务意识，积极贡献个人治理之力，最终形成"众人拾柴火焰高"的团体治理合力。同时，高层行政人员也要认识到基层人员参与治理的服务能力，要舍得放权、敢于放权，让基层人员在参与高校内部治理的过程中发治理声、说治理话、讲治理言，让治理能力现代化具备"人情味""感染力"。

参 考 文 献

[1] 中共中央关于全面深化改革若干重大问题的决定 [EB/OL]. (2013-11-15) [2014-06-20]. http://www.gov.cn/jrzg/2013-11/15/content_2528179.htm.
[2] 瞿振元. 建设中国特色高等教育治理体系推进治理能力现代化 [J]. 中国高教研究, 2014 (1): 1-4.
[3] STROUP H. Bureaucracy in higher education [M]. New York: Free Press, 1966: 113.
[4] 俞可平. 治理与善治 [M]. 北京: 社会科学文献出版社, 2000: 4.
[5] 吉登斯. 现代性与自我认同 [M]. 赵旭东, 等译. 北京: 生活·读书·新知三联书店, 1998: 16.
[6] 张正文, 李青莲. 亚里士多德法治思想探讨 [J]. 人民论坛, 2010 (17): 144-145.
[7] 程勉中. 现代大学治理与管理制度创新 [J]. 南京工业大学学报 (社会科学版), 2005 (1): 77-78.
[8] 陈锡坚. 大学内部治理的学术理性探索 [J]. 现代教育管理, 2020 (3): 7-12.
[9] VALENTINE J. Governance and cultural authority [J]. Cultural values, 2002, 6 (1-2): 47-62.

"Five Forces and Three Dimensions": the Linkage Operation of the Modernization of Governance Capacity in Colleges and Universities

Abstract: As an important part of the university internal governance, universities has the interaction of political identification ability, administrative leadership ability, academic participation ability, democratic management ability, supervision and feedback ability, and it gradually develops into "party committee leadership, president responsibility, professor governance, democratic management, and law-abiding" in the dynamic and static friction of various abilities. The harmonious power of modern university governance system is characterized by "governance". Facing the problem of low efficiency of university internal governance, the current situation of matrix management structure of universities is penetrated by force exchange and relay. Through the internal operation mechanism of "five forces and three dimensions", the joint operation of joint force and component force is realized, and the effectiveness about modernization ability of the university internal governance is improved.

Keywords: universities, modernization ability of the university internal governance, joint forces and components, five forces and three dimensions, equivalent substitution

日本高校全球本土化人才培养战略研究
——以日本秋田大学为例

神田勇挥[①]

全球化与本土化相互协调发展已经不仅仅局限于企业管理层面,对于为社会和民生服务的高等教育发展来说同样至关重要。全球本土化的教育改革的实施虽然在世界各国已经逐渐展开,但在全球化日趋显著以及多元文化相融合的今天,仍需要我们更加深入系统地对其进行研究和分析。日本高校自实行全球本土化教育改革方针以来,取得了显著的成效。2019 年,为了进一步推进全球化、本土化以及专业化协调发展的教育改革目标,日本文部科学省预算财政支出 2.51 亿日元,指定了全球化、本土特色化与专业化发展高校共计 51 所,秋田大学涵盖在内。秋田大学是一所通过知识的创生与地区共同发展、共同前进的国立大学,是位于日本具有丰富矿产资源的东北地区的主干性大学。多年来,秋田大学展示了其在教育和研究方面的独创性成果,同时也向世界展示了其参与国内外教育交流合作的积极性。其在拥有全球化视野的同时,推进灵活教育研究体制的构建,通过与各领域和组织间的相互融合,设置为促进地区可持续发展的专业课程,培养在国际社会中活跃的专业人员和学术研究人员。在 THE(Times Higher Education)世界大学排行榜日本国内排名中,秋田大学在 2017—2020 年的排名分别为第 68、第 58、第 48 和第 47 位。由此可见,秋田大学的国际影响力在逐步提升。此外,在日本全球化地域贡献度的排名中,秋田大学在日本 755 所国立和公立大学中排名第 17 位。[3] 其全球本土化教育战略的实施水平可见一斑。在此,笔者以日本秋田大学为例,分析其全球本土化人才培养战略的基本理念、实施目标、主要举措及成果,阐释日本高校人才培养模式与国家经济社会发展之间的联动关系。

一、高等教育的全球本土化

20 世纪 80 年代,日本经济学家在《哈佛商业评论》发表的文章中首次提出了"全球本土化"(Glocalization)这一概念。所谓全球本土化,是指拥有"全球化的思想,本土化的操作"(think globally, act locally)。最初该词主要应用于企业营销领域,但随着知识信息时代的快速发展,全球本土化已经不仅仅属于一种营销策略,而是逐渐演变成了在全球经济日益全球化和一体化背景下的一种新的理论和思潮。1997 年,社会学家 Robertson 指出,"'全球本土化'描述了本土条件对全球化的反馈作用。全球本土化是指普遍化与特殊化趋势的融合,二者共同起着作用"[1]。Hill 和 Turner(2006)也从社会学角度对全球本土化的内涵进行了阐释,认为全球本土化强调了全球文化与本土文化之间的辩证关系,既可以称之为"全球本土化",也可称之为"本土全球化"。[2] 如今,全球本土化已经被很多专家和学者视为未来政治、经济与文化的宏观发展趋势。

经济全球化以经济为渗透点,从经济、社会、文化等多个层面影响到了国家与地区的发展,经济全球化引发的普遍性全球化现象日益成为学界研讨的重要课题。教育服务的全球化贸易以及教育资源的全球化争夺是推动教育全球化的重要支柱。[3] 也就是说,教育全球化最终服务于一国参与国际经济的发展。伴随经济全球化程度的加深,世界各国的教育也呈现出了互动性、开放性与相通性的特点。高等教育全球化是国际联合办学、国际学术交流、国际人才交流与合作加强的必然趋势。但是,这并不意味着高等教育可以脱离本土化生存,相反,高等教育只有根植于本土文化,才有可能在全球化的大环境中吸纳适合自身发展

[①] 神田勇挥(Kanga Yuki),东北师范大学博士研究生,研究方向为比较教育学。

的多元文化。Halls（1976）指出："教育作为一种抽象概念，其本质是一种文化现象，教育得以生存的文化环境是其制度的重要来源。"[4]高等教育本土化并不是全球化的对立，也不是对全球化的补充，而是基于本民族文化的土壤，培育富有国际化水准的教育体系、模式、理念和理论。在全球化与本土化复杂的系统当中，很多专家和学者认为，全球的同构性与地方的特殊性正在以一种新的文化运作方式进行互动。就像 Roland 与 Halls 等人所指出的，全球化与本土的动态化一直是衔接的、共同发挥作用的。[5]在教育领域，全球本土化理念正成为促进一国教育走向国际化以及协调本国社会经济发展的重要理论基础。

二、秋田大学全球本土化人才培养战略

（一）全球本土化人才培养的基本理念

当前，日本面临的少子老龄化问题日益严峻。有的学者预计，20 年后，日本全国半数以上的自治体可能成为消失的城市（胜山优子，2020）。[6]日本秋田县也同样面临少子老龄化问题，而且地区经济发展能力较弱，市场雇佣能力丧失，导致人才逐渐外流。学校肩负着推动社会可持续发展的重任，在促进和协调地区经济发展以及在具备全球化视野的人才育成方面起着至关重要的作用。自 2001 年开始，日本秋田大学已经着手全球本土化人才培养的实施，从促进地区发展角度培养具有全球化、本土化和专业化实践性的人才，其基本理念是培养具有全球视野和世界眼光、能参与各领域全球事务以及为地区经济发展做出贡献的专业人才。具体包含三个方面：①进行国际水准的教育和研究；②为振兴地区和解决地球公共问题做出贡献；③培养在国内外活跃的有为人才。

（二）全球本土化人才培养的战略目标

全球金融危机以后，为了培养能够适应地区经济振兴发展需求的人才，提升大学教育与研究的质量，秋田大学分别制定了三个阶段的中期目标。其中，第一阶段是 2008—2009 年，第二阶段是 2010—2015 年，第三阶段是 2016—2021 年。第三阶段的中期目标主要是围绕大学通过与地区的合作推进高等学校教育事业改革制定的，涵盖了当前秋田大学全球本土化人才培养的目标与措施。秋田大学从培养国际化、本土化特色人才的角度制定的相关目标如下：

（1）在教育方面，要提高国际通用性的教育质量，培养能够解决地区和世界问题的人才。

（2）在研究方面，推进创新型人才的培养，并将其研究成果持续地向地区和世界发布，发挥扎根于本土大学的个性，通过推进利用具有地域化特征的研究和创新，推动地区的经济繁荣与发展。促进研究组织的弹性化，推进研究环境的国际化，同时培养能够将研究成果和知识产权回馈给地区和社会发展的人才。

（3）在社会合作方面，将教育研究成果反哺到地区社会经济发展中去，并以此为基础，推进高校与地区合作的地区振兴政策的实施，同时承担起秋田大学在地区医疗发展方面的核心作用。

（4）在国际化方面，在推进与以资源输出国为中心的外国留学生、研究人员的学术交流的同时，促进学生和教职员的海外留学与派遣。通过提高国际研究水平和推进利用本校优势和特色的研究，发展新的价值创造和新的国际型合作。

（三）全球本土化人才培养的重要举措

1. 实现本土化人才培养目标的举措

（1）构建高校与地区间的合作机制，提升毕业生本土就业率。为了加深高校学生对地区相关知识的理解，通过充实教育内容等，实施与地区发展需求相关的教育。秋田大学推进构筑本校特有的"COC（Center of Community）＋事业"的运营认证机制，鼓励学生参加实地工作和地区实践活动。基于秋田县人口老龄化及人口日益减少的情况，加强秋田大学与秋田县地方政府、产业界及其他院校间的合作，推进秋田大学在"COC＋事业"中扎根于本土人才的培养。通过推进大学和企业间的合作开展"秋田志愿者

学习",促进大学和当地企业的就业支援与合作,打造"魅力故乡秋田"的模型,将秋田大学学生的县内就业率由 2014 年的 37.9% 提升到 2018 年的 48%。另外,秋田大学与其他 3 所院校合作,在校长间的紧密联合下,设置了秋田创生"COC+协商会",以"COC+推进协调员"为中心,对"COC+事业"机制建设的进展进行管理与监督,以期实现秋田大学毕业生在本地的就业率提高 10 个百分点的目标。

(2)开展与地区有关的课题研究和研讨。到 2017 年为止,秋田大学在"COC+事业"机制中提出了 5 个研究课题(大雪地带的积雪寒冷期的地震防灾、居家看护、医疗保障的地区网络的形成、低平地带的海啸对策、加强居民交流的多功能设施建设的地区活动),推进本校学生与秋田县政府、企事业单位以及地区居民之间的互动,推动秋田地区超高龄居民的"秋田地区生活模式"的课题研讨,并将在 2018 年以后广泛开展"秋田地区生活模式"的研究。此外,秋田大学、秋田县政府及秋田县医师会联合设置三位一体的"老年人医疗尖端研究中心",专门作为针对老年人医疗的研究基地,通过战略性的教师配置和外部资金的灵活运用等,对老年人的医疗环境改善做出贡献,响应社会体制完善的发展需求。在老年人医疗尖端研究中心,除了对老年人医疗进行尖端研究外,还将根据地区社会学的知识和见解推进跨学科研究。

(3)为学生提供具有地区特色的社会实践活动。为了对地区和社会发展做出贡献,秋田大学每年会定期举办"秋田大学儿童参观日";组织学生每年举办 7 次以上面向社会大众的公开讲座,向地区居民提供教育;为学生提供教育研究资源,让学生对每个项目进行问卷调查,并就调查结果进行说明。作为日本文部科学省认定的国立大学社会通信教育部门,秋田大学理工学部每年都会组织学生定期举行通信教育讲座,为居民学习技术和提高文化水平做出贡献。此外,秋田大学通过在秋田县内设置的秋田大学分校(横手分校、北秋田分校、男鹿生剥分校),继续向本校所在的秋田市以外的地区提供教育研究资源。具体实施的项目有"医疗·科学咖啡厅"等公开演讲,每年会举行 5 次以上;面向中小学生的科学教室活动,每年会举行 8 次以上;秋田大学的学生和地区居民之间的交流活动,每年有 9 次以上。由此可见,为了促进大学与地区间的紧密合作,秋田大学为学生提供众多具有地区特色的实践性活动。此外,为了促进秋田大学教师、学生和地区企业等的合作,提高地区企业的研究和开发能力,在推进学生参加产学合作的人才培养的同时,秋田大学还面向社会大众开展职业发展和职业继续教育的课程。

(4)设置与地区发展相关的课程。为振兴地区产业以及促进环境资源的再利用与开发,秋田大学与秋田县政府合作开设相关课程。秋田大学矿山学部及工学资源学部致力于培养在国内外资源相关企业、政府机关等多个领域活跃的人才,为日本的资源和能源发展战略做出贡献,扩大世界范围内资源学教育研究规模,确立世界水准的教育基础。

2. 实现全球化人才培养目标的举措

(1)设置高等教育全球化中心。为了培养具有国际理解能力和跨文化交流能力的在全球活跃的人才,推进学生和教职员的派遣和海外人员的接收,秋田大学设置了高等教育全球化中心。该中心的设置以提供包括全校公共教育和留学支援在内的全球化教育等丰富服务为目的,主要聚焦于共同的研究与开发,基于国际战略的视角,发展国际交流事业、国际交流的企划和运营,致力于留学生教育等。它是由秋田大学素养教育综合中心与国际交流中心合并、改组而成的,2019 年 4 月更名为高等教育全球化中心。

(2)充实教育文化学部国际交流等学术研究交流基金。2018 年 4 月,秋田大学将教育文化学部的地域文化学科的人类文化课程确定为国际文化课程。为了活跃教师的国际学术研究交流以及学生的海外留学(包括短期研修等),还充实了重组后的课程。2019 年,该学部国际交流等学术研究交流基金会修改了基金预算的要项,将补助额的上限从 60 万日元/年度提高到了 300 万日元/年度。

(3)增设英语授课科目,培养跨文化交际能力。为了培养活跃在最前线的文理融合的全球化人才,提高学生的国际理解能力和跨文化交流水平,秋田大学增加了专业教育科目的英语授课科目数。在国际资源学部基础教育科目中引入了留学生的演讲课程,设置了由少数人组成的 I-EAP(集中大学英语)课程以及实施 2 年以上的全英语专业教育授课。

(4)增设海外研究基地。在充实以亚洲、环太平洋地区为中心的全球教育和研究基地的同时,为了推进在非洲、中东地区形成资源学研究基地,预计到 2021 年年底,秋田大学将累计设置 5 个以上的海外共同研究基地,推进国际科学技术共同研究事业。

（5）鼓励师生赴海外交流与学习。为了培养活跃的全球化人才，秋田大学在校学生到海外留学、进修经验者的比例预计在2021年年底达到10%以上。另外，为了推进教职员的派遣项目，将继续开展"秋田大学研究者海外派遣事业"和与中国兰州大学等海外机构相互派遣职员研修等交流活动。除了"21世纪东亚青少年秋田大学交流企划"（JENESYS）之外，秋田大学还结合自身经验制定了独特的提高英语能力的"英语马拉松""全球咖啡店"等短期留学的海外留学支援项目，为秋田师生提供海外留学机会和增加外语的直接对话机会。

（6）大力吸引海外留学生，营造课堂国际化氛围。2007年，秋田大学招收海外留学生共计117人；2019年，招收海外留学生的人数增长到了220人。继续完善外国留学生的支援体制及学习、生活环境，并根据赴日前入学许可制度实施入学考试等，规范正规留学生的接收程序。特别是为了推进本校资源学研究基地的形成和资源技术人员的培养等，增加了以亚洲、非洲为中心的"资源生产国"的留学生接收数。预计到2021年，其海外留学生的比例将在2015年的基础上增加5个百分点以上。

整体来看，日本秋田大学的全球本土化人才培养是基于本土经济与社会发展的人才需求，在把握国际发展大势的背景下，培养具有国际化视野的、拥有全球话语能力的、可振兴地区社会经济发展的综合性人才。

三、秋田大学全球本土化人才培养战略的评价

（一）本土化人才培养的评价

1. 多元化主体参与是特色

对于本土化人才的培养虽然没有系统的指标来评价，但从秋田大学本土化人才培养的举措来看，其主体不仅仅是学生和教师，而是通过多元化的主体参与合作来实现本土化人才的培养目标。这些参与主体包含了政府部门、地方教育机构、地方产业与企业、地区NPO（非营利组织）、中小学以及全体居民，凝聚了各方力量（见图1）。它们在以秋田大学为核心的人才培养战略指导下，共同为本地区的经济发展助力，为实现可持续的本土特色人才培养奠定基础。

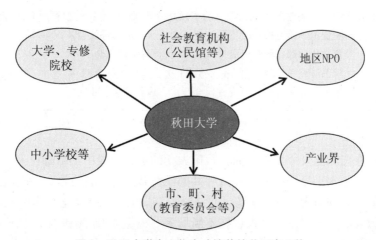

图1 秋田大学本土化人才培养的共同事业体

资料来源：日本文部科学省。

2. 以产学合作促地方创生是关键

从秋田大学本土化人才培养的举措来看，以产学合作促地方创生是关键。在产学合作带动地方创生方面，秋田大学主要围绕日本地区发展问题与发展需求，与企业、其他学校、社会机构等展开联合教育、研究与开发。合作内容主要可以归纳为三个方面：一是促进地区协同与提供社会贡献（秋田大学对社会大众举办公开讲座、预防运动障碍讲座，设定"秋田大学儿童参观日"，以学生为主的项目活动的支援事

业）；二是加强地区防灾研究（考虑到秋田县的地貌特征，加强学生对地区防灾的调查与研究，促进在地区防灾方面的人才培养，对县、市、町、村提出关于防灾措施的指导或建议）；三是地区产业研发（资源开发、绿色资源再利用研究开发事业，新材料研究开发事业，汽车、航空机械产业研究开发事业，新能源研究开发事业，医理工合作产业研究开发事业）。从秋田大学开展产学联合的内容来看，秋田大学本土特色人才的培养是以能为日本社会做贡献、能够促进地方创生为主要宗旨的。

（二）全球化人才培养的评价

秋田大学会对每一阶段的全球本土化人才培养目标的实施成果进行汇总，根据秋田大学 2020 年发布的《平成三十年①秋田大学业务实绩的报告书》显示，对全球化人才培养采取的重要措施主要实现了以下成果（见表 1）。

表 1　秋田大学全球化人才培养措施取得的成果

措　施	主　要　成　果
国际资源学部 2 年以上全英语授课	自 2016 年开始设置 2 年以上全英语授课，以大学一至三年级学生为对象每年举行两次的 TOEIC 考试（国际交流英语考试）结果： 一年级学生第一次（2018 年 7 月）TOEIC 考试的平均成绩为 502.4 分，第二次（2019 年 2 月）TOEIC 考试的平均成绩为 547 分，平均增长了 44.6 分； 二年级学生第二次比第一次 TOEIC 考试的平均成绩增长了 9.9 分； 三年级学生第二次比第一次 TOEIC 考试的平均成绩增长了 45.4 分
海外研究基地的开发	2017 年与博兹瓦纳大学等签订协议，设置共同研究基地；2018 年 5 月，与台湾大学（中国）、普罗米纳大学（印度尼西亚）、圣公会大学韩国语学堂（韩国）、克拉克夫 AGH 科技大学（波兰）；2019 年 3 月，与印度尼西亚帕贾贾拉大学签订双学位项目；2019 年 4 月，开始在帕贾贾拉大学内设置共同研究室和共同研究基地；2019 年 4 月，与阿拉伯联合酋长国联邦大学签订协议，设立共同研究基地
学术研讨会次数	2018 年，在各学部研究科设置的本独立的学部运营系统的教育研究评议会及运营评议会： ·国际资源学研究科：教育研究评议会 4 次，运营评议会 4 次 ·教育文化学部：教育研究评议会 13 次，运营评议会 13 次 ·医学系研究科：教育研究评议会 11 次，运营评议会 11 次 ·理工学研究科：教育研究评议会 5 次，运营评议会 4 次

资料来源：日本秋田大学，《平成三十年秋田大学业务实绩的报告书》，2020 年 6 月。

从表 1 可以看出，在国际化人才培养方面，秋田大学的第三阶段中期目标已经基本实现。自英语授课课程设置以来，学生的英语水平显著提升；在海外共同研究基地的开发方面，超额完成计划目标，在多个国家多所院校设置了海外共同研究基地，新阶段海外研究基地的设置以亚、非国家为主；在学术研究方面，学部运营系统的教育研究研讨学术会议也在不断增多。根据 THE 2019 年对秋田大学的评价，秋田大学是引领世界新时代"资源"全球化人才培养与专业性水平较高的大学；以"国际资源学部"为首，外语教育水平也稳步提升；与相关机构合作，在挑战老龄化时代的课题研究中取得重大突破。[7]

四、结论

整体来看，秋田大学从全球化视角出发，培养引领地区发展的具有国际化视野的人才；重视全球性社

---

① 平成三十年为 2018 年。

会课题的研究，接受海外留学生与本校学生一起选修课程和进行研究；设置了培养外语沟通能力的全英语授课课程，提升在校师生的学术研究水平与跨文化交际水平；加强国际交流与合作，与海外高校及企业共同设立国际化产学研合作研究基地，打造针对全球化课题研究的课程体系。秋田大学从本土化视角出发，为创造地区特有的新价值，构建跨学科的综合性学习与实践教育系统，开发符合地区发展前景的新课程体系，通过产学合作的研究与实践，培养熟悉地区、支持地区社会与经济发展的人才，振兴正在衰退的地区经济以及克服地区存在的老龄化、少子化、资源开发再利用等地区发展问题，试图将相关学术研究成果回馈于社会经济发展，将积极、活跃、有为的全球本土化人才的培养反哺于地区社会的需求。简而言之，在多元文化高度融合的今天，高校人才培养需要强调全球化与本土化并重，全球化强调的是教育的视野与国际学术研究力；本土化强调的是学科特色，即符合本民族经济发展的教育特色，培养的是符合地区经济发展需要的高素质人才。只有全球多元化与地方特色化相结合的高等教育模式，才能体现出真正的教育力量。

参 考 文 献

[1] ROBERTSON R. Glokalisierung：hmogenität und heterogenität in raum und zeit［M］//BECK U. Perspektiven der weltgesellschaft. Frankfurt am Main：Suhrkamp，1998.

[2] ABERCROMBIE N S H，TURNER B S. The penguin dictionary of sociology［M］. 5th ed. London：Penguin Books，2006.

[3] 顾佳峰. 教育全球化：对抗还是对策［J］. 外国教育研究，2006（9）：37-42.

[4] HALLS W D. Education，culture and politics in modern France［M］. Znd ed. Oxford：Pergamon Press，1976.

[5] MORLEY D，CHEN K H. Stuart hall：critical dialogues in cultural studies［C］. London and New York：Routledge，1996.

[6] 勝山優子.「持続可能な社会づくり」に向けた資質・能力を育むカリキュラム・マネジメントの研究：「グローカル」な視点を育成する単元開発と実践・評価［J］.高度教職実践専攻（教職大学院）実践研究報告書抄録集，2020（10）：61-64.

[7] 細谷龍平. グローバル化からグローカル化へ：ミームに基づく文化進化理論に向けて［J］. 福井大学教育・人文社会系部門紀要，2020（4）：93-112.

Research on Glocalization Personnel Cultivation Strategy of Akita University in Japan

Abstract: With the higher education is more increasingly open, it is very important to establish a talent training model matching the development strategies of various regions from the perspective of globalization. In 2019, the Ministry of science of Japan designated a number of universities to promote the reform of education, and the talent training goal based on Society 5.0, strengthen the function of higher education as revitalization of regional economy, and realize the talent training with global thinking and skilled localization operation. Akita university is included in. It accorded to the education reform policy of the Ministry of education, has formulated the medium-term goal of global localization talent training and implemented a series of important measures and achieved some results.

Keywords: Akita University, global localization, talent training, measures, achievements

新中国成立70年来来华留学生管理政策的演变研究
——基于历史制度主义的分析

赵 楠[①]

经济全球化背景下，高等教育国际化已成为各国高等教育发展的共同战略选择。留学生教育是高等教育国际化的组成部分，其对国家政治影响力、经济竞争力、文化软实力均有重要意义。留学生规模已成为衡量一个国家、一所大学教育国际化程度的重要指标。[1]留学生教育事业的发展与留学生政策息息相关，尤其是涵盖内容广泛的留学生管理政策，对留学生教育事业的发展更是至关重要。在我国，留学生管理政策受不同时代背景下来华留学生教育使命的影响而持续变迁，呈现出政策与实践互动前行的特点。近年来，随着"一带一路"倡议的实施和《留学中国计划》的出台，我国留学生教育工作迎来了新的发展机遇。截至2016年，我国已经成为亚洲最大的留学目的国[2]，是继美国、英国之后的全球第三大留学目的国。[3]

目前，针对来华留学生管理的研究已广泛展开，并取得了丰硕的成果。目前的相关研究主要是从横向维度上剖析来华留学生管理的现状，并提出相应对策，例如，刘宝存认为目前来华留学生管理模式呈现出由差异化管理向趋同化管理转变的特征，在具体的办学实践中，趋同化管理实施效果不理想是由于缺乏具体的配套措施[4]；或是从纵向维度梳理来华留学生管理模式的演变，例如，蒋凯在梳理已有来华留学生管理模式的基础上提出，随着来华留学生人数的不断增长，现有管理模式已经不适应留学生教育的发展需要。[5]已有研究成果清晰地展现了目前来华留学生的管理现状，并为后期研究提供了研究方法的模板。然而，这些研究大多是针对单一维度的问题，缺乏全面的视角。此外，当前的研究聚焦于为已有问题提供具体解决方案，缺乏系统性理论研究和前瞻性研究。因此，作为开展实践活动的重要依据，对来华留学生管理政策进行系统性的研究迫在眉睫。此举不仅能够丰富来华留学生管理研究的成果，还可以为新时代背景下构建具有推广价值的留学生管理模式提供具有参考价值的政策依据。

基于此，本研究提出"新中国成立70年来来华留学生管理政策经历了怎样的演变"这一核心问题，运用历史制度主义理论，在梳理来华留学生管理政策历史演进的基础上，分析政策如何自我强化从而保持稳定，又是在何种契机下受到推动而发生了变迁，目的在于通过对上述问题的探讨，清晰地展现来华留学生管理政策的变化及其背后的制度逻辑，为我国来华留学生事业发展提供理论和实践的双重指导。

一、研究样本和理论基础

来华留学生管理政策是指党和政府制定出的、对来华留学生进行管理的一系列行动方针、准则的总称，是推动来华留学生管理工作实践的行动指南。[6]需要说明的是，来华留学生管理政策所涵盖的内容广泛，涉及入口管理、过程管理以及出口管理的方方面面，本研究重点关注具有代表性的来华留学生的管理体制、招收、费用和学位管理政策。

（一）样本收集

本研究以中国政府网、中华人民共和国教育部网、中国教育网和留学中国网发布的来华留学生管理政策为数据源。鉴于文本数量众多，为了保证所选样本切合研究的问题，笔者遵循三大原则对样本进行整理

[①] 赵楠，浙江大学教育学院博士研究生，研究方向为高等教育管理、比较高等教育。

和筛选：①发文机构为中央机构，包括党中央、国务院等中央党政部门；②政策内容中直接提及"留学生管理"等关键词；③发文时间从1949年至2019年，即新中国成立70年来的政策文件。基于上述筛选原则，本研究共收集政策89项，将其划分为三个层次：一是元教育政策，即总教育政策，是制定教育政策的政策，如《中华人民共和国学位条例》；二是基本教育政策，是总教育政策各项规定的具体化，如《外国留学生工作试行条例（草案）》；三是具体的教育政策，是针对来华留学生的特定问题制定的具体行动方案，如《教育部关于改革外国留学生学历证书管理办法的通知》。

（二）理论分析框架

历史制度主义是在20世纪末兴起的比较政治学范式沿革下的一个范式创新，主要研究各种制度因素对政策选择的影响持久度。历史制度主义将制度变迁分成制度存续的"正常时期"和制度断裂的"关键节点"时期两种，注重的是"平衡—冲突—再平衡"这样一个宏观的变迁过程，主要基于时间序列，通过对关键事件的详细阐释来分析制度演变的逻辑。[7]

历史制度主义的分析框架包括三个部分。首先是关键节点分析。关键节点是制度发生显著变化的阶段，新的制度就是基于关键节点时期各种政治力量冲突的结果产生的，之后制度会再次进入平稳期。其次是路径依赖分析。一旦某种制度被选择，就会产生自我强化机制，倾向于巩固已有制度。最后是动力机制分析。关键节点是分析制度变迁的重要依据，制度变迁的动力来源具有多样性。

本研究运用历史制度主义理论，分析新中国成立70年来，来华留学生管理政策的历史演进及其制度逻辑，具有一定的适切性：首先，历史制度主义提供了一个分析框架，通过对静态的政策文本的整合，呈现出动态的变化过程，从而深入、系统地了解来华留学生管理政策的发展与变革；其次，从历史的视角出发，可以考察来华留学生管理政策变迁背后深层次的制度逻辑，从而为新政策的制定提供依据。

二、来华留学生管理政策的历史沿革

1950年年底，新中国接收了第一批来自捷克斯洛伐克、波兰、罗马尼亚、匈牙利和保加利亚5个国家的33名来华留学生，这是新中国来华留学生教育的开端。此后，经过70多年的发展，来华留学生教育在不同历史时期表现出鲜明的时代特点，来华留学生管理政策在70多年的历史发展过程中也呈现出均衡与断裂交织前行的特征。依据关键政策或重大历史事件，新中国成立以来，来华留学生管理政策的演变可划分为探索起步、调整发展、规范成熟、提升完善以及创新发展五个时期。

（一）探索起步时期（1949—1977年）

新中国成立后，来华留学生教育的发展催生了留学生管理政策的起步。具体来看，这一时期可以划分为两个阶段。

第一个阶段是新中国成立初期（1949—1965年）。新中国成立于以美国为首的资本主义阵营和以苏联为首的社会主义阵营全面对峙时期，"一边倒"的外交政策受到以美国为首的西方发达资本主义国家的抵制，巩固新生的社会主义政权是当时新中国的首要任务。留学生教育是国家间合作交流的重要外交工具，因此，当时的来华留学生管理政策带有浓厚的政治色彩。1962年颁布的《外国留学生工作试行条例（草案）》作为新中国成立以来第一份关于来华留学生管理的法规性文件，明确规定了来华留学生教育是一项国际义务。1963年发布的《关于外国留学生工作会议的报告》更加直接地提出接受和培养留学生是我国应尽的、不容推诿的一项国际主义义务，也是贯彻我国对外政策的一个重要方面。这一时期，来华留学生管理工作实行以教育部为主，外交部、大使馆、高校等多部门共同负责制，留学生来源国与外交政策直接相关。据统计，1950—1966年，来自社会主义国家的留学生占同期来华留学生总数的90.8%。[8]

在巩固政权、服务外交的价值取向下，我国主要是通过与其他国家签订政府间双边协定招收留学生的，具有明显的国家福利属性。1951年，教育部等四部门联合签发的《关于加强对东欧交换来华留学生管理工作的协议（草案）》规定，中国政府负担来华留学生在华期间的全部费用。之后的《外国来华留生经费开支标准》《关于提高外国留学生奖学金标准问题的通知》以及《关于在华自费留学生的经费负担问题的通知》等文件，进一步强化了留学生教育的福利性质，同时规范了政府和学校之间的经费关系，初步构建了来华留学生的经费管理体系。

第二个阶段是"文化大革命"（以下简称"文革"）时期及过渡期（1966—1977年）。"文革"爆发，中国国内的政治环境恶化，经济、教育等领域的发展均受阻。我国各高校纷纷"停课闹革命"，留学生在我国的正常学习逐渐困难。因此，1966年9月，教育部发布《给有关驻华使馆的备忘录》遣返来华留学生。此后，我国刚刚起步的来华留学生教育中断达7年之久。1973年5月，国务院批准了《关于1973年接受来华留学生计划和留学生若干问题的请示报告》，宣布继续接收社会主义国家和已建交的友好国家的留学生，此外，还可适量接受资本主义国家的留学生。这一政策标志着停滞已久的来华留学生教育全面恢复，与此同时，留学生的来源国也发生转变。1973—1977年，我国一共接收了来自77个国家的2066名留学生，资本主义国家的来华留学生数量明显增加。[9]

总的来看，新中国在成立初期虽然发布了相关的规定、文件等，但尚未形成一套明确的、完整的来华留学生管理政策体系；对来华留学生的管理实行由中央政府主导的高度集中管理体制；留学生的招收带有明显的政治因素导向，其经费管理带有浓厚的"福利"属性。简而言之，这一时期来华留学生的管理政策处于探索起步时期。

（二）调整发展时期（1978—1989年）

"文革"结束后，1978年，党的十一届三中全会胜利召开，党做出了改革开放的伟大决策。对内改革的政策改变了我国高度集中的计划经济体制，对外开放的举措推动了我国外交新格局的形成。来华留学生教育迎来了发展的春天，留学生管理政策也进入了调整发展时期。

这一时期，来华留学生教育的功能定位由"履行国际义务"转向"促进开放"，来华留学通道拓展，经济因素介入来华留学生管理政策的制定和发展。例如，1979年，国务院批准《关于接受自费外国留学生收费标准问题的请示》，准许高校招收自费留学生，并且大幅提高高校招收自费生的收费标准；1985年发布的《外国留学生管理办法》，扩大了高校招收自费留学生的范围；[10] 1989年发布的《关于调整自费外国留学生收费标准的通知》和《关于招收自费外国留学生的有关规定》，将制定留学生收费标准的权力下放给高校，并放宽了接受留学生的高校范围。据统计，1979—1989年，累计共有26000余名自费留学生来华学习，是改革开放前28年来华留学生总数的2倍多。[11]

此外，改革开放之前，来华留学生由各国政府直接派遣，不需要参加我国高校的入学考试；改革开放之后，我国加强了对来华留学生的入学前考核。例如，1978年发布的《关于做好今年接受外国留学生工作的通知》详细规定了学习理、工、医专业的来华留学生入学考试的科目；1980年发布的《关于外国留学生入中国高等院校学习的规定》，增设规定了农科、文科和艺术专业留学生的入学考核要求；1986年发布的《关于外国留学生来华学习的有关规定》，在规定本科生的入学考试科目外，也提及来华留学研究生的入学和考核标准。[12]

整体来看，这一时期来华留学生管理政策的功能定位向经济目的倾斜，自费来华留学生数量增加。在经济因素的助推下，来华留学生的管理体制发生变化，政府将来华留学生的管理权有限让渡给高校和地方政府，高校在制度层面上拥有了一定的管理自主权，但是，政府在这方面的高度集权问题仍没有得到解决。此外，对于留学生的招收逐渐严格，针对不同学科设置了不同的考试方式，对留学生质量的考量初现端倪。这一时期来华留学生管理政策整体上处于调整发展阶段。

（三）规范成熟时期（1990—1999年）

20世纪90年代，我国改革开放进入深化时期。1992年，党的十四大胜利召开，明确提出建立有中国特色的社会主义市场经济体制。次年，中共中央、国务院颁布的《中国教育改革和发展纲要》强调，要初步建立起与经济体制、政治体制和科技体制改革相适应的教育新体制。基于此，留学生管理政策步入规范成熟时期。

这一时期，政府继续下放来华留学生的管理权，高校在留学生管理方面的权限持续扩大。例如，1992年发布的《关于1993/1994学年接受国家计划内来华留学生工作的通知》规定，将中国政府奖学金留学生的录取工作交由高校，改变了将留学生招收作为国家强制任务的局面；1998年发布的《自费来华留学生收费标准》规定，将设定自费来华留学生的收费标准的权力下放给高校；同年颁布的《中华人民共和国高等教育法》明确规定，高校具有包括来华留学生招生权、教学权、管理权等权力在内的办学自主权。在此期间，1996年，专门的来华留学生管理机构——国家留学基金委员会成立，受教育部委托负责来华留学生的招生及具体管理工作。

此外，在这一时期，政府还颁布了一系列法规、政策，着重推动留学生的招收、选拔和学位制度的逐步规范化。例如，1991年，国务院学务委员会批准的《关于普通高等学校授予来华留学生我国学位试行办法》明确规定，高校有权授予来华留学生学位，并详细规定了学位授予的条件、标准和程序，还强调对授予学位高校进行质量检查和评估，从而建立起了较成熟的来华留学生学位制度；[13]1992年，原国家教委发布《接受外国来华留学研究生试行办法》，提出招收来华留学研究生，扩大了留学生的接受层次；[14]1992年发布的《中国汉语水平考试（HSK）办法》，以及1995年发布的《关于外国留学生凭〈汉语水平证书〉注册入学的规定》，增设了关于接受高等教育的来华留学生的语言考核要求。[15]

总而言之，这一时期高校办学自主权扩大，初步构建了政府、地方和高校三级留学生管理体制；放宽了来华留学生的招收层次，建立了来华留学生汉语考核体制、学位制度，留学生的入口管理和出口管理愈发成熟。来华留学生管理政策在这一时期聚焦于政策的规范化、成熟化发展。

（四）提升完善时期（2000—2009年）

21世纪初，中国社会主义市场经济体制初步建立，为助力经济发展，高等教育领域大力贯彻扩招政策。与此同时，中国加入世界贸易组织（World Trade Organization，WTO），承诺开放服务贸易领域，而教育服务贸易就是其中的重要领域之一。我国进入第二个来华留学生规模快速增长时期，至2005年，来华留学生人数突破14万人。伴随着规模的扩张，留学生管理面临的挑战升级，来华留学生管理政策走向提升完善时期。

21世纪初，来华留学生管理政策继续沿袭上一时期的发展脉络，推进留学生管理体制的改革和奖学金制度的完善。例如，2000年，教育部、外交部、公安部联合制定的《高等学校接受外国留学生管理规定》明确了高校留学生名额不再受国家招生计划指标限制，并正式确立了中央政府宏观管理、地方政府协调管理、学校自主管理三级管理体制；[16]同年，教育部发布了《中国政府奖学金年度评审办法》，通过了中国政府奖学金年审制度；2001年发布的《关于中国政府奖学金的管理规定》，对中国政府奖学金类别、提供对象、期限和申请条件等做了更加详细的规定。[17]此后的一系列奖学金政策在提升奖学金吸引力度的同时，也开始重视奖学金的使用效益，留学生奖学金制度逐步完善。

21世纪，为争夺高层次人才，各国政府都会把建设高质量教育作为基本国策。[18]基于此，来华留学生管理政策开始着力于对留学生教育质量的管控，以此为来华留学生教育从外扩式发展向内涵式发展转变提供政策保障。例如，2007年，教育部发布《来华留学生医学本科教育（英语授课）质量控制标准暂行规定》，强调提高留学生教育教学质量，来华留学教育发展模式向质量与效益优先的模式转型。[19]此外，2001年发布的《关于改革外国留学生学历证书管理办法的通知》、2007年发布的《关于普通高等学校外国留学生新生学籍和外国留学生学历证书电子注册的通知》等，也在不断深化完善学历生教育的全过程管理。

总体而言，这一时期作为教育服务贸易的重要手段之一，来华留学生的管理政策的功能定位更加向经济目的倾斜。在重视加强奖学金等工具对留学生的吸引力度外，也开始关注对留学生教育质量的管理，从而应对实践中规模扩张带来的质量问题。总之，这一时期，在三级管理体制之下，我国来华留学生管理政策在许多方面都得到了提升和完善，呈现出制度化、规范化和信息化的特点。

（五）创新发展时期（2010年至今）

随着经济全球化和高等教育国际化进程的加快，我国来华留学生规模急剧扩大，但与西方发达国家相比仍存在较大差距。2011年，来华留学生人数市场份额占比仅排名全球第11位。[20]与此同时，党的十八大以来，走内涵式发展道路成为来华留学生教育的新方向。

作为21世纪我国第一个中长期教育规划纲要，2010年发布的《国家中长期教育改革和发展规划纲要（2010—2020年）》针对来华留学生明确提出了规模和质量并重的要求。[21]同年，教育部发布的《留学中国计划》再一次提出统筹规模、结构、质量和效益，推进来华留学事业全面协调可持续发展的愿景。[22]这标志着我国来华留学生教育进入了促规模和保质量并重的新时期。新的政策图景下，来华留学生管理政策也进入了创新发展时期，此后一系列政策文件都表明提升教育质量成为这一时期政策的重要导向。例如，2016年发布的《关于做好新时期教育对外开放工作的若干意见》《推进共建"一带一路"教育行动》，都提到提升来华留学人才培养质量的重要性。2018年发布的《来华留学生高等教育质量规范（试行）》更是作为首次专门针对来华留学生制定的质量规范文件，成为开展留学教育内部和外部质量保障活动的基本依据。[23]2019年发布的《中国教育现代化2035》提出"建立并完善来华留学教育质量保障机制"。[24]

与此同时，趋同化管理模式是新时期来华留学生管理政策的重要转变。例如，2010年发布的《留学中国计划》首次提到积极推动来华留学人员与我国学生的管理和服务趋同化；[25]2015年发布的《2015—2017年留学工作行动计划》再次提到健全来华留学生招生机制，推动高校逐步实施来华留学趋同化管理；[26]而2017年发布的《学校招收和培养国际学生管理办法》又一次提出高校要设立来华留学辅导员岗位，并与中国学生辅导员享有同等待遇。[27]这些文件为实施来华留学生趋同化管理提供了有力的政策保障。

总之，在这一时期，政治因素与经济因素并重，成为影响来华留学生管理政策的主导因素。同时，在由外扩式发展转向内涵式发展的过程中，来华留学生教育质量保障制度正式建立，来华留学生管理模式也由区别化管理向趋同化管理模式转变。来华留学生管理政策进入了创新发展时期。

三、来华留学生管理政策变迁的制度逻辑

纵观新中国成立至今来华留学生管理政策的演变，既有路径依赖下的政策平稳运行期，又有各方力量冲突、妥协后的政策断裂期，呈现线性均衡与偶然性突变交织运行的特征。简单来说，本文基于历史制度主义理论，考察来华留学生管理政策的发展路径及其呈现两种变迁类型交织运行的驱动因素，从而探究其背后深层次的制度逻辑。

（一）关键节点划分

关键节点作为政策平稳运行期和政策断裂期之间的分界点，在政策演变的过程中扮演着重要角色。所谓关键节点，就是在众多因素推动下政策场域发生变化并产生焦点事件，对后期政策发展具有显著影响的短暂时刻。它是政策发展的重大转折期，但不能被简单概括为具体的标志性事件。在关键节点之后，政策进入存续的常态期。聚焦来华留学生管理政策的发展过程，其中的关键节点如下。

第一，1978年12月，党的十一届三中全会胜利召开后，中国开始实行对内改革、对外开放的政策，我国从此进入社会主义现代化建设的新时期。对内改革，推动高度集中的计划经济体制转向社会主义市场经济体制；对外开放，将封闭半封闭的社会向全面开放的社会转变。改革开放不仅推动了经济体制的深刻变革，而且带来了社会结构的深刻变动、思想观念的深刻变化。

作为中国历史上的重大转折点，改革开放也自然而然地成了来华留学生管理政策的关键节点。在改革开放伟大决策的影响下，深化教育体制改革，推动教育更好地为社会主义现代化建设服务成为当时教育领域的重要任务。投射到来华留学生管理政策领域，已有政策的均衡期被打破，经济因素参与到留学生管理政策的制定中，推动政策在功能定位、管理体制及涵盖范围等方面发生重要转变。自此，零散的留学生管理政策体系也向规范化、完整化的路径演变。

第二，2004年8月，教育部高等教育教学评估中心正式成立，并建立起5年一轮的评估制度，由此中国高等教育教学质量评估进入制度化和专业化的发展阶段。这表明，在意识到高等教育大众化伴随高等

教育质量滑坡的潜在危险时，如何保证高等教育质量，成为我国高等教育改革与发展中的重要议题。潘懋元先生曾指出："教育质量，是高等教育发展的核心问题，也是高等教育大众化的生命线。"[28] 优质的高等教育教来越成为高等学校在世界范围内拥有和保持良好声誉的一个基本条件。因此，伴随着中国高等教育教学质量评估的规范化发展，来华留学生的教育质量问题也受到了广泛的关注。在此之前，我国来华留学生教育一直在走外扩式发展道路，致力于来华留学生人数的增长。直到21世纪初，来华留学生仍是非学历生占主体，学历留学生占比持续在20%~40%区间波动，且留学生多来自周边的发展中国家，如越南、印度尼西亚等国，生源质量有待进一步优化。此后，来华留学生教育向内涵式发展轨道转变，留学生管理政策回归教育属性，向规模扩张与质量管控并行的路径演变。

（二）路径依赖分析

历史制度主义强调的路径依赖不仅仅是指日常存在的历史延续性，更指历史要素对制度变迁的重大的依赖作用，[29] 它重点关注的是政策延续的"原因"而不是结果。关键节点为新制度的形成提供条件，而新制度的雏形又成为制度平稳运行期的伊始，所以，关键节点也是路径依赖的起点。因此，改革开放、高等教育教学评估的规范化等重大节点，指明了来华留学生管理政策的变迁路径，政策也在此后形成了一套自我强化机制，奠定了后期政策平稳运行的轨迹。虽然政策的制定与市场活动不尽相同，但是，利用阿瑟（Arthur）提出的产生路径依赖的条件（庞大的创办成本或固定成本、学习效应、协调效应以及适应性预期四个方面）[30] 来分析来华留学生管理政策在演变过程中形成自我强化机制的原因仍然是适用的。

第一，来华留学生管理政策体系背负着高昂的固定成本。新中国成立之初，为推动留学生教育的发展，对留学生的事务实行行之有效的管理，政府投入了大量的创办成本。对留学生的管理作为来华留学生教育的重要组成部分，依靠健全的管理政策为来华留学生教育的发展提供政策保障是我国历届政府的普遍认知。在明确目标的指引下，基于"回报递增"的原则，新中国成立70多年来，在留学生管理政策逐步成熟完善和进一步推广实施的过程中，我国政府又追加投入了巨额的成本以创造持续的收益。同时，这部分收益又反过来成为政策的进一步完善实施的追加成本，由此循环往复形成规模效应。一旦改变政策原有的发展路径，不仅前期投入落空，而且还需要改变与其相关的一系列政策，需付出高昂的逆转成本，所以，政府和社会具有强烈的动机去认同和固守政策实施的特定路径。因此，在高昂成本的影响下，来华留学生管理政策在发展过程中更倾向于维持已有的政策，对其不足之处进行小幅度的调整和完善，呈现总体均衡、偶然断裂变迁的路径特征。

第二，学习效应减弱了来华留学生管理政策变革的积极性。政策形成后，相关行动者会通过反复的实践，学会如何适应政策，从而恰当有效地开展活动，由此也会推动个体对政策的认可。[31] 学习效应可以分为纵向和横向两类。纵向学习效应是指历届政府、利益相关者，特别是政策行动者对前一任政府制定的来华留学生管理政策的学习。新中国成立后，我国高等教育管理体制深受国家政治、经济结构的塑造，呈现出强烈的政府行政主导状态。基于此，来华留学生管理政策的制定始终由政府主导，并且服务于国家战略方针需要。因为无论是地方政府还是高校都已摸索出了一套在政府主导管理体制下开展留学生管理活动的相关经验，所以很难有改变原有政策路径的积极性。横向学习效应是指借鉴其他国家的成功经验。欧美发达国家作为招收留学生的领头羊，其留学生管理政策为我国提供了很好的范例。例如，自全费时代起，经济因素便成为英国留学生政策的主导因素，为缓解全费政策带来的负面影响，英国开发了众多留学生奖学金项目，以吸引留学生赴英就读。我国在来华留学生管理政策制定过程中也愈发重视奖学金的管理。

第三，协同效应强化了已有来华留学生管理政策的稳定性。协同效应也称为合作效应，任何一项政策都不可能单独存在，一项政策既要适应社会环境，与政治、经济、文化等方面的发展相匹配，又要与所涉及的领域的其他正式政策或非正式约束相配套。[32] 来华留学生管理政策不仅要与外部环境协同，而且还要与整个留学生教育政策体系协同。具体而言，来华留学生管理政策的发展与整个国家的政治环境、经济发展制度、文化思想等紧密地结合在一起，作为来华留学生教育发展的政策保障，同时也受教育体制的影响。例如，我国来华留学生招生政策一直受外交政策的影响，新中国成立初期以社会主义国家留学生为主，"文革"后开始接纳资本主义国家留学生，目前又向"一带一路"沿线国家倾斜；20世纪80年代中期开始的教育体制改革推动了来华留学生管理体制改革的不断深化。与此同时，来华留学生管理政策涉及留学生入口、过程以及出口管理的方方面面，形成了以招收、奖学金、学位制度等为主的稳固的来华留学生政策共同体，这些政策之间形成了协同效应，牵一发而动全身。在双重协同效应下，来华留学生管理政策在演变过程中产生了明显的自我强化机制，稳定的利益格局增加了政策变迁的成本，强化了原有政策的稳定性。

第四，适应性预期降低了来华留学生管理政策变迁的可能性。适应性预期是指一项政策形成文本出台实施之后，其效果可以推动利益相关群体产生对该政策持续运行的预期，良好的政策效果会使政策行动者对其产生适应性，这种适应性会减少影响改变这项政策持续运行的不稳定因素。当一项政策具有极高的被认可度，该政策便会自我强化，难以逆转。例如，中国政府奖学金政策一直是吸引留学生的重要手段。新中国成立之初，奖学金留学生体现了我国履行国际义务的精神；之后在21世纪"一带一路"倡议之下，奖学金政策向沿线国家留学生倾斜的政策又取得了良好的效果。总体而言，中国政府留学生奖学金政策在扩大留学生规模中贡献卓越，取得的成效明显，增强了政府、高校等利益相关群体对该政策的心理认同。在这种情况下，适应性预期推动政策行为主体对既有政策产生了高度的依赖性，完全推翻现有的中国政府留学生奖学金政策体系是不现实的。

（三）动力机制分析

在政策演变的过程中，关键节点作为政策平稳运行期和政策断裂期之间的分界点，其产生原因是分析政策变迁动力机制的重要依据。政策的变迁往往是各方力量冲突和发挥作用后相互妥协的结果，是内外因素共同作用的结果。[33] 由此看来，来华留学生管理政策的演变主要有以下四个方面的影响因素。

1. 国家政治环境的变化

因为政治体制的容纳性决定了政策的选择，所以政治因素是影响政策变迁的重要因素。其中，来华留学生教育的特殊性，决定了相比高等教育其他领域，它更容易受到国家外交政策的影响，因此，来华留学生的招收管理与国家外交政策息息相关。而新中国成立至今，我国外交政策受国际形势的影响，历经了从"单极"到"多极"的变化。

"二战"后，美、苏在冷战中形成两大军事政治集团的对峙局面，世界格局呈现两极化。中国作为新兴社会主义国家，采取"一边倒"的外交政策，倒向以苏联为首的社会主义阵营，受到以美国为首的资本主义国家的政治"孤立"。在这一时期，中国主要招收苏联、东欧等社会主义国家的来华留学生。中苏关系恶化后，我国转向同亚、非、拉等第三世界国家建立友好交往关系，开始扩大这些国家的来华留学生人数。"文革"结束后，我国又开始实行"一条线"外交政策，与西方资本主义国家的关系逐步缓和，招收的资本主义国家来华留学生人数开始增加。改革开放政策下，我国改行"全方位"外交政策，建交国家数量激增，来华留学生生源国数量也由新中国成立之初的68个翻了一番。20世纪90年代初，苏联解体，冷战结束，苏美对抗的两极化格局正式终结，世界格局出现了"一超多强"的局面，并向着多极化趋势发展。此后，我国来华留学生生源国数量持续上升，增长到2018年的近200个。特别是2013年，"一带一路"倡议提出后，沿线国家留学生数量增长明显。总体而言，外交政策对我国来华留学生管理政策具有显著影响。

与此同时，政治文化也对来华留学生管理政策产生了一定程度的影响。新中国在成立之后，为巩固社会主义政权，学习苏联，实行高度集权的中央集权制；反映到教育领域，中国教育政策采取的是民主集中制的政策生产方式。加之中国共产党领导人民推翻了压在人民头上的三座大山，群众热情拥护党和政府，高度认同其颁布的政策。因此，政府在来华留学生管理领域实施高度集权的管理方式具有坚固的社会基础。改革开放以后，解放思想、实事求是的理念盛行起来。具体到教育领域，教育界开始呼吁更为民主的教育氛围，所以在这之后，来华留学生管理政策由政治主导转向回归教育的本质属性。

2. 宏观经济体制的变革

经济体制为政策的形成提供了经济组织环境，所以政策自然而然受到经济体制的制约。尤其是改革开放后，来华留学生教育的经济效益逐渐凸显，宏观经济体制改革成为推动来华留学生管理政策变革的重要驱动力。

新中国成立初期，我国受苏联影响实行计划经济体制，并在相当长的时间内处于计划经济时代。这一时期，国家行政命令调控经济运行，资源配置完全由政府主导。高校作为社会组织被纳入国家计划体系之中，其招生等事务受到政府行政力量的高度管控，缺乏自主权。正因为这种计划经济体制的桎梏，来华留学生管理政策的封闭性和计划性特征显著。1978年召开党的十一届三中全会之后，我国高度集中的计划经济体制开始变革。随着计划经济体制向市场经济体制的转变，市场调控资源配置、经济运行的方式取代国家指令性计划。我国高校办学自主权在逐步扩大，政府逐步下放招生、管理等权力给高校，大大调动了高校的积极性。此外，新中国成立初期，我国处于百废待兴的状态，经济水平远远不足以支撑规模庞大的留学生教育体系；而伴随着我国社会主义市场经济体制的初步建立，中国经济体制改革进入完善社会主义市场经济体制的新时期，中国经济发展水平得到持续提升，足以为留学生教育提供所需的经济保障，来华留学生招收走向规模扩张之路。时至今日，中国特色社会主义市场经济体制已正式确立，在市场取向的经济体制下，我国进一步开放多种自费来华留学渠道，经济因素也成为影响来华留学生管理政策的主导因素之一。

3. 教育管理体制的改革

来华留学生管理政策归属于教育事务，除了外部因素的推动外，教育系统内部条件作为内部因素也推动了我国来华留学生管理政策的变迁，其中最显著的动力因素就是高校管理体制的改革。

新中国成立初期，受特定历史时期国内外政治环境的影响，中央政府实行高度集权的来华留学教育管理体制。来华留学生教育归属于政府下发给高校的强制任务，高校接收来华留学生的国别、规模、专业和层次都是由中央政府决定的，包括教学、奖学金、日常管理在内的任何事务，高校都要上报给上级部门，完全听从上级部门的安排。政府部门大包大揽的管理模式，不仅限制了来华留学生人数的增长，也影响了对来华留学生教育管理的质量。20世纪80年代，高度集权统一的留学生管理模式已无法适应社会发展的需求，高校办学主体意识觉醒，改革教育管理体制，建立适应政治、经济发展的新教育管理体制成为教育领域的新趋势。1985年发布的《中共中央关于教育体制改革的决定》明确提出扩大学校的办学自主权。此后，政府逐步下放包括留学生的学费收取、招收名额、留学生培养、学位授予等管理权限给高校。高校拥有了独立法人主体地位，享有高度办学自主权，成为来华留学生事务的管理主体。来华留学生管理体制由高度集中的中央政府直接管理向"中央政府—地方政府—高校"三级管理体制转变，高校在留学生管理领域的行动空间扩大，这为来华留学生管理政策的完善和具体落实提供了有力的支持。在政府主导下，留学生事务的外交属性明显；在高校自主管理下，其教育属性凸显，成为留学生管理政策变迁的主要表现。

4. 已有政策存在的不足

外部因素的变化也会导致政策自身问题的凸显，从而促使政策制定者对原本习以为常的问题加以关注，推动政策制定者采取新的可行的解决方案。已有来华留学生管理政策存在的不足也是政策变迁的动力之一。

虽然新中国成立70多年来，我国已经形成了相对完善的来华留学生管理政策体系，为来华留学教育事业的发展提供了强有力的政策支持和实践保障，但具体来看，一些来华留学生管理政策存在时代局限性，不适应新时期的发展。例如，由于来华留学生教育一直带有政治色彩，来华留学生在很长时间内都被视为特殊群体，与本土学生隔离开来，其在我国的身份更倾向于外宾。相比本国学生，他们不仅在学习方面享受单独教学、考核的特殊管理，而且在生活上也享受区别于本国学生的优待。但是，随着我国来华留学生规模的不断扩张，留学生人数以及来源国的增加带来了多元化管理问题，传统的区别化管理模式已经不能适应新形势下留学生教育发展的需要，探索一个来华留学生与本国学生趋同化管理的模式成为当务之急。此外，来华留学生人数的增长，尤其是自费来华留学生人数的增长，对我国来华留学生教育质量的管理提出了新的要求。原有留学生教育存在的教育质量低、学生满意度不高的问题日益凸显，来华留学性价比不高严重影响我国留学生教育在国际上的声誉，因此，建立健全的留学生质量管理政策也成了新时期来华留学生管理政策的重点任务之一。由此可见，已有来华留学生管理政策存在的不足，推动了政策的变迁发展。

四、总结

中华人民共和国成立70多年来,来华留学生管理政策伴随着留学生教育事业的发展,经过了一个复杂、漫长的演变过程。在此过程中,既存在自我强化机制,形成了路径依赖现象;又在内外部因素的共同作用下,形成了政策变迁。总体来看,70多年的历史里,来华留学生管理政策在曲折中前进,在不同时代背景下依据国家发展需要不断调整自身体系,取得了良好的成效。

通过对来华留学生管理政策的历史发展和制度逻辑分析,可以归纳出以下几点启示:①制度演变过程中,政策变迁与路径依赖是同时存在的,既要寻求政策的稳定性,又要根据时代发展及时更新原有的不适应时代需要的政策;②制度运行平稳期形成的路径依赖既有正反馈,也有负反馈,负反馈会对制度的发展和实施产生阻碍作用,所以要警惕路径依赖现象中的负反馈机制;③制度的演变受内外部因素的共同作用,所以在制定政策的过程中需要考虑全面。

基于此,笔者就来华留学生管理政策的未来走向提出以下建议:第一,制定的政策要具有前沿性、预见性。我国现行来华留学生管理政策中的大多数政策都是基于问题提出的,存在一定的滞后性,严重减弱了政策落地的实施效果,因此要及时预警,在问题初现端倪时便提出相应对策。第二,政策要具有可操作性。政策不能只停留在文本层面,必须具备具体的实施细节,才能够保证落地实施产生良好效果;同时各地方政府、各高校还要根据自身情况,因地制宜地落实政策,避免政策流于形式。第三,建立规范来华留学生日常行为的法律法规。根据现行来华留学生管理中存在的无法可依的情况,必须出台相关的法律法规,明文规定对来华留学生违法行为的惩处方式,为来华留学生日常行为管理提供法律依据。

参 考 文 献

[1] 马佳妮. 欧美发达国家留学生教育发展探析 [J]. 比较教育研究,2016,38 (7):58-63.

[2] 中华人民共和国教育部. 教育部对十二届全国人大五次会议第4183号建议的答复(摘要)[R/OL]. (2017-08-14)[2019-11-13]. http://www.moe.gov.cn/jyb_xxgk/xxgk_jyta/jyta_gjs/201803/t20180328_331518.html.

[3] Institute of International Education. Open doors® 2016: report on international educational exchange [EB/OL]. (2016-11-04)[2019-11-13]. https://p.widencdn.net/p8fxny/Open-Doors-2016-Presentation.pdf.

[4][16] 刘宝存,张继桥. 改革开放四十年来华留学教育政策的演进与走向 [J]. 西北师大学报(社会科学版),2018,55 (6):91-97.

[5] 蒋凯. 来华留学生教育的瓶颈问题及解决措施 [J]. 大学教育科学,2010,2 (2):21-25.

[6] 黄忠敬. 教育政策导论 [M]. 北京:北京大学出版社,2011:12-15.

[7] PIERSON P, SKOCPOL T. Historical institutionalism in contemporary political science [M]. New York: Norton, 2002:693.

[8][9][11] 彭术连. 建国后来华留学生教育政策分析 [D]. 上海:上海交通大学,2009.

[10] 李滔. 中华留学教育史录:1949年以后 [M]. 北京:高等教育出版社,2000:911.

[12] 中华人民共和国国家教育委员会外事局. 外国留学生来华学习的有关规定 [EB/OL]. (2019-04-30)[2020-02-20]. https://baike.baidu.com/item/外国留学生来华学习的有关规定/4624109?fr=aladdin.

[13] 中华人民共和国国务院学位委员会. 国务院学位委员会关于在部分普通高等学校试行《关于普通高等学校授予来华留学生我国学位试行办法》的通知 [EB/OL]. (2008-04-25)[2020-02-21]. http://www.moe.gov.cn/srcsite/A22/s7065/199110/t19911024_61088.html.

[14] 中华人民共和国国家教育委员会. 国家教育委员会关于印发《接受外国来华留学研究生试行办法》的通

知[EB/OL].(2012-03-28)[2020-02-21].http://www.doc88.com/p-135417224732.html.

[15] 中华人民共和国国家教育委员会. 关于外国留学生凭《汉语水平证书》注册入学的规定[EB/OL].(2008-04-14)[2020-01-21]. https://www.moe.gov.cn/srcsite/A02/s5911/moe_621/199512/t19951226_81899.html.

[17] 中华人民共和国教育部国际合作与交流司. 关于中国政府奖学金的管理规定[EB/OL].(2001-07-30)[2020-01-21].http://www.moe.gov.cn/s78/A20/gjs_left/moe_850/tnull_553.html.

[18] 中华人民共和国教育部. 全国教育事业第十个五年计划[EB/OL].(2001-07-01)[2020-01-21].http://www.moe.gov.cn/jyb_sjzl/moe_364/moe_302/moe_406/tnull_4761.html.

[19] 中华人民共和国教育部. 来华留学生医学本科教育（英语授课）质量控制标准暂行规定[EB/OL].(2007-07-10)[2020-04-11].http://www.docin.com/p-1623789480.html.

[20] 李航敏. 中国高等教育服务贸易发展研究[D]. 北京：对外经济贸易大学，2014.

[21] 中华人民共和国教育部. 国家中长期教育改革和发展规划纲要（2010—2020年）[EB/OL].(2010-07-29)[2020-02-11].http://old.moe.gov.cn/publicfiles/business/htmlfiles/moe/info_list/201407/xxgk_171904.html?authkey=gwbux.

[22][25] 中华人民共和国教育部. 留学中国计划[EB/OL].(2010-09-21)[2020-02-11].http://www.moe.gov.cn/srcsite/A20/moe_850/201009/t20100921_108815.html.

[23] 中华人民共和国教育部. 来华留学生高等教育质量规范（试行）[EB/OL].(2018-10-09)[2019-11-14].http://www.moe.gov.cn/srcsite/A20moe_850/201810/t20181012_351302.html.

[24] 中华人民共和国国务院. 中国教育现代化2035[EB/OL].(2019-02-23)[2019-11-14].http://www.moe.gov.cn/jyb_xwfb/gzdt_gzdt/201902/t20190223_370857.html.

[26] 中华人民共和国教育部. 2015—2017年留学工作行动计划[EB/OL].(2015-07-01)[2019-11-14].http://gjc.cpu.edu.cn/2a/0a/c1020a10762/page.htm.

[27] 中华人民共和国教育部，外交部，公安部. 学校招收和培养国际学生管理办法[EB/OL].(2017-06-02)[2019-11-14].http://www.moe.gov.cn/srcsite/A02/s5911/moe_621/201705/t20170516_304735.html.

[28] 潘懋元. 中国当代教育家文存：潘懋元卷[M]. 上海：华东师范大学出版社，2006：153-154.

[29] 刘圣中. 历史制度主义：制度变迁的比较历史研究[M]. 上海：上海人民出版社，2010：127.

[30] BRAIN A W. Increasing returns and path dependence in the economy[M]. Ann Arbor：University of Michigan Press，1994：112.

[31] 秦惠民，王名扬. 我国高等教育评估制度演变的社会基础与制度逻辑：基于历史制度主义的分析[J]. 中国高教研究，2015(10)：1-6+21.

[32] KOELBLE T A. The new institutionalism in political science and sociology[J]. Comparative politics，1995，27(2)：231-243.

[33] 金登. 议程、备选方案与公共政策[M]. 丁煌，方兴，译. 北京：中国人民大学出版社，2004：225.

A Study on the Evolution of the Management Policy for International Students in China since 1949: An Analysis Based on Historical Institutionalism

Abstract: China has become Asia's largest destination for studying abroad, and the expansion of the scale of international students has not only provided a good development opportunity for the management of international students in China, but also brought new challenges. The existing research has certain reference value, but it also has limitations. Therefore, from the perspective of historical institutionalism, it is necessary to sort out the historical process of the management policy and explore the institutional logic for international students in China since 1949. The study found that the management policy of international students in China in the past 70 years has gone through five stages: exploration and start, adjust and development, standardize and mature, promote perfection and innovative development. In this process, the high cost, learning effect, coordination effect and adaptability expectation havve promoted the formation of the policy self-reinforcing mechanism. At the same time, the change of political environment, the reform of the macroeconomic system and education management system, the problems in the existing policy have contributed to the change of the management policy.

Keywords: international students in China, management policy, key nodes, path dependence, power mechanism

中美高校创新创业教育比较研究

王 冉[②] 文正建[③]

一、研究背景

人类进入知识经济时代,创新创业体现了一个国家综合国力和竞争力的强弱。[1]高校作为国家创新创业战略的前哨,其重要性不言而喻。一方面,培养社会需要的高质量应用型人才是高校教育追求的目标,创新创业的教育水平也影响着全民族教育发展的效益和高度;另一方面,创新创业教育是国内外教育理论研究和实践探索的新领域,也是一种新的教育理念和教育模式的推进,符合当今世界的创新创业潮流和经济发展的需要。

我国的创业教育起步落后于国外。在2002年,我国设立了9所试点高校,发展至今已有了近20年的历程,而在此期间国家有关创业教育发展的政策也是不断完善的。2012年8月,教育部颁发文件要求本科学校创造条件面向全体学生开设"创业基础"必修课;同年年底召开的党的十八大会议明确提出坚持走中国特色自主创新道路、实施创新驱动发展战略,这对高等教育的人才培养提出了新的要求。2017年,党的十九大报告提出社会应激发和保护企业家精神,鼓励更多社会主体投身创新创业。创新是创业的前提,创业是创新的实践形式。邓小平曾提出创新要靠人才,国家之间的竞争归根结底是人才的竞争,而教育则是培养人才的基础。所以,在当前经济发展新常态的形势下,培养出国家所需的创新创业人才成为高校教育发展的必然趋势,中国高校创新创业教育任重道远。

而国外高校特别是美国高校的创新创业教育起步比较早,并且有了一定的基础。世界知识产权组织和康奈尔大学等知名机构连续多年共同发布《全球创新指数报告》,这一系列报告都表明,在鼓励学生、教师进行创新和创业,积极支持大学创新技术转移,推进高校和企业进行合作,进而促进地方与区域经济的长期发展等方面,美国高校均走在世界前列。因此,对美国高校创新创业教育进行研究,在对比研究中学习,可为我国高校创新创业教育发展提供有益的启示。

二、国内外研究综述

(一)创业教育发展研究

到目前为止,国外的创业教育已走过了将近70年的发展历程,在此过程中,形成了规范完整的一体化教育体系。1945年,哈佛大学在《自由社会中的普通教育》报告书中指出,知识与能力共同发展的标准之一即是关注学生创新能力的培养和提升。盖博教授曾提出创业教育体系的两种典型模式,即创业型大学的组织模式和传统商业院校的组织模式。[2]也有学者认为美国商学院中的创业教育已成形,但是其他学院如工程学院、农学院、自然与科学学院、艺术学院等对创业教育依然有很大的需求。早在20世纪80年

---

① 课题来源:2021年度郑州大学教育教学改革研究与实践重点项目"高校创新创业教育协同育人培养模式探索与实践"(2021ZZUJGLX024)。
② 王冉,郑州大学教育学院硕士研究生,研究方向为职业发展教育。
③ 文正建(通讯作者),公共管理硕士,河南师范大学田家炳教育学院博士研究生,副教授,研究方向为大学生就业创业、教育评估。

代之前，美国高校教育界就把培养创新创业型人才作为高校教育的目标，并据此进行教学活动。[3]20世纪末，在国家创新能力发展的需求的基础上，法国同样开启了教育改革之路。[2]

杨晓慧从创业教育标准出发，认为国家颁布的政策性文件能够促进高校创业教育的发展。例如，美国创业教育者联盟在2004年发布的《全国创业教育内容标准》分为3个部分，提出了15个维度、403个具体创业技能指标，为高校如何实现创业人才培养提供了基准。由此，她认为国外的相关政策文本值得我们认真对待和分析。[4]而黄兆信则更加关注美国创业教育中的合作理念，他认为其成功发展的重要原因在于国家和人民的集体参与，创业课程与专业课程融合，并在创业教育模式上形成了宏观全国性的创业联盟、中观创业教育广泛合作和微观校园内的跨学科合作三种合作模式。[5]

尽管学者们的研究对象略有不同，但这些研究成果能够帮助我们对国外，尤其是美国的创业教育的发展历程有所了解，再将其和我国的创业教育发展历程进行对比，通过思考得出有益经验。

（二）高校创业教育研究

国外高校的创业教育开始得比较早，并且本身就是由高校教授创设的，所以其整个发展是自下而上蓬勃而生的。教师和学生是创业教育深化的有力推动者和积极主动的参与者，所以，国外的创业教育理念层出不穷且不断翻新，并且在国家政策的支持下不断规范。特别是近年来，美国的创业教育开始在中小学阶段展开，使得创业教育有了从小学到高校的一体化发展。美国的大学生创业教育始于20世纪50年代，经过逐步发展，创业教育理论与实践均居世界前列。[6]在相关论著或美国政府颁布的一些报告中，可以看到"创业型大学"概念的提出[7]，有人建议成立创业型大学、市场型大学等[8]。

在我国，"创业教育"一词最早在1989年出现。笔者在中国知网总库以"创业教育"为主题进行文献搜索，发现文献数量由1989年的54篇增长至2020年的70111篇，呈不断上升趋势。通过分析发现，与"创业教育"这一主题同时出现的最多的关键词为"创业""大学生""高校"以及"高职院校"，反映出创业教育领域的研究较为宏观。其中，国内学者对高校的创新创业教育研究主要见于期刊、硕士学位论文和博士学位论文中，并且集中在创业问题、创业教育内容、创新创业运行机制和质量评价体系、创业文化、美国高校创新创业教育等方面。

（三）高校创业教育课程体系研究

课程是教育活动的核心内容，因此，课程体系对于高校创新创业教育来说至关重要。由于我国的创业教育发展至今尚不成熟，所以，国内学者们对创业教育课程体系的研究大多侧重于与国外高校的教学对比以得出经验启示。

周月和胡新华以英国高校为研究对象进行研究发现，林肯大学的林肯商学院从学生的个性发展、技能开发、实践性学习、工作经验学习和职业指导五个方面建立了创业教育与学生的学位课程有机整合的框架，并大力加强教职工创业教育能力培训；同时认为我国将创业教育融入高校教学管理工作应当是一个循序渐进的过程，提出了渐入式的创业教育模式。在课程体系中具体表现为：首先，应鼓励学生积极参与学校组织的各种创业竞赛；其次，学校要加强与外界的联系，校企结合，为学生提供更多的实践机会。[9]

施冠群和刘林青通过对斯坦福大学创业教育的研究发现，该校创业教育发展的推动力之一为创业网络，它是创业型大学融合教育构建而成的。斯坦福创业网络（Stanford Entrepreneurship Network）于2007年10月10日正式启动，它是校内16个创业相关组织的联合，作为便捷的资源共享平台为斯坦福大学创业教育的发展提供便利。[10]

国内外的研究帮助我们加深了对中美两国高校的创新创业机制的理解。但是，有些研究只谈美国高校的优点和经验，采取"拿来主义"的方式直接应用，而忽视了中美之间的文化差异；还有一些研究忽视了国内的最新进展。近年来，在我国"大众创业、万众创新"政策的激励下，国内创新创业的环境明显改善，协同创新中心的建立为"产、学、研"打好了坚实基础。因此，我们也有必要对这一新的变化展开研究。本研究旨在对比中美两国的高校创新创业教育，力图在文献研究法和调查法的基础上描述各自的特点。我们希望在比较中分析我国高校创新创业教育面临的问题以及存在的不足，以期能为我国高校创新创业教育的发展提供参考。本研究除了从总体上宏观对比中美两国的高校,也在实际案例中分析高校创新创业教育"课程设置"等具体内容,注重科学研究对实践的指导意义,力图避免进行一些空洞的讨论。

三、美国高校创新创业教育案例分析

本研究以洛雷恩郡社区学院为例对美国高校创新创业教育进行案例分析。洛雷恩郡社区学院是美国俄亥俄州的一所公立社区学院。这是该州唯一一所提供与大学合作的社区学院,该学院的学生不用离开校园,就可以获得俄亥俄州其他八所大学中任意一所的学士和硕士学位。该学院还是俄亥俄州第一家设立商业和企业高级别技术中心的学院。美国时任总统奥巴马曾两次来到这所学院,肯定了其在创新创业上所做出的巨大贡献。在创业服务方面,该学院主要有以下四点特色。

(一)为企业引智

人才是企业的核心因素。通过工具、资源和战略规划,该学院能帮助企业确定要设立的岗位,为企业引智,这些内容包括人力资源规划、员工评估、招聘、实习生项目等。人事培训能促进员工创新和成长,也决定了企业的发展前景,所以,学院也提供与企业继续教育和职业发展相关的服务,例如,评估员工表现、技术培训、领导力培训、销售培训、企业培训定制服务和人力资源战略规划,等等。学院的企业成长服务中心与"五大湖"地区的创新和发展项目、小企业发展中心等有着广泛的合作。

(二)为企业提供技术商业化服务

让新的想法和创新走向市场需要相关人员具备企业知识背景、技术专长和工业背景,这些背景和知识储备可以把新产品的研发推向市场。洛雷恩郡社区学院的企业成长服务中心能够提供技术商业化服务,把实验室里的创新想法推向市场。这些服务包括:概念评估,专利申请,产品研发与快速成型;传感器和微机电系统的组装,计算机集成制造;3D打印和制造;小批量生产能力企业经营指导;知识产权保护;等等。除了与工业界和企业界有着良好的关系,这个中心还和一些技术实验室有着密切的合作关系。

(三)与企业合作密切

洛雷恩郡社区学院是美国试点开展国家制造商联合会批准的制造技能证书系统项目的四个社区学院之一。该技能证书系统旨在培训制造行业初级技师的核心技能与基本技能,主要包括工作效率培训、基本学术能力、一般工作技能和制造业通用技术能力,也包括入门级的科学、技术、工程和数学方面的知识和技能。全美焊接教育和培训中心就设在该学院,该中心开发了全国性的课程体系,培训焊接领域的教师和技师。

(四)为学生创业助力

洛雷恩郡社区学院创业实验教育项目的设立是为了让获得创新基金拨款的企业为学生和教职员工提供机会,让他们亲身体验成为创业者的感觉。它同时还提供以下的学术项目、俱乐部和资源,以让学生为创业生涯做更好的准备。一是提供教育机会,允许学生参加由创新基金资助的培训,获得创业证书。二是向有兴趣在商界发展的学生开放企业俱乐部,俱乐部的项目和活动包括嘉宾演讲系列、专题研讨会和公司实地考查。三是开发学术项目,参与的学生可以获得副学位或者技术证书。例如,学生可以参加该学院的风力涡轮专业和焊接技术专业的学术项目和培训。通过接受专业培训,学生可以直接就业于缺口较大的相关行业。

四、中国地方高校创新创业教育案例分析

通过调研和网络查询,本研究对河南省高校有关创新创业教育的实际情况进行了梳理。

（一）高校学生创新创业情况

从河南省大学生创新创业训练计划平台来看，几乎各个学科都有各大高校的学生参与，为数不少的项目甚至有跨多个学科的学生参与。有多个项目业已成立公司，形成了一定规模，有实际的生产或服务提供场地，投资购买了生产设备，有具体的产品开发和营销计划，并有未来几年的发展前景展望，更重要的是对本地社会经济发展做出了一定的贡献。这表明政府宏观政策和学校的落实政策确实给学生带来了思想上和行动上的改变。河南省内的许多高校都建立了大学科技园、创新创业学院、创新创业基地或"双创"中心。在创新创业基地中，创新或创业的项目较为集中，能够形成一种集聚效应。但是不容忽视的问题是，研究转化为实际成果的比例较低。因为许多研究是为了研究而研究，而不是为了解决实际问题，所以成果难以转化为产品或服务。而且，有的已经建立了企业的创新创业项目，产品或服务过于单一，没有丰富的产品线。如果创新项目能够和实际企业结合，研究成果可以申请专利或者根据事先约定被生产、服务业使用，那么这些项目就能够得到更多的研究资金，从而提高研究质量，形成良性循环。另外，高校在学生创业问题上的态度和政策也尤为重要。如果高校能够在学分或奖学金方面为创业学生提供实际的优惠政策，将会促进创业文化的良性发展。

（二）高校创新创业指导的师资情况

河南省内的许多高校配备了创新创业导师，这些导师或是理论型的，或是来源于企业的实践型的，或者两者兼有。他们的任务是传播创新创业精神和知识技能，培育小微企业和创业家，以提升学生的创业成功率为目标，帮助创新创业者提升科研训练能力，为学生提供创新创业辅导。但是许多高校存在的问题是，理论型教师比较多，虽然他们能够从事创新和创业课题研究，但是因为缺少实际的企业工作经验，或没有直接从事过企事业咨询服务，所以不太熟悉市场运作，对经济、行业和技术发展的预判能力有限。他们因为与企业界的联系较少，所以能够提供的资金、人才、技术、市场、设施等资源也有限。

（三）高校校际创新创业教育合作情况

河南的高校一般情况下都有自己的创新创业政策和体系，强调自己的教育和成就，很少有高校在一个协调机制下组建区域间联盟。在创新创业教育方面，各个学校各自为政，发展方式千篇一律，很少有高校能够结合所在区域的经济特点来创新，这也导致研究成果没有特色，不为实际所用，对当地的经济发展贡献力自然就比较微弱。

（四）高校创新创业教育改革及人才培养情况

教育改革中的一项重要内容是高校创新创业教育改革。国务院于2015年印发了《关于深化高等学校创新创业教育改革的实施意见》，提出"把深化高等学校创新创业教育改革作为推进高等教育综合改革的突破口"[11]。从2015年开始，河南省人民政府也陆续发布了众多有关创新和创业的改革实施意见。其中与高校创新创业教育改革密切相关的是《河南省人民政府办公厅关于深化高等学校创新创业教育改革的实施意见》（豫政办〔2016〕59号）。该文件提出，"2016年起，全面深化高校创新创业教育改革，强化宣传、提高认识、总结经验、建立机制、深入实施；到2017年，普及创新创业教育，探索形成一批可复制、可推广的制度成果和先进经验，认定一批深入推进创新创业教育改革的示范高校和大学生创新创业实践示范基地、大学科技园、众创空间等创新创业孵化服务载体，实现新一轮大学生创业引领计划预期目标；到2020年，建立健全课堂教学、实践教学、自主学习、指导帮扶、文化引领等多位一体的高校创新创业教育体系，高校人才培养质量显著提升"[12]。在国家创新驱动发展战略的引导下，河南省高校"双创"教育改革更加侧重于产学研一体化的发展模式和以学生为本的多元化教学模式，转变传统的"双创"教育观念，为国家培养具有创新意识、创新能力和创新精神的专业性创业人才。虽然河南省高校创新创业教育改革在当前已获得了一定的成效，但仍然存在一些不足和现实问题。比如，当前的教育力度仍不够强，相关补贴和教育资金没有落到实处，跟不上学生的实际创业需要，等等。

五、中美高校创新创业教育对比

综合以上分析,下文将从中美两国在高校创新创业教育中的文化背景,学科建设,师资队伍,校园相关创业活动,政府、大学和企业三者的关系共五个方面去梳理两者发展的基本特征,并在比较研究中得出有益启示。

(一)文化背景

从高校创新创业教育的文化背景来看,在美国,创新创业源于其文化基因中的个人主义精神和哲学上的实用主义。[13]这种个人主义文化旨在追求冒险,在新经验的基础上利用新知识,从而不懈创造出新的方法和开拓新的疆界。美国高校的创新创业教育特别注重实践性,已经形成一个较为成熟的文化生态体系。该体系不仅包括设置创业学课程,设立本科阶段和研究生阶段的相关专业,还包括建立研究会、创业中心、工作坊等,并通过科创中心与外部机构如科技园、孵化器、种子基金、天使基金、校友会、创业培训与资质评定机构等建立联系网络,在高校、新创企业以及融资体制三者之间形成一个高效的体系。这个体系能够促进各种资源的合理分配使用,充分利用各种资源。美国高校均把创新创业教育置于优先发展的重要地位,在理论和实践中培养学生的想象力,通过头脑风暴等智力活动让他们敢于冲破思维的条条框框,鼓励学生形成创新创业的思维方式,然后再进行实习或实践。[14]

与强调个人主义的西方传统文化不同,中国传统文化根植于小农经济,是一种伦理型文化。因此,中国传统文化具有很大的保守性,从而不利于创新思想和行为的形成。中国传统文化还强调长幼次序,在这种文化氛围中,凸显个性和标新立异的思想和举动有时不但得不到鼓励,反而会受到压制。我国高校创新创业教育经过很多年的发展,整体上取得了显著的成效,但是由于文化传统所限,创业所需要的配套系统尚不完善,一些前沿的理论问题和实践问题亟待解决。

(二)学科建设

美国的创新创业教育建设很早就已经开始了,发展至今,自有一套教学计划与教育体系。创业学专业在美国已经有成熟的经验,从本科一直到博士均能授予学位。[15]其课程设置比较完善,几乎涉及创业的方方面面,如策划书的撰写,市场营销、投资学、金融学等课程,学科交叉与渗透明显。从发展历史来看,在美国,创新和创业意识始终伴随着学校教育和家庭教育。例如,美国在工业发展的鼎盛时期,在高等教育领域中就出现了职业生涯教育课程。经过多年发展,当前职业生涯教育已贯穿美国的整个教育体系,自幼儿园开始,直到高等教育阶段,体现的其实是终身学习的精神,也体现了信奉实用主义的美国是如何采取措施让学校和社会完美结合起来的。美国高校中的职业生涯课程建立在学生个性独立发展的基础上,注重个体的创新意识发展、职业知识储备、职业生涯发展规划。此外,在美国高校,创新创业教育的开展具备了以下特征:①创业教育课程普及化、系统化。②创业教育教学内容面面俱到,综合、系统。③注重创业实践。④创业教育实现终身化。

在中国,有为数不少的人单单从创业带动就业的片面视角去看待创业教育。整个社会的就业观更加强调择业而非创业,公众对自主创业的认可度并不高,仅仅把创业作为择业之外的备选方案,而不是积极主动去实践创业行为。学校多是采用传统的教学方式,强调知识传授,忽视了理论研究与实践动手能力的锻炼,以及课堂学习与校外实践活动的有效结合,造成学生跨学科知识储备少,视野狭隘,解决实际问题以及动手的能力欠缺。[16]另外,学科建设也不完善。笔者在调查中发现,有很多学生仅仅将这些创业或职业类的课程当作一般的课程来学习,只求通过这些课程拿到相应的学分;对于自己未来的规划,大部分学生期待的都是找到一个稳定的工作而不是自己创业。这些现象和以上所论述的文化背景也是相吻合的。

(三)师资队伍

创新创业的实践性和跨学科性决定了专业教师既要具备丰富的理论知识,也要有一定的实践经验。美国高校的创新创业领域除了有专职教师起引领作用之外，还会外聘成功创业者、企业界人士、风险投资专家担任创新创业的指导教师，教师队伍会不断补充新的血液。[17]更为重要的是，美国高校中的专业教师动手能力强，比如在上述洛雷恩郡社区学院的例子中，许多经济管理专业的教师除了做理论研究之外，在实践中也会从事有偿的咨询服务或投资，与社会上的企业联系紧密。

在我国，该领域的教育师资队伍较为薄弱，大部分教师是兼职的。创业教育是专业教育领域，而对此进行专门研究的学者很少，创业教育领域的专家更少。即使有，他们也还是以传统的理论传授为主，创新创业的动手能力相对匮乏，这与创业教育的根本目标之间有一定差距。中国文化对大学教师的传统认识是，教师就是教师，做好理论或教学就足矣。但是，时代已经改变，从河南省人民政府出台的政策也可以看出，未来的大学教师要更加注重动手能力，动手能力和动脑能力兼备的创业型教师应该是该教育领域未来发展的主力军。

（四）校园相关创业活动

从校园相关创业活动看，美国高校的创新创业教育包含正规项目和课外活动。正规项目是获得创业方面的学位或证书，课外活动包含商业计划竞赛、创业俱乐部和新创公司实习。很多大学也会试行校园孵化器、创业者宿舍和学生风险基金等项目。还有一些创业俱乐部为校友、教师、企业家和学生搭建了沟通的桥梁。[18]例如，美国的一些大学建立了创业和创新"生活空间"，学生可以在课外利用这个空间交流和探讨，促进创新思维的发展并开启创业之路。一些大学还设立了创业者宿舍，而有些大学甚至在学校内或所在社区内建立创业群体。这些大学建立的创业空间方便学生学习或开展创业俱乐部活动，给学生提供了与当地的企业家和创新者建立联系的机会。[19]

在我国的一些高校中，校园创业活动在多数情况下仅仅是学生"正规"课堂外的"课外"活动，是可有可无的补充，在思想上没有得到大家足够的重视。这种情形下，创业教育只是在正常专业课程学习之外的一个补充，校园文化建设缺乏对学生创新思维和创业意识的培养，这也限制了创新创业教育的发展。

（五）政府、大学和企业三者的关系

从政府、大学和企业三者的关系来看，20世纪80年代是美国硅谷创业奇迹频频出现的时代。此时，创业教育引起了美国政府的高度关注。自此之后，政府不仅鼓励高校从事创新创业专业和教育的相关研究，而且通过制定相关的融资、税收等的政策来促进小企业的创设与壮大。成功的创业者反过来会对高校或者创业中心进行反哺式的回馈捐助。政府一方面在制度上完善法律法规，另一方面增加了企业数量，提高了就业率，当然也获得了更多的税收。政府、大学、企业共建了一个循环的有机生态系统，为大学生创业者提供各种各样便利的条件和充分的资金支持，为大学生的创业之路提供实际保障。

而在我国，产学研合作平台等软硬件环境仍然需要进一步完善。在高校方面，科技成果转化依旧存在着一些政策和体制上的障碍。高校一般强调科技成果的学术价值，过于强调论文的数量和所发期刊的等级，而忽略了其潜在的市场价值；科技成果转化存在巨大的资金缺口；有些科研人员对市场缺乏了解，导致研究课题与市场实际需求的结合并不紧密；与企业合作时，高校在知识产权、成果分配及风险承担等方面可能存在矛盾。

六、对策与建议

通过比较中美两国高校的创新创业教育，笔者认为，我国在高校、企业和政府三个层面都有提高和完善的空间。

（一）高校要完善专业师资队伍和课程体系

在高校创新创业教育的发展过程中，专业师资队伍建设是最重要的内容之一，因此，建设一支既有理论知识武装又具备动手能力，且能随时了解市场变化的师资队伍已成为创新创业教育发展的核心。高校应

该鼓励创新创业教师分阶段进企业带薪实习，获得工作经验，了解企业所需和市场所需；而且在职称评定上要给予他们一定的政策倾斜，也可对其设立奖励基金。

高校除了建设专业的师资队伍，也应合理设置创新创业教育的目标，建立完善的创新创业教育课程体系。"双一流"高校应侧重于对国内创新创业教育科学理论研究和实践经验的示范引领，同时鼓励大学生进行科技性、知识性的创业，培养大学生的企业家精神和社会责任担当意识。高等职业院校应侧重于职业教育相关的探索。对于大多数高校而言，应开设培养创新意识、创新思维、创业品质、创业能力的理论和实训课程，通过自主学习、课堂教学、实践学习、企业参访等多样灵活的教学方式来提高沉浸式和体验式教学水平。同时，构建更加完善的创新创业课程体系，覆盖不同专业、不同创业阶段的学生。[20]

（二）高校要深化创新创业教育改革

在当前及今后深化教育领域综合改革的时代背景下，高等教育面临着新的责任和使命。[21]特别是在创新创业教育改革方面，我国高校应该立足于人才市场需求，不断强化创新创业教育改革力度，侧重于转变传统的教育理念，突出学生的主体地位，在保证学生掌握基本知识与技能的基础上，注重培养其创业意识、创业思维和创业能力，全面提升实战能力，从而保证高校培养的创新创业型人才能够更好地满足社会的经济发展和生产力水平进步的需要。尤其是对专业型人才培养，更要制定分层次的教学发展目标，注重个体的个性化发展需求和时代发展需要的紧密结合。

（三）企业和高校要实现合作共赢

在校企合作中，高校可以联合企业与社会资本，共同设立创业扶持基金，鼓励学生开展创业实践。我们应该整合高校、企业和政府等社会力量，共同打造高校大学生创业服务平台，为不同阶段的创业大学生提供智力、技术、资金、政策咨询以及法律援助等多方面的帮助与支持。[22]高校要营造出创新创业离不开企业这个市场中比较活跃的主体的帮助的文化氛围，应该鼓励企业和高校合作。但是，企业总要考虑运营的成本、利润以及可持续发展等问题，所以，政府可以通过税收减免等政策来更好地激励企业与高校进行合作。

（四）政府要起到统筹、协调和导向作用

政府要为高校协同创新体系的建设创造良好环境，从法律保护和政策鼓励等多方面构建合作平台，为创业大学生解决后顾之忧；要进一步加强整体规划，为企业和学校提供优惠的财政政策和资金支持。同时，政府应该帮助组建一些重点创新创业示范基地，制定一些实实在在的可行政策并广而告之。例如，增加项目奖励，对一些项目进行税收减免，在企业税收减免、学生学分管理、教师职称评定等方面给予一些实实在在的优惠政策，等等。创新创业示范基地不在多，而应该少且精，同时建立监测机制，不断收集数据，对示范基地的发展进行追踪研究，进而建立一套科学、完善和高效的学生创新创业教育持续跟踪机制。这既有利于分析创新创业教育的进展情况，检验创新创业教育的成果，也能够为学生在后期的创业过程中提供必要的帮助和支持，同时还能为政府、高校及企业的合作提供保障和支持。

参 考 文 献

[1] 徐晓洁. 中美高校创新创业教育的比较与启示 [J]. 六盘水师范学院学报，2019，31（5）：103-108.

[2] 牛长松. 英国高校创业教育研究 [M]. 上海：学林出版社，2009：183-184.

[3] 雷家骕. 国内外创新创业教育发展分析 [J]. 中国青年科技，2007（2）：152.

[4] 杨晓慧. 我国高校创业教育与创新型人才培养研究 [J]. 中国高教研究，2015（1）：39-44.

[5] 黄兆信，刘燕楠. 众创时代高校如何革新创业教育 [J]. 教育发展研究，2015（23）：41-46.

[6] 田亚杰. 创新驱动背景下中美高校创业教育课程体系比较研究 [D]. 西安：西北大学，2017.

[7] BERMANN E P. Creating the market university: how academic science became an economic engine [M]. New Jersey: Princeton University Press, 2012.

[8] MCCLURE K R. Exploring curricular transformation to promote innovation and entrepreneurship: an institutional case study [J]. Innovative higher education, 2015 (11).

[9] 胡新华,周月. 创业教育与大学生就业能力的培养:英国高校的经验与启示 [J]. 四川理工学院学报(社会科学版), 2014 (3): 43-50.

[10] 施冠群,刘林青,陈晓霞. 创新创业教育与创业型大学的创业网络构建:以斯坦福大学为例 [J]. 外国教育研究, 2009 (6): 79-83.

[11] 国务院办公厅. 关于深化高等学校创新创业教育改革的实施意见 [EB/OL]. (2015-05-13) [2019-06-05]. http://www.gov.cn/zhengce/content/2015-05/13/content_9740.htm.

[12] 河南省人民政府办公厅. 关于深化高等学校创新创业教育改革的实施意见 [EB/OL]. (2016-05-31) [2019-06-05]. http://www.henan.gov.cn/2016/05-31/247831.html.

[13] 美国商务部创新创业办公室. 创建创新创业型大学 [M]. 赵中建,卓泽林,译. 上海:上海科技教育出版社, 2016.

[14] 克拉克. 建立创业型大学:组织上转型的途径 [M]. 王承绪,译. 北京:人民教育出版社, 2003.

[15] 孔钢城,王孙禹. 创业型大学的崛起与转型动因 [M]. 北京:社会科学文献出版社, 2015.

[16] 熊飞,邱菀华. 中美两国创业教育比较研究 [J]. 北京航空航天大学学报(社会科学版), 2005 (4): 73-77.

[17] 常建坤,李时椿. 论美国创业活动和创新精神及其对中国的启示 [J]. 南京财经大学学报, 2007 (6): 91-93.

[18] 包水梅,杨冬. 美国高校创新创业教育发展的基本特征及其启示:以麻省理工学院、斯坦福大学、百森商学院为例 [J]. 高教探索, 2016 (11): 62-70.

[19] 蓝晓霞. 美国产学研协同创新机制研究 [M]. 北京:北京交通大学出版社, 2014.

[20] 焦新. 深化高校创新创业教育改革 努力造就大众创业万众创新生力军 [N]. 中国教育报, 2015-05-06 (1).

[21] 文正建,郑晓玲. 积极构建科学的高校毕业生就业创业工作评价体系:《2015年河南省高校毕业生就业质量调查报告》解读 [J]. 河南教育(高教), 2016 (5): 22-27.

[22] 王进. 中美创业教育对比研究及启示 [J]. 当代教育科学, 2014 (1): 44-46.

The Comparative Study of Innovation and Entrepreneurship Education in Chinese and American Universities

Abstract: The competition of national comprehensive strength depends more and more on the ability of innovation, and the importance of universities as the outpost of national innovation and entrepreneurship strategy is self-evident. This study compares the basic characteristics of innovation and entrepreneurship between Chinese and American universities from five aspects: cultural origin, discipline construction, faculty, campus-related entrepreneurial activities, the relationship between government, universities and enterprises. On the basis of literature and investigation, this paper tries to describe their respective characteristics, and it is found that some problems in innovation and entrepreneurship in China, such as the insufficient reform of innovation and entrepreneurship education, low proportion of college students' entrepreneurship research into practical results, and lack of practical enterprise work experience of college entrepreneurship instructors. Finally, from the three levels to put forward the improvement measures and recommendations, such as colleges and universities to improve the professional teaching staff and curriculum system and continue to deepen the reform of innovation and entrepreneurship education, enterprises and universities to achieve win-win cooperation and government to play a coordinating and guiding role.

Keywords: China and America, colleges and universities, innovation and entrepreneurship education, comparative study

"百万扩招"背景下我国高技能人才培养的挑战与对策

赵 帅[①] 王小兰[②]

职业教育是与经济社会发展密切相关的类型教育，随着经济社会的发展，职业教育也在不断向前发展。近年来，我国不断颁布与职业教育相关的政策和制度，这与我国经济社会正经历快速变化的情况是分不开的。无论是"百万扩招"政策还是《国家职业教育改革实施方案》（又称"职教20条"），都着重强调了在当今经济社会发展中，尤其是在我国经济不断转型的情况下，职业教育在培养技术技能人才中的重要作用。灵活招生、培养和资格认定机制成为职业教育改革的重要内容，其中"百万扩招"政策的实施更加体现了国家对高素质技术技能人才培养的重视。正如习近平总书记所说，"技术工人队伍是支撑中国制造、中国创造的重要力量"。职业教育在高素质技术技能人才培养中发挥着巨大的作用，尤其是"百万扩招"政策的实施，更有利于促进职业教育向着高数量和高质量的方向发展，对我国高技能人才的培养具有强大的推动作用。

一、"百万扩招"政策实施背景

近年来，我国经济处于不断转型之中，对高素质技术技能人才的需求也越来越大。同时，在国际经济形势不断变幻、国内就业形势日益严峻的过程中，职业教育成为我国经济不断向前发展中非常重要的一个环节。国务院在2019年1月24日印发实施的《国家职业教育改革实施方案》，以及在2019年的《政府工作报告》中，均明确了职业教育的重要意义，这说明国家认识到职业教育在当前社会发展中的重要地位和作用，也更加明确了职业教育在我国高技能人才培养过程中的重要作用。

在2019年的《政府工作报告》中，李克强总理指出，要对高职院校进行数量为100万人次的扩招；同时提出，在全面深化职业教育改革的过程中，要统筹做好计划安排、考试组织、招生录取、教育教学、就业服务及政策保障工作，确保稳定有序、高质量地完成扩招任务。2019年5月，教育部职业教育与成人教育司发布了由国务院常务会议讨论通过的《高职扩招专项工作实施方案》并实施。对于"百万扩招"政策的发布，匡瑛和石伟平认为，其实质在于将劳动力存量置换为优质人力资源，同时有利于促进高职院校"办适合的教育"，也拓展了"百万扩招"群体的职业生涯发展之路。姜大源认为，"百万扩招"是推动我国职业教育大步前行的进军号，有利于推动我国职业教育的快速发展，它的重要意义在于其扩大了招生对象的范围，增加了社会考生通过学历教育提升技术技能的机会。其中，农民工、下岗职工、退役军人、新型职业农民等在高职扩招的过程中也可以获得进入高职院校学习、提升技术技能的机会，从而拓宽他们的职业生涯发展道路，提升就业竞争力。"百万扩招"可以促使高职院校为国家的发展培养出更多的技术技能人才，为我国建设社会主义强国提供强有力的人力资源保障。

二、"百万扩招"政策对于高技能人才培养的重要意义

2019年，国务院印发了《国家职业教育改革实施方案》，其中明确了职业教育在我国整体教育系统中作为类型教育的定位，明确提出了职业教育是不同于传统教育的一种类型教育。2019年的《政府工作报

---

① 赵帅，上海师范大学教育学院硕士研究生，研究方向为职业技术教育学。
② 王小兰，上海师范大学教育学院博士研究生，研究方向为职业技术教育学。

告》中提到的"百万扩招"政策则更加明确了职业教育在国家整体发展过程中所能够发挥的作用,其重点就在于培养技术技能人才。基于"职教20条"的实施背景,我国正在积极构建职业教育国家标准,再加上"百万扩招"政策扩大了高职院校的招生对象范围,未来能够让更多的社会考生进入高职院校进行学习和深造,这将大大有利于提高我国劳动阶层的学历和技能水平,丰富他们的职业生涯道路,从而为我国经济社会的高质量发展提供坚实的人力资源保障。

(一)拓宽招生渠道,丰富个体生涯发展

高等职业教育在我国教育系统中属于高等教育阶段,其招生对象原来主要以高中毕业生为主,相对而言招生渠道较为狭窄。而在"百万扩招"政策的背景下,其扩招对象拓宽至社会考生,同时降低了社会考生的入学考试要求,这使得农民工、下岗职工、退役军人、新型职业农民等社会考生也可以拥有进入高职院校学习从而提升技术技能和获取学历的机会。这一举措对于社会考生而言,给予了他们一个能够圆"大学梦"的机会,并帮助他们提升自己的文化素养,为其进一步提升自身技能奠定基础。有的社会考生原来因学历和技能水平限制,在岗位工作中缺乏个体职业竞争力,而进入高职院校学习深造有利于提升其个体职业竞争力,并且能够拓宽个体的职业生涯发展道路,使得个体能够在快速变化和高速发展的经济社会中更好地实现个人价值。

(二)协调内外机制,提升人才培养质量

2019年发布的《国家职业教育改革实施方案》主要从三个维度提出20条方案,其中包括:完善国家职业教育制度体系,构建职业教育国家标准,促进产教融合、校企"双元"育人,为我国建立更加规范、完善、健全的职业教育培养体系奠定基础。2019年5月8日,为贯彻落实2019年《政府工作报告》中关于高职大规模扩招100万人次的有关要求,由国务院常务会议讨论通过,教育部职业教育与成人教育司发布实施了《高职扩招专项工作实施方案》。该文件从政府政策角度出发,对"百万扩招"过程中的重点环节如招生、培养、考核等进行了明确规定,使得让更多考生进入高职院校学习的设想成为可能。在国家政策方针的指导下,高职院校也积极地从自身办学和地方实际情况出发,在入学、培养以及考核等环节积极响应国家号召,促进"百万扩招"政策在各校的落实。国家和学校内外机制相互协调,从而使得"百万扩招"政策得以顺利推进。

(三)激发办学动力,实现职校重要作用

在我国教育的历史发展进程中,大众对于职业教育的定位低于传统高等教育。在经济社会不断转型的今天,在我国高等教育普及化的背景下,人民群众在选择高等教育时,高等职业教育仍然不是优先的选择。因此近些年来,很多职业院校均出现"招生难"的问题。近年来,国家尤其重视职业教育在国家经济社会发展过程中的重要作用,在职业教育领域投入了大量的资金和力量,然而愿意进入职业院校学习的学生数量未见显著增加。"百万扩招"政策的实施为高职院校提供了更为广阔的生源,同时也解决了高职院校的"学生荒"这一招生难题。高职院校可以充分发挥其充足的教育资源的优势,将学校拥有的实训平台和教育资源用于提升学生的技术技能以及文化水平,提升劳动力素质,将社会劳动力存量资源转换为优质劳动力资源,为我国经济社会的发展提供坚实的技术技能方面的人才保障,为社会发展贡献其独特的作用。"百万扩招"政策的实施不仅能够在新的经济背景下充分发挥高职院校的现实作用,也更能够激发高职院校的办学动力,充分发挥职业教育对经济社会发展的推动作用。

三、"百万扩招"面临的挑战

高等职业教育在"百万扩招"中迎来了巨大的发展机遇,但同时也面临许多挑战。一是扩招后生源更为广泛,其选拔招生的方式不同于传统的以考试分数为标准;二是扩招的数量较大,对于很多学校而言,其资源配置也存在缺口;三是由于生源的多样性,对学生的培养和考核机制都需要进行改变。

（一）资源配置存在缺口

高职扩招不只是一句口号、一个方向，"百万扩招"是落实在行动上的扩招。不过，这一较大的扩招数量，对高职院校的资源配置也造成了巨大的挑战。陆燕飞和陈嵩指出，在"百万扩招"背景下，2019年校均校舍缺口2万平方米，图书缺口4.9万册，专任教师缺少40名，教学仪器设备值缺口为666.8万元。随着"百万扩招"的不断推进，学校在教师、图书、仪器设备等方面存在缺口，这对学生正常接受教育来说是一个突出的问题。资源配置不到位成为制约"百万扩招"高质量发展的重要因素。

（二）职校教师工作的强度和难度增加

"百万扩招"增加的招生数量使得高职院校的工作量大幅度增长，尤其是对于高职院校的教师而言。一方面，学生数量的增加导致教师课程量的增加，大大增加了教师的工作强度。另一方面，由于学生的工作背景和社会经验不同，加上学生年龄差异明显，对事物的认知水平也存在差异，教师在教学过程中的难度也明显提升。教师作为教学活动中的重要组织者，在扩招背景下任务量的增加对其教学质量也存在显著的影响。所以，扩招背景下，教师工作强度和难度的增加，对"百万扩招"的高质量发展是一个重要的挑战。

（三）扩招背景下的招生、培养、考核体系不完善

"百万扩招"的招生对象更加广泛，在为大众提供更多接受继续教育的机会的同时，也带来了生源复杂的问题。"百万扩招"的招生对象有一部分来自非在校学生，其中包括退伍军人、下岗职工以及新型职业农民等。这类学生大多数存在工作和家庭的羁绊，其入学意愿可能会受家庭和工作等因素影响；而且，他们当中的许多人也难以脱产接受全日制教育；同时，此类学生不同于一直接受教育的在校学生，因较长时间未接受学校教育，所以传统的考试入学方式对于他们而言难度较大，这也会大大降低他们参与的积极性。因此，传统的招生、培养、考核方式并不能适应新的高等职业教育现状。入学门槛的放低也会引发部分学校对生源质量的担忧，但是像以往一样严格进行传统的文化课考核，则会降低许多人的入学意愿。而且，如果学生在职学习的情况较为普遍，那么对学生培养方案的设计也就成为一个新问题。另外，如何把控出口，如何考核学生的毕业标准，也成为"百万扩招"过程中的重要问题。所以，这一系列的配套体系还有待完善，也是制约"百万扩招"高质量发展的重要因素。

四、对策

（一）多方协作、多措并举，完善资源保障

在实施高职扩招政策的同时，应当将学校基础设施的建设纳入规划方案中，以解决扩招过程中的资源配置问题。一方面，政府应当加强财政支持，在扩招过程中加强配套资金的支持，从校舍、图书、师资和设备等方面对实行扩招的高职院校进行扶持，保障扩招后学生能够获得足够的教学资源以及享有技术技能培训基础设施。另一方面，学校应该积极主动统筹各方资源，充分发挥主观能动性，积极与企业、行业进行合作，共建实训平台，扩大"双师型"队伍，落实师资和基础设备，为扩招学生提供优质的教育教学资源，为"百万扩招"高质量发展不断探索新路径。政府、学校、社会多元合作、多措并举，共同为"百万扩招"提供教育资源的保障。

（二）加强师资队伍建设，落实师资配备

学校应根据扩招的实际情况，对现有的教师队伍进行有针对性的扩招和培训。对于教师的课程安排，也需要从实际情况出发，而不能盲目地增加教师的课程数量从而过度增加教师负担，扩招后更需要保证课程的质量。因此，在扩招学生的同时，学校也应该从实际出发进行教师的扩招，以保证师资队伍的数量和

质量，为扩招后的教学提供充足的师资保障。同时，由于学生来源更为复杂，他们有着不同的工作背景和社会经历，而且其需求更倾向于技术技能的提升，学校应该加强对现有师资队伍的培训，提高教师队伍的数量与质量，从而能够更好地在"百万扩招"中完成教育教学任务，保证扩招后的教学质量。

（三）"宽进严出"多元培养，健全考核评价体系

由于扩招对象多为社会考生，所以在招生过程中可以适当降低入学门槛。同时，在培养技术技能的过程中加强要求，在毕业标准中实现"宽进严出"。高职教育要强化技能学习，而不是仅仅以学历教育为导向。此外，由于高职院校的入学群体背景较为广泛，部分存在在职入学的情况，学校应考虑学生的实际情况，对扩招学生制订符合实际情况的培养方案，实施灵活的学制和培养形式，使更多的学生能够进入高职院校学习，提升技术技能。在培养体系中应该贯彻终身教育的观念，建立长期学籍制度，创新学分制度、"1+X"证书制度和"学分银行"等方式，为"百万扩招"政策不断探索合适的培养方案，完善制度保障。

在我国经济社会飞速发展的今天，高技能人才必将成为我国经济社会持续发展的坚实力量，而在此历史节点实施的"百万扩招"，也无疑是推动我国培养更多技术技能人才的强大动力。我们应积极落实"百万扩招"政策，充分发挥高职院校在我国教育体系中的重要作用，为我国经济社会的发展培养出更多的"大国工匠"和技术技能人才。

参 考 文 献

[1] 匡瑛，石伟平. 论高职百万扩招的政策意图、内涵实质与实现路径 [J]. 中国高教研究，2019（5）：92-96.

[2] 陆燕飞，陈嵩. 百万扩招背景下高等职业教育供给侧改革的路径探析 [J]. 职教论坛，2019（7）：32-36.

[3] 张宏亮. 百万扩招背景下高职生源结构变动与职业教育调适策略 [J]. 中国职业技术教育，2020（7）：54-60.

[4] 顾准. 高职院校应对质量型扩招的对策：基于美国社区学院的启示 [J]. 职教论坛，2020，36（7）：130-135.

[5] 谢斐. 高职扩招百万政策浅析 [J]. 现代职业教育，2019（32）：312-313.

[6] 靖庆磊. 百万扩招背景下新时代教育精准扶贫探析 [J]. 教育与职业，2020（12）：40-46.

[7] 吕春杨. 百万扩招与退役军人学历型职业教育 [J]. 教育与职业，2020（5）：28-33.

[8] 顾建峰. 危机与契机：扩招百万背景下的高职院校生源挖潜机制 [J]. 教育与职业，2019（21）：19-24.

[9] 俞曼悦. 高职扩招200万，如何接招落地：代表委员、专家、校长解读政府工作报告中的职教内容 [EB/OL].（2020-05-25）[2020-05-29]. http：www. moe. gov. cn/jyb_xwfb/xw_zt/moe_357/jyzt_2020n/2020_zt06/gzbg/jiedu/202005/t20200525_458556. html.

[10] 刘潇翰.《高职扩招专项工作实施方案》有关情况 [EB/OL].（2019-05-08）[2019-06-07]. http：www. moe. gov. cn/fbh/live/2019/50620/sfcl/201905/t20190508_381005. html.

[11] 高职院校办学全面进入"宽进严出"时代 [EB/OL].（2019-03-06）[2019-06-07]. http：//baijiahao. baidu. com/s?id=1627217715946624998&wfr=spider&for=pc.

[12] 高职扩招100万人 这样的变化对职业教育意味着什么 [EB/OL].（2019-03-06）[2019-06-07]. https：//baijiahao. baidu. com/s?id=1627238848254935728&wfr=spider&for=pc.

[13] 孙庆玲. 高职扩招100万，急需破解三大难题：怎么招 谁来教 怎么教 [EB/OL].（2019-03-05）[2019-06-07]. https：//www. wxstc. cn/info/1014/4731. htm.

Challenges and Countermeasures of High-skilled Personnel Training in Our Country Under the Background of "Millions of Enrollment Expansion"

Abstract: With the rapid economic and social development, our country is gradually transforming from a labor-intensive industry to a technology-intensive industry. Technical and skilled personnel will become an important driving force for the sustained and rapid development of our country's economy and society in the future. Based on market analysis and national economic development trends, the state formulated the "Millions of Enrollment Expansion" plan, which aims to convert the current stock of labor into high-quality labor resources, so as to provide a solid human resource guarantee for achieving high-quality economic and social development in our country. At the same time, the "millions of enrollment expansion" has enriched the enrollment channels of vocational education, which is conducive to giving play to the advantages of this type of vocational education, solving the career development path of more groups, and cultivating more technical skills for our country's socialist construction. "Millions of enrollment expansion" can realize vocational education taking the road of "quality expansion" and "system reform", combining internal and external to achieve vocational education serving economic and social development, and cultivating more technical talents for the development of the country. Provide strong human resources guarantee for our country's construction of a socialist power.

Keywords: high-skilled talents, millions of enrollments, economic transformation

城乡背景对大学毕业生初次就业质量的影响
——以河南省 7 所高校为例

郭 瑞② 刘 莹③ 梁梦圆④ 韩 硕⑤

一、问题的提出

我国人力资源和社会保障部公布的数据显示：2020 年全国高校毕业生达到 874 万人，其中，本科毕业生人数 394.7 万人，创历史新高。在我国市场化的就业机制中、城乡二元经济结构背景下，农村籍大学生在就业时比城镇籍大学生面临更多的艰辛与困顿。[1]由于父母的文化和经济水平相对有限，农村籍大学生社会资本存量不足，增量乏力。[2]接受高等教育并未使农村籍大学生群体摆脱现实的困境。[3]当教育的功能被弱化，知识不一定能改变命运的时候，很多农村家庭也就放弃了这条高风险的道路。[4]这将进一步加剧"读书无用论""寒门再难出贵子"等言论的负面影响。因此，探究城乡背景对大学毕业生就业质量的影响机理和路径，对农村籍大学生就业质量的研究具有极强的现实意义。

二、文献综述

（一）社会资本对大学毕业生就业质量的影响

不少学者对大学生整体就业质量进行分析，从个体微观层面来讲，有学者从社会资本的角度来分析大学生的就业质量。法国社会学家皮埃尔·布迪厄将社会资本界定为实际或潜在资源的集合体，那些资源是与对某种持久性的网络占有密不可分的，这一网络是大家共同熟悉并得到公认的一种体制化关系网络。换言之，这一网络是与某个团体的会员制相联系的，它从集体性拥有资本的角度为每个成员提供支持，提供为他们赢得声望的"凭证"，而对于声望则可以有各种各样的理解。[5]我国社会学家费孝通在差序格局理论中指出，中国人传统的社会网络是以血缘、亲缘、地缘为纽带，每个人处于社会关系中，就像一块石头丢在水面上产生一个个圆圈，体现出社会关系的亲疏程度。在中国社会，以家族为中心，以血缘和婚姻关系为纽带的传统社会文化决定了社会资本对大学生初次就业的重要意义。它表现在社会资本有利于降低就业成本，提高大学毕业生费用支出的利用率；有助于增强大学毕业生与职位的匹配性，提高大学毕业生与用人单位双方的满意度；提高大学毕业生的就业效率，使大学毕业生更有可能进入主要劳动力市场。[6]很多学者的研究都表明：家庭社会资本对大学毕业生就业机会、就业薪资、就业满意度等就业质量指标均有正向影响。[7][8][9][10]但是，波茨提出"消极社会资本"这个概念，他认为社会资本也有副作用，主要表现在社会资本网络的封闭性在使网络内部成员互相依赖、联合行动的同时，也对网络外的个体产生强烈的排斥，局部社会资本的增加反过来抑制制度的开放性，从而影响总体社会资本的积累。[11]这可能会导致大学

---

① 课题来源：2020 年度河南省哲学社会科学规划项目"乡村振兴背景下中西部地区农村大学毕业生就业质量研究"（2020CJY044）、2021 年度国家级大学生创新创业训练计划创新重点项目"河南省农村贫困女性教育扶贫的影响因素及提升策略"（202110549007）。
② 郭瑞，郑州大学教育学院硕士研究生，研究方向为教育管理、职业发展教育。
③ 刘莹（通讯作者），郑州大学教育学院副教授，博士，硕士研究生导师，研究方向为职业发展教育、大学生创新创业。
④ 梁梦圆，郑州大学教育学院本科生，研究方向为大学生就业创业。
⑤ 韩硕，郑州大学马克思主义学院博士研究生，研究方向为思想政治教育、高等教育管理。

毕业生因无法链接外界网络有用的异质性资源，选择并不适合自身的工作。[12]

（二）人力资本对大学毕业生就业质量的影响

人力资本是指劳动者受到教育、培训、实践经验、迁移、保健等方面的投资而获得的知识和技能的积累。[13]一般情况下，人力资本的测量指标有理论性人力资本（包含学校层次、专业类别、获得奖学金情况、班干部经历、学习成绩、英语四级考试和六级考试通过情况、是否为共产党员等）和实践性人力资本（包括实习经历、参加社团经历、技能性资格证书获得情况等）。把人力资本作为一个单独变量来研究其是否对就业质量产生影响的成果不多，且结论相悖。岳德军的研究显示，人力资本对毕业生起薪、就业满意度、人职匹配度具有显著的正向影响，职业认同在人力资本与就业质量之间具有部分或完全中介作用。[14]但是，也有结果显示，人力资本不一定能在就业质量方面发挥积极作用。[15]

有的学者从人力资本和社会资本双重视角来研究大学生的就业质量。人力资本和社会资本，到底哪个对大学生的就业质量更重要呢？不同学者有不同的看法。石红梅、杜桂英等人认为，与社会资本相比，人力资本对大学生就业质量的影响更显著。[16][17]苏丽锋、陈于等人认为，人力资本对大学毕业生就业起薪起决定性作用。[18][19]但值得注意的是，黄敬宝通过调查研究验证了"寒门再难出贵子"的说法。这意味着能力本位被关系本位所替代。[20]刘志国在《谁进了体制内部门就业》一文中提出"家庭收入""父亲或母亲在体制内部门就业"及"母亲的户口类型"都明显增加了劳动者个人进入体制内部门就业的机会，其影响远远超过了教育的作用。[21]

（三）不同群体大学毕业生就业质量的异质性

对大学生群体进行整体分析，容易忽略该群体内部的异质性，所以，也有学者首先对大学生群体进行分类，然后再来研究其就业质量。胡雪从院校性质的角度分析发现，学校层次对大学毕业生的年薪、社保情况、就业满意度等产生显著影响；从学历角度分析发现，研究生的年薪、社保情况、就业满意度都显著高于专科生。[22]代锋和蒋家胜从社会资本的角度对高职毕业生的就业问题进行了分析，希望社会各界为高职毕业生提供更好的就业环境。[23][24]宋严从性别的角度分析大学生就业问题，发现男性大学毕业生起薪显著高于女性。[25]也有不少学者选择对贫困大学生进行研究，主要是在理论层面探讨贫困生就业的困境、原因及对策。通过实证方法研究发现，贫困生起薪显著低于非贫困生。[26]

总体而言，已有研究主要从院校性质、学历水平、民族、性别、家庭经济水平等方面对大学生进行分类。本研究将主要把大学生分为农村籍大学生和城镇籍大学生。在以往的研究中，学者们从理论层面说明了农村籍大学生就业的困境及结果。农村籍大学生就业难不仅有自身素质不高、就业观念不正确等主观方面的问题，还有就业成本大、用工单位及户籍制度限制等客观方面的因素。[27]他们在就业时常常有自卑、焦虑、矛盾、从众的心理。[28]此外，针对农村籍大学生就业问题进行实证研究的有秦永[29]、谢宝国[30]、肖富群[31]等人，但是，其研究样本规模总体较小，且采集的都是2013年之前的数据。基于此，本研究选择对河南省农村籍大学生的就业质量进行实证分析，以期丰富研究成果。

三、研究设计

（一）研究对象和数据来源

本研究所采用的数据来自课题组对河南省2018届大学应届毕业生就业情况的调查，调研对象来自省内7所大学，共计11414名大学毕业生。除去升学的、准备出国的和未落实就业的，实际就业人数共计3252人。

（二）概念操作化与测量

1. 大学毕业生人力资本的测量

本研究对人力资本的测量主要采用以下两个题项：①学校类型。包括国家"双一流"建设大学、省属重点院校、省属普通院校。②从事过的兼职或全职实习次数。分为没有、1~2次、3~4次、5次及以上。

2. 大学生家庭社会经济地位的测量

本研究对大学生家庭社会经济地位的测量包含以下题项：①父亲的受教育程度。分为小学及以下、初中、高中及中职中专、高职高专、本科、研究生及以上。②母亲的受教育程度。选项同第①题。③父亲的职业地位。根据陆学艺对职业地位的分类指标[32]，将十大职业地位分为五个层次：底层（城乡无业、失业、半失业者）；中下层（农业劳动者、商业服务员工、产业工人）；中层（个体工商户、办事人员）；中上层（专业技术人员）；上层（私营企业主、经理人员、国家与社会管理者）。④母亲的职业地位。选项同第③题。⑤家庭月收入。分为2000元及以下、2001~4000元、4001~6000元、6001~8000元、8001~10000元、10001~12000元、12001~14000元、14001~16000元、16001~18000元、18001~20000元、20000元以上。根据描述性统计结果，按照比例将收入层次分为低、中、高三个等级。

3. 就业质量

本研究对就业质量的测量包含以下题项：①就业满意度。对"目前所从事的职业""就业所在的工作单位""工资收入与福利待遇"等分别赋值，总分代表就业满意度。②职业地位。选项同"父亲的职业地位"。③就业起薪。分为1000元及以下、1001~2000元、2001~3000元、3001~4000元、4001~5000元、5001~6000元、6001~7000元、7000元以上。根据描述性统计结果，将大学毕业生的就业起薪分为低、中、高三个等级。总分代表就业满意度。各类变量的基本情况描述如表1所示。

表1 各类变量的基本情况描述（n=11414）

变量名	变量值	百分比（%）	变量名	变量值	百分比（%）
性别	男	40.7	母亲的受教育程度	小学及以下	33.2
	女	59.3		初中	36.5
民族	汉族	95.3		高中或中职中专	18.6
	少数民族	4.7		高职高专	6.0
家庭所在地	农村	63.3		本科	5.3
	城镇	36.7		研究生及以上	0.5
专业类别	文/史/哲	10.6	父亲的职业层次	底层	9.7
	经济/管理	18.2		中下层	51.6
	法学/教育/艺术	18.8		中层	13.3
	理/工	44.3		中上层	14.2
	农/医/军事	8.1		上层	6.7
家庭月收入水平	低	30.8	母亲的职业层次	底层	19.2
	中	36.3		中下层	54.7
	高	32.9		中层	10.8
父亲的受教育程度	小学及以下	19.8		上层	4.0
	初中	41.5	学校层次	省属普通院校	45.4
	高中或中职中专	22.5		省属重点院校	20.9
	高职高专	7.2		"双一流"建设大学	33.7
	本科	8.2	从事的兼职或全职实习次数	没有	12.6
	研究生及以上	0.8		1~2次	45.8
				3~4次	20.7
				5次及以上	20.9

四、调查结果与分析

通过研究发现,农村籍大学毕业生与城镇籍大学毕业生的家庭社会经济地位差异显著,如表2所示。具体来说,相比城镇籍大学毕业生,农村籍大学毕业生的父母受教育程度低、职业层次低,家庭经济收入少。与此同时,农村籍大学毕业生和城镇籍大学毕业生就读学校的层次也存在显著差异,城镇籍的学生更有可能进入高层次的学校就读。这可能是城乡教育资源失衡导致的。城镇籍的学生享有优质课程资源的可能性更大,他们更有可能享有更先进的硬件设施、更充足的教育经费、更稳定的教师团队。但数据显示,农村籍大学毕业生实习次数要多于城镇籍大学毕业生。这可能是因为"穷人的孩子早当家",农村籍大学毕业生更有可能担负着全家人的期望,他们更加需要增加人力资本来改变命运,他们相比城镇籍大学毕业生来说会更加努力。

表2 城乡生源家庭社会经济地位和个人资本的差异

变量	指标	农村生源	城市生源	均值差	T值显著水平
家庭社会经济地位	父亲的受教育程度	2.003	3.203	-1.20	-28.791***
	母亲的受教育程度	1.689	2.915	-1.226	-30.659***
	父亲的职业层次	2.160	3.180	-1.020	-25.600***
	母亲的职业层次	2.000	2.770	-0.770	-18.180***
	家庭月收入水平	1.920	2.490	-0.570	-20.580***
个人资本	学校层次	1.740	1.900	-0.160	-3.971***
	从事的兼职或全职实习次数	2.826	2.492	0.334	9.506

说明:*表示$P<0.05$,**表示$P<0.01$,***表示$P<0.001$。

那么,城乡背景是如何影响大学毕业生的就业质量呢?城乡背景是直接地影响大学生的就业质量,还是通过家庭社会经济地位、个人资本间接地影响大学生的就业质量呢?我们通过多元Logistic回归分析来探讨这个问题(见表3)。

表 3 就业满意度、就业单位层次和就业起薪的回归分析结果 [Exp (B) 值]

变量	模型 1 基础模型		模型 2 基础模型 + 家庭社会经济地位 + 个人资本		模型 3 基础模型				模型 4 基础模型 + 家庭社会经济地位 + 个人资本				模型 5 基础模型		模型 6 基础模型 + 家庭社会经济地位 + 个人资本	
	不满意/非常满意	满意/非常满意	不满意/非常满意	满意/非常满意	中下层/底层	中层/底层	中上层/底层	上层/底层	中下层/底层	中层/底层	中上层/底层	上层/底层	高/低	中/低	高/低	中/低
城乡背景（城镇=0）	1.378***	1.518***	1.308	1.496	0.779	0.755	0.854	0.533***	2.283	2.108	2.409	0.700**	0.974	1.764***	1.340
性别（女=0）	1.218	0.803*	1.211	0.789	3.168***	2.402***	2.101***	1.999***	2.455**	2.038**	1.822**	2.007***	1.294**	2.980	1.547
民族（少数民族=0）	1.304	1.095	1.290	0.978	1.809	1.692	1.218	0.800	2.109	1.887	0.790	0.542	0.524	0.987	0.634
专业类别（农/医/军事=0）																
经济/管理	1.071	2.369***	1.080	2.476***	5.822***	18.974**	1.592	2.212	6.035***	19.138**	1.445	5.119	1.018	3.136***	1.687	2.799***
法学/教育/艺术	1.593	2.397***	1.601	2.477***	0.744	15.689**	0.543**	1.274	0.698	16.718**	0.623**	5.365	0.305***	1.126	0.521**	0.682
理/工	0.985	2.032***	1.167	2.478***	4.473***	14.748**	2.573***	2.179	4.317***	15.586**	2.465**	2.654	1.776**	3.34***	1.982**	2.711***
文/史/哲	1.964*	2.487***	1.956**	2.479***	0.849	12.698*	0.574*	1.181	0.726	12.616*	0.542*	1.287	0.812	2.408**	1.108	2.028**
父亲的受教育程度（研究生及以上=0）																
小学及以下			2.786	1.890					5.428	1.223	3.204	5.119			0.974	1.209
初中			2.906	2.010					7.504	1.390	3.709	5.365			1.774	2.647
高中或中职中专			3.290	2.114					8.229	1.257	3.087	7.085			3.809	4.097
高职高专			1.870	1.376					9.541	1.204	3.743	5.623			6.072	5.976
本科			0.672	0.990					9.280	2.443	7.626	9.426			7.048*	6.982
母亲的受教育程度（研究生及以上=0）																
小学及以下			3.667	1.223					5.342***	1.249***	3.448***	5.209***			0.589	1.787
初中			3,394	1.605					7.406***	1.232***	3.675***	5.273***			0.984	2.181
高中或中职中专			3.820	1.081					8.266***	1.193***	3.870***	7.385***			1.789	2.061
高职高专			1.109	0.978					9.323***	1.368***	3.464***	5.322***			2.804	3.660
本科			0.943	0.934					9.357***	2.986***	7.922***	9.866***			3.087	3.967

续表3

变量	模型1 基础模型		模型2 基础模型+家庭社会经济地位+个人资本		模型3 基础模型				模型4 基础模型+家庭社会经济地位+个人资本				模型5 基础模型		模型6 基础模型+家庭社会经济地位+个人资本	
	不满意/非常满意	满意/非常满意	不满意/非常满意	满意/非常满意	中下层/底层	中层/底层	中上层/底层	上层/底层	中下层/底层	中层/底层	中上层/底层	上层/底层	高/低	中/低	高/低	中/低
学校层次（重点院校=0）																
省属普通院校	1.434*	2.887		0.689*					1.678	0.607**	0.566*				0.197***	0.395***
"双一流"建设大学	0.421	1.234		0.981					2.851	1.897	0.520*				1.982	0.623**
父亲的职业层次（中下层=0）																
底层			3.119	0.885					3.702	0.868	0.734	0.598			0.598	1.152
中下层			2.381	0.782					2.796	1.794	1.546	0.893			1.703	2.062
中层			1.225	0.723					1.432	2.586	2.796	1.796			2.304	2.607
中上层			0.763	0.634					0.515*	2.969	3.071	2.080			2.972	3.761
上层			0.639	0.653*					0.312*	4.789	4.790	2.816*			4.621	3.953
母亲的职业层次（中层=0）																
底层			2.976	0.548*					3.479	0.978	0.972	0.864			0.974	0.961
中下层			2.558						2.146	1.907	1.797	0.866			1.673	1.686
中层			1.110						1.421	2.646	2.779	1.796			1.975	1.967
中上层			0.862						0.686	2.077	3.072	2.175			0.575*	2.578
上层			0.753						0.457	3.963	4.045	2.517			2.891	3.761
家庭收入水平（中=0）																
低			1.409*	1.259					2.797	1.091	0.792	0.741			0.654***	0.612*
高			0.548	0.820					2.708	3.976	4.698	4.869			3.287***	1.887***
从事过的兼职或实习次数（5次及以上=0）																
没有			2.140	2.543					1.907	2.707	2.763	3.807			1.686	0.571*
1~2次			1.908	1.920					1.693	2.797	1.414*	2.082			2.651	2.670
3~4次			0.950	1.114					2.412	3.479	3.081	3.078			2.971	2.172
5次及以上			1.103	0.987					1.098	2.046	2.945	3.991			1.978	3.080

说明：① *表示 $P<0.05$，**表示 $P<0.01$，***表示 $P<0.001$。②各模型中的因变量，"/"后的变量取值为参照项。

（一）就业满意度的回归分析结果

模型 1 和模型 2 的回归分析结果表明，城乡背景通过学校层次、母亲的职业层次、家庭收入水平等间接地影响大学毕业生的就业满意度。在基础模型中，城乡背景直接显著地影响大学毕业生的就业满意度，农村籍大学毕业生对工作非常满意的概率相对较低，专业类别也对大学毕业生的就业质量产生了显著影响。

通过进一步引入家庭社会经济地位和个人资本变量后发现：城乡背景不再对大学毕业生的就业满意度产生影响。而除了专业类别的影响之外，学校层次、母亲的职业层次、家庭收入水平成为影响大学毕业生就业满意度的变量。来自省属普通院校的大学毕业生和来自家庭收入水平低的大学毕业生更可能对工作不满意。母亲的职业层次越高，大学毕业生的就业满意度就越高。就业满意度是一种主观感受，如果就业期望和实际的工作情况相符，满意度就相对会高；如果不相符，满意度就相对会低。所以，来自省属普通院校的大学毕业生和来自家庭收入水平低的大学毕业生就业满意度低，也有可能是他们的就业期望较高、就业认知有偏差的缘故。而母亲的职业层次越高，越能够通过她的关系网络帮助子女找到满意的工作。

（二）就业单位层次的回归分析结果

模型 3 和模型 4 的回归分析结果表明，城乡背景间接地通过母亲的受教育程度、学校层次、父亲的职业层次影响大学毕业生的就业单位层次。在基础模型中，城乡背景直接影响大学毕业生就业单位层次，农村籍大学毕业生更可能成为底层工作者。专业类别也对大学毕业生就业单位层次有显著影响。进一步引入家庭社会经济地位和人力资本变量后发现：城乡背景不再影响大学毕业生的就业单位层次。除了专业类别、性别、母亲的受教育程度、学校层次、父亲的职业层次这些变量都会影响大学毕业生的就业单位层次。男生更容易找到高层次的就业单位，其职业层次属于中下层、中层、中上层、上层的概率分别是属于底层概率的 3.193、2.455、2.038、1.822 倍。母亲的受教育程度越高，越容易找到高层次的就业单位。父亲的职业属于上层的大学毕业生更可能复制父辈的职业层次，其留在上层的概率是"跌入"底层概率的 2.816 倍。母亲的受教育程度、父亲的职业层次都属于大学毕业生的先赋性社会资本或家庭社会资本。家庭社会资本有助于大学毕业生找到更高层次的就业单位，实现优势阶层复制。从这个研究结果，可以看到一定的阶层固化倾向。

（三）就业起薪的回归分析结果

模型 5 和模型 6 的回归分析结果表明，城乡背景会直接或间接地影响大学毕业生的就业起薪。在基础模型中，农村籍大学毕业生的就业起薪更有可能较低。男大学毕业生和理/工科毕业生更容易找到起薪高的职业。这与学术界之前的研究结论相一致。王燚的研究表明，工科毕业生就业起薪比法学类毕业生高。[33] 魏巍的调查研究结果显示，女性的入职条件整体优于男性，但是女性的就业起薪却显著低于男性。性别歧视应该是男女起薪显著性差异的原因。[34] 通过进一步引入家庭社会经济地位和人力资本变量后发现：城乡背景和专业类别依然影响着大学毕业生的就业起薪。除此之外，父亲的受教育程度、学校层次、母亲的职业层次、家庭收入水平、从事过的兼职或者实习次数都是就业起薪的影响因素。人力资本和家庭社会资本都对大学毕业生的就业起薪产生了影响，其中影响最大的是家庭收入水平。家庭收入水平越高，大学毕业生的就业起薪越高。这说明收入水平也呈现出代际传递的特点。

五、结论及思考

本研究从就业满意度、就业单位层次、就业起薪三个变量比较了农村籍大学毕业生与城镇籍大学毕业生的就业差异，并且呈现了大学毕业生就业质量的影响因素。结果表明，影响大学生就业质量的因素有：父母的受教育程度、父母的职业层次、家庭收入水平、性别、专业类别和学校层次。和城镇籍大学毕业生相比，农村籍大学毕业生就业质量整体较差。他们的就业满意度、职业层次、就业起薪都处于较低水平。

而城镇籍大学毕业生的家庭社会经济地位更高，父母对他们的教育投入更多，不遗余力地把家庭资源转换为下一代的人力资本、制度性的文化资本以及工具性的社会资本。这种优势资源将会代际传递，在一定程度上会加速社会阶层的分化，影响社会的阶层流动，破坏教育的公平公正。因此，提高农村籍大学毕业生的就业质量至关重要。

政府应该加大对农村教育的投入力度，打破城乡二元结构，使农村籍大学生和城镇籍大学生获得公平而又有质量的教育；提高农村教师待遇，向他们提供优质的教师培训和广阔的晋升渠道，建立城乡一体化的教师管理机制，加强城乡之间教师的交流与学习；运用互联网技术手段为教育不发达的农村提供优质教育资源。另外，当前我国劳动力市场还不够成熟，就业制度还不够完善，就业信息还存在不对称的情况，这些现实因素为家庭社会经济资本提供了生长的"土壤"。我国当前的劳动力市场在一定程度上是分割的，富有优势者可利用家庭社会网络为子女获得就业信息，使他们更容易进入主要劳动市场，并且增加了职业的适配性，提高了就业质量。而农村籍大学毕业生相对而言属于"家庭社会经济资本缺失"的弱势群体，他们的社会资源相对匮乏，没背景、没关系、没人脉，就业质量相对较低。因此，政府应进一步规范就业市场，出台相关法律和政策保障就业市场的公平、透明，为农村籍大学毕业生提供公平的就业机会。

在学校方面，首先，应该利用互联网平台建立求职信息数据库和岗位信息数据库，帮助农村籍大学毕业生获得精准的就业信息。坚持"引进来，走出去"的原则，将用人单位"引进来"，为农村籍大学毕业生搭建信息平台；让农村籍大学毕业生"走出去"，学校可考虑向招聘单位推介品学兼优的农村籍大学毕业生。其次，学校不仅要重视就业率，更要关注就业质量，建议将提高农村籍大学毕业生的就业质量纳入重要工作安排。学校应该为农村籍大学生建立档案管理机制，关注农村籍大学生的成长历程；为其开设心理辅导中心，帮助其消除自卑、焦虑的情绪；为其开展就业指导课程，帮助其科学、有效地就业；为其提供就业招聘信息，破解信息不对称的难题；为其实施就业导师制，提供一对一的指导服务；为其提供企业实践机会，邀请行业专家授课等，使其客观认识就业形势及其个人能力。学校要调动各方力量帮助农村籍大学生规划职业生涯，认清就业形势，调整就业心态，提高就业能力，增强职业信念，促进知识与实践的结合。再次，学校应该有前瞻性的视野，利用大数据分析未来社会需要的专业类型和人才特征，设置符合市场需求的专业，培养社会需要的人才。最后，更为重要的是，学校要提高教育质量，改变教师重科研、轻教学的思想，大学教师应做好立德树人的本职工作，为农村籍大学毕业生提高人力资本奠定基础。上述这些措施其实是应该针对所有大学生的，包括农村籍大学生和城镇籍大学生，只不过这里强调的是农村籍大学生相对更需要得到这些措施的帮助。

农村籍大学生则要充分发扬吃苦耐劳的精神，努力学习，积累人力资本，获取更高的学历水平。研究表明，学历越高，人力资本对大学毕业生的就业发挥的作用就越大。[35]教育依然可以改变命运。《世界是平的》一书中提到：在数字时代，所谓的"数字鸿沟"将很快消失，人们获取知识的差距越来越小，想学习任何知识都可以在网上实现，未来的鸿沟是"积极性鸿沟"。农村籍大学生可以通过各类网络平台来学习，以弥补与城镇籍大学生的差距；克服自卑、胆怯等心理，积极参与社团活动、实践活动等以提高沟通能力、合作能力、办事能力；与同乡、同学、朋友、老师等建立有效联系，本着互惠、互利、互信的原则，建立社会资本关系网络。社会关系网络的异质性越高，大学毕业生获得就业信息的渠道就越多。另外，农村籍大学毕业生还应该适当改变就业策略，大城市并不是也不应该是就业的唯一选择，去中西部或者生源地就业也是可行的方案。农村籍大学毕业生利用国家的扶持政策或者生源地的家庭社会网络，同样也可以创造更加广阔的就业前景。

参 考 文 献

[1] 肖富群. 城乡背景对大学生初次就业结果的影响：基于全国17所高校2914名毕业生的调查数据[J]. 广西民族大学学报（哲学社会科学版），2014，36（4）：183.

[2] 刘国强. 社会资本理论视角下农村籍大学生就业探析[J]. 教育与职业，2014（33）：110-112.

[3] 魏然,翟瑞. 知识改变命运?：从农村大学生就业看高等教育社会分层功能的弱化 [J]. 教育学术月刊, 2016 (6): 39-45.

[4] 侯会丽,吴克明,邬婷. 农村籍大学生比例下降现象探析：大学生就业难的视角 [J]. 高等农业教育, 2014 (5): 11-15.

[5] 布迪厄. 文化资本与社会资本炼金术 [M]. 包亚明,译. 上海：上海人民出版社, 1997: 202.

[6] 代锋,吴克明. 社会资本对大学生就业质量的利弊影响探析 [J]. 教育科学, 2009, 25 (3): 63.

[7] 岳昌君,周丽萍. 经济新常态与高校毕业生就业特点：基于2015年全国高校毕业生抽样调查数据的实证分析 [J]. 北京大学教育评论, 2016, 14 (2): 63-80+189.

[8] 文东茅. 家庭背景对我国高等教育机会及毕业生就业的影响 [J]. 北京大学教育评论, 2005 (3): 58-63.

[9] 郑茂雄. 家庭社会资本与大学生就业满意度关系研究 [J]. 高教探索, 2012 (2): 131-136.

[10] 刘新华,杨艳. 家庭社会资本与大学生差序就业：关于家庭社会资本对大学生就业质量影响的研究 [J]. 教育学术月刊, 2013 (5): 66-68.

[11] PORTS A, LANDOLT P. The downside of social capital [J]. American prospect, 1996, 26 (1): 62.

[12] 钟云华. 大学生就业社会资本新论：内涵、功能与测量指标 [J]. 现代大学教育, 2018 (6): 10-11.

[13] 舒尔茨. 论人力资本投资 [M]. 吴珠华,等译. 北京：北京经济学院出版社, 1990: 37.

[14] 岳德军,田远. 人力资本与大学生就业质量：职业认同的中介作用 [J]. 江苏高教, 2016 (1): 101-104.

[15] 孟大虎,苏丽锋,李璐. 人力资本与大学生的就业实现和就业质量：基于问卷数据的实证分析 [J]. 人口与经济, 2012 (3): 19-26.

[16] 石红梅,丁煜. 人力资本、社会资本与高校毕业生就业质量 [J]. 人口与经济, 2017 (3): 90-97.

[17] 杜桂英,岳昌君. 高校毕业生就业机会的影响因素研究 [J]. 中国高教研究, 2010 (11): 67-70.

[18] 苏丽锋,孟大虎. 强关系还是弱关系：大学生就业中的社会资本利用 [J]. 华中师范大学学报（人文社会科学版）, 2013, 52 (5): 155-162.

[19] 陈于. 大学生就业的人力资本与社会资本因素分析 [J]. 南通大学学报（社会科学版）, 2014, 30 (6): 104-110.

[20] 黄敬宝. 寒门能否出贵子?：基于人力资本对大学生就业质量作用的分析 [J]. 青年研究, 2015 (5): 1-10+94.

[21] 刘志国, MA J. 谁进入了体制内部门就业：教育与家庭背景的作用分析 [J]. 统计与信息论坛, 2016, 31 (7): 76-82.

[22] 胡雪. 人力资本对大学生初次就业质量影响论析 [J]. 继续教育研究, 2017 (11): 100-104.

[23] 代锋,陈芳. 社会资本视域下的高职毕业生就业问题研究 [J]. 中国职业技术教育, 2018 (23): 76-79.

[24] 蒋家胜. 社会资本视阈下高职农村学生就业困境与对策初探 [J]. 中国成人教育, 2011 (10): 33-35.

[25] 宋严,宋月萍,李龙. 高等教育与社会资本：性别视角下的审视 [J]. 人口与发展, 2012, 18 (6): 48-54.

[26] 蔡颖. 高校贫困生与非贫困生起薪差异的实证研究 [J]. 高教探索, 2017 (4): 113-119.

[27] 陈烨,符周利. 农村籍大学生就业难问题探析 [J]. 继续教育研究, 2015 (3): 22-23.

[28] 冯桂梅,马方圆,王晓英. 农村籍大学生就业心理问题及策略研究 [J]. 中国成人教育, 2016 (15): 76-78.

[29] 秦永,裴育. 城乡背景与大学毕业生就业：基于社会资本理论的模型及实证分析 [J]. 经济评论, 2011 (2): 113-118+128.

[30] 谢宝国,王远伟.农村籍与城市籍大学毕业生就业获得差异的实证研究[J].教育与经济,2014(1):46-52.
[31] 肖富群.城乡背景对大学生初次就业结果的影响[N].中国社会报,2014-08-18(3).
[32] 陆学艺.当代中国社会流动[M].北京:社会科学文献出版社,2004.
[33] 王燊.人力资本和社会资本对大学生求职起薪的影响[J].中国大学生就业,2017(6):45-50.
[34] 魏巍.大学生就业起薪性别差异的实证分析[J].教育学术月刊,2018(6):11-16.
[35] 李答民.社会资本、人力资本与大学生就业实现关系模型分析[J].中国成人教育,2010(21):36.

The Influence of Urban and Rural Backgrounds on the Quality of First-time Employment of University Graduates: Take 7 Universities in Henan Province as Examples

Abstract: It is the ardent expectation of all families, especially rural families, to achieve high-quality employment through higher education. The research took graduates from 7 universities in Henan Province as the survey object, and explored the influence of urban and rural backgrounds on the employment quality of college graduates. The study found that urban and rural backgrounds indirectly affect the employment satisfaction of college graduates and the level of employment units through family socioeconomic status and school level; urban and rural backgrounds directly and indirectly affect the starting salary of college graduates. Rural college students are still at a disadvantage in the job market. The government, universities, and individual graduates should work together to promote the employment quality of rural college graduates.

Keywords: urban and rural backgrounds, employment quality, family socioeconomic status

附 录

附录一 参会人员部分论文摘要

全球抗疫背景下海外留学博士生所面对的压力及其影响[①]

高明洁[②] 于海琴[③] 贾永堂[④] 盛 谦[⑤] 赵 亮[⑥]

摘 要：新冠肺炎疫情是一场"百年一遇"的公共卫生与健康危机，2020 年也被称为"史上留学最难年"。本研究通过质性研究中团体访谈的方法探讨新冠肺炎疫情下中国海外留学博士生的压力源，包括：疫情心理压力、社会文化适应性压力和博士生学业压力及其影响。笔者认为，全球疫情对海外留学博士生的社会文化适应和正常学业都产生了严重冲击；同时，在疫情影响下，社会文化适应性问题也易导致海外留学博士生在学业方面受阻，针对疫情的心理服务将是一项长期的工作。本文从社会、学校、导师、留学生个人等不同层面提出了建议和对策，以期为全球疫情背景下中国海外留学博士生心理压力疏解提供有效建议和措施。本文建议：各国应在政策层面上为优秀人才创造更有利的留学环境；学校和导师层面应加强与留学博士生的联系和沟通，给予更多的人性关怀和帮助，保持信息畅通，并加强学业、毕业、就业指导；个人方面，留学博士生须有能力和勇气承担疫情造成的极大不确定性所带来的后果，提高抗逆力，实现创伤后成长。

医学教育发展的新阶段与新实践
——兼谈新冠肺炎疫情背景下对医学教育改革的思考

陆 琪[⑦] 沈苏南[⑧]

摘 要：当代医学模式已从生物医学模式过渡到生物－心理－社会医学模式，第三代以岗位胜任力为导向的医学教育改革正在展开，健康中国战略也对医学人才培养质量提出了更高要求，新时代背景下医学教育发展正面临巨大的机遇与挑战。新冠肺炎疫情的全球性爆发，也使得公众对医学以及医学教育的发展寄予厚望。本文通过梳理新时代背景下医学教育的发展要求，认为"服务学习"的教育实践具有独特优势，可以将教学、科研、社会服务需求有机结合，实现社会多方共赢的局面，未来医学教育领域可在此方面充分实践并加以推广。

[①] 课题来源：中国科学院大学教育管理能力提升专项 2020 年课题"重大疫情下研究生心理影响的质性研究"。
[②] 高明洁，华中科技大学教育科学研究院博士研究生，中国科学院大学、中国科学院武汉岩土力学研究所六级职员，研究方向为学位与研究生教育。
[③] 于海琴，华中科技大学教育科学研究院副教授，研究方向为心理健康教育。
[④] 贾永堂，华中科技大学教育科学研究院教授，研究方向为高等教育。
[⑤] 盛谦，中国科学院大学、中国科学院武汉岩土力学研究所副所长、研究员，研究方向为学位与研究生教育。
[⑥] 赵亮，中国科学院大学、中国科学院武汉岩土力学研究所主任，五级职员，研究方向为学位与研究生教育。
[⑦] 陆琪，南京大学医学院教学秘书，南京大学教育研究院博士研究生，研究方向为高等教育学。
[⑧] 沈苏南，南京大学医学院教授、副院长，研究方向为医学教育与管理。

大学学科治理：逻辑意蕴、实践困境与破解路径

马廷奇[①]　郑政捷[②]

摘　要：学科治理是大学治理的逻辑起点，大学治理的价值需要落实到学科层面才能得以实现。学科治理需要综合考量知识生产逻辑、组织行为逻辑、社会需求逻辑这三重逻辑，从学科建设走向治理是"双一流"建设的必要前提。对现实情况加以考察可以发现，大学学科治理主体"貌合神离"、学科治理权力"交叉失衡"、学科治理制度"内外倒挂"、学科治理文化"藩篱阻隔"等现象，制约了大学的学科发展及其治理成效。改革实践中，亟须强化多元主体及其权力的协同共治、加强学科制度内外联动、形塑学科文化价值认同，实现学科持续健康发展。

在优秀与平等之间：
高等教育规模扩张进程中精英教育的发展

马培培[③]

摘　要：在精英高等教育阶段，追求优秀、培养精英是大学的基本理念。20世纪中叶以来，高等教育发展的精英主义理念逐渐被平等主义取代。随着以平等为目的的高等教育规模扩张进程不断推进，大学精英教育的特质被高等职业教育和尖端科学研究的普适性所取代。在此背景下，精英教育面临被放逐的命运，曾经以精英主义为理念的大学日益难以培养出英才。如何在优秀与平等之间取舍，成为精英教育发展的难题。因此，我们很有必要以平等主义和精英主义为理论视野，反思高等教育规模扩张背景下的精英教育困境及发展出路。

中西部高校人才培养能力提升的时代内涵与实现路径[④]

邵佰东[⑤]

摘　要：中西部高校人才培养能力提升，既是中西部高校各项工作的出发点，也是回应多元主体现实

[①] 马廷奇，天津大学教育学院教授、教育学博士、博士研究生导师，研究方向为高等教育理论与政策。
[②] 郑政捷，天津大学教育学院博士研究生，研究方向为高等教育管理。
[③] 马培培，南通大学教育科学学院副教授、硕士研究生导师，研究方向为高等教育基本理论、比较高等教育。
[④] 课题来源：教育部哲学社会科学研究重大课题攻关项目"中西部高校提升人才培养能力和办学水平研究"（18JZD053）。
[⑤] 邵佰东，西南大学西南民族教育与心理研究中心博士研究生，二级教师，研究方向为教育管理、高等教育、比较教育、课程设计。

关切的迫切需求。它不仅在推动深层次、内涵式高等教育公平,加快推进中国特色教育现代化建设进程,服务支撑国家重大发展战略和地方发展战略上有着重要的时代价值,而且在内涵特征上彰显了立德树人的使命内涵,诠释了以学生为中心的教育内涵。我国要成为学习大国、人力资源强国和人才强国,就必须全面加快中西部高校人才培养能力提升的进程。因此,中西部高校要加强教育基础保障资源建设,凝练夯实学科专业布局,重构各类课程体系,完善高校教育教学,优化大学管理服务能力,进而全面加快中西部高校在人才培养数量和质量上的前进步伐。

新全球化背景下我国高校国际化发展的认知、实施与评价[①]

文 雯[②] 崔亚楠[③]

摘 要:本研究基于对我国125所高校国际化管理部门负责人的问卷调查发现,当前我国高校高度认可国际化发展的重要意义,但在具体开展国际化活动的实施层面的表现却相对不足。高校在高等教育国际化发展中存在多样性与趋同性共存、功利主义导向、教育输出不足、缺乏综合的生态环境等问题。本文提出,高校应坚定不移地走国际化发展道路,坚持服务国家重大战略导向,同时要充分发挥主体作用,构建校内、校外国际化发展的综合生态系统,通过生态国际化发展推动高校国际化进入新阶段。

基于质量保障的高校学位评定委员会建设研究

罗 婧[④] 刘 明[⑤] 石 慧[⑥] 田佳昕[⑦]

摘 要:在研究生质量保障体系建设中,学位授予质量监管是核心关口环节。因此,高校学位评定委员会健康高效地运行,对于强化学位与研究生教育质量保障和监督体系具有重要作用。本文分析了高校学位评定委员会与质量保障体系的内在关联及其运行情况,建议高校学位评定委员会的质量保障应紧跟"双一流"建设任务的重点难点,协同推进立德树人实践,强化内部治理,重视行政权力的合法性。

[①] 课题来源:北京市教育科学"十三五"规划2018年度"北京市教育国际合作现状与发展趋势研究课题"(AEBA18005)。
[②] 文雯,清华大学教育研究院长聘副教授,研究方向为高等教育基本理论、国际与比较教育。
[③] 崔亚楠,清华大学教育研究院博士研究生,研究方向为国际与比较教育。
[④] 罗婧,西安交通大学研究生院学位办公室副主任,研究方向为学位授予质量保障。
[⑤] 刘明,西安交通大学研究生院副院长,教授,研究方向为研究生质量保障体系建设。
[⑥] 石慧,西安交通大学研究生院学位办公室文员,研究方向为学位授予质量保障。
[⑦] 田佳昕,西安交通大学研究生院学位办公室文员,研究方向为学位授予质量保障。

新形势下海外高端人才归国意愿研究[①]

鲍 威[②] 田明周[③] 陈得春[④]

摘 要：随着教育发展和经济、科技水平的不断提升，吸引海外高端人才归国效力，对壮大我国科技人才队伍、推动科技进步以及高等教育事业发展具有重要意义。本文基于海外高端人才的调查数据，借助双向推拉作用机制，对新形势下海外高端人才归国意愿及影响机制开展实证分析。研究发现：①海外高端人才归国意愿强烈，受访者优先选择回国就业。②海外高端人才的回国就业选择呈现集中化、多元化特征。海外高端人才的意向就业单位集中于高校科研院所，政府部门及企业等亦在考虑范围之内。意向就业高校呈"两超多强"局面，集中于北京大学、清华大学及其他"985"高校。意向就业地区集中于北京、上海、天津以及东部地区其他城市，中西部地区对海外高端人才的吸引力有待提高。③海外高端人才归国意愿受个体特征及海外和国内双向推力、拉力因素的共同影响。本文不仅有助于厘清海外高端人才归国意愿的特征及影响机制，还从实践层面为未来相关引才引智的政策制定、制度优化提供科学依据。

[①] 课题来源：教育部高等教育司委托课题"综合质量发展与教师发展理论研究"（20191701）。
[②] 鲍威，北京大学教育学院博士研究生导师、教育经济研究所研究员，石河子大学师范学院副院长（援疆）。
[③] 田明周，北京大学教育学院、教育经济研究所硕士研究生。
[④] 陈得春，北京大学教育学院、教育经济研究所博士研究生。

附录二 博士研究生部分论文摘要

基于校企共建 DCS 系统的核工程专业虚拟仿真实验教学模式探索与实践[①]

赵媛媛[②] 张 斌[③] 吴宏春[④]

摘 要：深入推进产学合作协同育人、产教融合，是解决高校和企业人才输出与人才需求脱节问题的重要途径，也是高校创新人才培养机制的重要方式，更是提高复合型、应用型人才培养质量的有效途径。本文结合西安交通大学核工程专业与中国广核集团共建 DCS（分散控制系统）开放实验室协同育人实践基地的实际情况，提出基于校企合作、协同育人的实验教学模式及培养方案。

"金课"视域下通识课程教学方法有效性评价

付玉媛[⑤] 韩映雄[⑥]

摘 要：打造"金课"体现出现阶段我国高等教育对高质量教学的追求。教师讲授的目的是促进学生进行有效的学习，因此，对通识课程教学方法的评价也要聚焦到是否能够促进学生进行高质量学习上。本文以通识课程中的深度学习作为学生高质量学习的切入点，采取定量与质性相结合的混合研究方法，发现教师讲授、师生共同讨论问题等教学方法有助于学生在通识课程中的深度学习，小组合作等教学方法对学生的深度学习没有促进作用。这一研究结论为传统教学方法的合理性、现代教学方法的局限性提供了循证依据。因此，本文建议重点关注深度学习在衡量教学方法有效性中的作用，从通识教育目标来理解教师讲授在通识课程中的本源价值，了解学生群体多学科特征决定小组合作在通识课程中的作用程度，并特别关注师生互动在通识课程中的情境创设，以助力通识教育"金课"建设。

[①] 课题来源：陕西省高等教育学会 2019 年度高等教育科学研究项目"基于 5G 技术的大学课堂与企业现场实时融合的教学模式研究"。
[②] 赵媛媛，西安交通大学工程师，研究方向为虚拟仿真实验教学。
[③] 张斌，西安交通大学副教授，核电厂与火电厂系统国家级虚拟仿真中心副主任，研究方向为核反应堆安全分析。
[④] 吴宏春，西安交通大学教授，研究生院常务副院长，研究方向为核反应堆物理。
[⑤] 付玉媛，华东师范大学高等教育研究所高等教育学专业博士研究生，研究方向为高等教育政策评价、高等教育质量保障。
[⑥] 韩映雄，教育学博士，华东师范大学考试与评价研究院副院长、教授、博士研究生导师，研究方向为教育评价、教育质量保障。

高等教育治理体系与治理能力现代化的关键问题和推进路径

蒋　凯[①]　王涛利[②]

摘　要：随着高等教育管理方式的转变，决策权力如何在政府、高校、市场和其他利益相关主体之间合理分配，成为我国高等教育治理体系与治理能力现代化的关键问题。鉴于高等教育的多重属性，只有从理念、制度和能力三个维度对政府、高校、企业和社会组织等多元主体之间的关系进行调整，构建多元主体共同治理的高等教育权力格局，才能切实应对高等教育现代化建设的实践困境。推进我国高等教育治理体系与治理能力现代化，需要树立依法治理的理念，逐步改善政府与高等教育的关系；构建有序运行的现代大学治理体系，提升高校自主管理能力；发挥多元主体智慧，提升多元共治的高等教育治理能力。

一流大学规划中的社会参与治理及其可行性分析

蒋贵友[③]

摘　要：社会参与大学治理已由政策性话语转变为大学行动方针，并逐渐朝体系化与制度化方向发展。本文通过对42所一流大学建设文本分析发现，一流大学规划围绕大学建设目标构建社会参与机制，致力于促成一元主导、多元共治的治理格局，由此推动由外而内的治理变革。不过，由于一流大学存在建设与治理变革的方向错位、管理体制与社会参与的权力矛盾、参与独立性与决策官僚化的协调冲突，因此，一流大学规划中的社会参与治理仍困难重重。为此，应积极完善社会参与的制度体系，促进参与主体的能力建设，构建多元共治的协调机制，从主体意识、组织赋权与制度保障三个层面提升一流大学建设中的社会参与治理效力。

省域"双一流"建设方案的选择策略与行动逻辑

李　洁[④]

摘　要：省级地方政府作为公共政策选择和执行最具实际影响力的行为主体，在推进"双一流"建

[①] 蒋凯，北京大学教育学院教授，博士研究生导师。
[②] 王涛利，北京大学教育学院博士研究生。
[③] 蒋贵友，华东师范大学高等教育研究所博士研究生，研究方向为高等教育管理。
[④] 李洁，华中科技大学教育科学研究院博士研究生，研究方向为高等教育管理、高等教育政策。

设中发挥着承上启下的作用。本文通过分析各省份所制定的地方"双一流"建设方案,运用政治学新制度主义理论,构建出分析地方政府"双一流"建设行动逻辑的框架,以此理解地方政府的行动逻辑。在"行动者-制度-行为"分析框架下,地方政府在制定本省份的"双一流"建设方案时,表现出趋同与创新两种选择策略,总结为"地方自觉-主动"和"地方回应-被动"两种行动类型。这其中蕴含着省域"双一流"建设在特定制度规范与环境嵌入下,基于自身特殊效用目标的有限理性选择过程的行动逻辑:地方政府在省域"双一流"建设中因"经营者"角色和认知偏好而扮演了有限理性行动者,行为选择不仅与特定的制度规范发生交互作用,也嵌入于复杂开放的经济社会系统之中。

我国高校人才引进待遇披露现状及其探析
——基于2019年"软科排名"中中国大学人才引进政策文件的文本分析

李倩文[①]

摘 要:薪酬待遇是影响高校人才引进的重要因素之一。高校在公布人才引进文件时,不可避免会提及相关待遇,但待遇的披露方式并不统一。作为影响现实中高校潜在就业者决策判断的信息来源之一,薪资待遇披露并未得到学者的充分关注。本文采用文本分析方法,分析了2019年"软科排名"中中国公立高校人才引进文件中的薪资披露状态,研究发现薪酬披露与高校自身声誉以及区域经济发展水平有关。在高校层面,高校的声誉越高,越不倾向于披露人才引进的科研补助金额和生活待遇;在区域层面,经济发展水平较高的东部地区和经济发展水平较低的东北地区在人才引进文件中对科研补助金额和生活待遇的披露程度低于中西部地区。本文的研究结论有利于后续学者深化高校薪资公开决策相关研究,也可以帮助高校和政府共同决策,合理设定薪酬披露策略,提高人才引进质量。

家、企业、学术共同体?
——师门文化对研究生学术志趣的影响

刘璐璐[②]

摘 要:本研究基于12所"双一流"建设高校的15名研究生的访谈发现,不同师门文化的形成遵循着不同的逻辑,包括情感逻辑、学术逻辑、利益逻辑。不同类型的师门文化对研究生学术志趣的影响呈现出比较明显的差异。以"家庭型"为代表的良好、融洽的师门文化能够在一定程度上激发研究生的学术志趣,"学术团队型"师门文化对研究生学术志趣的影响与导师所扮演的角色密切相关,以"企业型"为代表的疏离的、科层式的师门文化则会在很大程度上削弱研究生的学术志趣。导师作为师门的核心,其

---

① 李倩文,大连理工大学高等教育研究院博士研究生,研究方向为高等教育管理与评价。
② 刘璐璐,清华大学教育研究院博士研究生。

指导风格、培养导向、所拥有的社会资本均会影响研究生的学术志趣。同时，同门朋辈对研究生的学术志趣也有一定的影响，具体体现在学术支持、情感支持及"趋同选择"等方面。

因"志"施教：对具有不同求学动机的博士生需要进行差异化培养吗？[①]
——来自中、美、英、德四国学术型博士生调查的证据

谢 鑫[②] 蔡 芬[③] 张红霞[④]

摘 要：招生规模持续扩张与毕业生就业多元化是全球博士教育发展的基本趋势。培养质量的有效保障成为当前博士教育的核心议题。面对多样化的生源特质和劳动力市场需求，亟待探索个性化的博士生培养模式。本文分析2019年《自然》关于学术型博士生的调查数据发现：具有不同求学动机的博士生需要的培养环境既有共同性，也有差异性。共同性方面，博士生面临较大的科研压力，作息平衡是博士生的迫切诉求；在知识生产模式转型背景下，求职、制订商业计划、经费管理和团队管理等能力训练可增强博士生的科研职业意向。差异性方面，社会性参与等能力训练更有利于提高非学术动机者的读博满意度，合作机会、经济支持对他们学术从业志向的确立具有显著的正效应；对于学术动机者，强化其满意度和学术从业志向的比较优势因素则分别是与导师建立融洽的互动关系以及来自导师的情感和心理支持。

新中国成立以来我国高校名称变更的趋势、原因及其规范研究[⑤]

南晓鹏[⑥] 钟秉林[⑦]

摘 要：新中国成立以来，我国多所高校名称发生多次变更，高校名称变更呈现出高校名称涵盖地域范围扩大，高校名称趋向新兴化、综合化、同质化的特点。名称变更是高校为获取更多社会资源和社会声望的一种策略，高校管理和资源配置的等级化是高校名称变更的拉力，对高质量高等教育的需求是高校名称变更的推力，趋近高水平大学是高校名称变更的内驱力。由于高校行政管理与资源配置的金字塔格局和社会公众对优质高等教育的迫切需求长期存在，高校名称变更不可避免。国家应完善对高校的管理评价制

[①] 课题来源：中国高等教育学会"高教改革与发展重大理论与实践问题研究"之"一流大学建设与一流本科教育的研究"（2017ZD02），2020年江苏省研究生科研创新项目"科研压力对博士生创新能力的影响研究——组织支持的调节作用"（KYCX20_0011）。
[②] 谢鑫，南京大学教育研究院博士研究生。
[③] 蔡芬，南京大学教育研究院博士研究生。
[④] 张红霞，南京大学教育研究院教授、博士研究生导师。
[⑤] 课题来源：教育部发展规划司委托课题"高校命名规范研究"。
[⑥] 南晓鹏，北京师范大学教育学部高等教育研究院博士研究生，研究方向为高等教育管理、比较高等教育等。
[⑦] 钟秉林，北京师范大学教育学部高等教育研究院教授，研究方向为高等教育政策。

度，合理配置教育资源；完善高校名称变更的有关规定，合理进行权责分配。省级教育行政部门应合理规划本省高等教育布局结构，制定完善的高校名称变更听证制度。高校应精准定位、特色发展，加强高校自身的内涵建设。

基于博弈论视角关于职业教育第三方评价主体获得内部评价主体认同的研究[①]

胡 婷[②]

摘 要：近年来，第三方评价逐渐成为职业教育质量评价领域的重要工具，但是职业教育办学质量并没有因为第三方评价的引进而得到明显有效的提高。本文基于博弈论视角，探究第三方评价机构作为外部评价主体得到内部评价主体间的认同情况，内外部主体间的认同程度受到了哪些因素的影响，以及内外部主体间的认同情况对职业教育第三方评价效果的影响。研究发现，第三方评价机构得到内部评价主体认同的情况较少；职业院校作为内部主体的理性和掌握的信息量影响了对第三方评价的认识；教育行政管理部门也由于理性和信息集的不足及不清晰，不愿意与第三方评价机构进行合作。第三方评价机构也因为实力不均衡而难以获取内部评价主体的长期信任。因此，第三方评价要注重内部提升，教育行政管理部门要明确元治理的角色，职业院校要改变传统办学观念，如此才能增强第三方评价对职业教育发展的促进作用。

从 AI 到 IA：大学教学创新的应然选择[③]

尹婷婷[④]

摘 要：人工智能（AI）作为一种颠覆性的技术，其在大学教学中的应用主要是智能教学管理、智能助教、自适应学习和智能测评。人工智能和教学的融合既减轻了教师教学工作的负担，又让学生具有较大的学习自由性和自主性。但是，目前也存在人工智能教学技术不成熟、应用两极化以及囿于传统教学窠臼等问题。鉴于此，人工智能与教学的融合不应囿于替代人类智能的传统 AI 思维，而应以智能助力（IA）形式融入教学，超越传统教学模式窠臼，重新制定教学目标，转变师生角色，构建开放性教学组织形式、多维度评价体系，实现大学教学创新。

[①] 课题来源：河南省教育科学规划重点课题"河南省农村贫困女性教育扶贫机制与提升策略"（2021JKZD01）。
[②] 胡婷，郑州大学教育学院硕士研究生，研究方向为职业发展教育、大学生就业创业。
[③] 课题来源：教育部哲学社会科学研究重大课题攻关项目（20JZD053）。
[④] 尹婷婷，南京师范大学教育科学学院博士研究生。

后　记

　　中国高等教育学会成立于1983年，是国内高等教育领域成立时间最长、规模最大、影响范围最广的学术性社会团体。"高等教育国际论坛年会"是中国高等教育学会"两会一刊"品牌活动之一。为提升人才培养质量，交流高校办学治校经验，展示高等教育研究最新成果，扩大教育对外开放，学会自2001年开始每年举办"高等教育国际论坛年会"，现已成功举办20届。论坛始终秉持服务高等教育改革发展、服务政府部门宏观决策、服务高等学校办学实践、服务高等教育理论探索的理念，围绕高等教育改革发展重大理论与实践问题组织学术研讨，推出了一大批质量高、影响大的学术报告。论坛吸引了来自美国、德国、英国、法国、俄罗斯、日本、芬兰、越南、巴基斯坦、泰国、哈萨克斯坦、格鲁吉亚等国家和经济合作与发展组织（OECD）、联合国教科文组织亚太地区高等教育教席等国际组织的专家学者，围绕我国高等教育和世界各国共同关注的高等教育重大话题展开深入的研讨与交流，业已成为高等教育研究领域的国际性学术峰会。

　　本文集是论坛举办以来推出的第20部理论成果集，以"加快推进大学治理体系和治理能力现代化"为主题，精选了46篇高质量论文全文收录。全书共分为八篇：主旨报告、全球疫情考验下高等教育的应变之策、现代大学治理体系建设的中国经验、普及化阶段高等教育发展的未来趋势、高校服务经济社会发展的实践之路、"双一流"建设及其评价体系的实证架构、教师管理与人才培养的路径探索、博士生论坛论文。由于篇幅有限，本书还对19篇论文进行了摘要收录。这些论文为新时代加快推进大学治理体系和治理能力现代化提供了参考。

　　付梓之际，我们真诚感谢积极投稿的中外专家学者，感谢学会姜恩来副会长、秘书长和郝清杰副秘书长的统筹规划，感谢郑州大学张玉安处长的大力支持。同时，感谢参与统稿、校稿的郑州大学刘莹副教授、庞振超副教授、靳培培老师、刘亮老师，以及北京大学教育学院的戴坤老师等同志。学会秘书处学术与交流部主任高晓杰全程指导了本书的出版工作，于洪洪、贺天成等几位老师为本书的出版做了大量的编辑和联络工作。限于时间和精力，本书难免有疏漏之处，敬请读者批评指正。

本书编委会
2021年9月